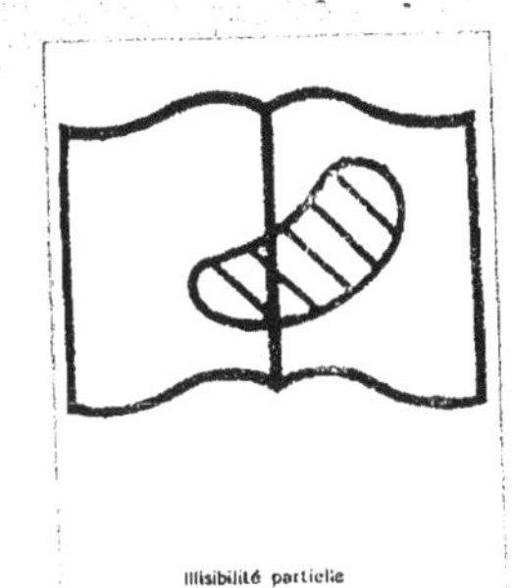

Illisibilité partielle

VALABLE POUR TOUT OU PARTIE
DU DOCUMENT REPRODUIT

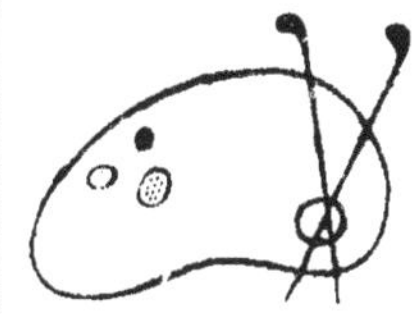

Début d'une série de documents
en couleur

ARCHIVES DÉPARTEMENTALES
DE LA NIÈVRE

INVENTAIRE SOMMAIRE

DE LA

SÉRIE 1 F

FONDS BRUNEAU DE VITRY

RÉDIGÉ PAR

Paul DESTRAY

ARCHIVISTE DU DÉPARTEMENT

NEVERS

Imprimerie FORTIN & Cie

1927

[illegible]

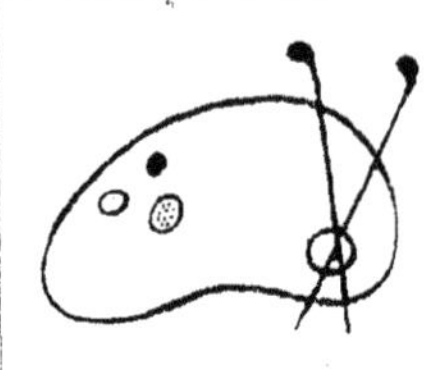

Fin d'une série de documents
en couleur

INVENTAIRE SOMMAIRE

DES

ARCHIVES DÉPARTEMENTALES

ANTÉRIEURES A 1790

NIÈVRE

ARCHIVES DÉPARTEMENTALES

DE LA NIÈVRE

INVENTAIRE SOMMAIRE

DE LA

SÉRIE 1 F

FONDS BRUNEAU DE VITRY

RÉDIGÉ PAR

Paul DESTRAY

ARCHIVISTE DU DÉPARTEMENT

NEVERS

Imprimerie FORTIN & Cⁱᵉ

—

1927

INTRODUCTION

La série F des Archives départementales (Fonds divers se rattachant aux Archives civiles) est destinée tout particulièrement à recevoir les collections importantes de vieux titres que leurs propriétaires veulent bien confier aux dépôts des Préfectures.

Il est à prévoir que cette série deviendra de plus en plus volumineuse dans la Nièvre, qui compta de puissantes familles féodales et où les Archives particulières sont nombreuses et importantes. Pour le moment, elle n'est qu'amorcée, mais avec deux fonds des plus intéressants :

1° Le fonds Bruneau de Vitry (1 F), qui fait l'objet du présent inventaire ;

2° Le fonds du Bourg de Bozas (2 F), déjà doté d'une répartition sommaire avec un répertoire numérique provisoire, et dont l'inventaire est presque achevé pour ce qui concerne les titres généalogiques et de familles. Les pièces principales de ce fonds doivent être publiées dans la *Collection du Bourg de Bozas*, dont le premier fascicule a paru en 1924.

Les documents du fonds Bruneau de Vitry ont fait l'objet d'une donation anonyme, annoncée dans le *Rapport de l'Archiviste* de 1894, et réalisée en 1895 pour la portion principale et en 1896 pour quelques dossiers complémentaires. Ils proviennent du château de Devay (1), propriété de la marquise de Vitry. Aussi est-ce sous la rubrique : *Archives de Devay* qu'ils sont indiqués dans les fiches manuscrites du dépouillement des Archives de la Nièvre ainsi que dans le *Nobiliaire de Nivernois* (2).

Après avoir assuré l'installation de ces papiers au dépôt départemental, Adam de Flamare en opéra une première répartition, en 145 dossiers, dont 10 liasses très grosses : 4 de procédures, 3 de rentes, 1 de quittances de droits, et 2 de pièces diverses.

C'est en cet état que son successeur trouva le fonds, en 1911. Après un second examen des pièces, la rédaction de l'inventaire fut commencée en 1914, et son impression, en 1921.

La première partie est consacrée aux Titres de familles (articles 1 à 42). Le chercheur y trouvera quelques rares indications de faits militaires, d'intéressants renseignements sur le paiement et l'exemption des tailles et sur la reconnaissance des privilèges de noblesse, mais surtout des données très curieuses sur la condition sociale et la manière de vivre de la petite noblesse et de la bourgeoisie, particulièrement aux xvi° et xvii° siècles.

Viennent ensuite les titres relatifs aux Biens et droits de la Baronnie de Vitry, dont les principales subdivisions sont : les *Comptes* (articles 44 à 48), les *Titres généraux* (articles 51 à 58), les *Terriers* et *Lièves* (articles 59 à 69), les *Hommages* et *Dénombrements* (articles 70 à 84), enfin, un précieux *Inventaire* du xviii° siècle (article 98), lequel a permis de signaler entre crochets, dans la présente publication, les pièces disparues depuis. La simple lecture de l'inventaire indiquera, — nous l'espérons du moins, — quelle ample moisson d'indications

---

(1) Nièvre, arrondissement de Nevers, canton de Decize.

(2) Par Adolphe de Villenaut, avec la collaboration de M. de Flamare. Nevers, G. Vallière, 1900, in-4°.

précises sont susceptibles de fournir ces documents. Mais il y a plus : les terriers et les lièves fourmillent de notes marginales, parfois très brèves, indiquant, outre la perception des redevances, les noms des détenteurs successifs (1). Il y a là toute une mine de renseignements précieux qui, joints aux indications des états de sections de la période révolutionnaire et du cadastre, permettraient de suivre, en ce coin de Bourgogne, du XVIᵉ siècle jusqu'au XIXᵉ, l'évolution de l'exploitation rurale. Autre indication : les notes marginales des terriers du XVIᵉ siècle donnent lieu de supposer, en toute vraisemblance, qu'il y eut, à ce moment, une tentative pour ressusciter des redevances tombées en désuétude et pour vérifier les actes d'affranchissement (2). Le besoin d'argent ressort d'ailleurs implicitement des affranchissements accordés, vers 1600, ou bien moyennant une somme d'argent déterminée et la conversion des tailles en cens, ou bien moyennant le seul doublement, à titre de cens, du montant des tailles.

La troisième partie est consacrée aux Titres de biens et droits, classés par localités, dans l'ordre alphabétique des anciennes paroisses. Ici, la matière de documentation est dispersée de façon tout à fait inégale : certaines paroisses ne sont représentées que par une ou deux pièces seulement, tandis qu'à d'autres sont consacrés plusieurs liasses ou dossiers importants, constituant comme de petits fonds féodaux. Nous citerons, parmi ceux-ci : à Brinay, les fiefs de Bernay (articles 116 à 119) et de Pallnau (articles 120 à 151); à Chiddes, le fief de Champlevrier (articles 164 à 167); à Cronat, celui de Cognard (articles 184 et 185); à Montaron, celui de Poussery (articles 220 à 224); à Poil, la seigneurie de Concley (articles 267 à 270). D'autres, parmi ces dossiers, valent comme petits fonds d'établissements religieux, ainsi les articles 114 et 115 (église de Brinay), 174 à 179 (prieuré de Marchy, à Cronat). — Par ailleurs, sous le nom de certaines paroisses privilégiées, on trouvera d'intéressantes séries de documents, par exemple pour Alluy, Biches, Metz-le-Comte, Parigny-les-Vaux, Pouligny-sur-Aron, Satinges, Sermoise, Varennes-lez-Nevers. Mais on peut dire cependant qu'il n'est pas un article, si petit soit-il, qui n'apporte sa part de renseignements tant à l'histoire biographique et généalogique qu'à l'étude de l'économie rurale. C'est ainsi que, dans le minuscule dossier 289 (4 pièces), consacré à l'ancienne paroisse de Saint-Benin-des-Champs, aujourd'hui dans la commune de Montapas (3), le dernier acte n'est autre qu'une consultation juridique écrite et signée de la main de Guy Coquille : c'est un des très rares autographes de notre célèbre juriste !

La quatrième partie : Pièces diverses et résidus (articles 391 à 406), a reçu les documents qui n'avaient pas trouvé ailleurs de place déterminée : pièces sans date ni signature, débris de parchemin et de papier, pièces lacérées. La curiosité des chercheurs, là non plus, ne sera pas déçue. On y remarque, en particulier, un important inventaire, — malheureusement incomplet, — des titres et papiers du château (4) de Saint-Franchy (1 F 394) et la fin d'un compte des deniers communs de la ville de Nevers, rendu par Jean Lesperon, le 30 mars 1529 (1 F 406, p. 4).

Enfin, un Supplément de 53 articles (1 F 407 à 459) groupe des pièces retirées de dossiers de procédures où elles n'avaient que faire. Il s'ensuit que la plupart de ces documents sont d'importance bien menue; mais nous devons signaler cependant les articles concernant la terre de La Cour, paroisse de Biches (1 F 429 à 434) et la liasse 1 F 439, consacrée aux fiefs de Cussay et de La Motte-Grillon, paroisse de Cercy-la-Tour.

En résumé, pas de document sensationnel : aucun ne s'impose, soit par son antiquité (les plus anciens ne remontent qu'au XIVᵉ siècle), soit par l'autorité dont il pourrait émaner (aucun acte de roi, de reine, de grand feudataire, ni de grand dignitaire de l'Eglise). Mais, par contre, des séries de documents nous montrent par le

---

(1) Les notes du terrier de 1438 (1 F 59) renvoient au terrier Jebannet (1 F 60) ; celles de ce dernier, au terrier Desbois (1 F 62) et au terrier Chassenay (1 F 63). Les lièves comprises sous la cote 1 F 67 sont dressées d'après le terrier Chassenay et portent en marge, au début de chaque article et avant l'enregistrement des perceptions, la formule : *Tenet X*, ou *Tenet Mʳ X*, avec l'indication des modifications qui ont pu survenir dans le mode de tenure : affranchissement, réduction de redevances, etc.

(2) Les terriers cotés 1 F 59 et 1 F 62 portent, en marge de nombreux articles, d'une écriture de la fin du XVIᵉ siècle, des mentions comme celles-ci : *Mainmorte*, ou : *Hic, de condition de mainmorte*, ou : *Hic, confessent estre de serville condition et de mainmorte*, ou des variantes analogues.

(3) Nièvre, arrondissement de Nevers, canton de Saint-Saulge.

(4) Le château de Saint-Franchy (arrondissement de Nevers, canton de Saint-Saulge), appartenait aux de Rémigny qui, indépendamment d'autres titres, portaient ceux de marquis de Joux-la-Ville (Yonne) et de seigneurs de Gigny-aux-Bois (Marne).

menu la vie quotidienne, les habitudes, les mœurs de la petite noblesse, de la bourgeoisie, des marchands et des paysans, et ceci est loin d'être sans intérêt. Nous pouvons suivre, pendant plusieurs siècles, l'histoire de familles importantes : André, Delaporte, Ducoing, Després, Guichard. Nous voyons les de Gayot apparaître dans une communauté et s'éteindre, un siècle plus tard, avec Charles de Gayot, si pauvre qu'il tenait son bétail à cheptel. Le 25 octobre 1584 (1), Jean de Vienne, seigneur de Vitry, accorde à Louis de Migniers de Cognard, seigneur de Fraise, l'autorisation de bâtir une *maison fort pour dormir sûrement!*

Mais c'est surtout en ce qui concerne la condition des personnes et la modalité des tenures rurales que le fonds Bruneau de Vitry fournira des renseignements précieux. Les actes d'affranchissement sont nombreux : voyez, entre autres, les articles 85, 221, 269, 270, sans parler des mentions qui se trouvent fréquemment dans les terriers et les lièves de redevances. De même, quantité de baux à métairie, à cens, et des mutations de bordelage à cens. En ce qui touche les tenures bordelières, on en rencontre de trois sortes : 1° le bordelage nivernais traditionnel, cas de beaucoup le plus fréquent, avec ou sans droit d'entrée ou entrage ; 2° le bordelage *parti et non parti, divisé et non divisé*, où la succession peut être dévolue à l'héritier non commun (par exemple à Parigny-les-Vaux, 1 F 262) ; 3° le bordelage ne comportant succession qu'en ligne directe (par exemple à Préporché, 1 F 282). — Une autre tenure, qui paraît particulière à la région, mérite une mention à part.

Le mot : *carpot* revient à diverses reprises, affecté de deux sens différents. Il désigne parfois des terrains, des finages, par exemple les *Carpots Bertrand* et les *Carpots Choullon* (1 F 90, p. 27). Ailleurs, il indique une redevance particulière : *terre sujette aux carpots* (1 F 67, fol. 55 v°). On en trouvera de nombreux exemples, en particulier dans la liève 1 F 67. L'ancien inventaire (1 F 98, fol. 57) écrit plus exactement : *quarpots*. Il s'agit en effet d'un bail au quart des fruits. D'après Godefroy, qui renvoie sur cet article au Glossaire de Laurière, le mot *carpot* indique « en Bourbonnois la part de vendange du propriétaire d'une vigne qui en partage les fruits avec son vigneron. Cette part était le quart de la vendange ». Les faits prouvent qu'aux environs de Vitry-sur-Loire ce mot avait une compréhension beaucoup plus étendue. Voyez la liève 1 F 67, aux folios 21 et suivants ; vous trouverez, aux articles annotés du mot *carpots*, les indications suivantes : « ... pour cultiver et labourer à la quarte gerbe... » : ou bien : « ... à cultiver et donner de quatre haires une... » : ou encore celle-ci, plus nettement explicite : « ... à luy cy devant données par led. seig' à la quarte partie... ». Enfin, un dernier document nous définit exactement le mot : lors d'un bail du 21 août 1664, les preneurs « seront tenus, lorsqu'il y aura des terres propres à labourer, en ensemencer et cultiver le plus que faire se pourra et, des fruits qui en proviendront, en laisser de quatre haires une, avec le dîme, pour lesdits seigneur et dame de Vitry, leurs fermiers, receveurs ou commis, en la manière accoûtumée et tout ainsi que les autres sujets ont accoûtumé de labourer des terres appelées : Les Carpots... » Ce qui nous permet de définir ainsi le mot *carpot*, ou plus exactement *quarpot* : une forme de bail, usitée particulièrement pour les défrichements ou pour la culture des terres d'accrues, où le propriétaire perçoit une gerbe ou une charretée (*haire*, de *harida*) sur quatre. — Le sens du mot s'est, par la suite oblitéré, et on trouve l'indication suivante, deux fois répétée : « Carpot de huit haires une » (1 F 67, fol. 47 v° et 64 v°).

Le fonds Bruneau de Vitry a déjà été utilisé pour plusieurs publications. C'est ainsi que M. l'abbé Cachet a étudié *Une convocation électorale au prieuré de La Fermeté en 1400* (B. Soc. Nivernaise, année 1923, p. 3-7). Personnellement, sous le titre *Enrichissement de paysan et exemption d'impôts* (M. Soc. Acad. Nivernais, t. 18, p. 72-74), j'ai fait connaître le cas intéressant de François Jourdier, marchand de bois. Enfin, je me suis servi de diverses pièces pour des mémoires parus dans les collections de la Société Académique du Nivernais (t. 24, p. 6), et de la Société Nivernaise des Lettres (année 1923, p. 76 et 77, avec reproduction de la consultation de Guy Coquille).

P. DESTRAY.

---

(1) Voir : F 74, p. 6 et 7.

INVENTAIRE SOMMAIRE

DES

ARCHIVES DÉPARTEMENTALES ANTÉRIEURES A 1790

SERIE 1 F.

(Fonds Bruneau de Vitry)

I

Titres de familles

1 F 1 (Liasse). — 1 pièce parchemin.

1612. — Barré. — Sentence du Bailliage de Saint-Pierre-le-Moûtier portant condamnation de Guillaume Barré, dans le procès par lui soutenu contre Archambault de Villars, écuyer, seigneur dudit lieu (24 octobre).

1 F 2 (Liasse). — 1 pièce parchemin.

1690. — Baugy. — Partage de la succession de Gilbert Roy, seigneur des Bouchaines, lieutenant général en la sénéchaussée et présidial de Moulins en Bourbonnais, entre Gilbert Roy, cornette au régiment de Charlus, et Marie-Louise Roy, femme d'Étienne Baugy, seigneur de Rochefort, président trésorier de France et général des finances à Moulins, reçu Cantat (18 mars).

1 F 3 (Liasse). — 1 pièce parchemin.

1637. — Bellevault. — Sentence du Bailliage de Saint-Pierre-le-Moûtier portant défaut contre Léonard Bellevault, au profit de François Reuillon, et condamnant ledit Bellevault au paiement de la dette par lui contractée et aux dépens de l'instance (26 mai). Suit la quittance définitive délivrée par Reuillon (27 juillet).

1 F 4 (Liasse). — 1 pièce parchemin.

1416. — Benoit. — Mainlevée des biens dépendant de la succession d'Humbert Benoit, écuyer, consistant en une vigne à Saint-Péreuse et des dimes à Marigny-lez-Annay, par suite de transaction sur procès pendant au Bailliage de Saint-Pierre-le-Moûtier, consentie entre Huguenin des Roueaulx, écuyer, et Jean des Roueaulx, son fils, d'une part, et Isabeau de Palluau, veuve de Jean La Foudre, écuyer, et mère de Jeanne La Foudre, et Jean de Champfeur, écuyer, estant au nom de Jeanne de Palluau, sa femme, sœur d'Isabeau, et de défunt Humbert de Champfeur, son fils; Humbert Benoit fut le dernier mari de la mère des sœurs de Palluau; intervient au procès et à la transaction messire Guillaume, curé de Brinay (20 décembre 1416. *Vidimus* du 16 septembre 1520).

1 F 5 (Liasse). — 1 pièce parchemin.

1690. — Berier. — Sentence de la Sénéchaussée de Bourbonnais, portant assiette de rentes, dans un procès où interviennent Marien Berier, avocat en Parlement; Gilbert de La Geneste; les religieuses de La Palice; Gilbert de Bort, avocat en Parlement, et Marie-Claude Rousseau, sa femme (15 mars).

1

1 F 6 (Liasse). — 1 pièce parchemin.

1575. — Berthier. — Vente de portion d'un pré sis en la paroisse de Neuvy (Allier), consentie par François de Valle, écuyer, seigneur de La Garenne, en la paroisse de Mornay, et Péronelle Cadier, sa femme, en faveur de Mᵉ Gilbert Berthier, procureur en la sénéchaussée de Bourbonnais; présence de Louis Peignier, procureur à Moulins (21 avril).

1 F 7 (Liasse). — 1 pièce parchemin.

1499. — Boisseau. — Sous le sceau de la chancellerie d'Orval (Cher), cession par Thomas Pailleron et Marguerite, sa femme, à Jean Boisseau, bourgeois et marchand de Saint-Amand-Montrond, d'une rente de 10 sous et 1 denier tournois, moyennant 6 livres payées moitié en numéraire et moitié en fer et acier (24 décembre).

1 F 8 (Liasse). — 5 pièces parchemin. 14 pièces papier.

1515-1680. — Bongards (de). — 1. Contrat de mariage entre Jean de Montigny et Didière, fille de Jean Bongards l'aîné, écuyer et verrier, et d'Eugénie de Ruyaud, reçu G. Esgrot (16 juillet 1515). — 2. Transport par Jean Jullyot à Edme de Bongards de la moitié de deux obligations en faveur de feu Jean Jullyot père, l'une sur Martin Millon, l'autre sur Philippe Pourceau, reçu Chauchefoing (25 juin 1557). — 3-5. Procès devant le Châtelet de Paris comme conservateur des privilèges royaux de l'Université, à cause de Louis Olivier, naguère étudiant, entre Marie Lamoignon, veuve de Louis Olivier, seigneur d'Arreaux, Surpalis, Chitry, Bernières, Abrigny et Bouteilles, et Edme de Bongards, écuyer, relatif à des droits seigneuriaux dépendant de Bernières : sentence du Châtelet (30 novembre 1581); mandement de signification au nom d'Antoine Duprat (24 janvier 1582), et, au dos, quittance par Marie de Lamoignon, au nom d'Antoine et Louis Olivier, ses enfants, de 31 écus et demi, 5 sous, 10 deniers, montant des dépens, reçus d'Edme de Bongars; acte reçu Dyen, notaire royal, à Nevers (5 juin 1582); taxe des dépens (24 janvier 1582). — 6. Quittance pour vente de deux bœufs, par Benoît Mertin, serpantier, à François Julliot, représentant Edme de Bongars (5 avril 1586). — 7. Assignation à Toussaint Seguin, ses enfants et serviteurs, demeurant à Bernay, pour comparaître devant la justice de Biches, en une affaire où Edme de Bongars est partie civile (2 janvier 1632) — 8. Reconnaissance de noblesse en faveur de Victor de Bongars, écuyer, par les habitants de Biches, à propos de son inscription aux rôles des tailles de la paroisse par M. de Champs, élu (24 septembre 1634). — 9. Sentence du Bailliage de Nevers en faveur de Jeanne de Bongars, contre Hector de Bongars, à propos de la succession de leur père (12 octobre 1645). — 10. Pièce de procédure pour Jeanne de Bongars contre Hector de Bongars (31 octobre 1645). — 11. Copie (du 19 juillet 1678, signée : Bernard, curé de Biches), de l'acte de baptême de Charlette, fille d'Hector de Bongars, écuyer, sieur de La Cour, et de Charlette de Lichy (29 avril 1647). — 12. Reçu par Dutout à Charlotte de Lichy, veuve d'Hector de Bongars, de 106 livres 15 sous, dûs pour une rente de 300 livres (14 décembre 1651). — 13. Donation entre-vifs par Jeanne de Bongars, femme de Jean Seguin, marchand faïencier à Nevers, en faveur de Gaspard Choizeau, son neveu, et de Paule Seguin, fille dudit Jean Seguin; acte reçu Léger, notaire (15 avril 1658). Suit l'insinuation au Présidial de Saint-Pierre-le-Moûtier (12 mai 1658). — 14. Mandement de contrainte, à la requête d'Edme de Bréchard, écuyer, sieur de Chevigny, ayant droit par transport d'Anne de Boismaison, épouse autorisée de Louis de Berthier, écuyer, sieur d'Uscord, et fille de feue Péronelle de Billon, laquelle était veuve de François de Bouron, écuyer, sieur de Boismaison, contre Charlotte de Lichy, de la somme de 755 livres 5 sous 4 deniers, pour dépens adjugés par arrêt du 28 avril 1655, et de 18 livres 17 sous 6 deniers pour le droit de contrôle de 6 deniers pour livre (7 décembre 1660). — 15. Tutelle, au Bailliage de Nevers, pour les enfants d'Hector de Bongars et de Charlotte de Lichy, celle-ci devenue femme de François de Closse, écuyer, sieur de Palluau (18 février 1661). — 16. Renonciation, au Bailliage de Châtillon-en-Bazois, par Charlotte de Bongars, mineure, à l'hérédité d'Hector de Bongars, son père (29 novembre 1662). — 17. Confirmation de la renonciation précédente, et au même Bailliage, par Charlotte de Bongars, épouse de Pierre de Closse, écuyer, sieur de Palluau (12 avril 1672). — 18. Assignation à Robert Bernard, curé de Biches, d'avoir à apporter devant M. Gascoing, procureur du roi en l'élection de Nevers, le registre baptistaire contenant l'acte de baptême de Charlotte de Bongars (1ᵉʳ juin 1680). — 19 et 20. Deux mémoires de procédure, sans date, relatifs au procès entre Jeanne de Bongars, épouse de Jean Seguin, marchand faïencier, et Hector de Bongars, écuyer, sieur de La Cour (XVIIᵉ siècle).

1 F 9 (Liasse). — 12 pièces parchemin, 20 pièces papier.

1511-1666. — Bongards (de). — 1. Contrat de mariage entre Florent, fils de Pierre de Bongards, écuyer, et Simonne, fille de Pierre de Bonnet, écuyer, reçu par

Étienne Guérin et François d'Aulnay, notaires à *Seurçy* [Cercy ?] (8 avril 1511). Faux du XVIIe siècle. — 2. Contrat de mariage entre Edme, fils de Florent de Bongards, écuyer, et Françoise, fille de Jean Julliot, écuyer, et de Marie de Brossart, par devant Aubert Thibault, notaire (6 novembre 1552). — 3. Contrat de mariage entre César, fils d'Edme de Bongards et de Françoise de Julliot, et Léonarde, fille de feu Pierre Jacquinet, écuyer, seigneur de Maux, et de Barbe Carreau, reçu par François Clément, notaire (8 mai 1588). — 4. Certificat de service et de solde délivré par François de Bonnay, capitaine de cent lances, et autres, à Parceval de Bongards, homme d'armes, à la suite de la revue passée à *Champsrenier*, près Billy (29 octobre 1594). — 5. Contrat de mariage entre Parceval de Bongards, écuyer, sieur de Bongards, demeurant à Selins, paroisse de Bazolles, fils d'Edme de Bongards, et Anne, fille de Guy de Juisard, écuyer, sieur de Lacour et Chamonot, demeurant à Brinay, par devant Bellevaulx, notaire (17 novembre 1596). Copie collationnée le 26 mars 1641, par Milliet, notaire à Châtillon-en-Bazois. — 6. Partage de la succession d'Edme de Bongards entre ses fils César et Parceval, et leurs femmes, reçu Imbert Noël, notaire (13 mars 1602). — 7. Cession à César et Parceval de Bongards, par Maximilien de Beauvallet et Anne de Bongards, sa femme, du droit que celle-ci peut avoir sur la succession d'Edme de Bongards et Françoise de Julliot, ses grands-parents, comme fille de défunt Claude de Bongards, écuyer, par devant Pierre Ducrot, notaire (21 juin 1610). — 8-14. Pièces relatives à un procès entre Léonarde Jacquinet, veuve de César de Bongards, et Parceval de Bongards (11 avril-16 septembre 1614). — 15. Extrait, délivré le 27 juin 1634, du rôle des nobles de l'élection de Nevers, concernant César et Parceval de Bongards, pour la paroisse de Bazolles (1599). — 16. Donation universelle de tous ses biens, faite par Parceval-Victor de Bongards à Anne de Juisard, sa femme, par devant Gabriel Milliet, notaire (21 juillet 1635). Suit l'insinuation au Bailliage de Saint-Pierre-le-Moûtier (22 août). — 17. Extrait du registre de convocation du ban et de l'arrière-ban de Saint-Pierre-le-Moûtier : ordre à Parceval-Victor de Bongards de se trouver à Lormes, au rendez-vous du comte de Bussy, le 10 août suivant, pour, de là, gagner Dijon (31 juillet 1635). — 18, 20 et 21. Certificats de service délivrés par Thibault, baron de Saint-Huruge, attestant qu'Hector, fils de Victor de Bongards, fait partie du régiment du marquis de Pluvault, en garnison à Charleville (4 août, 28 novembre 1635, et 8 avril 1636). — 19. Dispense de service, pour cause de

maladie, accordée à Parceval-Victor de Bongards, par Léonor de Rabutin, comte de Bussy-le-Grand, lieutenant général au gouvernement de Nivernais, Donziais et pays adjacents, donnée au camp de Baccarat (1er octobre 1635). — 22. Dispense de répondre à la convocation des gentilshommes pour l'armée de Picardie, accordée par le lieutenant particulier du Bailliage de Saint-Pierre-le-Moûtier à Parceval-Victor de Bongards, atteint « d'une sciatique et dessante de boyaut » (23 août 1636). — 23. Transaction relative à la donation universelle de leurs biens faite par Victor-Parceval de Bongards et Anne de Juisard à Hector de Bongards, leur fils, à la charge de doter sa sœur, Jeanne de Bongards, par devant Doreaut (1er mars 1639). — 24. Lettres de rescission obtenue en chancellerie par Jeanne de Bongards contre la transaction précédente (11 janvier 1643). Suit la signification à Hector de Bongards (3 février). — 25 et 26. Contrat de mariage entre Hector de Bongards et Charlotte, fille d'Eustache de Lichy et de Claude de Maumigny, reçu par Doreaut, notaire ducal (28 avril 1644). Copie, signée le 20 septembre 1643, par Cornu, curé de Lichy, du baptême de Charlotte de Lichy. Parrain : Charles de Maumigny ; marraine : Madeleine de Maumigny, oncle et tante de la baptisée ; de Norry, curé de Lichy (12 avril 1630). — 27. Transaction sur procès intenté devant le Bailliage de Nevers entre Jeanne de Bongards, épouse de Jean Seguin, maître faïencier à Nevers, et Hector de Bongards, son frère, au sujet de la rente fixée par leurs père et mère pour la dot de ladite Jeanne, par devant Milliet, notaire royal à Châtillon-en-Bazois (5 avril 1647). Suit le consentement de Jean Seguin (24 avril). — 28. Copie de l'acte de baptême de Charlotte de Bongards (29 avril 1647), délivrée par Roy, curé de Biches (28 avril 1669). — 29. Donation mutuelle de tous leurs biens au dernier survivant, entre Pierre de Closse, seigneur de Palluau, et Charlotte de Bongards, sa femme, par devant Pasquier, notaire ducal (17 mai 1666). Suit l'insinuation au Bailliage de Saint-Pierre-le-Moûtier (9 juin). — 30. Inventaire de pièces remises par la dame de Palluau au prieur de Vannoise (sans date). — 31. Inventaire des titres remis entre les mains des officiers de l'élection et du grenier à sel de Nevers par Charlotte de Bongards, veuve de Pierre de Closse, afin de prouver qu'elle est de noble extraction (sans date). — 32. Inventaire des pièces soumises à la Cour des Aides par Charlotte de Bongards et Charlotte de Luzy, veuve de Pierre de Closse, dans le procès qu'elles soutiennent contre les habitants de Brinay, relativement aux rôles de taille (sans date).

1 F 10 (Liasse). — 2 pièces parchemin, 5 pièces papier.

1755-1819. — Bruneau. — 1. Constitution d'une rente viagère de 200 livres, par Denis-Robert Bruneau, en faveur d'Antoinette Fauvre, ancienne gouvernante de ses enfants (8 juillet 1755). — 2. Contrat de mariage entre Pierre-Étienne, fils de Denis-Robert Bruneau et de défunte Louise-Henriette Hugon, et Gabrielle, fille de feu Édouard de Reugny et de Gabrielle Milot ; présence, outre les membres de la famille, de François Blin, curé de Montaron (29 juin 1773). — 3. Constitution d'une pension viagère de 600 livres par Pierre-Étienne Bruneau, au profit de François Blin, curé de Montaron, en récompense des soins qu'il a donnés à l'éducation des enfants du seigneur de Vitry (12 juin 1784). — 4. « Mémoire pour Denis-Robert Bruneau, baron de Vitry, écuyer, seigneur de Champlevrier et autres lieux, et son origine. » Généalogie, arbre généalogique et armoiries (s. d., XVIIIe siècle). — 5. Traité entre Pierre-Étienne Bruneau et Gabrielle de Reugny, concernant la succession d'Antoine-François Bitaut de Vaillé, ancien conseiller au Parlement de Paris (23 mai 1814). — 6. Consultation touchant ce traité, signée : Blondin-Vallière (Nevers, 24 août 1819). — 7. Projet de ratification dudit traité, dressé au nom de Pierre-Étienne Bruneau, de Gabrielle de Reugny et de Louis-François-Antoine Bruneau de Vitry, leur fils (s. d.)

1 F 11 (Liasse). — 4 pièces papier.

1802-1811. — Chargères (de). — 1. Contrat de mariage entre Louis-Sébastien, fils de Pierre-Claude Desjours-Mazille et de Marie-Rome de Saint-Laurent, et Françoise-Charlotte, fille de Didier Chargères et d'Anne-Josèphe Ducret (7 floréal an X). — 2. Reconnaissance d'une dette de 10.000 livres tournois par Louis-Sébastien Desjours-Mazille et Françoise-Charlotte Chargères, son épouse, au profit de Marie-Jeanne Chargères, leur sœur et belle-sœur, femme divorcée de Louis-Gervais Chargères (1er novembre 1807). — 3. Bordereau de créances hypothécaires relatif à la dette susdite (10 novembre 1807). — 4. Quittance de ladite dette, délivrée par les héritiers de Marie-Jeanne Chargères aux débiteurs (21 janvier 1811). — Ces quatre actes passés par devant Jean-Chrysostome Boulu, notaire à Luzy.

1 F 12 (Liasse). — 1 pièce parchemin.

1577. — Chasteaux (de). — Sentence de la Pairie de Nevers, pour Philibert André, conseiller au Présidial de Saint-Pierre-le-Moûtier, Pierre Coillard et Claude André,

sa femme, contre Guillaume Guillier, tuteur de Jacques de Chasteaux, relative au compte de la tutelle dudit mineur, fils de Henri de Chasteaux (29 novembre).

1 F 13 (Liasse). — 2 pièces parchemin, 40 pièces papier.

1499-1659. — Closse (de). *Titres de famille.* — 1. Conclusion du chapitre de Saintes, à la requête de l'Évêque de Nevers, portant permission de départ en faveur de Léonard Clausse, chanoine (18 juin 1499). — 2. Autorisation de tester donnée, au refus de Nicolas Clausse, écuyer, son mari, par le juge de Palluau à Jeanne de Nourry (22 août 1587). — 3. Testament, en vertu d'autorisation judiciaire, d'Anne de Corailles, femme de *Natoyre* Clausse, écuyer, reçu par Léonard Moireau, juge de Palluau et notaire au duché (24 septembre 1605). — 4. Assignation pour comparaître au Bailliage de Nivernais, donnée à *Anatoyre* Clausse, à la requête d'Anne de Corailles, femme autorisée de François de Cruard, écuyer, au sujet de la succession de Françoise Closse, fille dudit Anatoire et d'Anne de Corailles, sœur de la requérante (16-24 février 1606). — 5. Saisie de meubles sur Anatole Clausse, pour inexécution d'une obligation du 1er mars 1606 contractée en faveur de François de Cruard et Esmée de Corailles, sa femme (19 janvier 1607). Suit une promesse de paiement (30 janvier). — 6. Procès-verbal d'estrousse des récoltes de grains saisis sur Natoyre Closse à la requête des mêmes créanciers, dressé par la justice du lieu « soubz le groz chasigne commung de Paleau » (5 juillet 1607). — 7. Quittance de 149 livres 10 sous à Clausse par Esmée de Corailles, signée d'elle seule, son mari, de Cruard, ne sachant ni lire ni écrire (15 février 1608). — 8-9. Autorisation pour la poursuite de ses droits donnée par Léonard Moyreau, juge de Palluau, à Françoise [l'acte suivant porte : Florence] d'Ambly, femme d'Anatole Closse. Donation entre-vifs, en conséquence, faite devant Léonard Moireau, notaire, sous le sceau de la prévoté de Nevers, entre les époux susdits (1er mars 1608). Suit l'insinuation au Bailliage de Saint-Pierre-le-Moûtier (12 juin). — 10. Projet de procuration générale par Florence *(sic)* d'Ambly, veuve de *Natoire* Closse, au sujet de la succession de son mari, par devant Olivier Bunot, notaire royal à Châtillon-en-Bazois (avril 1608). — 11. Pièce de procédure devant le Bailliage de Bourbon-Lancy pour *Anatoyre* de Closse et Florence d'Ambly, au sujet de la vente par eux faite de la seigneurie d'Ambly à Pierre de Grandval, écuyer, sieur de *Frozi* (30 juin 1608). — 12. Contrainte ordonnée par Guy Burgat, bailli de Bourbon-Lancy, contre Florence d'Ambly, pour 14 livres 11 sous 1 deniers dûs par elle à Jean Falque, bourgeois de Bourbon (12 août 1608). Exécution faite en conséquence sur Pierre de Grandval (8 novembre) ; et reçu (21 janvier 1609). — 13. Transaction en conséquence du contrat de mariage d'Anathoire de Closse avec Florence d'Ambly (21 janvier 1609). — 14. Quittance de 300 livres tournois payées à François de Cruard par Anatoire Clausse (29 janvier 1609). — 15 et 16. Autorisation judiciaire et testament en conséquence, de Florence d'Ambly, reçu par Moyreau, notaire (7 mai 1609). — 17. Extraits baptistaires de la paroisse de Brinay : de François de Closse, fils d'Anatoire et de Françoise de Corcelles : parrain, François Loizeau, écuyer, seigneur de Champs ; marraine, Françoise de Bréchard, dame de Sozay ; curé, Vincent Poullet (20 décembre 1611) ; de Pierre de Closse, fils de François et de Jacquette Lelarge : parrain, Pierre de Roland, écuyer, seigneur de Curiot ; marraine, Jeanne de La Rivière, dame de Passy ; curé, Jean Poullet (30 juillet 1646) ; extraits délivrés le 25 avril 1678 par J. Poullet, curé. — 18. Transaction sur procès entre Jean de Grandval, sieur de Champagny, et Jeanne d'Ambly, sa femme ; Philibert de Saugy et Philiberte d'Ambly, sa femme ; René de Grandval et Marguerite d'Ambly, sa femme, d'une part, et Anatoire de Clausse, d'autre part (3 septembre 1612). — 19 à 21. Trois pièces concernant les successions de Marie et de Catherine de la Corcelle (5 mars, 30 avril 1618). — 22. Quittance de 12 livres 10 sous par Guillaume Lebreton, marchand à Moulins-Engilbert, à Anatole Clausse (1er mai 1620). — 23. Certificat de François Roy, chirurgien à Châtillon-en-Bazois, attestant qu'Anatoire de Closse, âgé de 70 ans, est atteint d'ulcères qui l'empêchent de se tenir à cheval (16 février 1636). — 24. Dispense de service militaire en faveur d'Anatoire de Closse, accordée par Étienne Gascoing, lieutenant général au Bailliage de Saint-Pierre-le-Moûtier, sur l'attestation donnée par François Naquian, docteur en médecine, et Claude Vignier, apothicaire, que les ulcères dont souffre l'intéressé menacent de se gangrener (21 août 1636). — 25. Requête au bailli de Châtillon-en-Bazois par François de Clausse, à fin d'élection de curateur à sa sœur Catherine, en vue de contradiction de communauté contre son père et sa sœur (2 mars 1638). — 26. Contrat de mariage, reçu Milliet, notaire royal, entre Claude de Joulle, écuyer, sieur d'Angly, et Catherine, fille de défunt Anatoire de Clausse, et de Françoise de la Corcelle (3 août 1639). — 27 à 32 Quittances de la dot stipulée au précédent contrat, payée par François de Clausse, frère de l'épouse (3 décembre 1639, 28 mars, 17 septembre, 27 décembre, 1640, 18 mars 1646, et 19 septembre 1659). — 33. Certificat de Delaroche, chirurgien de la compagnie des gendarmes du Duc

d'Enghien, attestant que François de Closse est hors de service pour le reste de la campagne (Au camp devant Thionville, 14 août 1643). — 34. Sentence arbitrale, relative à la succession de Claude de Foulle, portant condamnation de Claude de Foulle, père du défunt, au profit de François de Closse (14 septembre 1655). — 35. Tutelle et curatelle, en la justice de Palluau, aux enfants de François de Closse et de défunte Jacqueline Lelarge (17 mai 1650). — 36 à 38. Monitoire (sans date) et pièces de procédure (30 juin et 9 septembre 1656) relatifs à des menaces et une tentative d'assasinat contre François de Clausse. — 39 à 41. Pièces, sans date, concernant : la généalogie de la famille de Closse ; l'inventaire des meubles de Charlotte Clausse ; la succession de Florence d'Ambly. — 42. Lettre du seigneur de Palluau à M. de Tamenet, au Coudray (vers 1639).

1660-1706. — CLOSSE (DE). *Titres de famille.* — 1 et 2. Contrat de mariage, par devant Robert Bernard, notaire au duché, entre François de Closse et Charlotte de Lichy, veuve d'Hector de Bougards (25 mai 1660). — 3. Copies de reçus de différentes sommes, délivrés par François de Closse à : Michel de Lichy, chanoine de la cathédrale de Nevers (15 janvier 1661) ; Philippe de Lichy, seigneur de l'Isle, Riégeot et Morand (12 février 1661) ; et Eustache de Lichy, seigneur de Bost (25 février 1662). — 4. Quittance par Picart des Lauriers, de Moulins, au seigneur de Palluau, pour partie de la pension du fils de ce dernier, et demande d'augmentation, en raison de ce « que tout est fort cher par deça et que le blé est hors de raison » (16 octobre 1661). — 5 à 17. Correspondance, mémoire au Parlement et pièces de procédures au sujet de la succession d'Hector de Bougards (1661-1663). — 18. Lettres de bénéfice d'âge en faveur de Pierre, fils de François de Closse et de Jacquette Lelarge (12 décembre 1665). — 19 et 20. Tutelle et curatelle des enfants de François de Closse, mort à Clermont-Ferrand (18-28 décembre 1665). — 21. Entérinement au Bailliage de Nivernais des susdites lettres de bénéfice d'âge (4 janvier 1666). — 22. Consultation, signée à Nevers, par Petit, relative à la succession de François de Closse (2 janvier 1666). — 23 et 24. Pièces relatives à la tutelle et curatelle des enfants de François de Closse (4 janvier et 1er mai 1666). — 25. Donation mutuelle entre-vifs, entre Pierre de Closse et Charlotte de Bongards, sa femme (17 mai 1666). Suit le procès-verbal d'insinuation au Bailliage de Saint-Pierre-le-Moûtier (9 juin). — 26 et 27. Requête au Bailliage de Nivernais, et signification en conséquence relative à la nourriture et à l'entretien de Jean de Closse, fils de François, placé sous la tutelle de Pierre de Turigny (23-30 juin 1666). — 28 à 31. Renonciation, devant Henri Bolacre, lieutenant général de Nivernais, par Charlotte de Lichy à la communauté d'entre elle et son défunt mari (2 janvier 1666), et procédures relatives à la succession de François de Closse, devant le Bailliage de Saint-Pierre-le-Moûtier (1ᵉʳ février-1ᵉʳ septembre 1666). — 32. Extrait (délivré le 14 septembre 1680 par Poullet, curé de Brinay) du baptême de Nicolas, fils de Pierre de Closse et de Charlotte de Bongards ; parrain, Nicolas de Pommereul ; marraine, Esmée Sallonnier (26 mai 1669). — 33. Tutelle, en la Pairie de Nevers, aux enfants mineurs de Pierre de Closse, décédé le 21 du même mois (26 juin 1670). — 34. Quittance à Pierre de Closse par Jean de Closse et de Noury, sieur de Turigny, son tuteur, pour partie de la pension dudit mineur (26 décembre 1671). — 35. Sentence en la justice de Lichy, par le juge Anatole Moireau, avocat en Parlement, relative à la succession mobilière de François de Closse (15 juillet 1672). — 36. Convocation de Pierre et Jean de Closse pour le ban et arrière-ban de Nivernais et Donziais (3 septembre 1674). — 37. Certificat de service, signé du marquis de La Vallière, pour Pierre de Closse (18 septembre 1674). — 38. Congé à Pierre de Closse, servant dans l'armée d'Alsace commandée par Turenne (8 novembre 1674). — 39. Procuration générale, par devant Delavesse, notaire, donnée par Pierre de Closse à Charlotte de Bongards, sa femme (18 septembre 1674). — 40 à 42. Procédures et requête relatives à la taxation du fief de Palluau, pour faute de comparaître à la convocation du ban et arrière-ban (23-30 octobre 1674). — 43 et 44. Consultations relatives au testament de Jean de Closse, reçu Delaut, notaire royal à Crosnat-sur-Loire : la première signée par Symonnin, avocat (20 mai (?) 1675), la seconde, par Marion (Nevers, 29 juin 1675). — 45. Assignation pour comparaître à la tutelle des enfants de Pierre de Clausse devant le Bailliage de Nivernais (25 juin 1677). — 46. Inventaire dudit Pierre de Closse (sans date ; dressé en exécution d'ordonnance du Lieutenant général de Nivernais, du 26 juin 1677). — 47. Clôture dudit inventaire (7 octobre 1677). — 48. Publication de la vente des meubles de Pierre de Closse, faite à Châtillon-en-Bazois par Bullot, huissier, et à Brinay par Étienne Rachus, prêtre, sous-prieur de Bellevaux (16 et 17 octobre 1677). — 49. Vente en conséquence, par Pierre Bullot, huissier au duché, résidant à Alluy (20 octobre 1677). — 50. Saisie judiciaire, par Bullot, des deniers provenant de cette vente (20 octobre 1677). — 51. Sentence du Bailliage de

Nevers autorisant Charlotte de Bongards, veuve de Pierre de Closse, à fournir la preuve du faux dont elle accuse Anne Lelarge, femme d'Étienne Rousset, maître chirurgien à Châtillon-en-Bazois, et commettant pour experts Guillaume Sallonnier, maître écrivain juré, et André Callot, notaire royal (2 mai 1678). — 52 à 58. Réquisition par Charlotte de Bongards, à Jean Paillet, curé de Brinay, d'extraits d'actes de baptême et mariage concernant sa famille (1ᵉʳ-5 juin 1680). — 59. Lettre de tonsure pour Nicolas de Closse, fils de Pierre et de Charlotte de Bongards (21 septembre 1680). — 60. Compte de deniers entre Babouhot, prieur de Vannoise, et Charlotte de Bongards (22 juillet 1681). — 61. Quittances, signées Michelot, à Charlotte de Bongards pour la pension de Nicolas de Palluau, son fils (Saint-Saulge, 23 septembre et 22 décembre 1681). — 62. Testament de François de Rolland, écuyer, sieur des Troches, capitaine des gardes du duc de Nivernais, portant, entre autres, donation à Charlotte de Bongards ; acte reçu Garnier et Tardiveau, notaires au Châtelet de Paris (14 juin 1685). — 63 à 67. Pièces relatives aux droits de francs-fiefs payés pour Palluau (1694-1701) ; entre autres : certificat attestant que Nicolas de Closse et de Palluau sert dans l'escadron de la noblesse de Nivernais (15 mai 1694). — 66. [Nicolas] de Closse-Palluau constitue sa mère pour son héritière universelle (12 mai 1694). — 68. Extrait du rôle des taxes pour la contribution du ban du Bailliage de Nevers ; Palluau taxé à 3 livres (3 juin 1696). — 69 à 74. Pièces relatives à la taxation du ban (1697) : entre autres : certificat du maréchal de Lorge attestant que de Closse-Palluau, garde du corps de sa compagnie, « sert actuellement... à la cornette » (8 avril 1697). — 75 et 76. Sommations, par Nicolas de Closse, à l'avocat du traitant des taxes sur les faux nobles de l'élection de Nevers (1699). — 77. Signification au commissaire aux droits de franc-fief de la surséance accordée par le roi en faveur de ses gardes du corps (22 janvier 1703). — 78. Mémoire de dettes et de paiement par le sieur de Palluau (1705). — 79 et 80. Procuration par de Closse-Palluau à sa mère (20 et 22 février 1706).

1 F 15 (Liasse). — 7 pièces parchemin, 32 pièces papier.

1599 - XVIIᵉ siècle. — CLOSSE (DE). *Procédures relatives aux tailles de Brinay.* — 1. Mandement des élus de Nivernais portant exemption des tailles de Brinay en faveur d'Anatoire Closse, noble, et signification en conséquence (23 et 24 juin 1599). — 2 à 6. Procédure en l'élection de Nevers, à la requête d'Anatoire Closse, contre Bernard Buisson et consorts, asseurs de la paroisse (1600-1601). —

7. Ordonnance des commissaires royaux députés sur la révocation des privilèges, prescrivant à François de Closse de rapporter par devant eux, à Moulins, les titres de noblesse en vertu desquels il se prétend exempt des tailles (28 février 1641). Signification en conséquence (18 mars). — 8. Lettres de relief d'appel en la Cour des Aides pour François de Closse (10 juillet 1641). — 9 Sentence des Commissaires généraux députés en la généralité de Moulins, portant remboursement, en faveur de François de Closse, des deniers par lui versés pour l'imposition des tailles de Brinay (23 février 1643). — 10. Requête à l'Intendant de Moulins Phelippeaux, par François de Closse, en décharge du rôle de tailles auquel il a été imposé dans la paroisse de Brinay par l'Intendant Dupré, et ordonnance de décharge en conséquence (23 octobre 1643). — 11 à 17. Procédure en l'Élection de Nevers, entre François de Closse et les habitants de Brinay, relative à la radiation du rôle des tailles (29 août-28 octobre 1644). — 18 à 24. Procédure semblable devant la Cour des Aides et son exécution par l'Élection de Nevers (Arrêt, simplement cité, du 14 mai) 1647. — 25. Ajournement par la Cour des Aides, en vertu d'arrêt du même jour (10 décembre 1647). — 26. Requête en décharge de tailles, par François de Closse, à l'Élection de Nevers, et ordonnance en conséquence (26 septembre 1648). — 27. Arrêt de la Cour des Aides confirmant la sentence de l'Élection de Nevers, du 26 octobre 1644, et portant confirmation des privilèges de noblesse en faveur de François de Closse (30 décembre 1648). Suivent : signification aux adversaires de François de Closse (20 janvier 1649) ; certification de publication au prône par J. Poulet, curé de Brinay (14 mars 1649) ; et enregistrement en l'Élection de Nevers (12 mai 1649). — 28. Quittance pour les frais du procès, signée par Bignon, procureur au Parlement (1er janvier 1649). — 29. Certificat de publication au prône, par Clémendot, curé de Limanton (15 août 1649). — 30. Signification de l'arrêt de la Cour des Aides, faite au sieur Guyet, chargé du recouvrement des francs-fiefs en Nivernais (22 mars 1656). — 31 à 35. Requête et autorisations d'ester en justice pour François de Closse et pour Charlotte de Bongards : 4 pièces sans date.

1 F 16 (Liasse). — 28 pièces papier.

15^2-Fin du XVIIe Siècle. — Closse (de). *Procès en revendication des privilèges de noblesse.* — 1. Requête de François de Clausse aux trésoriers de France à Moulins, commissaires députés sur la révocation des privilèges, et décision en conséquence (30 juin 1641). — 2. Jacques Trabot, préposé à la recherche des usurpations du titre de noblesse, s'inscrit en faux contre une transaction sur parchemin, du 5 novembre 1561, présentée par Pierre et Jean de Closse (27 mai 1667). — 3. Inventaire des pièces fournies par Pierre et Jean de Closse à Mgr d'Herbigny, intendant des généralités de Moulins et de Bourges, commissaire départi pour la vérification des titres de noblesse (sans date). — 4 à 16. Copies, collationnées le 27 août 1666, des pièces fournies aux commissaires : 4, transaction entre Esme Closse, écuyer, sieur de *Puiseux*, et Guillaume de Nourry, écuyer, sieur de Palluau, et Charlotte Closse, sa femme, au sujet de la succession d'Antoine Closse, écuyer et capitaine de Saint-Saulge, et de Jeanne le Riche, sa femme (4 décembre 1542) ; 5. contrat de mariage, reçu par G. Bunot, notaire, entre *Anatoire* de Closse, fils de Nicolas et de Jeanne de Nourry, âgé d'environ 22 ans, et Anne de Corailles, fille de François, écuyer, sieur de la Gibaudière, et de Charigny en partie, autorisée de Claude Andras, sa belle-mère (6 juillet 1597) ; 6. requête de François de Closse à l'intendant Phelippeaux (voir 1 F 15, n° 8) ; 7 à 11, procédures relatives à l'exemption des tailles (1599-1635) ; 12. contrat de mariage, par devant le notaire Antoine Chastel, entre *Anatoire* de Closse et Florence d'Ambly, fille de Philippe et de Claire de Semoux (1er septembre 1607) ; 13. contrat de mariage, reçu par François Sassin, notaire royal à Corbigny, entre *Anatoire* de Closse et Françoise de Courcelle, fille de Laurent, écuyer, sieur de *Précy-Baisly*, et d'Elisabeth de Torcy (14 février 1611) ; 14. contrat de mariage (voir 1 F 13, n° 25) ; 16. copie des certificats de service de François, *Anatoire* et Nicolas de Closse ; ces certificats, dans l'ordre suivant, sont délivrés par : le marquis de Pluvault (Châtillon-en-Bazois, 7 mai 1644) ; Louis de Bourbon, duc d'Enghien (Bar-le-Duc, 7 octobre 1643) ; le même (au camp devant Thionville, 29 [mois omis] 1643) ; le maréchal de La Motte Vileroy (au camp du Collège, en Catalogne, 12 octobre 1642) ; le maréchal de Schomberg (au camp, devant Perpignan, 4 septembre 1642) ; le marquis de Pluvault (Paris, 1er avril 1642) ; Dominique des Trapes de Valençay (Valençay, 19 février 1637) ; le marquis de Pluvault (Vézelay, 7 novembre 1636) ; Léonor de Rabutin (Bar-le-Duc, 20 [mois omis] 1635) ; suivent : extrait de la convocation du ban et arrière-ban de Saint-Pierre-le-Moûtier (2 juillet 1635) ; certificat de service au siège d'Amiens, où *Natoire* Closse figure parmi d'autres Nivernais (27 septembre 1597) ; congé à Nicolas Closse, par *Anatoire* Louis de Pontailler, seigneur de Châtillon-en-Bazois, enseigne de cinquante hommes d'armes de la compagnie du duc de Rethelois (12 décembre 1588). — 17. Procuration pour ester en justice en son lieu et place durant qu'il est à Paris, donnée par Pierre de Closse à Charlotte de Lichy, sa femme (22 septembre 1668). — 18. Pièces notariées pour le procès en noblesse de Pierre de Closse (14-16 février 1669). — 19. Requête en dégrèvement de taxe adressée par Pierre de Closse à Sallonnier de Nyon, subdélégué, chargé de la connaissance des affaires de francs-fiefs et nouveaux acquêts dans l'élection de Nevers (ordonnance de communication au procureur du roi, du 30 mai 1673). — 20. Sommation par Pierre de Closse à Pierre de Nourry, curateur de Jean de Closse, son frère, d'avoir à lui fournir deniers, en vue de poursuivre au Conseil privé leur instance en reconnaissance de noblesse (21 janvier 1673). — 21. Reçu des titres de preuve de noblesse par Scard (5 septembre 1674). — 22. « Mémoire pour Mademoiselle de Palleau, 1674 », signé : de Closse-Palleau, indiquant l'état du procès et les pièces à fournir. — 23. Requête à la Cour des Aides, pour Charlotte de Bongards, veuve de Pierre de Closse (après juin 1677). — 24 à 27. Requêtes et mémoires, sans date, relatifs au procès de noblesse. À la pièce 25, mention que les originaux des pièces anciennes, contre lesquelles le traitant de la recherche des nobles se serait inscrit en faux, auraient été brûlés « pendant les guerres arrivées en la province » : indications de la mort de Pierre de Closse, en sa maison, en 1677, et de Jean de Closse, à Nancy, au retour de la campagne d'Allemagne de 1675. — 28. Lettre, sans adresse, date, ni signature (1).

1 F 17 (Liasse). — 3 pièces parchemin.

1572-1592. — Coillard. — 1. Partage, reçu par Jean Delaigle, notaire, entre Jacques Coillard, notaire à Nevers, et Pierre Coillard le jeune, marchand, aussi à Nevers, des biens de la succession de Louis Coillard, notaire et praticien à Nevers, et Catherine Bertrand, leurs père et mère (15 mai 1572). — 2. Sentence par défaut, en la Pairie de Nevers, contre Blaise Dringuereaul, pour Pierre Coillard, marchand à Nevers, poursuivant les criées de la maison de Pierre Communaudat (1er septembre 1584). — 3. Contrat de mariage, par devant Jacques Henry, notaire, entre Pierre Coillard, marchand à Nevers et Isabeau Carré, veuve, en premières noces, de Jacques [Moireau ?] et, en secondes noces, de Jean Millin, marchand à Nevers (8 novembre 1592).

(1) Voici le texte de cette lettre, qui émane très probablement de Charlotte de Bongards, après la mort de son fils Jean. L'orthographe, très fantaisiste, a été ramenée à l'usage actuel : « Mr, M. de Nourry m'a mandé que vous lui avez mis entre mains des papiers que feu Palleau, mon fils, vous avait laissés quand il partit pour aller dans le malheureux endroit où il est demeuré. Le pauvre garçon avait mis à la loterie. Je vous supplie, Mr, de me dire s'il ne vous en a pas laissé les numéros et la devise. Si je suis assez heureuse pour qu'il vous les ait laissés, ayez la bonté, Mr, de les donner au porteur, qui est Mr de Nourry ».

1 F 18 (Liasse). — 1 pièce parchemin.

1675-1679. — Coullon (de). — 1. Transaction, par devant Pierre, notaire, entre Jean de Coullon, écuyer, sieur de Montceneau, mari de Claude de Closse, et Pierre de Closse, sur le testament de Jean de Closse, reçu par Delault, notaire royal à Cronat, le 3 février 1672 (10 août 1675); suivent : la procuration donnée par Claude de Closse à son mari, reçue par Prévost, notaire royal (7 août 1675); et l'approbation de la transaction précédente par ladite Claude de Closse, par devant Seguin et Pierre, notaires royaux (24 octobre 1679).

1 F 19 (Liasse). — 1 pièce parchemin.

1589. — Cruard (de). — Par devant Symphorien Serchaut, notaire, contrat de mariage entre François de Cruard, fils de Denis, écuyer, demeurant à *Quoie* (Coux), paroisse de Moraches, et Esmée de Coural, fille de François, écuyer, seigneur de la Gibaudière et de Thurigny, paroisse d'Aunay (14 février 1589).

1 F 20 (Liasse). — 3 pièces parchemin, 1 pièce papier.

1588-1651. — Delaporte. — 1. Par devant Philibert Brisson, notaire royal, contrat de mariage entre Lazare, fils de Claude Delaporte, sieur de Chevannes, et de défunte Françoise Courtois, demeurant à Tannay, et Madeleine, fille de feu Jean Guichard, marchand bourgeois à La Charité, et de Marie Lhuillier, remariée audit Claude Delaporte (24 février 1588). Suit l'insinuation au Présidial de Saint-Pierre-le-Moûtier (15 juin 1588). — 2. Échange de rentes en argent, par devant Claude Baret, entre Marie Lhuillier et Lazare Delaporte et Madeleine Guichard (11 octobre 1588). — 3. Par devant Jean Guedan, notaire royal, transaction entre Lazare Delaporte, marchand à Clamecy, Benigne Delaporte, pour elle et pour son mari Claude Gibier, avocat et conseiller du roi au Bailliage de Sens, et Antoine Courtois, seigneur de Thurigny en partie, grénetier et élu particulier à Moulins-Engilbert, relative à la succession de Claudine Courtois, veuve de Jean Boutton (22 octobre 1593). Suit une remise de contrats faite en conséquence par Philippe Quéray, lieutenant d'Asnois (8 novembre 1593). — 4. Sentence du Bailliage de Saint-Pierre-le-Moûtier, condamnant Marie Després, dame de Mont, à des dommages et intérêts envers Madeleine Delaporte, sauf recours contre Georgette Defraie, veuve de Michel Vignier (25 janvier 1651).

1 F 21 (Liasse). — 6 pièces parchemin, 6 pièces papier.

1555-1656. — Després. — 1. Reçu de Daunan Brison de 200 écus d'or au soleil pour l'office de lieutenant du prévôt des maréchaux nouvellement rétabli au pays de Nivernais (Blois, 18 janvier 1555). — 2 et 3. Partage, par devant Claude Barie, notaire royal, de la succession de Jean Guichard, marchand à Nevers, entre : Françoise Guichard, veuve de noble Nicolas de Fougerest, licencié en droit, sieur de Marchaubin, bailli de Cosne-sur-Loire; Guy Rapine de Sainte-Marie, seigneur de Boisvert et Châtillon, grénetier au *magazin* à sel de Nevers, mari d'Hélène Guichard; et Madeleine Guichard, femme de Lazare Delaporte, marchand bourgeois à Clamecy; lesdites Guichard, filles du défunt (11 octobre 1588). Signification à comparoir au Bailliage de Nevers, délivrée à Lithault, avocat au Bailliage, et Hélène Guichard, sa femme, veuve de noble Guy Rapine de Sainte-Marie (17 octobre 1615). — 4. Quittance par Marie Ducoing, femme de Jean Després, receveur des tailles en Nivernais, délivrée à Claude Mercier, marchand à Saint-Amand (9 septembre 1595). — 5. Sentence en la Pairie de Nevers, touchant des redevances dues à Jean Després le Jeune et à M. de Fonfay (15 février 1622; en mauvais état). Suit la signification faite en conséquence à noble François Pernin et à Michel Dumarché (22 février 1622). — 6. Par devant Dimanche Gabillot, notaire royal à Nevers, Madeleine Guichard, veuve en premières noces de Lazare Delaporte et, en secondes noces, d'Archambault de Villars, fait à sa fille et à son gendre, Madeleine Delaporte et Jean Després, écuyer, commissaire des guerres en la maréchaussée de Château-Chinon, donation, entre autres choses, d'une rente due par Gilles Thomas et René Biossard, de Lurcy-le-Bourg (6 mars 1623). Signification à Gilles Thomas (27 mars 1627). — 7. Donation, par devant Pierre Delavau, notaire royal à Clamecy, faite par Madeleine Guichard à Antoine et Madeleine Després, ses petits-enfants (12 janvier 1626). Insinuation au Bailliage de Saint-Pierre-le-Moûtier (14 janvier 1626). — 8. Compte entre Madeleine Guichard et sa fille, mariée à Jean Després (30 avril 1630). — 9. Quittance de la pension due à Madeleine Guichard par Madeleine Delaporte, veuve de Jean Després; reçue par Pierre Delavau, notaire royal à Clamecy (29 mars 1633). — 10. Lettre à Madeleine Guichard, veuve Després, par son fils unique, Jean Després, écuyer, sieur de Montorges, de la compagnie de Vielbourg, au régiment des Gardes du Roi, relative aux exemptions des gentilshommes; brouillon du certificat de services dudit Després (Paris, 20 mars 1640). — 11. Quittance pour acquisition d'une *meulle*, délivrée à la veuve Després, par Léonard Marcadier, ancien vivandier de défunt François Després (4 décembre 1648). — 12. Exécutoire rendu par le Présidial de Saint-Pierre-le-Moûtier, en la cause entre Madeleine Delaporte et Michel Dumarché (1er février 1656).

1 F 22 (Liasse). — 1 pièce parchemin.

1574. — Dupont. — Arrêt du Parlement confirmant une sentence du Bailliage de Nevers rendue le 24 mars 1571 en faveur de Gaston Gallot contre Pierre Dupont, sieur de Chalons (2 janvier).

1 F 23 (Liasse). — 1 pièce papier.

1721. — Durand des Cousteaux. — Signification à Jean de Nourry, écuyer, sieur de Thurigny, de l'appel interjeté au Bailliage de Saint-Pierre-le-Moûtier, par Jean Durand des Cousteaux, bourgeois de Cosne, d'une sentence rendue contre ce dernier, le 9 septembre 1720, par le Bailliage de Cosne (8 mai).

1 F 24 (Liasse). — 1 pièce parchemin, 11 pièces papier.

1712-1809. — Fussey (de). — 1. Sommation des Cordeliers d'Autun à Sébastien Delagoutte, avocat, procureur du Bureau des pauvres, pour chute d'un mur séparant leur couvent de l'Hôpital général Saint-Gabriel (15 janvier 1712). — 2. Contrainte de 700 livres à M. de Fussey, pour le centième denier de la terre de Chissey et dépendances, à lui donnée par sa mère, en vertu de contrat passé le 4 décembre 1707, par devant Baraut, notaire à Chalon-sur-Saône (26 avril 1720). — 3 et 4. Par devant Godin, notaire royal à Cercy-la-Tour, contrat de mariage entre Nicolas de Fussey, marquis de Serrigny, Sichez et Ebaugy, fils émancipé de défunts François de Fussey et Anne-Marie Nuguet d'Ebaugy, autorisé par Léopold-Charles de Fussey, chevalier, marquis de Menessaire, et Anne-Élisabeth, fille de Louis-Alexandre de Reugny, chevalier, comte du Tremblay, et de Marie-Étiennette Hugon de Pouzy (17 septembre 1753). Suit le texte de la procuration donnée à Léopold-Charles de Fussey par Claude Changarnier, notaire royal et procureur au Présidial d'Autun (2 septembre 1753). — 5 à 7. Quittances à M. de Fussey, par Darnay, pour confection du terrier de Chissey (8 février 1751 - 25 septembre 1762). — 8. Reconnaissance de dette par Nicolas-François-Xavier de Fussey et Anne de Reugny, sa femme, au profit de Marie Sallonnier, veuve de Nicolas de Ganay, reçue par Changarnier, notaire à Autun (1er mai 1771). Copie délivrée par Jarriot, successeur de Changarnier, et légalisée le 11 fructidor an VII). — 9. Acquisition par Anne-

Élisabeth de Reugny du Tremblay d'un terrain à Autun, rue de l'Arquebuse, appartenant aux Cordeliers (12 février 1782). Copie. — 10. Autre acte semblable et de même objet (5 mars 1782), suivi de reçu délivré par le F. Vautrin, gardien des Cordeliers (14 mai 1789). — 11. Approbation de la vente précédente par le définitoire de la province (11 septembre 1782). — 12. Dépôt, par M° Changarnier, d'un acte sous écriture privée, de Paris, 11 mars 1782, portant acceptation par Élie-Élisabeth de Fussey, marquise de Courtivron, femme de Gaspard, marquis de Compasseur, Créquy et Montfort, de la donation à elle faite par Anne-Élisabeth de Reugny, épouse du marquis de Fussey (4 novembre 1782). — 13. Dépôt de l'acte de vente, du 5 mars 1782, consentie par les Cordeliers d'Autun à Anne-Élisabeth Reugny-Fussey (6 mars 1783). Extrait certifié, du 11 fructidor an vii. — 14. Vingtièmes de Bourgogne. Avertissement pour les privilégiés, adressé au marquis de Fussey pour La Motte de Chissey (21 janvier 1785). — 15. Renonciation par Antoine Virgile, fermier de la terre de Chissey, à la clause de son bail lui accordant fourniture de bois pour son chauffage (16 octobre 1786). — 16. Pièce semblable au n° 14 (18 janvier 1787). — 17 à 19. Par devant Gabriel Jarriot, notaire royal à Autun, donation des meubles se trouvant dans leur hôtel d'Autun faite par Nicolas-Antoine-Lazare-François-Xavier de Fussey à sa femme, Anne-Élisabeth de Reugny du Tremblay (10 mars 1788). — 20 à 26. Quittances diverses et bordereau de compte concernant la marquise de Fussey (1788-1793). — 27. Extrait mortuaire de Nicolas-Antoine-Lazare-François-Xavier de Fussey, inhumé au cimetière de Saint Nicolas, à Fribourg, en Suisse (27-28 avril 1793); légalisé par Jean-Baptiste Odet, évêque de Lauzanne (11 juin 1802). — 28. Main-levée du mobilier de l'hôtel d'Autun, accordée par le Directoire du département de Saône-et-Loire à Anne-Élisabeth Fussey, veuve Reugny (25 juin 1793). — 29. Consultation relative à l'arrêté du Département de Saône-et-Loire du 2 fructidor an iii, signée : Montpir (29 vendémiaire an vii). — 30. Extrait du rôle foncier de la commune d'Autun pour l'an vii. Art. 740, concernant la citoyenne Reugny, veuve Fussey (11 fructidor an vii). — 31 à 34. Quittances de contributions (ans viii-ix). — 35 à 37. Main-levée de séquestre sur les biens de la veuve Fussey, à la suite de radiation de la liste des émigrés. Arrêtés des préfets : de la Nièvre (28 floréal an x) et de Saône-et-Loire (27 prairial an x). — 38 et 39. Quittance (1806) et Avertissement (1809) pour les contributions. — 40 à 44. Pièces sans date. A signaler : 43 et 44, liquidation des droits d'Anne-Élisabeth Reugny sur les biens qui étaient possédés par son mari.

1 F 25 (Liasse). — 1 pièce parchemin, 13 pièces papier.

1482-1620. — GAYOT (DE). — 1. Double contrat de mariage, en présence de nobles Guillaume de Baudoin et Philippe de La Genete : 1° entre Guillaume Gayot, écuyer, seigneur de la Brosse, et Françoise, veuve de Bertrand Roux, écuyer, dame de Palluau; 2° entre Jean Roux, écuyer, seigneur de Montjalmain, et Jeanne, fille dudit Guillaume Gayot et de défunte Louise de Toury; constitution entre eux d'une communauté à laquelle sont associés Barthélemy, Antoine et Léonard Roux, fils de Françoise et frères de Jean Roux; leurs sœurs Philberte et Marie, demeureront, sans y acquérir droit, dans la communauté qui les aidera à se marier; ce qui n'est pas mentionné dans le contrat sera réglé « selon le stille des nobles du pays » (10 janvier 1494). En faveur du mariage projeté entre Bertrand Roux et Françoise Bureau, nobles Philbert Bureau, dit Chevrot, Bartholomier et Guiot Bureau, père et frères de la future, donnent à celle-ci toute leur terre et seigneurie de Brienne, en la paroisse de Brinay et 100 livres tournois; de son côté, la future renonce à tous les droits qu'elle pourrait avoir de ses parents; présence de nobles Jean de Marry, Jacques de La Perrine, Guiot de Pringes et Alexandre de Gayot, écuyers (29 octobre 1482). Copie du 29 août 1541. — 2. Transaction sur procès entre Esme de la Chapelle, tuteur de François Roux, fils de défunt Jean Roux et de Jeanne Gayot, d'une part, et Françoise Bureau, veuve de Guillaume Gayot, au nom de Bartholomier, Antoine, Léonard, Philberte et Marie, enfants issus de son mariage avec Bertrand Roux, et d'Antoine et Lucette, enfants d'elle et dudit Guillaume Gayot, ledit procès touchant les droits provenant de Bertrand Roux et de Marie de La Chapelle, grand-père et grand'mère de François Roux : Esme de la Chapelle aura la maison du Haut de Devay et la seigneurie de Montjalmain; Françoise Bureau gardera Palluau, partagé par moitié avec Guillaume de Baudoin; présence de nobles Guiot Bureau et Jean de Nourry (17 août 1507). — 3. Partage de ses biens et dettes, fait par Charles de Gayot, écuyer, seigneur de La Motte-Palluau, veuf de Marie de Fougères, entre ses enfants : François, Antoine, Charles et René (8 janvier 1590). — 4 à 7. Procédures en conséquence dudit partage, engagées contre Charles de Gayot, le jeune, par Léonard de Nourry et Anatoire Closse (17 décembre 1598-11 août 1599). Un exploit porte assignation *devant la porte du colombier de Palluau* (p. 4). — 8. A la requête d'Anatoire Closse, écuyer, seigneur de Palluau en partie, présentation par Anatoire de Gayot, neveu, et Marguerite Jacquinet, servante de défunt Charles de Gayot, du bétail que ledit de Gayot tenait en cheptel dudit Closse ; Charles de Gayot est mort le 7 avril (8 avril 1620). — 9. Requête par Anatoire Closse au juge de Palluau et La Motte, demandant la saisie des biens laissés par Charles de Gayot pour garantir le paiement de ses dettes ; le défunt *était si évidemment pauvre qu'il avait vendu ses héritages et tenait son bétail à titre de cheptel dudit sieur Closse* ; il ne laissait pour héritiers que son neveu, Natoire de Closse, en bas âge, et trois petits enfants illégitimes qu'il avait eus de sa servante, Marguerite Jacquinet (11 avril 1620). — 10 et 12. Adjudication des récoltes appartenant à Charles de Gayot (7 et 17 juin 1620). — 11. Inventaire des biens laissés par le défunt. — 13 et 14. Consultations d'avocats relatives à la succession de Charles de Gayot, particulièrement en ce qui concerne les enfants de Marguerite Jacquinet : signés : Sallonnier et Pomereuil (s. d.).

1 F 26 (Liasse). — 1 pièce parchemin.

1561. — GUIGNARD. — Contrat de mariage entre Jean Boullerat, fils de défunt Mathieu Boullerat, de la paroisse de Saint-Désire, demeurant au village de Cros, paroisse de Saulzais-le-Potier, et Philippe Guignard, fille de Jean Guignard et de défunte Marguerite Duffault, veuve de Denis Demay, « tous demourans en une communaulté, au village d'Uffault, » paroisse de Faverdines : les futurs entreront dans la communauté des Guignard, à laquelle le futur apportera tous ses biens personnels, plus 20 livres tournois ; présence de Jean Dulau et de Jean Dubois, écuyers (31 août 1561).

1 F 27 (Liasse . — 1 pièce parchemin, 2 pièces papier.

1697-1709. — HUGON DE POUZY. — 1. Fondation en l'église de Triel, par Élisabeth Guenaut, veuve de Pierre Hugon, chevalier, seigneur de Givry, Pouzy et autres lieux, en l'étude de Pierre Thomassin, notaire royal à Triel (23 janvier 1697). — 2. Inventaire des objets mobiliers et des papiers dépendant de la succession de Gilbert Hugon, écuyer, sieur de Fourchaud (9 août 1709). — 3. Résumé estimatif de l'inventaire précédent.

1 F 28 (Liasse) . — 2 pièces parchemin, 4 pièces papier.

1609-1644. — LABRAULT (DE). — 1. Contraintes en paiement de dettes signifiées par le Présidial de Bas-Limousin à François Labrault, juge de Soulage (17 et 21 août) ; saisie en conséquence (1er septembre 1609). — 2. Sentence du Bailliage de Saint-Pierre-le-Moûtier contre Louise de

Jacob, veuve de Jean de Labrault, écuyer, sieur de la Chatonnière (4 juin 1624). — 3. Reconnaissance de noblesse en l'Élection de Nevers, en faveur de Louise Jacob, veuve de Jean de Labrault, originaire du Limousin (8 juillet 1637). — 4 et 5. Mandement d'arrestation décerné par le lieutenant criminel de robe courte au Bailliage de Saint-Pierre-le-Moûtier, contre Pierre de Labrault (9 novembre 1644) ; saisie en conséquence, à défaut d'arrestation (12 novembre 1644). — 6. Pièce de procédure pour Jean de Labrault, écuyer, seigneur de la Chatonnière, des Doreaux et de Bussières en partie, contre Louis de Saulnier, écuyer, seigneur du Chailloux et de Bussières (sans date).

1 F 29 (Liasse . — 1 pièce parchemin, 26 pièces papier.

1526-1679. — LICHY (DE). — 1. Accord relatif au mariage d'Antoine de Maumigny, écuyer, avec Claude, fille de Blaise de Lamoignon, écuyer, seigneur de Rivière et de Triel (16 février 1526). — 2. Contrat de mariage entre Eustache de Lichy, écuyer, fils d'Adrien et d'Élisabeth du Lys, et Claude, fille de François de Maumigny et de Nicole d'Ymonville, seigneur et dame de La Boue et de Maumigny (1er mars 1609). Suivent : procuration pour assister au contrat, donnée par Eustache du Lys, évêque de Nevers, à Laurent Pyochon, chanoine de Nevers et vicaire général du diocèse (26 février 1609 : et reçu de la dot de la future (14 avril 1612). — 3 à 15. Procédures en affaires de succession (1660-1686). — 16. Lettre du sieur de Palluau à Philippe de Lichy, sieur de l'Isle, demeurant à Riégeot : demande d'argent 13 août 1660). — 17 à 21. Quittances diverses 1662-1665. — 22. Acte en la justice de Lichy, entre Charlotte de Lichy, veuve de François de Closse, et Philippe Cadeau, dépositaire des meubles de Jean de Lichy 19 février 1672. — 23 à 26. Autres quittances (1672-1679). — 27. Inventaire des pièces produites en la justice de Lichy par Charlotte de Lichy (sans date).

1 F 30 (Liasse . — 1 pièce parchemin.

1485. — MOTTE (DE LA). — Foi et hommage à Antoine de Rochefort, seigneur de Chatillon-en-Bazois, par Bertrand de La Motte et Françoise, sa femme, pour le fief de La Motte, tenu auparavant par Jeanne Després (10 décembre).

1 F 31 (Liasse). — 1 pièce parchemin.

1533. — MOTTOT. — Contrat de mariage entre Guillaume Mottot, de Neuzilly, paroisse de Montapas, et Marie Barbier, veuve d'Hubert Lyon, de la paroisse de Mingot ; après la célébration du mariage, la future entrera dans la communauté des Mottot, à laquelle elle apportera : 10 livres tournois, une vache et son veau, un taureau de la valeur de 100 sous, une brebis suivie ou pleine, une « triette print » du prix de 25 sous, un lit garni de couette, coussin, couverture et quatre draps, une robe de bureau neuve, un chaperon de noir, une paire de chausses noires « avec son chaque jour », une arche fermant à clé et une nappe de trois aunes de long (10 janvier).

1 F 32 (Liasse). — 8 pièces parchemin, 36 pièces papier.

1514-1791. — NOURY (DE). — 1 et 2. Partage de leurs biens entre : 1° Charles de Nourry et Antoine, son fils ; 2° Agnette, veuve de Guillaume de Nourry, et leurs enfants : Jean, Léonard, Mathieu et Pierron ; 3° Jeanne de Cresancy, veuve de Georges de Nourry, et Gilles, leur fils ; 4° noble Antoine Michel et Lucette, sa femme ; 5° Claude de Nourry et Huguette, sa femme ; 6° et défunt Philibert de Nourry, pour payer les frais de sa sépulture et l'exécution de son testament : présence d'Érard d'Aunay et de Vincent Michel, écuyers (26 juillet 1514). Original et copie. Au dos de la copie : « Pour Charles de Norry avec ses parsonniers ». — 3. Constitution d'une rente de 60 sous tournois par Esmond de Miniers, écuyer, et Philiberte Roux, sa femme, au profit de Pierre de la Tournelle, écuyer, seigneur du Chailloux, et Jacqueline de Baudiment, sa femme ; présence d'Antoine Roux, écuyer (24 novembre 1520). Au dos, transport de cette rente par Pierre de la Tournelle à Jean de Nourry, écuyer (17 octobre 1543). — 4. Quittance par Philibert de Nourry, écuyer, seigneur de Palluau en partie, et Antoinette Bouault, sa femme, le jour de leur mariage, à Érard Bouault, écuyer, seigneur de la Boube et de Chazaux en partie, et à Jacqueline Bouault, sa sœur : le contrat de mariage des deux époux avait été passé par devant M° Jean de Nourry, notaire, sous le sceau de la prévôté de Châtillon-en-Bazois, le 21 février précédent (Tintury, 29 juin 1529). — 5. Cession de son droit à la succession de ses parents, consentie par Jeanne, fille de Philibert de Nourry et d'Antoinette Bouault, en faveur de son frère, Léonard de Nourry, et de Marguerite Dufournet, sa femme (29 août 1569). — 6. Contrainte en paiement de dette, signifiée à *Natoire* de Closse, sur la réquisition de Gaspard de La Roche, mari et au nom de Gilberte de Nourry (27 février 1637). — 7. Sentence de la justice d'Apremont, en un procès contre *Engin* de Nourry, écuyer, sieur de Palluau, tuteur de Marie de La Boissière, et François de Marguery, écuyer, sieur de Saint-Georges (9 décembre 1643). Fragment. — 8. Procuration au porteur, par Gilberte de Nourry, veuve de Gaspard de La Roche, pour affirmer la cession par elle faite à Pierre de Nourry, écuyer, sieur de Palluau, son frère, de son droit aux successions de leurs père et mère (16 mars 1651). — 9. Sentence du Présidial de Bourges pour les religieuses de l'Annonciade de cette ville, au sujet de la pension de sœur Élisabeth Després, religieuse professe, due par Pierre de Nourry, écuyer, sieur de Turigny, et Madeleine Després (7 août 1659). — 10. « Extraict de la sentence d'ordre des cryées des immeubles saisis sur l'heredité de Thomas Regnier, à la requeste de Françoise Bourbon, vefve de Liger Cerceau, fille et héritière de Guillaume Bourbon... ». Extrait concernant le sieur de Nourry (27 mars 1662). — 11. Sentence en l'Élection de Nevers pour Martin du Fresnoy, fermier général des Aides de France, contre Pierre de Nourry et Madeleine Després, sa femme, en raison de fraude de 6 poinçons de vin qui seront confisqués (13 juillet 1680). — 12. Par devant Dony, notaire royal, contrat de mariage entre Guillaume de Noury, écuyer, fils de feu Pierre et de Madeleine Després, et Louise, fille de Pierre de Closse et de Charlotte de Bréchard (5 septembre 1707). — 13. Certificat de notoriété du baptême, à Brinay (10 décembre 1710), de Marie-Pierre, fils de Guillaume de Noury, écuyer, seigneur de Turigny, Palluau et autres lieux, et de Louise de Closse ; parrain, Pierre Duchamp, écuyer, sieur de Champcourt ; marraine, Madeleine Garnier, dame du Tremblay. « ... Le registre de l'année 1710 a esté perdu aussy bien que plusieurs autres après le décez de plusieurs curés et desservants... » (Brinay, 22 janvier 1722). — 14. Extrait baptistaire d'Eugénie-Gilberte, fille de Guillaume Millot, écuyer, seigneur de Montjardin, président-trésorier de France à Moulins, et de Madeleine Gascoing ; parrain, Gilbert Gascoing, écuyer, sieur de Garchizy, représenté par Pierre Millot ; marraine, Eugénie Carpentier de la Tuilerie, représentée par Jacquette Coiffard, sœur de la Charité chrétienne (Saint-Saulge, 23 septembre 1715). — 15. Acte du mariage, à Cercy-la-Tour, de Pierre de Noury et Eugénie Millot, dame de Chaumigny, veuve de Michel Pellé (26 novembre 1743). — 16 à 33. Procédure au Bailliage de Nevers, au sujet de l'état des biens de Turigny, Palluau, Champagne, Metz-le-Comte, Amazy, Asnois, Breugnon et autres (1757-1760). — 34. Lettre au sieur de Noury, signée : « Vaudière de Vissart », écrite au camp d'Alperbeck : « ... Je vous écris à la hâte. Les ennemis sont décampés cette nuit. Nous avons sur le moment ordre de seller et brider... Nous sommes fort fatigués... (1) » (2 juillet 1761). — 35. Sépulture, en la paroisse Saint-

(1) L'orthographe, très fantaisiste, a été ramenée à l'usage actuel.

Pierre de Cercy-la-Tour, d'*Eugénie Millot*, épouse en secondes noces de Pierre de Nourry (8 octobre 1783). — 36 et 37. Sépulture au caveau de la famille de Noury, sous la chapelle de N.-D. de Pitié, en l'église de Brinay, de Pierre-Marie de Noury, seigneur de Chaumigny, Turigny, Palluau et Verroux en partie, mort à Cercy-la-Tour (22 février 1784). — 38. Par devant Moreau de Montatin, notaire au duché, contrat de mariage entre Charles-Léonard Duverne, capitaine au régiment de Limousin, en garnison à Calvi (Corse), fils de défunts Thomas, chevalier, seigneur de Jailly, Orgne et autres lieux, et Marie Méchine, et Madeleine, fille de défunts Marie-Pierre de Noury et Gilberte-Eugénie Millot de Montjardin (19 juin 1780). — 39 à 42. Apposition de scellés au décès de Jean-Marie de Noury, propriétaire, demeurant à Palluau (1791); 43 et 44. Pièces sans date : compte (XVIIe siècle) ; consultation d'avocat signée : C. Bredeau, pour une affaire judiciaire intentée à tort devant la maréchaussée de Château-Chinon : rixe et duel entre les sieurs de Noury et François de Pergues.

1 F 33 (Liasse). — 1 pièce parchemin.

1665. — Parent. — Diplôme de licence en droit civil délivré à Edmond-Claude Parent, du diocèse d'Auxerre, par Pierre des Chasteaux, chancelier de l'Université d'Orléans (24 juillet).

1 F 34 (Liasse). — 1 pièce parchemin.

1562. — Petitbon. — Sentence du Bailliage de Châtillon-en-Bazois portant défaut contre François Petitbon, au profit de Pierre Portrait, gruyer dudit Châtillon, et ajournement donné en conséquence au défaillant pour la taxation des dépens (4 juin).

1 F 35 (Liasse). — 1 pièce parchemin.

1660. — Pinet. — Sentence du Bailliage de Nevers, pour François Pinet, avocat audit Bailliage, contre Madeleine Després, demanderesse en retrait lignager : ladite Madeleine, femme de Pierre de Nourry, écuyer, seigneur de Thurigny, est fille de Jean Després le Jeune, écuyer, frère de Charlotte Després, épouse de Michel Dumarché, ces deux Després eux-mêmes enfants de Jean Després, écuyer, seigneur de Torteron, et de Barthelomière Couillard, fille de Pierre Couillard (13 février).

1606. — Pontailler (de). — 1. Par devant Olivier Bunot, notaire royal, contrat de mariage entre Pierre de Saint-Chamant, écuyer, sieur de Pazaiac, Soulage, La Morelle et Perci, et Esmée, fille de feu Nathoire-Louis de Pontailler, seigneur de Châtillon-en-Bazois, et de Françoise de Gimel, en présence, entre autres, d'Esme de Rochefort, chevalier (1er juillet 1606). Suivent les insinuations : au Bailliage de Saint-Pierre-le-Moûtier (8 novembre 1606) et à la Sénéchaussée de Bas-Limousin, à Tulle (10 juin 1611).

1 F 37 (Liasse). — 2 pièces parchemin.

1650-1659. — Regnier. — 1. Sentence du Bailliage de Nevers pour Madeleine Delaporte, veuve de Jean Després, commissaire en la maréchaussée de Château-Chinon, contre Pierre Morin et Thomas Regnier (18 janvier 1650). — 2. Autre, pour la même, contre les mêmes, touchant une reconnaissance de rente de 7 livres, 10 sous et un cens de 5 sous (10 juillet 1659).

1 F 38 (Liasse). — 2 pièces papier.

1734-1787. — Rémigny (de). — 1. Déclaration des biens possédés par François-Angélique, marquis de Rémigny, dans les paroisses de Billy-Chevannes, Cizely et Saint-Franchy-en-Archers : indication de leur état et mention de grêles en 1729, 1730 et 1733 (14 mai 1734, copie). — 2. Quittance par Servier, procureur de l'abbaye de Saint-Martin de Nevers, de 150 livres « pour le droit de lit de Messire de Rémigny, décédé sur notre paroisse » (13 juin 1770). — 3. Mémoire sans date, touchant le droit de centième denier dû par Thérèse Séguier, veuve du marquis de Rémigny, décédé le 18 janvier 1787, et décision du Conseil sur cette affaire, en date du 13 août 1787.

1 F 39 (Liasse). — 2 pièces parchemin, 4 pièces papier.

1666-1767. — Reugny du Tremblay (de). — 1. Ordonnance de dépôt de pièces pour le procès pendant au Grand Conseil entre Charles-François de Loménie de Brienne, abbé commendataire de Saint-Germain d'Auxerre, et Louis de Reugny, écuyer, prieur du prieuré de Mazilles en dépendant, d'une part, et dom Hiérome Le Brethon, religieux profès de l'ordre de Saint-Benoît (18 juillet 1666). — 2. Extrait baptistaire, en l'église de Sainte-Marie-Madeleine d'Isenay, d'Édouard-Anne, fils de Louis de Reugny, chevalier, seigneur du Tremblay, Isenay,

Pouligny, Montaron, Poussery, Saint-Gratien, Savigny, Peron, etc., et Madeleine Garnier. Parrain, Édouard de Reugny ; marraine, Anne-Catherine de Roland, dame de Lamenay et Cossaye (4 juillet 1703). — 3. Contrat de mariage entre Anne-Édouard de Reugny, chevalier, seigneur de Poussery et autres lieux, fils de Louis de Reugny et de Madeleine Garnier, et Gabrielle Millot, fille de défunt Guillaume Millot, seigneur de Monjardin, etc., grand voyer, président trésorier de France au bureau des Finances du Bourbonnais, et de Madeleine Gascoing ; présence, outre les membres de la famille, d'Antoine Ursin, bourgeois d'Alluy, de Noël Michau, huissier à Cercy, et de Pierre Millot de Monjardin, prêtre, prieur-curé de Mingot, frère de la future (3 novembre 1749). — 4 à 6. Partage et comptes relatifs à la succession de Pierre Hugon de Pouzy (7 novembre 1767).

1 F 40 (Liasse). — 2 pièces parchemin.

1475-1487. — ROUX. — Contrat de mariage entre Bertrand Roux, écuyer, et Marie de La Chapelle ; présence de Bartholomier Bureau, écuyer, et de Jean Champerroux, prêtre (26 novembre 1475. Copie du 30 mars 1481). — 2. Procuration donnée par Jacques de Beaufort, marquis de Canillac et vicomte de La Motte, à Bertrand Roux, pour la perception des revenus appartenant audit de Beaufort dans ses seigneuries de Nourry, de Vandenesse et de Paulin-le-Bois ; présence de noble Antoine « de Cros » (7 mars 1488).

1 F 41 (Liasse). — 1 pièce parchemin.

1656. — SAULNIER. — Contrainte par le Présidial de Saint-Pierre-le-Moûtier, contre Gaspard Saulnier, écuyer, seigneur de Chailloux, en paiement de 103 livres 8 sous dûs à Me François Villadieu, recteur des écoles de ladite ville de Saint-Pierre (23 septembre).

1 F 42 (Liasse). — 1 pièce parchemin, 3 pièces papier.

1653-An III. — PIÈCES DIVERSES. — 1. Dernier feuillet d'un acte concernant un office de conseiller du roi au Présidial de Paris, intéressant : Du Floquet, Bruneau père, Marie Mollon, femme, séparée de biens, de Claude Joubert, sieur de Montigny, et Anne des Essarts, veuve d'Abraham Contant (15 septembre 1653). — 2 à 4. Élargissement de détenus à Nevers, par arrêté du Comité de Salut Public. Les intéressés sont : les citoyennes Millot, veuve Duverne ; Henriette Duverne, et Philippine Duverne, divorcée Courvol ; Charles Duverne ; Louis-Alexandre Nourry, ancien militaire ; et la citoyenne veuve Chavance, fille Millot (11 brumaire III ; pièces 2 et 3) ; les citoyennes Courvol mère et sa fille ; Marie Duverne, veuve Dubroc, et Anne Dubroc, sa fille ; Philippe Veillan et Anne Duverne, sa femme ; Madeleine Nourry, femme de Charles Duverne ; les citoyennes Courvol-Reugny et Courvol, fille aînée (2 frimaire III ; pièce 4).

II

Biens et Droits. — Baronnie de Vitry.

1 F 43 (Liasse). — 1 pièce parchemin, 3 pièces papier.

1378. — 1. PARTAGE DE LA SEIGNEURIE DE VITRY, entre Aulais de Bourbon, veuve de Girart de Bourbon, seigneur de Vitry, et Jean de Champagny, procureur de Guillaume de Marloux, seigneur de Chizeuil et de Givry, mari d'Isabeau de Bourbon, fille de Girart (13 juin 1378). — 2 à 4. Copies de la pièce précédente (XVIIIe siècle).

1 P 44 (Cahier). — Petit in-folio, 52 pages, papier (298/220ᵐᵐ).

1416-1417. — COMPTE DE LA TERRE DE VITRY rendu à Mgr. de Listenois, seigneur dudit lieu, par Guiot Curé, dit : de Saint-Denis. — P. 1. Recette du domaine. — P. 3. Recette pour vente de l'herbe des prés vacants et de ceux du domaine seigneurial. — P. 5. Recette pour vente de vins. — P. 6. Recette pour exploits de justice. — P. 7. Recette pour accense des paissons, des ports, des péages et des eaux vives et mortes. — P. 9 à 12, en blanc. — P. 13. Recette à cause du douaire d'Aulais de Bourbon. — P. 17. Recette provenant de l'amodiation de la châtellenie, des mainmortes et des biens vacants. — P. 18 à 20, en blanc. — P. 21. Dépenses : achat de vin, frais de séjour du seigneur et de ses gens, etc. ; entres autres : à Jean de Druy, licencié en lois, bailli de La Roche et de Vitry, 3 écus, pour « distribuer à pluseurs gens de conseil qui ont declairez leurs opinions de certaines affaires de mondit s' » (p. 23) ; frais de Jean de Druy, Hugues son fils, et de plusieurs autres, des 13 avril 1417 et jours suivants, passés à évaluer la terre de Vitry « pour en fere assiète à mess. Jehan de Vienne » (p. 25) ; pêche des étangs et des fossés du château (p. 26). — P. 27, en blanc. — P. 28. Dépenses pour façons de vignes. — P. 29. Décharge de deniers pour biens vacants. — P. 30. Gages d'officiers : Jean de Druy, bailli, 6 francs 3 gros ; Guillaume Johannot, de Bourbon, procureur, 2 francs ; le receveur, 15 francs (article rayé) ; Jean Dampnon, portier du château, 5 francs 3 gros. — P. 32. - Dépenses pour façons de vignes, sur le compte du douaire. — P. 33. Décharge de deniers (douaire). — P. 35 Recette sur le port et péage de Loire et le péage par terre : port et péage de Lesme, amodié aux enchères à Jean Bailly, Martin Audigier et Jean Veillault, 113 livres 6 sous 8 deniers ; péage par terre de Cronat, 13 sous 4 deniers. — P. 36. Recette pour épaves, mainmortes, vente d'herbe des prés du seigneur. — P. 37 et 38, en blanc. — P. 39. Compte des blés : froment, seigle et avoine. — P. 44. Recette de pontages : néant. — P. 45. Compte de vins. — P. 46. Comptes de gélines. — P. 48. Compte de cire. — P. 49. Recette d'écuelles « garnies de trancheux et de crosez » que doivent les habitants de *Vernoces*, à cause de leur chauffage. — P. 50. Menues parties du compte.

1 F. 45 (Liasse). — 2 cahiers papier, 12 et 7 feuillets.

1316-1428. — Actes de foi et hommage. — 1. Copie collationnée d'actes existant à la Chambre des comptes de Moulins, délivrée à Pierre Bachelier, procureur de Bénigne de Granson, veuve de François de Vienne, chevalier, seigneur de Listenois (29 mars 1531). Fol. 1 : Agnès d'Arcy, dame de Vitry, rend hommage à Jean de Châteauvillain, seigneur de Luzy, de ce qu'elle tient à Vitry, sauf en ce qui relève de Genat de Châtelain, seigneur de la Roche, et aux Vaux, excepté la Motte des Vaux, tenue du duc de Bourgogne, et ce qu'elle vient d'acquérir de Hugues de Bourbon, sire de Montperoux, qui est en franc-alleu (3 mars 1316). Fol. 1 v° : hommage à Jean de Châteauvillain, seigneur de Luzy et de Bourbon, par Jean de Bourbon, chevalier, sire de Vitry (janvier 1347). Fol. 2 v° : Hommage à Jean de la Trémoille, seigneur de Bourbon-Lancy, par Girard de Bourbon, chevalier, seigneur de Montperoux, de son fief de La Loge, paroisse de Cronat, et de ses dépendances (15 février 1378). Fol. 4. Guillaume de Mello, chevalier, seigneur de Givry en Chalonnais et de La Roche de Millay, à cause d'Isabeau de Bourbon, sa femme, prête hommage à son frère, Guillaume de La Trémoille, seigneur de Bourbon-Lancy, pour Vitry et ses dépendances (8 juin 1388). Fol. 5 : hommage à Guy de La Trémoille, seigneur d'Uchon et de Bourbon-Lancy, par Louis de Listenois, seigneur de Montagu et de Châtelledon, pour Vitry (4 juillet 1410). Fol. 6 v° : autre hommage du même au même, pour moitié de Vitry et ses dépendances (24 février 1413). Fol. 7 v° : hommage semblable au même, pour l'autre moitié de Vitry, par Guillaume de Mello, seigneur d'Époisses et de Vitry, frère de Louis de Listenois (19 novembre 1412). Fol 9 : hommage à Guy de la Trémoille, chevalier, comte de Joigny, baron de Bourbon-Lancy, par Isabeau de Listenois, dame de Bonnencontre et de Vitry, veuve de Jean de Vienne (26 septembre 1420). Fol. 10 v° : hommage au même par Charles de Mello, seigneur de Saint-Bris et de La Roche de Millay, pour Isabelle de Montagu, sa femme (10 juillet 1428). — 2. Copie fautive de la pièce précédente (exécutée en 1738).

1 F. 46 Cahier. — Petit in-folio, 45 pages 208/220 %.

1434. — Compte de la terre de Vitry. — Manque le début. Même ordre que pour le n° 1 F. 44. On relèvera seulement les articles qui ont paru les plus intéressants. — P. 9 : le péage de Lesme est amodié à Guy Carriot, curé de Lesme, Jean Portier et Martin Veillault ; le péage de Cronat n'a pas été amodié faute de soumissionnaire « pour l'empeschement des guerres ». — Sont en garnison à Vitry pour la garde de la place : Guillon du Bois, écuyer, capitaine de Vitry, du 3 juin au 14 juillet : Zacharie de Roucheneux, 24 juin p. 13, ; le même, 10 août p. 14 ; Guichart Bréchart et Louis de la Villeneuve p. 16. — P. 17 : achat, par Alphonse de Roales « d'ung fers à mectre prisonniers, pour ce qu'il n'en avoit point aud. Vitry », 6 gros. On ramène la « charrière » bac du port de Lesme, qui avait été remisée à Decize, « pour doubte qu'elle ne feust perdue des ennemis ». — P. 18 : Guillaume (ou Guillon) Dubois, capitaine de Vitry, 24 mars 1435. On répare un martinet à tendre les arbalètes. — P. 19 : à Perrin Guiot, portier de Vitry, pour l'aider à payer sa rançon, 1 réal d'or, ou 18 gros. — P. 21 : Hugues de Druy, bailli de Vitry. — P. 29 : battage de froment pris à l'ennemi par la garnison de Vitry. — P. 32 : battage de seigle pris à l'ennemi. — P. 35 : la blairie n'a pu être amodiée à cause de la guerre.

1 F. 47 Cahier. — Petit in-folio, 46 pages (288/220 %).

1437-1438. — Compte de la terre de Vitry, rendu par Jean Guillot, receveur, à Charles de Mello, seigneur de Saint-Bris, de La Roche de Millay et de Vitry. Dépouillé comme le précédent. — P. 2 : Jean Margot paie 5 sous tournois pour la place d'un moulin sur la rivière de Somme. — P. 16 : pour l'achat d'un fer de charrue (areau) à claveau, vendu par Vincent Bourbon, maréchal, et pour son transport à Bonnencontre, 4 gros. — P. 17 : dépense pour la confection d'un terrier, 3 francs 4 gros et demi, y compris 16 gros et demi pour achat du parchemin. — P. 18,: à Perrinet Gressart, capitaine de La Charité, 48 francs, en déduction de ce qui lui est dû. Poursuite, à Autun, d'un procès contre les officiers du duc de Bourgogne qui prétendaient que le seigneur de Vitry n'avait point obéi à un mandement ducal. — P. 19 : autre mention de Perrinet Gressart. — P. 25 : réparations au moulin de la Loge. — P. 27 : Hugues de Druy, bailli de Vitry, 10 francs de gages ; Henriet Salin, châtelain, 5 francs ; le receveur, 15 francs, plus 4 francs pour une robe ; Perrin Guiot, portier, 5 francs. — P. 35 : le moulin de la Loge est amodié à Perrin Liretier. — P. 52 : ordre par Charles de Mello à Henriet Salin de dresser l'état récapitulatif du compte et et des deux précédents (15 septembre 1438). P. 53 : état récapitulatif des comptes de Jean Guillot, de 1435-1438.

1 F. 48 (Cahier). — Petit in-folio, 38 pages (288/200 %).

1483-1484. — COMPTE DE LA TERRE DE VITRY. rendu par le receveur. Pierre Patin, prêtre. à Jean de Vienne. chevalier, seigneur de Listenois, Montgilbert, Chatelledon, du Donjon et de Vitry. Dépouillé comme les précédents. — P. 5 : amodiation de la glandée et du droit de paisson. — P. 9 : Mention de défunt Benoît Bailleux, ancien receveur de Vitry. — P. 12 : mentions d'informations sur le fait de la chasse — P. 18 : gages d'officiers : Jean Germain, bailli de Vitry, 8 francs ; Philibert Peyner, châtelain, 5 francs ; le receveur, 15 francs.

1 F. 49 (Cahier). — Petit in-folio, 11 feuillets (287/160 %).

1484. — LIMITES DE LA BOURGOGNE ET DU BOURBONNAIS. — Fol. 1. Déclaration de Charles VIII. portant que les terres royales enclavées aux élections d'Autun et de Mâcon continueront à être tenues comme du vivant du duc Philippe (Montils-les-Tours, 19 mars 1484). — Fol. 3. Lettre d'attache de la Chambre des comptes de Dijon (26 avril 1484). — Fol. 4 v°. Requête du procureur syndic des États de Bourgogne à la Chambre des comptes, en autorisation de prendre copie des procès-verbaux de limites du Bailliage de Brionnois et des enquêtes qui y ont servi. — Fol. 5 v°. Autorisation (Dijon, 24 mai 1650). — Fol. 5 v° et suiv. : copie des procès-verbaux et enquêtes.

1 F. 50 (Cahier). — Petit in-folio, 33 pages (300/215 %).

1493. — COMPTE DE LA TERRE DE VITRY. — Manque le début. Dépouillé comme les précédents. — P. 4 : mention de Gilbert de Lespinasse, maître d'hôtel du seigneur de Vitry. — P. 5 : envoi de châtaignes au seigneur. — P. 16 : gages d'officiers : Jean Terrière, capitaine, 10 livres ; Jean Germain, bailli, 8 livres ; Jean Deméru, châtelain, 100 sous ; Jean Moucault, procureur, 100 sous ; Hugues Picault, gruyer, 60 sous ; le receveur, 10 livres. Observation en marge que les gages ne devront être payés que sur les exploits de justice ; si ceux-ci ne sont pas suffisants, les gages seront réduits d'autant.

1 F. 51 (Liasse). — 4 pièces parchemin, 22 pièces papier.

1564-1650. — TITRES GÉNÉRAUX. — 1. Évaluation des revenus de la Seigneurie de Vitry (2 octobre 1564). — 2. Déclaration de l'étendue des bois en dépendant (22 novembre 1564). — [Copie collationnée par Bouillyer, notaire royal, sur les terriers reçus Janet et Picaud, sur Chassenay, en 1525 et 1623 (en déficit : pièce signalée d'après l'inventaire)]. — 3. Par devant Blaise Robert, notaire royal à Bourbon-Lancy, vente de la coupe du bois de la Loge faite à Antoine Lebreton, Jean et Pierre Serrebource, marchands à Orléans, par Claude Prudhon, écuyer, demeurant à Bourbon-Lancy, au nom de Françoise de la Baulme, veuve de Gaspard de Saulx-Tavannes (2 mars 1582). Suit la ratification, par Françoise de la Baulme, reçue à Arc-sur-Tille par Thomas Nicolardot, notaire de la Chancellerie de Bourgogne, demeurant à Bressey-sur-Tille (8 mars 1582). — 4. Jean de Saulx-Tavannes autorise Jean Gonin, *alias* Émery, chef et gouverneur de sa communauté, laboureur à Cronat, à se servir du moulin Émery, qu'il a fait bâtir en cette paroisse, moyennant 20 deniers tournois et une coupe de seigle, mesure de Bourbon-Lancy, à payer chaque année. représentant la dispense de la banalité (30 juillet 1603). — 5. Transaction sur procès pendant au Bailliage de Vitry, entre Jean de Saulx-Tavannes et les habitants de Vitry, Cronat, Maltat et Lesme, par laquelle ceux-ci cèdent au seigneur les droits qu'ils avaient au bois de la Grande-Marchie, à la réserve du droit de vaine pâture (22 juillet, 1er et 5 août 1603). — 6. Transaction entre le seigneur de Vitry et Jean Moreau, dit Chardon, du village de Chanelet. paroisse de Cronat, portant affranchissement de la dîme de blairie, moyennant 9 coupes d'avoine, mesure de Bourbon-Lancy, à payer chaque année (23 juillet 1603). — 7. Conversion en argent de la dîme de blairie due par Jean et Gilbert Poytreaulx, de la paroisse de Vitry, qui devront payer 40 sous par an, lesquels seront réduits à 20 sous si les intéressés « se remettent en une communauté et à un mesme feu » (24 juillet 1603). — 8 et 9. Transaction sur procès pendant aux Requêtes du Palais à Dijon, entre Jean de Saulx-Tavannes et Claude de Billon, écuyer, seigneur des Prés et de Saint-Martin-des-Lais, relativement au droit de pêche dans la Loire (27 août 1604, 2 expéditions). — 10. *Déclaration du domaine des Natifs, tenu de Jean de Saulx-Tavannes, faite par Antoine Natif* (28 août 1604). — 11. Transaction sur procès pendant au Bailliage de Vitry et aux Requêtes du Palais à Dijon, entre Jean de Saulx-Tavannes, à lui joint le receveur de Vitry, et Pierre Lamartine, maître et chef de sa communauté, relativement à une reconnaissance de mainmorte et à l'héritage de mainmortables décédés (13 août 1607). — 12. Extrait du terrier Chassenay (1623), donnant le nom de ceux qui sont astreints à curer les fossés du château (copie du xviii⁰ siècle). — 13. Sentence des Requêtes du Palais à Dijon, pour Jean de Saulx-Tavannes, contre Jacques Burgat, contrôleur au grenier à sel de Bourbon-Lancy (4 mars 1628). — 14. Transaction sur procès entre Jean de Saulx-Tavannes et Madeleine de Balorre, veuve de François de Montjornal, écuyer, sieur du Vergier et du Deffend, relativement à divers droits et propriétés (4 septembre 1625). — 15. Bail des accrues de Loire, consenti à Gilles Auduger, paroissien de Lesme, chef de sa communauté, par Jean Gouneau, curé de Vitry, procureur de Jean de Saulx-Tavannes (5 mars 1630). Suit la copie de la procuration de Saulx-Tavannes (au château de Suilly, 23 octobre 1629). — 16. *Arrêt du Grand Conseil dans le procès entre Philippe de Champfeu, écuyer, sieur de Saint-Martin, Jean-François de Champfeu, écuyer, sieur de la Fin, Gabriel Lesbaupin, curé de Saint-Martin et Gilbert Morize, meunier du moulin du même lieu, d'une part, et Henri de Saulx-Tavannes, seigneur de Vitry, d'autre part* (9 décembre 1642). — 17 et 18. Transaction relative audit procès, reçue par Bretin, notaire royal (28 novembre 1643. Original et copie). — 19. Transaction entre Henri de Saulx-Tavannes et les habitants de Lesme, pour mésus et dégradation dans les bois de la seigneurie de Vitry (10 août 1644). — 20. Reconnaissance de dette fournie pour le même motif par les habitants de Vitry : les fonds seront versés aux Ursulines de Bourbon-Lancy (15 janvier 1645). — 21 et 22. Quittances en conséquence (10 mai 1645 et 20 juin 1648). — 23. Assignation aux Requêtes du Palais, à Dijon, donnée à Toussaint Deleau, marchand à Cronat, pour le contraindre à payer les corvées et blairies qu'il doit (9 juillet 1648). — 24 et 25. Pièces de procédure aux Requêtes du Palais, à Dijon, relatives à des usurpations d'accrues au bord de la Loire (1649). — 26. Requête par Henri de Saulx-Tavannes, à

l'effet d'assigner au Parlement de Dijon certains de ses sujets en reconnaissance de mainmorte et en restitution de biens usurpés sur les terres vaines et vagues de la baronnie de Vitry (23 janvier 1650).

1650-1718. — Titres généraux. — 1 à 7. *Déclarations des biens usurpés sur les terres vaines et vagues de la baronnie de Vitry*, fournies par : 1, Anne Rat, veuve de Gilbert Goneau; 2, Jean Esperon, dit Varion; 3, Blaise Moreau; 4, Philippe Esperon; 5, Benoît Borachot; 6, Gilbert Regnault; 7, Pierre Potereau (12 avril 1650. — 8. « Mémoire de ce que j'ay rendu compte de l'année 1652, de la terre de Vitry », signé : Musnier, receveur : total, 1733 livres 18 sous, dont il faut déduire 300 livres pour les gages. — 9, 10 et 12. Acquisitions de prés en l'Étang Vallée, par dame Melchior de Bueil de Grimaldi, comtesse de Rispe, dame du Donjon et de Vitry (1673-1674). — 11 et 13. Pièces de comptabilité relatives à ces achats (1673-1678). — 14. Dénombrement fourni à la Chambre des Comptes de Dijon par la dame Melchior de Bueil, veuve de Brocard de Gianny, comte de Rispe, baron de Vitry (27 juin 1688. Copie donnée à la requête de Marguerite de Jarsaillon, veuve de Pierre Bruneau de Vitry (3-5 juin 1741). — 15. Donation des seigneuries de Vitry et du Donjon faite par ladite dame de Beuil à sa cousine issue de germaine Henriette de Saulx-Tavannes, veuve de Louis-Eustache de Marion de Druy, marquis de Druy, major général de la gendarmerie, mestre de camp d'un régiment (3 juin 1696). — 16. Transaction sur procès pendant aux Requêtes du Palais, à Dijon, entre Jean de Saulx-Tavannes et Jean Pariset, de Bourbon-Lancy, relativement au moulin Moucaud, sis sur la rivière de Somme, paroisse de Lesme (12 septembre 1603). — 17. Procès-verbal relatif au droit dû sur le moulin Moucaud (31 mai 1703). — 18. Description de la baronnie de Vitry (sans date, XVIII⁰ siècle). — Acquisition de la baronnie de Vitry, par Pierre Bruneau, chevalier, seigneur de Champlevrier, sur Marguerite-Henriette de Saulx-Tavannes (6 mars 1714. En déficit. — 19 à 21. Apposition de scellés sur le coffre contenant les papiers de la baronnie, et récolements (22 avril-26 mai 1714). — 22. État des biens possédés par François Jourdier, marchand de bois à Cronat, relatif à sa cotte d'imposition (1715). — 23. Billet de François Jourdier, pour 125 livres restant dues sur le prix du bail à lui fait par la marquise de Druy, lequel a été continué par Bruneau (19 janvier 1715). — 24. Bail des carpots de Lesme (15 mars 1717). — 25 et 26. Publications faites au prôné par Compin, curé de Maltat, enjoignant aux tenanciers de payer leurs rentes, blairies et corvées (3 novembre 1716 et 17 octobre 1717). — 27. Accense consentie à François Jourdier des herbes et de la glandée du bois de Montcocu (5 mai 1717). — 28. Déclaration par le sieur de Lamartine et Gabrielle Durégon, sa femme, tuteurs des enfants d'Étienne Lebesgue et au nom de ceux-ci, qu'ils ne prétendent droit aux eaux mortes du crot, proche le domaine des Fondis (19 décembre 1717). — 29 à 33. Échange entre Pierre Bruneau et Marguerite de Jarsaillon, sa femme, et Adrien Delachèse, docteur en théologie, prévôt et chanoine de Notre-Dame de Bourbon-Lancy, et procédures y relatives (1717-1718). — 34. Transaction sur procès entre les mêmes (24 octobre 1718).

1 F 53 (Liasse). — 7 pièces parchemin, 36 pièces papier.

1718-1789. — Titres généraux. — 1 à 3. Baux généraux des revenus de la baronnie, consentis par Pierre Bruneau ou Marguerite de Jarsaillon, sa femme: à Philippe Durand et Antoine Veillaut (18 novembre 1718); à Joseph Boullier et Jeanne Moreau, sa femme (14 mai 1728); à Jean-Baptiste Jourdier (12 mai 1739). — 4 à 6. Pièces relatives au paiement des vingtièmes (1750). — 7. Autre, relative à une fausse déclaration de la valeur de la baronnie (11-26 mai 1750). — 8. Différend entre Pierre Bruneau et dom Pierre-Henry Roussignol, prieur de Saint-Nazaire-lez-Bourbon-Lancy, et Antoine Rigodon, curé de Lesme, au sujet de la dîme des carpots de Lesme (13 décembre 1718). — 9. Compromis sur ce sujet, portant choix, comme arbitre, de Gevalois, ancien lieutenant au Bailliage de Bourbon-Lancy (3 février 1719). — 10. Dépôt de pièces relatives à ce droit de dîme, opéré par Lazare Dureuil, greffier du Bailliage de Bourbon-Lancy, en l'étude de Jean-Claude Pinot, notaire royal (2 mai 1783). — 11. Transaction entre Pierre Bruneau et Pierrette Coret, veuve de Pierre Boueret, laboureur à La Marchie, paroisse de Vitry, relativement à une indemnité due pour avoir laissé en friches des terres entragées (14 septembre 1723). — 12. Sentence de la Table de marbre de Dijon, contre Gaspard Dreux et autres, pour anticipations sur des biens communaux et sur des chemins (7 juillet 1724). — 13. Arrêt du Parlement de Dijon confirmant la sentence précédente (5 janvier 1726). — 14. Sentence de la Table de marbre de Dijon, entre les mêmes parties, au sujet de délits de pêche et de chasse (13 août 1727). — 15 et 16. Procès-verbaux de levées de cadavres trouvés en Loire (21 octobre 1728 et 3 juillet 1729). — 17 à 35. Pièces de procédures entre le baron de Vitry et le seigneur de Saint-Martin-des-Lais,

relativement au droit de pêche et aux accrues et îles de la Loire (1729-1739). A relever : une consultation signée à Dijon par Varenne (28 avril 1729), et un mémoire manuscrit fourni à la Cour des Aides par Robert Bruneau (signifié le 23 décembre 1763). — 36. Transaction sur procès pendant au Bailliage de Bourbon-Lancy, entre Marguerite de Jarsaillon et Pierre de Challemoux, officier de marine, à propos de la propriété de l'île de Lesme ou du Fourneau et du droit de parcours appartenant au domaine Auduger (29 octobre 1730). — 37. Lettre de la dame de Vitry, à Pinot, procureur fiscal de la baronnie, relative à la même affaire (sans date). — 38. Lettre de M. de Foubert au baron de Vitry, sur le droit de parcours du domaine Auduger; fragment (16 mai 1789). — 39 et 40. Procès-verbal de levée et d'examen du cadavre de Louis Thomassin, ci-devant employé dans la brigade des gardes, au grenier à sel de Bourbon-Lancy, noyé en Loire (11 mars 1731). — 41. Procès-verbal de délit dans le bois des Écossais : arbres coupés pour enlever une voiture de pierres (4 juillet 1731). — 42. Sentence du Bailliage de Bourbon-Lancy, portant maintenue de droits de blairie et autres en faveur de Marguerite de Jarsaillon, contre Jacques Bougarel, seigneur de Ballore (4 septembre 1738). — 43. Adhésion donnée par quinze habitants de Crount à l'exécution de la sentence précédente (31 mai 1739).

1 F 54 (Liasse). — 6 pièces parchemin, 10 pièces papier.

1741-1761. — Titres généraux. — 1. Arrêt du Parlement de Dijon, sur appel du Bailliage de Bourbon-Lancy, condamnant Pierre Poillot, sieur du fief de Valence, en la justice de Cressy, à payer à Pierre de Faubert des droits de blairie et de banalité (27 février 1741). — 2. Arrêt du même Parlement, confirmatif de sentence du Bailliage de Bourbon-Lancy, du 4 septembre 1738, pour Marguerite de Jarsaillon et Denis-Robert Bruneau, son fils, contre Jacques Bougarel, relativement aux droits de blairie et d'usage du domaine de Coignard et du Domaine-Neuf (28 juin 1741). — 3. Copie de l'arrêt précédent. — 4 à 8. Pièces relatives à la taxation des dépens de l'arrêt précédent (1741). La pièce 8 est une copie de consultation signée à Dijon par Ponsenard (8 décembre 1741). — Procès-verbal et plan relatifs au bois de Bigarnis (1741). En déficit. — 9 à 11. Transaction sur procès pendant aux Requêtes du Palais, à Paris, entre Denis-Robert Bruneau et Jacques Bougarel, sur l'étendue des justices de Vitry, Ballore et Trizy (4 janvier 1742). Deux pièces jointes : extrait du terrier de la seigneurie du Chambon; « observations sur ce qui peut servir à prouver notre droit de dîme dans les

Plottes », contenant un plan visuel de Trizy. — 12. Mémoire pour la dame Bruneau contre les sieurs Gouneau et Bougarel, à propos d'une terre abandonnée en pacage aux habitants dépendant de sa seigneurie (sans date). — ¡Pièces de procédures contre François de Bongards et autres, au sujet du Max de la Picharne (1743). En déficit. — 13. Constitution de rente par Denis-Robert Bruneau. au profit de François Descréaux, curé de Vitry (31 juillet 1747). — 14. Cession de ladite rente par les héritiers Descréaux à Jean Bijon, notaire royal à Bourbon-Lancy (19 février 1761). — 15. Assignation à Jean Teuillon. laboureur au village de Lamartine, à comparoir au Bailliage de Vitry pour produire le contrat d'acquisition de l'entrage Bellaire (22-23 mai 1750). — 16. Amodiation de l'île du Fourneau consentie à François Bonjour. marchand voiturier par eau, par Joseph Boullier. notaire royal à La Nocle, régisseur de la baronnie de Vitry (22 juin 1750).

1 F 55 (Liasse). — 1 pièce parchemin, 69 pièces papier.

1741-1783. — Titres généraux. — 1 à 3. Consultations d'avocats relatives à des interprétations de droits seigneuriaux. signées : à Dijon. par Bannelier (24 août 1741. 2 pièces), et à Autun, par Moreau (9 avril 1751). — 4 à 7. Procédures pour délit de pêche au carrelet dans la Loire (1751-1752). — Procès-verbaux de délits dans les bois (1753-1754). En déficit. — 8. Procès-verbal de délit forestier, contre le sieur Jourdier. bourgeois à Cronat (22 novembre 1758). — Autre procès-verbal de délit de bois (1758). En déficit. — 9. Plainte au bailli et gruyer de Vitry, par le procureur fiscal de la baronnie. relativement à des délits de chasse et dans les bois (15 mars 1759). — 10. Procédure contre Antoine Brandin. curé de Vitry. pour anticipation de terrain (24 juin 1760). — 11. Pièce jointe à la précédente : copie de l'édit royal concernant les acquisitions des gens de mainmorte (Versailles. août 1749). — 12. Assignation à Louis de Virgile. écuyer. seigneur des Boutards, pour anticipations (1760). — 13. Provision de l'office de procureur fiscal de la baronnie de Vitry, accordée par Denis-Robert Bruneau à Jean-Baptiste. fils de Joseph Boullyer, en succession de son père défunt (18 avril 1761). — 14. Bail général des revenus de la baronnie consenti par Denis-Robert Bruneau à Jean Cuvilliers, marchand à Vitry. et Antoinette Fauvre, sa femme (27 août 1761). — 15 à 46. Publications aux prônes relatives au paiement des droits, rentes et revenus (1761-1783). — 47 à 50. Procès en la Cour des Aides, relativement aux droits de la baronnie. (Arrêt du 5 août 1765). — 51. Sous-ferme de la pêche en Loire. consentie par Jean-Baptiste Cuvillier à Pierre et Jean Senlis. père et fils, pécheurs à Nevers (23 août 1762). — Assignation à Charles Goutereaux pour comparoir au Bailliage de Vitry. en raison de délit forestier (1763). En déficit. — 58 à 62. Publications aux prônes pour le paiement des redevances (1764-1780). — 63. Sous-ferme de la pêche des eaux vives de la baronnie consentie par Jean Cuvillier à Henri Gay. bourgeois de Lesme (3 mai 1766). — 64 et 65. Consultations d'avocats relatives au droit de dime, signées par Ranfer et Vernin (Dijon. 5 janvier 1768, et par Moreau (28 mars 1768. Copie). — 66 et 67. Plaintes au juge et gruyer de Vitry par le procureur fiscal, en raison de délits forestiers (1767-1768). — Mémoire et avis d'avocats relatifs au droit de pêche et de chasse prétendu par Brandin, curé de Vitry (1769). En déficit. — 68 et 69. Procès-verbaux de délits de pêche en Loire et en Somme (28 février et 8 mars 1770). — 70. Copie fragmentaire d'un dénombrement de la baronnie (vers 1770).

1 F 56 Liasse. — 2 pièces parchemin, 27 pièces papier.

1603-1774. — Titres généraux. — 1 à 6. Procès-verbal et procédure en conséquence au Bailliage de Vitry. pour délit de pêche au feu et à la *foine* (juillet-décembre 1771). — 7. Sous-ferme du droit de pêche en Loire. consentie par Jean-Baptiste Cuvillier à Jacques Caruat. pontonnier au port du Fourneau (24 août 1771). — Procès-verbal de délit forestier (1772). En déficit. — 8. Lettre du sieur Compin. de la Motte-Maltat. à M. de Vitry. relative à des recherches de titres (4 juin 1772). — 9 à 17. Procès au Parlement de Dijon. entre Denis-Robert Bruneau et Antoine Brandin. curé de Vitry. à propos de la dime : requête. mémoires. imprimés et manuscrits. pièces et extraits à l'appui. etc. ; entre autres : transaction entre *Françoise de la Baume.* veuve du maréchal de Tavannes. et Jean Gouneaud. curé de Vitry (24 juillet 1603) : arrêt définitif du Parlement (12 août 1772). — 18 à 21. Procès au Bailliage de Vitry. pour délit forestier (1772-1774). — 22 et 23. Procès au Parlement de Dijon. pour Denis-Robert Bruneau, contre Pierre-François de Faubert et Antoine Brandin. curé de Vitry : mémoire imprimé et arrêt (1er février 1773). — 24. Procès-verbal de mésus de bestiaux (8 août 1773). — 25 à 29. Procès en la maîtrise d'Autun. entre Denis-Robert Bruneau et Jean-François de Faubert, sur la propriété du bois du Défend : sentence du 4 juin 1774. — 30. Procès-verbal, à la requête des bouchers de Cronat. contre Moineau, vigneron-cabaretier à Vitry, pour abattage et vente d'un taureau (21 août 1774).

1 F 57 (Liasse). — 3 pièces parchemin, 47 pièces papier.

1778-1788. — Titres généraux. — 1 à 3. Procès-verbaux pour délits de bois ou de pacage (25 juin 1778, 22 avril 1781, 16 avril 1784). — [Procédures au Bailliage de Bourbon-Lancy pour le paiement des redevances (1784). En déficit.] — 4 à 10. Lettres à terrier (26 avril 1786), leur enregistrement au Bailliage de Bourbon-Lancy, proclamats en conséquence et acceptation, pour la rénovation du terrier de la baronnie de Vitry, de M⁰ François-Agnet Montgilbert, notaire royal à Bourbon (1786). — 11 à 16. Demande et procédure en nouvelle reconnaissance, pour le baron de Vitry contre Claude Fleuriat, demeurant au Sancoin, paroisse de Vitry (1787-1788). — 17. Publication au prône de Crouat pour le paiement des redevances (18 novembre 1787). — 18. Sentence du Bailliage de Bourbon-Lancy pour le baron de Vitry contre Jean Marion, meunier au moulin du Roi, pour la reconnaissance de redevances à inscrire au terrier (26 novembre 1787). — 19 à 30. Pièces de procédures relatives à l'affaire précédente (1787-1788).

1 F 58 (Liasse). — 4 pièces parchemin, 91 pièces papier.

1630-1789. — Titres généraux. — [Procédure au Bailliage de Bourbon-Lancy, contre François-Sébastien Mouteau, en reconnaissance de directe dépendant du domaine de la Malevelle (1787-1788). Procédure analogue, au Parlement de Dijon, pour reconnaissance concernant la prairie de la Jonchère (1630-1789). En déficit.] — 1 à 9. Procédure au Bailliage de Bourbon-Lancy, contre Benoît et Antoine Lambert, frères (1773-1789). — [Demandes en nouvelles reconnaissances formées contre des habitants des villages Vallée et Patin (1788). En déficit.] — 10 à 20. Procédure semblable contre les nommés Dumont et Picault, meuniers en la paroisse de Dioux (1788). — 21. Publication au prône pour le paiement des redevances (9 novembre 1788). — 22 à 80. Autre procédure, contre Joseph Caruat (1788). — 81. Acquisition par Pierre-Étienne Bruneau d'une maison et dépendances, à Vitry, appartenant à Jean Darniat, tonnelier, et remise à l'ancien propriétaire, à titre de bail à culture (12 décembre 1788). — 82. Déclaration de défrichement de l'île du Fourneau (14 février 1789). — [Approbation par Marie Saint-André d'une rétrocession par droit de retrait censuel consentie par Antoine Lambert, son mari, et Benoît Lambert (1789). En déficit.] — 83. Déclaration de défrichement de la terre Peilereau, du champ de la Grande-Borne et de la Bourbonne (9 mai 1789). — 84 à 95. Procédure au Parlement de Dijon, contre Jean-Marie Compin de la Motte, en

nouvelle reconnaissance (1789). — 96 et 97. Contestation entre le baron de Vitry et Jean-François de Faubert, au sujet du droit de pacage de l'île du Fourneau (13 août et 1ᵉʳ octobre 1789).

1 F 59 (Cahier). — In-fol., 24 feuillets, parchemin (320/170 %).

1438. — Terriers. — Terrier de la châtellenie de Vitry, dressé par Charles de Mello, chevalier, seigneur de Saint-Bris et de Vitry, et Isabeau de Montagu, sa femme, par Henriet Salin, de Bourbon-Lancy, notaire royal. — Fol. 1. Tailles. A Bolargue : Jean Moreau le jeune ; Pierre Charret ; Jean Pelerin (fol. 2) ; Jean Baratier ; Jean Guioneaul ; Bietrix, veuve de Jean Martin ; Guillaume Perrot. Fol. 3. A Montangon : Jean Durantin ; Bartholomier Durand. Fol. 3 v°. A la Loge : André Huguenin ; Agnès, veuve de Jean Bartholomier ; Jean Coyron (fol. 4) ; Huguenin Bartholomier ; Jean Naulet, pour lui et pour ses *parceniers*. Fol. 4 v°. A Chaveillay et la Grant Marchie : Philibert Jehandet ; Guiot Pierre ; Jean Galousat (fol. 5) ; Jean Maignevat ; Jean Durantin ; Huguenin Borgier ; Guiot Bartholomier. Fol. 6. A Colonges : Jean Amiot Boyer ; Nicole, veuve de Jean Amiot Boyer ; Jean Morin ; Huguenin Reveau ; Guillaume Bornes. Fol. 7. A Brain : Guiot Prevost ; Jean Moreaul, de Tramblay ; Guichard Chambonier ; Huguenin Pontenier. Fol. 8. A Villers : Jean le Gouhat ; Pierre des Bos ; Robert Tuillon, pour lui et ses *parceniers* ; Huguenin Breulefer ; Jean Taboulet ; Louis de la Vallée. Fol. 9. A Vitry : Pierre Taupin ; Jean Portier ; Guillaume Messaigier ; Guiot Moreaul ; Martin du Cloux ; Jean Patin, pour lui et ses *parceniers* (fol. 10) ; Pierre Dassart ; Perrin Rat ; Guiot Rat ; Jean Rat ; Guillaume Valée ; Regnault Gaultier (fol. 11). Fol. 11 v°. A Lesme : André Perreaul ; Guillaume Greillault. — Fol. 12 v°. *Cens et chauffaiges*. Martin Veillault ; Philibert du Plasseiz (fol. 13) ; Perrin Guiot ; Jean Marchant, de la Court-Vieille ; Jean Guillot ; Pierre des Bos (fol. 14) ; Vincent Bourbon ; Jean Pelerin ; Martin Picault ; Guiot Andrer (fol. 15) ; Jean Lochin ; Jean Dassart. — Fol. 16 v°. Quêtes dues tous les trois ans : Perrin Leritier. — Fol. 17. Port et péage de Lesme ; énumération du tarif. — Fol. 19. Listes des bois et de leurs revenus. — Fol. 19 v°. Droits sur les eaux vives et mortes. — Fol. 20 v°. Domaine, justice et autres droits. — Fol. 23. Revenus en blé. — Fol. 24. Revenus en seigle.

1 F 60 (Registre). — In-4°, 533 feuillets, papier (285/205 %).

1525-1533. — Terriers. — Terrier de la seigneurie de Vitry, pour Bénigne de Granson, tant en son nom qu'en qualité de baillistre de François de Vienne, son fils, dressé par Antoine Jehannet et Benoît Picault, notaires en la chancellerie de Bourbon-Lancy. — Fol. 1 v°. Lettres à terrier (Saint-Just-sur-Lyon, 23 nov. 1525). Fol. 4 v° Commission des notaires, délivrée au nom de Michel Cadier, seigneur de la Brosse, bailli de Bourbon-Lancy (5 déc. 1525). Fol. 5. *Vacation à Gentenay, avec assignation des marchands fréquentant la rivière de Loire.* Fol. 11. Port et péage à Lesme. Fol. 18 v°. Déclaration du domaine et des droits dépendant de la seigneurie. Fol. 26 v°. Limites de la seigneurie et de celle de Ternant. Fol. 29 v°. *Copie de la transaction passée entre Huguenin, seigneur de Ternant, et Agnès, dame de Vitry, épouse de Hugues de Varigny, chevalier, intervenant pour elle et pour Jehannet, Huguenin, Guillemin et Cuyot, enfants qu'elle avait eus de son mariage avec Jehannet, dit Papillat, seigneur de Vitry, au sujet de ces limites* (9 juil. 1307). Fol. 31. Tailles et cens dus à Vitry par : Mathieu Patin et consorts ; Jean Poirier et les siens (fol. 38) ; Gabriel Perreau, dit Varion, pour lui et ses *commungs personniers* (fol. 40 v°) ; Huguenin Patin, sergent, et les siens (fol. 43) ; Guichart Protat, prêtre, et ses neveux (fol. 44) ; François de Finy, écuyer, pour lui et pour Gabrielle de Finy, sa mère, et Adrien de Finy, son frère (fol. 45 v°) ; défaut contre Jean et Claude Guillot, frères (fol. 46 v°) ; refus de reconnaissance par Claude Durant, maréchal à Montigny (fol. 47). — Fol. 53. Tailles et cens à Montigny, dus par : Claude Vallet, prêtre, Gilbert Vallet et leurs *personniers* : Martin Messaigier et ses communs (fol. 60) : Claude Durand, maréchal (fol. 64) ; Jean Estienne *et ses communs* (fol. 70 v°) ; Simon Robert, Jacques Corre et leurs *personniers* (fol. 75 v°) ; Simon Rat et ses communs (fol. 82) ; Guillaume, fils de Jean Estienne le père, et autres (fol. 86 v°); Guiot Moreau et les siens (fol. 89 v°); Mathieu Janet, d'Ambly (fol. 97); Claude Vallet, prêtre, et ses communs (fol. 98 v°) ; Philippe Petit, écuyer, seigneur d'Ambly (fol. 101). — Fol. 106. Défauts de reconnaissances à Brain. — Fol. 113. Droits dûs à Brain par : Pierre Picault, marchand, à Coulonges, paroisse de Cronat, et les siens; Simon Ponthenier et ses communs (fol. 116 v°) ; Odot Baron, et les siens (fol. 121), et ratification, du 29 août 1527, par Jean Riche, parsonnier d'Odot Baron (fol. 124) : le meix d'Huguette Chambonnier n'est plus exploité (fol. 126); Gilbert Prévost, l'ancien, et les siens (fol. 129 v°) : Georges Baptisat et ses communs (fol. 133) ; Léonard Prévost, prêtre, curé de Garnat, et les siens (fol. 134 v°) ; Jean Chambonnier, l'ancien, et ses communs (fol. 138 v°). — Tailles et cens dus à Gentenay par Quentin Sonnery (fol. 143). — Fol. 148. Finages de Lesmes, *Montlartin* et *Bolzianeau*. Cens dûs à la Saint-Martin d'hiver : sur le

meix Guillaume *Bidelat*, alors vacant ; par Guillaume Guiot et ses communs (fol. 149 v°) ; sur la terre de Denis Addot, décédé (fol. 150 v°) ; par Martin Bourneau, et les siens (fol. 151) ; par Pierre Poitrault et ses communs (fol. 152 v°) ; par Berthier Villault, prêtre, et les siens (fol. 153 v°) ; par le même et ses communs (fol. 154), et ratification (fol. 157). — Fol. 157 v°. — Exhibition de titre (9 fév. 1496, n. st.) par François Veillault. — Fol. 158. Reconnaissances de tailles par : Martin Racolet et les siens ; Denis Nérault (fol. 159) ; André Boussault et les siens (fol. 161). Reconnaisance de cens par Guillaume Moucault, bachelier en décret, bourgeois de Bourbon-Lancy (fol. 162 v°). Autres, de taille, par : Pierre Blondat, l'ancien, bourgeois de Bourbon-Lancy, comme tuteur de Claude, fils de Pierre Perreault, dit Chalemoux, en son vivant canonnier en l'artillerie du roi (fol. 164) : Gilles Audugier, prêtre, et ses communs (fol. 166); Martin Perreaul et ses communs (fol. 168 v°) ; Pierre Carcosset (fol. 170 v°) ; Julien Pillon et ses communs (fol. 171) ; Pierre Jacot et les siens (fol. 171 v°) ; Guillaume Guiot, Martin Regnault et leurs consorts (fol. 173). — Fol. 174 v°. Meix vacants. — Fol. 176. Redevances dues par : Benoite Buduée; Philippe Petit, seigneur d'Ambly; Isabeau, veuve de Jean Perreau ; Durand de l'Entre. — Fol. 177. *Autres tailles portant gelines, corvées et droit de mainmorte,* dûs au village de Boulargue par : Jean Moreau et ses communs ; Noel Bergiron, prêtre, et ses communs (fol. 187 ; Jean Bobelin et ses communs (fol. 190 v°); Jean de *Lentre* et ses communs (fol. 201) ; Claude Girard et ses communs (fol. 206) : le meix Colas Girard, vacant et à ce moment démembré (fol. 211) ; Agnès Girard, veuve de Colas Veillault (fol. 214) : Jean Chadeau et les siens (fol. 216); le même et ses communs (fol. 218); Berthier Villault, Jean Roy et Pierre Poitrault (fol. 222). — Fol. 237. *Au Cloux* et *La Cornille.* Tailles et cens dûs par : Gilbert Nodon, Jean Guyot et leurs communs : Gilbert Bohier et les siens (fol. 243 v°) : Nicolas Forget et ses communs (fol. 245); Pierre du Monceau et les siens (fol. 246) : Faulque de Prereault, veuve de noble Jean de Myniers, seigneur de Fraise, pour elle et pour Jean de Myniers, son fils, 29 juin 1529 (fol. 247). Défaut de reconnaissance pour le meix *Berichar* Geay et Guillemin Boullet (fol. 250). — Fol. 257. Tailles dues à La Chappe, sur lesquelles la dame de Fraise prélève 8". Elles sont dues par Gilbert Perrot, prêtre, et les siens, *tous vivans en communion de biens* ; Jean Guyonneau, l'ancien, et les siens (fol. 262 v°); Gilbert Martin et les siens (fol. 268). — Fol. 274. Reconnaissance collective par les habitants de La Chappe d'une taille de 21 s. 8 d. t., qu'ils doivent payer conjointement avec les habitants d'Assart. — Fol. 283. Tailles dues à Assart par: Jean Clerc; Huguenin Riche et les siens (fol. 285); Guichart Riche et les siens (fol. 288); Jean Durand (fol. 290); Denis Esperon (fol. 291); Guichard Riche et autres (fol. 295). — Folio 296 v°. Taille commune d'Assart et de La Chappe (cf. fol. 274). — Fol. 298. Taille due par Guillaume Geoffroy et ses communs. — Fol. 307. Chavellay. Tailles et autres redevances dues par: Liénard Pierre et ses communs; le même, au nom de la collectivité des habitants, au nombre de 18 (fol. 310 v°); Jean Moreau (fol. 312); le même et ses *consors* (fol. 312 v°); Louis Simon et ses *consors et personniers* (fol. 314); Guillemin d'Assart et les siens (fol. 315 v°); Jean Moreau et les siens (fol. 317); Jean Bagot (fol. 318); Jean Esperon (fol. 318 v°); Berthier Moreau, Louis Simon et autres (fol. 320); Simon de Roche et ses communs (fol. 321). — Fol. 327. A la Grant Marchie. Tailles, et autres redevances dues par: Jean Chevaigny; Guyot Moreau, *alias* Bergier, et ses communs (fol. 330); Huguenin Roy (fol. 333 v°); *Luffron* Chazay (fol. 336 et 350); Claude Garlaud et les siens (fol. 338); Jacques Girard, dit Garlaud (fol. 341); Guichart, fils de feu Jean Civet (fol. 348 et 351); Claude Garlaud et autres (fol. 351 v° et 353); Jean des Botz, bourgeois et marchand de Bourbon-Lancy (fol. 352 v°). — Fol. 354. Substitution de Laurent Martin à Guichart Civet (16 nov. 1529). — Fol. 357. Blanot. Tailles et autres redevances dues par: Jean Prince et son frère François; Jean Jandeau et les siens (fol. 358 v°); Jean Pillon et les siens, 11 août 1526 (fol. 362 v°); Jean Prince et autres (fol. 363 v°); Laurent Rendu, *alias* Core (fol. 364). — Fol. 369. Vernuces. Tailles et autres redevances dues par: Jean Moreau et s.. communs; Gilbert Moreau et ses *consors* (fol. 371); Guillaume Gabuzat, Claude Moreau, *alias* Gabouzat, et leurs communs (fol. 373 v°); Jean Moreau et autres, et leurs communs pour droits d'usage au bois de *la Quartellée* (fol. 376); Jean Pellerin et les siens (fol. 377 v°) — Fol. 379 et 386. Bornage du domaine où Jean Moreau a été substitué à Gilbert Moreau (14 déc. 1528). — Fol. 381. Villerot. Tailles et autres redevances dues par: Guyot, fils de Guillaume de Villerot; Jacques Vincent (fol. 382); Jean Dandin et ses communs (fol. 383 v°); Antoine Barbette et Jean Guyot (fol. 384); Jean Dandin, *alias* Villier (fol. 385). — Fol. 387. La Loge et Marchy. Tailles et autres redevances dues par: Jean Bartholomier; Denis Huguenin (fol. 389 v°); Jean Bartholomier et les siens (fol. 392 v°); Gilbert de Conneuf et les siens (fol. 396 v°). — Fol. 413. Montangon. Tailles et autres redevances dues par Jean Pillon et les siens; Benoit Begier et autres, et leurs *consors et commungs personniers* (fol. 418); Huguenin Maignenat et ses communs (fol. 420 v°). — Fol. 439. Coulonges et les Amyotz Bouhier. Tailles et autres redevances dues par Claude Picault, l'aîné, Claude Picault, le jeune, gruyer de Vitry, et leurs communs; Guillaume Lhéritier et Catherine, veuve de Jean Tholain, pour elle et ses 7 enfants (fol. 443); Léonard et Pasquet Seguynet, frères (fol. 447); Jean Maistre, fils de feu Léonard Maistre, *alias* Morin, Léonard Seguynet, et autres *leurs domestiques et commungs en biens* (fol. 450); François de la Baulme et les siens (fol. 453). — Fol. 463. Cronat. Tailles et autres redevances dues par: Huguenin Chappelle, dit Meriot, et Pierre Chappelle; Jean Grandgonin et les siens (fol. 464); Claude Perraugier, l'ancien (fol. 465); Martin Gayot et Jean Forget (fol. 467); Odin Dardereux (fol. 468); Marguerite Prevost, veuve de Claude Barthier, et ses enfants (fol. 469); Benoît Panier (fol. 475 v°); Berthier Naty et les siens (fol. 471); Claude du Vignault et autres (fol. 472); Claude Perraugier, comme tuteur de Simon Claudat (fol. 474 v°); Claude Mauvoisin (fol. 475); Claude Esmery et Charles Prevost (fol. 476); Claude Perraugier, l'ancien, et autres, et leurs *consors* (fol. 479); Charles Prevost, bourgeois et marchand à Bourbon-Lancy (fol. 480 v°); Claude Perraugier et ses communs (fol. 483 v°). — Fol. 484 v°. Redevances dues par: les héritiers de Jean Naty; le seigneur du Chambon; Benoît Monin; Claude Mauvoisin; Benoît Chambonnier (fol. 485); Jean Bonin, dit Chappelle; Jean Moreau; les héritiers de Claude Claudat. — Fol. 490. Villers sur-Somme. Tailles et autres redevances dues par: Blaise de la Vallée et ses communs; Guillaume Marcault, bachelier en lois, bourgeois de Bourbon-Lancy (fol. 494); Guillaume des Botz et ses communs (fol. 495); Germain Pierre et les siens (fol. 497 v°); Guillaume Pascault et les siens, Guillaume La Martene et les siens (fol. 500 v°); Berthier de la Braye et ses communs (fol. 505 v°); Sylvestre Pigne (fol. 509); Guillaume Rat et ses communs (fol. 510); Jean Perreau et ses communs (fol. 511); Huguenin Loiseau (fol. 512); Vincent Bobelin (fol. 512 v°). — Fol. 514. Meix vacants. — Folio 514 v°. Reconnaissance de taille par Jacques Taboulet (5 septembre 1529). — Fol. 520. Semblables par: Georges Peraugier, 21 janv. 1535 n. st.; Claude Esmery, 21 janv. 1533 n. st. (fol. 521 v°); Gilbert Valle, 29 avril 1533 (fol. 523 v°); Claude Durand, *alias* Moreau, maréchal à Montigny, 29 avril 1533 (fol. 525 v°); Gilbert Picault, 21 janv. 1533 n. st. (fol. 527); Simon Rat et ses communs, 29 février 1530 (fol. 528). — Fol. 530. Table.

1 F 61 (Registre). — In-4°, 538 feuillets, papier (305/205½).

1525-1587. — Terriers. — Copie du terrier précédent, collationnée le 18 janvier 1576, à la suite de laquelle ont été reliées les pièces suivantes : fol. 527, entrage d'une pièce de terre, dite le Frementaul, consenti à Pierre Josserand et à Hugues Jay, demeurant au village du Bessay, paroisse de Vitry, par Étienne Rousseau, accenseur de la terre de Vitry (date effacée) ; fol. 529, ratification par Jean de Bauffremont d'un bail passé par Étienne Rousseau, jadis fermier de Vitry, à Pierre Josserand (22 octobre 1565); fol. 530, bail à bordelage de la Goutte des Vesvres, paroisse de Cronat, par Jean de Bauffremont à Louis de Vellerot et à Mathieu Moreau, du village de Vernasses, en ladite paroisse : présence de Philippe Rousseau, ancien fermier de Vitry et de Jean Corrier, licencié en lois, habitant de Cusset et bailli de Vitry (22 octobre 1565; fol. 531 v°, accense d'une terre à Claude de Roches et Benoît Poitreau, du village de Montarlin, paroisse de Vitry, par Fernand du Mont-Saint-Léger, écuyer, seigneur dudit lieu, surintendant de Jean de Bauffremont : présence de Benoit de la Moloise, curé de Millay, et de Guillaume Protat, sergent de Vitry (31 mai 1567) ; fol. 537, bail à cens par Françoise de la Baume, veuve de Gaspard de Saulx-Tavannes, à Gilbert Satin, chef et maître de sa communauté : présence de Guy de Vaulx, bailli, et de Jean Guyonneau, gruyer de Vitry (12 septembre 1587).

1 F 62 (Registre). — In-4°, 150 feuillets, papier (275/205½).

1561-1563. — Terriers. — Terrier de la seigneurie de Vitry, reçu par Jean Desbois et Gilbert Grousset, notaires à Bourbon-Lancy, pour Gaspard de Saulx de Tavannes, lieutenant général au duché de Bourgogne, et Jeanne de La Baulme, sa femme, Louis de La Fayette et Anne de Vienne, sa femme, Antoine de Vienne, dit de Bauffremont, Claude et Jean de Bauffremont. — Fol. 1. Étienne Rousseau, procureur des seigneurs de Vitry, requiert l'exécution des lettres à terrier. — Fol. 2. Reconnaissance de servitude et de mainmorte, selon la coutume de Bourgogne, par Louis Moureaul et ses parsonniers. — Fol. 3. Lettres à terrier (Dijon, 18 déc. 1561). — Fol. 5, v°. Commission des notaires délivrée au nom de Gabriel Lagaron, bailli de Bourbon-Lancy (24 février 1562). — Fol. 6. Procurations données à Étienne Rousseau par les seigneurs de Vitry. — Fol. 13. Reconnaissance de servitude et de mainmorte, de tailles et autres redevances dues par : Pierre et Antoine Tixier et leurs femmes ; Huguenin Nodon et les siens (fol. 17 v°); Léonard Patin (fol. 21) ; Oddot Guichart et les siens (fol. 24) ; Benoît Varion ; Léonard Regneaul et leurs parsonniers (fol. 26); Anne Vauthier, veuve Jean Desvaulx (fol. 27 v°. — Fol. 28 v°. Reconnaissance de rente par Guillaume Protat. — Fol. 29. Autres, de servitude et de mainmorte, de tailles et autres redevances dues par : Antoine Theullon et les siens; Martin Millyn (fol. 30); Nazaire Rapt et les siens (fol. 32) ; Louis Valie et ses parsonniers (fol. 34); Antoine Theulay et les siens (fol. 35 v°); Louis Moureaul, maréchal et ses parsonniers (fol. 39 v°. La fin de l'acte manque): Louis Valée et ses communs et *personniers* (fol. 43); Léonard Serrurier (fol. 49); Martin Theullon (fol. 50); Gilbert Nodon (fol. 50 v°); Louis Moreau, maréchal, et ses parsonniers (fol. 51; Léonard Maistre (fol. 53); Gilbert Nodon, messire Pierre Desvaulx, prêtre et Gilbert Guyot, *alias* Desvaulx, pour eux et pour leurs parsonniers (fol. 53 v°); Gilbert Vevier (fol. 54 v°); Jean Villyn et sa femme (fol. 55 v°); Anne Vacher, veuve Jean Desvaulx et ses enfants (fol. 56 v°); Benoît Bergeron, maréchal (fol. 57 v°); Louis Moreau, maréchal (fol. 58 v°); Léonard Moureaul (fol. 59 v°); Antoine Theullon et ses parsonniers (fol. 65; Esme Pontenyer et ses parsonniers (fol. 67); Benoît Remusart, *alias* Prevost et ses parsonniers (fol. 74 et 77 v°); Léonard Gonneaul et sa femme (fol. 78 v° et 82 v°); Jean Claudat et sa femme (fol. 83 v°); Huguenin Picault (fol. 86); Vincent Picault (fol. 86 v° et 88); Georges Peraugier (fol. 87 v°; le même et ses consors (fol. 88 v°); Simon Claudat (fol. 91 v°); Benoît Peraugier et ses personniers (fol. 92 v°); Guillaume Michelet et Claude Garlaud (fol. 93; Gilles Claudat et ses parsonniers (fol. 93 v°); Bartholomier Peraugier et ses parsonniers (fol. 94 et 98 v°); Claude Bergier et ses parsonnières (fol. 97 v°); Antoine Patin, gruyer et forestier des bois de Vitry (fol. 99 v°); Bartholomier Sarron et autres (fol. 101; Pierre et Jean Girard (fol. 108); Antoine Girard (fol. 114 v°); Claude de Roche et ses parsonniers (fol. 116 et 121 v°); Benoît Poictreaul et ses parsonniers (fol. 118; demoiselle Anne Breschard, veuve François Cotheret (taille, fol. 119); Pierre Jousserand (fol. 119 v° et 127; *Médat* Seguin et les siens (fol. 122 v°); Ligier Morin et les siens (fol. 127 v°; Gilbert Pagnyer et les siens (fol. 130 v°); Georges Peraugier (fol. 131; Benoîte Esperon, veuve Jean Martin, dit Peraugier (fol. 131 v°); Gilles Claudat (fol. 132). — Fol. 133. Assignation en reconnaissance adressée à Rober Burgat, marchand, à Bourbon-Lancy. — Fol. 133 v°. Autres reconnaissances de servitude et de droits dûs par : Quentin et Gilles Moreaul; Vincent Picauld et Symphorien Pacauld, son parsonnier (fol. 135); honorable homme Claude Chalemoux, marchand à Bourbon-Lancy (acte rayé (fol. 136); Jean Galland, dit Colas et autres (fol. 136 v°); Philibert Nodin (fol. 139 v°).

— Entrage et reconnaissance au nom de : Pierre Jay (fol. 140 v°) ; Pierre et Jean Jay (fol. 141 v°) ; maître Guillaume Moncontour, avocat au Bailliage de Bourbon-Lancy, pour deux mottes et leurs dépendances et droits (fol. 143 v°). — Reconnaissances de servitude et de tailles par : Claude Gareaul, de Bourbon-Lancy, au nom de demoiselle Pierrette Simonin, veuve Adrien Moton (fol. 147 v°) ; Martin Perréau et Quentin Moreau, communs et parsonniers (fol. 149 v°).

1 F 69 (Registre). — In-4°, 9 et 1274 feuillets, papier (340/245 %).

1607-1626. — Terriers. — Terrier de la baronnie de Vitry, dressé par François Chassenay, pour Jean de Saulx de Tavannes. — Fol. 1 à 9. Table. — Fol. 2 v°. Lettres à terrier (Dijon, 12 janv. 1623). — Fol. 6. Commission de François Chassenay, notaire royal au Donjon. — Fol. 16. Procuration à Jean Gouneaul, curé de Vitry, pour recevoir le terrier. — Fol. 17 v°. Quittance de 3ᵈ 16 s. par les fermiers du tabellion d'Autun et Bourbon-Lancy. — Fol. 18. Autre, par les fermiers du droit de tabellion au Bailliage de Bourbon-Lancy. — Fol. 20. Droits exercés sur la rivière de Loire ; l'énumération de ces droits est aux fol. 30 v°à 38. — Fol. 41. Droits seigneuriaux : l'église et le château (fol. 44) ; les chapelles (fol. 44 v°) ; le boulevard (fol. 45) ; le cimetière (fol. 45 v°) ; la vigne ; l'étang de la Verchère (fol. 46 v°) ; l'étang de Gueresse (fol. 47) ; les bois : de Montcocu (fol. 47 v°) ; des Vaux (fol. 48) ; de Suze ; la métairie de Fondis (fol. 48 v°) ; le pré (fol. 49) ; le bois de la Garenne de Challenay (fol. 49 v°) ; foires (fol. 50) et marchés (fol. 52 v°) à Cronat ; péage par terre (fol. 53), la chasse (fol. 53) à la perdrix et aux grosses bêtes ; corvées (fol. 54) ; blairie (fol. 54 v°) : officiers de justice : approbation des témoins (fol. 56). — Fol. 57 v°. Justice et droits à Lesme : péage, fol. 69-75. — Fol. 77. Droit de pêche. — Fol. 79. Limites entre la justice de Vitry et celle du Chambon. — Fol. 85. Limites de la justice de Gannat. — Fol. 97 v°. Limites du côté de Maulaix et Ternant. — Fol. 108. Droits : à Cronat ; à Maltat (fol. 120) ; à Lesme (fol. 122 v°). — Fol. 125. Assignation des vassaux.

Dénombrement des héritages tenus des vassaux de la baronnie. Tenanciers : de Pierre de Grandval, sieur de Fraise, à cause de Fraise et de La Baulme (fol. 127) ; du seigneur de La Nocle (fol. 154) : du seigneur de Ballore (fol. 164) ; du seigneur de Finy (fol. 189) ; du sieur de Breullat (fol. 198) ; du sieur de Champaigny (fol. 227) ; de la commanderie de *Bunay* (fol. 252) ; du sieur du Chambon (fol. 252 v°) ; de l'abbé de Sept-Fonds (fol. 269) ; du curé de Vitry (fol. 283 v°) ; du curé de Cronat (fol. 288) : du

sieur du Martray et du Meuble (fol. 293 v°) ; du sieur de Poussery (fol. 298) ; du sieur d'*Arfois* (fol. 303) ; du prieur de Marcy (fol. 305) : du sieur de La Chaize et de Villaine (fol. 309) ; du sieur Courtois (fol. 322) ; du sieur de Faulin (fol. 326) ; du prieur du bourg Saint-Lazare-lez-Bourbon-Lancy (fol. 328) ; des héritiers Philibert Motin (fol. 329) ; du sieur du Pont et de La Marche (fol. 330 v°) ; du sieur de Toulonjon (fol. 338) ; du sieur de Serre (fol. 338 v°) ; du sieur de La Serrée (fol. 343) ; du curé de Maltat (fol. 347 v°) ; du curé de Lesme (fol. 348) ; du curé de Ternant (fol. 350) ; de l'hôpital de Bourbon (fol. 352) ; du sieur de Lavault (fol. 358) ; du prieur de Paray (fol. 360) ; du sieur de Baucherout (fol. 364) : de messieurs de La Praye, lez Bourbon-Lancy (fol. 365 v°) ; du curé de Saint-Léger, de Bourbon-Lancy (fol. 368) ; du sieur d'Ambly (fol. 368 v°).

Fol. 383. Reconnaissances pour la paroisse de Vitry, de redevances dues par : Jean Guionneau, dit Patin, chef et gouverneur de sa communauté, Guillaume Guionneau, *alias* Satin, aussi chef de sa communauté, demoiselle Philiberte Desnay, veuve de Jean Prudhon, sieur des Boutardz, femme de Jean de Grandval, écuyer, sieur du Prenat, Antoinette Patin, femme de Claude Repoux, Gilbert Boullier, sergent et Benoît Sarron : tenure collective de biens de mainmorte (fol. 386 v°) ; Étienne Guionneau, notaire en la baronnie de Vitry, et Jean Guionneau, *alias* Patin, observent que les héritages qu'ils tiennent de Jean Guyonneau, gruyer de la baronnie, et de ses parsonniers, ont été affranchis de la mainmorte par Françoise de la Baulme (fol. 398 v°) ; reconnaissances de tenures par : Benoît Teullon l'aîné, Benoît Teullon le jeune et Claude Poirier, dit Bontemps, chefs de leurs communautés (fol. 404 v°) ; Gilbert Bergier, Gilbert Varion et son parsonnier (fol. 413) ; Gabriel Bourbon, dit Maréchal et Benoît Moreau, dit Pataud, chefs de communautés (fol. 417 v°) ; Antoine Moreau et Gabriel Bourbon, dit Maréchal, chefs de communautés (fol. 428 v°, 439 v°, 471) ; Guillaume Guionneau, *alias* Satin (fol. 439) ; les mêmes et Benoît Moreau, dit Patault, chef de communauté (fol. 470 v°) : Antoine Moreau (fol. 480) ; Gabriel Bourbon, dit Maréchal, Antoine Moreau et Jacques Desmiers, chefs de communautés (fol. 481 v°) ; Louis Bourrachot, *alias* Vale, chef de communauté (fol. 490) ; Étienne Guionneau, notaire en la baronnie de Vitry, et Guillaume Guionneau, *alias* Satin (fol. 525) ; cinq personniers pour droit d'usage dans les bois et droit de blairie (fol. 528) ; Jean Esperon (fol. 530) ; Jean Lebègue, greffier en chef au Bailliage de Bourbon-Lancy (fol. 533) ; Guillaume Varion, chef de communauté (fol. 536) ; Pierre de Grandval, écuyer, sieur de Fraise, Mourouard, Ambly et La Baume (fol. 539) ;

Philippe Esperon, *alias* Jeandeau, et Louis Bergeron, *alias*
Jeandeau, et leurs parsonniers (fol. 543) : Philiberte
Daynay, veuve de Jean Prudon (fol. 552 v°) : Mathieu Gay,
tisserand (fol. 560) ; Jean Dardereulx (fol. 562 v°) ; Louis
Esperon et Esme Simonnet, *alias* Durant (fol. 566 v°. En
marge, mention de l'affranchissement fait en 1659 ou
1660) ; Claude Poirier, dit Bontemps, pour lui et ses
parsonniers (fol. 571) ; Blaise Doreloux (fol. 575) : Guy
Naudon, chef de communauté (fol. 578) — Entrage en
faveur de Jean Gouneaul, curé de Vitry (fol. 583 v°). —
Reconnaissances de tenures par : Jean Effame, marchand à
Vitry (fol. 586 : Jean Villedieu, maître charpentier au
même lieu (fol. 588) ; Philippe Renaud et Aubin Picault,
chefs de communautés (fol. 593); Benoit Sarron et Philippe
Renaud (fol. 618); Gabriel Bourbon, dit Maréchal, chef de
communauté (fol. 639) : Ligier Trappe, chef de communauté (fol. 643) ; Claude Chapouttot (fol. 652) ; Guillaume
Guionneau, Gilbert Delagrange, Nicolas Perraudin, tisserand, Mathieu Bourbon et Pierre Janet, et leurs parsonniers (fol. 661) ; Gilbert Durand, Martin, Louis et Pierre,
chefs de communautés (fol. 684) : Benoit Teullon l'aîné,
chef de communauté (fol. 694) ; Hugues Denezeaud, chef
de communauté (fol. 697); Benoit Deroche (fol. 702 :
Pierre Dumontet, marchand (fol. 709 v°) : Dimanche
Toreault (fol. 713). — Fol. 722 v°. Transcription d'entrage
fait par François Gentil, procureur de Jean de Bauffremont,
en faveur de Jean Blondat (2 août 1566 : reconnaissance
des biens spécifiés audit entrage, par Gilbert Pinot (fol.
726). — Fol. 727. Procuration donnée par Jean de Bauffremont à Philippe de Grandval et à François Gentil (Clairvaux, 23 juil. 1566). — Reconnaissance de tenure par
Gilbert Poictreault (fol. 731): entrage en faveur de Hugues
Denizeau, chef de communauté (fol. 733).

Fol. 737. Reconnaissances, pour la paroisse de Lesme,
de redevances dues par : Noël et Guy Marion, frères ; Marc
et Gilbert Audugier et leurs parsonniers (fol. 746) : Jean
Pierre, Gilbert Poutreaux et leurs parsonniers (fol. 755 :
Ligier Petit, marchand à Bourbon-Lancy (fol. 762 : le
même, avec Pierre Dumontet, marchand à Vitry (fol. 765 :
Claude Durgon, marchand à Bourbon-Lancy (fol. 769 v° :
André Boussault (fol. 771) : Guillaume Moucault, avocat
(fol. 772) ; Esme Soullard (fol. 774) : Jacques Burgat, contrôleur au grenier à sel de Bourbon-Lancy (fol. 777 :
Philippe Caru..., maître tailleur d'habits au port du Four-
neau (fol. 784 v°).

Fol. 788. Reconnaissances, pour la paroisse de Maltat,
de redevances dues par : Claude Pacault et Pierre Lamartine, chefs de communautés ; Jean Blondat, marchand à
Issy-l'Évêque, à cause de Jeanne Perreau, sa femme, et

Gilbert Totellan, chef de la communauté des Perreau (fol.
806 : Jean Bernard, chef de communauté (fol. 814) :
François Desbois et ses parsonniers (fol. 818 v°); Laurent
Feullon, meunier (fol. 827). Nouveau bail à Benoit Rat
(fol. 830). Autres reconnaissances par : Pierre Bourrachot,
marchand à Bourbon-Lancy (fol. 833 : Messire Jean Durgon, curé de Saint-Léger, doyen de La Praye-sous-Arcy,
chanoine de N.-D. de Bourbon (fol. 842.

Fol. 850. Reconnaissances, pour la paroisse de Cronat,
de redevances dues par : Pierre Delamartine; Lazare Core,
Gilbert Durand et leurs parsonniers (fol. 861 : *Noël Bonin*
(fol. 871); Léonard Peraugier, dit Delarue, chef de communauté (fol. 874 : Benoît Prost, dit Verdellet, chef de
communauté (fol. 882 v° : Léonard Peraugier, dit Bourdon,
chef de communauté (fol. 902 v°) : Nicolas Bois et autres
(fol. 910); Quantin Gouneaul, marchand à Bourbon-Lancy
(fol. 921 v° et 1028 v°) : Antoine Fellectier (fol. 926 v°) ;
Jean Regnaud et autres (fol. 937 v° : Blaise Mallenat et
ses parsonniers (fol. 957) : Claude Bergier, dit Decogneuf,
et son parsonnier (fol. 965) : Jean et Jeanne Prevost, dits
Moniers (fol. 972 v°) : Benoît Picaud, *alias* Guionneau,
chef de communauté (fol. 978 : messire Jean Durgon (fol.
1008 : Pierre Durignault et autres (fol. 1040 v° : Gaspard
de Balorre, écuyer, seigneur dudit lieu et de Cougnard
(fol. 1043 v° : Pierre Natif (fol. 1055 v° : Alexandre Pontenier, marchand à Cronat (fol. 1057 : Philippe Cordelier
et Jean Jeangermain (fol. 1060); Henri Veilleret et ses
parsonniers (fol. 1063 v° : Gilbert Pellerin, chef de communauté (fol. 1073) : Michel Veilleret, dit Billaud, chef de
communauté (fol. 1079 v° : Dimanche Jeangonnain et
ses parsonniers (fol. 1085 : Denis Fleaux, *alias* Picaud,
chef de communauté (fol. 1092 v° : Charles et Simon
Gadots, et leurs parsonniers (fol. 1101 v° : Georges
Pethion, chef de communauté (fol. 1108 : Louis Boudaud,
chef de communauté (fol. 1110 v° : Philippe Gillet, procureur d'office de la seigneurie de Maulaix, et autres (fol.
1114): Léonard Daudon (fol. 1116 : Denis Galouzat et
Toussaint Cyteaud (fol. 1118 v° : Jean Cheigne, *alias*
Seguinet, et ses parsonniers (fol. 1121 v° : Gabriel Germain, écuyer, seigneur de La Serrée, paroisse de la Cha-
pelle-aux-Chasses (fol. 1141 : Pierre de Grandval (fol.
1143 : Guy Desmaizeaux, apothicaire à Bourbon-Lancy
(fol. 1147 : François de Comarre, écuyer, seigneur de La
Marche et du Pont de Cressonne, paroisse de Tannay
(fol. 1160 : Asselin Seguin et Gilbert Vallet (fol. 1168);
Claude et Pierre Delaud et leurs parsonniers (fol. 1171) ;
Antoine Delaud et François Prevost, maîtres de communautés (fol. 1175 v°); François Bernard, marchand à la
forge des Mauvoisins, paroisse de Cronat (fol. 1179);

Sébastien Vaillault, procureur d'office de la baronnie de Vitry (fol. 1180 v°); Gaspard de Balorre (fol. 1188 v°); Gilbert Dubois, marchand à Decize (fol. 1193); Jean Billon, dit Garlaud, chef de communauté (fol. 1196); demoiselle Marie de Laugère, veuve de Claude Tixier, écuyer, seigneur de La Baume (fol. 1218); Jean de Grandval, écuyer, sieur de Champagny, paroisse de Maltat (fol. 1221 v°); Pierre Durignault (fol. 1243 v°); Charles de Meraut, écuyer, seigneur de Finy, paroisse du Pin (fol. 1249). — Fol. 1253. Transaction relative au droit d'usage dans le bois des Écossais (14 octobre 1607), et procuration y relative (fol. 1260 v°). — Fol. 1262 v°. Redevance due par Berthier Natif et autres.

Fol. 1264. Additions, de la main de Chassenay. Reconnaissances de tenures par : Valentin Challemou, grenetier à Bourbon-Lancy ; le même et Claude Durgon, bourgeois de Bourbon (fol. 1264 v°) ; Jean de Grandval, écuyer, sieur de Champagny et de *Tins* (Thaix ?), paroisse de Maltat (fol. 1265) ; Marc Audugier, marchand à Lesme, et ses parsonniers (fol. 1265 v°). — Fol. 1266 v°. Meix vacants.

1 F. 64 (Registre). — In-4°, 122 feuillets, papier (385/225 %).

1623-1626. — Terriers. — Copie, non signée, du terrier précédent. — Fol. 319. Table.

1 F. 65 (Registre). — In-4°, 201 pages, papier (260 195 %).

1725. — Terriers. — Copie d'entrages et autres pièces, collationnée par Geoffroy, notaire royal à La Roche-Millay, pour Pierre Bruneau, écuyer, conseiller chevalier d'honneur au Châtelet de Paris, seigneur baron de Vitry, Champlevrier, Champrobert, La Verchère et autres lieux. — P. 1. Entrage consenti par dame Claude de Saulx de Tavannes, épouse d'Antoine de Jaubert, comte de Barault, Baignat et autres lieux, capitaine de Certes en Buch, conseiller du Roi en ses conseils d'État, sénéchal et gouverneur de Bazadais, et ci-devant ambassadeur de France en Espagne ; et par Brocard de Giani, comte de Rispe, seigneur de Dion, époux de Melchior de Grimaldi, en faveur d'Antoine Fouchier, bourgeois de Moulins, sieur des Quantins (21 fév. 1654). — Autres, consentis par Henri de Saulx de Tavannes, lieutenant général au gouvernement de Bourgogne, premier chevalier de la cour de Parlement, mestre de camp d'un régiment d'infanterie, baron de Vitry, du Donjon, etc., en faveur de : Antoine Desbois, bourgeois à Bourbon-Lancy, 20 avril 1645 (p. 9); 4 nov. 1645 (p. 16) ; 11 sept. 1644 (p. 20) ; Léonard de Coneuf, tisserand, à Vitry, 13 sept. 1649 (p. 14) ; 8 sept. 1649 (p. 49) ; Antoine Desbois et Jean Lebègue,

avocat à Bourbon-Lancy, 11 sept. 1644 (p. 24) ; Louis Nodon, hôte, à Vitry, 8 déc. 1649 (p. 38) ; François Seguin, 28 sept. 1649 (p. 47) ; Madelon Billin, journalier aux Mouilles, paroisse de Cronat, 15 nov. 1647 (p. 55) ; Antoine Dénault, 15 nov. 1647 (p. 57) ; Madelon de Mongorgé, marchand à Cronat, maître de la forge du Pont d'En-Haut ; droit d'utiliser les eaux de la Cressonne et de la Vausille pour faire travailler sa forge, mais non pour faire flotter le bois ou permettre le flottage, 11 août 1650 (p. 76 et 80); Léonard Velleret, 11 août 1650 (p. 78) ; Jacques Talpin, 15 nov. 1647 (p. 89) ; François Molleton, 23 juil. 1649 (p. 121); Gabriel Gillay, 1er fév. 1648 (p. 147); Thomas Jacob, 25 août 1646 (p. 174) ; Georges Marion, 28 sept. 1649 (p. 177); Jean Dumay, 28 sept. 1649 (p. 180). — Entrages consentis par Brocard de Giani, comte de Rispe, et Melchior de Grimaldi, sa femme, en faveur de : André de Virgile, écuyer, sieur de La Motte-lez-Maltat, 18 janv. 1661 (p. 35); Antoine Faucher, bourgeois de Moulins, 18 oct. 1657 (p. 42); Léonard Boiret, 21 déc. 1654 (p. 100). — Autres, consentis par dame Melchior de Buell de Grimaldi, veuve de Brocard de Giani, en faveur de : Me Louis Delault, notaire royal à Cronat, 27 sept. 1674 (p. 59) ; Blaise Renault, 18 nov. 1685 (p. 94); Antoine Bourbon, 12 avril 1689 (p. 136); Gaspard Brouillot, 9 oct. 1704 (p. 139); Guillaume Bardot, 10 août 1683 (p. 141), 14 nov. 1683 (p. 179); Lazare Naty, 8 déc. 1673 (p. 163); Claude Trappe, 27 sept. 1674 (p. 165); Philippe Gaillard, 25 avril 1703 (p. 172) ; Jacques Bourbon, 29 juin 1703 (p. 189); François Martin, maréchal à Vitry, 8 déc. 1673 (p. 195) ; Jean Lavantage, 26 août 1680 (p. 196). — Autres, consentis par Pierre Meunier, fermier de la baronnie, en faveur de : Gaspard Claudat, laboureur, chef de communauté, 5 janv. 1669 (p. 62) ; Cassien Gouneau, bourgeois à Bourbon-Lancy, 10 oct. 1657 (p. 65) ; Léonard Richard, marchand, à Cronat, 4 mars 1655 (p. 97); Dimanche Chandier, 26 déc. 1660 (p. 108) : Gilbert Sardier, 29 janv. 1651 (p. 112) : Philippe Boulié, 19 août 1660 (p. 115) ; Gilbert Goujon, vigneron, à Cronat, 13 juin 1650 (p. 118); Léonard Guionot, 21 juin 1650 (p. 123); René Bertrand et Jean Gainart, marchands, à Cronat, 13 juin 1650 (p. 130) ; Charles Beurière, 29 juin 1650 (p. 144) ; Jean Laurent, sergent à Vitry, 9 déc. 1649 (p. 151) ; Claude Repoux, 11 nov. 1649 (p. 153); Louis Naudon, hôte, à Vitry, 9 déc. 1649 (p. 155); Thomas Jacob, 9 déc. 1649 (p. 157) ; Nicolas Dumonsault, 3 déc. 1653 (p. 169) ; Henri Durgon, praticien à Bourbon-Lancy, 4 juin 1678 (p. 186) ; Émiland Langeron, 28 mai 1668 (p. 192); Jean Gamet, marchand, à Cronat, 13 juin 1650 (p. 200). — Autres, consentis par Pierre Bruneau, en faveur de : Lazare Renault, veuve de François Michelet, 3 mai 1718

(p. 72); Pierre Desbots, 20 mai 1717 (p. 91); Pierre Lambert, corroyeur, 26 oct. 1717 (p. 148). — Autres, consentis par Lazare-Gaspard de Saulx de Tavannes, comte de Villefranche, baron de Vitry et du Donjon, en faveur de: Jean de Grandval, écuyer, sieur de Champagny et de Thaix, 11 sept. 1632 (p. 82); Claude Belin, 25 mars 1634 (p. 105); Jean Jeangonin, le jeune, 2 août 1635 (p. 128); Benoît Viviant, 26 févr. 1634 (p. 142); Jeanne Souvery, veuve de Claude Durégon, bourgeois de Bourbon-Lancy, 18 déc. 1634 (p. 161); Philippe Éperon, 5 janv. 1633 (p. 167); Émé Souillard, 17 mars 1634 (p. 170); Pierre Bourachot, marchand à Bourbon-Lancy, 3 mai 1633 (p. 182). — Autres, consentis par Jean de Bauffremont, chevalier, baron de Clairvaux, Orme, Chateauvillain, Vitry, etc., en faveur de: Gilbert et Blaise Malna, 20 mars 1566 (p. 132); Huguenin Nodon, 23 mars 1566 (p. 198). — Autre, consenti par Sébastien Barbier, apothicaire du roi, demeurant à Bourbon-Lancy, en faveur de Gilbert Thevenet, vigneron, à Vitry, 13 sept. 1668 (p. 125). — Autre, consenti par Louis-Claude de Marion de Druy, abbé commendataire de Rigny, fondé de procuration de la marquise de Druy, baronne de Vitry: en faveur de Claude Jacob, marchand, à Maltat, 6 oct. 1705 (p. 184). — Affranchissements, par Henri de Saulx de Tavannes, de biens de mainmorte tenus: par Antoine Fouchier, 8 mars 1633 (p. 26), 14 avril 1642 (p. 29); par Blaise Berger, 1er juillet 1653 (p. 84). — Reconnaissances de tenures, envers Henri de Saulx de Tavannes, par: Jean Favero, huissier de salle en la maison du duc d'Enghien, et Catherine Greffier, sa femme, 24 nov. 1644 (p. 32); Madelon de Mongorgé, marchand, à Cronat, 10 août 1650 (p. 70). — Transactions: sur une dîme de blé, entre de Saulx de Tavannes et Jean et Gilbert Poytreaux, 24 juil. 1603 (p. 52); sur les redevances: entre le seigneur de Vitry et Jean Renauld, dit Durand, 23 août 1629 (p. 135); entre Henri de Saulx de Tavannes et Guy et Georges Marion, 7 janv. 1681 (p. 159). — Transfert de tenure par Jean Durgon, bourgeois de Bourbon-Lancy, à Pierre Duc, tisserand, à Vitry, 5 mars 1668 (p. 175).

1 F 66 (Registre). — In 4°, 58 feuillets, papier 270/200°.

Vers 1600. — Lièves. — « Liève de la terre, justice et seigneurye de Vitry appartenant à puissante dame Françoise de la Baulme ». Relevé des redevances dues d'après les indications d'un terrier perdu: indication des tenanciers et de ceux qu'ils ont remplacés; quelques mentions des recettes effectuées pour l'année 1601. On ne relèvera ici que les noms des fonctionnaires, des nobles et des ecclésiastiques. — Fol. 1. *Vitry.* Jean Guyonneau, gruyer. — Fol. 4 v°. *Montigny.* — Fol. 6 v°. Demoiselle Claire de Semur, au lieu de Philippe Petit, sieur d'Ambly. Fol. 7 v°. *Brain.* Noble Claude de Balorre: taille due à la Saint-Nazaire. — Fol. 10 v°. *Gentenay.* — Fol. 11 v°. *Lesme.* — Fol. 12. Robert Burgat, au lieu de Jean de Bauchereau, sieur de Serre. — Fol. 13 v°. Les héritiers de François Cotherel, écuyer. — Fol 18. Claude Challemoux, au lieu de Pierre Challemoux, son père, « en son vivant canonnier du Roy ». Fol. 19. *Bolargues.* — Fol. 23. *Aux Clouz* et *La Cornille.* Messire Pierre Desvaulx, prêtre, Gilbert et Pierre Guyot, ses parsonniers. — Fol. 24 v°. Philippe de Grandval, écuyer, sieur de Finy, au lieu de Faulque de Préault, sa grand'mère — Fol. 25. *La Chappe.* — Fol. 26 v°. *Achard.* — Fol. 29. Chaleny — Fol. 32. *La Grande Marchie.* — Fol. 34 v°. Blanot. — Fol. 36. *Vernasses.* — Fol. 37. *Vellerot.* — Fol. 39. *La Loge* et *Marcy.* — Fol 41. *Vellerot.* — Fol. 42. *Montangon.* — Fol. 44. *Colonges* et *les Amiots.* — Fol. 45 v° Dimanche Thollin, Jean et Claude Michellet, au lieu de François de la Baulme et de Jean du Vignault. — Fol. 46. *Cronat.* — Fol. 46 v°. *Phorien* et Guichard Thibaudat, pour la tuilerie de Vitry, jadis tenue par Jean Grandgonin. — Fol. 50 v°. *Villers-sur-Somme.* — Fol. 54. Messire Benoît de La Moloise, 25 sous pour accense, sa vie durant, de la motte du château de Vitry. — Fol. 54 v°. Concession du droit de vendre vin à Igornay en faveur de Jean Chevalier, et permission donnée à Mr Henri de chasser toute espèce de bêtes, sauf le cerf (sans date).

1 F 67 (Registre). — In-4°, 257 feuillets, papier 291/210°.

1680-1717. — Lièves. — « Lième de la terre et baronie de Vitry-sur-Loire, appartenant à puissante dame Melchior de Bueil de Grimaldis, où sont énoncés les reçus des cens, rentes, blairies et autres droits dûs à la dite baronie, faite par Mr l'Abbé de Druys, au nom de la dite dame ». (Titre sur papier collé au plat de la reliure). — Fol. 1. Table, suivant l'ordre du terrier de 1625. — Fol 8. Succession des seigneurs de Vitry, depuis Alix de Bourbon. Relevé des droits seigneuriaux énumérés dans le terrier de Chassenay. — A partir du fol. 19, relevé des « rentes et devoirs » dûs par les habitants des diverses paroisses, avec la mention, en marge, des paiements annuels et des modifications de tenure. On relèvera ici les noms des tenanciers et la mention des documents postérieurs au terrier.

Fol. 19. Rentes et devoirs dûs par les habitants de la paroisse de Vitry. Jean Guionneau, dit Patin, et ses par-

(1) Reliure à plats gaufrés, desquels ont été dégagées des lettres d'indulgences imprimées au début du xvie siècle.

sonniers.— Fol. 19 v°. Entrage par Lazare-Gaspard de Saulx, de Tavannes en faveur d'Étienne Gueneau et de Joseph Layantage (14 sept. 1634); autre, par Melchior de Bueil, en faveur de Jean Lavantage (26 août 1680). — Fol. 20. Benoît et Étienne Tuillon et Claude Poirier, dit Bontemps; Gilbert Berger et ses parsonniers; Guillaume Guionneau, *alias* Satin; Guillaume Varion et ses parsonniers. — Fol. 20 v°, Claude Poirier, dit Bontemps, et ses parsonniers; Léger Trappe (carpots). — Fol. 21 et v°. Léger Trappe et ses parsonniers (carpots); Benoît Tuillon, chef de communauté (carpots). — Fol. 22. Jean Blondat, marchand à Issy-l'Évêque, et ses parsonniers. — Fol 22 v°. Laurent Fuillon, meunier au moulin Perreau. Entrage consenti par Henri de Saulx de Tavannes, au profit de Me Antoine Desbois, fermier du péage de Vitry et Jean Le Bègue, avocat à Bourbon-Lancy (11 sept. 1644. — Fol. 23. Autres entrages consentis par le même, en faveur de: Antoine Desbois (20 avril 1645); Jean Faveret, huissier de salle en la maison du duc d'Enghien (24 nov. 1644); fol. 23 v°: Léonard de Coneuf, tisserand à Vitry (13 sept. 1649), biens affranchis en faveur du sieur Mouteau, par sous-seing privé du 15 fév. 1691. Affranchissements de biens et terres, par le même seigneur, en faveur d'Antoine Foucher, bourgeois de Moulins (14 avril 1642, carpots). — Fol. 24. Entrages audit Antoine Foucher, par le comte de Rispe et la comtesse de Barrault (21 fév. 1654; 18 octobre 1657). — Fol. 25. Louis Bourrachot, *alias* Vallée, chef de communauté. En marge, mention qu'en 1680 l'article des Vallée est divisé en 18 portions, tenues par Moutteau, médecin, Louis Bourbon et Madelon Lamartine, ses métayers, et Blaise Bourrachot, métayer de la *lieutenante* Le Bègue. — Fol. 26. Entrages par Henri de Saulx de Tavannes, en faveur de: Léonard de Coneuf (28 sept. 1649) et François Seguin, vigneron à Vitry (28 sept. 1649). — Fol. 26 v°. Gabriel Bourbon, dit Maréchal, et Benoît Moreau, dit Pacaut, chefs de communauté. En marge, mention de l'affranchissement, par Henri de Saulx de Tavannes, en faveur de Valentin Challemoux, sieur du Brouillat, du domaine *des Maréchaux* de Montigny, par lui acquis par décret sur Gabriel, Jean et Pierre Bourbon, de la communauté des Maréchaux (27 janv. 1649). — Fol. 27. Les mêmes et Antoine Moreau, aussi chef de communauté. — Fol. 27 v°. Claude Durand, *alias* Maréchal; Antoine Moreau, Gabriel Bourbon et Jacques Dermier, tous trois chefs de communautés. — Fol. 28. Léonard Perauger, dit de la Rue, chef de communauté. — Fol. 28 v°. Entrage par Henri de Saulx de Tavannes à Benoît Sailly, vigneron à La Chappe, paroisse de Cronat. — Fol. 30. Étienne Guionneau, notaire en la baronnie de Vitry, et Guillaume Guionneau, *alias* Satin, chef de communauté — Fol. 30 v°. Philippe Renaud et Aubin Picaud, chefs de communautés. — Fol. 31. Jean Esperon, clerc; Louis Esperon et Edme Simonet, *alias* Durand. Affranchissement par le comte de Rispe des biens reconnus par Louis Esperon, au profit de Charles Gouneau, notaire à Bourbon-Lancy (acte reçu Jacquelin, notaire à Épinac, 19 janv. 1661). Entrage par Lazare-Gaspard de Saulx de Tavannes, au profit de Jean Esperon (1er janv. 1633). — Fol. 31 v°. Autres entrages par le même, en faveur d'Edme et Benoît Simonet (30 déc. 1632) et dudit Charles Gouneau, notaire (9 avril 1649). — Fol. 32. Blaise Doreloux; Me Jean Gouneau, prêtre, curé de Vitry; Jean Villedieu, maître charpentier à Vitry; Léger Petit, marchand à Bourbon-Lancy (v°); le même, avec Pierre Dumontet, clerc et marchand à Vitry, et Marin Billaud. — Fol. 33. Me Jean le Bègue, greffier en chef au Bailliage de Bourbon-Lancy; Jean et Jeanne Prost, dit Meniers, frères, à Broin, paroisse de Cronat; Me Jean Durgon, curé de Saint-Léger-lez-Bourbon-Lancy, doyen de La Prée. — Fol 33 v°. Mention d'un affranchissement de biens par la Maréchale de Tavannes, reçu Renard, notaire royal (1500). — Fol. 34. Pierre de Grandval, écuyer, seigneur de Fraise, Mauroy, Ambly et La Baume. « Le 12 may 1633, permission a esté donnée à Mr de Fraize de faire pacager ses bestiaux de ses domaines de Fraize dans la Grande Marcie, de grace specialle, par contract receu Delaud. La grosse *déficit*. » — Fol. 34 v°. Philippe Esperon, *alias* Jeandeau, Louis Bergeron, *alias* Jeandeau, et leurs parsonniers: Jean Durgon, prêtre. Affranchissement par Lazare-Gaspard de Saulx de Tavannes, de tous les meix et héritages appartenant audit Durgon et à: Me Adrien Navetat, prêtre, trésorier de N. D. de Bourbon; Me Jacques Challemoux, contrôleur de la maison de Monseigneur le Prince; Me Sébastien Vaillant, procureur d'office de Vitry; Pierre Andrieu, maître apothicaire à Bourbon; Pierre Bourrachot; Me Gilbert Pinot, procureur à Bourbon et sa famille; et Philippe Desdames, serrurier audit Bourbon (reçu Delaud, notaire royal à Cronat, 19 avril 1633). — Fol. 35. Entrage à Jean Bergeron, par Henri de Saulx de Tavannes (8 déc 1649). — Fol. 35 v°. Philiberte Desnay, veuve de Jean Prudon, sr de Boutar, femme de Jean de Grandval, écuyer, seigneur de Prenat; Benoît Deroche. Affranchissement de biens par Henri de Saulx de Tavannes, en faveur de Valentin Gouneau, bourgeois de Bourbon (reçu Bretin, notaire royal à Bouton, 9 juin 1647). Autorisation de pacage à la Grande Marchie, donnée par Lazare-Gaspard de Saulx de Tavannes à Claude Deroche et autres (12 mai 1633). — Fol. 36. Dimanche Toureau et ses parsonniers.

Affranchissement du domaine Toureau (9 juin 1647). — Fol. 36 v°. Entrages par la comtesse de Rispe en faveur du sieur Bardot (14 nov. 1683 ; 3 déc. 1682). Autorisation de pacage à la Grande Marchie, donnée à Gilbert Thoreau et autres par Lazare-Gaspard de Saulx de Tavannes (12 mai 1633). — Fol. 37. Bail à cens, consenti au sieur Bardot, d'héritage dépendant du fief de Finy (7 mars 1685). — Fol. 37 v°. Mathieu Gay, tisserand; Guy Nodon, chef de communauté. — Fol. 38. Jean Effame, marchand à Vitry ; Benoît Sarron et Philippe Renaud. — Fol. 38 v°. Claude Chapotot; Gilbert Durand, Martin et Louis Pierre, maîtres et chefs de leurs communautés. Autorisation de pacage à la Grande Marchie, accordée à Pierre Lamartine, chef de la communauté Chapotot, par Lazare-Gaspard de Saulx de Tavannes (Delaud, notaire, 12 mai 1633. Mention rayée, l'insertion étant faite au fol. 39 v°). — Fol. 39. Antoine Pelletier. Entrage par Henri de Saulx de Tavannes en faveur de Mathieu Demier (23 septembre 1649); autre en faveur de Pierre Musnier (17 oct. 1657). — Fol. 39 v°.) Autre entrage en faveur du même (8 déc. 1673) et affranchissement du domaine Chardon et Chenavé, qu'il exploite, par la comtesse de Rispe (28 sept 1674); autre affranchissement de biens pour le même (8 déc. 1673). — Fol. 40. Guillaume Guionneau, *alias* Satin, et quatre personniers, dont Nicolas Perraudin, tisserand. — Fol. 40 v°. Michel Velleret, dit Billaud, chef de communauté, au domaine Billaud. Mention d'affranchissement de ce domaine par la comtesse de Rispe (Reçu Delaud, notaire, 10 oct. 1679. En marge : *deficit*). Louis Boudaut, chef et gouverneur de communauté. — Fol. 41. Mention de l'affranchissement des biens reconnus par Boudaut, consenti par la comtesse de Rispe, en faveur du sieur Carré (Delaud, 10 oct, 1679. *Deficit*). Philippe Gilet, procureur d'office de Maulaix, et autres héritiers de Simon Velleret, Laurent Baudin. — Fol. 41 v°. Jean Blondat. M° Gilbert Pinot, fils de dame Isabeau Girard. Affranchissement des domaines de La Croix et Blondat et des moulin et étang Esmery, autrement dits du Ruaux de la Serrée, consenti par Henri de Saulx de Tavannes en faveur de Gilbert Pinot, portant en outre entrage de différentes terres (28 janv. 1649). — Fol. 42. Hugues Deuizeau, dit Bagot, chef et gouverneur de communauté. Réduction des charges d'un entrage (6 juillet 1683). — Fol. 42 v°. Entrage à François Molleton par Henri de Saulx de Tavannes (23 juillet 1649). Pierre Dumontet, clerc et marchand à Vitry. — Fol. 43. Gilbert Poitereau. Vente d'une terre à Louis Girier, vigneron à Vitry, par Blaise Dorloux, maître et chef de communauté (Reçu Étienne Guionneau, notaire juré de la baronnie de Vitry, 22 juil. 1619).

Fol. 45. Nouveaux entrages, dans la paroisse de Vitry, faits après le terrier de 1625. Le premier, consenti par Jean de Saulx de Tavannes, à Guillaume Carnat, relatif au moulin de la Verchère (Reçu Joseph Jacquand, notaire royal à Bourbon, 22 sept. 1629. Mention : *deficit*). Autre par Lazare Gaspard de Saulx de Tavannes à Philippe Esperon (Delaud, notaire, 5 janv. 1633); transféré à Moutteau, contrôleur au grenier à sel de Bourbon (Reçu par Renard, 25 oct 1683). — Fol. 45 v°. Autre, par le même à Claude Carré, de terres, bruyères et pâturages où il construira sa maison et qu'il mettra « en nature de labourage et prey... sans abbattre aucun chesne » : ledit entrage portant droit de champoyer et pacager dans les usages de la baronnie, moyennant paiement du droit de blairie (Delaud, notaire, 18 sept. 1634). — Fol. 46. Entrages à Robert Grandjean (18 sept. 1634 et Émiland Langeron (3 février 1640, tous deux avec mention : *deficit*. — Fol. 46 v°. Autre à: Émiland Langeron 1er avril 1652; 28 mai 1668; Émiland Boiret, 16 mars 1635 fol. 47 : Gilbert Thoreau, 16 mars 1635; Jean Pindon, 9 nov. 1635 *deficit*; fol. 47 v° : Nicolas Boy, 5 avril 1637; Thomas Jacob, 25 août 1646 (fol. 48 : Claude Repoux, 11 nov. 1649; Louis Nodon, hôte à Vitry : entrage des toit et étable de justice, où seront conduits les bestiaux pris en mésus dans la paroisse de Vitry, 8 déc. 1640 (fol. 48 v° : Jean Laurens, sergent à Vitry, 9 déc. 1649 fol. 49 : Thomas Jacob, 9 déc. 1649: Charles Burrier, 29 juin 1650 (fol. 49 v°): Claude Trappe, 27 sept. 1674 et 28 août 1685: Benoît Poitereau, 6 nov. 1650 (fol. 50 : Guy et Georges Marion, 7 janv. 1651; Léonard Boiret, 21 déc. 1654 (fol. 50 v°), remplacé par Léonard Baudin et Pierre Boiret, 19 sept. 1655; Jean Baujard et Pierre Boiret, 24 mars 1668; Antoine Lambert, 3 déc. 1655 fol. 51: Nicolas Dumonceau, 3 déc. 1655; François Martin, maréchal, 8 déc. 1673 fol. 51 v°): Lazare Naty, 8 déc. 1673: vente par Naty à Louis Bourbon et remise à Madelon Vallet, métayer, 16 août 1680; Étienne Fontignot, 19 août 1674 (fol. 52 : Madelon Valet, métayer, 27 mars 1692 : Germain Duplessis, 26 août 1680; Pierre Poitereau, 31 janv. 1682, et cession par Gilbert Poitereau à Françoise Ladvenier, femme séparée de biens d'Antoine Vaillant, marchand à Garnat, 28 sept. 1680; Philibert Hubert, 1686 (fol. 53): François Larmurier, s. d.

Fol. 54. Rentes et devoirs dûs par les habitants de Lesme. Noël et Guy Marion. Entrage par Henri de Saulx de Tavannes à Georges Marion Bretin, notaire royal à Bourbon (28 sept. 1649). — Fol. 54 v°. Marc et Gilles Audugiers et leurs personniers. Règlement à 30 s. par an du *dîner de blairie* (14 mars 1684). Léonard Perauger, dit

Bourdon, chef de communauté. — Fol. 55. Pierre de Grandval. Valentin Challemoux, grénetier à Bourbon-Lancy. Entrage de La Motte Véliot, consenti au sieur du Brouillat (Jacquand, notaire, 4 mai 1684). — Fol. 55 v°. Les Natys. Entrages par Lazare-Gaspard et Henri de Saulx de Tavannes, à Gilles Audigier, de certaines accrues (30 déc. 1632 et 5 mars 1630. Assujettissement aux carpots). — Fol 56. Autres entrages à Gilles Audigier (10 mars et 17 mars 1634). Affranchissement d'un domaine consenti par la comtesse de Rispe au profit du sieur du Brouillat (18 déc. 1678. *Deficit*). Jean de Grandval. Réduction des redevances (27 janv. 1649) et mention d'un affranchissement, 17 août 1689 [cf. fol. 173 v°]. — Fol. 56 v°. Jean Pierre et Gilbert Poitereau et leurs personniers. Entrage en faveur d'Étienne Thevenet (3 juil. 1675. *Deficit.* — Fol. 57. Edme Souillard et entrage en sa faveur (7 mars 1634). Jacques Burgat, praticien et contrôleur au grenier à sel de Bourbon : contestation pour la condition de mainmorte. — Fol. 57 v°. Entrage à Gilbert Dubois, marchand à Cronat (9 sept. 1634. Rayé). Affranchissement par Henri de Saulx de Tavannes, en faveur de Jean Durgon, bourgeois à Bourbon-Lancy, des domaines : Bontemps, Bailly, *alias* Souillard, et Bouleteau, *alias* Duplessis (Bretin et Gouneau, notaires, 28 janv. 1649). — Fol. 58. Entrage à Jean Dumeix (28 sept. 1649) et Georges Marion (16 janv. 1655). — Fol. 56 v°. Philippe Caruat, maître tailleur d'habits au port du Fourneau. Augmentation des redevances, par contrat passé entre Henri de Saulx de Tavannes et Symphorien Babut (Belisme, notaire à Sully, 24 août 1644). Claude Durgon, marchand à Bourbon.

Fol 61. Nouveaux entrages faits à Lesmes, après le terrier de 1625. Entrages et transactions en faveur de : Philibert Cartelier, 22 avril 1640 *(deficit)*; Claude Durgon, avec affranchissement, 13 avril 1652 *(deficit)* ; Jeanne Souvery, veuve de Claude Dargon, 18 déc. 1634 (fol. 61 v°) ; Antoine Foucher, bourgeois de Moulins ; bien affranchi de mainmorte, avec pouvoir de tenir un bateau sur la Loire pour la desserte (18 oct. 1657); Jeanne Souvery : deux moulins, l'un à grains, l'autre à drap, sur la Somme, et l'étang Prothée, 30 janv. 1645 (fol. 62) ; Gaspard de la Molaise : droit de pacage et d'usage dans les bois *communs et usagers* de Lesme, même pour « ses porcs en temps de glandée », 28 sept. 1674.

Fol. 64. Rentes et devoirs dûs en la paroisse de Maltat, Claude Pacaut et Pierre Lamartine, *chefs de communautés.* — Fol. 64 v°. Jean Bruard, chef de communauté. Entrage (carpots) à Jean Lamartine, dit Grandbois (7 mai 1637, *deficit*). Permission de pacage dans la Grande Marchie accordée à Pierre Lamartine (12 mai 1633). — Fol. 65.

Jean Blondat, marchand à Issy-l'Évêque, et ses personniers. — Fol. 65 v°. François Desbots, Gilbert et Pierron Desbots. — Fol. 66. Benoît Rat. — Fol. 66 v°. Pierre Bourrachot, marchand à Bourbon. Affranchissement par Lazare-Gaspard de Saulx de Tavannes, en faveur de Jean Durgon (Delaud, notaire, 19 avril 1633). Entrage à Pierre Bourrachot (3 mai 1633).

Fol. 69. Nouveaux entrages faits à Maltat, après le terrier de 1625. Entrages et autres titres en faveur de : Jean Pignier et autres, 11 sep. 1632 ; André de Virgile, écuyer, s' de La Motte-lez-Maltat, 18 janv. 1661 *(deficit)* ; Louis Humbert, maître de la communauté des Thevenots ; droit de pacage à la Grande Marchie, 12 mai 1633; Jean Durgon, doyen de La Prée, 20 juil. 1635 (fol. 69 v° ; *deficit*); Guy Vanon, puis François Tixier, 27 fév. 1640 (fol. 70 ; *deficit*); Simon Desbaux et Benoît Dumont, communs en biens, 29 mars 1640 ; Léonard Boiret, tailleur d'habits à Maltat, 1er fév. 1657 (fol. 70 v°) ; Pierre Duc, tisserand à Vitry, 5 mars 1668 ; Henri Durgon, praticien à Bourbon, 4 juin 1678 (fol. 71).

Fol. 74. Rentes et devoirs dûs en la paroisse de Cronat. Pierre Delamartine. Nicolas Boy et autres. Bonot Picaud, *alias* Guionneau, chef de communauté (fol. 74 v°). — Fol. 75. Entrage à Étienne Gueneau [cf. fol. 19 v°]. — Fol. 75 v°. Lazare Coré, Gilbert Durand et leurs personniers. — Fol. 76 Noël Bonin. Pierre Duvignaut et autres. Gaspard de Balorre et Jean Petit, Charles et Simon Godot, Dimanche Delaloge et leurs parsonniers (fol. 76 v°). Fol. 77. Gaspard de Balorre et François Duvignaud. Affranchissement par Melchior de Bueil en faveur d'Étienne Maillard, marchand à Ballore (Delaud, notaire à Cronat, 27 nov. 1678). Benoît Prost, dit Verdelet, chef de communauté (fol. 77 v°). — Fol. 78. Cassien Gouneau, bourgeois et marchand à Bourbon-Lancy : étang et moulin du Ruau de la Serrée, affranchis le 28 janv. 1649 [cf. fol. 41 v°]. — Fol. 78 v°. Jean Renaud et autres. Entrage par Jean de Saulx de Tavannes à Gilbert et Blaise Maillenat (Faulcourier, notaire, 21 mars 1566). — Fol. 79. Blaise Maillenat, le jeune, et ses parsonniers, Claude Berger, dit de Cogneuf. Affranchissement du meix Berger en faveur de Pierre Andrieu (16 mai 1647). Entrage en faveur de Dimanche Sardier (26 oct. 1660). — Fol. 80. Blaise Maillenat, l'aîné, et ses parsonniers, Edme Maillenat et le sien. Affranchissement du 19 avril 1633, en faveur de Jacques Challemoux [cf. fol. 34 v°]. — Fol 80 v°. Jean Billin, dit Garlaud, chef et gouverneur de communauté. Affranchissement [cf. fol. 34 v°]. — Fol. 81. Pierre Natys, Philippe Cordelier et Jean Jeangonin. — Fol. 81 v°. Mention d'accense d'une dîme (4 juillet 1675). Gaspard Naty, accenseur d'un entrage fait à Nicolas Tarin, comportant droit d'usage dans le bois des Écossais (entrage du 10 janv. 1634). Le même, accenseur d'entrage (Bretin, notaire, 15 nov. 1647) fait à Jacques Talepin. Entrage en faveur de Gilbert Sardier (29 janv. 1651). — Fol. 82. Alexandre Pontenier, marchand à Cronat. — Fol. 82 v°. Henri Velleret et ses personniers. Affranchissement *(deficit)*, au profit de la lieutenante Le Bègue, des domaines: Velleret, Pellerin, Moreau et Recie (Delaud, notaire, 20 octobre 1679). — Fol. 83. Gilbert Pellerin, chef de communauté. La lieutenante Le Bègue. Entrage à Madelon Billin, 15 nov. 1647 (fol. 83 v°). — Fol. 84. Entrage au profit de la lieutenante Le Bègue (20 oct. 1679. *Deficit*). Entrage du 11 sept. 1644 [cf. fol. 22 v°]. Autre, en faveur d'Antoine Denaux (15 nov. 1647). — Fol. 84 v°. Dimanche Jeangonin et ses personniers. Affranchissement de biens par Lazare-Gaspard de Saulx de Tavannes (3 avril 1637. Amortissement des rentes et devoirs au profit de Valentin Challemoux (Gouneau, notaire, 28 janv. 1649). — Fol. 85. Denis Fleau, *alias* Picaud, chef de communauté. Mention d'affranchissement par le sieur du Brouillat. Philippe Cordelier et Jean Jeangonin. — Fol. 85 v°. Henri Galouzat et Toussaint Citeau. Affranchissement [cf. fol. 34 v°]. — Fol. 86. Jean Cheigne, *alias* Seguinet. Mention d'affranchissement. Guy Demezeau, apothicaire à Bourbon-Lancy (fol. 86 v°). — Fol. 87. François Descorailles. Antoine Delaud, maître et chef de communauté. François Bernard, marchand à la forge des Mauvoisins (fol. 87 v°. Fol. 88. Africain Seguin et Gilbert Vallet. Entrage [rayé, faute de jouissance] à Gaspard Claudat (5 janv. 1669). — Fol. 88 v°. Claude et Pierre Delaud et leurs personniers. Mention de droits d'usage au bois des Écossais. Entrage en faveur de M° Louis Delaud, notaire royal à Cronat (27 sept. 1674). — Fol. 89. M° Sébastien Vaillant, procureur d'office de la seigneurie de Vitry. Mention d'affranchissement [cf. fol. 34 v°]. Gaspard de Ballore (fol. 89 v°). Gabriel Gerbaud, seigneur de La Serrée. Gilbert Dubois, marchand à Decize. — Fol. 90. Marie de Laugère, veuve de Claude Tixier, seigneur de La Baume. Entrage à Jean Jeangonin, le jeune (2 août 1635), renouvelé en faveur de Léonard Richard (4 mars 1655). — Fol. 90 v°. Anne Leclerc, veuve de Louis Rose. Pierre Duvignaut et autres — Fol. 91. Charles de Méran, écuyer, seigneur de Finy et de Méran. Georges Pethion, chef et gouverneur de communauté. — Fol. 92. Jean de Grandval, écuyer, seigneur de Champagny. Pierre de Chargères, écuyer, seigneur de Montigny et en partie de Finy. Entrage au seigneur de Champagny (11 sept. 1632). — Fol 92 v°. Valentin Challemoux, grénetier à Bourbon, et Claude Durgon, bourgeois de cette ville. Marc Audigier, marchand à Lesme, et ses personniers. Le toit de justice, accensé à Anne Leclerc.

Fol. 95. Nouveaux entrages faits à Cronat après le terrier de 1625. Entrages et autres titres en faveur de : Nicolas Tarin, 10 janv. 1634 [cf. fol. 81 v°] ; Benoit Vincent, 26 fév. 1634 (fol. 95 v°) ; Claude Belin, 25 mars 1634 (fol. 96 ; Léonard Léger, fendeur de bois à Cronat, 25 mars 1634 (fol. 96 v°) ; Jean Petit, 28 sept. 1634 (fol. 97) ; Jean Lamartine, 7 mai 1637 (rayé) ; Benoit Huguenin, 10 août 1638 *(deficit)* ; Lazare Broichot, tisserand, 20 oct. 1647 (fol. 97 v°) ; René Bertrand et Jean Gamet, marchands à Cronat, 13 juin 1650 ; Jean Gamet, 13 juin 1650, et transfert à Gilberte Bordet, 29 janv. 1717 (fol. 98 ; Gilbert Goujon, 13 juin 1650 ; Léonard Guioneau, 21 juin 1650 (fol. 98 v°) ; Madelon de Moncorger : un moulin sur la Vauzelle, avec le cours d'eau pour l'usage du moulin seulement et sans y pouvoir faire flotter du bois, et sans préjudicier à la banalité des moulins de Vitry, 10 août 1650 : le même, 11 août 1650 [cf. 1 F. 65. p. 76 et 80 : en marge : « On a détruit le moulin et la forge est tombée » : déclaration, reçue Belisme, notaire à Sully, par laquelle François Bernard, sergent royal à Cronat, se désiste de toute prétention sur les rivières de Vauzelle et de Cressonne (fol. 99 : autre déclaration semblable, devant le même notaire, par Léonard Velleret, relative à la Vauzelle et au pont de Cressonne (11 août 1650 ; Blaise Berger, hôte à Cronat (affranchissement, 1er juil. 1653 (fol. 99 v°) ; Léonard Richard, 4 mars 1655 rayé) : Cassien Gouneau, bourgeois de Bourbon-Lancy, 10 oct. 1657 et 22 fév. 1686 (fol. 100) ; Philippe Bouillier, 19 août 1660 : Louis Latour et ceux qui lui ont été substitués (fol. 100 v° : Jean Gondard : les étangs pratiqués aux Augères, près Chalnay (fol. 101 ; Michel Chandioux, tailleur d'habits à Cronat, 21 avril 1664 ; Jean Goujon, charpentier à Cronat s. d., acte reçu : Virot, notaire à Cronat (fol. 101 v°. *Deficit* : Sébastien Vaillant, procureur d'office de Vitry s. d. : *deficit* : Michel Couturier, 13 oct. 1683, reçu, Moncorger, notaire *baronique* (fol. 102 : François Brureau, 10 nov. 1683 : entrage sans contrat, mais sur billet signé de la comtesse de Rispe, attendu le peu de conséquence : Louis Langeron (fol. 102 v°. *Deficit*) ; Blaise Renaud, 18 nov. 1683 : doubles rayés (fol. 103) ; Antoine Bourbon, 12 avril 1689 (fol. 103 v°) ; Esme Pierre, 19 janv. 1651 *(deficit)*.

Fol. 104. Entrages en d'autres paroisses. *La Nocle.* Entrage à Jacques Guenet, marchand à La Nocle, « d'un cros et pescherie propre à faire estang, appellé le Cros au Gendarme », au finage de Maulaix, avec pouvoir d'y faire un étang, 14 avril 1634. — Fol. 104 v°. *Saint-Seine.*

Entrages en faveur de : Jean Houdot, fendeur de bois, 29 août 1663 ; son fils, 1er nov. 1686 (*déficit*) ; Gabriel Gilet, 1er fév. 1648 (fol. 105) ; Michel Velleret, 14 fév. 1648, transféré à Jean Bezard, hôte aux Bruères, 1684 ; Antoine Dubuis, 14 fév. 1648 (fol. 105 v°) ; Gilbert de La Forêt, tisserand, 25 oct. 1660. — Fol. 106 ; doubles.

Fol. 108. Table de la liève, relevant les noms des possesseurs vers 1680. — Fol. 110. « Rolle des habitans de la baronnie de Vitry qui doivent chacun an quatre coupes et demy d'aveine et deux courvées de fener et vandanger, pour droit de blerie, vaines pastures et à cause du feu, pour l'année 1684. » En marge sont inscrites les recettes concernant les années de 1680 à 1692. — Vitry (fol. 110 à 115) ; Lesme (fol. 116 et 117) ; Maltat (fol. 117 v° à 119) ; Cronat (fol. 120 à 128) ; Saint-Seine et Maulaix (fol. 129) ; paroisses Saint-Martin et Saint-Nazaire de Bourbon-Lancy (fol. 130).

Fol. 142 et suiv. — Autre liève, suivant le même ordre, portant en marge les recettes des années 1692 à 1717. On ne relèvera ici que les mentions non signalées précédemment. — Fol. 142. Paroisse de Vitry. — Fol. 159. Mention d'un entrage (s. d.) en faveur de Gaspard Marion (Gallet, notaire royal à Cronat). — Fol. 161 v°. Autre, en faveur d'Étienne Thevenet (3 juil. 1675), transféré au sieur de La Chaize, puis à Thevenin, apothicaire à Bourbon-Lancy. — Fol. 169. Autre (s. d.), à Jean Bourbon. — Fol. 171. Paroisse de Lesme. — Fol. 173. Entrages (s. d.), en faveur du sieur du Brouillat ; et affranchissement de bien (fol. 173 v°) en faveur du même, 17 août 1689 (cf. fol. 56). — Fol. 179. Copie de l'entrage consenti à Pierre Guy, jardinier à Lesme (3 sept. 1690). — Fol. 180. Paroisse de Maltat. — Fol. 182 v°. Remise d'entrage par Pierre Bourachot cf. fol. 66 v° à Alexandre Renaud (Renard, notaire, 1er mai 1680). — Fol. 184. Entrage (s. d.) par l'abbé de Druy à Claude Jacob. Autre, à Pierre Desbots (Gallet, notaire, 30 mars 1717). — Fol. 189. Paroisse de Cronat. — Fol. 214 v°. Entrage à Antoine Brureau (16 nov. 1696). — Fol. 215. Autre (s. d.) à la veuve Gueneau. — Fol. 216. Paroisses de La Nocle et de Maulaix. — Fol. 218. Cronat. Entrages à Gilbert Maillenat (Regnard, notaire à Bourbon, 28 sept. 1695) et Jean Gondart (Jacquand, notaire, 2 nov. 1686). — Fol. 230. Devoirs de blairies et corvées. Relevé du terrier concernant ces droits, et indication de la recette, de 1700 à 1703, pour la paroisse de Vitry. — Fol. 255 v°. - 256. Notes de comptabilité.

1 F 68 (Cahier). — In-4°[1], 40 pages, papier (265/195mm).

1688-1702. — Lièves. — « Rolle des habitans de la baronnie de Vitry qui doivent chacun [an] quatre coupes et demy d'aveine et deux courvées de fener et vandanger pour le droit de blerie, vaines pastures et à cause du feu, pour l'année 1692. » Dans la marge, à gauche des noms, mention des recettes. — Page 1. Paroisse de Vitry. — Page 9. Paroisse de Lesme. — Page 11. Paroisse de Maltat. — Page 15. Paroisse de Cronat. — Page 26. Paroisses de Saint-Seine et de Maulaix. — Page 27. Paroisses de Saint-Martin et de Saint-Nazaire de Bourbon-Lancy. — Page 29. Mention de recettes. — Page 31. « Mémoire de ceux qui ont fait les courvées en 1695. — Page 40. Notes de comptabilité.

1 F 69 (Cahier). — In-4°[2], 13 feuillets, papier (285/200mm).

1698-1703. — Lièves. — Liève semblable à la précédente. — Fol. 1. Paroisse de Vitry. Au total : 100 habitants (fol. 4). — Fol. 5. Paroisse de Lesme. 20 habitants. — Fol. 6. — Paroisse de Maltat. 23 habitants. — Fol. 6 v°. Paroisses Saint-Martin et (fol. 7) Saint-Nazaire de Bourbon-Lancy. — Paroisses de Saint-Seine et Maulaix. — Fol. 8. Paroisse de Cronat. 132 habitants (fol. 12)[3].

1 F 70 (Liasse). — 2 pièces parchemin, 6 pièces papier.

1363-1778. — Actes de foi et hommage ; aveux et dénombrements. *Ambly*. — 1. Hommage rendu par Girard d'Ambly, damoiseau, à Girard de Bourbon, chevalier, seigneur de Vitry et de La Roche-Millay, pour des biens de mainmorte sis à Saint-Martin-des-Lais et à *Vilers*, pour un droit d'usage dans les bois *de Marchi*, et pour le droit de blairie qu'il exerce entre la Loire et les terres d'Ambly et du Chambon (11 janvier 1363). — 2. Autre, rendu pour les mêmes biens (le nom de Saint-Martin-des-Lais est remplacé par celui de Vitry) par Jean d'Ambly, damoiseau, à Isabelle de Bourbon, dame de Vitry (24 août 1400). — 3.

---

(1) Couverture parchemin : 4 pages d'un traité de droit, cursive, xv° siecle.

(2) Couverture parchemin : un feuillet d'une vie de St Cassien, lettres de forme.

(3) Une autre liève est en déficit. Elle est ainsi mentionnée par l'*Inventaire des titres de la baronnie de Vitry* (fol. 59) : « La quatrième pièce est une liève aussi couverte en parchemin, où sont rapportés tous les droits de blairies, corvées, cens, rentes, mainmortes, quarpots, dixmes et autres droits dus à la baronie de Vitry-sur-Loire, perçus par le sieur Jean-Baptiste Cuvillier, fermier de ladite terre appartenant à puissant seigneur Denis-Robert Bruneau, chevalier, baron dudit Vitry, depuis 1761 jusques et compris 1783. »

Autre, par Philippe Petit, écuyer, seigneur d'Ambly et de
Champagny, mari de Claude de Semur, dame de Champagny, rendu, en l'absence du seigneur de Vitry, à Guy
Prevost, seigneur de Perreau, lieutenant général au Bailliage de Vitry, à Philippe de Grandval, seigneur de Fraise
et Monpetit, capitaine, et à M\re Jean Guillet, seigneur de
Fondis, procureur fiscal de Vitry (15 mars 1571). — 4-6.
Dénombrement des fiefs d'Ambly et de Champagny, tenus
de Gaspard de Saulx par Philippe d'Ambly et Claude de
Semur, sa femme, fille de Jacques de Semur, écuyer,
seigneur de Champagny, et de Raymonde Simonin : le
péage d'Ambly et du Chambon a été démembré de la
seigneurie d'Ambly par Philippe, père du déclarant, qui
l'a donné à son autre fils, Claude d'Ambly (12 mai 1574). —
7. Hommage du fief rendu à Melchior de Bueil de Grimaldi, dame de Rispe, par Pierre le Besgue, secrétaire
des finances du défunt duc d'Orléans, ledit fief à lui remis
par Charles de Las, écuyer, sieur de Valotte, qui l'avait
acquis des héritiers de Michel et Jean de Grandval
(14 septembre 1676). — Autre, pour les fiefs d'Ambly
et du *Moulau*, rendu par François-Amable-Charles Dubuisson (26 novembre 1778).

1 F 71 (Liasse). — 1 cahier papier.

1603. — Actes de foi et hommage; aveux et dénombrements. *Ballore*. — Dénombrement rendu à Jean de
Saulx par Claude Gerbault, écuyer, sieur du Vignault et
de Lesme (8 août 1603).

1 F 72 (Liasse). — 1 pièce parchemin, 12 pièces papier.

1380-1765. — Actes de foi et hommage; aveux et dénombrements. *Champagny*. — 1. Hommage rendu à Guillaume
de Mello, chevalier, seigneur de Vitry et de La Roche-
Millay, mari d'Isabelle de Bourbon, par Guillaume de Champagny, à l'occasion des biens qu'il tient au Chambon,
paroisse de Cronat (30 juin 1380). — 2. Copie du même
acte (xviiie siècle). — 3. Autre, rendu à Girard de Bourbon, chevalier, seigneur de Vitry, par Perrin de La Roche,
pour lui et pour Catherine de Montroart, sa femme (après
le 15 août 1384). Copie du xviiie siècle. — 4. Autre, à
Guillaume de Mello, au nom que dessus, par Jean de
Champagny (6 décembre 1384). — 5 et 6. Dénombrement
fourni par Claude de Semur, veuve de Philippe d'Ambly,
à Jean de Saulx (7 août 1603). — 7 et 8. Autre semblable,
fourni à Jean de Saulx par Jean de Grandval, écuyer, sieur
de Prenat, Thaix et Champagny (1er septembre 1604). —
9. Autre semblable, par Annet de Gerbault, chevalier,
seigneur de La Serrée, La Boue et Champagny (23 octobre

1653). — 10. Hommage par François de La Ramisse,
avocat, commis à la recette du grenier à sel de Bourbon-
Lancy, rendu à la comtesse de Rispe (15 juin 1682). —
11 Autre semblable, par Anne Comte, veuve de François
de La Ramisse (6 novembre 1693). — 12. Autre semblable,
par François-Bernard de La Ramisse, en son nom et au
nom de ses frères et sœurs (11 août 1700). — 13. Dénombrement fourni par le même (15 août 1700). — 14. Dénombrement fourni à Marguerite de Jarsaillon, veuve de
Pierre Bruneau, dame de Vitry, par Denis Nault, écuyer,
auditeur en la Chambre des Comptes de Dôle, juge de la
châtellenie de Luzy, au nom des enfants mineurs de feu
Charles-Claude Repoux, lieutenant général de Bourbon-
Lancy, et de Pierrette-Éléonore Nault, sa femme (25 mai
1728). — 15. Autre semblable fourni à Robert Bruneau,
chevalier, baron de Vitry, par Claude Nault de Champagny, lieutenant-colonel d'infanterie, major du régiment
de Champagne (21 octobre 1765).

1 F 73 (Liasse). — 2 pièces papier.

1529-1583. — Actes de foi et hommage; aveux et
dénombrements. *Finy*. — 1. Hommage rendu à Bénigne de
Granson, veuve de François de Vienne, par Philippe de
Myniers, veuve de Pierre de Semur, écuyer, Jacques du
Crest et Claude Thibeuf, écuyers, les deux derniers, au
nom d'Antoinette et de Marie de Semur, leurs femmes
(6 novembre 1529). — 2. Autre semblable, rendu à Françoise de La Baume, veuve de Gaspard de Saulx, par Jean
de Mérans, écuyer (16 juin 1583).

1 F 74 (Liasse). — 2 pièces parchemin, 11 pièces papier.

1292-1789. — Actes de foi et hommage; aveux et
dénombrements. *Fraise*. — 1. Jean, fils d'Étienne de Fraise,
reconnaît être homme taillable et exploitable de Jean,
seigneur de Vitry, noble damoiseau (13 octobre 1292). —
2-4. Copies de l'acte précédent. — 5. Traduction de cet
acte. — 6 et 7. Institution du fief de Fraise par Jean de
Vienne et Anne de Vienne, sa femme, en faveur de Louis
de Migniers de Cognard (25 octobre 1484). Copie fautive
de 1676. Autre copie du xviiie siècle. — 8. Dénombrement
fourni à Jean de Saulx par Pierre de Grandval, écuyer
(14 août 1603). — 9. Jean de Saulx demande aux Requêtes
du Palais, à Dijon, de décider le maintien du château
dans la condition de mainmorte (1645). — 10. Melchior
de Bueil de Grimaldi s'oppose au décret qu'Anne de Las
a fait mettre sur les biens de défunt Michel de Josian de
Grandval, son mari (1675). — 11. Remise des fiefs de
Fraise et Montrouard à Jacques Gevalois, écuyer, par

5

Charles de Las, écuyer, et Jeanne de Chaugy, sa femme, acquéreurs des héritiers de feu Michel de Grandval (27 août 1676). — 12. Hommage rendu par Jacques Gevalois à Melchior de Bueil (14 septembre 1676). — 13 et 14. Dénombrement des seigneuries de Fraise et Montrouard, fourni à Robert Bruneau par Élisée-Marie-Virginie de Pontenet des Buons (30 juillet 1740). — 15 et 16. Hommage des mêmes seigneuries rendu par Étienne Buon, marchand de bois pour la fourniture de la marine (3 juillet 1749). — 17 à 21. Mémoires à consulter sur l'affaire du dénombrement fourni par Mlle de Buons. Consultation des avocats Bannelier et Guyton (Dijon, 21 janvier 1751). — 22 et 23. Hommage par Jean-Baptiste Buon (6 juillet 1789).

1 F 75 (Liasse). — 5 pièces parchemin, 8 pièces papier.

1378-1780. — Actes de foi et hommage; aveux et dénombrements. *La Baume.* — 1 et 2. Hommage rendu à Guillaume de Mello, chevalier, à cause de sa femme, Isabelle de Bourbon, fille de défunt Girard de Bourbon, chevalier, par Guiot, dit Berchart, de Toury, au nom de Marguerite, sa femme, fille de feu Guichard Moret, de Bourbon (3 juillet 1378). — 3. Dénombrement fourni à Mme de Listenois par François Le Tort, écuyer, seigneur du Chambon et de La Baume (7 novembre 1529). — 4. Hommage rendu par Lazare Le Tort, femme de Guy Tixier, écuyer, et Philippe Le Tort, veuve de Guy Tixier, aussi écuyer (26 novembre 1579). — 5. Autre, par Léger Petit, marchand à Bourbon-Lancy (23 août 1581). — 6. Dénombrement fourni par Claude Tixier, écuyer (29 juillet 1603). — 7. Autre, par Pierre Challemoux, sieur du Brouillat, acquéreur de Nazaire Gevalois, écuyer (9 décembre 1677). — 8. Dénombrement fourni par Guillaume Bouillier (20 septembre 1759). — 9. Hommage par Georges Bouillier, curé de Tannay (9 juin 1780)

10. Hommage par Claude Picaud, contrôleur au grenier à sel de Bourbon-Lancy, représentant, Esmée Main, héritière, et Florence de Vaux, veuve de Mre Guy Prevost, grénetier de Bourbon et bailli de Vitry, pour des cens, rentes et droits acquis de Gilbert Le Tort, écuyer, seigneur de La Baume (21 avril 1575).

11. Vente de la Grande Vigne de La Baume, consentie par Claude Tixier, écuyer, au profit de Claude Bellon, aussi écuyer (24 mars 1601). — 12. Hommage rendu pour cette vigne par Jean-Baptiste Tixier, marchand à Cronat (25 mai 1771).

13. Hommage rendu par Louis Bonneau, bourgeois, à Montambert, acquéreur en retrait lignager du moulin et de l'étang des Bruyères, près Cronat, parties démembrées du fief de La Baume (19 mars 1768).

1 F 76 (Liasse). — 8 pièces papier.

1637-1781. — Actes de foi et hommage; aveux et dénombrements *Le Brouillat.* — 1 et 2. Hommage par Valentin Challemoux, acquéreur de ,Robert Mathieu, écuyer, et d'Étiennette Degand, sa femme (4 avril 1637). — 3. Vente de la terre du Brouillat, consentie par Pierre de Faubert, fils, écuyer, en faveur d'Étienne Bijon, marchand de bois et entrepreneur pour la fourniture de la marine, et de Marguerite Laforêt, sa femme (17 août 1747). — 4 et 5. Reprise de fief en conséquence, par Étienne Bijon (12 septembre 1747). — 6. Dénombrement du fief du Brouillat (22 novembre 1747). — 7. Remise de ce dénombrement, par ministère d'huissier, entre les mains du greffier de la baronnie de Vitry (1er décembre 1747.) — 8. Hommage par Étienne Bijon, avocat à la Cour (8 mars 1781).

1 F 77 (Liasse). — 5 pièces parchemin, 19 pièces papier.

1376-1767. — Actes de foi et hommage; aveux et dénombrements. *Le Chambon.* — 1 et 2. Hommage rendu par Guy de Chambon, chevalier, à Girard de Bourbon, seigneur de Vitry (27 août 1376). Et copie de cet acte (XVIIIe siècle). — 3. Hommage à Guillaume de Mello par Guy de Chambon, pour des revenus acquis de Jean de Rodon, curé de Vitry (3 septembre 1382). — 4. Reprise de fief et dénombrement par Charles Le Tort, écuyer, acquéreur d'Amiot d'Aynay et d'Esme de Ballore (2 mars 1581). — 5. Dénombrement fourni par René de Grandval-Josian, écuyer, seigneur du Donjon et du Chambon en partie, Laurent de La Rivière, écuyer, et Madeleine de *Monsy* (8 juillet 1603). — 6. Autre, fourni par René de Grandval-Josian, pour le Chambon et pour La Baume (14 août 1603). — 7 et 8. Autre, fourni par François d'Escorailles et Marguerite de La Platière, son épouse, seigneurs du Chambon pour un quart : le reste est à Charles Despaillards, écuyer, pour moitié, et à Jean de La Tournelle, écuyer, pour un quart (5 mars 1626). — 9. Autre, fourni par le même, pour ce qu'il a acquis de Gabriel de Gerbault et de sa femme (5 février 1630). — 10. Hommage rendu par Jordan d'Escorailles, fils de François, acquéreur de partie de la seigneurie du Chambon sur Jean de Montcorps et Jeanne Despaillards, sa femme (8 février 1638). — 11. Vente par Jordan d'Escorailles à Charles d'Escorailles (29 août 1640) et reprise de fief en conséquence (21 mars 1641). — 12. Lettre de Challemoux au marquis de Tavannes, pour s'excuser du retard apporté à la reprise de fief du Chambon (20 février 1646). — 13. Reprise de fief par Nazaire Challemoux, écuyer de la grande écurie du Roi (30 octobre

1646). — 14. Déclaration des biens usurpés par Nazaire Challemoux sur les terres vaines et vagues de la baronnie de Vitry (16 avril 1650) — 15 à 18. Procédure contre Joseph et François Challemoux, fils de Nazaire, faute de reprise de fief (1683). — 19. Reprise de fief par eux faite en conséquence (7 juillet 1683). — 20. Mise en demeure d'avoir à produire le dénombrement qu'ils avaient promis (28 février 1684). — 21 à 23. Mémoire à consulter, lettre, et consultation de l'avocat Moreau (Autun, 18 août 1750), relatif à une reprise de fief de M. de Saint-Aubin. — 24. Reprise de fief pour Gabriel-Lazare Le Bègue, d'Ambly (27 mars 1767).

1 F 78 (Liasse). — 1 pièce parchemin, 3 pièces papier.

1603-1768. — Actes de foi et hommage ; aveux et dénombrements. *Le Pont, La Chaise* et lieux voisins. — 1. Dénombrement fourni par Marie Petit, veuve de Pèlerin de Marry, écuyer (9 septembre 1603). — 2. Assignation à François d'Escorailles, écuyer, d'avoir à comparaître aux Requêtes du Palais, à Dijon, pour justifier du fief qu'il possède dans la baronnie de Vitry (28 mars 1643). — 3. Dénombrement fourni par Jacques d'Escorailles, écuyer (18 juin 1685). — 4. Hommage rendu par Claude Dubois, notaire à Cronat, au nom de Gaspard Chaussin d'Urly (10 mars 1768), en vertu de procuration dont suit la copie (11 mars 1768).

1 F 79 (Liasse). — 2 pièces papier.

1603-1663. — Actes de foi et hommage ; aveux et dénombrements. *Les Foudis.* — 1. Dénombrement fourni par Léonard Guillot, écuyer (11 août 1603). — 2. Échange de rentes et de biens entre Jean Durégon, bourgeois à Bourbon-Lancy, et Antoine Foucher, avocat au Parlement (14 avril 1663).

1 F 80 (Liasse). — 2 pièces papier.

1568. — Actes de foi et hommage ; aveux et dénombrements. *Lesme* et *Chevigny.* — 1 et 2. Dénombrement fourni par Charles Roy, écuyer, sieur du Martray, comme acquéreur de Louis Le Tort et de Françoise du Pré, veuve de Pierre Le Tort (25 mai 1568).

1 F 81 (Liasse). — 4 pièces parchemin, 2 pièces papier.

1321-1396. — Actes de foi et hommage ; aveux et dénombrements. *Saint-Martin-des-Lais.* — 1. Hommage rendu par Regnaud de Saint-Martin, chevalier, à Louis, comte de Clermont, seigneur de Bourbon et chambrier de France

(29 novembre 1321). — 2 et 3. Autre, rendu à Girard de Bourbon, chevalier, seigneur de Vitry, par Hugues Challeroux, de Faye-Brocellière, au nom d'Ahelide, sa femme, fille de défunt Guillaume Menasser (4 août 1363). — 4 et 5. Autre, rendu à Guillaume de Mello, par Hugues de Saint-Vincent, clerc, et Guillaume, fils de Pierre Simonin, de Bourbon (18 septembre 1378). — 6. Autre, rendu au même par les mêmes (15 juin 1396).

1 F 82 (Liasse). — 3 pièces parchemin, 2 pièces papier.

1396-1762. — Actes de foi et hommage ; aveux et dénombrements. *Serre.* — 1. Hommage rendu à Guillaume de Mello par Thomas de Perrelay, damoiseau (18 septembre 1396). 2. Dénombrement fourni par Nicolas et Jean de Banchereaul, frères, écuyers (14 août 1603). — 3. Autre, par Jacques de Banchereaul, donataire de Jean de Banchereaul, son oncle (7 juillet 1627). — 4. Reprise de fief par Jacques de Chalon, écuyer, fils d'Antoine de Chalon, décédé (26 août 1750). — 5. Vente du fief de Serre, consentie par ledit Jacques de Chalon à Gilbert Briandet, sieur des Bergerons, gendarme de la garde ordinaire du Roy, et à Pierrette Burgat, sa femme (20 octobre 1762).

1 F 83 (Liasse). — 1 pièce parchemin, 2 pièces papier.

1378-1634. — Actes de foi et hommage ; aveux et dénombrements. *Vernasse* et *Pèlerin.* — 1. Hommage rendu à Guillaume de Mello par Marguerite de Marry, veuve de Jean le Bidault, écuyer, au nom de leurs filles Jeanne, Isabeau et Alix (22 novembre 1378). Copie fautive du XVIIIe siècle. — 3. Autre, rendu par Me François Girard, sieur des Tardes, greffier aux Bailliage et Chancellerie de Bourbon-Lancy, à qui Vernasse est échu par le décès de Françoise Deschamps, sa mère (11 octobre 1634). — *En déficit :* Dénombrement fourni par Jean Bouton et Claudine Courtoys, sa femme, à cause de plusieurs cens, rentes et bordelages qu'ils possèdent à Vernasse et autres lieux. 19 septembre 1568.]

1 F 84 (Liasse). — 1 pièce parchemin, 8 pièces papier.

1365-1767. — Actes de foi et hommage ; aveux et dénombrements. Diverses localités. — 1 et 2. Perreau de Montanteaume, damoiseau, rend hommage à Girard de Bourbon, seigneur de Vitry et de La Roche-Millay, pour la moitié qu'il possède de la dîme de Cronat, l'autre moitié étant aux mains des héritiers de Guillaume de Vitry, damoiseau (14 juin 1365). — 3. Hommage rendu par Me Claude Picault, contrôleur du grenier à sel de Bourbon-Lancy, acquéreur sur Guillaume d'Ambly de biens et droits à

Maringes-sur-Somme, paroisse de Lesme et de Saint-Nazaire de Bourbon, comprenant notamment l'étang du moulin au Rapiat et le pré du Vignier (18 février 1574). — 4 et 5. Autre, pour les mêmes biens, rendu par Valentin Challemoux, au nom de Claude Challemoux, marchand à Bourbon-Lancy, et de Guillemette Picaud, ses père et mère (1er juin 1581). — 6. Vente de rentes et droits sis en diverses paroisses, par Hugues de Vaulx, bailli de Bourbon-Lancy, à Valentin Challemoux, grénetier au grenier à sel de ladite ville (29 juin 1597) et hommage en conséquence (24 février 1600). — 7 et 8. Serment d'hommage prêté par Gilbert Delhault, laboureur au village de Bessay, paroisse de Vitry, *marié en la famille des Bergerons*, avec Barbe Bergeron, pour une rente de 50 sous 10 deniers tournois affectée sur des héritages sis audit village (17 décembre 1579) ; mention de l'acquisition antérieurement faite (1544) par Benoît, Guichon, Gilbert et Jacques Bergeron, frères, sur Gilbert Symonet, marchand à Moulins-Engilbert, et Gilberte Coquille sa mère. Dénombrement fourni en conséquence (26 décembre 1579). - 9. Hommage rendu par François Cochot, prêtre, curé de Maltat, pour le fief attaché à cette cure (3 août 1767).

1 F 84 (Liasse). — 6 pièces, parchemin, 11 pièces papier.

1599-1773. — AFFRANCHISSEMENTS DE BIENS ET DE DROITS. — Ces affranchissements sont accordés ou bien moyennant une somme d'argent déterminée et la conversion des tailles en simple cens, ou bien moyennant le doublement, à titre de cens, du montant des tailles sans versement d'argent. Souvent les corvées sont transformées en redevance en argent. Ces actes sont consentis par les différents seigneurs de Vitry au profit de : 1. Louis Guyonneau et ses personniers, habitants de La Chappe, paroisse de Cronat, pour le meix Ponthenier et autres héritages (5 août 1599) et mention d'un affranchissement antérieur ; 2. Jean Guionneau, gruyer des eaux et forêts de la baronnie de Vitry, et ses personniers : Noël et Benoît Guionneau, pour le meix Patin (13 septembre 1601) ; 3. Jean Durégon, prêtre, doyen de La Praye, Adrien Navetat, prêtre, trésorier de Notre-Dame de Bourbon-Lancy, Jacques Challemoux, contrôleur de la maison de Mgr le Prince, Sébastien Vaillant, procureur d'office de la baronnie de Vitry, Pierre Andrieu, bourgeois à Bourbon-Lancy, Pierre Bourachot, Gilbert Pinot, procureur à Bourbon-Lancy, agissant pour lui et pour les siens, et Philippe Desdames, serrurier à Bourbon-Lancy (19 avril 1633) ; 4-6. Valentin Challemoux, sieur du Brouillat, pour le domaine Jeangonin de Marcy, paroisse de Cronat (3 avril 1637) ; 7. Pierre Andrieu, bour-

geois de Bourbon-Lancy, pour le meix Coueux, autrement dit : le meix Berger, paroisse de Cronat (16 mai 1647) ; 8. Valentin Challemoux, sieur du Brouillat, contrôleur ordinaire en la maison de Mgr le Prince, acquéreur par décret du domaine des Maréchaux (ancienne communauté), sis à Montigny, paroisse de Vitry (27 janvier 1649) ; 9. Jean Durégon, bourgeois à Bourbon-Lancy, acquéreur d'Étienne Poirier, dit Bontemps, et de ses personniers, pour le domaine Bontemps (28 janvier 1649), et : 10. Assignation en restitution d'un trop perçu de redevances, adressée par André Mouteau, écuyer, à Jean Cuvillier, régisseur de la baronnie de Vitry (23 novembre 1773) ; 11. Gilbert Pinot, procureur au Bailliage de Bourbon-Lancy, pour les domaines de la Croix et Blondat et le moulin et l'étang Esmery, autrement dit : du Réaux de la Serrée, paroisses de Cronat et de Saint-Martin-lez-Bourbon-Lancy, jadis possédés par les Esmery, de Cronat, et les Blondat, de Longevignes, paroisse Saint-Martin (28 janvier 1649) ; 12. Antoine Foucher, bourgeois de Moulins-en-Bourbonnais, pour divers biens, entre autres au meix Bertrand et au meix Theuillon, ou meix Poirier, (14 avril 1652) ; 13. Blaise Berger, hôte à Cronat, pour la maison des Bardets et ses dépendances, une vigne En Vernay et le pré Émery (1er juillet 1653) ; 14 et 15. Étienne Maillard, sieur de Ballore et de Cognard, bourgeois de Paris, pour les domaines des Jeandeaux et de la Loge et pour le domaine Frisy, paroisse de Cronat (27 novembre 1678) ; 16. Pierre Challemoux, sieur du Brouillat, pour les héritages non encore affranchis du domaine des Audgers, paroisse de Lesme (18 décembre 1678) ; 17. François Carré, marchand à Digoin, à cause de Françoise Marré, sa femme, pour les domaines des Billots, des Boudots et Dessus, paroisses de Cronat et de Maulaix (10 octobre 1679) ; 18. Jeanne Challemoux, veuve de Jean le Bègue, conseiller du roi, lieutenant criminel au Bailliage de Bourbon-Lancy, pour les domaines Villers, Moreau, Pèlerin et Récis, paroisse de Cronat (26 octobre 1679) ; 19. Pierre Challemoux, sieur du Brouillat et de la Baume, pour le domaine Picaud, paroisse de Cronat (19 août 1689) ; 20. Jean-Claude Mouteau, conseiller, médecin ordinaire du roi, intendant des eaux minérales de Bourbon-Lancy, pour le meix Vallée et cinq bichetées de terre (15 février 1691). — Les deux derniers actes sont dressés sous seing privé ; les précédents ont été passés par-devant notaires.

1 F 86 (Liasse). — 8 cahiers papier.

XVIIe-XVIIIe siècles. — ENTRAGES. LISTES ET INVENTAIRES. — 1. « Cayer de tous les entrages rapportés dans la liève de Monsieur l'abbé de Druy et Michaely ». [Cf. 1.F. 44].

Dans la marge de chaque analyse figure son numéro. On ne relèvera ici que les actes ne figurant pas à la liève indiquée. N° 168 : Remise d'entrage consentie à Jean Ladvantage (4 mars 1703). N° 169 : Entrage consenti en faveur de Gaspard Brureau (9 octobre 1704). N° 209 : Vente d'une pièce de vigne et d'une ouche, sises au village des Mouilles, consentie par Pierre Cleradin, charbonnier, demeurant à Cigogne, à Jean Roze, charbonnier, demeurant au village de la Loge (s. d , reçu Gentil, notaire à Bourbon-Lancy). N° 210 : Entrage en faveur de Lazare Desvaut, veuve de François Michelet (3 mai 1718). N° 217 : Extrait du procès-verbal rendu au décret des biens de Benoît Caruat, délivré au Bailliage de Bourbon-Lancy (31 mai 1703). N° 228 : Entrage en faveur de Jean Descréau (14 septembre 1723). N° 231 : « Transaction passée entre Mᵐᵉ de Vitry et le sieur de Challemoux, au sujet de l'isle du Fourneau, par-devant Pinot, notaire, le 29 octobre 1730 ».

2. « Etat des titres de la baronnie de Vitry ». A part les terriers, tous les titres indiqués sont du XVIIᵉ siècle. — 3. « État des titres et entrages... remis aux sieurs Veillault et Vincent, fermiers de la baronnie de Vitry ». — 4 et 5. Listes d'entrages. — 6. « Etat des entrages remis à Monsieur Jourdhyer ». — 7 « Etat des entrages qui sont à la suite du terrier signé Chassenay... ». — 8. « Nouveaux entrages faits après le terrier de 1625 ».

1784. — Recettes de blairie. — 1. Cahier de recette pour la blairie de la baronnie de Vitry et dépendances, commencé le 2 août 1784. Cronat : du 2 août au 10 septembre, en recette : 100 livres, 4 sous, plus 23 coupes et demie d'avoine ; du 7 au 24 novembre : 155 livres, 11 sous, 6 deniers, et 4 coupes et demie d'avoine. A Vitry, du 4 au 12 août, 418 livres, 11 sous, 6 deniers, et 58 coupes et demie d'avoine ; du 5 au 8 septembre : 16 livres, 14 sous, 6 deniers et 9 coupes d'avoine ; et, le 14 novembre, 3 livres, 6 sous, 6 deniers. A Maltat, du 4 au 12 août : 253 livres, 15 sous, 9 deniers et 8 coupes et demie d'avoine ; et, le 5 septembre, 3 livres, 6 sous, 6 deniers. A Lesme, du 9 au 12 août : 106 livres, 1 sol, 6 deniers. A Saint-Nazaire, les 10 et 11 août : 54 livres, 14 sous et 4 coupes et demie d'avoine. Et à Saint-Martin, le 11 août : 59 livres, 5 sous, 6 deniers.

2 Recette de la blairie de Vitry, Lesme, Maltat, Saint-Martin et Saint-Nazaire, pour la Sᵗ-Martin 1784. Vitry : 136 livres, 2 sous et 225 coupes et un quart d'avoine. Lesme : 31 livres, 18 sous et 32 coupes et un quart d'avoine. Maltat : 41 livres, 14 sous et 39 coupes et demie d'avoine.

3. Cahier semblable au précédent, pour la blairie de Cronat : 349 livres, 11 sous, et 310 coupes trois quarts et un douzième d'avoine.

1623-1734. — Procédures. — Procès contre Jacques Bougarel, procureur au Parlement de Paris, seigneur de Ballore, au sujet des droits seigneuriaux. — 1 et 2. Copies de reconnaissances extraites du terrier de 1623 [1 F. 41] : Gaspard de Ballore, écuyer, 20 octobre 1623 [fol. 1043 v°] ; Charles et Simon Godots et leurs parsonniers, 10 novembre 1623 [fol. 1101 v°]. — 3, 6 et 10. Consultations des avocats ; Varenne (Dijon, 19 mars 1730) et Bannelier (Dijon, 18 avril et 22 juin 1731). — 12. « Etat du procès indécis au Bailliage de Bourbon-Lancy, où la dame baronne de Vitry et M. Bruneau, lieutenant de dragons, son fils, sont deffendeurs et demandeurs, contre Mᵉ Jacques Bougarel, procureur au Parlement de Paris..., Jean Berger, journalier, Jean Citeau, huilier, et autres particuliers du lieu de Crosnat... » (Imprimé. Historique de l'affaire, suivi de conclusions de Bannelier. Dijon, 12 octobre 1734. Sans nom d'imprimeur, in-fol. . Fin du procès à 1 F. 32 .

1784 — Procédures. — Procès, à la requête de Pierre-Étienne Bruneau, baron de Vitry, contre trente-six habitants de Cronat, pour le paiement de la blairie, des corvées et du droit de quatre sous pour le droit de pacage au bois des Écossais.

1786-1788. — Procédures. — Procès au Bailliage de Bourbon-Lancy contre François-Sébastien Mouteau, juge grénetier au grenier à sel dudit Bourbon, à l'occasion de trente-deux articles de directe dépendant de son domaine de la Malevelle, relevant de Finy et de Vitry. — 1. Lettre de Mouteau à Berger, commissaire à terrier (16 septembre 1786). — 27. Copies de pièces : 1° Affranchissement de maisons, terres et vignes, comprenant les *Carpots Bertrand* et les *Carpots Choullon*, consenti par Henri de Saulx-Tavannes en faveur d'Antoine Foucher, bourgeois de Moulins, moyennant paiement de 575 livres (14 avril 1652) ; 2° Partage, entre Jean-Claude Mouteau, conseiller médecin ordinaire du roi, intendant des eaux minérales de Bourbon-Lancy, et Adrien Pignier, sieur du Chambon, trésorier de l'extraordinaire des guerres au département de Bourbonnais et Nivernais, des biens provenant d'Antoine Foucher, avocat en Parlement, Jeanne Desbois, sa femme, et Françoise Foucher, leur fille (29 novembre 1674); 3° Ordonnance de Bouchu, intendant de Bourgogne, modérant à 50 livres les droits dûs par Mouteau à l'occasion d'un affranchissement consenti à Foucher, le 6 mars 1653, par le marquis de Tavannes (Dijon, 13 août 1680). — 34. Sentence du Bailliage de Bourbon-Lancy condamnant Mouteau (18 août 1788). — 36. Appel par Mouteau (15 septembre 1788). — 38. Mémoire des faits du procès, sans date ni signature et incomplet.

1 F 91 (Liasse). — 18 pièces parchemin, 3 pièces papier.

1531-1586. — Rentes et obligations. — 1. Guillaume de Nourry, écuyer, demeurant à Brinay, reconnaît devoir à Pierre Delagrange et à sa femme 17 livres, 12 sous tournois, pour 8 boisseaux de froment et 8 boisseaux de seigle, à la mesure de Châtillon (21 avril 1531). — 2. Transport, moyennant 500 livres tournois, de redevances et prestations à percevoir aux environs de Nérondes, consenti par Claude Cabou, seigneur de Verrières, Crezancy et Milly, en faveur de Jean Veron, seigneur de Bournay, conseiller et maître des comptes de la comtesse de Nevers, agissant comme tuteur de François, Gabrielle et Catherine Ducoing, enfants mineurs de défunts Guillaume Ducoing, seigneur du « Grateiz », et Jeannne Buxières, sa femme (3 décembre 1537). — 3. Jehan Le Camus, prêtre, curé de Narlou, en son nom et au nom de Claude et Érard le Camus, ses frères, vend au même Jean Veron, agissant comme dessus, pour le prix de cent livres tournois, une rente de huit livres assignée sur une maison à Saint-Saulge (14 mai 1541). — 4. Constitution de rente où figure Pierre Guillaume, échevin de Nevers, pour lui et pour ses collègues (11 novembre 1555. Pièce en mauvais état). — 5. Transport d'une rente de 20 sous tournois consenti à Pierre Gaisnat, par Claude Gascoing et Pierre de Saint-Vincent, échevins de Nevers (4 août 1558). — 6. Reçu délivré à la veuve Herbaut des 5 écus auxquels elle a été taxée par Jacques Jobert, lieutenant civil et criminel de Berry (11 juillet 1558). — 7. Constitution de rente en conséquence sur les deniers des aides et équivalent de Nivernais, en faveur de Marie, veuve de Jean Herbaut (4 août 1558). — 8. Cession de cette même rente, consentie à Pierre Coillard, le jeune, marchand à Nevers, et à Jeanne André, sa femme, par Laurent Herbault, prêtre, demeurant à Aubigny-le-Chétif, neveu et héritier de Jean Herbault et de Marie Bouez, son épouse (19 février 1575). — 9. Cession de rente de 20 sous tournois sur les aides et équivalent de Nivernais, consentie par Pierre Caignat, de Cuffy, en faveur de Pierre Coillard, le jeune, marchand à Nevers (6 mai 1572). — 10. Vente, moyennant 200 livres tournois, d'une rente de 16 livres, 13 sous, 4 deniers, assignée sur des héritages de la paroisse de Bressolles, ladite vente consentie par Pierre Rivereulx et ses parsonniers, demeurant audit Bressolles, en faveur de Mathieu Maillard, marchand tanneur à Moulins, et Philippe Chaulmet, sa femme (8 décembre 1572). — 11. Lazare Mathé, marchand à Nevers, cède à Pierre Coillard, le jeune, une rente de 40 sous tournois (1575). — 12. Transaction entre Esmond Parigot, marchand à Nevers, et Pierre Coullard, sur procès pendant au Bailliage de Nevers, à l'égard de divers immeubles sur lesquels était assignée une rente de 25 livres tournois (31 juillet 1578). — 13. Reconnaissance de dette de deux écus, dûs par Pierre Quinauldat, charpentier à Nevers, à Pierre Coillard, marchand audit lieu (24 novembre 1578). — 14. Constitution, en faveur des habitants de Brèves, d'une rente de cinq écus et demi d'or affectée sur la recette des tailles de l'Élection de Clamecy (8 février 1580) — 15 à 20. Dossier d'une rente de cinq écus dix sous tournois, sur les tailles de l'Élection de Clamecy, en faveur des habitants d'Amazy. Constitution de la rente (8 février 1580). Cession de partie de cette rente, montant à 37 sous 6 deniers tournois, consentie par Franchy, Abraham et Joseph Barce, habitants d'Amazy, en faveur de Claude Delaporte, sieur de Chevannes, demeurant à Tannay (8 février 1580). Acquisitions par le même de diverses portions de cette même rente : 40 sous tournois (6 novembre 1581); 40 sous tournois (16 juillet 1583); 5 écus (15 janvier 1584); 12 sous 6 deniers tournois (10 août 1586). — 21. Pierre et Jean Quinauldat, charpentiers à Nevers, reconnaissent devoir 5 écus à Pierre Coillard, l'aîné, marchand audit Nevers (15 avril 1580)

1 F 92 (Liasse). — 14 pièces parchemin, 6 pièces papier.

1581-1614. — Rentes et obligations. — 1. Pierre Quinauldat et Jean, son fils et commun parsonnier, charpentiers, reconnaissent devoir 6 écus deux tiers à Pierre Coillard, l'aîné, marchand (8 janvier 1581). — 2 et 3. Vente à Claude Delaporte, marchand à Tannay, par les habitants de Brèves, d'une rente de 5 écus et demi d'or sur la recette des tailles de l'Élection de Clamecy (12 mars 1582. Original et copie). — 4. Reconnaissance de dette par Pierre et Jean Quinauldat envers Pierre Coillard (15 février 1585). — 5. Cession de rente annuelle d'un écus 40 sous, consentie par Pierre Denis, marchand à Nevers, en faveur de Jean Després, sieur de Cougny, receveur des aides et des tailles en l'Élection de Nevers, et Marie Ducoing, sa femme (29 avril 1585). — 6. Constitution pour Claude Delaporte d'une rente de 5 écus sur les aides et les tailles (21 juillet 1586) et reçu du principal de 60 écus délivré par Nicolas Bolacre, receveur des tailles en l'Élection de Clamecy (25 mai 1586). — 7. Transport d'une rente de 6 écus 56 sous tournois, par Esmée Chevalier, veuve d'Antoine Lévêque, de Clamecy, à Antoine Courtois, sieur de Turigny, demeurant à Moulins-Engilbert (19 mars 1588). — 8 et 9. Rente de 66 écus 40 sous constituée par Pierre Couillard, bourgeois de Nevers, et Jean Després, le jeune, en faveur de Claude Miron, marchand à Nevers : cession par Miron à Jean Destrappes, receveur des deniers communs de la ville de Nevers, et Catherine Pernin, sa femme, au prix de 800 écus (3 novembre 1593) ; rétrocession par Destrappes à Robert de Grossouvre, écuyer, seigneur de Sichamps, et Guillemette Després, sa femme (14 décembre 1593). — 10. Signification et assignation à comparoir au Bailliage de Saint-Pierre-le-Moûtier, au sujet de la succession d'Esmée Chevalier (26 avril 1594). — 11. Constitution d'une rente de 25 écus affectée sur l'universalité de ses biens, par Jean Després, le jeune, prévôt des maréchaux en Nivernais, en faveur de Jacquette Guillaume, femme d'Étienne Semelier, marchand à Nevers, et aussi de Jacques Semelier, leur fils (13 juin 1594). En marge : reçu de 225 livres tournois faisant le quart du principal de cette rente, délivré par Jacquette Semelier, veuve de Jean Berger et fille dudit Jacques Semelier, à Pierre de Nourry, écuyer, seigneur de Turigny et de Chambrun, et Madeleine Després, sa femme (2 juin 1667). — 12. Reçu par Edmée de Bongards, femme de noble Léonard Seron, de ce que lui avaient promis par contrat de mariage Edme de Bongards et Françoise de Juliot, ses père et mère (10 juin 1597). — 13. Constitution d'une rente de 83 écus 20 sous, affectée sur l'universalité de ses biens par Jacques Vernesson, procureur fiscal au Bailliage de La Charité, en faveur d'Antoine Destrappes, élu de Nevers (17 novembre 1597). — 14. Constitution de rente d'un écu 15 sous, par Jean Camuse, dit Royer, laboureur, demeurant à Tannay, en faveur de Martin Camuse, son frère (4 avril 1598). — 15. Transport de cette rente à Lazare Delaporte, demeurant à Tannay, par Martin Camuse, notaire royal au même lieu (19 octobre 1603). — 16. Constitution de rente de 66 écus deux tiers, assignés par Jean Després, l'aîné, sieur de Cougny, Marie Ducoing, sa femme, Jean Després, leur fils, prévôt des maréchaux en la ville de Nevers, et Françoise Dubroc, sa femme, en faveur de Françoise Acarie, veuve de Jean Turpin, écuyer, sieur de Vauvredon, conseiller du roi en son Grand Con-

seil (13 juillet 1598). En marge, mention d'amortissement par Jean Després, l'aîné (16 août 1608). — 17. Ratification par Marie Ducoing et Françoise Dubroc (28 avril 1600). — 17. Transport de cette rente à Renée Sain, veuve de Jacques Amanjon, bourgeois d'Orléans, par la dite Françoise Acarie et François Rougnat, seigneur de Corbenton, receveur général des bois au département d'Orléans, époux de Françoise Turpin, fille de François Acarie et de feu Jean Turpin (1er mai 1600). — 19. Amortissement de cette rente, moyennant 2.400 livres tournois versées par Toussaint Cendre, marchand à Nevers, au nom de Jean Després et de Marie Ducoing (16 août 1608). — 20. Constitution de rente d'un écu deux tiers, au principal de 60 livres, par Pierre Perrot, taillandier à Tannay, en faveur de Pierre Baudot, seigneur de Prémaison (12 octobre 1598), ladite rente transportée à Madeleine Guichard, femme séparée de biens d'Archambaud de Villars, écuyer, par François Baudot, chanoine de Tannay, frère de Pierre (24 octobre 1614).

F 93 (Liasse. — 19 pièces parchemin, 16 pièces papier.

1604-1687. — RENTES ET OBLIGATIONS. — 1. Constitution d'une rente de 12 livres 10 sous effectuée par Charles de Gayot, écuyer, sieur de Palluau, en partie, et Adrienne Jacquinet, sa femme, en faveur de Gilbert Jacquinet, écuyer, sieur de Pannecière, demeurant en la paroisse de Chevanne-sous-Montaron (19 octobre 1604). — 2. Transaction entre Pierre Baudot, élu en l'Élection de Clamecy, ayant droit de Nicolas Bolacre et de Lucrèce de Champeau, sa femme, d'une part, et Lazare Delaporte, contrôleur en la maison du prince de Condé, curateur à la succession vacante de Claude Delaporte, d'autre part (12 avril 1607 ; assignation de rente en conséquence, consentie en faveur dudit Lazare Delaporte par François Baudot, chanoine de Tannay, et Philibert Baudot, procureur fiscal en la châtellenie de Metz-le-Comte, solidairement avec Pierre Baudot (26 juin 1607). — 3. Jean Regnault, le jeune, notaire royal à Asnois, cède son office à Philippe Lochot, fils de Sébastien Lochot, sergent royal au Bailliage de Saint-Pierre-le-Moûtier, demeurant à Tannay, et reçoit en échange ledit office de sergent royal, moyennant paiement d'une prime pour la plus-value de l'office de sergent, et sous diverses conditions financières (14 juillet 1607). — 4. Constitution d'une rente de 15 livres 4 sous par Nicolas Cordier, maréchal, et Jeanne Bergeat, sa femme, demeurant aux faubourgs de Lormes, en faveur de noble Lazare Delaporte, commissaire en la maréchaussée de l'Élection de Château-Chinon (15 septembre 1607). — 5. Reconnaissance d'une rente de 4 livres 10 sols due par Étienne Gaillard, héritier d'Étienne Caillon, à Pierre de Bèze, marchand à Tannay, ayant droit de Jean Chauveau (9 avril 1609). — 6. Pierre Perrot, marchand à Tannay, promet d'acquitter Madeleine Guichard, épouse d'Archambaud de Villars, écuyer, du principal de 300 livres tournois et des intérêts, à raison de 20 deniers pour livre, qu'elle doit à Louis de La Chasseigne, écuyer, ayant droit de Jacques de Forgues, son beau-père (10 mars 1614). — 7. Transaction sur procès entre Claude Gibier, écuyer, seigneur de Serboys, avocat du roi au Bailliage de Sens, marié à Béguine Delaporte, d'une part, et Madeleine Guichard, femme séparée de biens d'Archambaud de Villars, et veuve de Lazare Delaporte, en son vivant curateur à la succession de Claude Delaporte, son père (3 août 1614); collation de différentes pièces relatives à la même affaire. — 8. Constitution d'une rente de 18 livres 15 sous, par Martin Poictreau, marchand aux faubourgs de Corbigny, et Jeanne Duchâtel, sa femme, au profit de Madeleine Guichard, demeurant à Clamecy, veuve de noble Lazare Delaporte, représenté par Me Louis Durand, sergent royal au Bailliage de Saint-Pierre-le-Moûtier et au grenier à sel de Clamecy (10 décembre 1615). — 9. Autre, d'une rente de 6 livres, 3 sous, 4 deniers, au profit de la même Madeleine Guichard, par Jean Gresle, marchand à Clamecy (29 décembre 1616). — 10. Reconnaissance de dette, au principal de 750 livres, par André Delacroix, sieur de *Sauveloup*, et Guillemette de Chaugy, sa femme, au profit de Jacques Desmoulins, écuyer, sieur d'*Apacr* (31 mars 1617) — 11. Pierre de Bèze transporte à Madeleine Guichard la rente de 4 livres 10 sous due par les héritiers d'Étienne Gaillard (28 novembre 1617. Voir pièce n° 5). — 12. Constitution d'une rente de 50 livres par Claude de Bèze, élu, contrôleur en l'Élection de Clamecy, et Jean Després, le jeune, écuyer, en faveur de Françoise Guichard, épouse de noble Georges Belaugier, receveur des gabelles à Nevers (26 juillet 1618); en marge, quittance du principal de 800 livres pour rachat de la rente et de 43 livres d'arrérages (8 juin 1621); à la fin, quittance définitive et amortissement de la rente (20 novembre 1622). — 13. Reçu délivré au nom de Pierre Roy, lieutenant en l'Élection de Nivernais, à Jean Després, le jeune, héritier en partie de Pierre Couillard, son aïeul, de 600 livres tournois, formant partie d'une rente constituée par Jean Després, prieur de Torteron, et Pierre Couillard, bourgeois de Nevers, au profit de Claude Miron ; historique de cette rente (26 février 1619). — 14. Reconnaissance de rente de 12 livres 10 sous, due solidairement par François Baudot, prêtre, curé de Saisy et chanoine de Tannay, et

François Fortot, sergent royal audit Tannay, à Jean Després, écuyer, à cause de Madeleine Delaporte, sa femme (24 avril 1619). — 15. Lettre d'affaires, signée : Dongat (26 avril 1619). — 16 Constitution de rente de 6 livres 5 sous par Pierre Perrot, marchand à Avallon, au profit de Jean Després, écuyer (26 avril 1619). — 17. Autre, d'une rente de 37 livres 10 sous, par Pierre Hugon, écuyer, sieur du Breuil, Givry, Saint-Ressent et La Forestille, au profit de Jacques Heroys, sieur de Montaigut « en Coullendon », avocat au Présidial de Moulins (1er septembre 1620) ; en marge : amortissement de cette rente, moyennant 600 livres en principal et 212 livres d'arrérages, versées par Gaspard Hugon, écuyer, sieur de Fourchault, à Louis Heroys, écuyer, sieur de Montaigut, trésorier de France en la Généralité de Moulins (27 avril 1652). — 18 à 26. Dossier d'une procédure entre Claude Faulquier, lieutenant criminel au Bailliage de Saint-Pierre-le-Moûtier, d'une part, et Claude de Bèze, époux de Marie Delaporte, et Jean Després, le jeune, époux de Madeleine Delaporte, d'autre part (2 mars 1622 - 29 mars 1623). — 27. Subrogation de Pierre Gaudé, procureur au Châtelet d'Orléans, à la place de Simon Boudin, greffier de Monceaux-le-Comte, pour le paiement du reliquat d'une somme due à Jean Després, le jeune, commissaire ordinaire des guerres en la maréchaussée de Château-Chinon (14 mai 1622). — 28. Sentence du Bailliage de Saint-Pierre-le-Moûtier, en la cause entre Jean Després et Pierre Faulquier et consorts (12 septembre 1622). — 29. Constitution d'une rente de 11 livres 8 sous 11 deniers, par Jean Rousseau, laboureur à Saint-Jean de Lichy, en faveur de Jean Després, le jeune (19 juillet 1625). — 30. Assignation donnée à Messire François Baudot, de la part de Madeleine Delaporte, veuve de Jean Després (10 septembre 1627). — 31. Fragment d'une nouvelle reconnaissance d'une rente de 20 livres 6 sous 3 deniers, précédemment constituée par Benoît Gilbert et Jacques Beauvallet au profit de Guillaume Lebreton, marchand à Moulins-Engilbert, à l'occasion d'un paiement versé à Charlotte Demerlier, veuve de Michel de Chaugy, écuyer, seigneur de Montigny-sur-Canne (1628). — 32 à 35. Dossier d'une rente de 37 livres 10 sous: constitution, au profit de Claude Berault, procureur au Présidial de Moulins, par : Claude Gemaris, « veuve, commune et personnière » d'Antoine Morne, procureur audit Présidial, Jean Coussion, aussi procureur, époux de Françoise Morne, et sire Jean Plessis, dit : Barbotière, maître joueur d'instruments à Moulins (16 décembre 1630) ; en marge: reçu pour moitié du principal (21 avril 1682); reçu du reliquat (9 février 1687). Constitution d'autre rente de 21 livres 2 sous 6 deniers, en faveur de Martin Berié, avocat au Parlement, par Jean Sauldois, marchand, et Claudine Berié, sa femme, et consorts (9 février 1687). Signification de la part de Martin Berié, à Marie Malot, veuve d'Antoine Barraud, maître corroyeur à Moulins (4 mars 1687).

1 F 94 (Liasse). — 14 pièces parchemin, 34 pièces papier.

1632-1699. — Rentes et obligations. — 1. Sentence en la Pairie de Nevers (4 juin 1632), assignation (30 octobre 1632) et signification (26 janvier 1633) ayant trait à un procès entre Madeleine Delaporte et François Chaudot. — 2. Constitution d'une rente de 50 livres par Pierre Hugon, écuyer, sieur de Givry et Fourchault, et Anna Rimbert, sa femme, au profit de Suzanne Feydeau, veuve de Jean Alleaume, élu en l'Élection de Moulins (27 novembre 1632). — Suit l'approbation par Anna Rimbert (24 décembre 1632). En marge : Amortissement de cette rente consenti par M⁰ Mareschal, chevalier, seigneur de Bompré, Ambourg et autres lieux, et Suzanne Feydeau, sa femme, à Gaspard Hugon, écuyer, sieur de Fourchault, fils de Pierre (4 mai 1652). — 3 à 6. Dossier d'une rente de 4 livres 15 sous assignée sur des héritages à Metz-le-Comte : constitution par Jean Sçavard, laboureur à Champagne, paroisse de Metz-le-Comte, et Françoise Angelot, sa femme, au profit de Madeleine Delaporte (29 mars 1633); transport de cette rente (6 mai 1640); reconnaissance donnée par Pierre Croisé, laboureur aux Mortes, paroisse d'Amazy, en faveur de Pierre de Nourry et de Madeleine Després, sa femme, fille de Madeleine Delaporte (5 mai 1664); exploit pour lesdits de Nourry et Després contre Jacques Guillier, maréchal, à Champagne (1ᵉʳ novembre 1674). — 7 à 9. Madeleine Delaporte, fille de Madeleine Guichard, héritière des droits de Claude Delaporte, donne reçu d'un semestre de rente à Cristophe Joguet, receveur des tailles en l'Élection de Clamecy, représentant Nicolas de Noyer, receveur et payeur des rentes constituées sur les tailles de la Généralité d'Orléans (18 juillet 1634). — 10. Pierre Baudot, lieutenant en l'Élection de Clamecy, paiera une partie de la rente due à Marie Roy, veuve de Jean Bogne, par Madeleine Delaporte, veuve de Jean Després, moyennant que ladite Delaporte le substitue en son lieu aux criées poursuivies sur l'héritage de François Baudot, prêtre (13 mai 1640). — 11 et 12. Reçus de rentes délivrés par Madeleine Delaporte et son fils (8 et 11 juillet 1644). — 13. Cession par Jean Copin, prieur de Cossaye (?) et de Saint-Germain-en-Viry, fils et héritier en partie de Denis Copin, grénetier au grenier à sel de Decize, à Catherine Copin, veuve d'Henri Guillier, et à François, son fils, d'une rente due par Jean Perrot et Gilbert Ponge

(4 février 1645). — 14. Nouvelle reconnaissance de rente due à Madeleine Delaporte, héritière en cette partie de Lazare Delaporte, par Pierre Millard, fils de défunt Daniel Millard, praticien, demeurant à Mouchy, paroisse de Moraches (24 août 1645). — 15 à 20. Procédure entre Madeleine Delaporte et Claude Bolacre, veuve de Pierre Baudot, lieutenant en l'Élection de Clamecy (1645-1646). — 21. Sentence de la Pairie de Nevers pour Pierre de Nourry et Madeleine Després, sa femme, contre Jacquette Semelier, veuve de Jean Berger (31 mai 1661). — 22 à 26. Cession par François de Closse à François Delaproie, marchand fermier à Ougny, d'une rente constituée par Jean Pasdeloup et Eugénie Duron, sa femme, au profit de défunt Léonard Barage. Pierrette Blondelet, sa femme, et Paul Barage, leur fils (14 février 1663). Procédures en conséquence (1667). — 27. Obligation par Jean de Coullon, écuyer, sieur de Monceneau, et Claude de Closse, sa femme, à Pierre de Closse, fils de François (29 mars 1663). Exploit en conséquence (28 octobre 1669). — 28. Obligation par Charlotte de Lichy, veuve de François de Closse, et Pierre de Closse, écuyer, sieur de Palluau, son fils, au profit d'Étienne Moquot, marchand à Nevers (22 février 1666). En marge, inscription de trois reçus. — 29. Reconnaissance d'un prêt de 300 livres, délivrée au commandeur de Biches et Sauzay (4 juillet 1667). — 30. Obligation signée solidairement par Pierre de Closse et Hugues Arvey, marchand à Moulins-Engilbert, au profit de Paul Bauffet, écuyer, sieur du *Vignon* (5 juillet 1667). — 31. Autre, par Pierre de Closse à Charles Chifflet, sieur de Surmont, receveur au grenier à sel de Moulins-Engilbert (4 décembre 1671). Reçu de 100 livres, signé : Chifflet de Surmont. — 32. Autre, par Pierre de Closse, Charlotte de Bongars, sa femme, et Charlotte de Lichy, au profit de Nicolas Pomereul, écuyer, seigneur de Romenay (paroisse d'Aubigny), porte-manteau ordinaire du Roi (8 novembre 1673). Reçu, signé : Pomereul Romenay (6 février 1678). — 33. Procuration par Pierre de Closse à Charlotte de Bongars (26 juin 1674). Suit une liste de noms et d'adresses et l'indication de démarches faites, selon toute vraisemblance, à l'occasion d'un procès (1675). — 34. Reconnaissance de rente de 7 livres, 10 sous, par Jean Brenet, vigneron à Rose, paroisse de Varennes-lez-Nevers, et Marie Mornet, sa femme, au profit de Pierre de Nourry et de Madeleine Després, son épouse (17 juin 1677). — 35 à 42. Obligations contractées par Charlotte de Bongars, veuve de Pierre de Closse, envers Nicolas Pomereul (1) : reçus en conséquence (1678-1698). — 43. Titre nouveau d'une rente de 166 livres.

____

(1) Nous croyons utile de reproduire ci-après la pièce 42, comme

13 sous, 4 deniers, due par Henri Bolacre, lieutenant général enquêteur et examinateur en la Sénéchaussée de Bourbonnais, à Louis de Louviers, chevalier, bailli et gouverneur de Melun et Moret, ladite rente constituée, au principal de 3.000 livres, par Marie de Vizilier, épouse et procuratrice de Jean Roy, écuyer, sieur de Bauchesne, André Roy, sieur de Villiers, président au Présidial de Moulins, et Marguerite Bourdereuil, sa femme, en faveur d'Élizabeth Pigneron, veuve d'Henri Philippes, maître des comptes (15 mars 1678). En marge : mention du remboursement du principal et des arrérages (25 juillet 1682). — 44. Déclaration relative aux registres paroissiaux d'Isenay, faite par Nicolas Dantault, ancien curé de cette paroisse, et à ce moment retenu à Arconcey, au bailliage d'Arnay-le-Duc, dont il assure la desserte pour son oncle, Hugues Davignon, âgé de 83 ans : alors qu'il était curé d'Isenay, il n'a jamais tenu de registres, se bornant à inscrire les actes « tantôt sur des papiers vollants, sur des livres d'eglises dudit lieu, mesme au bas de ses escripts de philosophie » ; comme preuve, il montre douze feuillets de ces écrits, au premier duquel figure le mortuaire de Marguerite Charpentier, du 6 juin 1652 (7 mai 1678). — 45 Charlotte de Bongars transporte à Nicolas Pomereul le reliquat d'une rente jadis constituée par Pierre de Nourry et Madeleine Després, au profit de Pierre de Closse (25 juillet 1679). — 46. Transaction à la suite de procès, portant obligation à la charge de Pierre Cossard, laboureur, demeurant à Creulle, paroisse de Montaron, au profit de Pierre Anceau, marchand de bois, demeurant à Vandenesse (19 janvier 1693). — 47. Assignation en paiement

démonstrative des difficultés financières où se débattait à cette époque la petite noblesse :

De Palleau, le 17 juillet 1698.

Monsieur,

C'est avec bien de la peine que je prends la liberté de vous écrire, puisque mes lettres vous sont importunes. Je vous supplie par charité de vouloir me prêter trente-trois livres pour envoyer à Bourges à votre filleul. Son notaire les a avancés pour lui, pour quelque chose qu'il a eu besoin et ne veut pas le laisser venir sans être payé. Ainsi sera double dépense si je ne le retire promptement, parce qu'il faudra que je paie la pension inutilement. Ainsi je vous supplie, mon très cher Monsieur, de m'envoyer par le porteur les trente-trois livres que je vous demande ; je vous en ferai mon billet à la première vue.

Accordez-moi la grâce que je vous demande, je vous en supplie, la chose est pressée, et permettez que je me dise avec respect

Monsieur,

Votre très obéissante, plus humble et obligée servante,

C. de Bongard, Vve de Palleau.

Monsieur Delorme et sa sœur vous veulent aller voir. Ils m'ont prié d'aller avec eux. Je crois que [ce] sera au retour des Brûles, où ils sont présentement.

Monsieur de Romenay, à Romenay.

délivrée par le lieutenant général au Présidial de Saint-Pierre-le-Moûtier contre François de Champs, écuyer (19 novembre 1693). — 48. Obligation par Joseph de Nourry, écuyer, seigneur en partie de Turigny (paroisse d'Aunay), au profit de François Thonnelier, marchand, demeurant à Chassy, paroisse de Montreuillon (4 mai 1699). '

1 F. 95 (Liasse). — 10 pièces parchemin, 11 pièces papier.

1722-1808. — Rentes et obligations. — 1. Transport à Marie Girard, veuve de Sallonnier d'Argoulais, par Marguerite Bolacre de Cigogne, fille de Jean Bolacre et de Marguerite Gascoing, d'une rente, au principal de mille livres, due par le sieur de Nourry. Acte rayé (5 décembre 1722). — 2 à 9. Dossier d'une rente de 300 livres, au principal de 6.000 : constitution par Louis-Alexandre de Reugny, comte du Tremblay, et Marie-Étiennette Hugon, son épouse, en faveur des enfants mineurs de défunts Charles Prisye de Chazelles et Marie-Anne Prisye, ayant pour tuteur Claude-Guillaume Prisye, avocat en Parlement, conseiller maître en la Chambre des Comptes de Nevers (10 août 1760); transport, par ledit tuteur, à Marie-Claude Prisye de Curty, veuve de François Bouys, receveur général des domaines et bois de la Généralité de Moulins (16 février 1769); titre nouveau portant obligation de Louise-Jeanne de Reugny, chanoinesse du chapitre noble d'Alix, fille et unique héritière du comte du Tremblay, au profit de Françoise Bouys, veuve de Jean-Baptiste Fayet de Fonville, écuyer, capitaine de cavalerie, prévôt général des maréchaussées du Bourbonnais, fille et unique héritière de Marie-Claude Prisye (19 août 1789); procédures (ans II et III) et remboursement à Françoise Bouys par Louise-Marie Simonin, veuve de Claude-Gaspard Prisye (5 floréal III). — 10. Constitution d'une rente de 120 livres, au principal de 2.400, par Denis-Robert Bruneau, baron de Vitry, au profit de Pierre-François Landelle, marchand à Nevers, et de Marie-Charlotte Beaumont, sa femme, constitution passée en conséquence d'un billet consenti par ledit baron de Vitry au profit de Madeleine Guipier, veuve Marotte (18 septembre 1770). — 11 et 12. Autre, d'une rente de 180 livres, au principal de 3.600, par le même, au profit de Madeleine Thevenot, veuve Jean Perraudin, demeurant à Riparoux, paroisse de Saint-Gengoult (29 juillet 1773). — 13. Autre, d'une rente de 400 livres, au principal de 4.000, par le même, au profit de François Lamand, bourgeois de Paris, et, à la mort de celui-ci, de Claudette Remy, femme séparée quant aux biens de Nicolas Clément, marchand de vins à Paris (5 mars 1777). En marge, approbation par Gabrielle de

Reugny, épouse du baron de Vitry, devenue majeure (27 février 1779). — 14. Désistement de Lamand au profit de Claudette Remy (8 mars 1777). — 15. Constitution d'une rente de 250 livres, au principal de 5.000, par Pierre-Étienne Bruneau de Vitry, au profit de Nicolas Gay, bourgeois de Cronat (29 septembre 1781). — 16. Reconnaissance par Pierre-Étienne Bruneau de la rente constituée au profit de Pierre-François Landelle [cf. pièce n° 10] (7 février 1786). — 17 et 18. Partage de contrats de rente entre : Jean et François Saclier, marchands à la Boutrille, paroisse de Millay; Didier Saclier, marchand au bourg de Millay; Jean Saclier, marchand à Luzy; Jean-Paul Navault, bourgeois à Entrezy, paroisse d'Avrée, procureur de François Saclier-Thevenot, membre du collège et académie royale de chirurgie; René-Dominique Derangère, contrôleur des actes au bureau de La Roche-Millay, acquéreur des droits de Jean Saclier, puîné, marchand au bourg de Millay; et Vivant Berger, huissier au duché de Nivernais, demeurant à Luzy, acquéreur des droits de François Saclier, marchand à Saint-Gengoult; tous héritiers de Gaspard Thevenot, membre du collège et académie royale de chirurgie, accoucheur à Paris (23 avril 1789). — 19. Reconnaissance par Gabrielle Reugny, épouse de Bruneau-Vitry, au profit de Charlotte Duminy, veuve de François Landelle, de moitié de la rente constituée en 1770 [cf. pièce n° 10] (12 prairial IX). — 20. Procuration en blanc, au nom de Louise-Jeanne de Reugny du Tremblay, ex-chanoinesse, pour remboursement à faire aux héritiers de Françoise-Louise-Marie Simonin, veuve de Claude-Gaspard Prisye [cf. n°⁸ 2 à 9 (19 décembre 1807). — 21. Quittance donnée à Louise-Jeanne de Reugny, ex-chanoinesse d'Alix, par Denis Durozier de Vertpré agissant tant en son nom, à cause d'Agathe-Marie Prisye, sa femme, que comme mandataire d'Antoine-Joseph Chabrol de Chaméane et d'Anne Prisye, son épouse (5 mars 1808).

1 F. 96 (Liasse). — 2 pièces parchemin, 41 pièces papier.

1594-XVII° Siècle. — Rentes et obligations : procédures. — 1 à 12. Procès entre Jean Després, commissaire en la maréchaussée de Château-Chinon, époux de Madeleine Delaporte, et Pierre Faulquier et Claude Faulquier, lieutenant général criminel au Présidial de Saint-Pierre-le-Moûtier (1622-1623). — 13 à 21. Autre, entre Madeleine Delaporte, veuve de Jean Després, et François Baudot, chanoine de Tannay (1629-1630). — 22 à 25. Autre, de ladite Madeleine Delaporte, contre Daniel de Saumaise, écuyer, receveur des tailles à Vézelay (1634-1636). — 26 à 30. Autres procédures, entre ladite Delaporte et Claude Bo-

lacre, veuve de Pierre Baudot, lieutenant en l'Élection de Clamecy (1642-1646) — 31. Moyens d'opposition fournis par Louis Guillouet, aïeul et tuteur des enfants de défunts Jean Guillouet, élu en l'Élection de Moulins, et de Marguerite Gascoing, sa femme (après le 29 novembre 1647). — 32 à 41. Procès à la Pairie de Nevers entre Pierre de Nourry, mari de Madeleine Després, et Jacquette Semelier, veuve de Jean Berger (1660-1661). Pièce 39 : Constitution de rente par Jean Després le jeune, prévôt des maréchaux en Nivernais, en faveur de Jacquette Guillaume, femme d'Étienne Semelier, marchand à Nevers, et de Jacques Semelier, leur fils (13 juin 1594). — 42 et 43. Pièces, sans date, d'une procédure entre Charlotte de Bongards, veuve de Pierre de Closse, et Anne Lelarge, femme d'Étienne Rousset, chirurgien à Châtillon-en-Bazois.

1 F. 97. Liasse. — 14 pièces papier.

1653-1659 — Rentes et obligations : procédures. — 1. Obligations de 2.000 livres tournois souscrite par François de Closse et Paul Pellé, marchand en la paroisse de Biches, au profit de Charles de Loron, chevalier, seigneur baron de Limanton (2 septembre 1653). — 2 à 13. Procédure en conséquence devant le Bailliage de Nevers, avec intervention de Pierre de Bar, seigneur de Buranlure, gendre de Charles de Loron (1653-1659). — 14. Assignation à trois jours rendue par ledit Bailliage (8 avril 1659).

1 F. 98 (Registre). — 8 et 271 feuillets papier 412x280.

XVIII° Siècle. — « Inventaire des titres de la baronnie de Vitry ». — Fol. a. Répertoire alphabétique des matières contenues dans l'inventaire. Fol. 1. « Inventaire des titres, papiers et autres enseignements composants les archives de haut et puissant seigneur messire Pierre-Étienne Bruneau, chevalier, seigneur baron de Vitry-sur-Loire, Lesme, Maltat et Cronat, seigneur de Chigy, Champlévrier, Poussery et Montaron; qui établissent incontestablement les droits à lui appartenant à cause de sa Baronie du dit Vitry, comme cens, rentes en argent, tailles, bordelages, mainmortes, grains, gelines, blairies, corvées, droits de langues, lèdes, étalonage, péage et port sur la rivière de Loire, péage par terre et autres droits et devoirs seigneuriaux; justice haute, moyenne et basse, dîmes inféodées, quarpots, droits de patronage et honorifiques, fiefs et arriers-fiefs, droits de pêche et de justice sur les deux bords de la dite rivière de Loire, sur les eaux mortes et sur partie de celles de Somme, Cressonne, et Vauzelle, droits de chasse, propriétés et autres soit réels et personnels ou mixtes, généralement quelconques, ez paroisses des dits Vitry, Lesme, Maltat, Cronat, Maulais, St-Seigne, Saint-Nazaire, St-Martin-de-Bourbon-Lancy et autres circonvoisines. » Chef-lieu de la Baronnie de Vitry : liasse 1. — Fol. 49. Terriers et reconnaissances : liasse 2. — Fol. 56. Lièves, liasse 3. — Fol. 58. Propriété des chapelles de Vitry ; fondations et droits : liasse 4. — Fol. 62. Actes de foi et hommage ; aveux et dénombrements : liasse 5. — Fol. 69. Affranchissements et commutations : liasse 6. — Fol. 77. Entrages dans la paroisse de Vitry : liasse 7. — Fol. 106. Entrages dans la paroisse de Cronat : liasse 8. — Fol. 136. Entrages dans la paroisse de Lesme : liasse 9 — Fol. 148. Entrages dans la paroisse de Maltat : liasse 10. —

Fol. 157. Entrages dans la paroisse de Saint-Seine : liasse 11. — Fol. 162. Péage du port de Lesme : liasse 12. — Fol. 192. Titres du fief de Finy et des propriétés de La Folie, du Domaine Sancoin et de la vignonnerie Trompette : liasse 13. — Fol. 237. Titres des propriétés de Montigny : liasse 14. — Fol. 267. « Titres du prieuré de Marchy » : liasse 15. — Cet inventaire comporte des analyses minutieuses auxquelles il sera toujours utile de se reporter en l'absence des originaux ou en cas de détérioration. Les titres ainsi analysés, et qui n'ont pas été retrouvés dans le fonds Bruneau, ont été signalés à la place où ils auraient dû figurer, avec la mention : *deficit*.

III

Biens et droits. — Titres classés par localités [1]

1 F 99 (Liasse). — 1 pièce parchemin, 6 pièces papier.

1581 (?)-1666. — ACHUN. — 1. Contrat de mariage entre Pierre Gaulthé, laboureur à Chavance, et Adrienne Maillet, veuve de Jean Bonneau, de Fucilly (23 décembre 1581 ?). — 2. Sentence du Bailliage de Nevers, pour François Millon, contre Jean Guillemain (1er février 1662). — 3. Bail à métairie d'un domaine de deux charrues de bœufs, consenti par François de Champs en faveur de Jean Guillemain, maître et chef de sa communauté (17 février 1662). — 4. Reconnaissance, par Guillemain et ses parsonniers, du cheptel de bestiaux fourni par M. de Champs (17 février 1662). — 5 à 7. Reconnaissances de dettes contractées par ledit Guillemain, dit Grandjean, et ses parsonniers, envers : François de Champs (22 mai 1662) ; François de Closse (19 décembre 1663) ; Pierre de Closse (23 octobre 1666).

1 F 100 (Liasse). — 26 pièces parchemin, 6 pièces papier.

1365-1683. — ALLUY. — 1. Huguenin *li Clerz* vend à Jean Venelle, maréchal à Châtillon-en-Bazois, tout ce qu'il possède à Andenas, paroisse d'Alluy (13 mars 1365, n. st.). — 2. Vente de maison et d'héritages sis au Pont, paroisse d'Alluy, consentie par Pierre Quinquery et sa sœur, Louise, demeurant à Franay-lez-Châtillon, en faveur de Jean Marion et de Françoise, sa femme, habitants dudit Pont (22 janvier 1544/5). Au verso : ratification de ladite vente par Jeanne Marlain, femme de Pierre Quinquery

(1) Ces titres ont été répartis suivant l'ordre alphabétique des anciennes paroisses.

(28 mai 1566). — 3. Charlotte Motot, veuve de Simon Ryault, demeurant à Alluy, vend différents héritages, sis au finage d'Éguilly, à Étiennette Decolons, femme de Jacques Pernin, représentée par Étiennette de La Tillaye, sa mère (23 juin 1560) — 4. Bail à bordelage des trois vingtièmes du domaine de Banges, aux paroisses de Biches et d'Alluy, consenti par Gabriel le Bourgoing, écuyer, seigneur de Faulin, Champlevrier et Meulot, en faveur de Guillaume Jaulbard, boucher et marchand à Biches, ce dernier agissant en son nom et au nom de Pierre et Guillaume (*sic*) Jaulbard (6 février 1564/5). — 5. Contrat de mariage entre Pierre et Liger Moyne, d'Alluy, et Léonarde et Marie Durand, du Grand-Neuzilly, paroisse de Montapas. Les deux futures entreront dans la communauté des Moyne, à condition d'apporter, pour acquérir le droit de communauté : 26 écus deux tiers ; 2 bœufs ou 10 écus ; 2 vaches « prangs ou veaulées » ou bien 10 écus ; 2 juments ou pouliches, ou bien 12 écus soleil ; 2 truies « prangs ou cochettées » ; 2 arches ou coffres fermant à clé ; 4 brebis avec leurs agneaux ; 2 nappes, chacune de 3 aunes de long ; 12 serviettes ; 2 lits garnis de couette, coussin, couvertures de bougras marquées de laine ; 8 « linceulx » ; 2 « orilliers » ; plus, pour Léonarde : 3 cottes de couleur, une noire, une autre violette et la troisième rouge, « avec ses checungs jours et son trousseaul » ; et, pour Marie : une robe de drap noir, une robe de bureau et un « blanchot ». Témoin : François Barat, prêtre, curé d'Alluy (12 juin 1580. Copie du 10 mars 1588). — 6. Confirmation par la Pairie de Nevers d'une sentence du Bailliage de Châtillon, pour Jacques Pellé, notaire et praticien à Alluy, contre Paul Jacob (24 octobre 1617). — 7. Reçu de la redevance

bordelière due par la veuve de Jean Colas (24 janvier 1653). — 8. Reconnaissance de dette, par François Marchand, manouvrier à Bernay, paroisse de Limanton, au profit de Gabriel Deveneau, marchand, à Alluy (28 janvier 1645). — 9. Autre, par Jean Poideloup, laboureur, à Brinay, et Eugénie Durand, sa femme, au profit de Claude Grandjean, demeurant à Châtillon-en-Bazois (5 février 1650). — 10. Vente par décret du domaine Bernard, à Andenas, paroisse d'Alluy, à la réquisition de Jean Pellé, notaire et praticien, demeurant à Alluy. Acquéreur : Jean Pellé (11 mai 1652). — 11. Reconnaissance de dette par Jean Poildeloup, demeurant à Banges, paroisse d'Alluy, au profit de Jean Pellé, marchand à Alluy (7 août 1652). — 12 à 19. Pièces de procédures devant le Bailliage de Châtillon-en-Bazois, en l'affaire de Jean Poildeloup, assigné en remboursement des tailles payées pour lui par Gaspard Boy, curé de Biches (1654-1657). — 20 à 22. Obligations et quittances entre Poildeloup et divers (1658-1659). — 23. Bail des dîmes d'Alluy, consenti à Jean Poildeloup par Blaise Lepère, curé dudit lieu (16 août 1659). — 24. Convention de fourniture de bétail et de semences et de partage de récoltes, entre Poildeloup et François de Closse, écuyer (30 août 1659). — 25 Quittance à Poildeloup par Jean Durand, son beau-frère, laboureur à Montigny-sur-Canne (18 octobre 1659). — 26. Mémoire d'achats et de ventes, pour la veuve Poildeloup (après le 3 septembre 1661). — 27 à 30. Pièces relatives aux tailles dues à Brinay par Poildeloup (1648-1661). — 31. Signification de l'exemption d'impositions, accordée par les Élus à Jean Poildeloup, « pauvre habitant de la paroisse d'Alluy » (14 mars 1660). — 32. Obligation par Jacques Bellevault, marchand à Alluy, au profit de Charlotte de Bongars, veuve de Pierre de Closse (4 juin 1683).

1 F 101 (Liasse). — 1 parchemin, 10 pièces papier.

1750-1776. — ALLUY. — 1. Vente d'héritages par Jean Galchon, manouvrier, demeurant à Andenas, et Jeanne Reugny, sa femme, à François-Charles de Noury, chevalier, seigneur de Palluau (6 juin 1750). Suit la quittance définitive donnée par Galchon (25 juin 1751). — 2. Vente à réméré d'un pré, consentie par Jean Caillou, le jeune, sabotier à Andenas, et Jeanne Moreau, sa femme, à Antoine Lhoste, laboureur au Landay, paroisse de Pouilly, annexe de Brinay, moyennant 60 livres de principal et 24 sous d'épingles (1er mai 1759). Quittance des lods et ventes dûs au prieur de Biches (26 septembre 1762). — 3. Quittance définitive par Caillou à Lhoste (15 juillet 1759). — 4. Bard permet à M. de Nourry de passer par le pré de la Chaintre les foins récoltés dans la prairie de la Malsine, lorsque la rue ne sera pas praticable, sans aucun dédommagement, mais à condition de bien boucher les passages pour que les bestiaux ne puissent pénétrer dans le pré (31 mars 1761). — 5. Bard reconnaît avoir reçu de M. de Nourry la quittance de M. du Chazault, touchant la rente due par les Bertin (2 septembre 1764) - 6. Rétrocession par Lhoste à Jean Caillou, moyennant 74 livres 14 sous, du pré naguères vendu à réméré [cf. n° 2] et vente dudit pré par Caillou à Charles-François de Noury, brigadier des gardes du corps du roi, seigneur de Palluau, au prix de 109 livres (25 février 1767). — 7. Affiche de la vente par licitation du domaine des Bard, à Andenas (Nevers, imp. de la Vve Lefebvre, 1772). — 8. Transaction sur procès entre Jean-Marie de Noury, et Louis Bard, cabaretier à Ougny, et Joseph Bard, bourgeois, demeurant à Chougny (29 janvier 1776). — 9. Lettre de Bard au chevalier de Noury, relative à cette affaire : « ...Si vous ne finissez pas, la justice en décidera. Je suis fâché d'avoir écrit à Paris et à St-Pierre pour faire cesser les deux instances. Vos paroles sont comme le vent : vous ne cherchez que des chiquanes mal à propos. Si cela ne finit point, jeudi, on enverra votre sous-seing avec votre lettre dans les deux tribuneaux. » 3 février 1776). — 10. Lettre au chevalier de Noury, touchant un procès avec les habitants de Brinay (28 janvier 1776). — 11. Notes informes portant relevé de redevances ou impositions dues par des habitants de la paroisse de Brinay, avec mentions indiquant la pauvreté, la mendicité, les maladies des laboureurs et les pertes de bestiaux (ancienne chemise d'un dossier Bard).

1 F 102 (Liasse. — 35 pièces papier.

1662-1755. — ALLUY. *Procédures.* — 1. « Estimation du bestail de Eugénie Durand, vefve de feu Jehan Poildeloup, tenu à tiltre de cheptel de Mr de Palleau. » Signification en conséquence (6 février 1662). — 2. Vente de bestiaux précédemment donnés à cheptel, par François Bernard, le jeune, procureur fiscal au Bailliage de Châtillon-en-Bazois, demeurant à Alluy, à Jean Bertin, marchand à Brinay, et Esmée Regnault, sa femme; les 830 livres provenant de la vente sont constituées en une rente de 41 livres 10 sous (29 mai 1718). — 3. Reconnaissance de ladite rente, passée par Jean Bertin, laboureur à Brinay, et Jean Nugue, manouvrier à Augiard, paroisse de Limanton, en faveur de François Bernard, procureur fiscal de la justice du prieuré de Biches (19 avril 1741). — 4 à 6 Procédures en conséquence, à la requête de Gabriel Gondier, sieur du Chazot, et d'Anne Bernard, son épouse

(1750-1752). — 7. Aveu et dénombrement de diverses redevances tenues par François Ravary, marchand à Moulins-Engilbert, en fief de Cornille d'Aerssens, chevalier, marquis de Sommelsduck, et de Marguerite du Puy-Montbrun, dame de Châtillon et Bernière en Bazois (29 novembre 1669). — 8 à 17. Procédures devant le Bailliage de Châtillon-en-Bazois, entre Pierre Ravary, marchand à Aunay, puis Léonard Ravary, bourgeois à Moulins-Engilbert, et les Gallois, et autres laboureurs d'Andenas (1722-1762). — 18 à 74. Appel de la même cause et procédures en conséquence devant la Pairie de Nevers; les parties sont: Léonard Ravary, procureur du roi au grenier à sel de Moulins-Engilbert, Louise Saillé, veuve de Jean Gallois, les Bard (1762-1767). — 75. A la suite d'un procès concernant la desserte du pré *Poué*, à Ravisy, transaction intervenue entre Thomas du Verne, au nom de sa femme, Marie Méchine de Montantheaume, Paul-Augustin Save, écuyer, seigneur d'Ougny, correcteur en la Chambre des Comptes de Dôle, Lazare Rebreget, archiprêtre, *curé* d'Alluy, Gabriel Prudhomme, huissier royal à Châtillon, et autres (17 mars 1755).

1 F 103 (Liasse). — 2 pièces parchemin, 44 pièces papier.

1615-1787. — Alluy. *Procédures* — 1. Vente d'un domaine à Andenas, consentie par François Pellé, marchand à Mazille, paroisse d'Isenay, à Louis Bard, marchand à Passy, paroisse de Pouilly, et Anne Tépénier, sa femme (1er octobre 1747). — 2 à 37. Procédures au Présidial de Saint-Pierre-le-Moûtier, entre Jean-Marie de Noury, chevalier, seigneur de Palluau, et les enfants de Louis Bard et d'Anne Tépénier : Joseph Bard, marchand à Chougny; Claude Bard, curé de Crux-la-Ville; Louis Bard, directeur des carrosses et messageries, à Montargis; et Edmée Bard, femme d'Antoine Rousset, marchand à Montigny-aux-Amognes (1775). Voir aux pièces 23 et 26 des indications relatives aux réparations à une chapelle et aux murs d'un cimetière, réparations sollicitées par les habitants de Brinay et de Pouilly, son annexe, et à la construction d'une sacristie à l'église de Brinay.

38. Signification au sieur de Noury, d'avoir à passer reconnaissance d'héritages sis à Andenas et chargés de redevances au profit de l'abbaye de Bellevaux, ladite signification portant transcription des anciennes reconnaissances, savoir: 1° à Blaise Cornu, seigneur de Tournon, secrétaire de la Chambre du Roi, chapelain de la chapelle Sainte-Croix, fondée en la basse Sainte-Chapelle du Palais, à Paris, abbé commendataire de Bellevaux, et en sa présence, par Benoît Poideloup, chef et maître de sa communauté (présence de François de Scorailles, demeurant à Passy, paroisse de Pouilly); Jean Bernard, Benoît Potdevin, Dominique et Pierre Perrot, solidairement (présence d'André Prudhomme, notaire à Châtillon-en-Bazois); Jean Bernard et *ses parsonniers*: Sébastien, François et Pierre Bernard; Benoît Potdevin et ses enfants et parsonniers : Claude, Pierre et Léonard Potdevin (présence de Claude Defosse, sergent royal à Moulins-Engilbert), le 7 novembre 1615. 2° A Roger de Bussy-Rabutin, abbé commendataire de Bellevaux, représenté par François Labouret, prieur claustral, par : Jean et Eugin Gallois, Pierre Gachon, Gaspard Pannetier, François Cailloux, pour lui et pour Eugin Paillard, ces deux derniers pour trois portions, sur un total de sept (6 septembre 1701; présence de Claude Buffière, huissier royal à Châtillon-en-Bazois); François Pellé, marchand à Saint-Gratien, et nombre d'autres (27 août 1702; présence de Jean Lobereau, huissier royal à Moulins-Engilbert); François Pellé et autres (26 août 1702). Suivent : la déclaration par nouveaux confins des terres que le chevalier de Noury tient de l'abbaye de Bellevaux; les lettres à terrier obtenues, par les religieux, du Conseil supérieur de Clermont-Ferrand (23 juin 1774); enfin, la désignation de Michel Devoucoux, notaire à Corbigny, commissaire chargé de la confection du terrier par le Présidial de Saint-Pierre-le-Moûtier (30 juin 1774).

39. Signification à Jean-Marie de Noury, de l'appel interjeté au Parlement de Paris, par Louis Bard et sa femme, Pierrette Cottet, de la sentence rendue le 5 juillet précédent par le Présidial de Saint-Pierre (15 novembre et 22 décembre 1775). — 40. Mémoire des frais de la procédure contre les Bard et quittance donnée au chevalier de Noury par Perrin, son procureur (26 mai 1776). — 41 et 43. Mémoires informes et sans date, de la main du chevalier de Noury, relatifs à l'affaire Bard. — 42. Autre note informe sur la même affaire, portant au verso le plan des terres qui font l'objet du litige. — 44. Assignation à comparoir signifiée, à la requête du chevalier de Noury, à Jean Rion et à François Javon, d'Andenas (28 juillet 1787). — 45 et 46. Note informe et brouillon de lettre, sans date, tous deux de la main de Noury, relatifs à ladite contestation.

1 F 104 (Liasse). — 4 pièces papier.

1636-1773. — Amazy. — 1. A la requête de Madeleine Delaporte, veuve de Jean Després et de Claude Alligret, écuyer, sieur de La Croix, ayant la garde noble des enfants mineurs de défunts François Anjorrant et Louise Alligret, seigneur et dame d'Amazy, assignation donnée à Jean

Salliget, d'Amazy, de comparoir en la Pairie de Nevers pour être obligé à payer 'a dîme de quinze gerbes l'une (26 mai 1636). — 2. Accense, pour trois ans, consentie à Michel Relu, le jeune, praticien, demeurant à Amazy, du droit de dîme audit lieu appartenant à Madeleine Delaporte ; présence de Louis Gasté, lieutenant au Bailliage d'Amazy (12 juin 1637). — 3. Sommation adressée à François Bizot, laboureur à Amazy et à Jean Enfer, charretier à Tannay, pour le paiement d'une obligation contractée au profit de Pierre de Nourry, écuyer, sieur de Turigny, et de Madeleine Després, sa femme (28 mars 1680). — 4. Vente du cinquième de la dîme de grains qui se perçoit sur partie du finage d'Amazy, consentie par Louis Balthazard de Nourry, chevalier de Saint-Louis, ancien brigadier des gardes du corps, demeurant à Chaumigny, paroisse de Cercy-la-Tour, au profit de Michel Bouez, avocat au Parlement, seigneur d'Amazy, demeurant ordinairement à Paris, rue des Grands-Augustins (19 octobre 1773).

1 F 105 (Liasse). — 1 pièce papier.

1708. — ANISY. — Jean Chaussard, métayer au domaine de Palluau, informe les habitants, syndic et collecteurs d'Anisy qu'il a *éteint son feu* dans cette paroisse, où il a été remplacé par Léonard Coulon comme métayer au domaine de Tout-Vent (publication à la porte de l'église d'Anisy, 24 août).

1 F 106 (Liasse). — 2 pièces parchemin, 2 pièces papier.

1635-1673. — ASNOIS. — 1. Pierre de Bèze, marchand, et Charlette Viau, sa femme, vendent deux prés à Madeleine Delaporte (24 janvier 1635). — 2. Quittance pour ses frais et salaires, donnée à Madeleine Delaporte par Jean Morlé, d'Asnois, commissaire à la garde des fonds et fruits de Loup Houdry, saisis à la requête de ladite dame ; présence de Jean Joubés, joueur d'instruments à Tannay (31 janvier 1635). — 3. Quittance à Mlle Després, par Germain, receveur du Chapitre de Châtillon-en-Bazois, pour cinq années échues d'un cens dû sur le pré de la Cuisine (25 octobre 1657). — 4. Vente de prés en la prairie d'Asnois, lieu dit *Chassenois*, justice d'Amazy, consentie par Pierre de Nourry et Madeleine Després, à Antoine Pelisson, manouvrier à Tanneau, paroisse de Tannay, et Dimanche Baudon, sa femme (20 mars 1660). En marge : quittance du principal et des arrérages de la rente qui avait été constituée en paiement (20 août 1673).

1 F 107 (Liasse). — 31 pièces papier.

1563-1635. — BAZOLLES *Mougny*. — 1. Reconnaissance de tenures, au profit de la seigneurie de Mougny, par François de Bareton, écuyer, conforme à celle précédemment faite au profit de Philibert Babou, sieur dudit Mougny ; présence de Gaston du Cloux, avocat en Nivernais (12 mai 1563). — 2. Accense de biens sis à Mougny, consentie par Victor de Bongards, écuyer, demeurant à La Cour, paroisse de Biches, à Jean Segueneau, habitant de Bazolles ; présence de Jean de Courvoux, écuyer, sieur de La Boissière (18 décembre 1628). — 3 à 22. Procédure au Bailliage de Mougny et Fucilly, puis, en appel, au Présidial de Saint-Pierre-le-Moûtier entre Jean Chappelain, contre Jean Segueneau et Élie Choizeau, y intervenant Victor de Bongards, au sujet de la saisie, pour paiement d'une dette, de 6 boisseaux et demi de froment et de 150 poignées de chanvre (1629-1634). Le bailli de Mougny et Fucilly est François Semelé, licencié en lois, avocat en Parlement (p. 7) : François Sassin est lieutenant ordinaire du Bailliage (p. 20). Consultations signées : Bunot (p. 21 et 22). — 23 à 31. Procédure au Bailliage de Mougny et Fucilly et, en appel, au Présidial de Saint-Pierre-le-Moûtier, entre Victor de Bongards et Guillaume Apertot, son métayer (1633-1635). Consultation (p. 26) signée : Gigot (14 décembre 1634).

1 F 108 (Liasse). — 23 pièces parchemin, 6 pièces papier.

XVe siècle-1641 — BAZOLLES. *Selins*. — 1. Bail à bordelage, à treize parsonniers, d'un pré appartenant à Antoine de Rochefort, seigneur de Rochefort, de Bussy-le-Grand et de Châtillon-en-Bazois (entre 1471 et 1491). — 2. Autre bordelage consenti à Gilbert Martin, Guillemin Guenot, frères, et leurs neveux, Guillemin et Guillaume Guenot, « perçonniés et communs en biens », par Jeanne, veuve de Jean de Rochefort, agissant pour elle et pour ses filles mineures, Charlette et Christianne de Rochefort (5 mai 1502). — 3. Vente d'une terre à Toussaint Valeaul par Claude et Jean Ravier et leurs femmes (2 février 1504, n. st.). — 4. Acquisition d'héritages pour Guillemin Guenot et sa communauté (29 avril 1505). — 5. Bail à bordelage par Jacques de Champdiou, abbé de Notre-Dame de Bellevaux, à Guillemin Guenot, *couturier* à Selins, et aux siens (12 janvier 1508, n. st.). — 6. Contrat de mariage entre Eugin Doulceron, de Jailly, paroisse de Bazolles, et Marguerite, fille de Toussaint Valeaul, de Selins. La future quittera la communauté de son père pour celle de son mari. Ample énumération de l'argent, du bétail, du mobilier et des effets qu'elle apporte. Présence de messires :

Guillaume Chauldot, Simon Doulceron, Guillaume Simonnet et Claude Guenot, prêtres (5 juin 1531). — 7. Vente de neuf boisselées de terre à froment et à seigle, par Léonard Berthais, de Selins, à Nicolas Guenot et à ses parsonniers (25 avril 1530). — 8. Partage de biens entre Guillaume Valeaul, prêtre, et son frère Jean avec sa famille, d'une part, et Philippe Valeaul et Marion, sa femme (11 août 1529. Copie, sous le sceau de la prévôté de Châtillon-en-Bazois, du 11 mars 1531, n. st.). — 9. Vente d'une terre à Guillemin Guenot et à ses parsonniers, par Huguenin Laichel, son fils Guillemin, et sa sœur Marguerite, veuve de Jean Michel (31 janvier 1532, n. st.). — 10. Bordelage à Léonard Guenot, par Georges Damas, baron de Marcilly, seigneur de Vaux, de Chazeuil, de Thianges, de Fleury-la-Tour et de Bussières, paroisse de Bazolles ; présence de noble Roux Darlau, écuyer, maître d'hôtel dudit seigneur (8 août 1533). — 11. Autre, à Guillaume et à Jean Guenot, cousins germains et à leurs parsonniers, par Michel Barrault, marchand à Saint-Saulge, et sa femme, les bailleurs agissant pour eux, pour leurs hoirs « et pour ung hoir tel qu'il leur plairra eslire et nommer, ou l'ung d'eulx, et pour les hoirs dudict hoir » (18 novembre 1533). — 12. Bail à cens par Claude de Pontailler, chevalier, seigneur de Talmay, Rochefort, Châtillon et Vaux, et Christianne de Rochefort, sa femme, à Léonard Guenot et à ses parsonniers, au nombre desquels figure messire Claude Guenot, prêtre : présence de Louis de La Perrière, capitaine et maître d'hôtel dudit seigneur ; Charles Choppard, écuyer, et Léonard de Nourry, seigneur de Palluau (22 janvier 1535, n. st.). — 13. Vente de trois minées de terre par Jean Mynot et ses parsonniers à messire Claude Guenot, prêtre, natif de Bazolles, demeurant à Nevers, et à ses communs (25 juin 1537) Au dos : reçu des lods et ventes et mise en possession de la terre acquise par Guillaume Bailezy, fermier de la seigneurie de Bernières (31 juillet 1537). — 14. Vente de terre et vigne par Claude Mossard et Philippe Guenot, sa femme, à Jean David, Léonard Guenot, son gendre, Jean et Nicolas David, ses neveux (20 février 1546, n. st.). — 15. Jean Guenot, couvreur, fils de feu Léonard Guenot, vend tous les biens et droits qu'il possède aux paroisses de Bazolles et de Mont-en-Bazois, à Pierre Poutret, marchand à Châtillon-en-Bazois, gruyer de la terre et seigneurie dudit lieu (31 août 1554). — 16. Denis Doulceron, Jeanne Laschot, sa femme, Jean Thomas, fils de celle-ci et de défunt Gabriel Thomas, et Jeanne Guenot sa femme, vendent à Pierre Poutret et à Catherine Perigot, sa femme, les biens et droits paternels et maternels de ladite Guenot, moyennant 20 livres tournois et une paire de chausses, à l'usage de Jean Thomas, estimée 30 sous tournois ; les biens vendus sont tenus à cens du seigneur de Châtillon-en-Bazois (18 juillet 1555). — 17. Vente de biens tenus à cens de la seigneurie de Châtillon, par Claude Guenot, prêtre, demeurant à La Charité-sur-Loire, à Pierre Pourtrel, gruyer de Châtillon (19 avril 1561). — 18. En conséquence de la vente précédente, partage des biens des Guenot entre Pierre Pourtraict et Catherine, sa femme, d'une part, et Léonard Guenot, d'autre part, ce dernier, frère et commun parsonnier de Claude Guenot, prêtre, natif de Selins, demeurant à La Charité-sur-Loire ; présence de Georges Gambert prêtre, et de noble Claude du Puys, sieur des Fossés (24 mai 1561). — 19. Reconnaissance de tenure en bordelage par noble Esme de Bongards, écuyer, demeurant à Selins, et Françoise de Juliot, sa femme, au profit de dom Hélain Lamoignon, abbé de Bellevaux, prieur de Saint-Pierre-le-Moûtier ; présence de Toussaint Le Clerc, avocat, et de Jean Bellon, procureur au Présidial de Saint-Pierre-le-Moûtier (10 janvier 1575 (1)). — 20. Contrat de mariage entre Jeanne Thomas, de Selins, et Léonard Guenot, fils de défunt Philibert, natif de Selins, demeurant à Sermantray, paroisse de Montapas : le futur entrera dans la communauté de Jean Thomas et lui apportera tout ce qui lui est advenu de ses père et mère ; il pourra la quitter et, dans ce cas, ledit Jean Thomas donnera aux époux 5 écus d'or sol, un lit garni de couette, coussins, couverture de bougras et 4 draps, une arche fermant à clé, deux brebis et une truie ; présence de Claude Ravisy, marchand à Baye (24 mai 1579). — 21. Par devant Jacques Bailezy, notaire royal, commissaire député de par le roi à la confection du terrier de Bussières-lez-Bazolles, reconnaissance de tenure en bordelage par Esme Bongards, écuyer, demeurant à Selins, et Françoise de Juliot, sa femme, au profit de Léonard Damas, chevalier de l'ordre du Roi, gentilhomme ordinaire de sa chambre, lieutenant ordinaire de cent hommes d'armes sous la charge du duc de Mayenne, seigneur de Thianges, Fleury-la-Tour, Bussières, Touteuille, du Vault de Chazeuil, du Deffend, de Quincey et Charancey (17 août 1582). — 22. Reçu par Michelle Main, veuve de Jean Comaille, à Charles de La Bussière, gendre d'Esme de Bougards, des cens dûs pour un pré sis au finage de Selins (21 avril 1584). — 23. Obligation par Antoine de Boisthierry, écuyer, seigneur de Marquereau, paroisse de Limanton, à César de Bongards, écuyer, demeurant à Selins, pour le prix d'un muid de seigle (11 avril 1595). — 24. Reconnaissance de bordelage par César et Parceval de Bongards, écuyers,

---

(1) Le mot *quinze* est une rectification sur un grattage. Le scribe avait dû écrire : *quatorze*, par suite de l'habitude qu'il avait jusqu'alors d'employer le style de Pâques.

au profit de Jean des Trappes, contrôleur des deniers communs de la ville de Nevers ; présence de Richard de Brossard, écuyer, seigneur de Jailly (9 janvier 1599). — 25. Au sujet de la succession en bordelage de César de Bongards, transaction sur procès entre Jean Andrault, chevalier, seigneur de Langeron, Alligny, Cougny, et baron de Vaux, et Parceval de Bongards, écuyer (30 juin 1615) — 26. Procès-verbal de visite d'une terre par Parceval de Bongards et Guillemette de Monfoy, veuve de Paul de Courailles, écuyer, demeurant à Mont-en-Bazois ; présence de Pierre Ducrot, notaire, demeurant à Meuré, paroisse de Bazolles (17-21 juillet 1615). — 27. Compte de métayage entre Hector de Bongards et Toussaint Prévost ; présence de Jean de Courvol, écuyer (27 mars 1639). — 28. Transaction sur procès, à propos de convention de cultures, entre Hector de Bongards, écuyer, et Toussaint Prévost, maitre et chef de sa communauté (26 juillet 1641). — 29. État de ce dont jouit le sieur de Bongards à Selins et qu'il veut reconnaitre (sans date ; XVIIe siècle).

1 F 109 (Liasse). — 2 pièces parchemin, 5 pièces papier.

1608-1653. — Biches. — 1. Dénombrement du fief de La Cour, fourni à Adrien de Rignier, écuyer, seigneur de Saint-Gratien, par Élie de Juisard, écuyer, sieur de La Cour, lez la Commanderie (11 juin 1608). — 2. Échange de biens et droits entre Gilbert de Basmaison, écuyer, sieur de Boron, demeurant en la paroisse de Voussac, et Hector de Juisard, écuyer, sieur de La Cour, fils de défunt Élie de Juisard et d'Étiennette de Billon (8 octobre 1627). — 3. Quittance donnée par le fermier du revenu de la Commanderie de Biches à Victor de Bongards et Anne de Juisard, sa femme, héritiers de défunt Élie de Juisard (11 janvier 1636). — 4. Parceval-Victor de Bongards, sieur de La Cour, confesse devoir à Jean Pellé, notaire à Alluy, 57 livres tournois pour achat de blé ; présence de Paul Milliet, drapier à Châtillon-en-Bazois (4 décembre 1638). — 5. Inventaire après le décès d'Hector de Bongards, dressé par Jean Durand, greffier de la justice de La Cour, à la requête de Charlotte de Lichy (12 mai 1649). — 6. Reconnaissance par Charlotte de Lichy à Frère Jean de Haudessens des Cloizeaux, chevalier de l'ordre de Saint-Jean-de-Jérusalem, en qualité de commandeur de Biches, des biens tenus à cens de la Commanderie par ladite demoiselle, reconnaissance conforme à celle précédemment passée par Élie de Juisard, lors de la confection du terrier de la Commanderie, et reçue par Dubois, le 12 décembre 1602 ; présence de Jean Pellé, notaire à Alluy, et de Martin Bernard, praticien à Limanton (21 octobre 1653). — 7.

Semblable reconnaissance, de la même au même, concernant les fiefs tenus de la Commanderie : droits d'usages dans la forêt de Vincence, droit de pêche dans la rivière d'Aron, prés et champs (22 octobre 1650). Suit la prestation de foi et hommage par ladite dame, au nom de ses enfants, du même jour.

1 F 110 (Liasse). — 13 pièces papier.

1628-1666. — Biches. *Procédure de Bongards contre de Boron.* — 1. Sentence en la Pairie de Nevers, pour Victor de Bongards contre Hector de Juisard, écuyer, sieur de La Cour, et Gilbert de Basmaison, au sujet de la jouissance de la métairie de La Cour, jouissance exercée en compensation des intérêts non payés d'une dot constituée par contrat de mariage en date de 1596 (5 mai 1628). A la requête de Péronelle de Billon, signification en conséquence faite à Hector de Bongards, écuyer, fils de défunt Victor de Bongards et d'Anne de Juisard (21 février 1648). — 2. Quittance d'arrérages de rentes donnée à Hector de Bongards par Bertho (26 novembre 1639). — 3. Exploit à François de Closse, à la requête de Jean de Bréchard, écuyer, sieur de Brinay et Chamonnot, exerçant les droits de Françoise de Juisard, fille et héritière de feu Élie de Juisard, écuyer, sieur de Chamonnot (18 février 1640). — 4. Sentence en la Pairie de Nevers, pour Péronelle de Billon, veuve de François de Basmaison (27 février 1640) — 5 à 11. Significations et appel, au sujet des criées de la terre de La Cour (1640-1666). — 12. Inventaire des pièces produites au Parlement de Paris par Charlotte de Lichy, veuve d'Hector de Bongards, écuyer, sieur de La Cour, contre Péronelle de Billon, veuve de François de Bouron, écuyer, sieur de Basmaison (s. d.). — 13. Mémoire informe résumant les points du procès.

1 F 111 (Liasse). — 1 pièce parchemin, 21 pièces papier.

1601-1662. — Biches. *Procédures diverses.* — 1. Saisie de vêtements en paiement d'une dette, opérée, à la requête de Parceval de Bongards, exerçant les droits d'Anne de Juisard, sa femme, contre Élie de Juisard (8 mars 1601). — 2. Parceval de Bongards, contre Élie de Juisard (17 août 1601). — 3 et 4. Léonarde Jacquinet, veuve de César de Bongards, contre Parceval de Bongards, au sujet de l'héritage mobilier dudit César, décédé le 1er janvier 1614 (1614). — 5. Assignation de jour, à la requête d'Anatole de Closse en un procès contre Thomas Minot (22 juin 1617). — 6. Procuration donnée par Hector de Bongards à son père Parceval (7 mai 1635). — 7. Au nom de l'Officia-

7

lité de Sens, sommation à Jeanne de Bongards de payer à Gilbert Taillandier, greffier de l'Officialité de Nevers, 25 livres tournois pour avoir rédigé et déposé au greffe de l'Officialité de Sens les pièces du procès criminel en l'Officialité de Nevers entre ladite demoiselle et Gaspard Boist, curé de Biches (26 août 1637). — 8. Saisie mobilière contre Parceval-Victor de Bongards, à la requête de François Ravary, marchand à Moulins-Engilbert (23 décembre 1638). — 9 à 14. Procédure pour dette, au Bailliage de Nevers, entre Hector de Bongards et Jeanne de Fombelle, veuve de François de Brossard, écuyer, demeurant en la paroisse de Jailly (1643). — 15. Mandement aux fins d'assignation au Bailliage de Nevers contre Jean Serny, maître de sa communauté, relativement à la jouissance d'une terre, au finage de *Serain*, revendiquée par Hector de Bongards (29 juillet 1645). — 16. Assignation à quinzaine devant le Bailliage de Brinay, contre François de Closse (3 mars 1650). — 17. Reçu d'une rente de 18 livres 15 sois, délivré à Mme de Bongards par Dutout (1er août 1653). — 18. Révélations faites à Boy, curé de Coulanges, en conséquence d'un monitoire obtenu par Charlotte de Lichy, veuve d'Hector de Bongards (9 juillet-12 août 1656). — 19. Arrêt du Grand Conseil portant permission d'informer en la cause entre Esme et Jean de Bréchard, père et fils, et Pierre de La Corcelle, contre François de Closse et Jacques Boyer, son domestique (24 juillet 1656). — 20 à 22. Contrainte en paiement d'amende exécutoire et arrêt portant condamnation des Bréchard (1657). — 23. Mémoire au Parlement par Étienne Moquot, marchand à Nevers, ayant droit par transport d'Esmée de Juisard, veuve d'Edme de Bréchard, contre François de Closse et Charlotte de Lichy, sa femme (signifié le 2 septembre 1661). — 24. Acte du Bailliage de Châtillon-en-Bazois concernant la saisie, à la requête de François de Corvol, écuyer, sieur de Graudvaux, d'immeubles sur Jean Charpain, curateur de Jeanne de Bongards (1er juillet 1662). — 25. Procuration informe et sans date, donnée par Georges de Reugny, chevalier, seigneur du Tremblay, Saint-Gratien et autres terres, dans l'affaire à lui intentée au Bailliage de Nevers par Edme de Bréchard, écuyer, sieur de Chérigny. — 26 et 27. États des avances faites par Hector de Bongards pour le paiement des dettes de Victor Parceval de Bongards (s. d.).

1 F 112 (Liasse). — 11 pièces papier.

1620-1772. — BREUGNON. — 1. Bail de biens sis aux justices de Breugnon et Villaine consenti à Regnault Tilly et Charles Gabereau, laboureurs à Moulot, paroisse de Clamecy, par Madeleine Guichard, épouse d'Archambault de Villars, écuyer, demeurant à Clamecy, ayant charge de son gendre, Jean Després, mari de Madeleine Delaporte (16 mai 1620). — 2. Autre, de biens sis en la justice de Latrault, à Pierre Graillot, marchand à Clamecy, par François Després, écuyer, procureur de Madeleine Delaporte, sa mère; présence de Lazare Symonet, avocat à Clamecy (17 décembre 1644). — 3. Autre, de biens sis aux finages et justices de Villaine, Breugnon, Latrault et Sembrèves, à Jean Cerceau, laboureur à Breugnon, par Louis-Balthazard de Nourry (3 mars 1743). — 4 à 9. Ventes, à la date du 19 juillet 1772, par Louis-Balthazard de Nourry, ancien brigadier des gardes du corps, compagnie de Luxembourg, à : Claude Paillard, laboureur à Latrault, un pré à Villaines (4); Claude Renard, fermier à Flez, paroisse de Saint-Pierre-du-Mont, un pré à *Breugnon* (5); Étienne Cordonnier, fermier à Cuncy-sur-Yonne, une terre à *Breugnon* (6); Jean Picq, laboureur à Breugnon, un pré à Villaine (7); François Renard, laboureur à Villaine, un pré audit Villaine (8); Jacques Renard, laboureur à Latrault, un pré à Villaine (9). — 10 et 11. Ventes par le même de Nourry d'un pré sis à Villaine, au profit de Claude Cordonnier l'aîné, marchand à Cuncy-sur-Yonne (19 juillet 1772), et, à François Gavard, marchand de bois à Clamecy, d'un pré sis à Breugnon (20 juillet 1772).

1 F 113 (Liasse). — 2 pièces parchemin, 37 pièces papier.

1590-1635. — BRÈVES. *Sur-Yonne*. — 1. Constitution de rente par Jacques Houdry, laboureur à Sur-Yonne, au profit de Jean Rochery, marchand à Tannay, qui a rendu au procureur du fait commun de la paroisse de Brèves 10 écus levés par Houdry sur les habitants pour la taille des « clouchers » en l'année 1592, taille remise par le Roi; présence d'Antoine Senard, accenseur dudit Brèves (11 décembre 1596). — 2. Reconnaissance de ladite rente, au profit de Madeleine Delaporte, par Loup Houdry, vigneron, fils de Jacques (27 décembre 1631). — 3. Transport de rente à Madeleine Delaporte par Philippe Frotier, ci-devant sergent royal, demeurant à Clamecy (17 janvier 1635). — 4 à 39. Procédure en la justice de Metz-le-Comte, à la requête de Madeleine Delaporte, poursuivant les criées des immeubles saisis sur Loup Houdry (1632-1635).

1 F 114 (Liasse). — 1 pièce parchemin, 21 pièces papier.

1676-1780. — BRINAY. *Église*. — 1. Lettre à M. de Palluau, concernant les droits de ce seigneur en ce qui touche la sépulture dans l'église, le banc des chantres et

la chapelle seigneuriale (Bellevaux. 31 août 1676). —
2. Devis pour les réparations à faire dans l'église et pour
la construction d'une sacristie (12 décembre 1774). Suit
une requête (au subdélégué? demandant que les réparations au cimetière soient jointes à celles de l'église afin
de mettre le tout en adjudication. — 3. Lettre à M. de
Thurigny par Nicolas Branlard, curé de Brinay et Pouilly,
indiquant que le curé et les habitants consentent à lui
accorder une chapelle seigneuriale; il ne reste plus à
obtenir que le consentement du seigneur de Brinay (4 mars
1775). — 4. Concession d'une chapelle, sous l'invocation
de Notre-Dame-de-Pitié, dans l'église de Brinay, faite par
les paroissiens dudit lieu à Messieurs de Nourry (9 avril
1775). — 5 à 7. Copie du devis des réparations, approbation et cahier des charges de l'adjudication, au nom de
Philippe Goguelat, subdélégué de Château-Chinon (1775).
— 8 à 16. Requêtes à l'Intendant de Moulins concernant
les réparations à l'église et au cimetière, certificats de
publication de la mise en adjudication et procès-verbal
de l'adjudication des travaux, tranchée à Claude Beaudequin, meunier au moulin de Limanton (1775). Mentions de :
Pougault. vicaire de Commagny (p. 10.); Ravary, curé de
Commagny (p. 11); Courvavault, curé de Frasnay et Châtillon (p. 12); Gilbert Desmazières, prieur de Bellevaux (p. 14).
— 17. Lettre au chevalier de Nourry, par Branlard, curé
de Brinay, au sujet des réparations, du procès entre les
paroissiens et M. de Brinay et des difficultés que l'hos-
tilité de ce dernier fait éprouver au curé (23 février 1776).
— 18 et 19. Visite de l'église et du cimetière de Brinay
par Guillaume-Marie-François Alloury, chanoine de Nevers et promoteur de l'Officialité du diocèse, commissaire
désigné à cet effet par l'évêque de Nevers (18 octobre
1776). Original et copie : à la suite de celle-ci, transcription de requête adressée par les habitants de cette paroisse
à l'évêque de Nevers, pour obtenir l'approbation des
réparations dont la nécessité a été constatée (Nevers,
18 octobre 1776). — 20. Ordonnance épiscopale prescrivant l'exécution des réparations conformément au procès-
verbal de visite (19 octobre 1776). — 21. Lettre du chevalier de Thurigny à M. de Palluau, lui faisant connaître
l'arrêt qui interdit les inhumations dans les églises et les
cimetières y attenant (Chaumigny, 14 décembre 1776). —
22. Délibération de la communauté, relative à l'église et à
la clôture du cimetière, à la suite de requête adressée à
l'Intendant de Moulins par Nicolas-Marie de Bréchard,
seigneur haut justicier de Brinay et patron fondateur de
l'église, par Gilbert Desmazières, prieur de Bellevaux, et
Nicolas Branlard, curé de la paroisse (8 octobre 1780). —

23. Minute d'une lettre adressée par M. de Palluau à
Goguelat, subdélégué de Château-Chinon (s. d.). — 24.
Mémoire, sans date ni signature, résumant les faits.

1 F 115 (Liasse). — 1 pièce parchemin, 20 pièces papier

1523-1779. — Brinay. *Église : procédures*. — 1 et 2.
Résumé d'un acte de 1523, stipulant que Jean de Nourry
n'aura aucun droit particulier sur la chapelle par lui cons-
truite au chœur de l'église de Brinay, laquelle doit être
commune à tous les habitants, comme l'église même. —
3. Assignation à Jacques Cochet par Anatoire de Closse,
devant le Présidial de Saint-Pierre-le-Moûtier, concernant
la jouissance d'une place au chœur de l'église, devant
l'autel de Notre-Dame (21 mars 1651). Transaction par
devant le sergent royal porteur de l'assignation contre
Closse et Cochet : le premier sera maintenu dans sa place
devant l'autel de la Bonne-Dame et entre cet autel et
celui de Saint-Sébastien, sous la voûte du Crucifix et
Cochet n'y prétendra aucun droit du fait que sa fille y ait
été enterrée par suite d'une erreur du marguillier : le tout
attesté par Vincent Poulet, curé de Brinay (22 mars).
Certificat, signé Poullet. curé de Brinay, déclarant que
l'enterrement de Jacques Poullet, son frère, a été fait par
inadvertance à la place qui appartient au seigneur de
Palluau (1er mai 1676). — 4. Copie de l'assignation et de
la transaction ci-dessus, suivie d'un mémoire du seigneur
de Palluau touchant des inhumations devant l'autel de la
Bonne-Dame. — 5 à 7. Signification à Claude Beaudequin,
meunier et charpentier, demeurant au moulin du Grand
Étang, paroisse de Limanton, d'un appel interjeté par les
habitants de Brinay, de sentence contre eux rendue au
Présidial de Saint-Pierre-le-Moûtier, le 5 juillet 1776, et
promesse par Jean-Marie et Pierre-Marie de Nourry de
garantir ces paroissiens des frais qu'ils auront à supporter
dans la poursuite de cette affaire (1776). — 8 à 26. Minutes
de lettres. requêtes et mémoires, et notes de procédures,
non datées ni signées, indiquant les détails des faits et de
la contestation. — 27. Homologation en Parlement de
délibération et convention terminant cette affaire (7 juin
1779).

1 F 116 (Liasse). — 10 pièces parchemin, 5 pièces papier.

1526-1771. — Brinay. *Fief de Bernay*. — 1. Vente
d'une terre consentie à Philibert de Nourry, écuyer, par
Jean, fils de feu Guillaume Roy. du village de Bernay,
paroisse de Limanton, au nom de ses communs parsonniers
(23 décembre 1526). — 2. Semblable vente, au même

écuyer, par Léonard Colin (19 août 1532). — 3. Autre vente de terre, par Clément Arnault, natif de Cherigny, demeurant à Mont-sur-Aron, paroisse de Limanton, à Othelin d'Aunay, écuyer, seigneur de Bernay en partie, et à Claude de Bosrodon, sa femme (26 septembre 1546). — 4. Acquisition de plusieurs biens, sur divers finages, par Vincent Colin, marchand à Bernay, sur Toussaint Durand et ses parsonniers (28 août 1557). Au dos : approbation par Marie Robin, femme de Durand, et par Guillaume Robin, son frère (2 mai) ; quittance par Léonard Petit, de Champallement, accenseur de la Commanderie de Biches (24 juin 1558). — 5. Acquisition d'un pré par Thomas Colin, de Bernay, sur Léonard Devesnon, maréchal à Cherigny, paroisse de Biches, et sur ses communs parsonniers (30 juin 1565). Au dos : ratification par les parsonniers de Devesnon (21 mars 1566, n. st.). — 6. Vente de divers biens par Clément Delignay, de Bernay, à Sébastien Taupin, tisserand de toile à Brienne, paroisse de Brinay ; le prix, de 15 livres tournois, est payé « en deux telles, l'une d'icelles vaillant la somme de quarente quatre solz tournois, et l'aultre, la somme de quarente solz tournois, ung ducat à la grand croix vaillant la somme de trois livres deux solz six deniers tournois, ung pistollet d'or sol vaillant la somme de cinquante quatre solz tournois, et le reste en monnoye blanche » (23 mars 1573, n. st.). Au dos : quittance des lods et ventes, délivrée par Guillaume de Regnault, dit de Chitry, écuyer, seigneur de Bernay en partie (En la chapelle St-Franchy, de Mont-sur-Aron, 16 mai 1583). — 7. Bail à bordelage consenti à Philippe Maulmy, laboureur à Bernay, et à ses parsonniers, par dom Gilbert de Toury, prieur de Biches (23 avril 1575). — 8. Accense de diverses portions de la prévôté de Bernay (6 juin 1593). — 9. Acquisition par Guillaume de Nourry sur Antoine Bredeau et Gilbert Richard, communs parsonniers, demeurant à Meauce (26 décembre 1619). Suit le reçu des lods et ventes, délivré par Léonard Lion, curé d'Alluy. — 10. Vente d'une pièce de buisson, à François de Closse, par Philiberte Aurousseau, veuve d'Antoine Gillot, pour acquittement définitif d'une obligation contractée par ledit Gillot envers Anatoire de Closse, père de l'acquéreur ; présence de Jean Durand, procureur fiscal au Bailliage de Brinay (15 février 1639). — 11. Cession à François de Closse par Gabriel Deveneau, hôtelier à Sermoise : 1° d'une obligation de 22 livres dues par François Marchant, de Bernay ; 2° d'une somme de 9 livres 15 sous, due par Vincent Jourdin, de Brinay, en vertu de sentence de la justice de Brinay (7 septembre 1647). — 12. Échange de divers biens, entre François de Closse, père et tuteur de Pierre, et Philippe Frachot, marchand à Cherigny

(11 juillet 1665). — 13. Mutation de bordelage en cens bordelier, consentie par Pierre de Bar à Pierre de Closse ; présence de Simon Cassien, procureur fiscal en la seigneurie de La Marche (26 juin 1666). — 14. Quittance, par Henri de Bar, de rente due à la seigneurie de Bernay et des droits payés pour commutation d'un bordelage en cens, le tout en conséquence de l'acte d'échange précédent (9 mars 1671). — 15. Vente d'un champ par Henry Guillier, bourgeois à Bernay, et Louise Goussot, sa femme, à Jean-Marie de Noury (22 mars 1771). Suivent les quittances du prix de vente, signées par Guillier.

1 F 117 (Liasse). — 3 pièces papier.

1790. — Brinay. *L'Hâte du Clos-Bourdeau.* — 1 et 2. Significations relatives au partage de cette terre, auquel s'opposent François Taché et Claire Poulet, sa femme, et Jean Poulet et Marie Morizot, sa femme, tous meuniers demeurant ensemble au moulin de Brienne (21 avril). — 3. Partage de cette terre, en exécution d'arrêt du Parlement de Paris, du 1er juillet 1789, entre Jean-Marie de Noury et Jean Millet, maréchal, et Marie Paquet, sa femme, veuve en premières noces de Simon Cochet (5 mai).

1 F 118 (Liasse). — 1 pièce parchemin, 44 pièces papier.

1584-1785 — Brinay. *Fief de Bernay. Procédures : eaux, bois, pacage.* — 1 à 29. Procès en la justice de Bernay, puis devant la Pairie de Nevers, à la requête de Claude Barry, procureur fiscal en la justice de Bernay, contre Jean de Closse, Esme Delorme, son serviteur, et Léonard Ravard, son métayer, à l'occasion d'un délit de bestiaux (1668).

30 à 35. Procès contre Pierre de Closse, relativement au droit de pêche dans la rivière d'Aron (1669). A noter, les pièces suivantes : 33, copie collationnée de divers actes de procédure, entre autres : sentence du Bailliage de Limanton contre Vincent Poulet, curé de Brinay, et autres (21 octobre 1617, fol. 1 à 3) ; extrait du terrier de la seigneurie de Bernay, comportant procès-verbal des limites de cette seigneurie, que François de Loron venait d'acquérir du prieur de Biches et de nobles Othelin et Pierre d'Aunay (2 octobre 1600, fol. 3 v°-6 v°) ; transaction pour la justice de la rivière d'Aron, entre Othelin d'Aunay et Charles de Gayot (3 avril 1584).

36. Procès entre le sieur de Noury et Vincent Bourgeois, marchand à Champlong, paroisse de Limanton, justice de Bernay, concernant la glandée d'un buisson ; contestation de ressort entre les Bailliages de Nevers et de Saint-Pierre-

le-Moûtier, en ce qui regarde Champlong (1751). — 37 à 44. Procès en la Maitrise royale des eaux et forêts, entre Jean-Marie de Noury et le nommé Guiottot : délit de bois (1786). — 45. Plainte en dommages et intérêts contre Closse-Palleau, pour avoir fait jeter du bois dans l'Aron (fragment, sans date).

1 P 119 (Liasse). — 2 pièces parchemin, 22 pièces papier.

1601-1784. — BRINAY. *Fief de Bernay : procédures diverses.* — 1 à 3. Procès pour dette, entre Balthazard Bellevaux et François Gravier ; mention d'un accord entre Gravier et Jeanne de Noury, veuve de Nicolas de Closse (1601-1602). — 4 à 7. Significations et pièces de procédures diverses (1650-1669). — 8 à 23. Procédures au Bailliage de Saint-Pierre-le-Moûtier, pour Jean-Marie de Noury, contre Josèphe Martinet et Jean Labour 1780-1783). — 24. A la requête de Marie Léger, veuve de Nicolas Reuillon, fermier de la terre de Châtillon, signification à Jean-Marie de Noury, au sujet des réparations à effectuer à la rue Charbonneau 5 août 1784.

1 P 120 (Liasse). — 11 pièces parchemin, 7 pièces papier.

1449-1575. — BRINAY. *Fief de Palluau : titres de la seigneurie.* — 1. Aveu et dénombrement fourni à Guillaume de Rochefort, seigneur de Châtillon-en-Bazois, par Jean de Champfleur, écuyer, à cause de sa femme, Jeanne de Montanteaume ; présence de Guillaume Pain, écuyer (12 juin 1449. Copie du 19 janvier 1504, n. st.). — 2. Guillaume de Rochefort reçoit l'hommage de noble Pierre de Noury, écuyer (22 juin 1456). — 3. Dénombrement fourni à Guillaume de Rochefort par noble Jean de Baudoin, écuyer, des biens qu'il a acquis, à Palluau, de Roland, bâtard de Noury, Jeanne de Champfleur, sa femme, et Guiot de Champfleur, son beau-frère. Présents : frère Étienne Donet, prieur de Châtillon-en-Bazois ; maître Dominique Boaul, bachelier en lois, et Hugues de No... y (10 septembre 1463). — 4. Transaction sur procès, touchant la succession de Jeanne Després, dame de La Motte-Palluau et de Chassenay en partie, entre Guillaume de Baudoin et Bertrand Roux, écuyer, d'une part, et Jean de Champdiou, chevalier, d'autre part. Présents, nobles Barthélemy Chevrot et Jean de Noury, écuyers (23 mars 1485, n. st.). — 5 et 6. Quittance à Baudoin et à Roux, par Antoine de Rochefort, des droits de quint et requint à lui dûs pour le rachat des biens de La Motte-Palluau provenant de Jeanne Després ; présence de Philibert de Corvol, seigneur du Tremblay, et de maître Guillaume

Lardon, licencié en lois 5 août 1485. — 7. Foi et hommage à Antoine de Rochefort par Guillaume de Baudoin, mari d'Anne de Corvol, du fief de La Motte-Palluau à lui advenu de la succession de Jeanne Després (10 décembre 1485). — 8. Semblable hommage, par le même, rendu à Jean de Pontailler (10 janvier 1502, n. st.). — 9. Vente de biens assis en la seigneurie de Palluau, consentie par noble Antoine de La Court et Lucette de Noury, sa femme, fille de défunt Jean de Noury, en faveur de Barbe de Baudoin, épouse de noble Jean des Paillards, écuyer : présents, nobles Pierre du Bois, Thierry du *Boulchaury* et Huguet Gayot, écuyers 13 avril 1520). — 10. Noble Gillet de Noury, écuyer, fils de défunt Georges de Noury, demeurant à Fleury-la-Tour, prenant en main pour sa femme, Marguerite, « et pour tous ses communs personniers », vend à son cousin Philibert de Noury, écuyer, tout ce qu'il possède à Palluau : présence d'Othelin d'Aunay, écuyer 4 juin 1528. — 11. Ratification de la vente précédente, par Gillet de Noury et Marguerite, sa femme (11 juin 1528). — 12. Ratification par Toussaint Roux, écuyer, fils de défunt Antoine Roux, d'une vente consentie par Philibert Roux, écuyer, son frère, au profit de Guillaume de Noury, suivant acte reçu par Georges Delaplanche, Claude de Noury et Étienne Durand, notaires : présence de Marc Gedeneau, prêtre (27 août 1548. — 13. Copie fragmentaire d'une déclaration des biens et droits de La Motte-Palluau, acquis de Philibert, Toussaint, Léonarde et Huberte Roux 3 juillet 1555.

14. Petit terrier de Palluau 11 feuillets, papier. Fol. 1. Déclaration des terres de Palluau pour Claude de Baudoin (1556), d'après d'anciens dénombrements, le plus ancien daté du 5 juin 1500, fait en présence de Jean de Champfleur et de Roland, bâtard de Noury fol. 6. Fol. 7 v° : acquisition du pré des Mullots par Hugues de Baudoin, prêtre, curé de Verneuil, sur Roland, bâtard de Noury 1er août 1461 : approbation de ce contrat par Jeanne de Champfleur, femme dudit Roland octobre 1461, en présence de Guillaume Durand, prêtre, curé de Sauzay. Fol. 8 : acquisition du pré Coing, par le même, sur les mêmes (10 octobre 1461. Fol. 9 : rentes dues à Claude de Baudoin. Fol. 10 état de ce que Claude de Baudoin acheta, le 27 février 1537 n. st.) de son cousin Jean de Noury, acquéreur antérieurement d'Antoine Roux. Fol. 10 v° : échange conclu le 5 avril 1531 n. st. entre Claude de Baudoin et son beau-frère, Antoine de Noury, gruyer de Châtillon-en-Bazois. 15. Vente à Charles de Gayot et à Marie de Fougère, sa femme, par Claude de La Perrière, Barbe de Baudoin, sa femme, et Esmée de Baudoin, sa belle-sœur, de la moitié de la seigneurie de La Motte-Palluau, échue aux

vendeurs par la succession de Claude de Baudoin et de Jeanne de Halwin, son épouse, ces derniers l'ayant acquise précédemment de Jean de Noury (13 avril 1566, « suyvant l'edict »). — 16. Investiture par Paul de Pontailler, seigneur de Châtillon-en-Bazois, en faveur de Léonard de Noury, écuyer, seigneur de Palluau, d'un bordelage acquis par ce dernier de Guillaume Prévost et d'Antoine Rossignol; quittance des lods et tiers deniers dûs pour cette mutation, présence de Pierre Pourchasson, curé de Mingot (5 mai 1572). — 17. Offre de prestation d'hommage par Léonard de Noury à Paul de Pontailler et réserves de celui-ci jusqu'à plus ample informé; présence de Dom Rodolphe Gaulthier (5 novembre 1573. — 18. Claude de Noury, Jean Mourguin royer, et sa femme Georgette de Noury, et Barbe de Noury, veuve de Guillaume de Montjou, vendent leurs biens de Brinay à Jeanne, fille de Philibert de Noury (5 août 1574). Au dos, reçu des lods et ventes (24 novembre). — 19. Hommage, en conséquence de ladite acquisition, par Jeanne de Noury à Paul de Pontailler (13 septembre 1574). — 20. Autre hommage, au même seigneur, par Charles de Gayot (4 juin 1575).

1 F 121 (Liasse). — 4 pièces parchemin, 14 pièces papier.

1614-1793. — Brinay. *Fief de Palluau : titres de la seigneurie.* — 1. Vente de la seigneurie de La Motte-Palluau, consentie par François de Gayot à Natoire Closse (30 avril 1614). Approbation par les enfants dudit François de Gayot; présence de Charles de Juisard, écuyer, sieur de Cherigny, et de Gilbert de Noury (16 juillet 1614). — 2. Hommage par Gilbert et Guillaume de Noury, écuyers, à Françoise de Gimel, douairière, et à Pierre de Gimel de Saint-Chamant-en-Bazois, seigneur de Châtillon et Bernières (1er décembre 1617). — 3. Consultation, sans date, signée : Bredeau, en vue de reconnaissance des bordelages et redevances dûs à Charles de Gayot (avant 1620). — 4 et 5. Françoise de La Rivière, veuve de Gilbert de Noury, vend à François de Closse tout ce qu'elle possède en la terre de Palluau; présence de Guillaume de Balorre, écuyer, seigneur de Mussy, paroisse de Pouligny-sur-Arou (5 juillet 1638). Original et copie. L'original est suivi de l'approbation du contrat de vente par Guillemette de Noury, fille de Françoise de La Rivière, épouse de Louis de Virgile, écuyer; présence de Claude Sargères, écuyer, seigneur des Gris (2 novembre 1658). — 6. Inventaire des contrats, concernant le fief et domaine de Palluau, remis par François de La Rivière à François de Closse (9 juillet 1638). — 7. Dénombrement fourni par François de Closse à Roger de Rochefort (18 février 1639). — 8.

Signification à Closse d'avoir à rendre hommage à François de Rochefort (25 mai 1663). — 9. Signification à Pierre de Closse, faite au nom de Cornille d'Aerssens, d'avoir à comparaître en la justice de Bernay (16 février 1669). — 10. Hommage rendu à Cornille d'Aerssens par Pierre de Closse (14 novembre 1669). — 11. Réponse à blâmes de dénombrement, pour Pierre de Closse, contre Cornille d'Aerssens (11 janvier 1670). — 12. Convention sous-seing privé, entre Armand de Pracomtal et Pierre de Noury, relative aux droits de justice et d'usage du fief de Palluau (12 décembre 1736). — 13. Quittance, signée : Godin, à M. de Turigny et au chevalier de Noury, pour les honoraires d'un dénombrement de Palluau (2 mai 1777). — 14. Lettre du Directoire du District de Moulins-Engilbert à Charles du Verne, l'informant qu'il ne peut avoir aucun droit sur Palluau, d'après une déclaration de la femme d'Alexandre de Noury (13 février 1793). — 15 à 18. Pièces sans date : 15. touchant une reprise de fief de Palluau (XVIe siècle), où se lit le nom de Léonard de Noury; 16, préambule d'un partage de biens entre : Jean de Baudoin, et Barbe, Marguerite et Agnès, ses sœurs; Françoise Bureau, Antoine et Léonard Roux, ses enfants, Toinette, femme dudit Antoine, et leurs parsonniers; Charles de Noury, Claude de Noury et Huguette, sa femme, Étienne J. Noury. Jeanne de Crésancy, veuve de Georges de Noury; Antoine Michel et Lucette de Noury, sa femme; Agnette, veuve de Guillaume de Noury, et leurs enfants : Jean, Mathieu, Pierre et Léonard (début du XVIe siècle); 17 et 18, notes pour la rédaction d'un dénombrement (XVIIIe siècle).

1 F 122 (Liasse). — 2 pièces parchemin, 20 pièces papier.

1532-1652. — Brinay-Palluau. *Justice.* — 1. Procès-verbaux de la justice de Palluau, 2 feuillets. Fol. 1 : Levée d'un cadavre trouvé dans l'Aron, par Jean Renvoisy, prévôt (18 février 1532, n. st.). Fol. 1 v° : Procuration par Antoinette Bouault à son mari, Philibert de Noury, pour rendre hommage à Sébastien de Rabutin, à cause de la terre de Taconnay, mouvant d'Hubans (3 avril). Fol. 2 : Jours de justice à Brinay, par Georges Delaplanche, juge de Palluau (8 janvier 1533, n. st.). — 2 et 3. Arbitrage par Jean Comaille, juge ordinaire de Palluau, pour trancher la contestation pendante au Bailliage de Saint-Pierre-le-Moûtier entre Léonard de Noury et Charles de Gayot, touchant les limites de leurs justices (30 mars 1570). Original et copie. Présence de Gilbert de Juisard, écuyer, seigneur de Tamnay, d'Antoine de Courson, écuyer, seigneur dudit lieu, de Jean de Boisthierry, écuyer, seigneur de Marquereau, et de Jean Bourdeault, notaire et praticien à Bernay. — 4. Protestation de non-préjudice signifiée, à la requête de Pierre de Closse, à Pierre de Bar, chevalier, seigneur de Buranlure, à l'occasion de délimitation de justices (22 septembre 1666). — 5 à 22. Fatras de procédures, d'abord au Bailliage de Saint-Pierre-le-Moûtier, puis devant le Parlement, entre François de Closse contre Charles de Loron et Jean de Bréchard, à l'occasion de diverses atteintes à leurs droits de justice respectifs (1649-1652).

1 F. 123 (Liasse). — 3 pièces parchemin, 11 pièces papier.

1486-1736. — Brinay-Palluau. *Droits dans les bois et sur la rivière d'Aron.* — 1. Concession de droits d'usage dans la forêt de Vincence, accordée par Frère Simon Carpentier, commandeur de Biches et de Champallement, à Jean de Noury ; présence d'Étienne Gagnaiche, curé de Tamnay, et de Jean Vignault, clerc (29 novembre 1486). — 2. Autre concession semblable, pour le bois de la Sarrée, accordée à Nicolas Closse, par Anatoire de Pontailler (19 août 1579). — 3. Transaction sur procès pendant au Bailliage de Saint-Pierre-le-Moûtier, par laquelle Charles de Gayot reconnaît qu'en la justice de Bernay, la rivière d'Aron appartient tout entière à Othelin d'Aunay, sieur dudit Bernay (3 avril 1584). — 4. Concession de droits d'usage dans la forêt de Vincence, accordée par Frère Hector de Mengin, commandeur de Biches, à Charles de Gayot, le jeune, par suite du décès de Claude Rolland (4 juillet 1600). — 5 et 6. Autre concession de semblables droits dans la même forêt, par ledit Frère Hector de Mengin à Anatoire de Closse (13 décembre 1600). — 7. Reconnaissance par Anatoire de Closse au profit de Frère Jean Adeline, chambrier du prieuré de La Charité, représenté par son procureur Jacques Ogier, sieur de La Prée, avocat fiscal au Bailliage de La Charité, d'une tenure à cens comportant une terre aux Petites Hâtes de Palluau, des droits d'usage dans les bois et pâtures du prieuré de Biches et le droit de pêche dans la rivière ; présence de Jean Jaubert, notaire et greffier à Biches, et de Jean Barry, sergent royal, à Lantilly, paroisse de Limanton (29 mars 1629). — 8. Ordonnance du bailli de la commanderie de Biches et signification en conséquence à Pierre de Closse, touchant la répression d'abus commis en fait de port d'armes, de chasse et de pêche (16 et 23 janvier 1671). — 9. Requête par Guillaume de Noury contre la marquise de Béthune, dame de Châtillon-en-Bazois, en maintenue de droits d'usage dans les bois : «... Le profit le plus essentiel des biens de campagne du Nivernois consiste dans la vente des porcs. C'est le revenu le plus assuré et même, en quelque façon, le seul qui puisse assurer le paiement des impositions, les grains que l'on recueille dans le Bazois ne suffisant pas pour la nourriture des métayers... ». — 10. Opposition, par Pierre de Noury à la saisie réelle de la terre de Châtillon-en-Bazois, en vue d'être maintenu dans ses droits d'usage de bois (11 avril 1736). — 11 et 12. Consultations d'avocats relatives aux droits d'usage, signées : Maulnorry, et Saillonnyer (sans date). — 13 et 14. Notes insignifiantes, sans date.

1 F. 124 (Liasse). — 6 pièces parchemin, 60 pièces papier.

1643-1777. — Brinay-Palluau. *Impositions.* — 1 à 70. Procédures en réclamations contre les rôles de tailles de Brinay, par les différents seigneurs de Brinay, devant l'Élection de Nevers et devant la Cour des Aides. À signaler les pièces suivantes :

16 et 17. Extraits des rôles de tailles pour Brinay, pour 1647 et 1649. — 29. Fixation à 208 livres des impositions à payer pour Brinay, à la part de l'Élection de Nevers, pour l'année 1667 (Affiche imprimée). — 40. Requête en radiation du rôle des usages et communaux, adressée par Nicolas de Closse à l'Intendant de Moulins, de Maupeou. Délibération en conséquence par la communauté de Brinay (10 janvier 1708) et ordonnance de décharge par l'Intendant (27 janvier) : seuls, les habitants de Brinay à la part de l'Élection de Château-Chinon ont droit aux usages, à l'exclusion des justiciables de l'Élection de Nevers.

71. Notification au greffe de l'Élection de Nevers par Jean-Marie de Noury, de l'exploitation personnelle qu'il effectue du pâturail Montar, aux fins d'exemption d'impositions (11 septembre 1777).

72. Institution de Paul Sautereau, drapier à Alluy, pour commissaire au fief de Palluau, faute par le seigneur d'avoir comparu à la convocation du ban pardevant le lieutenant général au Bailliage de Nivernais (25 octobre 1671).

1 F. 125 (Liasse). — 9 pièces papier.

1638-1714. — Brinay-Palluau. *Bâtiments.* — 1. En suite de l'acquisition faite par François et Anatoire de Closse sur les Noury, procès-verbal de visite des bâtiments de Palluau, qui sont en ruine, ainsi que le colombier ; parmi les experts figure Paul Chaveau, maître couvreur d'ardoise, tuile et esseaune (20 août 1638). — 2. Marché pour la construction d'un corps de logis avec tour et meurtrière, entre François de Closse et Antoine Periau, maçon, de *Saint-Pierre-de-Charnia*, évêché de Limoges (3 novembre 1638). — 3. Reçu d'un acompte de 66 livres 13 sous, tant en blé qu'en argent, par Periau (16 juin 1639). — 4. Marché avec Jean Brunet, serrurier à Decize (9 décembre 1639) et quittance en conséquence (8 mai 1640). — 5. Marché avec Jean Bleuf, maçon à Châtillon-en-Bazois, pour la construction d'une grange (5 janvier 1647). Quittance du 28 novembre 1648. — 6. Autorisation à M. de Palluau pour faire de l'esseaune, signée : Merville (9 février 1647). — 7. Quittance de Jean Bleuf (18 novembre 1647). — 8. Compte de travaux (1647) — 9. En conséquence de visite des bâtiments par Jean Aurousseau, charpentier à Bernay, autorisation à Guillaume de Noury par Robert Bernard, bailli de la Commanderie de Biches, de faire couper dix chênes dans les bois de la Commanderie assujettis à l'usage de Palluau (2 novembre 1714).

1 F 120 (Liasse). — 8 pièces papier.

1663-1770. — BRINAY-PALLUAU. *Baux à métairie du domaine de Palluau*. — 1. A Jean Guillemin, François et Léonard Ravard, laboureurs et communs parsonniers (28 mars 1663). État des emblavement du domaine, pour vérification à l'expiration du bail (4 avril 1664). — 2. A Jean Freuillot et Paul Naudin, fendeurs de bois à Brinay ; présence de Lazare Laproye, curé de Brinay, et de Jean Harlet, curé de Mingot (16 juin 1690). — 3. A Léonard Collas, Léger et Jean Garnet, et Philibert Pautot, dit Bardot, laboureurs et communs parsonniers ; présence d'Hercule Conquis, meunier des moulins banaux de Châtillon-en-Bazois (2 mai 1713). — 4. A Jacques Milon, maître et chef de sa communauté (2 mai 1719). — 5. A Jean Billoué, manœuvre à Romenay, paroisse de Biches (12 novembre 1720). — 6 et 7. A Jean Billoué, père, Pierre, Charles et Dimanche Billoué, ses fils, laboureurs et communs parsonniers ; présence de François Douy, notaire à Aunay (30 avril 1729). — 8. A Pierre, Jean et Philibert Jacquemain, père et fils, laboureurs à Champardolle, paroisse de Limanton (6 février 1770).

1 F 127 (Liasse). — 1 pièce parchemin, 35 pièces papier.

1588-1788. — BRINAY-PALLUAU. *Marchés de cultures, cheptels, défrichements, etc.* — 1. Obligation de 50 écus sol, reconnue par Nicolas Cloz, écuyer, maître d'hôtel d'Anatoire-Louis de Pontailler, et Étienne Flechot, notaire royal et receveur dudit seigneur, au profit d'Antoinette Dumay, pour livraison de deux queues de vin rouge et d'une feuillette de bon vin (8 juillet 1588). — 2. Cheptel et obligation reconnus par Jean Michel, tisserand de toile à Brienne, au profit d'Anatoire de Closse ; présence de Gilbert de Noury, écuyer (4 juillet 1611). Actes rayés. — 3. Autre obligation, pour éviter saisie de biens, par Madeleine Taupin, veuve de Jean Michel ; présence de Jean Durand, greffier de Brinay (2 janvier 1623). Reçus en marge. — 4. Cheptel, par les mêmes (2 janvier 1623). — 5. Cheptel de bestiaux par *Pierre Carpentier* à Anatoire Closse (11 juillet 1634). — 6. Constitution d'une rente de 9 livres tournois à Anatoire de Closse par Jean Michot et Jean Delorme, laboureurs et communs parsonniers, et Pierre Grillot, pour s'acquitter de l'obligation contractée par Madeleine Taupin, leur mère et belle-mère (23 septembre 1634). Reçu en marge. — 7. Quittance par Jean Jolliot, vigneron ; présence de Jean Durand, procureur fiscal au Bailliage de Brinay (18 décembre 1640). — 8. Léonard Cadon, marchand à Maupertuis, reconnaît devoir à François de Closse 29 livres tournois pour vente d'un poinçon de vin clairet ; présence de Robert Bernard, praticien à Alluy (29 mars 1642). — 9. Autre quittance par Jean Jolliot, pour façons de vignes ; présence de Jean Delaplace, notaire à Meulot, paroisse d'Alluy (2 mai 1642). — 10. Marché pour façons de vignes, entre François de Closse et Jean Jolliot (27 janvier 1644). — 11. Quittance de Jolliot (27 février 1647). — 12. Obligation de 26 livres tournois, pour vente de porcs, reconnue par Jean Pasdeloup, laboureur, au profit de Jean Courson, tisserand (17 février 1649). — 13. Compte entre François de Closse et Esme Berthin, son vigneron ; présence de Paul Taveau, couvreur d'esseaune, à Montigny-sur-Canne (5 mars 1659). — 14. Compte de cheptel avec Marceau (1660). — 15. Marché pour façons de vignes, passé avec Léonard Bourgeois et Benoît Paupert ; présence de Claude Martel, procureur fiscal de Châtillon-en-Bazois (4 novembre 1662). — 16. Vente de bestiaux par Paul de Noury à François de Closse, moyennant 3,900 livres (28 février 1663). — 17. Quittance par Benoît Paupert, vigneron (17 août 1669). — 18. Reconnaissance de cheptel au profit de Charlotte de Bongards, veuve de Pierre de Closse, par Étienne Chauveau, Philibert Robelin et Philibert Desbruères, laboureurs et communs parsonniers (1er juin 1670). — 19. Compte de Pierre de Closse avec ses métayers Léonard et François Ravard, laboureurs et communs parsonniers (4 février 1672). — 20. Obligation de 240 livres tournois par François Ravard, maître et chef de sa communauté, à la suite de compte de métayage (14 mai 1674). — 21. Reconnaissance de cheptel à Pierre de Closse, par Germain Guillot, Antoine Desbruères et Étienne Chauveau (21 juin 1675). — 22. Compte de cheptel entre Charlotte de Bongards, d'une part, et, d'autre part, Jean et François Millan, frères et communs parsonniers ; présence de Jean Poulet, curé de Brinay, et de Jean Bernaud, chirurgien, à Alluy (9 octobre 1682). — 23. Minute du début d'un sous-seing privé par lequel François de Closse vend à Martin Bernard, praticien à Limanton, du bois propre à faire *traversin à vin* (s. d., xviie siècle). — 24. Obligation à Guillaume de Noury, par Léonard Liger et ses parsonniers, de 170 livres tournois, pour blé prêté pour leur nourriture (2 mai 1713). — 25. Obligation de 204 livres 7 sous par les mêmes ; présence d'Henri Russel, prieur de Brinay, et de Gabriel Jullien, huissier au Bailliage de Nevers, demeurant à Moulins-Engilbert (28 février 1719). — 26. Accense d'une *louagerie* par François de Noury à Jean Gaunat, vigneron, à charge de façons de vignes (19 mars 1745). — 27 à 33. Comptes et différends avec Jean Labour et consorts (1779-1781). — 34 à 36. Déclarations de défrichements (1777-1788).

1 F 128 Liasse. — 4 pièces parchemin, 42 pièces papier.

1496-1774. — Brinay-Palluau. *Obligations, reçus et quittances diverses* — 1. Quittance à Jean de Noury et à ses parsonniers par Guy de Baudoin, prêtre, sa mère et ses frères et sœurs ; présence de noble Guillaume Gayot (20 juin 1496). — 2. Vente d'une redevance bordelière dont l'assiette n'est pas indiquée, consentie par Françoise Bureau, *alias* Chevrot, veuve de Guillaume Gayot, écuyer, et leurs enfants, Antoine et Liénard, à Jean Arthus et Thomasse, sa femme ; présence de Guillaume Roy, prêtre (15 mai 1512). — 3. Réméré donné par Étienne et Jean Buisson et leurs communs et parsonniers, à Huguet Gayot et Lucette de Palluau, sa femme, et à Guillaume Bernard, fils de Gilles, écuyers, à l'occasion d'une vente précédemment contractée ; présence de Jean Dobret, prêtre (30 mars 1516). — 4. Reconnaissance de dette par Léonard de Noury, écuyer, et Marguerite Dufournet, sa femme, au profit de Jeanne de Noury, leur sœur (29 août 1569). — 5. Promesse par de Vaucoret à Closse et à Sébastien Tridon de les acquitter envers M. de Challement (20 janvier 1592). — 6. Promesse semblable par François de Gayot et Françoise de Bérard, sa femme, d'acquitter Nicolas de Closse à l'égard de Jean de Bréchard, avec stipulation de transport d'héritages au cas de défaut d'exécution ; présence de Michel Bellevaux, notaire (1er décembre 1595). — 7. Quittance à Anatoire de Closse par Lazare Maulmy, manouvrier, à Limanton ; présence de Vincent Poullet, curé de Brinay, et de Gilbert de Noury, écuyer (16 janvier 1612). — 8. Obligation à Anatoire de Closse par Jean

Michot, tisserand de toile, et Madeleine Taupin, sa femme, suivie de reconnaissance de cheptel (18 juin 1612). Actes rayés. — 9. Quittance d'un terme de rente due par Anatoire de Closse (1er mai 1613). — 10. Obligation par ce dernier à Roux, sergent royal (7 juin 1613). — 11. Quittance à M. de Closse par Reuillon (27 décembre 1618). — 12 et 13. Quittances par les fermiers de la Commanderie de Biches (1626 et 1638). — 14. Quittance signée : G. Lebreton (12 mai 1634). — 15. Obligation par Jean Pasdeloup à Sébastien Mouchard ; présence de Jean Gautherin, chirurgien, et de Claude Dieudonné, clerc (28 mars 1643). — 16. Autre, par le même, à Claude Martel (4 janvier 1645). Quittance de Martel (3 novembre 1657). — 17. Quittance par le fermier de Biches (20 janvier 1651). — 18. Constitution d'une rente de 200 livres tournois par Pierre de Noury et Madeleine Després, au profit de Pierre de Closse, écuyer, demeurant à Nevers, chez Guillaume Salionnier, maître écrivain ; présence de Claude Quartier, avocat, de Jean Creuzet et de Jacques Perute, clercs (4 juin 1652). — 19 à 25. Quittances par les fermiers de la seigneurie de Brinay (1658-1660). — 26. Transaction sur procès pendant au Bailliage et à l'Élection de Nevers, entre François de Closse et Liger et Pierre Larrivé, portant obligation au profit de Closse de 10 livres tournois (19 février 1663). — 27. Pierre de Closse promet à Pierre de Noury de l'acquitter des comptes de tutelle qu'il doit rendre aux enfants de François de Closse et de Catherine Lelarge ; présence de Gilbert Bruslault, procureur au Bailliage de Nevers, et de Pierre Rochery, praticien audit Nevers (4 janvier 1666). — 28 à 32. Billets et quittances (1667-1678). — 33 à 40. Reçus délivrés par divers fermiers du prieuré de Biches (1678-1697). — 41. Reçu de bétail, signé : Reuillon (6 juillet 1687). — 42 à 46. Quittances et notes de comptabilité (1600-1774).

1 F 129 Liasse. — 4 pièces parchemin, 4 pièces papier.

1549-1598. — Brinay-Palluau. *Terres tenues du Prieuré Saint-Jean de Châtillon-en-Bazois.* — 1. Bail à bordelage de différentes terres *Ès Varennes*, consenti au nom de Germain Bertrand, prieur, par Bonaventure Prudhomme, accenseur du prieuré, à Guillaume Taupin et à ses parsonniers ; présence de Pierre Bonez, prêtre (21 novembre 1549). — 2. Reconnaissance de bordelage par ledit Taupin (même date). — 3. Reconnaissance de bordelage sur une terre *Aux grandes Varennes*, par Jean Droin et Guillaume Peneau, communs parsonniers, au profit de Gabriel Guillaumier, prieur commendataire (7 janvier 1584). — 4. Semblable reconnaissance, sur des terres au

8

même finage, par Claude de Veron et ses parsonniers, au profit du même prieur (14 janvier 1584). — 5. Bail à cens de différentes terres *Aux Varennes*, consenti à Nicolas de Closse et Jeanne de Noury, sa femme, par Paul Comaille, prieur; présence de noble Simon d'Alemant, demeurant à Châtillon, et de Léonard Guérin, notaire (23 janvier 1590). — 6. Bail semblable des mêmes terres, consenti par le même à Anatole de Closse et à Anne d'Escorailles, sa femme (2 mars 1598).

1 F 110 (Liasse). — 12 pièces parchemin, 7 pièces papier.

1514-1681. — BRINAY-PALLUAU. *Finage de Palluau*. — 1. Partage de biens entre divers membres de la famille de Noury (cf. 1 F 32, p. 1 : la fin manque (26 juillet 1514). — 2. Vente d'une redevance bordelière de 55 sous tournois et une géline, assise sur leur maison, colombier et biens de Palluau, consentie par Annette, veuve de Guillaume de Noury, et ses enfants, à Jean Arthus et Thomasse, sa femme; présence de Charles de Noury, écuyer (28 décembre 1514). — 3. Approbation de la vente précédente par Mathieu de Noury, fils de Guillaume (11 janvier 1515, n. st.). — 4. Reméré accordé par Jean Vessiaut, de Montigny-sur-Canne, à la suite de l'acquisition d'une terre qu'il a eue de nobles Gilles de Noury, Mathie, veuve d'Étienne de Noury, Noël et François de Noury (20 juin 1528). — 5. Vente de terres et prés par Philibert Le Bourgoing, seigneur de Champlevrier, à Philibert de Noury. Ces biens avaient été précédemment achetés par Jean Bourgoing, père du vendeur, à Claude de Noury, *alias* de Palluau, et baillés à bordelage à ce dernier, moyennant 25 sous, un boisseau d'avoine et une géline (20 décembre 1541). — 6. Acte, en mauvais état, touchant un retrait lignager concernant Érard Bouault, écuyer, sieur de la Boube, Philibert de Noury et Antoinette Bouault, son épouse (11 juillet 1542). — 7. Vente de terre par Philibert Roux, écuyer, seigneur de La Motte, à Guillaume de Noury; présence de Charles Billetat, prêtre, et de Léonard Michot, notaire (10 novembre 1547). — 8. Autre, de divers biens, par Toussaint Roux, écuyer, fils d'Antoine, à Guillaume de Noury (27 août 1548). — 9. Renonciation par Toussaint Roux à la faculté de reméré accordée par Guillaume de Noury, à la suite de l'acte précédent (30 janvier 1551, n. st.). — 10. Transaction pour éviter procès, portant désistement de Guillaume de Noury, moyennant 400 livres tournois, de ses droits sur les biens qu'il a acquis de la famille Roux, au profit de Charles de Gayot, demandeur en retrait lignager (3 juillet 1555). — 11. Vente à Charles de Gayot et Marie de Fougères, sa femme, par

Philibert, fils de feu Jean de Noury, l'aîné, demeurant à Ménessaire; présence de Léonard de Noury, écuyer, demeurant à Châtillon-en-Bazois (3 mai 1561). — 12. Vente à Nicolas de Closse (26 avril 1586). Pièce rognée et en mauvais état. — 13. Partage entre Anatoire de Closse et François de Gayot (26 janvier 1599). — 14. Bail à cens par Léonard de Noury et Marie d'Angeliers, sa femme, à Jean Milliet, marchand à Brinay; présence de Vincent Poullet, curé de Brinay, et de Charles de Gayot, écuyer (2 mars 1607). Suit quittance par Milliet à Gilbert de Noury, écuyer (29 février 1608). — 15. Vente à Natoire de Closse par Claude Michot, laboureur à Acourt, paroisse de Biches, et Claudine Colas, sa femme; présence de Jean Durand, praticien et greffier au Bailliage de Brinay (21 janvier 1613). — 16. Vente par Charles de Gayot à Anatoire de Closse; présence de Frère Hector de Mengin, commandeur de Biches, de Jean Durand, greffier de Brinay, et de François de Gayot, demeurant à Cherigny (11 septembre 1613). Suit quittance par Lebreton, fermier du revenu de la seigneurie de Châtillon-en-Bazois (14 septembre). — 17. Autre vente au même par Laurence Després, veuve de Guillaume Peneault, et ses parsonniers (10 janvier 1614). Suit une quittance, de la main de François de Gayot (18 janvier). — 18. Reconnaissance de tenure à cens par Jacques Lechet, fendeur de bois à Brinay; présence de Jean Durand et de Gaspard Peneau, praticiens à Brinay (1ᵉʳ avril 1636). — 19. Échange de terres entre Charlotte de Bongards et Jean et François Durand, de Limanton; présence de Louis Poullet, clerc (28 mars 1681).

1 F 111 (Liasse). — 6 pièces parchemin, 3 pièces papier.

1491-1636. — BRINAY-PALLUAU. *Finage de Brienne*. — 1 et 2. Bail à bordelage par noble Bertrand Roux et Françoise Bureau, sa femme, à Guillaume Ranvoisié et aux siens; présence de Georges de Noury, écuyer (13 mai 1491). Original et copie — 3. Bail à cens consenti à Jean Roland par Jean et Guillaume de Noury, écuyers, agissant au nom de leurs frères et parsonniers (1ᵉʳ juin 1495). — 4. Bail à bordelage par Guillaume de Gayot, écuyer, et Françoise Bureau, sa femme, pour eux et pour Jean Roux, écuyer (13 octobre 1499). — 5. Bail à cens consenti à Guillaume Renvoisy par Françoise Bureau, veuve de Guillaume de Gayot, et ses enfants: Antoine, Barthélemy et Léonard Roux, et Antoine et Lucette de Gayot; présence de Claude de Noury, écuyer (21 mars 1508, n. st.). — 6. Autre bail à cens, à Jean Ledeulx, par Philibert et Gilbert de Noury, écuyers (5 juin 1547). — 7. Autre semblable, consenti au même et à la même date par Philibert

Roux, écuyer, Toussaint, son frère, et Léonarde, sa sœur. Au dos : Vente du cens, de trois deniers, à Jean Ledeulx et ses parsonniers, par Philibert Roux, écuyer; présence de Bernard Joly, prêtre et d'Antoine de Noury, écuyer (28 janvier 1550, n. st). — 8. Bail à cens à Jean Milliet, par Charles de Gayot et Adrienne de Jacquinet, sa femme; présence de Vincent Poullet, curé de Brinay, et de François Marchand, clerc, demeurant à Bernay (14 juillet 1606). Transport dudit cens par Jean Milliet, notaire à Brinay, à Pierre de Juisard, écuyer, sieur de Chamonot (6 juillet 1607). — 9. Reconnaissance de tenure à cens par Jean Michel, au profit de Natoire de Closse; présence de Jean Durand et de Gaspard Peneau, praticiens à Brinay (1er avril 1636).

1491-1636. — Brinay-Palluau. *Finage de Chamonot*. — 1. Bail à bordelage par noble Bertrand Roux et Françoise Bureau, sa femme, à Jean Ledeulx, dit Barriglet, et aux siens; présence de Georges de Noury, écuyer (13 mai 1491). — 2. Vente de biens à Guillaume de Noury, écuyer, et Charlotte de Closse, sa femme, par Pacaut Ledeulx et Louis Duboust, communs parsonniers; présence de François de Noury, écuyer, et de Jean Syron, prêtre (8 octobre 1540). — 3. Vente d'une terre par Étienne Rolland à Nicolas de Closse, écuyer (20 janvier 1587). — 4. Autre vente, par Léonard Barbier, le jeune, à Nicolas de Closse, d'une terre chargée de 3 deniers de cens au profit du prieuré de Biches (8 août 1592). Au dos : Reçu des lods et ventes délivré à Natoire de Closse par Frère Hector Mengin, commandeur de Biches (5 juillet 1598). — 5. Vente de terres et prés par Jean Michel et Marguerite Taupin à Anatole de Closse et Anne d'Escorailles, sa femme (2 mars 1598). — 6. Assignation à M. de Closse à comparaître devant le juge de la Commanderie à fin de légitimer par exhibition de titres sa possession de deux pièces de terre (22 mars 1602). — 7. Reconnaissance de tenure à cens par Esme Debrei, au profit de Natoire de Closse; présence de Jean Durand et Gaspard Peneau, praticiens à Brinay (1er avril 1636).

1608-1614. — Brinay-Palluau. *Finage de Champ-bureau*. — 1. Vente par Charles de Gayot, écuyer, et Adrienne Jacquinet, sa femme, à Natoire de Closse et Florence d'Ambly; présence de Gilbert de Changy, sieur d'Ambly, demeurant à Maltat, en Bourgogne (21 février 1608). — 2. Vente d'un cens à Pierre de Juisard, écuyer, sieur de Chamonot, par François de Gayot, écuyer, veuf de Françoise de Bérard, et leurs enfants : Paul, Hectorde, Jean, Marie, Suzanne, Claude, Natoire et Anne de Gayot; présence de François Marchand, clerc (18 mars 1614)

1587-1590. — Brinay-Palluau. *Finage de Cherigny*. — 1. Vente de prés à Nicolas de Closse, écuyer, et Jeanne de Noury, sa femme, par Jean Buisson, notaire, et Léonard Buisson, son frère, laboureur à Mont-sur-Aron; présence de Michel de Champrobert, écuyer (30 janvier 1587). Au dos : Quittance des lods et ventes par Frère Hector Mengin, commandeur de Biches, à Natoire de Closse (5 juillet 1598). — 2. Vente de maison, terres et prés à François de Gayot et Françoise de Bérard, son épouse, par Guillemette Durand, veuve de Pierre Michot, et leurs enfants (27 août 1590).

1452-1520. — Brinay-Palluau. *Finage de Marquereau*. — 1. Vente d'un bordelage et d'une terre consentie à Érard d'Aunay par Rolland, bâtard de Noury, écuyer, Jeanne de Champfeur, sa femme, et Guyot de Champfeur, son beau-frère (30 mars 1452). — 2. Bail à bordelage à Jean Pelleteau par Jean de Noury, écuyer, et Guillaume, son frère, au nom de tous leurs frères et sœurs (8 décembre 1477). — 3. Rachat par Jean et Charlot de Noury, frères, écuyers, à Guillaume d'Aunay, écuyer, des biens vendus (cf. p. 1) par Roland, bâtard de Noury, à Érard d'Aunay, père de Guillaume; présence de nobles Jean Mugnotie et Philibert d'Aunay, écuyers (28 avril 1481). — 4. Bail à bordelage par Lucette de Noury, veuve de Gilles Bernard, à Denis et Guillaume Pailesseau, frères (25 mai 1504). — 5. Bail à rente consenti par Huguet de Gayot, écuyer, Lucette de Noury, sa femme, et Guillaume de Noury, écuyer, son frère, à Étienne Buisson et à ses parsonniers, parmi lesquels figure Lienard Buisson, prêtre (19 mars 1521, n. st.).

1527-1593. — Brinay-Palluau. *Finage du Pré de l'Ouche*. — 1 à 3. Sous le sceau de la prévôté de Châtillon-en-Bazois, dont est garde Jean de Noury, écuyer, maître ès arts, ventes de prés consenties à Philibert de Noury, écuyer, par : Étienne Lespoignault et les siens (11 avril

1527, n. st.); Antoine Louis, prêtre, et sa famille; présence de Marc Godeneau et de Jean Peneau, prêtres (même date); Jean Mineau et ses parsonniers; présence d'Étienne Imbert, prêtre (8 mars 1529, n. st.). — 4. Vente de terre et pré à Philibert de Noury et Antoinette, sa femme, par Jean de Noury, fils de défunt Georges, prenant en main pour Jeanne de Crésancy, sa mère, et Catherine de Noury, sa sœur; présence de Jean Bellezaulx, prêtre (9 avril 1529). — 5. Bail à cens par Dom Guillaume du Chailloux, chambrier de La Charité et prieur de Biches, à Philibert de Noury, écuyer; présence d'Étienne Johart, prêtre, accenseur de Biches, et de noble Jean Oschier, écuyer (20 mai 1529). — 6. Vente de pré à Philibert de Noury par Guiot Minot et Jeanne Thibaud, sa femme; présence de Claude et Louis de Noury, frères, écuyers (18 décembre 1530). — 7. Reconnaissance de tenure à cens par Léonard de Noury, écuyer, au profit de Dom Jean Delaprune, chambrier de La Charité, représenté par Sébastien Freuillot, prêtre, chanoine de Nevers; présence de Sébastien Guyonin, notaire au duché de Nivernais, et de François Dantault, sergent royal (26 mai 1593).

1 F 137 (Liasse). — 9 pièces parchemin, 1 pièce papier.

1460-1605. — Brinay-Palluau. *Finage des Varennes.* — 1. Bail à bordelage d'une terre, consenti à Guillaume Ledeulx et à ses parsonniers par Roland, bâtard de Noury, Jeanne de Champfeur, sa femme, et Guiot de Champfeur son beau-frère (2 mars 1460, n. st.). — 2. Vente de terre à Jean Le Bourgoing, écuyer, par Étienne de Noury et Mathie Lebault, sa femme; présence de Philibert Lebault, écuyer (1501). — 3. Autre vente, au même, par les mêmes (10 février 1505, n. st.). — 4. Vente d'une pièce de terre à Martin Taupin par Claude de Noury, écuyer, et Huguette, sa femme (19 mars 1505, n. st.). — 5. Vente d'une terre à Philibert de Noury, écuyer, par Lucette de Noury, veuve d'Antoine Michel, écuyer (16 mars 1529, n. st.). — 6. Vente de terre par Lucette de Noury, veuve d'Antoine Michel, et Denis Michel, leur fils, à Guillaume de Noury, écuyer, et Lucette de Noury, sa mère (26 octobre 1542). — 7. Vente par Paquet Ledeulx à Guillaume Taupin (3 décembre 1549). — 8. Autre vente, par François Gravier, maître et administrateur de sa communauté, à Nicolas de Closse (26 avril 1591). — 9. Sentence arbitrale entre François de Noury et Anatoire de Closse (21 mai 1599). — 10. Vente de terre à Natoire de Closse et Anne d'Escorailles, sa femme, par Léonard de Noury et Marie d'Angeliers, son épouse; présence de Charles de Juisard, écuyer (2 août 1605).

1 F 138 (Liasse). — 6 pièces parchemin, 1 pièces papier.

1494-1777. — Brinay-Palluau. *Finages de :* 1. *La Cloix de Chareau.* Vente de terre à Jean-François de Bréchard par Marie-Pierre de Noury et Jean-Marie de Noury (2 mai 1777). — 2. *Le Champ de Vesvre.* Bail à bordelage à Léonard et Esme Mathé, par nobles demoiselles Françoise Bureau et Anne de Courvol, épouse de Guillaume de Baudoin, pour elles et leurs parsonniers (18 décembre 1508). — 3. *En Champlong.* Bail à bordelage à Hostelin Gravier, par Jean de Noury et ses frères, Guillaume de Baudoin, Jean Roux, écuyers, et Françoise Bureau; présence de noble Amoret de Frasnay (10 octobre 1494. — 4. *Les Chateliers.* Vente de pré par Jean Touzet et Lucette, sa femme, à Jean de Noury, écuyer, et Jeanne Arthus, son épouse (16 avril 1521) — 5. *En Praiz.* Vente de pré par noble Lambert Delaroche et Marie de Noury, sa femme, à demoiselle Antoinette Dehou (16 novembre 1585). — 6. *La Mallechire*, ou *Hâle des Bouchots* Vente de pré par Gilbert de Noury à Nicolas de Closse et Jeanne de Noury, son épouse (5 septembre 1579). — 7. *Les Mouilles* Bail à cens d'une terre à Jean Seguin par Charles de Gayot, écuyer, et Adrienne Jacquinet; présence de Gilbert de Noury, écuyer (24 septembre 1606). — 8 et 9. *Monceau.* Vente de terre et pré à Nicolas de Closse par Jacques Laurendeau, apothicaire à Moulins-Engilbert (26 juillet 1588).

1 F 139 (Liasse). — 12 pièces parchemin, 2 pièces papier.

1482-1659. — Brinay-Palluau. *Divers finages.* — 1. Bail à bordelage par noble Philibert de Hoppes, dit Bureaul, écuyer, seigneur de Chamonot, à Guillaume Ledeulx; par devant Guillaume Courtois, prêtre, et Charles de Houppes, clerc, notaires (17 novembre 1482). — 2. Échange de biens entre Guillaume d'Aunay, seigneur de Bernay, en partie, Érard, son fils, et Jeanne Chon, sa femme, d'une part, et, d'autre part, Jean, Philibert, Georges, Guillaume, Claude et Charles de Noury, frères, écuyers, et Lucette de Noury, leur sœur; présence de nobles Guillaume d'Aunay et Jean de la Vigne, écuyers (14 février 1492, n. st.). — Bail à bordelage par Barbe de Baudoin et ses parsonniers à Jean Ledeulx; présence d'Antoine Dubouchet, prêtre, et d'Antoine Roux, écuyer (16 mars 1520, n. st.). — 4. Échange de biens entre Jean de Noury, l'aîné, et Philibert de Noury, son fils, d'une part, et autre Philibert de Noury, écuyer, d'autre part; présence d'Othelin d'Aunay et de Guillaume de Noury (18 avril 1540). — 5. Vente par Gillet Roland à Guillaume de Noury, écuyer, et Charlotte de Closse, son épouse ; présence de Léonard Joly, prêtre (4 mai 1540). — 6. Bail à cens par Guillaume de Noury à Antoine Roland (7 juillet 1544). — 7. Autre bail à cens, par Claude de Baudoin, écuyer, à Jean Ledeulx et ses parsonniers ; présence de Pierre de Noury, écuyer (6 juin 1547). — 8. Vente d'un pré par Jean Durand, de Versille, paroisse de Biches, à Noël et Gillet Bois ; présence de Guillaume Roy, prêtre (20 octobre 1550). — 9. Vente par Guillaume Violland et ses parsonniers, à François Delaplanche, écuyer, et à Léonard et Gilberte Delaplanche, ses frère et sœur (28 octobre 1558). — 10. Transaction entre Charles de Gayot et Léonard de Noury (22 mai 1593). — 11. Échange entre Léonard de Noury et Anatoire de Closse ; présence de Paul Commaille, prêtre, prieur de Châtillon-en-Bazois, et de Jacques Duval, prêtre, curé de Limanton (26 juillet 1599). — 12. Transaction et partage de biens entre Antoine Bourdeau, l'aîné, et Guillaume de Noury, époux de Catherine de Crécy ; présence de Gilbert de Noury, écuyer (9 mai 1620). — 13. Vente à Étienne Dubois par Louis Michot et ses parents ; présence de Jacques Casset, clerc (11 février 1636). Quittance des lods et ventes par Bréchard (15 février). — 14. Échange entre François de Closse et Esme Danbeau, chef et maître de sa communauté ; présence de Jean Enfert, clerc (22 août 1689).

1580-1612. — BRINAY-PALLUAU. *Pièces diverses*. — 1. Par devant Jacques Bailezy, notaire royal, commis à la confection du terrier de Brinay, aveu de servitude avec reconnaissance de taille, de bordelage et de cens par Claude Roland ; présence de Jean Chenu, procureur fiscal de Brinay (24 août 1580). — 2. Contrat de mariage entre Jean Mathé et Pierrette Chevrier, avec assentiment de Jean Teureau, procureur fiscal du Tremblay (3 février 1600). Contrat d'accense, entre Mathie Ledeulx, femme de Guiot-Pataut et Jean Gogeneau ; présence de Vincent Poullet, curé de Brinay (28 décembre 1612).

1667-1668. — BRINAY-PALLUAU. *Procédures : Logement de gens de guerre*. — Dossier d'une instance devant l'Intendant de Moulins entre Jean Guillemain, métayer de Palluau, et Claude Barry, procureur d'office de la justice de Limanton, à l'occasion de l'envoi chez Guillemain de deux cavaliers de la garnison de Limanton. Dans la suite, François Ravard est subrogé à défunt Guillemain comme chef de la communauté. La sentence rendue au profit de Ravard est demeurée aux mains de M⁰ Goyn, procureur à Moulins

en Bourbonnais. À noter les pièces 8, 13 (délibérations d'habitants de Brinay, et 14 (contredits de Barry), donnant indications sur les circonscriptions ecclésiastique et administrative dont relève Palluau.

1591-1699. — BRINAY-PALLUAU. *Procédures avec les curés*. — 1 et 2. Transaction entre Pierre Marie, curé de Brinay, et Charles de Gayot, seigneur de La Motte-Palluau, portant affectation d'héritages à la cure de Brinay, à charge de prières (27 octobre 1591). — 3 à 20. Procédures en conséquence, au Bailliage de Brinay, par Anatoire de Closse contre Jacques Marie, héritier de son oncle, Pierre, et contre Vincent Poullet, curé de Brinay (1602-1604). — 21. Consultation, signée : Decolons, touchant l'évocation de l'affaire devant l'Officialité de Nevers (s. d.). — 22. À la suite d'arbitrage par Michel Pauiet, conseiller du Roy au Bailliage de Saint-Pierre-le-Moûtier et doyen du chapitre de Nevers, transaction entre Vincent Poullet et Anatoire de Closse : les vignes seront exemptes de la dîme, et les terres labourables la paieront à raison de 24 gerbes l'une, « conformément à la coustume de Palleau » ; présence de Jean Dureau, greffier de Sermoise (30 juin 1623). — 23 et 24. Lettre et quittance, à l'occasion d'une autre procédure au Parlement de Paris, touchant la même affaire et terminée elle aussi par une transaction entre M. de Palluau et J. Poullet, curé de Brinay, reçue par Pierre Bellevaulx, notaire royal (1602-1608). — 25 et 26. Lettres de J. Poullet, curé de Beaulieu et précédemment de Brinay, adressées à M⁰ de Palluau et au curé de Brinay, touchant les dîmes de cette paroisse (fin du XVII⁰ siècle).

1450-1669. — BRINAY-PALLUAU. *Procédures : Eaux et Forêts*. — 1 à 52. Dossier d'une instance en la justice de Bernay, touchant les rivières d'Aron et de Trait, contentieuses entre Pierre de Closse et le seigneur de Bernay. À signaler les copies de pièces suivantes : 1. extrait du dénombrement de Palluau, donné à Guillaume de Rochefort par Jean de Champfeur, écuyer, à cause de Jeanne de Montanteaume, sa femme (Erard Tartarin, notaire, 12 janvier 1450, n. st.) ; 2. vente de biens par Charles de Gayot à Anatoire de Closse, en présence d'Hector Mengin, commandeur de Biches, de Jean Durand, greffier de Brinay, et de François de Gayot, seigneur de La Motte-Palluau (11 septembre 1613) ; 3. extrait de dénombrement fourni à Pierre de Gimel de Saint-Chamans par Gilbert de

Noury, écuyer (17 décembre 1617); 4. autre dénombrement donné par Anatoire de Closse à Pierre de Gimel de Saint-Chamans, chevalier, seigneur de Châtillon-en-Bazois, à cause d'Edmée de Pontailler, sa femme, en présence de Louis de Saulnier, écuyer, sieur de Chailloux, et de Jean Villiers, notaire à Châtillon (Bunot, notaire, 29 décembre 1617); 5. extrait d'autre dénombrement donné par François de Closse à Roger de Rochefort (18 février 1639); 6, dénombrement par François de Closse à François de Rochefort (19 décembre 1663).

33 et 34. Exploits relatifs au droit de pêche (1644). — 35. Défaut donné par le juge de la Commanderie de Biches contre François de Closse, à l'occasion de coupe de bois effectuée pour le chauffage d'un four à chaux et pour un échafaudage (18 mai 1640) — 36. Contestation entre les justices de Brinay et de Palluau, à l'occasion d'abattage de glands (2 septembre 1653)

1 F 144 (Liasse). — 19 pièces papier.

1684-1784. — Brinay-Palluau *Procédures : Chemins.* — 1 à 6. Instance en la justice de Brinay contre Charlotte de Bongards, veuve de Pierre de Closse, inculpée d'usurpation sur le chemin de Brinay à Palluau (1684-1685). — 7 à 10 Différend entre le chevalier le Noury et Mme Desgranges, touchant la restauration du chemin allant de Palluau à la prairie de la Malsire, qui sépare leurs biens (1780). A la pièce 7, note de diverses dépenses ménagères. 11 à 19. Poursuite de l'affaire précédente devant le Bailliage de Saint-Pierre-le-Moûtier (1782-1784).

1 F 145 (Liasse). — 4 pièces parchemin, 42 pièces papier.

1649-1785. — Brinay-Palluau. *Procédures : Pacage.* — 1 à 36. Procédures au Bailliage de Saint-Pierre-le-Moûtier et en Parlement, entre Jean de Bréchard et son fermier de Brinay, Léonard Buisson, contre François de Closse (1649-1656). La pièce 1 contient une délimitation de la justice de Brinay, reconnue en l'absence de Closse et contredite par ce dernier (p. 8 et 9). — 37 à 47. Requêtes, significations, procès-verbaux, enquêtes et lettres à l'occasion de divers délits de bestiaux (1671-1785).

1 F 146 (Liasse). — 24 pièces papier.

1556-1681. — Brinay-Palluau. *Procédures : Terres et récoltes.* — 1. Saisie d'un pré (mai 1556). — 2. Assignation devant le Bailliage de Saint-Pierre-le-Moûtier, donnée à Charles de Gayot, à la requête de Léonard de Noury (4 mars 1570). — 3. Transaction entre Charles de Noury et Charles de Gayot; présence d'Othelin d'Aunay et de Gilbert de Noury, écuyers (28 juillet 1574). — 4. Instance au Bailliage de Saint-Pierre-le-Moûtier entre Natoire de Closse et Charles de Gayot, à l'occasion de terres, prés, vignes et perrière (1600). — 5 à 8. Accord et quittances en conséquence, entre Georges Bouchot et Anatole de Closse (1601). Présences de : Paul Prudhomme, notaire à Cresangy, paroisse de Frasnay-lez-Châtillon (p. 5); César de Bongards, écuyer, demeurant à Selins, paroisse de Bazolles (p. 6); Antoine de Boisthierry, écuyer (p. 8). — 9 à 18. Contestation au sujet de la propriété ou de la justice de terres et de prés (1612-1681). — 19 à 24. Procès en malfaçon de culture, suivi au Bailliage de Limanton, contre Esme et Jean Frenillot et Paul Naudin, anciens fermiers de Palluau (1699).

1 F 147 (Liasse). — 1 pièce parchemin, 22 pièces papier.

1556-1613. — Brinay-Palluau. *Procédures.* — Différends entre Charles de Gayot et divers adversaires. On citera, comme les moins dépourvues d'intérêt, les transactions suivantes : 1, avec Claude de Beaudoin, en présence de nobles Othelin d'Aunay et Léonard Delaplanche (16 octobre 1556); 18, avec Anatoire de Closse, en présence de nobles Jean de Juisard et François de Gayot (2 juillet 1600); 19, entre François de Gayot et Léonard de Noury et Anatoire de Closse, en présence d'Antoine de Boisthierry (13 novembre 1600); 22, entre Charles de Gayot et Anatoire de Closse (25 octobre 1610).

1 F 148 (Liasse). — 3 pièces parchemin, 30 pièces papier.

1599-1666. — Brinay-Palluau. *Procédures.* — 1 à 26. Affaire François de Closse et Jacques Boyer, son serviteur, contre Edme de Bréchard : guet-apens [Cf. 1 F 83, p. 19] (1655-1659). — 27 à 31. Différends entre François de Closse et Jean de Bréchard, notamment (p. 28): destruction d'une planche, tir de pigeons à l'arquebuse et démolition du pont de Dansin, sur l'Aron (1642-1656). — 32. Léonard de Noury contre Anatoire de Closse (1599). — 33 à 35. Pierre de Noury contre François de Closse (1651-1666).

1 F 149 (Liasse). — 35 pièces papier

1545-1790. — Brinay-Palluau. *Procédures diverses.* — 1 et 2. Contre le seigneur de Brinay (1684). — 3 et 4. Contre Jean Bertin (1701). — 5 à 9. Contre Clément Chevrier : rixe (1669). — 10 à 14. Instance en la justice de

Palluau, par les héritiers mineurs de Simon Cochet, en conséquence de procès antérieurement gagné, devant le Parlement de Paris, par ledit Cochet, contre M. de Noury (1790). — 15 à 21. Contre François Delaproye (1666). — 22 à 26. Contre les héritiers de Philippe Frachot (1673-1682). — 27 à 36. Contre les héritiers de Guillaume Godeneau (1606-1612). — 37. Contre Charles Leroy, écuyer (1712). — 38 à 41. Contre Jean Millon et contre ses fils, Jean et Charles, communs parsonniers (1687-1690). — 42. Contre Anatoire Minot (1647) — 43. Contre Guillaume Sallounier : état de frais, présenté au Parlement de Paris, en conséquence d'arrêt du 10 septembre 1545, condamnant Guillaume de Noury et Charlotte de Closse après septembre 1545). — 44 à 51. Contre Jean et Toussaint Taupin (1605-1613). — 52 à 55. Affaire de mœurs et de coups et blessures (1656).

1 F 150 (Liasse). — 2 pièces parchemin, 51 pièces papier.

1599-1729. — BRINAY-PALLUAU. *Obligations, quittances, etc., et procédures y relatives.* — 1 à 9. Charles de Gayot contre Léonard de Noury, Anatoire de Closse et Gilbert Jacquinet (1599-1613). A noter : 8. transaction entre de Closse et Jacquinet (7 juin 1613) ; 9. décret des biens de Charles de Gayot, à la requête de Gilbert Jacquinet, écuyer, sieur de Pannecière (1613), suivi d'une liste généalogique de la famille de Closse. — 10 à 22. Dépôt par Marguerite Charpentier, entre les mains de François de Closse, d'une somme d'argent destinée à Anne Lelarge ; différend en conséquence (1641-1647). — 23 à 33. Affaire avec les Larrivé (1637-1663). — 34 à 53. Pièces diverses (1617-1729).

1 F 151 (Liasse). — 1 pièce parchemin, 28 pièces papier.

1600-1791. — BRINAY-PALLUAU. *Fatras de procédures.* 1 à 4 Instance en la justice de Palluau au sujet de gages de domestiques (1790-1791). — 5 à 29. Résidus de toutes sortes (1600-1785).

1 F 152 (Liasse). — 1 pièce parchemin.

1396. — CERCY-LA-TOUR. — Bail à bordelage de divers biens sis au village de Chaumigny, moyennant une poule et 4 boisseaux et demi de froment, à la mesure de Cercy, consenti à Jean Boquin et Agnès, sa femme, par Marguerite de Marry, veuve de Jean le Bidaut de Montaron, et leurs filles, Alips et Jeanne (19 avril 1396). Copie de 1426.

1 F 153 (Liasse). — 14 pièces parchemin.

1557-1569. — CHAILLEY et VENIZY. — 1. Vente de terre consentie à Edme de Bongards, écuyer, par Claude Pouillot, laboureur, paroissien de Venizy (16 mars 1557, n. st.). — 2. Autre, de sept treilles et demie de vigne, consentie au même acquéreur par Jean Maingault, marchand, de la même paroisse (2 mai 1557). — 3. Semblable vente d'une terre, au même écuyer, par Pierre Chevreau, notaire à Chailley (27 décembre 1562). — 4 et 5. Autres ventes, au même, par : Perrette Barthélemy, veuve d'Étienne Faulchou (22 janvier 1563, n. st.) ; Pierre Chevreau, notaire, Étienne Lambelin, et autres (20 janvier 1574, n. st.). — 6. Autre, d'une vigne, consentie au même par Rethelin Pinot (19 mars 1564, n. st.). — 7. Échange de biens entre Edme de Bongards et Edme des Barres, charron à Chailley (7 août 1564). — 8. Autre échange entre Edme de Bongards et Jean Maingault (14 août 1564). — 9 et 10. Ventes de terres à Edme de Bongards par Jean Moreau (8 avril 1568, n. st.) et Jean Maingault, l'aîné (19 août 1565). — 11. Autre, de vigne, consentie au même par Edmond Villan, tisserand de toile (27 avril 1566). — 12. Échange de terres entre Edme de Bongards et François Berthélemy (5 mai 1566). — 13 à 15. Ventes de terres à Edme de Bongards par : Jean Thuylier (25 mai 1566) ; Thibault Delescolle (10 octobre 1568) ; Nicolas Girard et Edmond Perroys, tuteurs des enfants de Pierre Duranton et de Jeanne Perroys (4 août 1569).

1 F 154 (Liasse). — 1 pièce parchemin.

1544. — CHAILLEY. — Reconnaissance de tenure en bordelage, au Mou., au profit de Pierre Després, l'aîné, bourgeois et marchand de Nevers, acquéreur de Guillaume Bourgoing, seigneur du Vernay, par Louis des Ulmes, agissant pour lui et pour Laurent des Ulmes, son frère et commun parsonnier, et par Pierre Mauleonnaul, agissant de son côté au nom de ses parsonniers (12 décembre 1544).

1 F 155 (Liasse). — 11 pièces parchemin, 1 pièce papier.

1453-1784. — CHALUZY. — 1. Bail à bordelage consenti par Jeanne Felienne, veuve de Jean Passelat, à Guillemin Bordasse ; mention d'une terre de la chapelle Sainte-Croix, en l'église Saint-Victor de Nevers (17 février 1453, n. st.). — 2. Bail à bordelage de terres sises à Forges, aux paroisses de Sauvigny-les-Chanoines et de Chaluzy, consenti par le comte de Nevers à Pierre Le Sage, dit de Château-Regnault, son *officier d'armes*, portant concession de droits d'usage au bois Au Merle et au bois de Forges (20 février

1487, n. st.). Suit la formule d'enregistrement au registre de la Chambre des Comptes à ce destiné (2 mars). Vidimus du 4 mars 1582, avec indication de la descendance dudit Le Sage. — 3. Autre bail à bordelage par Vincent Ducoing, marchand à Nevers, à Pierre Millot, le jeune, de Saint-Éloi (6 décembre 1492). — 4. Autre bail semblable, par Jean, Étienne et Nicolin Molée, frères, bourgeois de Nevers, à Girard Mereux, du Moutot; mention d'un pré de la chapelle Saint-Léger, en l'église Saint-Victor de Nevers (5 janvier 1499, n. st.). — 5. Hommage rendu à la Chambre des Comptes de Nevers par Jacques Decolous, marchand, pour le fief de Gondières, mouvant de la châtellenie de Nevers (3 septembre 155.). — 6. Échange de biens entre noble Louis Olivier, seigneur d'Arriaux et des Murs, demeurant à Nevers, et Antoine Delancre, agissant au nom de ses communs parsonniers (1er février 1560, n. st.). — 7 et 8. Sentence du Bailliage de Nevers, pour Louis Olivier, fils de Joachim Olivier, contre Denis Morillon, au sujet d'une prestation bordelière (20 juin 1564). Original et copie. — 9. Approbation par noble Michel Duchemin, maître des comptes du duché de Nevers, époux de Marie Florent, d'un échange effectué entre Jean Gombault, jardinier à la Baratte, son bordelier, et Antoinette de Grandry, femme de noble Guillaume Tenon (22 juillet 1578). — 10. Échange de redevances et de biens entre Jean Destrappes, contrôleur des deniers communs de la ville de Nevers, d'une part, et, d'autre part, Étienne Tenon, conseiller du Roi et maître des requêtes ordinaires de son hotel, fils de défunt Guillaume Tenon, élu de Nivernais, représenté par sa femme, Françoise Bolacre, et par son procureur, Jacques Gascoing, marchand à Nevers (29 octobre 1598). — 11. Étienne Tenon échange le domaine de Gondières et les droits d'usage et autres en dépendant contre des rentes cédées par Étienne Maunoury, avocat en la Pairie de Nevers, et Antoinette Devaulx, sa femme; présence de François Taverny, avocat à Nevers (15 janvier 1618). — 12. « Memoire de ce qui est à faire à Gondiers, mestairye de Mr de Maunoury ». Au feuillet de garde, projet d'aménagement d'une tuilerie à Curty (3 mai 1618). — 13. Transaction sur procés pendant au Bailliage de Saint-Pierre-le-Moûtier entre Étienne Maunoury et Henri Thonnellier, curé de Chaluzy, au sujet de la dime des *rompeis* à Gondières; présence de Jean Cotignon, avocat en la Pairie de Nevers (3 août 1622). — 14. Vente de la coupe du bois de Pignolles, paroisse de Chaluzy, par Étienne Maunoury, à Jean de la Franchise, Léonard Girault, Jean Moireau et Charles Hervier, charbonniers à Montigny-aux-Amognes (25 avril 1623). — 15. Acquisition d'un pré par Jean-Marie-Joseph-François Gueneau de Vauzelles, maître des comptes à Nevers (4 et 25 mars 1781). — 16. Vente du domaine de Gondières, par Gueneau de Vauzelles, à Madeleine Millot de Montjardin, veuve de Philippe Le Baul de Chauvance (5 mars 1784). Suit une quittance délivrée par Gueneau de Saint-Péraville à Mme de Chavance (2 juillet 1785).

1 F 156 (Liasse). — 7 pièces parchemin.

1429-1522. — CHAMPVERT. — 1. Bail à bordelage par Jeanne Forande, veuve de Droin Le Tort, à Guillaume, fils d'Étienne de Bonnay, et à ses frères, Jean, Philippe et Gaudry (29 octobre 1420). — 2. Bail à cens par Jean Le Tort, licencié en lois, et Regnaut, son frère, à Jean Thomas, *recouvreur* à Decize (3 mai 1429). — 3. Bail à bordelage par Philibert Bourgoing, écuyer, et Jeanne La Torte, sa femme, à Adam Petier, Marie, sa femme « et à leurs hoirs descendans de leur propre corps en droite ligne successivement de hoir en hoir » (14 avril 1447; expédition du 4 avril 1459). — 4. Bail à bordelage semblable, avec même réserve pour la succession, consenti par Philibert Bourgoing, écuyer, et Jeanne Torte, sa femme, à Benoît Billot; présence de maître Michel Fèvre, du diocèse de Clermont, et de Pierre Borrachin, prêtre (6 mars 1453, n. st.).

5 et 6. Baux à bordelage semblables, avec même réserve pour la succession: par Jeanne Torte, pour son mari, Philibert Bourgoing, à Guillaume Charleuf; présence de Pierre Bourrachin et de Jean Chaluffot, prêtres (14 septembre 1464) avec procuration de Bourgoing à sa femme, en présence dudit Chaluffot et de Colinet Carpentier, clerc (même date); par Benoît Vernoy, procureur de Jean Le Bourgoing, écuyer, seigneur de Champcharmot, à Étienne et Guillaume Boerat, oncle et neveu (5 août 1486). — 7. Autre bail à bordelage, sans réserve de succession, par François Le Bourgoing, chanoine et official de Nevers, et ses frères, Charles, Pierre, Jean et Philibert Le Bourgoing, à messire Henri Marisy et à son frère Pierre; présence de Jean Moillot, curé de Langy (12 juin 1522).

1 F 157 (Liasse). — 8 pièces parchemin, 1 pièce papier.

1474-1521. — CHAMPVOUX. — 1. Vente par Regnault Delaste, à Jean Bessières, d'Argenvières, représenté par sa femme, Catherine, de terres chargées de 5 sous tournois de cens au profit du prieur de Champvoux, terme de la Saint-Martin d'hiver (29 décembre 1474). — 2. Bail d'un pré à bordelage, par Louis Chomery, clerc, à Nevers, et Philibert Chomery, son frère, demeurant à Chaulgnes, à Jean Champvion, sous la condition d'y bâtir, dans le délai de quatre ans, une maison à pignon et cheminée (4 août 1491). — 3. Bail à cens par Vincent Ducoing, bourgeois de Nevers, à Jean Merlin, d'une pièce de terre, close de *perriers*, qui devra être transformée en vigne dans le délai de quatre ans (14 septembre 1492). — 4. Vente de terres à Vincent Ducoing par Guillaume Phelippon, de Neuville-lez-Brinon, meunier du Rozet ; présence de Garnier Perrin, clerc, demeurant à Nevers (4 juillet 1497). — 5. Approbation par la femme de Jean Viliers, sa nièce et le mari de celle-ci, d'une vente consentie par ledit Viliers à Vincent Ducoing ; présence de Jean Maillart, sergent royal à Nevers (9 novembre 1498). — Liste des cens et rentes échus à la Saint-Martin d'hiver 1498, dus à Vincent Ducoing, sur des terres sises à Voluray, Munot et La Charité. — 7. Bail à rente par Jean Belart à Vincent Ducoing (8 février 1500, n. st.). — 8. Bail à bordelage par Guillaume Ducoing, bourgeois et marchand de Nevers, à Bastien Martin, d'une pièce de terre, chargée d'autre part d'un cens au profit du comte, payable à La Marche, à la Saint-Martin d'hiver (28 août 1518) — 9. Bail à bordelage d'une maison, par Guillaume Ducoing et Jeanne Buxière, sa femme, à Pierre Amyot et Jeanne Garnier, sa femme, paroissiens de Saint-Aignan d'Orléans (12 septembre 1521).

1 F 158 (Liasse). — 9 pièces parchemin.

1439-1615. — Charbonnat-sur-Arroux. — 1. Bail du meix au Bois, assis au village de Montjolmain, moyennant les charges accoutumées et un entrage de 16 francs et deux moutons *de claye*, consenti par Tristan de la Chapelle, écuyer, seigneur dudit Montjolmain, à Jean-Vincent Robelin et à Jean Robelin, ses hommes serfs, chacun d'eux pour moitié (lundi, fête de Saint-Didier *sic* juillet 1439). — 2. Bail de l'héritage de Guillaume Tixer, consenti par Philibert Bourgoing, écuyer, et Jeanne la Torte, sa femme, à Jean Boulemé, l'aîné, et à Jean Boulemé, le jeune, moyennant deux livres tournois d'entrage, une fois données, et la redevance annuelle de 6 sous 8 deniers forts, un boisseau de froment et deux de seigle, à payer au terme de la conception de N. D. ; présence de Jean Noel et de Pierre Maulnory, prêtres (1er décembre 1464). — 3. Quittance de *droits de remuement*, tiers *deniers* et autres, par Madeleine du Pontot, veuve de Jean Bourgoing, écuyer, seigneur de Champ-Charmot, portant investiture de bordelage en faveur de Philibert du Champ, Claude et Jean Durand, et leurs parsonniers, « nature et coustume de bourdelaige, selon le stille du paiz et conté de Nivernoiz, sur ce gardée et observée » (22 octobre 1521). — 4. Bail à bordelage par Jean Pyart, écuyer, seigneur de Couveau et de Mont-jolmain, à Jean et Pierre Gros, frères (28 septembre 1545). — 5. Autre bail à bordelage (1) par Jean Piard, seigneur desdits lieux et de Montanteaume, à Valentin Jannin (28 mars 1561, n. st.). — 6. Vente du bois des Vernes, *alias* Paulthays, consentie à Jean Piard par Georges Rousselle et ses parsonniers (28 mars 1561, n. st.). — 7 Vente de la terre de Montjolmain, relevant du duché de Nivernais, à cause de la baronnie de Luzy, consentie par Gaspard Piard, écuyer, fils de défunt Jean, à Gabriel Le Bourgoing, écuyer, seigneur de Faulin, Champlevrier et Concley ; présence de messire Jean Peponneaul (6 février 1564, n. st.). — 8. Bail à bordelage (1) par François Le Bourgoing à Antoine Auvincent et Antoine Cornu, communs parsonniers (27 mai 1605). — 9. Autre bail à bordelage, par le même, à Denis Duchamp et à ses parsonniers ; présence de Chrétien Marceau, curé de Chiddes (9 juillet 1615).

1 F 159 (Liasse). — 1 pièce parchemin.

1512. — Charité-sur-Loire (La). — Bail à bordelage d'une vigne à La Charité, consenti à Pierre Billault par Michel Bourbonat et Étienne Morin, clercs, praticiens à Nevers, commissaires à la succession de défunte Marguerite de Pavie, fille de feu Étienne de Pavie et d'Anne le Breton, en présence de Jean Dupont sieur de Châlons, et d'Agnès Després, tous deux prétendant à ladite succession (23 avril 1512).

1 F 160 (Liasse). — 1 pièce parchemin, 10 pièces papier.

1672-1725. — Chateauneuf-Val-de-Bargis. *Le Pont.* — 1. Transaction entre Jacques Verneson, greffier au grenier à sel de Cosne, et Claude Delaporte, grénetier au grenier à sel de Clamecy, touchant la succession de Jeanne Bolacre ; présence de noble Jacques Colot, valet de chambre de la reine mère, demeurant à Cuncy, et de François Boucher, grénetier à Cosne (17 mars 1608). — 2. Saisie réelle du domaine du Pont, à la requête de Pierre de Noury (1672). — 3 Quittance délivrée à Pierre de Noury, écuyer, seigneur de Turigny, du droit de huitième denier dû pour une rente sur le Pont, aliénée par l'abbaye de Bourras (12 juillet 1676). — 4 à 6. Pièces de procédures d'une instance entre Pierre de Noury et Madeleine Després, sa femme, contre Jacques Durand, sieur du Pont, conseiller du roi, président au grenier à sel de La Charité (1679-1681). — 7. Jacques Durand, comme donataire de Marie Theveneau,

(1) Ces baux sont consentis moyennant un droit d'entrage une fois donné, indépendamment de la prestation annuelle de bordelage.

5

son aïeule maternelle, reconnaît tenir la métairie du Pont à cens et rente de Jean, Guillaume et Joseph de Noury, et de Marie de Noury, veuve de François de Virgile (24 novembre 1701). — 8 à 103. Fatras de procédures, d'abord au Présidial de Saint-Pierre-le-Moûtier, puis au Parlement de Paris, entre Jean de Noury, seigneur de Turigny, contre Jean Durand, sieur des Couteaux, héritier de Jacques Durand, du Pont, son frère, et contre Catherine Guillerault, veuve de Jacques Durand, sieur des Prébendes (1704-1725). — 104. Inventaire de productions aux requêtes du Palais par Guillaume de Noury (après 1724).

1 F 161 (Liasse). — 4 pièces parchemin.

1431-1455. — Chatillon-en-Bazois. — 1. Transaction entre Jean de Rochefort et Jeanne de Ruetorte, femme de Philippe de Colons, citoyen de Nevers, touchant la succession de Guillaume Després et de son fils, Pierre (14 septembre 1431). Cet acte comporte copie de l'autorisation accordée à sa femme par Philippe de Colons, délivrée par Jean Symon, licencié en lois, lieutenant général de François de Surienne, dit l'Aragonnais, bailli de Saint-Pierre-le-Moûtier ; Jeanne de Ruetorte est fille de Guillaume et de Marie de Sacy (7 septembre 1431). — 2. Mandement de Charles VII au Bailli de Saint-Pierre-le-Moûtier, autorisant une rectification d'écritures en faveur d'Alixand de Billy, veuve d'Huguet de Neuvy, en un procès qu'elle soutient contre les ayant droit de Jeanne de Ruetorte, à l'occasion d'une rente acquise par Jean de Billy, son père (15 février 1442, n. st.). — 3. Foi et hommage reçu de Jeanne Després par Guillaume de Rochefort (25 juillet 1442). — 4. Certificat de mise à exécution de lettres de garde gardienne obtenues par Jeanne Després (22 décembre 1455).

1 F 162 (Liasse). — 7 pièces parchemin, 16 pièces papier.

1466-1657. — Chaulgnes. — 1. Bail à cens par Jean Fillion, dit Quilier, de Nevers, à Macé Villiers, meunier de Souris, d'une chaume de vigne en bois et buissons qui devra être mise en nature de vigne dans l'espace de six ans (1er février 1466, n. st.). — 2. Constitution par Jean Villiers et les siens, en faveur de Vincent Ducoing et moyennant 12 livres tournois, d'un bordelage de 20 sous et une geline sur deux vignes, l'une à Eugnes, paroisse de Chaulgnes, l'autre au finage de Sous-Brécy, paroisse de Tronsanges ; mention d'une vigne de la Confrérie de Notre-Dame de Tronsanges (4 décembre 1496). — 3. Bail à bordelage consenti à Pierre Pinay par Guillaume André, bourgeois de Nevers, Philibert André, son frère, et leurs épouses ; pré-

sence de Philippe Fontaine, sergent du comte de Nevers (13 août 1516). — 4. Vente par Pierre Bidault à Guillaume André, tanneur à Nevers, Claude Decray, sa mère, et Philibert André, son frère, de terres chargées de deux deniers tournois de cens au profit du Chapitre de Nevers (10 février 1529, n. st.). — 5. Maintenue en possession de biens à Châlons-les-Coques, prescrite par la Pairie de Nevers en faveur de Pierre Dupont, seigneur de Châlons, contre ses bordeliers, faute par ces derniers d'avoir payé trois années du bordelage auquel ils étaient tenus (25 février 1575). — 6. Vincent Pellault et son beau-père, *Nathée* Trésorier, communs parsonniers, vendent une redevance bordelière à Pierre Souillard, marchand à Nevers, mari de Claude André (19 juin 1584). — 7 à 15. Pièces de procédures au Bailliage de Nevers, en une instance aux fins de saisie de fruits entre Pierre Dupont, seigneur de Châlons-les-Coques, et Pierre Maignen, marchand à Nevers (1591-1592). — 16. Reconnaissance de bordelage par Antoine André, tanneur à Nevers, tuteur des enfants de Pierre Goby et de Denise André, au profit de Michel Dumarché, procureur au Bailliage de Nivernais, mari de Charlotte Després ; présence d'Antoine Coillé, sergent royal à Nevers (19 septembre 1622). — 17 à 23. Procédures au Bailliage de Nevers, entre Pierre de Noury, d'une part, et Jean et Étienne Bidault, d'autre part (1653-1657).

1 F 163 (Liasse). — 4 pièces parchemin.

1389-1504. — Chevanne-sous-Montaron. — 1 Transaction entre Jean de Buissy, prieur de Saint-Révérien, et Henri de Lanty, et en faveur de ce dernier, à l'occasion de la justice de la terre du Pilori, appartenant au curé de Chevanne (acte reçu le 4 mai 1389 et grossoyé le 4 mars 1466, n. st.). — 2. Bail à bordelage, à charge d'édification d'une maison à cheminée, consenti par Jean du Bois, écuyer, seigneur de Poussery, en faveur de Jean Gouniet, moyennant la redevance annuelle de 10 sous tournois, un boisseau d'avoine, mesure de Poussery, et une geline, au terme de la *mi-août* (28 avril 1460). — 3. Bail d'une ouche à bordelage, consenti à Jacquin et Jean Beurgés, frères, et à leurs femmes, par Jean du Bois, écuyer, seigneur de Poussery, sous la redevance annuelle de 20 deniers tournois et d'un demi boisseau d'avoine, à la mesure du Chailloux, payable au terme de la *mi-août* (acte reçu le 9 mars 1465, n. st., et grossoyé le 21 février 1470, n. st.). — 4. Échange de biens à Chevanne-Saint-Barthélemy, entre le curé, Denis Lebault, et Jean du Pontot, écuyer, seigneur de Poussery ; présence de Guillaume de Rembert, religieux de Bellevaux, et de Benoît Charlin (7 mai 1504).

1 F 164 (Liasse). — 3 pièces parchemin, 2 pièces papier.

1531-1789. — CHIDDES. — 1. François Gornillat, clerc, Jean et Antoine Gornillat, frères, communs en biens, Mathias Dubiez, Mathelie, sa femme, et ceux dont ils ont cause, vendent un pré à Pierre Brulet, dit Planson ; présence de Jean Maignen, clerc (16 mars 1531, n. st.). Au dos, transport de ce contrat de vente par ledit Pierre Bruley à Philibert Le Bourgoing, et quittance en conséquence ; présence d'Antoine Lepère, curé de La Roche-Millay (20 juin 1534). — 2. Premier feuillet d'une liève des revenus de Gabriel *Le Bourgoing*, pour 1570 [Cf. l'article suivant]. — 3. Adjudication par décret de biens au finage de Villeneuve en faveur de René de Rousselet, chevalier, baron de La Roche-Millay, contre Jean Brullé Planchon et Émilande Brullé, sa femme (22 mai 1675). — 4. Arrêt du Parlement de Paris, sur appel de Saint-Pierre-le-Moûtier, pour Denis-Robert Bruneau de Vitry, contre Bernard Brossard, curé de Chiddes, touchant la liberté du cours de l'eau au sortir de l'étang de Champlevrier (22 août 1766). — 5. Extrait du registre de contrôle des actes du bureau de Luzy, attestant vente au baron de Vitry par Jean Repoux et Jeanne Laudet, sa femme, de la cinquième partie du pré de l'Écluse (23 mai 1789).

1 F 165 (Cahier). — 25 feuillets, papier (280 200 ‰).

1571-1572. — CHIDDES. — Liève des droits dus à Gabriel Le Bourgoing, écuyer, seigneur de Champlevrier, Faulin et Montjolmain, accensés à André Repoux et à Antoine Laudet. Liste des tenanciers, état des redevances dues et, en marge, indication des recettes. — Fol. 1. Lanty et Savigny-Poil-Fol, au terme de la Saint-Martin d'hiver. — Fol. 1 v°. Bordelage dû par noble Vivant Berthelon et Isabeau Berthelon, femme d'Alexandre de La Vesvre, écuyer. — Fol. 2 v°. Bordelages dus à Montjolmain, paroisses de Charbonnat et de *Flaictys*. — Fol. 5 v°. Bordelages et tailles serviles dus à Villette-les-Forges, aux termes du 15 août et de la Mi-Carême. — Fol. 6 v°. La justice de Villette s'accense et s'exerce avec la justice de Champlevrier. — Fol. 7. La Queudre, paroisse de Saint-Honoré. — Fol. 7 v° Bordelages et tailles dus à Champlevrier, et (fol. 8 v°) à Assiart. — Fol. 10 v°. Paiement d'un bordelage « aux termes de Beuvrey et Saint-André » ; autre terme de Beuvray (fol. 11 v°). — Fol. 12. Le bordelage dû par Jean Plantard, près de la maison duquel « y a trois ou quattre noyers », comporte une pinte d'huile, mesure de La Roche-Millay. Mention de prés de la Charbonnière, au finage de La Queudre. — Fol. 13 v°. Coutumes d'avoine dues à Sanglier et à Certhiaux. Ces droits sont payés « au jour de l'an ». — Fol. 14 v°. Bordelages, tailles et droits d'usage dus à Champrobert, aux termes de Beuvray et de Saint-André. — Fol. 16. Bordelage sur le meix et tènement de Montjonan, « ...auquel ...y a maison, estang, mollin bastouer... ». — Fol. 16 v°. Cens dû par Liger Bergier, seigneur de Rivières, sur sa métairie de Mesle, autrement dite : le Meix d'Angry. — Fol. 17. Bordelages et deniers dus à *Vallevron*, paroisse de *Saint-Martin-de-Destel*, en Bourgogne ; Valveron, commune de Dettey]. — Fol. 18. Noble Claude de Parvy, seigneur de Mont, paroisse de Cuzy — Fol. 19. La pêche de l'étang de Valveron, que « les voisins sont tenuz entretenir et empoissonner à leur despens ». — Fol. 20. Bordelages, tailles, cens et devoirs dus à Montjolmain.

1 F 166. (Cahier) — 10 feuillets, papier (280 200 ‰).

1574-1575. — CHIDDES. — Liève semblable à la précédente, par les mêmes accenseurs et pour le même seigneur. Disposition identique. Fol. 1. Lanty et Savigny-Poil-Fol. — Fol. 2 v°. Montjolmain. — Fol. 5. Villette-les-Forges. — Fol. 7. La Queudre. — Fol. 8. Champlevrier. — Fol. 9. Assiart. — Fol. 15 v°. Sanglier et Certhiaux. — Fol. 16 v°. Champrobert. — Fol. 19 v°. Les justices de Champlevrier, Champrobert, Villette-les-Forges, Frémouzet et Saint-Jean-des-Courtils se lèvent et s'exercent ensemble. — Fol. 20, Valveron. — Fol. 23. Montjolmain. Fol. 26 v°. La justice de Montjolmain peut valoir 10 sous par an. — Fol. 28. Recette de deniers. — Fol. 30. Recette des *accords* pour le bois et recette de poules. — Fol. 30 v°. Notes de comptabilité.

La couverture de ce cahier est une feuille de parchemin portant transcription, sous le sceau de la prévôté de Nevers, d'actes relatifs au paiement par Jean Letort, doyen de Nevers, à Agnette de Vaulx, du droit de communauté qu'elle avait avec son premier mari, feu Regnaut Letort, bourgeois de Moulins-Engilbert, frère dudit Jean ; Agnette est fille de Jean de Vaulx, clerc, châtelain de Decize, et remariée à Jacob de Montbar, de Semur-en-Auxois (1432-1444).

1 F 167 (Liasse). — 2 pièces papier.

1783-1788 — CHIDDES. *Fief de Champlevrier*. — 1. Traité, sous seing privé, pour la rénovation du terrier de la seigneurie de Champlevrier, entre Pierre-Étienne Bruneau et Jean-Abram Place, feudiste, demeurant au château de Vandenesse ; prix : 7.000 livres, indépendamment des vacations et des remboursements de frais (9 novembre 1783). — 2. Reçu des titres communiqués par Bruneau à

Place et de l'inventaire dressé par ce dernier (4 novembre 1787). — 3. Bail à bordelage par Pierre-Étienne Bruneau à Lazare Collin, meunier au moulin de Montjouan, paroisse de Saint-Gengoult : interdiction d'établir moulin, foulon, ni huilerie sur les héritages baillés, ni de déranger le cours des eaux (20 mars 1788).

1 F 168 (Liasse). — 5 pièces parchemin.

1665-1787. — CHIDDES. *Couloise*. — 1. Contrainte délivrée par le Présidial de Saint-Pierre-le-Moutier au profit de Catherine Thonnelier, veuve et commune de Guillaume Marinier, contre Gabriel de Paris, écuyer, sieur de Couloise, en paiement de dépens adjugés par sentence du 23 juin (25 juin 1665). — 2. Autorisation de formuler de nouvelles preuves devant le juge de Biches, accordée par le Présidial de Saint-Pierre-le-Moutier à Gabriel de Paris, en l'affaire de dommages et intérêts par lui intentée contre Charles Rousset (7 août 1663). — 3. Sentence à Saint-Pierre-le-Moûtier, pour Étienne Moquot, marchand à Nevers, contre Gabriel de Paris, sieur du Chailloux (29 octobre 1664). — 4. A la requête de René Geoffroy, procureur fiscal de la seigneurie de Champlevrier et autres lieux, prise de possession des biens de Couloise échus au seigneur desdits lieux par réversion bordelière à la mort de Jean-Marie Sallonnier de Moutbaron, seigneur de La Montagne, décédé en son château, le 31 juillet 1781 (14 février 1786). — 5. Envoi en possesion desdits biens, par le ministère de Guérin, notaire royal à Luzy (28 avril 1787).

1 F 169 (Liasse). — 1 pièce papier (4 feuillets).

1779. — CHIDDES. *Moncharlon*. — Fol. 1. Dénombrement du fief de Moncharlon, relevant de Saint-Pierre-le-Moûtier, fourni au Bureau des Finances de Moulins par Denis-Robert Bruneau (5 juillet 1779). — Fol. 2 v°. Mention de reconnaissances de tenures fournies le 3 janvier 1687 à Robert de Paris, seigneur de La Bussière et de Moncharlon. Ajournement, par Bruneau, de la délimitation de la justice, tant celle-ci est entremêlée avec celle de La Roche-Millay. — Fol. 3 v°. Publication du dénombrement, à l'issue de la messe paroissiale à Chiddes (29 juillet). — Fol. 4. Mainlevée, par le Bureau des Finances de Moulins, de la saisie féodale effectuée le 3 janvier 1775 (5 octobre).

1 F 170 (Liasse). — 1 pièce papier.

1732. — CIZELY. — Quittance définitive, délivrée par le Bureau de la recette des tailles de l'Élection de Nevers, à Noël Minière, collecteur de Cizely, pour l'entier paiement des impositions de cette paroisse pour 1732, montant à la somme totale de 740 livres, 12 sous, 11 deniers (29 septembre).

1 F 171 (Liasse). — 1 pièce parchemin.

1681. — CHOUGNY. — A la requête de François Bordet, receveur des décimes du diocèse de Nevers, sentence rendue par Claude Prisye, juge du clergé audit diocèse, portant confirmation de la saisie opérée des revenus de la cure de Chougny et institution de Pierre Boutin comme leur fermier judiciaire (30 juillet).

1 F 172 (Liasse). — 1 pièce parchemin, 64 pièces papier.

1588-1652. — CLAMECY. — 1. Constitution d'une rente de 6 écus 56 sous tournois, par Esmée Chevalier, veuve d'Antoine Lévêque, demeurant à Clamecy, au profit d'Antoine Courtois, sieur de Turigny, moyennant 83 écus 29 sous 6 deniers dont Courtois a acquitté ladite dame à l'égard de Jacques de Pilles ; présence de Claude Delaporte, sieur de Chevannes, demeurant à Tannay (19 mars 1588). Suit la copie de transaction sur procès pendant au Bailliage de Saint-Pierre-le-Moûtier, entre Lazare Delaporte, marchand à Clamecy, et Bénigne Delaporte, femme de Claude Gibier, avocat et conseiller du roi au Bailliage de Sens, contre Antoine Courtois, portant cession à Lazare Delaporte de ladite rente de 7 écus 54 sous (*sic*) ; présence de Claude Delaporte, père de Lazare et de Bénigne ; de Pierre Baudot, lieutenant de Tannay ; d'autre Pierre Baudot, avocat au Bailliage de Saint-Pierre-le-Moûtier, demeurant à Tannay ; et de Philippe Givray, lieutenant au Bailliage d'Asnois (22 octobre 1593). — 2. Testament d'Esmée Chevalier, en présence de Jacques Chalmeaux et de Jean Regnault, avocats (22 juin 1593). — 3 à 61. Pièces de procédures en conséquence des actes précédents, par devant le Bailliage de Saint-Pierre-le-Moûtier. A signaler, le 30 août 1602, une vente de vigne, par Denis Provenchère et Urbain Beaufils, à Jean Millelot, praticien à Clamecy, le prix servant à acquitter Beaufils à l'égard de Jean Dabout, avocat en l'Élection de Clamecy, bénéficiaire de la rente constituée en 1588 (p. 19). — 62. Vente d'un pré en la justice de Chétif-Four, consentie par François Pepelin, praticien à Clamecy, à Lazare Delaporte, commissaire de la maréchaussée de Château-Chinon (29 janvier 1605). — 63. Reconnaissance de rente sur une pièce de vigne au finage de Clamecy, par Laurent Grandjean, au nom de sa femme Jeanne Lauverjon, au profit de Jean Després (10 septembre 1621). — 64 et 65. Pièces d'un procès au Bailliage de Nevers entre Madeleine Delaporte, d'une part, et, d'autre part, les Michot et leur acquéreur, Antoine Robineau, lieutenant civil en l'Élection de Clamecy (1647-1652).

1 F 173 (Liasse). — 8 pièces parchemin, 1 pièce papier.

1493-1575. — COULANGES-LEZ-NEVERS. — 1. Vente par Antoine Bégat et sa femme à Jean et à Huguenin Perot, frères, d'une pièce de terre chargée de cens au profit du Chapitre de Nevers, et d'une vigne frappée d'un cens envers le prieur de Saint-Victor dudit Nevers (4 décembre 1496). — 2. Bail à bordelage par Guillaume Boisseau, couturier à Nevers, à Jean Thomas, d'Origny (26 janvier 1499, n. st.). — 3. Bail à bordelage « parti et non parti, divisé et non divisé » consenti par Jean Olivier, bourgeois de Nevers, à Jean Dupont, seigneur de Châlons, et à Marie Naudine, sa femme (11 mars 1510, n. st.). — 4. Approbation par Antoine Demort et Gilberte, sa femme, d'une vente consentie par Guiot Dayat, à défunt Philibert André, avec renonciation à la faculté de reméré (12 septembre 1518). — 5. Autre bail à bordelage par Pierre Dupont, licencié en lois, à Jean Perrot et aux siens ; acte reçu le 4 octobre 1522 et grossoyé le 28 août 1524. — 6. Autre bail semblable par Guillaume Moard, barbier et chirurgien, demeurant au Bourg Saint-Étienne de Nevers, à Pierre Rogier et aux siens (24 février 1541, n. st.). — 7. En conséquence de vente par Guillaume Bourgoing, seigneur du Vernay, à Pierre Després, l'aîné, marchand à Nevers, et à Madeleine Peron, sa femme, reconnaissance de bordelage, au profit de ces derniers, par Guillaume Bretheau, apothicaire à Nevers, et Doucette Faulconnier, son épouse (27 février 1551, n. st.). — 8. Huguet et Guyot Grenetier, frères et communs parsonniers, de la paroisse de Sainte-Vallière-lez-Nevers, vendent à Imbert Durand et à ses parsonniers portion d'un pré sous la seule charge du fief à rendre à Mademoiselle de Villemenant (14 avril 1574). En retour et à la même date, Huguet délaisse à Guyot une pièce de terre et une portion de pré, celui-ci chargé d'une redevance au profit du prieur de Saint-Étienne et de Sainte-Vallière ; mention, parmi les portionnaires du pré, des héritiers de Jean Clerc, médecin. — 9. Investiture de bordelage par Madeleine Peron, veuve de Pierre Després, en faveur d'Alin Ferrat, meunier à Coulanges, et d'Anne Bard, sa femme, à la suite d'acquisition faite par ces derniers de François Petitperron et de Catherine Bertheau, sa femme (acquisition reçue par Guillaume Guillier, notaire, le 17 juin 1572) ; la formule : *parti et non parti, divisé et non divisé*, omise dans le texte, a été ajoutée en deux renvois (3 mai 1575).

1 F 174 (Liasse). — 3 pièces parchemin, 16 pièces papier.

1576-1777. — CRONAT ; PRIEURÉ DE MARCHY. *Personnel, biens et droits.* — 1. Acte portant copie de pièces relatives aux aliénations ecclésiastiques prescrites par les lettres patentes de Henri III (Paris, 27 octobre 1576). Aliénation d'une rente de 45 sous et une geline, adjugée à Blaise Robert, praticien à Bourbon-Lancy, adjugée par les Commissaires de l'évêché d'Autun, au nom de Frère Charles de Moret, prieur de Bellevaux et chapelain de la chapelle Saint-Antoine de Marchy, représenté par Edme de Perrecy (15 janvier 1577). — 2. Quittance à Marc Guitton et Guichard Guillemat, laboureurs à Maulaix, par Claude Berger, fermier du Prieuré Saint-Antoine de Marchy ; présence de M° François Gillet, de La Nocle, et de Claude Pharisieu, affineur au Pont d'En-Bas (28 janvier 1631). — 3. Lettres à terrier, en faveur de Léonard de Commaille, official d'Autun, prieur commendataire de Saint-Antoine de Marchy (14 février 1632). — 4. Extraits du terrier de Chassenay. Cf. 1 F 63, collationnés le 10 janvier 1650 par Guillaume Belisme, notaire *baronnie* de Suilly, résidant à Bouton, en présence de François Grillot, chirurgien à *Moullinol*. Une note, en tête, indique que ces extraits doivent servir d'arguments pour une contestation relative à des biens tenus en mainmorte. — 5 et 6. Reçus, pour le prieur de Marchy (1680 et 1689). — 7. Convocation du prieur aux États de Bourgogne, pour le 14 octobre (12 septembre 1694). — 8. Nomination par Denis-Robert Bruneau de Gabriel Berger, chanoine de Moulins, à la suite du décès de Robert Lambert, ancien curé de Bressolles (22 janvier 1755). — 9. Prise de possession par Berger ; présence de Jean-Baptiste Jourdier, fermier du prieuré, et de Pierre Coignard, procureur en la justice de Vitry (1er avril). — 10. Procès-verbal de visite des bâtiments et des dépendances, en présence de Jacques Lambert, avocat à la Cour, héritier en partie de Robert Lambert, son oncle (16 juillet 1755). Suit copie de la procuration donnée à Jacques Lambert par les autres héritiers (13 juillet). — 11. Dénombrement de ce qu'Antoine Maillenat tient de Jean de Saulx-Tavannes, baron de Vitry, du sieur de Balorre à cause de sa seigneurie de *Coignard* et de la chapelle de Marchy (mis en cour le 11 août 1603). — 12. Lettres de prêtrise accordées à Gabriel Berger (28 mai 1768). — 13 et 14. Notes concernant les revenus du Prieuré (sans date). — 15 à 17. Baux à ferme des revenus consentis par Gabriel Berger à : Jean-Baptiste Jourdier, l'aîné, marchand à Cronat (18 novembre 1757) ; François Roy, marchand à Chevagnes-le-Roi ; Joseph Pinaud, bourgois, de la paroisse de Trizy (14 mars 1777). — 18. Extrait de lièves de rentes (au dos, attribution à 1682. Copie du XVIII° siècle). — 19. Notes de partages et de tenures à Montangon.

ı F 175 (Liasse). — 20 pièces papier.

1566-1388. — Cronat : Prieuré de Marchy. *Personnel, biens et droits*. — Dossier du prieur Michaëlis. — 1. Approbation par Jean de Bauffremout du bail d'un bois consenti par l'abbé de Bellevaux à Jean Durand (18 mars 1566). Copie. — 2. Mémoire à Françoise de La Baume : « Ce qu'il fault rechercher à Vitry ». A la fin, note de la main de Françoise de La Baume (25 juin 1596). — 3. Lettre d'affaires, signée : Vaillant (sans date. Vers 1600). — 4. Copie d'anciennes lièves, d'après une expédition, collationnée le 16 février 1646, d'un cahier signé : Repoux, notaire, le 21 novembre 1639, et de divers titres présentés par Gaspard de Balorre, procureur de Pierre de Balorre, son fils, prieur de Marchy ; annotations en marge Cela, pour servir à la recherche des revenus, en 1669. Au verso de la couverture, la note suivante : « Un gros vaut vingt deniers. Un carolus vaut dix deniers. Un blanc vaut cinq deniers. Denier parisis vaut un denier et demy. Obole vaut demy denier. Niquet vaut le quart d'un denier ». — 5 Copies d'arrêts du Conseil d'État, d'ordonnances de l'Intendant de Bourgogne Bouchu et de signification donnée à Michaëlis, prieur de Marchy, réprésenté par Valentin Pinot, curé de Cronat, desservant de Marchy, relativement à l'aliénation des biens ecclésiastiques (1676-1683). — 6 à 20. Lettres, quittances et notes concernant l'administration des biens du prieuré (1667-1683). A la pièce 7, indication sur l'état de l'église, des bâtiments et des biens du prieuré à la prise de possession par Michaëlis, successeur de Pierre de Balorre.

ı F 176 (Cahier). — In-4°, 30 feuillets (1), papier (280/200%).

1481-1596. — Cronat : Prieuré de Marchy. *Lièves* des cens, rentes, tailles et bordelages. — Liste des débiteurs et, en marge, indication des paiements pour différentes années A la suite des lièves sont ins. . divers contrats en originaux ou en copie.

Fol. 1. Liève, avec reçus de 1588 à 1602. Montangon. — Fol 1 v°. Saint-Seine. — Fol. 7. Quittance de cens et rente par Dom Gabriel Burgat, sous-prieur de Saint-Pourçain, procureur de Gilbert Davignan, prieur de Marchy ; présence de Philippe Pariset, procureur à Bourbon-Lancy (11 novembre 1593). — Fol. 14. Autre liève, pour 1550. Montangon. — Fol. 14 v°. Saint-Seine, entre autres le curé de la paroisse. — Fol. 15. Les Mouilles. — Fol. 15 v°. Vitry. — Fol. 16 v°. Lesme. — Fol. 17. Reçu d'un borde-

(1) Couverture parchemin : quatre pages d'un missel, en lettres de orme, avec initiales ornées.

lage par Dom Gabriel Burgat, en la même qualité que ci-dessus ; présence de Claude Garnault, sieur de Chantault (11 février 1589). — Fol. 18 Autre reçu d'un bordelage, par le même ; l'avoine est à la mesure de Maulaix (29 novembre 1593). — Fol. 19. Reçu d'une rente, par le même ; présence de Valentin Challemoux, grénetier à Bourbon-Lancy (19 mars 1590). — Fol. 21. Bail à rente, avec entrage, consenti à Huguenin Deconeuf et à ses parsonniers par Frère Toussaint Pépin, docteur en théologie, religieux de Bellevaux, maître de la chapelle de Marchy (30 novembre 1540). — Fol. 22. Reconnaissance de tenure à cens par Barthélemy Durand, de Montangon, au profit des religieux de Bellevaux ; présence de Denis Esperon, prêtre (23 mars 1481, n. st.). — Fol. 24. Autre reconnaissance de cens, par le même, au profit de Bellevaux, à cause de la chapelle de Marchy, en présence de Jean Rebaul, religieux de Bellevaux et chapelain de Marchy, et de Denis Esperon, prêtre (23 mai 1484). — Fol. 29 v° et 30 v°. Reçus de différents droits de cens, au nom de Philibert Deniquand, chapelain de Saint-Antoine de Marchy (1592-1596).

ı F 177 (Liasse). — 6 pièces papier.

1773-1774. — Cronat : Prieuré de Marchy. *Bâtiments*. — 1 et 2. Devis des réparations à faire à la chapelle, à la métairie (à couvrir partie en *albardeaux* et partie en tuiles) et à l'étang. Marché en conséquence conclu par Gabriel Berger, prieur, avec Hyacinthe et Jean Brosse, maîtres maçons, et Jean Marcier, maître charpentier, tous trois de Moulins (28 septembre 1773). — 3. Copie des pièces précédentes, avec assignation à Gabriel Berger d'avoir à assister à la réception desdites réparations (9 novembre 1774). — 4. Vérification par Salomon, expert, des travaux exécutés (26 novembre 1774). — 5 et 6. Quittances par les entrepreneurs à Gabriel Berger : d'acompte de 1.000 livres (2 décembre 1773) et définitive (29 novembre 1774).

ı F 178 (Liasse) — 3 pièces parchemin, 7 pièces papier.

1559-1775. — Cronat : Prieuré de Marchy. *Bois*. — 1 et 2. A la suite de diverses publications au prône de Cronat, et en l'absence de surenchérisseur, confirmation par Jean de Maraffin, abbé commendataire de Bellevaux et aumônier ordinaire du roi, du bail d'entrage d'un bois consenti, le 25 mars précédent, par les religieux dudit couvent et Hugues Delaborde, prieur claustral de Bellevaux et de Marchy, à Jean Durand, de Montangon ; présence de Charles d'Anlezy, prieur et seigneur de Villiers et de Faye (16 mai 1559). Le bail est contracté « à tiltre et nature de rante annuelle et perpetuelle portant droict de directe seigneurye, à la nature et coustume des bourdellaiges du pays et duché de Nyvernoys, nonobstant que l'heritaige cy après declairé soyt scitué et assis au pays et duché de Bourgogne ». Au dos de la p. 2, ratification dudit bail par Claude de Moret, prieur de Marchy (5 mai 1572). La p. 1 est en mauvais état. — 3 et 4. Quittances à Gay, fermier du prieuré, à l'occasion de l'arpentage des bois, par Chuffin, arpenteur-juré (8 septembre 1770) et pour les officiers de la Maîtrise d'Autun (18 septembre). — 5. Procès-verbal d'arpentage et plan des bois, par Claude Chuffin, arpenteur-juré en la Maîtrise d'Autun (15 septembre 1770). — 6. Arrêt du Conseil d'État portant autorisation de couper le quart de réserve pour subvenir aux réparations des bâtiments (2 juillet 1771). Ordonnance d'enregistrement et commission pour l'exécution à la Maîtrise d'Autun par délégation de la Grande Maîtrise de Bourgogne (6 août). — 7 et 8. Quittances pour balivage de coupes (30 avril 1773) — 9. Adjudication tranchée à Nicolas Gay, marchand à Cronat (30 avril 1773). — 10. Vente de deux coupes de bois par Gabriel Berger, prieur, au même Nicolas Gay (7 mars 1775).

1454-1696. — CRONAT : PRIEURÉ DE MARCHY. *Procédures.* — Poursuites en revendication d'arrérages de rentes par Pierre de Balorre et Michaélis, prieurs, devant le juge de Maulaix et Essardon (ou Échardon) et devant le Bailliage de Bourbon-Lancy : requêtes, significations, notes de procédures, lettres, etc. On ne relèvera ici que les copies de pièces anciennes :

1. Bail à bordelage par le couvent de Bellevaux et l'abbé Robert Errard, à Étienne et Jean Lallemand, frères (13 mai 1454). — 2. Reconnaissance de tenure à cens au profit de Bellevaux par Barthélemy Durand, de Montangon ; présence de Denis Esperon, prêtre (23 mars 1481, n. st.). — 3. Extrait du terrier de Maulaix : reconnaissance par Guillaume Thoreau et ses parsonniers, du village d'Essardon, paroisse de Maulaix ; présence de Jean Dupasquier, prêtre, des Loges, paroisse de Saizy (6 juin 1581). — 4 et 5. Extraits des reconnaissances en forme de terrier, du prieuré de Marchy (1608). Le prieur est François Perret. — 6. Reconnaissance de bordelage au profit de Perret par Antoine Rethy ; présence de Jacques Dupont, notaire et praticien (14 octobre 1608). — 7. Bail à cens d'un pré à Maulaix, par François Perret, curé de Decize et prieur de Marchy, à Claude Gillet, passé « au lieu et foire de Brin », en présence de Gabriel Delaborde, curé de Maulaix, et de Noël

Esmalle, licencié en lois, demeurant à Decize (14 août 1610). — 8 et 9. Extraits des terriers de Marchy et de Maulaix. de quittances et de comptes.

1607. — CRONAT. *Usages de bois.* — Pour terminer un procès au Bailliage de Bourbon-Lancy, par appel de Vitry, transaction entre Sébastien Vaillant, procureur d'office de Vitry, et les habitants de Cronat, portant entrage du bois des Écossais en faveur de ces derniers, moyennant 4 sous de cens annuel à payer par chacun d'eux ; présence de René Billin, notaire *baronique*, et de Léonard Commaille, curé de Gannay (14 octobre). Suit la copie de la procuration donnée par Jean de Saulx Tavannes à Vaillant (15 août).

1542-1787. — CRONAT. *Entrages.* — 1. Bail à rente par Jean Piotat et Pierrette Bartier, sa femme, à François Durantin et Léonarde Guiot, sa femme. Entrage : un tonneau de vin blanc (17 juillet 1542). — 2. Bail, à charge de taille et de mainmorte selon la coutume de Bourgogne, d'un héritage au-dessous du moulin de La Loge consenti par Jean de Bauffremont à Louis de Veleret, à Mathieu Moreau et à leurs parsonniers. Présence de Philippe Rousseau, ancien accenseur de Vitry, et de Jean Corrier, licencié en droit, habitant de Cusset, bailli dudit Vitry (22 octobre 1565). — 4. Bail à charge de taille, consenti par le même seigneur à Guillaume Riche, son mainmortable (20 octobre 1565). — 5. Autre bail semblable, par le même seigneur, à Jacques Girard, *alias* Garlaud, et Claude Bergier, de la Grande-Marchie (21 mars 1566, « suivant l'edict »). — 6. Transaction, portant annulation de l'entrage précédent, entre Claude Bergier et Claude Billin, *alias* Garlaud, d'une part, et, d'autre part, Françoise de La Baume, veuve de Gaspard de Saulx-Tavannes, représentée par noble Claude Prudhon, capitaine de Vitry ; présence de Jean Perret, curé dudit Vitry (6 décembre 1578). — 7. Bail à charge de taille par Jean de Bauffremont à Guillaume Riche, charpentier (23 mars 1566). — 8. Bail à cens, selon la coutume de Bourgogne, de terrain usurpé sur le bois des Écossais, consenti par Claude Prudhon, au nom de Françoise de La Baume, en faveur de François Commarre, notaire royal à Cronat (21 novembre 1578). — 9. Bail, à charge de taille, de l'étang ruiné des Perrins, par Claude Prudhon à Gilles Seguinet et Blaise Jeangonin ; présence de Jean Perret, curé de Vitry (6 décembre 1578).

— 10. Autre bail semblable à Claude Billin, dit Garlaud, et à ses parsonniers, par Guy de Vaux, licencié en lois, seigneur de Germancy, bailli de Vitry. Acte rédigé en la maison de Jean Guioneau, gruyer de Vitry, en présence de Benoît Gouneau, curé de la paroisse (11 mai 1588). Suit la ratification par la dame de Tavannes, en présence de Hugues Bertin, son secrétaire (27 octobre 1588). — 11. Autre bail, identique au précédent pour le reste, passé à Vincent Durand et à ses parsonniers. — 12. Autre bail semblable par Guy de Vaux à Hugues Picault et à ses parsonniers, de maisons et biens au finage des Picauds; présence de Benoît Gouneau, curé, et de Jean Guionneau, sergent, à Vitry (12 mai 1588). Ratification du 27 octobre. — 13. Bail à rente et cens de 40 arpents de terre, alors en bois et buissons, à prendre dans la forêt de La Loge, consenti à Didier Mougin, charbonnier à La Loge, par Claude Poysot, écuyer, procureur de la dame de Tavannes. En sus de l'entrage et du cens, le preneur paiera encore, pour les récoltes futures, la dîme de 13 gerbes l'une, à l'exception des jardins et chenevières qui en seront exempts. Présence de Philippe Cellier, maître chirurgien à Bourbon-Lancy (19 juin 1600). Au dos, entrage de 16 arpents contigus aux précédents, consenti de même à Didier Mougin (24 juillet 1601). — 14. Autre bail, consenti pour 25 arpents et sous les mêmes conditions à Jean Billin; l'exemption de la dîme pour les jardins et les chenevières n'est pas mentionnée (19 juin 1600). — 15. Bail à cens et rente par ledit Poysot à Benoît de Velleret des deux étangs de la Loge, en ruine depuis 20 ans, à la suite des inondations, et de la place du moulin; présence de Pierre Duruisseau, sergent en la baronnie de Nitry (24 juillet 1601). — 16 et 17. Bail à charge de taille du moulin Émery, nouvellement édifié, consenti par Jean de Saulx-Tavannes à Jean Jeangonin, *alias* Émery, chef et gouverneur de sa communauté, à condition de ne porter aucun préjudice au droit de banalité du seigneur de Vitry; présence de Pierre Duruisseau et de Claude Haulmontet, sergents au Bailliage dudit Vitry (30 juillet 1603). — 18. Transaction sur procès jugé par le Bailli de Vitry et poursuivi en appel au Bailliage de Bourbon-Lancy, portant entrage du bois des Écossais à la majorité des habitants de Cronat par Sébastien Vaillant, procureur d'office de Vitry, agissant au nom de Jean de Saulx-Tavannes : chacun des usagers devra payer 4 sous par an, sans préjudice des redevances et devoirs dus pour pacage et autres droits, et le seigneur pourra concéder le même droit à d'autres habitants moyennant la même redevance ou plus forte s'il le peut; présence de René Billin, notaire *baronicque*, et de Léonard Commaille, curé de

Gannat (14 octobre 1607). — 19. Bail (1) à rente par ledit Jean de Saulx à Léonard Laurent, maître et chef de sa communauté, et à Jean Naty, son commun en biens pour un quart; présence de Nicolas Trecourt, secrétaire du seigneur de Tavannes, et de Jean des Nys, gruyer de Vitry (6 août, l'*an de la Circoncizion* 1609). — 20. Pièce jointe à la précédente : dénombrement donné à Jean de Saulx, représenté par Guillaume Gouneau, curé de Vitry, par Pierre de Grandval, écuyer, seigneur de Fraize et de La Baume (18 décembre 1623). — 21. Transaction sur procès poursuivi à Vitry et, en appel, à Bourbon-Lancy, à l'occasion d'un moulin, récemment construit par Jean et Benoît Perret, père et fils, et leurs parsonniers, et dont le procureur d'office réclamait la démolition : Gabrielle Després de Montpezat, épouse de Jean de Saulx, autorise le maintien du moulin moyennant l'entretien du chemin sur la chaussée et sous le cens de 20 sous tournois et 3 bichets moitié seigle et moitié froment, en outre des redevances habituelles; présence de Philippe Parisot, procureur au Bailliage de Bourbon-Lancy, de Nicolas de Trecourt, secrétaire du baron de Vitry, et de Jean Guionneau, gruyer (26 août 1610). — 22. Pièce jointe : autre transaction pour la même affaire, entre Henri de Saulx et Valentin Challemoux, sieur du Brouillat, de Turigny et de Velleret, portant concession aux justiciables de Vitry du droit de moudre leurs grains au moulin Perret, sis au village de La Chappe; présence de Guillaume Petit, curé de Lesme, et de Pierre Bonneau, prêtre desservant l'église de Cronat (2 août 1644). — 23. Reconnaissance de tenure à cens par F. d'Escorailles, écuyer, au profit de Jean de Saulx, représenté par Jean Gouneau, curé de Vitry; présence de Louis Delaud, notaire à Cronat (19 décembre 1623). — 24. Bail d'une terre à cens et rente par Lazare-Gaspard de Saulx-Tavannes à Nicolas Tarin, avec concession de droit d'usage au bois des Écossais; présence de Philibert Chantereau, notaire royal et procureur au Bailliage de Bourbon-Lancy et lieutenant au Bailliage de Vitry, et de Jean Tornux, notaire royal à Cronat (10 janvier 1634). — 25. Acte semblable, à charge de bâtir une maison et dépendances, en faveur de Benoît Vincent; présence dudit Chantereau et de Jean Le Muet, écuyer, sieur de Granville (26 février 1634). — 26 et 27. Autre bail semblable, et sous la même condition (2), en faveur de Claude Belin (25 mars 1634). — 28 et 29. Bail

---

(1) L'acte débute par une commission accordée par la Chancellerie d'Autun à Claude Poing, notaire royal au Grand-Moloy, paroisse de Saint-Germain-du-Bois, pour expédier les actes reçus par défunts Philippe Maulbon et Nicolas Paultin (8 février 1613).

(2) Cet acte, ainsi que les précédents, paraît fixer la date de la fondation du village actuel des Mouilles.

à rente par Lazare-Gaspard de Saulx à Gilbert Dubois ; présence de Jean Gouneau, curé de Vitry, et de Jean Le Bègue, avocat en Parlement, demeurant à Bourbon-Lancy (9 septembre 1634) — 30. Autre bail à rente, par le même, à Jean Jeaugonin, le jeune, de terres aux Mouilles sous condition de construction de bâtiments et avec concession de droit d'usage au bois des Écossais (2 août 1635). — 31. Reconnaissance de tenure semblable, au même finage, sous la même condition et avec la même concession d'usage, fournie par Benoît Hugueny ; présence de Pierre Mirebeau, bourgeois de Decize, et de Charles Gouneau, clerc, à Cronat (10 août 1638). — 32. Bail à cens par Henri de Saulx-Tavannes à Lazare Broichot (20 octobre 1647). — 33 à 35. Baux semblables, par le même : à Madelon Billin, à Antoine Desvaux et à Jacques Talepin (15 novembre 1647). — 36. Bail par Henri de Saulx à Gilbert Pinot, procureur au Bailliage de Bourbon-Lancy, à charge de cens non taillable ni mainmortable, mais « subjet toutes fois aux quatre cas » (9 avril 1649). — 37. Bail à rente servile, à Jean Gamet, par Pierre Munier, procureur d'Henri de Saulx ; servitude pour assurer l'écoulement de l'eau dans les caves de Cronat (13 juin 1650). — 38. Pièce jointe : dépôt entre les mains de Dupont, notaire royal à Cronat. d'entrage du même bien consenti à Gilberte Bordet, veuve Buisson, sous la même rente servile, par Bruneau de Vitry (29 janvier 1717), ledit dépôt effectué par François-Étienne Jourdier, héraut d'armes de France (5 mars 1787).

1 F 182 (Liasse). — 7 pièces parchemin, 32 pièces papier, 1 cachet.

1650-1788. — CRONAT. *Entrages.* 1 et 2. Bail à rente servile par Pierre Munier, agent d'Henri de Saulx, à René Bertrand et Jean Gamet : présence de Jean Vincent, curé de Trizy (13 juin 1650). Suit l'approbation par Henri de Saulx, « à condition des quatre cas ». — 3. Autre, identique, à Gilbert Goujon (13 juin 1650). — 4. Reconnaissance de tenure à cens d'un moulin par Madelon de Moncorgez au profit d'Henri de Saulx [Cf. 1 F. 65, p. 76 et 80] ; présence de Philibert Parmain, praticien à Saint-Léger-du-Bois, et de François Bernard, sergent général à Cronat (10 août 1650). A la suite de l'analyse jointe, mention que ce moulin du Pont-d'En-Haut est alors détruit et que les biens reconnus ont été affranchis, par acte reçu Virot, ainsi que la forge du Pont-d'En-Haut. — 5. Reconnaissance au même seigneur par Léonard Velleret, touchant la rivière de Vauzelle (11 août 1650). — 6 et 7. Bail à cens et rente, par le même seigneur, à Madelon de Moncorgey, marchand à Cronat et maître de la forge du Pont-d'En-Haut, de la rivière de Vauzelle et du Pont de Cressonne, pour l'usage de ladite forge : présence de François

Bernard, sergent général à Cronat, et de François Grillot, chirurgien à Molinet (11 août 1650). — 8. Bail à rente servile à Edme Pierre, par Pierre Munier, agent d'Henri de Saulx ; présence de Pierre Gouneau, curé de Vitry (19 janvier 1651). — 9. Autre semblable, par le même, à Gilbert Sardier (29 janvier 1651). — Les entrages suivants sont consentis au profit de Brocard de Giani, comte de Rispe, ou de Melchior de Bueil de Grimaldi, sa femme — 10 et 11. Bail à rente servile d'une terre aux Mouilles, à charge de construction, consenti à Léonard Richard (4 mars 1655). — 12. Bail à cens par Pierre Munier, fermier de Vitry, à Cassien Gouneau, bourgeois de Bourbon-Lancy ; présence de Pierre Gouneau, curé de Vitry (10 octobre 1657). Suit l'approbation par le comte de Rispe, portant reçu de l'entrage ; présence de Gabriel Benoit, procureur d'office de Vitry et procureur au Bailliage de Bourbon-Lancy, et de Pierre Court, sergent à Vitry (17 octobre 1657). — 13. Bail à rente à Pierre Munier, fermier de Vitry ; présence de Jean Gallet, praticien à Vitry (17 octobre 1657). — 14. Autre, moyennant rente servile, par Meunier à Philippe Boullier (19 août 1660). Ratification (18 janvier 1661, en présence de Jean Michaélis, prêtre, aumônier à Sully, et de Pierre Amblard, écuyer au service du comte de Rispe. — 15. Bail à rente, aux Mouilles, sous condition de construction, consenti à Michel Chandioux, tailleur d'habits à Cronat (21 avril 1664]. — 16 et 17. Pièces jointes à la précédente ; 16, procuration par Pierre-Étienne Bruneau de Vitry, à fin d'exercer un retrait censuel contre Adrien Régnier, acquéreur de Gabriel Chevalon (6 novembre 1788) ; légalisation de la signature de Couny, notaire royal, porteur de la procuration, par Claude Coujard de la Verchère, juge de Luzy (6 novembre 1688. Cachet de la Châtellenie de Luzy) ; 17, transaction entre Adrien Régnier et Jean Berger, commissaire à terrier à Vitry, ayant pouvoir verbal de P. E. Bruneau (5 novembre 1788) — 18. Bail à rente à Gaspard Claudat, chef de sa communauté ; présence de Gilbert Métayer, lieutenant au Bailliage d'Issy-l'Évêque (5 janvier 1669). — 19. Autre, à cens, d'une terre dite Saint-Martin, consenti à Louis Delaud, notaire royal à Cronat (27 septembre 1674). — 20. Autre semblable à Jean Lavantage (20 août 1680). — 21. Bail à rente à Michel Couturier, charpentier aux Mouilles, pardevant Robert de Moncorgier, notaire *baronnique* de la baronnie de Vitry, résidant au Pont-d'En-Haut, en présence de Charles de Moncorgier, praticien à Cronat (13 octobre 1683). — 22. Autre, à rente et cens, à Blaise Renaud, journalier aux Mouilles (18 novembre 1683). — 23. Autre, à rente servile et sous condition de construction, consenti à Michel Couturier ; présence d'Étienne Coujard, clerc, de Montambert

(16 septembre 1684). — 24 et 25. Bail à rente à Jean Goudard (2 novembre 1686) et transport, à la suite de réversion et de mainmorte, à Toussine Maillenat, avec décharge de la servitude (28 septembre 1695). — 26. Autre bail, à rente servile et sous condition de construction (Les Mouilles), consenti à Antoine Bourbon (12 avril 1689). — 27. Bail à rente franche à Pierre Challemoux, sieur du Brouillat et de La Baume, demeurant en la paroisse de Lesme (22 mars 1692). — 28. Bail à cens de la terre des Boulats, à Louis Delaud, notaire royal à Cronat, demeurant à Tannay (31 janvier 1693). — 29 et 30. Bail d'une terre à Assart, à charge de rente servile et sujette aux quatre cas, et sous condition de construction, consenti à Léonard Guionneau (21 juin 1650). Transport à Jacqueline Janin, après le décès de Guionneau (6 avril 1699). — 31. Bail à rente à Michel Couturier (31 mai 1700). — 32. Autre, à Jean Lavantage (4 mars 1703). — 33. Autre, à Gaspard Brureau ; présence de Robert Durégon, fermier du Chambon, paroisse de Cronat (9 octobre 1704). — 34. Autre, à Denis Révillon (19 octobre 1704). — 35. Bail par Pierre Bruneau à Lazare Denault, veuve de François Michelet, portant mutation de rente servile en cens ; présence de Jean Astier de Souvillard, agent des affaires de Bruneau (3 mai 1718). — Les entrages suivants sont consentis au nom de Denis-Robert Bruneau de Vitry. — 36 et 37. Bail à bordelage à Claude et Marie Douard, frère et sœur ; les détails sont réglés suivant la coutume de Bourgogne et comprennent la réversion faute de paiement pendant trois années consécutives (12 septembre 1751). — 38. Bail à cens, à charge de construction, à Jean Douard ; entretien du pont dormant et curage des fossés du château ; réversion, faute de paiement durant trois ans (13 septembre 1751). — 39. Autre, aux mêmes charges et conditions, à Pierre Bergeron (13 septembre 1751).

1 F 182 (Liasse). — 5 pièces papier.

1691-1731. — CRONAT. *Procédures et notes* — 1 et 2. Notes pour un procès (1691) au Bailliage de Vitry, à l'occasion des rentes du Pont-d'En-Haut, pour la garantie desquelles ont été saisies des briques et tuiles dans la tuilerie de la forge de Vernasse, accensée (7 février 1690) par Louis Jourdier à Jean Humbert. Jourdier était acquéreur de Madelon de Moncorget, en ce qui concerne la rivière de Vauzelle [Cf. article précédent, 10 août 1650]. — 3. Nouveaux confins d'héritages entragés à Jourdier en 1710. — 4 et 5. Procès au Bailliage de Bourbon-Lancy par les habitants de Cronat contre Jacques Bougarel, procureur au Parlement de Paris, seigneur de Ballore, et Marguerite de Jarsaillon, veuve de Pierre Bruneau (1731).

1 F 184 (Liasse). — 3 pièces parchemin, 21 pièces papier.

1396-1722. — CRONAT. *Fiefs de Ballore et Cognard.* — 1. Foi et hommage rendu par Hugues *Coignart*, damoiseau, seigneur de Montifaut, en la paroisse de Vitry, à Guillaume de Mello, chevalier, seigneur de Vitry et de La Roche-Millay, à cause de dame Isabelle de Bourbon, sa femme (24 mars 1397, n. st.). — 2. Dénombrement de Cognard fourni par Jean de Migniers, écuyer, à Bénigne de Granson, dame de Listenois et de Vitry, et à François de Vienne, son fils ; présence d'Étienne du Pontot, écuyer, seigneur de Poussery, et d'Antoine Jeannet, licencié en lois (9 août 1529). — 3. Autre dénombrement de Cognard, par Claude de Balorre, écuyer, seigneur de Ballore, Moulin-Neuf et Cognard, à Jean de Saulx-Tavannes (14 août 1603). — 4 et 5. Extraits des dénombrements de 1529 et de 1603. — 6. Reprise de fief par François de Balorre, écuyer, seigneur de Trizy, du Deffend et de Cognard, fils de défunt Gaspard de Balorre, à Gabriel Benoit, procureur d'office de Vitry (18 août 1667). — 7. Dénombrement fourni en conséquence ; présence de Charles Minard, praticien à Bourbon-l'Archambault (8 septembre 1667). La maison de Cognard est indiquée comme ayant été incendiée, *alors* que les dénombrements précédents la représentent sur une motte entourée de fossés. — 8. Foi et hommage pour Ballore et Cognard, par Étienne et Joseph Maillard, bourgeois de Paris, acquéreurs de François de Balorre et de sa fille, Bernarde, veuve du sieur de *Chantellot* (13 novembre 1676). — 9. Autre, par Paul Maillard, donataire de Joseph, son oncle ; présence de Jean Michaélis, prieur de Marchy, et de Jean de Virgile, écuyer (1er juin 1685). — 10. Dénombrement de Cognard, fourni en conséquence ; présence de Marc Regnard, procureur au Bailliage de Bourbon-Lancy, et de Jacques Gallet, notaire royal en ladite ville (26 juin 1686). — 11 à 20. Procédure au Bailliage de Vitry, touchant la reprise de fief d'Étienne Maillard (1686). — 21 à 23. Vente de Cognard par Paul Maillard à Jacques Bougarel, procureur au Parlement de Paris ; procuration par Bougarel à Jacques Imbert, sieur de La Cour, conseiller au Présidial de Moulins, en vue d'effectuer la prise de possession ; requête au Bailli de Vitry, aux fins de prestation d'hommage (1721-1722). — 24. Foi et hommage en conséquence (20 janvier 1722).

1 F 185 (Liasse). — 3 pièces parchemin, 59 pièces papier.

1738-1741. — CRONAT. — *Fief de Cognard : Procédures.* — Procès relatif aux droits seigneuriaux, évoqué au Parlement de Bourgogne, par appel du Bailliage de Bourbon-Lancy, entre Jacques Bougarel et Marguerite de

Jarsaillon [cf. 1 F. 53 et 54]. — 1 à 31. Fatras de significations, exploits. appointements, etc. — 32. État des fiefs de la paroisse de Cronat, relevant de Vitry, avec les noms des vassaux et de leurs métayers et tenanciers (signifié le 12 juin 1741). — 33. Inventaire de productions pour Marguerite de Jarsaillon. — 34 à 62. Requêtes, mémoires, consultations et productions diverses, émanant des deux parties; les pièces 48, 53 et 56 sont imprimées.

1 F 186 (Liasse). — 4 pièces parchemin, 5 pièces papier.

1411-XVIIe siècle. — Cuffy, La Guerche, Patinges et Torteron. — 1. Vente d'une vigne à la Côte de Conflans. consentie par Jean Culat à Philippe Laurent et à Jeannet et Jean Daguin, frères (26 septembre 1411). — 2. Autre vente d'une vigne au même finage par Françoise Contin. veuve de Guillaume Dorlant, marchand voiturier par eau à Nevers, à Pierre Coillard, marchand au Carré Veron. dudit Nevers, et à Claude André. sa femme: présence de Claude Ursin. notaire et praticien à Châtillon, et de François Guérin, clerc, à Nevers (20 janvier 1580). — 3 et 4. Inventaire et moyens d'opposition fournis en la Pairie de Nevers, en une cause relative à ladite vigne (après 1650).

5. Vente de terre par Henri Peaultre, du Brion, paroisse du Gravier, à Étienne Moreau et à Jean Perrot. frères, et à leurs *consors et parsonniers* (10 mars 1518, n. st.). — 6. Constitution de rente par Barthélemy Coueffard, paroissien de Bosme-lez-Cuffy, à Jean Damon, marchand à Cuffy, présence de Charles Jobellin, meunier du Guétin (26 novembre 1563).

7. Inventaire de pièces produites au Bailliage de Menetou-Couture. en une instance relative au Moulin Thoreau, paroisse de Patinges, par Jean Després, contre Mathurin Filleux et Adam Theveneau, fermier de la baronnie du Chautay. appartenant au Chapitre Sainte-Croix d'Orléans (vers 1609). Mention d'une reconnaissance de cens au profit de Jean Jourdain, maître des comptes du duc de Nevers (29 décembre 1575); d'un bail à cens et rente par Gilles Destrappes et par Marie Marandé. femme de Nicolas Regnault (31 août 1594); d'un échange entre Jean Després et Jeanne Belon, veuve de Gilles Destrappes (20 octobre 1607).

8. Mandement du Bailliage de Saint-Pierre-le-Moûtier pour Jean Després et ses sœurs, épouses de François Perrin, sieur du Mont et de Michel Dumarché, contre Jacques Vernesson (27 février 1619). — 9. Cession de deniers et de biens par Jean Després, écuyer, seigneur de Torteron, à Pierre Després, écuyer, seigneur de Châ-

lons: présence de François Grèze, archer en la Maréchaussée de Nivernais. et de Balthazard Jourdain, clerc, à Nevers (8 février 1622).

1 F 187 (Liasse). — 4 pièces parchemin, 2 pièces papier.

1575-1772. — Cuzy. — 1. Confirmation par le Parlement de Paris d'une sentence du Bailliage de Nevers pour Claude Delaporte contre Catherine Bagnet, veuve d'Odot Monfoy (30 avril 1575). — 2. Transaction entre les susdites parties, en une cause jugée à Metz-le-Comte et portée par appel au Bailliage de Nevers puis au Parlement de Paris, touchant la vente à réméré d'un pré sis à Cuzy (4 juin 1578). — 3. Extrait du terrier de Claude Delaporte portant reconnaissance par Léonard Coquerel Guillaut et ses parsonniers de tenures à Cuzy et à Metz-le-Comte (23 janvier 1584). — 4. Acquisition d'une terre par Claude Delaporte. marchand à Tannay (27 novembre 1586?). — 5. Sentence du Bailliage de Metz-le-Comte, portant vente par décret d'une vigne, pour Jean Després, contre Pierre Monfoy (17 juin 1624). — 6. Vente d'un pré, à Pierre Desbruères, vigneron. par Louis-Balthazard de Noury (24 juin 1772).

1 F 188 (Liasse). — 5 pièces parchemin.

1396-1581. — Decize. — 1. Transaction entre Jean de Vaulx. clerc, demeurant à Decize, et la veuve et les enfants de Petit Jean Trotier, à l'occasion de rente due sur un étal de boucher (18 juillet 1396). — 2. Bail à bordelage de moitié d'une maison, consenti par Philibert Bourgoing. écuyer, et Jeanne Torte. sa femme. à Jean Picart, à Bonne, sa femme, ainsi qu'à Jeannin et à Pierre Picart, frères du précédent, et à leurs futures épouses éventuellement (7 décembre 1445). — 3. Transaction sur procès devant le bailli de Nevers au siège de Decize, portant échange de directes entre Jean Bourgoing, écuyer, seigneur de Champcharmot, et Guillaume Boisserand, écuyer, seigneur des Crots et de Lamenay: présence de Guiot de Chevigny, écuyer (1er janvier 1488, n. st.). — 4. Approbation par Charles Bourgoing, chanoine de Nevers et d'Auxerre, et ses neveux, enfants de feu noble Jean Bourgoing. du contrat par lequel Claude Berth a associé sa femme, Marguerite Belard, en une moitié de maison tenue en bordelage desdits Bourgoing: présence de Jacques Chaumigny, curé de Saint-Léger-des-Vignes (17 février 1512, n. st.). — 5. Investiture par Philibert André, licencié en lois, conseiller au Présidial de Saint-Pierre-le-Moûtier, et Pierre Coillard, l'aîné, à Gilbert Blanc, d'une maison jadis concédée à charge de redevance bordelière commuée depuis en cens à la condition de rebâtir la maison qui avait été incendiée (4 mars 1581).

1 F 189 (Liasse). — 4 pièces parchemin. 1 pièce papier.

1469-1551. — Diennes. — 1. Échange de terres entre Pierre Belin, dit Doreau, et autre Pierre Belin (8 juillet 1469). — 2. Vente d'un pré sis en l'étang des *Chèzes*, consentie à Jean Doreau par Edmond Belin et les siens (1er avril 1529). — 3. Bail à bordelage à Jean Doreau, l'aîné, par nobles Guillaume Bourgoing, procureur du Roi en l'Élection de Nivernais, et Jean Bourgoing, écuyer, son frère, agissant en leur nom et au nom de Guy et Jacques Bourgoing, leurs frères (28 décembre 1540). — 4. Échange de biens entre Eugin Doreau et Jean Doreau, avec approbation de Guillaume Bourgoing, seigneur du Vernay et de Vaujoly en partie, prenant en main pour lui et pour Guy et Jacques Bourgoing, ses frères (13 juillet 1545). — 5. Vente de pré à Romenay, consentie par Marguerite Despaillards à Guillaume de Noury et à Charlotte Closse, sa femme (17 mai 1551).

1 F 190 (Liasse). — 1 pièce papier.

1592. — Franay-lez-Chatillon. — Bail à cens d'une terre et d'un verger dépendant de la cure de Franay, consenti par Jean Soalhat, curé de ladite paroisse, à Léonard Frachot, notaire à Achun (22 octobre).

1 F 191 (Liasse). — 9 pièces parchemin.

1487-1538. — Garchizy. — 1. Bail à bordelage d'une terre au finage d'Azy, consenti à Pierre Prudhomme et Simon, son fils, paroissiens de Varennes et de Garchizy *par année*, pour eux et leurs communs, par Jacques Mathieu, bourgeois de Nevers, et Jeanne de Pavie, sa femme, agissant au nom des enfants de ladite Jeanne et de feu Simon Dupont (25 janvier 1487, n. st.). — 2. Autre bail à bordelage, de pré et de terre, par Odinet Vincent à Jean Bardin (30 décembre 1492). — 3. Autre semblable, de vigne et ouche, en faveur de Jean Godeau, par Pierre Berthier, écuyer, seigneur de Bizy, demeurant à Nevers (24 janvier 1497, n. st.). — 4. Vente d'une vigne et d'une terre, chargées de cens au profit du Chapitre de Saint-Cyr de Nevers, par Jean Dusault à Jacques Després, bourgeois et marchand de Nevers; présence de Jean Marchand, curé de Dornes (12 juin 1503). — 5. Autre vente à Jacques Després, par Philippe Vernay, de terre chargée d'un cens dû à l'abbaye de Notre-Dame de Nevers (5 mai 1516). Au dos; investiture à Després par les religieuses dudit couvent (29 novembre 1526). — 6 Bail à cens d'une chaume, consenti à Jacques Després par Jean de Corbigny, con-

cierge de l'hôtel commun de la ville de Nevers, procureur de Jean de Corbigny, seigneur d'Azy; présence de Pierre Garnier, maître de l'Hôtel-Dieu de Nevers (10 février 1525, n. st.). — 7. Bail à bordelage de terres et de prés par Guillaume Tonnelier, tanneur à Nevers, à Jean Gibault (6 décembre 1526). — 8. Vente de vigne chargée de cens au profit de la cure de Garchizy, consentie à Pierre Després, marchand à Nevers, par Jean Geoffroy, de Verain, paroisse de Garchizy; présence de Pierre Forestier, apothicaire à Nevers (13 mai 1534). — 9. Vente de vignes à Guillaume et Philibert André, frères, marchands à Nevers, par Jean de Longeville; mention d'une vigne de la confrérie de Notre-Dame de Garchizy (20 novembre 1538).

1 F 192 (Liasse). — 11 pièces parchemin.

1476-1543. — Garchizy. — *Finages de : La Bussière.* — 1. Bail à bordelage d'un pré par Jacques Mathieu, bourgeois et marchand de Nevers, et Jeanne de Pavie, sa femme, au nom des enfants de ladite Jeanne et de feu Simon Dupont, à Étienne Malecorte, de La Bussière, paroissien par moitié de Varennes et de Garchizy; mention d'un pré de la confrérie de Notre-Dame de Varennes (25 juillet 1489). — 2. Autre, de maison, ouche et terre, à la Petite Bussière, par Hugues de Pougues, bourgeois de Nevers, à Pierre Reux (1er mai 1508).

Moranges. — 3. Vente de terres par Jean Cortillier et Jeanne, sa sœur, à Simon Dupont, clerc de la Chambre des Comptes de Nevers; présence de Jean Besson, clerc, à Nevers (9 mars 1476, n. st.). — 4. Le même jour, rétrocession, à titre de bordelage, des mêmes terres par Dupont aux Cortillier.

Voisin. — 5. Bail à rente de maison et ouche par Jean Mathé, bourgeois de Nevers, à Étienne Quoquelin et Simone, sa femme (8 mars 1506, n. st.). — 6. Rétrocession à bordelage aux vendeurs d'une vigne *blanche et noire* acquise, le même jour, par Guillaume Moard, barbier à Nevers, et Gilberte Desforges, sa femme, sur Jean Geoffroy et ses parsonniers (12 avril 1535).

Vignoble de la Côte du Pied d'Or. — 7. Bail à bordelage à Jean Reux et aux siens, de la Petite Bussière, paroisse de Garchizy, par Jean Frignot, marchand à Moulins-Engilbert, procureur de Jeanne de Pougues, fille de Hugues et de Jeanne Marion; texte de la procuration (2 mars 1519, n. st.); mention d'une vigne de la confrérie du Corps de Dieu, et d'une autre, de l'abbaye de Fontmorigny; présence de Jean Millet, concierge de la Chambre des Comptes, et de Jean Musset, licencié en lois (12 mars

1519, n. st.). — 8. Rétrocession à bordelage aux vendeurs, d'une vigne acquise le jour même par Claude Decray, veuve de Philibert André sur Jean Hugues et sa mère, de La Bussière, paroisses de Varennes et de Garchizy *par années* (1er mars 1529, n. st.).

Vignobles divers — 9. Bail à bordelage par François Meurlin, de Satinges, à Benoît Munier (4 mars 1535, n. st.). — 10. Vente par François Meurlin à Guillaume et Philibert André, frères, marchands à Nevers (4 juillet 1539). — 11. Bail à bordelage par les frères André à Léonard Tarcousset (26 juillet 1543).

1 F 193 (Liasse). — 3 pièces parchemin, 4 pièces papier.

1576-1770. — GLUX. — 1. Acte, le 10 décembre 1576, d'une vente de biens consentie, le 5 janvier précédent, par Ligier Grandjean, prêtre de Saint-Prix-sous-Beuvray, à Lazare Anthouard, châtelain « en Glennes », citoyen d'Autun, et à Françoise Doreau, sa femme. — 2. Vente semblable, par le même, qualifié de curé de Saint-Prix et de paroissien de Saint-Léger-sous-Beuvray, à noble Oudet de Brossard, demeurant à Sermages : les biens vendus sont assis « tant en Bourgongne que Nyvernois »; présence de Michel de Melley, prêtre, et de François de Chevigny, sergent royal (15 février 1580). — 3. Transport des mêmes biens par Jeanne des Mathieu, veuve d'Oudet de Brossard, demeurant à Glux-sous-Beuvray, à Edme de Bongards, écuyer; présence de Lazare Anthouard, châtelain pour le roi en Glennes, et de Pierre de Bart, hôte du Cheval Blanc, à Autun (17 septembre 1583). — 4. Reconnaissance de dette, à l'occasion de procès pendant en la justice de Glennes, fournie à François de Chevigny, sergent royal à Saint-Léger-sous-Beuvray, par Pierre Dufour, Denis Delavault et Edme de Bongards; présence de Pierre de Maltaverne, curé de Glux (3 juin 1585) — 5. Autre, par François Bernard à Edme de Bongards (1er octobre 1585). — 6. Vente de biens par Ligier et *Nathoille* Moreau à Edme de Bongards (25 février 1587). Charles de La Bussière cautionne Bongards afin de le faire élargir des prisons d'Autun, où il est détenu pour dettes (9 juillet 1588). — Annulation de la vente (17 janvier 1589). — 7. Prolongation pour six ans du bail de Pierre Chevalier (23 septembre 1770).

1 F 194 (Liasse). — 1 pièce parchemin.

1538. — GUÉRIGNY. — Bail à bordelage de terre et pré consenti à Guillaume Boge, inciseur, demeurant à Poiseux, par Pierre et Michel de Bréchard, frères, écuyers, seigneurs de Villemenant et de Marigny en partie, agissant sous l'autorité de leur père, Gaspard de Bréchard, seigneur de Cougny, de l'île de Mars, de Marigny et de Chevenon en partie (12 octobre 1538).

1 F 195 (Liasse) — 2 pièces parchemin.

1521. — IMPHY. — 1. Vente de maison, terres et vigne, consentie par Jean Chastin, cautionné par Jean Menard, à Guillaume Du Coing, bourgeois et marchand de Nevers, et Jeanne Buxière, sa femme (18 janvier). — 2. Autre, de vigne et terre, consentie au même par Philibert Gourdon (23 mars).

1 F 196 (Liasse). — 7 pièces parchemin, 3 pièces papier.

1430-An VIII. — ISENAY. — 1. Échange de biens entre Jean Niaudin et Jean Billot (28 décembre 1430). — 2. Bail à bordelage à Jean Buisson par noble Jean de Baudoin, écuyer (15 mars 1456, n. st.) — 3. Approbation d'un partage par nobles : Jean de *Sene* [Seu?], Guillaume d'Aunay, Bartholomier Bureau, Guillaume de Baudoin, écuyers, Marguerite de Dio, veuve de Jean de La Chapelle, écuyer, Bertrand Roux, écuyer, et sa femme, Marie de La Chapelle; présence de Jean de Champfeur, prêtre, et de Jean Poupart, sergent de la justice d'Isenay (15 décembre 1480). — 4. Bail à bordelage à Guillaume Raullier, messire Étienne Raullier, son frère, et autres, par noble Éliacin de Vendonne, écuyer, seigneur d'Isenay en partie (27 avril 1493). — 5. Vente par Jean Naissard et sa femme à Jean Boulé, prêtre (27 octobre 1510). — 6. Transport de la vente précédente à Guiot Guerriat et à ses parsonniers (6 février 1519, n. st.). — 7. Partage entre Jean Carré et Jean de Couses et ses parsonniers (23 février 1525, n. st.). — 8. A la requête de Charlotte de Bongards, signification à Nicolas Dantault, curé d'Arconcey et précédemment d'Isenay, d'avoir à produire au Bailliage de Nevers le registre paroissial d'Isenay de 1652 pour en extraire le mortuaire de Marguerite Charpentier (1678). — 9. Reconnaissance fournie par Jean Jolly, meunier, à Nicolas de Fussey et Anne-Élizabeth de Reugny, son épouse, pour la tenure à cens de divers héritages, du moulin banal d'Isenay et du moulin de Bouront, paroisse de Saint-Gratien, comprenant un moulin à blé et une huilerie (3 septembre 1767); obligation de tenir bateau pour le passage des hommes et des bestiaux, et droit de pêche et d'usage de bois; présence de Hubert Commaille, notaire au duché, à Montigny-sur-Canne, et de François Charles, praticien à Isenay. — 10. Quittance d'impôt foncier, à l'acquit de Mme de Fussey (an VIII).

1502-1545. — ISENAY. *Sauzay.* — 1. Bail à bordelage
de maison et héritages au village des Champs, paroisse
de Sauzay, consenti à la veuve de Philippe Durand par
Vincent Du Coing, bourgeois et marchand de Nevers
(Acte reçu le 2 juin 1502 et grossoyé le 27 mai 1503). —
2. Autre bail à bordelage par Claude de Baudoin, écuyer, à
Jean Taupin; Jean de Noury, notaire; présence de Jean de
Dijon, licencié en lois, et d'Étienne Perot, notaire (18 mai
1545).

1377-1609. — ISENAY. *Le Tremblay.* — 1. Affranchissement de serfs, avec mutation de la servitude en
bordelage par feux, concédé par Guiot de Courvol, écuyer,
seigneur en partie d'Isenay, en présence de Jean et Girard
de Courvol, ses frères, de Jean d'Isenay, écuyer, et de
Guillaume Beluset, curé de La Chapelle (20 octobre 1377).
— 2. Bail à bordelage par Antoinette de La Boutière,
veuve de noble Érard de Chaugy, seigneur de Saint-
Gratien et de Savigny-sur-Canne, et par Guillaume de
Chaugy, leur fils, à Jean Carré, dit Dodin, et à ses parsonniers; mention d'Éliacin de Vendonne, prêtre, seigneur
d'Isenay (19 novembre 1558). — 3. Vente de rentes consentie par Charles de Mourel, abbé de Bellevaux, à
Charles de Reugny, écuyer, seigneur du Tremblay, représenté par Jean Bauldre, notaire; présence de Léonard de
Meulot, curé de Montaron (23 octobre 1587). — 4. Reconnaissance de bordelage par Léonard Bonnetête et ses
parsonniers au profit de Jean de Reugny et de Charlette
de Régnier, sa femme, fournie à Jean Boulley, notaire
commis à la confection du terrier du Tremblay (12 décembre 1609). Suit une concession à bordelage, par Jean
de Reugny aux mêmes, de droits d'usages aux Brosses de
Baudin et aux Chétifs-Quartiers de Pron.

1466-1640. — LESME. — *Seigneurie, port et péage*[1]. —
1. Transaction sur procès touchant le péage de la Cornière, en instance devant le Parlement de Paris, conclue
entre Jacques des Comptes, bourgeois d'Orléans, Philippe
Dupont, bourgeois de Nevers, et Pierre Nette, dit Leroux,
marchand de Saint-Haon, procureurs des marchands fréquentant le fleuve de Loire, d'une part, et, d'autre part,
Jean Danèves, seigneur de Chirac, Gauthier et Philippe
Bréchart, écuyers, Robert Laisant, écuyer, et Georges
Odin, *alias* Bigot, de Saint-Aubin-sur-Loire (2 août 1466).
Suit la copie de la procuration donnée à leurs représentants par les marchands : Leroux est dit de Roanne (Orléans, 5 juillet 1466). — 2. Extrait du terrier Jehannet et
Picault contenant la déclaration du péage de Lesme (1525).
— 3 et 4. Enquête relative au même *péage*, faite par Antoine Dryvet, lieutenant général au Présidial de Saint-
Pierre-le-Moûtier, et Léonard Dumontet, conseiller en la
même cour, à la requête de Louis de La Fayette, Gaspard
de Saulx, Anne de Vienne, Antoine de Vienne, Claude et
Jean de Bauffremont, tous héritiers de la maison de Listenois et *défendeurs contre les marchands* de la Loire
(30 et 31 mai 1561). — 5 à 8. Procédure au Bailliage de
Vitry contre Jean Satin et Jean Guyonneau, accenseurs de
la *seigneurie de Vitry*, qui ont affermé le péage à la fois
à Antoine Jacob et à Guillaume Audugier (1597-1600). —
[Deux arrêts du Parlement de Paris : l'un pour Gaspard
de Saulx, condamnant les marchands de la Loire à payer à
l'avenir le droit de péage et à en restituer, après estimation, les arrérages depuis le 17 mars 1566 au 2 août 1603
(5 décembre 1609); l'autre prescrivant aux marchands de
nommer leurs experts dans la huitaine (20 février 1610).
Deficit.] — 9. Copie (1620) de l'arrêt du 5 décembre 1609.
— 10. Inventaire de productions au Parlement pour les
héritiers de Listenois contre les marchands de la Loire
(18 décembre 1609. — [Transaction entre Hugues Clerget,
procureur de Françoise de la Baume, dame de Vitry, et
Nicolas Le Mée, procureur au Parlement de Paris, délégué
des marchands de la Loire, fixant à un forfait de 4.000
livres les arrérages dus pour le péage de Lesme (2 août
1610). *Deficit.*] — 11. Procès-verbal de refus de paiement
des droits de péage, dressé contre Jean Paté, voiturier par
eau, à la requête de Henri Micolle, procureur d'Antoine
Desbois, receveur des péages du Chambon et de Lesme
(23 mai 1638). — [Commission obtenue en la chancellerie
du Parlement de Paris par Gaspard de Saulx, baron de
Vitry, prescrivant de mettre à exécution les arrêts rendus
au profit de Françoise de la Baume, mère dudit baron, les
5 décembre 1609 et 20 février 1610 : les marchands de
Loire profitaient de l'absence du baron de Vitry, retenu
aux armées, pour le troubler dans la jouissance des droits
de péage (11 février 1639). *Deficit.*] — 12. Assignation au
Parlement de Paris contre Jean Paté, le jeune, voiturier par
eau, demeurant à Roanne, lequel a refusé de payer le droit
de péage, conformément aux instructions reçues du procu-

reur des marchands de La Charité (4 mai 1639). — 13 et 14.
— Procès-verbaux de refus de paiement dressés contre
plusieurs marchands de Loire (13 octobre et 20 décembre
1639). — 15 à 19. Avertissement, contredits et salvations
pour les héritiers de Listenois contre les marchands de
Loire (s. d., xviie siècle). — 20. Procès-verbal de refus de
paiement (19 janvier 1640). — 21. Lettre de Desbois au
baron de Vitry, exposant l'état du procès (20 mai 1640).
— 22. Inventaire de productions au Parlement pour Henri
de Saulx, ayant repris l'instance à la place de son frère,
Gaspard, contre les marchands de Loire (s. d., 1640).

1 F 200 (Liasse). — 21 pièces papier.

1439-1790. — Lesme. *Seigneurie, port et péage.* —
1. Extraits des terriers de 1438 et de 1525, touchant le
péage de Lesme (cf. 1 F 59, fol. 17, 1 F 60, fol. 11). Copie
du 2 janvier 1642. — 2. Contredits pour Henri de Saulx
contre les marchands de Loire (1643). — 3. Procès-verbal
de collation de terriers, portant défaut contre lesdits marchands (28 avril 1643). — Arrêt du Parlement de Paris
portant condamnation des marchands (8 août 1643), original et copie; signification (18 février 1645). *Deficit.* —
4. Ordonnance du bailli de Vitry, prescrivant l'enregistrement et l'exécution de l'arrêt du 8 août précédent (3 septembre 1643). — Signification de l'arrêt de 1643 (20 juillet
1646). — Transaction entre Henri de Saulx et les marchands,
par laquelle ceux-ci s'engagent à payer dorénavant les
droits de péage, et à fournir la pancarte imprimée qui
devra être affichée sur le port, moyennant quoi le baron
de Vitry s'oblige à faire exécuter le balisage dans le détroit
dudit port (28 juillet 1646). — Arrêt du Conseil d'État
fixant la taxe du péage de Lesme et prescrivant son observation (17 mai 1656, imprimé). *Deficit.* — 5. Arrêt du
Conseil d'État portant maintenue dans leur droit des propriétaires d'îles, droits de pêche, péages, bacs, ponts,
moulins, etc., dont ils pourront justifier d'une possession
au moins centenaire, sous condition de payer chaque
année le vingtième denier du revenu (12 mars 1668,
Imprimé). Signification à Georges de La Rivière, propriétaire du moulin de Givardon (9 juillet) — 6. La dame
de Rispe est taxée à 500 livres, comme propriétaire des
îles de Lesme (20 avril 1694). — 7. Quittance de 44 livres
pour deux journées de balisage, délivrée à Desbois par
Coppin, de Decize, procureur des marchands (17 novembre 1673). — [Bail à ferme du port et péage de Lesme,
pour 6 ans, moyennant 750 livres par an, consenti à Philippe Desbois, Marie Delachaise, sa femme, et Jean Delachaise, son beau-frère (20 mars 1688). — Déclaration, par

la dame de Rispe, au sujet des îles, droits de pêche,
péages et passages qu'elle possède, et pour lesquels elle a
été taxée à 5.000 livres (18 juin 1691). — Copies de quittances de sommes versées pour l'acquittement de ladite
taxe (8 et 25 août 1694). *Deficit.* — 8. Signification (16
mars) de la taxe (6 février 1694) du port et péage de
Lesme : 1.200 livres. — 9. En conséquence de semblable
commandement, délibération des habitants de Lesme
affirmant qu'ils n'ont aucune propriété sur laquelle puisse
être assise une telle taxe (13 février 1695). — Copies : d'un
commandement (3 avril 1698), et de deux quittances touchant la même taxe (s. d.). *Deficit.* — « Anecdottes » relatives audit
péage (s. d.). *Deficit.* — 10. Inventaire de productions
fournies à M. Gevalois, écuyer, lieutenant général du
Bailliage de Bourbon-Lancy, par la dame de Rispe, pour
justifier du péage de Vitry (26 janvier 1704). — Certificat
de dépôt de pièces délivré par Gevalois (26 janvier 1704).
— Copie du bail du péage de Lesme consenti à François
Lespagnol, bourgeois de Paris, pour 6 ans, moyennant
1.500 livres par an (17 juillet 1709). — Autre bail dudit
péage, consenti à Jean-Baptiste Grasset, marchand à La
Charité : 6 ans, 1.500 livres par an (9 juin 1717). — Continuation dudit bail, en faveur du sieur Godard, aux mêmes
clauses qui avaient été consenties à François Lespagnol
(28 juin 1717). — Autre bail, à Jean-Baptiste Grasset, pour
commencer au 5 juillet 1721 (30 juin 1717). *Deficit.* —
11. Inventaire de productions fournies par Bruneau au
lieutenant général d'Autun, commissaire désigné par l'Intendant d'Orléans (s. d.). — Production de pièces en
l'Intendance de Bourgogne, reçues le 28 août 1717. —
Sous-seing privé entre Bruneau et le sieur Godard, l'aîné,
marchand à Decize, aux termes duquel ce dernier reçoit
la régie du port de Lesme, moyennant 100 livres par an
(2 juillet 1721). — Bail à terme dudit port à Gabriel Godard, pour 6 ans, au prix de 1.600 livres par an (30 décembre 1722). — Arrêt du Conseil d'État prescrivant la vérification des titres en vertu desquels sont perçus les droits
de péage, passage, etc. (29 août 1724. Imprimé). — Reçu
des titres produits en conséquence dudit arrêt par Pierre
Bruneau (18 janvier 1725). *Deficit.* — 12. Lettre de Pelletier des Forts, jointe au reçu précédent (22 janvier 1725).
— Arrêt du Conseil d'État portant confirmation du péage
de Lesme et approbation du tarif (4 juin 1726). — Signification de l'arrêt précédent, faite aux marchands de Loire,
à la personne du sieur Rouchu, marchand au port de la
Cornière, paroisse Saint-Léger de Bourbon (29 juin 1726).
Deficit. — 13 à 16. Signification de taxe, saisie en conséquence, requête en modération et en autorisation d'effectuer le paiement à Dijon et non à Moulins, celle-ci accor-

dée par lettre de Peletier, du 21 janvier 1727 (1726-1727).
— [Bail du péage, à Guillaume Godard, changeur pour le roi, demeurant à Decize : 6 ans, 1400 livres par an (16 mars 1728). — Autre, au même, pour 6 ans, à raison de 1.500 livres par an (20 août 1733). *Deficit.*] — 17. Certificat attestant que la terre de Vitry est comprise, pour les impositions, dans le département du Bailliage de Bourbon-Lancy, en ce qui peut concerner la Bourgogne (2 septembre 1744). — [Requête par Denis-Robert Bruneau à l'Intendant de Moulins, en décharge d'une seconde taxe à laquelle il avait été imposé pour le péage de Lesme (septembre 1744). *Deficit.*] — 18. Attestation portant que la paroisse de Lesme est du Bailliage de Bourbon et du ressort du Parlement de Bourgogne (11 décembre 1744). — [Lettre de Fontenay au baron de Vitry indiquant que ce dernier est imposé à 50 livres dans l'état dressé par l'Intendant de Bourgogne (28 mars 1752). *Deficit.*] — 19 et 20. Copies de quittances (1697 et 1737) et extrait du terrier Chassenay (1625) concernant les droits du baron de Vitry sur la Loire. — [Quittance de 173 livres 8 sous, pour l'imposition du vingtième des privilégiés (12 décembre 1777). *Deficit.*] — 21. Homologation par les intéressés de la sentence arbitrale rendue par Jean-Baptiste-Joseph-Martin Radot, touchant les contestations entre Pierre-Étienne Bruneau et Jean-François de Faubert (15 octobre 1790).

1 F 201 (Liasse). — 7 pièces parchemin, 21 pièces papier.

1566-1742. — Lesme. *Entrages.* — 1. Bail à rente de terres à Longe-Vigne, paroisse de Saint-Martin-lez-Bourbon-Lancy, consenti à Jean Blondat par François Gentil, secrétaire et procureur de Jean de Bauffremont (2 août 1566). Suit la copie de la procuration de François Gentil (23 juillet). — 2. Bail à cens de terre joignant le bois des Veaux, consenti à Claude Deroche et Benoît Poitreau par Fernand de Mont-Saint-Léger, écuyer, surintendant des enfants de Jean de Bauffremont, après avis de Jean Carrier, licencié en droit, bailli de Vitry; présence de Benoît de La Moloise, curé de Millay, et de Guillaume Protat, sergent de Vitry (31 mai 1567). — 3. Transaction après procès au Bailliage de Vitry, portant bail à cens consenti à Robert Burgat, l'aîné, marchand à Bourbon-Lancy, par Claude Prudon, capitaine de Vitry (22 novembre 1578). — 4. Autre bail à cens par Françoise de La Baume à Gilles Audugier; présence de Pierre Belliard, notaire royal à Bourbon-Lancy (31 janvier 1582). — 5. Bail à rente par Jean de Saulx-Tavannes à Nicolas Burgat, bourgeois et marchand à Bourbon-Lancy (16 août 1607) — 6 et 7. Bail des accrues de Loire au quart et moyennant la dîme, consenti à Gilles Audugier par Lazare-Gaspard de Saulx-Tavannes (30 décembre 1632). — 8 à 11. Pièces touchant une contestation avec Challemoux sur l'emplacement des accrues : 8, Transaction entre Jean de Saulx-Tavannes et Madeleine de Ballore, veuve de François de Montjournal, écuyer, seigneur du Verger et du Deffend, touchant les droits de la Garenne du Deffend et les prérogatives sur la Loire (4 septembre 1625); 9, Plan des accrues; 10 et 11, Consultation, signée : Brun, interprétant le plan et les anciens titres; on y trouvera l'indication des anciens lits de la Loire et de la Somme et l'identification du mot *beugne* pour désigner l'arbre alors appelé *bouliard* [bouleau] (24 décembre 1748). — 12 et 13. Bail à cens et rente à Gilles Audugier; présence de Jean Gouneau, curé de Vitry, et de Jean Le Muet, écuyer, sieur de Grandville (10 mars 1634). — 14. Autre bail semblable, à Esme Soulliard, d'une terre joignant l'étang et le petit étang des Vaux (17 mars 1634). — 15. Autre, à Jeanne Souvery, veuve de Claude Durégon (18 décembre 1634). — 16. Transaction entre Henri de Saulx-Tavannes et Jeanne Souvery, portant maintien de l'étang et des moulins Souvery, l'un à grains et l'autre à drap, ce dernier construit par ladite dame sans autorisation (30 janvier 1645). — 17 à 19. Bail du Bas des Noues avec le droit d'*étable de justice* en la paroisse de Lesme (1652-1661). — 20. Bail à rente foncière à Antoine Foucher, bourgeois de Moulins, avec pouvoir de tenir un bateau sur la Loire pour la desserte de ses domaines (18 octobre 1657). — 21. Bail d'accrues au carpot, consenti à Gilbert Thevenet par Pierre Munier, fermier de Vitry (21 août 1664). — 22. Bail à rente à Henri Jouzeau, marchand à Bourbon-Lancy; présence de Gilbert Métayer, lieutenant au Bailliage d'Issy-l'Évêque (21 septembre 1674). — 23. Concession à Gaspard de La Molaise, pour le Domaine Souvery, du droit d'usage et pacage dans tous les bois communs et usagers dépendant de la Baronnie, dans les paroisses de Lesme et de Vitry (28 septembre 1674). — 24 et 25. Vente de maison, vigne et héritages, comportant leur affranchissement, consentie à Pierre Guy, moyennant 400 livres constituées en une rente annuelle de 20 livres (3 septembre 1690). — 26 et 27. Bail à rente à Pierre Lambert (12 mars et 26 octobre 1717). — [Bail à Jean Descréaud, meunier au moulin Bailly, sous condition de construction de maison et à charge de carpots (14 septembre 1723). *Deficit.*] — 28. Bail à bordelage à Jean Leblanc (18 août 1742).

1459-1777. — LIMANTON. — 1. Transaction sur procès à l'occasion du pré de Vesvre, entre Jean Mynotye, écuyer, et Jeanne d'Aunay, sa femme, d'une part, et, d'autre part, Roland, bâtard de Nourry, écuyer, Jeanne de Champfeur, sa femme, et Cuiot de Champfeur, écuyer (reçue le 23 décembre 1459 et grossoyée le 16 février 1490, n. st.). — 2. Quittance par Jean de Baudoin, écuyer, à Roland, bâtard de Noury, et aux Champfeur (30 mars 1461, n. st.). — 3. Transaction sur procès entre Jeanne de Cresancy, veuve de Georges de Nourry, et Claude Taupin, écuyer, et Catherine de Nourry, sa femme, seigneurs de Palluau et de Mont-sur-Aron en partie, et Martin Taupin, paroissien de Sauzay, portant transport à ce dernier d'héritages tenus précédemment à cens et à bordelage par Guillaume Michel ; présence de Laurent Raquin, prêtre (2 octobre 1531). — 4. Reconnaissance de tenure à cens au profit de François de Loron, chevalier, baron de Limanton, fournie par Jacques Marie et ses parsonniers à Jacques Bailezy, notaire, commissaire à la confection du terrier de Limanton ; présence de Léonard Moireau, notaire et praticien à Limanton, et de Laurent Geoffroy, clerc, de Moulins-Engilbert (1er mai 1599). — 5. Obligation par Philippe Frachot, apothicaire à Châtillon-en-Bazois, au profit de Charles de Loron ; présence de Michel Cornu, apothicaire, et de M. Juillet, clerc, tous deux de Châtillon (17 mai 1649). — 6. Autre obligation, entre les mêmes ; Frachot est alors accenseur du revenu de la seigneurie de Châtillon-en-Bazois ; présence de Martin Bernard, praticien à Bernay, et de Roger Bunot, praticien à Châtillon (28 décembre 1652). — 7. Rôle de la capitation et des impositions jointes pour la paroisse de Limanton, Brinay et Mont, montant à 2.765 livres 10 sous 6 deniers. On lit, au verso du dernier feuillet : « La paroisse de Limanton est composée de 96 feux ou cottes, y compris les exempts, dans lesquels feux il y a 28 domaines qui composent 46 charrues de bœufs ». Le cahier est protégé par une feuille de parchemin où est inscrit un acte de vente d'une terre à La Sauve, paroisse de Commagny, en faveur de Jean Lardereau, marchand à Château-Chinon (20 septembre 1642).

1663-1786. — LIMANTON. *Procédures.* — 1 à 5. — Affaire au Bailliage de Nevers entre François de Closse et Léger Larrivé, à l'occasion de logement de gens de guerre (1663). — 6. Sentence de l'Élection de Château-Chinon, pour Étienne Chauveau contre Jean Simonnot, collecteur de la paroisse de Limanton (8 février 1677). — 7 à 26. Procès en la Maitrise royale des Eaux et Forêts de Nivernais, à l'occasion de délits forestiers dans les bois de l'Ouchotte et de Tenancé (1785-1786). — 27. Expertise en une affaire de dommages et intérêts pour mésus de bestiaux entre Jean-Marie de Noury et Jean Chevrier, maitre et chef de sa communauté (7 juillet 1785).

1616. — LIMANTON. *Le Magny.* — Bail, à titre d'accense et amodiation, du moulin banal, consenti à Pierre Girard par François de Loron, chevalier, baron de Limanton : concession du droit d'usage de bois et de pacage pour les porcs au bois de Bertault, et du droit de pêche au gué devant l'empalement du moulin et dans les ruisseaux des *Ains* [?] et de *Moireau* [Morion], la grande rivière [d'Aron] étant banale (1er avril).

1494-1518. — LIMON. — 1. Bail à bordelage par Madeleine de Chabannes, prieure de La Fermeté, à Jean Deshaulx, *alias* Regnault, et autres ; présence de Jacques Daudin et de Jean Petit, chapelains du couvent (12 juin 1494). — 2. Rétrocession à bordelage au vendeur de maison, ouche et terre acquises le même jour par Guillaume Ducoing, bourgeois et marchand de Nevers, sur Huguenin Deshaulx (29 novembre 1518).

1482. — LURCY-LE-BOURG. — Vente d'une terre au finage de Sangué consentie par Jean Joivot et Huguette, sa femme, à Guillaume Potier et Philiberte, sa femme (14 avril).

1729-1789. — LUZY. — 1. Vente de maison, ouche et pâturail à Luzy, au profit de Jeanne-Françoise de Jarsaillon, par Madeleine Lardereau, veuve de Jean Thévenot, maitre chirurgien, fille et héritière en partie de défunts Toussaint Lardereau et Anne Galion : présence de Charles Ballard, président au grenier à sel, de Denis Baudrion, notaire et procureur, de Claude Ballard, bourgeois, et de François Courault, contrôleur (17 février 1729). — 2 et 3. Rente annuelle de 125 livres en faveur des écoles charitables de Luzy : constitution par Denis-Robert Bruneau (22 août 1764) ; reconnaissance par Pierre-Étienne Bruneau (5 décembre 1786).

1 F 208 (Liasse). — 1 pièce parchemin.

1524. —. MAGNY. — Rétrocession à bordelage aux vendeurs de diverses pièces de terre acquises le même jour par Jacques Després, bourgeois de Nevers, sur Étienne Boleau et son gendre et parsonnier ; mention d'un bordelage de l'abbaye de Fontmorigny ; présence de Jean Buisson, clerc, de Nevers (31 octobre).

1 F 209 (Liasse). — 5 pièces parchemin, 14 pièces papier.

1619-1756. — MALTAT. *Entrages.* — 1. Bail par Jean de Saulx-Tavannes à Léonard Millin, sergent ordinaire de la seigneurie de Vitry ; présence de Jean Gonneau, curé de Vitry, et de Pierre Filleu, un des secrétaires de Jean de Saulx (14 octobre 1619). — 2. Déclaration, le même jour, de Millin, par laquelle il s'engage à remettre au baron de Vitry la terre entragée, à la première réquisition qui lui en sera faite et sans indemnité. — 3. Bail à rente et cens de prairie et bruyère, consenti par Lazare-Gaspard de Saulx-Tavannes à Jean Régnier et autres (10 septembre 1632). Copie de 1789. Suit la copie de lettres, consultation et requête au Parlement de Dijon, touchant l'affaire contre Jean-Marie Compin [Cf. article suivant] (1789). — 4. Autre bail à cens et rente de partie de la prairie de Villars, paroisse de Maltat, consenti par Lazare-Gaspard de Saulx à Jean de Grandval, écuyer, seigneur de Champagny et de Thaix ; présence de Jean Gonneau, curé de Vitry, et de maître Antoine Desessarts, demeurant à Pierrefitte (11 septembre 1632). — 5. Bail à rente de bruyères à Villars-sur-Somme, par le même seigneur à Pierre Bourrachot, marchand à Bourbon-Lancy ; présence de Léonard Millin et de Gilbert Boullier, sergents à Vitry (3 mai 1633). — 6. Transport du bail précédent par Claude Bourrachot à Alexandre Regnaud : celui-ci devra, dans le délai de 4 ans, planter 20 ouvrées de vignes : Bourrachot aura le quart du produit des améliorations, vignes et arbres fruitiers plantés, et poissons péchés dans les étangs et pêcheries qui pourront être aménagés (1ᵉʳ mai 1680). — 7 et 8. Bail à rente et cens de *jonchère*, pâture et marais à Villars, consenti à Jean Durégon, curé de Saint-Léger [de Bourbon-Lancy] et doyen de Saint-Nicolas de La Praye, près Bourbon, avec concession du droit de pacage à la Grande Marchie (20 juillet 1635). — 9. Bail à cens servile de portion des Jonchères de Villars, consenti à Guy Vanom, drapier à Cronat, sous condition d'y bâtir une maison (26 février 1640). — 10. Bail de terre et moulin à Villars, par Pierre Musnier, fermier de Vitry, à Jean Durégon, bourgeois à Bourbon-Lancy, sous condition de rente foncière et, en outre, à charge de dîme, s'il s'y exécute des labours (23 août 1659).

— 11. Transport d'une terre aux Chétifs-Bois, par Jean Durégon à Pierre Duc, tisserand à Vitry, à charge de cens et de corvées, Durégon s'engageant à y bâtir une maison ; présence de Pierre Savery, sergent général à Bourbon-Lancy (5 mars 1668). — 12 et 13. Bail à rente foncière, avec affranchissement de charge servile, par Pierre Musnier, agent aux affaires de la comtesse de Rispe, à Henri Durégon, praticien à Bourbon-Lancy ; présence de Jean Regniaud, fermier de Champagny (4 juin 1678). Ratification par la baronne de Vitry (13 novembre). — 14 et 15. Bail de bruyères et broussailles au bois des Achards, consenti à Alexandre Regnault, journalier à Maltat, sous condition de rente foncière, avec assujettissement aux quatre cas, et avec réserve des chênes, la glandée seule étant réservée au preneur (2 décembre 1680). — 16. Autre, de broussailles, au même finage, consenti à Philippe Gaillard, laboureur, à charge de rente foncière, de construction et de redevance de la neuvième gerbe pour les ensemencements à exécuter (25 avril 1703). — 17 et 18. Autre, de terres à Villars, consenti à Pierre Desbots, laboureur, à charge de rente foncière, de réparations aux bâtiments, et avec assujettissement au curage des fossés, au guet et garde et au droit d'indire (30 mai 1717). Joint le bail précédent, consenti à Léonard Boiret, tailleur d'habits, sous les mêmes conditions (1ᵉʳ février 1657). — 19. Transport à André Ramage de l'entrage précédemment consenti, le 25 avril 1703, à Philippe Gaillard (15 août 1756).

1 F 210 (Liasse). — 66 pièces papier.

1787-1788. — MALTAT. *Procédures.* — Procédure au Bailliage de Bourbon-Lancy entre Pierre-Étienne Bruneau et Jean-Marie Compin de la Motte, avocat en Parlement, demeurant en la paroisse de Maltat, à l'occasion d'arrérages de redevances dues en exécution du bail consenti à Léonard Millin le 14 octobre 1619. A signaler, p. 53, important résumé des faits (17 avril 1788). — L'analyse du dossier porte que l'affaire fut terminée, en appel, par un arrêt du Parlement de Bourgogne, du 13 juillet 1789, portant condamnation de Compin à passer nouvelle reconnaissance des héritages en question et à payer les arrérages et dépens.

1 F 211 (Liasse). — 1 pièce parchemin.

1457. — MARÇAIS. — Vente de 20 deniers tournois de rente et de 2 deniers de cens assis sur des terres au finage de *Couscolx*, auprès du four dudit lieu, consentie par Guillaume Robinet, dit Ravoy, demeurant à Marçais, au profit de Simon Boisseau, bourgeois de Saint-Amand-Mont-Rond (27 avril).

1 F 212 (Liasse). — 1 pièce papier.

1631. — MARRÉ. — Échange d'héritages entre Charles d'Aunay, sieur du Chagnot, et Françoise Barault, son épouse, d'une part, et, d'autre part, Noël Duplessis, laboureur à Blanzy, paroisse de Mingot ; présence de Claude d'Aunay, écuyer, baron d'Épiry, demeurant en la paroisse de Lucenay-l'Évêque (5 mai).

1 F 213 (Liasse). — 9 pièces parchemin, 2 pièces papier.

1471-1670. — MARZY. — 1. Vente de vignes au finage des Ouches-Pilon, par Jean Pilon, à Simon Dupont, seigneur de Châlons, demeurant à Nevers, lesdites vignes chargées d'un cens au profit du Chapitre d'Orléans (11 avril 1471. n. st.). Au dos, désistement par Étienne Decolons, licencié en lois, du procès qu'il avait avec les héritiers de feu Simon Dupont, au sujet desdites vignes (18 octobre 1482). — 2. Même acte. Au dos, bail à bordelage desdites vignes consenti à Guillaume Pilon par Jeanne de Pavie, veuve de Simon Dupont, et leurs enfants : Guillaume, Catherine et Isabeau (2 novembre 1482). — 3. Bail à bordelage de vigne et terre au vignoble d'Ardenay, consenti à Antoine Bardin, vigneron à Nevers, par Jean Bourgoing, bourgeois dudit Nevers, tuteur des enfants de feu Vincent Ducoing et de Marguerite Bourgoing, sœur de Jean, remariée à Jean Buxière, châtelain de Donzy (6 janvier 1510. n. st.). — 4. Vente de maisons et grange par Pierre Dutresmond et ses parsonniers à Pierre Després, bourgeois de Nevers ; présence de Jean Bertrand, clerc, de Nevers (31 décembre 1530). — 5. Transport de bordelage, avec quittance des droits de remuement et tiers denier, par Guillaume Ducoing. marchand à Nevers, à la suite de vente d'une vigne, aux Fondereaux, par Cyr Regnard à Guillaume Ribaud et à Jeanne Coquette, sa femme (1ᵉʳ mai 1532). — 6. Vente de rente et d'arrérages par Denis Bertrand, laboureur, à Pierre Couillard le jeune, marchand à Nevers (2 janvier 1574). — 7. Vente par Jean Gerbault à Georges Guyot d'une vigne sise en la Côte de Conflans, « franche et quicte de toutes charges » (4 novembre 1575). — 8. Investiture en bordelage d'une maison et dépendances par Madeleine Perom, veuve de Pierre Després, bourgeois de Nevers, en faveur de Christophe Dutremond, acquéreur de Jean Dutremond (22 juillet 1577). — 9. Vente de vignes en la Côte de Conflans, à Louis Royer et à ses parsonniers par Jean Després, prévôt des maréchaux de France en Nivernais, veuf de *Barthélomière* Couillard ; présence d'Étienne Pichot, clerc, de Nevers (12 juin 1601). — 10. Jean Després le jeune, comme héritier de *Barthélemye* Couillard. sa mère, et de Pierre Couillard, son aïeul, à la suite de partage conclu avec ses cohéritiers le 30 juin précédent, vend une vigne

en la Côte de Conflans à Zacharie Charbon, marchand, Jean Régnier, Louis Régnier et Guillaume Santerre, voituriers par eau ; présence d'Esme Nicot, procureur fiscal de Cuffy (25 janvier 1621). — 11. Reconnaissance de dette pour cheptel et frais de procès, par Léger Dumonceau à Pierre de Noury ; présence de Philibert Moireau, maître d'école à Nevers (30 septembre 1670).

1 F 214 (Liasse). — 1 pièce papier.

1613. — MAUX. — Échange de biens au finage d'Abon, convenu entre André Labour, notaire à Châtillon-en-Bazois, et Guillemette Pinot, sa femme, d'une part, et, d'autre part, Léonard Tissier, laboureur à Abon, et ses parsonniers (26 octobre).

1 F 215 (Liasse). — 40 pièces parchemin, 3 pièces papier.

1548-1597. — METZ-LE-COMTE. — 1. Bail à cens et rente d'une terre à la Corvée du Crot, par Gabriel de Grigny, *alias* Tastepoire, curé de Notre-Dame de Metz-le-Comte, à Edme Manjon, laboureur, demeurant aux faubourgs de Champagne, paroisse de Metz ; présence de Simon Pougelle, prêtre, à Metz, et de René Rohelin, sergent royal à Tannay (5 septembre 1548). Extrait collationné d'un terrier présenté par Pierre Musnier, docteur en droit, curé de Metz, pour lui servir au procès qu'il soutient contre Madeleine Delaporte (9 septembre 1633). — 2. Vente de terres à Claude Delaporte, marchand à Tannay, par Jean Prevostat, le jeune, et Sébastienne Millin, sa femme ; présence de Philippe Adam, prêtre, demeurant à Monceaux-le-Comte (13 janvier 1564. n. st.). — 3. Vente au même par Pierre Torterat, prêtre, demeurant à Metz-le-Comte, de vigne et de terres, les unes franches, les autres chargées de cens au profit de la cure de Metz, de la chapelle Sainte-Catherine en l'église dudit lieu, et de la duchesse de Nivernais (3 décembre 1564). — 4. Vente de terres en franc-alleu par Jean Toutrait à Pierre Dubois, notaire ducal demeurant à Champagne (15 octobre 1565). Suivent : concession de la faculté de reméré (même date) : et, au dos : désistement de Dubois, remboursement fait du principal et des frais (15 octobre 1567) [Voir p. 23]. — 5. Vente par les héritiers de Philippe Poyelle, veuve de Jean de La Vesvre, à Claude Delaporte, bourgeois et marchand de Clamecy, de rente antérieurement acquise par défunt Simon Poyelle, prêtre, oncle des vendeurs (14 juin 1571). — 6. Vente de maison et dépendances à Claude Delaporte et à sa femme par Jean Camus, notaire ducal et praticien à Metz-le-Comte ; présence de Toussaint Barjaux, curé dudit Metz, bachelier en décret (18 juillet 1571). — 7. Vente de terre au même par Pierre Page (10 janvier 1573). — 8. Autre, par Léger Jusson (3 février 1573). — 8 *bis.* Autre acquisition par Delaporte (7 février 1573). Pièce en mauvais était. — 9. Vente de pré, à Claude Delaporte, par Étiennette Jesin, veuve de Pierre Derausson (27 mars 1573). — 10. Vente de terre, au même, par Philippe Poyelle (30 mars 1573). — 11 à 18. Autres, au même, par : Sébastien Gallier (6 avril 1573, 11) ; Agnès Guillin, veuve de Noël Cellier (6 avril 1573, 12) ; Claude Petillon (29 avril 1573, 13) ; Sébastien Joulteau et Edme Billard (4 mai 1573, 14) ; Edme Baudot, dit Belizot (22 mai 1573, 15) ; Étienne Leblanc, et Denise, sa sœur (3 juin 1573, 16) ; Jeanne Poyelle (4 juin 1573, 17) ; Jean Petillon (12 juin 1573, 18). — 19. Vente au même, par Adrien Ferrier, de terres à Metz-le-Comte, d'un pré à Chassy, et d'un autre pré en la justice de Monceaux-le-Comte, au finage de *Flex-sur-Yonne*, le tout avec faculté de reméré, présence de Jean Charpentier, sergent au duché de Nivernais, demeurant à Tannay (21 décembre 1573). — 20. Acquisition de terre par Delaporte, représenté par Edme Perriot, son *facteur;* présence de Léonard Trymert, concierge des prisons de Metz (15 décembre 1574). — 21. Vente de maison, au même, par Hugues Vellaud, marchand à Champagne (2 janvier 1576). — 22. A la requête de Sébastienne Guillot, veuve d'Adrien Ferrier, Claude Delaporte prolonge pour huit ans le délai de reméré qu'il avait accordé (p. 19), sous condition de payer les intérêts accoutumés ; présence de M* Claude Barce, notaire (17 mars 1582). — 23. Vente de terres et de pré, consentie à Delaporte par Jean Tortraict et Sébastienne Hosin, sa femme (acte reçu le 14 octobre 1567 et grossoyé le 25 juin 1582). — 24. Autre, d'une terre en franc-alleu, par Jean Gondier, l'aîné, et Jean Michon, à Claude Delaporte, sieur de Chevannes ; mention d'une terre d'Antoine Courtois, grénetier de Moulins-Engilbert (9 avril 1584). — 25. Autre, par Loup Cloiseau, au même Delaporte représenté par son fils Lazare, d'une terre chargée de rente au profit de la cure de Metz (22 mai 1584). — 26. Autre, d'une terre chargée de cens au profit du seigneur de Billy, consentie à Delaporte par Antoine Dameron, hôtelier vendant vin aux faubourgs de Champagne (27 décembre 1584). — 27. Jeanne Chasseloup, veuve de Hiérôme Guillemot, demeurant à Asnois, vend une vigne à Antoine Courtois, seigneur de Turigny (5 novembre 1585). Au dos, mention que cette vigne a été transportée à Lazare Delaporte par Courtois, en vertu de transaction reçue Jean Guedan, notaire royal à Tannay. — 28. Autre vente, par la même Jeanne Chasseloup, à Claude Delaporte, seigneur de *Chevannes les Gandeaux,* d'une vigne chargée de rente au profit de la chapelle Sainte-Catherine, érigée au château de Metz ; présence de Claude Barce, notaire au duché (25 mars 1586). — 29. Vente de divers *hordons* de vigne, chargés de cens et rente au profit de la chapelle Sainte-Catherine, consentie par Gaspard Chasseloup et Jeanne Guillemot, sa femme, à Claude Delaporte, marchand à Tannay,

représenté par Jean Bidan (11 juillet 1586). — 30. Autre, d'une vigne alors en désert, chargée de semblable redevance, par Jean Cloiseau et Marie Chasseloup, au même Claude Delaporte (27 avril 1587). — 31. Vente d'une terre en franc-alleu, par Claude Richard, laboureur à Metz-le-Comte, et Léonarde Barthelemot, sa femme, à Lazare Delaporte, marchand à Clamecy (17 mai 1593). — 32. Vente au même d'une terre allodiale, consentie par Jean Carrin, laboureur à Champagne, et Catherine Godier, sa tante (12 juillet 1593). La ratification par Catherine Godier, veuve de Guillaume Bourbon, est du 19 juillet. — 33. Autre, au même, de terres à Champagne par Jean Michault et Philippe Moreau, sa femme (26 février 1594). — 34. Autre, de terre allodiale, au même, par Laurent Gondier, laboureur à Champagne, et Léonarde Garsault, sa femme ; présence de M* Claude Gourle, notaire et praticien à Amazy (31 mai 1594). — 35. Autre vente de terre au même par Jean Carrin, laboureur à Champagne : le prix en est payé par deux obligations, dont une de cheptel, reconnues par le vendeur ; présence de M* Jean Gui, notaire (9 décembre 1594). — 36. Copie de la pièce précédente, suivie de concession de la faculté de reméré (même date). — 37. Renonciation par Carrin à la faculté de reméré, faite au profit de noble Lazare Delaporte, commissaire pour le fait des montres de la maréchaussée de Château-Chinon ; présence de M* Guillaume Jabard, greffier de Chevannes sous Montenoison (15 février 1596). — 38. Vente de maison, aisances et dépendances, le tout chargé de cens au profit de la cure de Metz, consentie par Léonard Page et Agnès Remponeau, sa femme, au profit de Delaporte, représenté par Jacques Houdry, laboureur à Sur-Yonne (5 janvier 1595). — 39. Autre achat de terre par Delaporte sur Pierre Pougelle, blatier à Metz-le-Comte (16 novembre 1595). — 40. Autre, par le même, sur Léonard Jolly, tisserand de toile à Champagne (15 février 1596). — 41. Échange de biens entre le même et Edme Tixier ; présence d'Henri Moyreault, apothicaire à Tannay, et de Jean Rossignol, sergent royal (11 novembre 1596). — 42. Vente d'un pré à Lazare Delaporte par Loup Benoit, maréchal à Metz-le-Comte ; présence de Martin Camuse, clerc, de Tannay (27 août 1597).

1 F 116 (Liasse). — 7 pièces parchemin, 44 pièces papier.

1600-1773. — Metz-le-Comte. — 1. Vente à noble Lazare Delaporte, commissaire aux montres des prévôts des maréchaux en la maréchaussée de Château-Chinon, par Guillaume Baudot Gaulde, laboureur à Champagne, d'une terre allodiale et de terres et prés chargés de cens au profit de l'abbaye de Rougemont ; présence de Jean Lamyraud, sergent royal à Tannay (13 juillet 1600). — 2. Bail à cens et rente d'une terre entre Champagne et Metz, consenti audit Delaporte par messire Adrien de Carroble, écuyer, curé de Metz-le-Comte ; à l'entrée et belle main du bail sont affectés 20 écus sol et un muid de vin clairet, avancés par Delaporte huit jours auparavant, et qui ont été employés aux frais de confection du terrier de la cure, auquel Carroble travaille depuis le mois d'avril ; présence de Jean Martin, procureur du curé pour la confection du terrier, demeurant à Tannay, et de Jean Rouvier, clerc audit Tannay (22 septembre 1600). Copie délivrée à Pierre Musnier, curé de Metz-le-Comte (7 septembre 1633). — 3. Bail à rente par Delaporte à Pierre Royer, laboureur à Metz (9 juin 1602). — 4. Robert Lenoble et sa femme vendent au même Delaporte un jardin à Champagne (1ᵉʳ avril 1603). — 5. Vente de terre par Madeleine Vaudot, veuve de Martin Myneau, à Delaporte représenté par Jean Page, son métayer ; présence de Hubert Perriot, sergent au Duché (14 novembre 1606). — 6. Vente d'une terre allodiale sise à Metz, lieudit *Sous le moulin d'Asnois*, consentie par Jean Carrin, l'aîné, à Archambault de Villars, écuyer, représenté par sa femme, Madeleine Guichard (24 mai 1610). — 7. Partage de la succession de Lazare Delaporte, décédé *puis dix ans en ça* entre : Madeleine Guichard, sa veuve, épouse séparée de biens d'Archambault de Villars, écuyer, et Madeleine Delaporte, fille de la précédente et du défunt, d'une part ; et, d'autre part, Marie Delaporte, femme de noble Claude de Bèze ; les biens partagés sont situés surtout à Metz-le-Comte, mais aussi à Tannay, Amazy, Cuzy, Flez et Saint-Didier : présence de : Jean Charpentier, lieutenant des châtellenies de Metz-le-Comte, Monceaux-le-Comte et Neuffontaines ; Pierre Brotier, marchand ; Jean Charpentier, l'aîné, procureur d'office de Lys ; et François Cliquet, notaire royal (3 février 1617). — 8. Bail à rente de masure et dépendances, sous condition de réparations, consenti à Denis Tambute Billin, vigneron à Champagne, par Jean Després, le jeune, écuyer, et Madeleine Delaporte, sa femme (30 octobre 1619). — 9. Transaction sur procès pendant au Parlement de Paris, par appel du Bailliage de Nevers, entre Jean Després, aux droits de Madeleine Guichard, et Odot Maufoy, notaire royal à Tannay ; présence de noble Claude de Bèze, contrôleur au magasin à sel de Clamecy (2 juin 1621). — 10 Constitution par Jean Benoit, maréchal à Metz-le-Comte, en faveur de Jean Després, commissaire en la maréchaussée de Château-Chinon, demeurant à Nevers, d'une rente et d'un cens assignés sur deux vignes au finage de Metz, la première tenant *aux vieilles murailles de Malte emprise*, lesdits cens et rente payables à Tannay, en la maison de Claude de Bèze, élu et contrôleur en l'Élection de Clamecy ; présence de Philibert Baudot, procureur de Metz-le-Comte, de Thibaud Savard, sergent royal, et de Jean Perrot, praticien, tous deux de Tannay (18 janvier 1627). — 11. Bail de domaine consenti à Jean Savard, le jeune, par Madeleine Delaporte, veuve de Jean Després (26 avril 1631). La fin manque. — 12. Vente de vigne à Sébastien Gabereau par Jean Savard et sa femme, agissant au nom de Madeleine Delaporte (9 mars 1633). Copie, suivie de transcription de pièces de procédures poursuivies à cette occasion devant la châtellenie de Metz (1651). — 13. Annulation d'un bail de terres et prés antérieurement convenu entre Madeleine Delaporte et Jean Richard, laboureur à La Forêt, paroisse de Metz ; présence de Philippe Perrot, sergent royal à Tannay (23 mai 1647). — 14. Vente de vigne par Pierre de Noury, écuyer, seigneur de Turigny, au nom de Madeleine Després, sa femme, à Denis et Jean Roger, frères, vignerons à Metz ; constitution de rente en attendant le paiement du prix ; présence de Vincent Postallier, avocat, et de François de Bèze, marchand à Tannay (12 mai 1664). — 15. Reconnaissance de tenure à cens et rente fournie par Madeleine Després à messire François Jolly, conseiller du roi, curé de Metz-le-Comte ; présence de François Poussot, praticien à Metz (23 janvier 1670). — 16. Semblables reconnaissances fournies par la même au même curé, en conformité du terrier de 1627 (23 janvier 1670). Suit une assignation en paiement signifiée aux métayers de Pierre de Noury (1684). — 17. Nicolas Narcy, laboureur, acquéreur de Pierre de Noury, seigneur de Turigny, s'engage à payer à Louis de Montpotier, acquéreur des dames de l'abbaye de Crisenon, les redevances en froment et avoine que Noury devait auxdites religieuses (26 juillet 1673). — 18. Bail de maison et dépendances, par Madeleine Després à Nicolas Philippe (1ᵉʳ juillet 1674). — 19. Bail à métairie du domaine de Champagne, par ladite Madeleine à Jean et Nicolas Morlé, laboureurs et communs (23 mai 1682). La fin manque. — 20 et 21. Baux à ferme par Louis-Balthazar de Noury, à Nicolas Morlé, laboureur à Champagne, et à Antoine et Jean Drigny, frères et communs, demeurant à Metz-le-Comte (3 mars 1743). — 22. Quittance à Denis et Jean Drigny, fermiers de M. de Nourry, par Rousset, préposé au recouvrement des deniers destinés aux réparations de l'église de Metz-le-Comte (2 décembre 1771). — 23 à 49. Ventes de bâtiments, terres et biens divers, consenties par Louis-Balthazard de Noury au profit de : Jean Gauvin, tonnelier à Asnois (p. 23) ; Léger Patureau, laboureur à Cuzy (p. 24, 24 juin 1772) ; Philbert Cordier, le jeune, demeurant au Moulin Morizot, paroisse de Metz (p. 25) ; Philbert Guidan, le jeune, laboureur à Champagne (p. 26) ; Jean Morlé, le jeune (p. 27), et Jean Maudhuy, le jeune (p. 28), vignerons à Champagne ; Edme Grasset, laboureur à La Forêt (p. 29) ; Léonard Delarue, vigneron (p. 30) ; Pierre Rousset, charpentier (p. 31) ; Jean Guedan, laboureur (p. 32), et Pierre Dubost, laboureur (p. 33), tous demeurant à Metz (27 juin 1772) ; Claude Charlot, laboureur (p. 34), Jacques Narcy, tonnelier (p. 35), Claude Reslut, le jeune, vigneron (p. 36), Jean Rousset, charpentier (p. 37),

Royer Charlot, le jeune, manouvrier (p. 38), Jean Baudot Boudard, vigneron (p. 39), Claude Maudhuy, l'aîné, et Jean Maudhuy, l'aîné, vignerons (p. 40), et François Morlé, le jeune, aussi vigneron (p. 41), tous de Champagne (28 juin 1772) ; Jean Drigny, laboureur à Metz, et ses communs (p. 42) ; Jean Rousset, le jeune (p. 43), et Jacques Gresset (p. 44), laboureurs à Champagne ; Pierre Seurrat, marchand (p. 45), et Claude Majon, vignerons (p. 46), tous deux de Champagne ; Étienne et Aubin Philippe, laboureurs et communs, demeurant à Asnois (p. 47 ; 29 juin 1772) ; Jean Dubois, laboureur à Metz (p. 48 ; 28 juillet 1772) ; Jacques Tambour, tonnelier, demeurant à Asnois (p. 49 ; 14 mai 1773). Chacune de ces ventes comporte la clause suivante : au cas où le bien vendu ne se trouverait porté d'aucun seigneur, ou bien si les charges auxquelles il était assujetti se trouvaient prescrites, le vendeur se réserve un cens annuel conforme à la coutume de Nivernais. Au dos de chaque acte, inscription des paiements. — 50 et 51. Listes de terres avec indication des emblavures (s. d.).

1 F 217 (Liasse). — 2 pièces papier.

1634-1645. — METZ-LE-COMTE. *Droits d'usages dans les bois de Maulay.* — 1. Lettre à Madeleine Delaporte par son procureur, de Fougeroux, touchant le procès qu'elle soutient, à Paris, contre Philibert Grosjean de Villaines (26 septembre 1634). — 2. Copie de lettre de Madeleine Delaporte au procureur qui remplace Fougeroux, décédé : mention d'une reconnaissance de 1562, fournie par les usagers des bois au profit des seigneurs de Pierre-Perthuis, de Bazoches, de Chassy et des hoirs de Guélis ; les titres de l'affaire sont entre les mains du seigneur de Pierre-Perthuis (après le 17 décembre 1634). — 3. Perception et distribution par Jean Chesne, procureur fiscal de la baronnie de Pierre-Perthuis, des deniers dûs par les usagers des bois de Maulay. La redevance est ainsi fixée : pour un chariot à 4 roues, 4 deniers ; pour un chariot à 2 roues, 2 deniers ; pour un cheval ou un âne, 1 denier. Répartition : un quart au seigneur de Pierre-Perthuis ; un quart à Paul de Rémigny, chevalier, baron de Joux ; le tiers d'un quart à Jean d'Estut, écuyer, seigneur de Chassy, comme ayant le droit de Vaillant, dit Guélis ; et la moitié du quart des Guélis à Madeleine Delaporte, représentée par Jean Savard, son métayer (26 décembre 1645).

1 F 218 (Liasse). — 2 pièces parchemin, 16 pièces papier.

1633-1721. — METZ-LE-COMTE. *Procédures.* — 1 à 3. Procès devant la châtellenie de Metz, entre Pierre Musnier, curé dudit Metz, et Madeleine Delaporte, touchant des terrains contentieux [Cf. 1 F. 215, p. 1] (1633). — 4. Sentence de la châtellenie pour Pierre de Noury et Madeleine Després, contre Jean Narcy, laboureur (23 mai 1664). — 5 à 17. Procès au Présidial de Saint-Pierre-le-Moûtier, à l'occasion d'arrérages de redevances, entre Pierre de Noury et René Buteau, marchand à Champ-Coulant, héritier de défunt Jean Buteau, curé de Metz-le-Comte (1667-1677). A noter : p. 5, extrait d'une liève des droits, cens etc., dûs à la cure de Metz-le-Comte, dressée d'après le terrier, à la réquisition du curé Jean Buteau, le 25 décembre 1649. — 18. A la requête de Guillaume de Noury, signification à Pierre Tapin, praticien, demeurant à Champagne, pour parvenir au paiement de deux années d'arrérages de rente (29 août 1721).

1 F 219 (Liasse) — 3 pièces parchemin, 7 pièces papier.

1393-1774. — MINGOT. — 1. *Vente d'une grange et de divers biens* par Jean Auxeaul et Digoine, sa femme, à Jean Érart, *alias* Le Clerc, de Montapas, et à sa femme, Jeanne (4 novembre 1393). — 2. Obligation par J. Meschine à M. de Montjardin (31 juillet 1706). — 3. Reçu de titres et papiers délivré à M. de Grandpré par les frères De Champs de Salorges et de Champs de Saint-Léger (16 décembre 1721). — 4 et 5. Vente du fief et domaine de Sémelins, en la paroisse de Mingot, consenti par Eustache de La Roche-Loudun, écuyer, et Louise-Thérèse de Champs de Saint-Léger, son épouse, demeurant à Aubigny-sur-Loire, en faveur de Lucie-Charlotte de Fontana, veuve de Jacques Méchine, seigneur de Montanteaume, demeurant au château d'Orgue, paroisse de Mingot ; présence de Claude-François Gauché-Duvernoy, curé de Saint-Léger-de-Fougeret, et de Claude Gauché, écuyer, seigneur de Vaucourt et de Moncey (7 novembre 1736). Deux expéditions. — 6. Quittance des vins et épingles payés à l'occasion du précédent contrat de vente (7 novembre 1736). — 7. Quittance par M. de La Roche-Loudun d'une année de rente à lui due par Mme de Montanteaume (12 novembre 1737). — 8. Pièce relative au paiement de la terre de Sémelins (1739). Pièce en mauvais état. — 9. « Mémoire des actes faits pour Madame de Montanteaume par Me Bontemps, notaire » (28 novembre 1739). — 10. Lettre de Mme de La Roche de La Chassaigne à M. Du Verne, à Saint-Saulge, au sujet des réclamations formulées par M. de Pracomtal touchant Sémelins (10 septembre 1774).

1 F 220 (Liasse). — 11 pièces parchemin, 10 pièces papier.

1387-XVIIIe siècle. — MONTARON. *Fief de Poussery : Titres généraux.* — 1. Cession du bois du Raver, consentie par Jean de Mireheau, écuyer, à Marguerite de Marry, dame de Poussery, à cause de défunt Guillaume de Marry, écuyer, son

frère, moyennant extinction d'une rente de 100 sous tournois
dûe par ledit de Mirebeau à la demoiselle de Marry (*21 août
1387*). — 2. Partage de la terre de Poussery entre Philibert de
Lanty, écuyer, et Alips de Poussery, sa femme, d'une part, et
Gaucher de Courvol, écuyer, et Jeanne de Poussery, sa femme,
sœur d'Alips ; présence de Jean de la Croix, écuyer, et de
Jean Guenet, prêtre (6 avril *1404*). — 3. Sentence rendue aux
assises de Château-Chinon par Jean de Lorme, bailli de Château-Chinon et de Lorme, portant restitution à Jean du *Boux*,
écuyer, seigneur de Poussery, d'une pinte à mesurer vin, que
le procureur du roi avait fait saisir à Montaron : le droit d'éta-
lonnage reste indécis (10 juillet 1450). — 4. Sentence définitive
du juge de Montaron, entre Jean de Ferrières, écuyer, seigneur
de Montaron en partie, et ledit Jean du *Boux*, déclarant que
le champ de la Grand'Goutte relève de Poussery en toute justice, haute, moyenne et basse (5 mars 1470, n. st.). — 5 et 6.
Transport définitif par Jean du *Boux*, écuyer, seigneur de Poussery, à Étienne et Jean du Pontot, frères, écuyers, ses neveux,
des biens dont il leur avait antérieurement donné la nue-pro-
priété, en s'en réservant l'usufruit, par acte du 22 avril 1478.
Ces biens consistent en : la maison de Poussery et ses dépendances ; la terre de la Motte-des-Prés ; la terre du *Chaillo*,
aux paroisses de Vandenesse et de Chevannes ; la seigneurie
de Saint-Cy-Fertréve ; la terre de Chaumigny, à la paroisse
de Cercy-la-Tour ; des biens en la paroisse de Sermages, et
les dîmes de Grenessart, en la paroisse d'Anisy (13 août 1489).
— 7. A l'occasion de procès intentés aux Bailliages de Saint-
Pierre-le-Moûtier et de Nevers entre Étienne et Jean du
Pontot contre divers représentants de la famille de Bréchard,
transaction portant désistement des Bréchard, moyennant la
somme de 600 livres ; présence de : Jean Tenon et Gilbert de
Chappaigne, licenciés en lois ; nobles Louis Bongards et
Jacques Boisserand ; maître Jean de Charry ; et noble Jean
Troussebois, capitaine de Cercy-la-Tour (3 décembre 1491).
Au cours de l'acte est inséré le texte de la procuration donnée
par Marie de Bréchard, fille de Henri, veuve de Hugues de
Marcelange, écuyer, seigneur dudit lieu, à Philippe Terrière,
son neveu, fils de Philippe Terrière, chevalier, à Jean Tenon et
à Claude Pavie, licenciés en lois, et à Jean de Marcelange,
écuyer ; présence de Mathé *Joindre*, châtelain de Jaligny, et
de Martin Allemant, clerc, de la paroisse de *Saint-Georges-sur-
Cousant* (19 octobre 1491). — 8 et 9. Faits nouveaux (8) et
conclusions (9) présentés au Bailli de Nivernais par Étienne
du Pontot, écuyer, seigneur de Poussery, contre Jacques de
Reugny, écuyer, seigneur de Riégeot, et Jeanne de Courvol,
sa femme (entre 1541 et 1552). — 10 à 18. Procédures, aux
Requêtes du Palais, entre Louis de Régnier, chevalier, seigneur de Champloiseau, et Claude du Pontot, sa femme, contre
Suzanne de Chabannes, dame de Vandenesse, épouse de Jean

Olivier, chevalier, seigneur de Leuville, et Françoise d'Orléans, douairière du prince de Condé, dame de Château-Chinon, touchant la saisie du fief de Poussery (1578). — 19. A la
requête d'Anne de Guerchy, signification touchant les justices
de Poussery et de Montaron, que le duc de Nevers prétendait
être tenues de lui (11 mai 1605). — 20 et 21. Pièce de procédure et projet de sous-seing privé, au cours d'un différend
entre les familles de Reugny et de Fussey, touchant les justices
de Poussery et du Tremblay (XVIIIe siècle).

1 F 221 (Liasse). — 3 pièces parchemin.

1452. — MONTARON. *Fief de Poussery : Servitude.* — 1.
Par devant Michel Lebault, prêtre, curé de Montaron et notaire juré de la prévôté de Moulins-Engilbert. Jean Lemain
déclare que, nonobstant l'affranchissement à lui accordé le
même jour par Jean du *Boz*, écuyer, pour lui permettre d'entrer dans les ordres, il se reconnaît néanmoins homme de
condition dudit écuyer, taillable annuellement à 12 deniers t. et
mainmortable, le cas échéant (1er mars 1452, n. st.). — 2 et 3.
Sentence définitive, rendue aux assises de Cercy-la-Tour, déclarant que Jean Thollon, paroissien de Cercy, est pour un
quart serf de Jean du *Boux*, écuyer, seigneur de Poussery, à
cause de Marion, sa mère défunte, alors que ledit Thollon
prétendait n'être serf que du comte de Nevers (12 mai 1452).
Minute et expédition.

1 F 222 (Liasse). — 5 pièces parchemin. 4 pièces papier.

1470-1816. — MONTARON. *Fief de Poussery : Acquisitions.*
— 1. Échange de terres à seigle, « en franc aleuf du Roy »,
entre Jean du *Boux*, écuyer, seigneur de Poussery et du *Chaillo*
en partie, et Jean Dubois, de Drazilly ; présence de Jean de
Baudoin, écuyer et de Guillaume Cossard, prêtre (20 juillet
1470). — 2. Saisie d'une terre, au finage de Chèvre, en vertu
de commandement verbal du châtelain de Vandenesse et à la
requête de Jean du *Boux*, écuyer, seigneur de Poussery et de
Vandenesse en partie (26 octobre 1476). — 3. Ratification par
sous-seing privé d'un échange verbal de terres consenti entre
Édouard de Reugny, seigneur de Poussery, et Gaspard Bidault
(29 août 1748). — 4. Vente du domaine de Drazilly, consentie
à Pierre-Étienne Bruneau de Vitry par Henri Souchon, avocat
en Parlement, receveur des gabelles à Moulins-Engilbert,
agissant pour lui et pour son frère utérin, Guillaume-Marie-
François Alloury, prêtre, chanoine de l'Église de Nevers et
syndic du diocèse, tous deux étant fils de Gabrielle Pougault
(13 juin 1774). Suit copie de la procuration donnée par Alloury
à Souchon (9 mai 1774). — 5. Échange de biens entre Pierre-
Étienne Bruneau et Pierre Perrin, marchand au bourg de
Montaron : l'ouche cédée par Bruneau est en franc-alleu et

sera tenue en bordelage par Perrin, lequel demeure chargé des redevances dues sur les terres qu'il apporte en contre-échange (13 juin 1778). — 6. Vente de sa portion, dans l'héritage de Jeanne Theuriault, consentie par Pierre Theuriault en faveur de Léonard Chevret, chirurgien et marchand, demeurant au moulin de Poussery (29 juin 1785). — 7. Quittance du droit de centième denier, délivrée à Pierre Theuriault par Commaille, contrôleur des actes au bureau de Cercy-la-Tour (19 juillet 1785). — 8. Dominique Mathé et sa famille vendent à Léonard Chevret un pré au finage de Creule, chargé de cens au profit de la seigneurie du Tremblay (1er février 1786). Ratification par la marquise de Fussey (29 juin). — 9. « Observations sur les titres d'acquisitions faites soit par Monsieur Pierre-Étienne Bruneau, marquis de Vitry, soit par Madame Gabrielle de Reugny, son épouse, d'immeubles ou droits de cette nature, situés commune de Montaron et dépendant de la terre de Poussery, acquise par Monsieur le Marquis de Leusse ». Les actes analysés s'échelonnent de 1710 à 1816 (cahier, 4 feuillets).

1 F 223 (Liasse). — 9 pièces parchemin, 5 pièces papier.

1482-Après 1786. — MONTARON. *Fief de Poussery: Baux et reconnaissances.* — 1. Bail à bordelage de divers biens, sis pour la plupart au finage de Chèvre, consenti par Jean du Box, écuyer, seigneur de Poussery, en faveur de Jean Millin, dit Papier, dudit Chèvre ; présence de Hugues *Guoniet*, prêtre (10 octobre 1482). — 2. Autre, d'un pré sis à la queue de l'étang de Corcelles, par Antoine de Corvol, écuyer, seigneur d'Isenay et de Montaron en partie, en faveur de Jean Prevost, prêtre, et de ses parsonniers (7 octobre 1503). Pièce en mauvais état. — 3. Autre, d'une maison à Drazilly et de différents biens en divers finages, consenti par Jean du Pontot, écuyer, seigneur dudit lieu et de Poussery, en faveur de Guyot Dubois et de ses parsonniers (27 décembre 1504). — 4. Autre semblable, par Étienne du Pontot, écuyer, seigneur de Poussery, à Benoît Anguille, dit Dubois, et à sa famille (29 septembre 1539). — 5. Autre, d'une terre sise auprès de l'église de Chevannes, par Charles du Pontot à Thomas Boquin, *alias* Gouguet (28 novembre 1553). — 6. Quittance à Guyot Desmons par Charles du Pontot, seigneur dudit lieu, de La Forêt, des Chaumes et de Poussery, et bailli de Nivernais, à la suite de l'acquisition faite par feu Philbert Desmons d'une pièce de terre, au finage de Chèvre, tenue auparavant en bordelage de Poussery par Jean Poitou (23 juin 1554). — 7. Bail à bordelage d'une maison à Drazilly et de nombreuses pièces de terres et de prés, à Pierre Joseph, dit Verdelet, laboureur à Montaron, par Anne de Giverlay, veuve de Claude de Régnier ; suit concession de droits d'usages à titre de cens : présence de

Léonard Dony, praticien à Aunay, et de François Guitet, praticien à Rémilly (16 janvier 1597). — 8. Autre bail à bordelage à Gabriel Berthelot par Jean Guillier, prêtre, curé de Montaron, d'une terre tombée en réversion bordelière par le décès de Jean Ravary, à qui elle avait été concédée précédemment par Jean Reullon, alors curé de Montaron, suivant acte du 6 février 1654 ; présence de François Moizy, huissier au duché, et de François Brizelet, clerc (22 mars 1678). — 9 à 11. Pièces jointes : Quittances de rentes dues par les détenteurs de cette terre, signées : Theveneau, curé de Montaron (1740-1754). — 12. Sentence de la justice de Pouligny et Montaron, condamnant Pierre Durand, meunier du moulin de Poussery, à délivrer à Louis de Reugny une grosse du bail dudit moulin (29 février 1696). — 13. Pierre-Étienne Bruneau baille à ferme à Pierre Guérin, marchand fermier demeurant à Verneuil, le domaine de Drazilly, deux louageries sises dans la paroisse de Montaron et le domaine du Bazois, à Pouligny-sur-Aron : longue énumération de clauses méticuleuses (19 août 1780). Suit le reçu des bestiaux attachés à chaque exploitation. — 14. Projet informe d'une reconnaissance en bordelage par Claude Mathé le jeune, manouvrier à Creule, paroisse de Montaron, portant indication du partage des bois entre le seigneur et les usagers dudit Montaron : mention d'une demi-corvée et reconnaissance de l'assujettissement, pour tous les justiciables de Montaron, Poussery et Pouligny, à la banalité des moulins banaux de Poussery (s. d. ; après 1786).

1 F 224 (Liasse). — 5 pièces parchemin.

1640-1781. — MONTARON. *Fief de Poussery : Procédures.* — 1. Arrêt du Bailliage de Nevers, entre Pierre Havet et Jacques Piedevent, d'une part, et, d'autre part, Guillaume Robert, accenseur du revenu de la terre de Poussery (13 janvier 1640). — 2. Sentence de François Guillier, juge gruyer des seigneuries de Poussery, Montaron, Pouligny et dépendances, au profit de François-Marie Dubois, procureur fiscal, portant condamnation de Léonard Chevret, meunier demeurant au moulin de Poussery, à une amende de 157 livres pour coupe illicite de neuf pieds de chêne (10 décembre 1771). — 3 à 5. Procédure au Bailliage de Saint-Pierre-le-Moûtier, à l'occasion de contestation de propriétés entre Étienne Bruneau et Marie-Jeanne Rebreget, veuve de Claude Buteau, ancien régisseur de la terre de Vandenesse (1779-1780). La sentence définitive est prononcée contre Amable Buteau, président au grenier à sel de Moulins-Engilbert et receveur de Vandenesse ; Marie Buteau, veuve de Jean Bernard, marchand à Montaron ; et Alexandre Collin, veuf de Jeanne Buteau (29 novembre 1780). En marge de la p. 4, quittance par Bruneau aux cohéritiers de Marie-Jeanne Rebreget (9 mars 1781).

1 F 225 (Liasse). — 2 pièces parchemin, 1 pièce papier.

1386-1612. — Montaron. *Seigneurie et prévôté.* — 1.
Pour terminer un procès soutenu au Bailliage de Nevers entre
Jean d'Auvergne et Marguerite de Marry, veuve de Jean
Le Bidaut de Montaron, à l'occasion de la mainmise opérée, à
la requête de ladite demoiselle, sur une maison à Saizy et ses
dépendances, désistement de Jean d'Auvergne enregistré par
Jean Blandin, bailli de Nevers, aux assises de Moulins-Engil-
bert (18 mars 1386, n. st.). — 2. Procuration à Jean Duguet et
à Guillaume Charbonneau par Louise de Vendonne, veuve de
François de Ferrières, chevalier, pour rendre au marquis de
Rothelin, baron de Château-Chinon, l'hommage qu'elle lui doit
à cause de Montaron (20 janvier 1547, n. st.). — 3. Obligation
de 7 livres 10 sous tournois par Antoine Richard et Pierre
Simonin, accenseurs de la prévôté de Montaron, au profit de
Jean de Reugny, écuyer : les fermiers doivent nourrir le juge
et les officiers lorsqu'ils tiennent les jours et les payer de leurs
gages (14 février 1612).

1 F 226 (Liasse) — 2 pièces parchemin, 7 pièces papier.

1454-1783. — Montaron. *Bois.* — 1. Désignation d'ar-
bitres chargés de vider le différend entre Henri de Vendonne,
écuyer, et Jeannot et Régnier Daguin, touchant le bois des
Petites Faulettes ; présence de Philibert de Courvol et de
Philibert de Cossaye, écuyers (10 novembre 1454). — 2. Vente
de coupes de bois, aux paroisses de Montaron et Pouligny-sur-
Aron, par Pierre-Étienne Bruneau à Jean Martin, marchand
de bois à Morillon, paroisse de Préporché ; la glandée sera
commune entre le vendeur et l'acquéreur ; pot de vin · 600
livres (20 mars 1777). — 3 à 9. Procès-verbaux et procédures
à l'occasion de divers délits dans les bois (1771-1783).

1 F 227 (Liasse). — 1 pièce parchemin, 1 pièce papier.

1553-1784. — Montaron. *Pièces diverses.* — 1. Convention notariée entre Berthier Perrin, Benoit et Marie, ses enfants, Jean de Couze, gendre de Berthier, futur de Marie, et
Denis Jeanmaitre, leur cousin, paysonniers et communs en
biens, d'une part, et Jeanne et Paule de Couze, sœurs, d'autre
part ; Jeanmaitre épousera Jeanne de Couze et tous ensemble,
y compris Paule de Couze, vivront en communauté, comme
frères et sœurs, à droits égaux ; désignation du dernier survivant comme héritier (5 juin 1553). — 2. Congé absolu accordé à Jean Bouillot, milicien du bataillon de Moulins
(4 octobre 1774).

1 F 228 (Liasse). — 3 pièces parchemin.

1505-1599. — Mont-en-Bazois. — 1. Guillemette, femme
de Jean Pelé, et Jeanne, veuve de Guillemin Pelé, ratifient la
vente d'une terre, à Selins, consentie, le 18 avril 1505, par ledit
Jean Pelé à Pierre Guenot et aux siens (30 mai 1505). — 2.
Vente d'un pré, chargé de cens au profit du seigneur de Châtillon-en-Bazois, consentie par Simon Gaulthier à François
Petitbon, notaire, et Jeanne Bonenfant, sa femme ; mention,
parmi les joignants, de Claude Dupuis, écuyer, seigneur des
Fossés (3 mars 1562, n. st.). — 3. Reconnaissance de tenure en
bordelage par César et Parceval de Bongards, écuyers, Jean
Chaveau, au nom de Marie Guenot, sa femme, et François
Guenot, au profit de Bénigne de Rabutin, dame d'Espeuilles,
veuve de François d'Anlezy, chevalier de l'ordre du roi ; mention des seigneurs et des détenteurs antérieurs et filiation des
droits de propriété : présence de Pierre Ducrot, procureur de
La Collancelle, demeurant à Meuré (25 juin 1599).

1 F 229 (Liasse). — 8 pièces parchemin, 1 pièce papier.

1402-1712. — Montigny-sur-Canne. *Buxière.* — 1. Bail
à bordelage par Jeanne de Louvys, dame de Buxière, épouse
autorisée de Jean Fouquaut, écuyer, à Hugues Menain, serf
de ladite dame (5 mai 1402). — 2. Vente de terre par Jeanne
Bongrant, épouse de Girault Garillen, à Guillaume Menain et
aux siens (27 septembre 1433). — 3. Bail à bordelage, en trois
lots, par Guiot du Chaillot, écuyer, et Adrienne de Veaulce, sa
femme (19 novembre 1469). — 4. A la suite d'un procès entre
Ponthus de Frasnay, écuyer, seigneur d'Anisy et de Buxière
en partie, et Regnault Lucas et les siens, ledit écuyer prétendant que ses adversaires étaient de condition servile et que les
héritages tenus par eux étaient chargés de redevances bordelières, transaction entre les parties, portant désistement dudit
écuyer et reconnaissance de la franchise de ses adversaires et
de leurs tenures, pour lesquelles ils paieront une rente foncière et un cens annuel ; présence de : Jean du Pré, Regnault
de la Breuille, et Jean du Chaillou, tous écuyers (26 avril 1495).
— 5. En conséquence de vente d'une grange et de deux pièces
de pré, reconnaissance de dette par Regnault Lucas au profit
de noble Antoine du Breuil, seigneur des Murgiers (acte reçu
le 14 mars 1497, n. st., et grossoyé le 6 janvier 1501, n. st.).
— 6. Transport de bordelage portant quittance des droits de
tiers denier et de renuement, consenti par Eugin de Toury (1),
écuyer, seigneur de La Chatonière et de Buxière en partie, et

(1) Le nom exact est indiqué par la mention inscrite au dos de la
pièce. Dans le corps de l'acte, le scribe, distrait, a inséré un nom qu'il
est impossible d'identifier.

Jeanne de Monfoy, sa femme, en faveur de Jean Marie, notaire, demeurant à Buxière, et de ses parsonniers ; Marie est acquéreur de Jean Menaud et de Blaise Laurent, sa femme (19 mars 1576). — 7. Constitution d'une rente de 108 livres 17 sous tournois, au principal de 1.743 livres, par Jean de Saint-Quentin, chevalier, au profit de Jean de La Broe, écuyer, seigneur de La Chatonière, des Doreaux et de Buxière en partie, ladite constitution portant transfert d'une rente due par Claude de Druy, sieur d'Avril-les-Loups, suivant contrat du 30 décembre 1618 ; présence de Pierre Frachot, procureur fiscal de Châtillon-en-Bazois, et de Charles Mirault, greffier au Bailliage dudit lieu (26 avril 1622). — 8. Sentence de l'Élection de Château-Chinon au profit de Jacques de Paris, écuyer, seigneur du Chailloux et de Buxière en partie, demeurant au Chailloux, paroisse de Saint-Cy-Fertrève, portant exemption du domaine de La Buxière à l'égard de la taille, de l'ustencile et de la capitation (19 septembre 1712). — 9. Signification de la sentence précédente à Michel Lebreton, syndic de Montigny-sur-Canne (14 novembre 1712).

1 F 230 (Liasse) — 3 pièces parchemin.

1586-1673. — Montigny-sur-Canne. *Pron.* — 1. Vente de diverses pièces de terre par Gabriel Robert, marchand à Moulins-Engilbert, à Jean Sallonnier, contrôleur en l'Élection de Château-Chinon ; présence de Jean Dubois, clerc, demeurant audit Moulins-Engilbert (17 juin 1586). — 2. Foi et hommage à Jean Sallonnier, seigneur de Pron, par Germain Garillan, notaire au duché, maître et chef de sa communauté, demeurant à Cercy-la-Tour, à l'occasion de rentes et cens dûs sur différents biens dépendant de Pron particulièrement à Cossay [paroisse de Thaix], entre autres sur La Motte-Grillon ; mention de Marc de Rolland, écuyer, sieur de Vendonne ; et indication, parmi les confins, de la chapelle de Vaully (12 décembre 1601). — 3. Pierre Robert, marchand à Pron, vend à Charles et Claude Rossignol, frères et communs parsonniers, le domaine Robert, chargé de cens au profit du seigneur du Tremblay et de la dame de La Fermeté ; présence de Hubert Moreau, notaire au duché, et de Paul Garillan, praticien, de Savigny-sur-Canne (8 août 1673).

1 F 231 (Liasse). — 11 pièces parchemin.

1421-1546. — Moulins-Engilbert. — 1. Feu Jean Le Tort ayant légué par testament 100 francs en or et divers héritages à Jean Le Tort, son bâtard, Guillaume, Érard, Jean et Henri Le Tort, ses neveux et ses héritiers, conviennent d'attribuer audit bâtard 20 francs d'or pour commencer et les héri-

tages spécifiés dans l'acte ; présence de Philibert du Verne, écuyer, et de Jeanne, veuve de Droin Le Tort (acte reçu le 19 janvier 1421, n. st., et grossoyé le 30 mai 1448). — 2. Bail à bordelage d'une maison par Marguerite, veuve de Jean Le Riche, à Huguenin Pougault et à Philibert, son frère (15 mars 1424, n. st.). — 3. Échange de rentes et bordelage entre Philibert Bourgoing, écuyer, et Jeanne Le Tort, sa femme, d'une part, et, d'autre part, les chanoines de la chapelle de Notre-Dame, représentés par Philippe Benoit, Regnaud Durand, Guillaume Alexandre, Jean Billebault, Jean Garin, Vincent Dorelot et Pierre Bourne (1451). — 4. Bail de deux maisons, à charge de cens et sous condition de droit d'entrée, consenti à Regnault Borne par Jacques Loron, écuyer, fils émancipé d'Étienne Loron, aussi écuyer (18 juillet 1464). — 5. Bail à bordelage d'un héritage moitié en terre et moitié en vigne, sis à Cézeau, joignant le chemin qui va de Moulins-Engilbert au Four-au-Verre, consenti à Jean Thevenier, paroissien de Commagny, par Jean Niaudin, prêtre, curé de Saint-Éloi (12 novembre 1470). — 6. Bail à rente d'un pré et d'une vigne en désert à remettre en état, à Jacques Alexandre, par Jeanne de Pavie, veuve d'Henri Niaudin, et Jean Dupont et Marie Niaudin, sa femme ; le pré est chargé d'un bordelage de 2 boisseaux de froment au profit de noble Guillaume Boisserand (15 février 1483, n. st.). — 7. Bail à bordelage d'une maison, à Vincent Frachet, par Jean Bourgoing, écuyer, agissant en son nom et au nom de Charles, Claude, Jacques, Philibert et Catherine Bourgoing, ses frères et sœur (26 avril 1484). — 8. Claude Tartarin, bourgeois de Moulins-Engilbert, vend à Guillaume de Colons, seigneur de La Charnaye, grénetier dudit Moulins, une rente assise sur une maison, sur un pré et sur une redevance de taille et bordelage (15 mars 1486, n. st.). — 9. Bail à rente d'une maison, à Henri Tiolé, prêtre, par Catherine de La Bouthière, veuve de Guiot de Bazay, écuyer, seigneur dudit lieu ; présence de Jean du Pontot, écuyer (10 octobre 1491). — 10. Bail à bordelage d'une maison à Pierre Courtois, mercier, par Jean Le Bourgoing, écuyer, en son nom et au nom de ses frères : Charles, Jacques et Claude (14 mars 1492, n. st.). — 11. Bail à cens de maison et étable par Philibert Le Bourgoing, seigneur de Champlevrier et de Champ-Charmot, à François Gornillat, sergent royal ; présence de Guillaume de Bar, prêtre (23 octobre 1546).

1 F 232 (Liasse). — 10 pièces parchemin, 1 pièce papier.

1603-1720. — Moulins-sur-Allier. *Hôpitaux Saint-Gilles et Saint-Joseph.* — 1. A la suite de procédures en la Sénéchaussée de Bourbonnais, à l'occasion du testament de Jean Paulin, receveur du domaine de Bourbonnais, portant fondation au profit de l'hôpital Saint-Gilles, accord entre Jacquette

Paulin, veuve de Baptiste Roux, conseiller du roi, trésorier général de France en la Généralité de Moulins, d'une part, et, d'autre part : Toussaint Duc, chanoine de Notre-Dame de Moulins ; Roch de Culan, avocat, Pierre Morelot et Claude Vilardin, maîtres et gouverneurs, et Jean Geyn, procureur dudit hôpital (8 janvier 1603). Au verso du premier feuillet, en marge, mention du rachat de la rente, le 12 novembre 1714. — 2. Constitution de rente par Jacques Rocque, sieur des Modières et de La Forêt, et Georges Girard, marchand voiturier par eau, au profit de Marguerite Heulhard, veuve de Pierre Bernachier, procureur en la Sénéchaussée de Moulins (10 février 1631). A la suite et en marge, inscription des vicissitudes de cette rente, qui fut rachetée le 12 novembre 1714. — 3 et 4. Sentences de la Sénéchaussée de Moulins pour Pierre Beraud, administrateur du temporel des hôpitaux Saint-Gilles et Saint-Joseph, contre Jean Rocques, écuyer, sieur de La Forêt, fils de Jacques (1673). — 5. Constitution de rente au profit de Jean Coiffier, écuyer, seigneur de Demoret, procureur du roi au bureau des Finances de Moulins, par Gaspard Dosches, lieutenant général aux Eaux et Forêts de Bourbonnais, Marie Dosches, veuve de Claude Poncet, procureur en la Sénéchaussée, et Charles Dosches, procureur en l'Élection de Moulins (22 avril 1676). En marge : rachat de ladite rente par Pierre Poncet, trésorier de France à Moulins (20 juillet 1720). — 6. Accord, touchant deux rentes constituées par Jean Rocques, sieur des Modières, conclu entre François Senetaire Tridon, sieur des Vayaux, conseiller du roi, garde-marteau des forêts de Bourbonnais, et Nicolas [de Villaines], écuyer, conseiller du roi, président trésorier de France à Moulins, administrateur des hôpitaux, après consultation d'Henri Bolacre, conseiller du roi, lieutenant général en la Sénéchaussée de Bourbonnais, de Rémy Aubery, écuyer, sieur du Plessis, conseiller et procureur du roi en la même cour, de Jean-Louis Vigier, chanoine de Notre-Dame de Moulins, et d'Étienne Alaroze, avocat en Parlement (12 février 1682). Suit mention du rachat de ces rentes, effectué par Jean Durand, docteur en médecine, sieur des Vayaux, et Marie Tridon, sa femme, entre les mains de Pierre Heuilhard, sieur de Latilly, administrateur des hôpitaux (12 novembre 1714). — 7. Nicolas Coiffier, écuyer, baron du Breuil, et Antoinette de Champfeu, son épouse, cèdent deux rentes constituées aux hôpitaux représentés par Gabriel Saillan, conseiller du roi en la Sénéchaussée de Moulins, l'un des administrateurs ; opération approuvée par Henri Bolacre, Rémy Aubery, François Desruisseaux, chanoine de Notre-Dame de Moulins, et Nicolas Vernon, avocat en Parlement, conseil des hôpitaux (30 décembre 1694). Mention du rachat desdites rentes, le 20 juillet 1720.

1 F 233 (Liasse). — 4 pièces parchemin, 5 pièces papier.

1619-1670. — MOULINS-SUR-ALLIER. *Couvent des Augustins*. — 1. Acceptation provisoire par Fulgent Sabourin, vicaire, et Luc Blazonneau, religieux profès, tous deux frères Augustins du couvent de Moulins, de la fondation en leur église d'une chapelle dédiée à Saint-Pierre par Pierre Hugon, écuyer, sieur du Breuil et autres lieux, premier valet de chambre de la reine de Grande-Bretagne ; présence de [Léon ?] Meaulme, procureur du roi en la châtellenie de Moulins, de Michel Lepied, procureur en la Sénéchaussée, de Michel Mazurier, maître orfèvre, de Charles Deville, maître chaussetier, et de Gilbert Lieudon, premier huissier audiencier en ladite Sénéchaussée (5 février 1619). Suit la ratification dudit acte par l'assemblée du chapitre provincial tenue à Montoire (30 avril 1619). — 2. Marché pour la charpente d'un corps de bâtiment comprenant la sacristie, convenu, en assemblée capitulaire, avec Antoine Bertellet, maître charpentier, demeurant paroisse d'Yzeure (7 mai 1633). Libération du couvent à l'égard dudit Bertellet (22 mai 1637). — 3. Fondation par Étienne Baugy, procureur en la Sénéchaussée de Bourbonnais, et Marie Berthier, sa femme (24 mai 1642). — 4. Autre fondation par Étienne Baugy, bourgeois de Moulins (12 janvier 1650). — 5. Testament, portant élection de sépulture aux Augustins, et fondation, au profit de la fabrique d'Yzeure, de François Baugy, écuyer, sieur de Rochefort, conseiller du roi, lieutenant général au domaine de Bourbonnais : exécuteurs testamentaires : Étienne Genin, sieur de Billonnat, avocat en Parlement, et Claude Chauvin, conseiller du roi, enquêteur en la Sénéchaussée de Moulins (12 juillet 1661). Suit quittance à Marie Chabre, veuve dudit François Baugy, par Jacques Bergier, écuyer, sieur de La Brosse, conseiller du roi, lieutenant en la Châtellenie de Moulins, Pierre Decamp, notaire royal, Gilbert Alarose, sieur des Morins, conseiller du roi et son procureur au domaine de Bourbonnais, ci-devant marguilliers de Saint-Pierre d'Yzeure (25 mai 1663). — 6. Copie de l'acte précédent, suivi de quittance, par Hélène Chabrol, du legs à elle attribuée par ledit testament (14 septembre 1667). — 7. Testament de Charles Hugon, prêtre, ancien curé de Bresnay, portant fondation au profit des Augustins et legs en faveur de l'Hôpital général de Moulins : exécuteur testamentaire : Gaspard Hugon, écuyer, sieur de Fourchaud, neveu de Charles (25 septembre 1663). Suivent trois quittances délivrées à Gaspard Hugon par des légataires de Charles Hugon (24 mars 1666). — 8. Contrat portant constitution de rente au profit des Augustins par Gaspard Hugon et Marie-Silvie de Saint-Hilaire, son épouse, pour assurer l'exécution de la fondation Charles Hugon (21 mars 1665). Suit : Rachat de ladite rente (24 juin 1691). — 9. Jean et François Hugon, frères, demeurant à Arles, promettent à Gaspard Hugon de faire ratifier par Aimée et Antoinette Hugon et par leurs maris la transaction conclue le même jour pardevant Berroyer, notaire (7 mai 1670).

1 F 234 (Liasse). — 4 pièces parchemin, 8 pièces papier.

1702-1718. — Moulins-sur-Allier, *Procédures.* — 1 à 9. Procès devant le Présidial de Moulins, entre Étienne Baugy, écuyer, seigneur de Rochefort, conseiller du roi, président trésorier général de France en la Généralité de Moulins, demandeur, d'une part, et les marguilliers de Saint-Pierre d'Yzeure, d'autre part, à l'occasion de l'exécution des testaments d'Étienne Baugy, aïeul, et de François Baugy, père du demandeur (1702-1704). — 10. Sentence de la Sénéchaussée de Moulins pour Jean Coiffier, écuyer, sieur des Nonettes, conseiller du roi, chevalier d'honneur en ladite Sénéchaussée, contre : Marc Dosches, procureur aux cours de Moulins ; Pierre Dosches, conseiller du roi, lieutenant des Eaux et Forêts en la Maîtrise de Moulins ; Jeanne et Élisabeth Dosches, ses sœurs, héritières de Gaspard Dosches ; Antoine Dosches, conseiller du roi, receveur des Eaux et Forêts en la maîtrise de Montmarault ; et Claude Dosches, fils et héritier en partie de Charles Dosches (3 février 1706). — 11. *Contrainte en paiement de frais,* contre lesdits Dosches (18 juillet 1710). — 12. Sentence de la Sénéchaussée de Bourbonnais, en une cause entre Gilbert Roy, écuyer, seigneur des Bouchennes, époux d'Élizabeth Maquin, et la famille Dosches, touchant la saisie réelle de divers biens sis en la paroisse de Bresnay (31 mai 1718).

1 F 235 (Liasse). — 1 pièce papier.

1577. — Neuvy. — Acte de prise de possession du pré de Guillaume Jovelle, par Gilbert Berthier, procureur en la Sénéchaussée de Bourbonnais, acquéreur de François de *Balles,* écuyer, seigneur de La Garenne, et de Péronelle Cadier, son épouse ; présence d'Antoine Delagrange, procureur en ladite Sénéchaussée, de Jean Lasnier, praticien, et de Gilbert Legay, clerc, tous de Moulins (22 avril).

1 F 236 (Liasse). — 2 pièces parchemin, 1 pièce papier.

1555-1574. — Nevers. *Rentes sur les gabelles.* — Ces constitutions de rentes sont faites par les échevins de Nevers, en exécution de contrat passé entre eux et Étienne Lallemand, conseiller du roi, maître des requêtes ordinaires de son hôtel, procureur spécial désigné à cet effet. Ces pièces sont en mauvais état. — 1. Au profit de Marie Fromaget, veuve de Gilbert

Tyson (27 octobre 1555). Au dos : *Transport de la rente à Pierre Couillard, le jeune, marchand à Nevers (1574).* — 2 et 3. Autre, au profit de Jean Bourdet (10 novembre 1555). Original et copie.

1 F 237 (Liasse). — 1 pièce parchemin, 4 pièces papier.

1584-1585. — Nevers. *Rue Ablanc.* — 1. Saisie de maison en garantie de remboursement d'obligations, opérée sur Pierre Quinandat, charpentier, à la requête de Pierre Couillard, marchand à Nevers ; procès-verbaux de criées et réception d'oppositions (mars-juin 1584). — 2. Quittance à Pierre Couillard par Jean Sionnais, couvreur, commissaire établi à la conservation de ladite maison (25 avril 1584). — 3 et 4. Taxation par le Lieutenant général de Nivernais des sommes dues à cette occasion par Pierre Couillard à Claude Manissonnat, sergent royal, et à Guillaume Camuset, notaire royal ; quittance en conséquence (septembre-octobre 1584). — 5. Fin d'un acte portant approbation par le Bailliage de Nevers des susdites saisie et criées (12 avril 1585).

1 F 238 (Liasse). — 1 pièce papier.

1627. — Nevers. *Rue des Bourgeois.* — Marché pour réparations d'une maison, conclu entre Mathurin Roy, maître maçon et tailleur de pierres, et Jean Després, commissaire en la Maréchaussée de Château-Chinon ; présence de Claude Rolland et de Philibert Grasset, clercs, demeurant à Nevers (17 février). A la suite et en marge, trois quittances par Roy à Després.

1 F 239 (Liasse). — 1 pièce parchemin, 1 pièce papier.

1550-1673. — Nevers. *Le Carrefour.* — 1. En conséquence d'acquisition par Pierre Després l'aîné, marchand à Nevers, sur Guillaume Bourgoing, licencié en lois, seigneur du Vernay, fils de feu Guyon Bourgoing, reconnaissance de bordelage, sur un jardin et une vigne, par Antoinette de La Montagne, veuve de Pierre Pillet (21 octobre 1550). — 2. Requête au Lieutenant général du Bailliage de Nevers, par Pierre de Nourry contre François Talias, maître tonnelier, pour parvenir au paiement de loyer échu et à la réparation de dégradations ; assignation donnée en conséquence (14 novembre 1673).

1 F 240 (Liasse). — 4 pièces parchemin.

1500-1531. — Nevers. *Rue du Commerce.* — 1. Pierre Defrance, prêtre, demeurant à Nevers, vend à Jean Dupont, marchand drapier, deux redevances bordelières assises : la première sur une maison, rue de la Coifferie, et la seconde, sur une vigne au Coudray, paroisse de Marzy ; présence d'Étienne Leveau, de Château-Chinon, clerc à Nevers (27 février 1500, n. st.). — 2. Vente de moitié d'une maison, sise en la rue de la Tonnellerie, par Philibert Hervier, foulon de draps, demeurant à Bourges, à Michel Pernin, licencié en lois, et Perrine Lamiche, sa femme ; cette maison est chargée de rente au profit des héritiers de Jacques Bolacre et au profit de Marie de Corbigny, veuve de Jean Damont, remariée à Jean Leclerc, écuyer, seigneur des Noyers (1ᵉʳ juillet 1521). — 3. Guillaume Juysard, prieur de Saint-Martin, et le couvent capitulairement assemblé à Venille « pour le dongier de peste estant en la ville de Nevers », baillent à bordelage une maison, rue de la Coifferie, à Pierre Després, bourgeois de Nevers (30 juillet 1531). — 4. Reconnaissance de tenure en bordelage de ladite maison, par Després au couvent de Saint-Martin : Després avait acheté la maison à Catherine de La Forêt, veuve de Jean Devaulx (à Trangy, paroisse de Chaluzy, 11 août 1531). La redevance due sur cette maison est affectée à la Crosse de l'abbaye.

ı F 241 (Liasse). — 4 pièces papier.

1725-1728. — Nevers. *Rue Creuse.* — 1. Location de maison par Madeleine Ninié, veuve et commune de Pierre Portier, maître maçon et tailleur de pierres, à Guillaume de Nourry, écuyer, seigneur de Cherigny, Palluau, etc., avec faculté, pour le preneur, de résilier en prévenant trois mois, à l'avance (4 juin 1725). — 2. Quittance par Madeleine Ninié à Guillaume de Nourry (22 août 1727). — 3 et 4. Autres quittances, par la même, à Louise de Closse, veuve de Guillaume de Nourry (28 novembre 1727 et 1ᵉʳ juin 1728).

ı F 242 (Liasse). — 1 pièce parchemin.

1518. — Nevers. *Rue du Château.* — Bail à bordelage d'une maison consenti à François Yvonnes, verrinier, et Catherine Marcillat, sa femme, par Jean Millet, concierge de la Chambre des Comptes de Nevers, et Henriette de Pougues, sa femme, en conséquence de partage de biens effectué entre les frères et sœurs de Pougues ; présence d'Henri Richier, prévôt du Bourg Saint-Étienne, et de Pierre Betion, sergent royal (12 mai).

ı F 243 (Liasse). — 1 pièce parchemin, 2 pièces papier.

1773. — Nevers. *Rue Fontmorigny.* — 1. Vente d'une maison, sise au coin de la rue du Charnier, par François Moisy, procureur au Bailliage de Nevers, fondé de procuration d'Anne Tixier et de Valentin Tixier, maître des écoles de Martigues, à Philippe Lebault, chevalier, seigneur de Chavance, La Loge, Grandchamp et autres lieux, et Madeleine Millot, sa femme, demeurant au château de La Loge, paroisse de Beaumont-sur-Sardolles (4 juin 1773). Suit copie de procuration donnée par Marie Roger, de La Charité, intervenante à l'acte, à Pannecet, procureur au Bailliage de Nevers (3 mai). En marge de la dernière page : Quittance à M. de Chavance par le procureur de Saint-Étienne de Nevers (5 juin). — 2. Lettre à Haly, procureur à Nevers, par Tixier, exposant que ce dernier n'a pas de contrat de mariage et que sa femme n'a aucun droit sur ses biens, suivant le droit écrit (20 août). — 3. Ratification par Valentin Tixier de l'acte de vente du 4 juin (1ᵉʳ septembre).

ı F 244 (Liasse). — 1 ... e parchemin.

1556. — Nevers. *Rue de la Parcheminerie.* — Pardevant la justice du Bourg Saint-Étienne, poursuite en saisie de maison sur Antoinette Demarry, veuve de Jean Chappeau, par Jacques Maignen, licencié en lois, avocat, mari d'Anne Desjours, au défaut de Jacques Després, élu de Nivernais, à l'occasion d'une rente due aux héritiers de Guillaume Desjours ; adjudication à Michel Després (3 janvier-8 mars). Suit le certificat de consignation du prix de la vente par l'acquéreur, en présence de Jean Destrappes, contrôleur des deniers communs de la ville de Nevers (8 mars).

ı F 245 (Liasse). — 6 pièces parchemin.

1477-1523. — Nevers. *Rue de la Revenderie.* — 1. Blaise de La Forêt, licencié en décret, étudiant en l'Université de Paris, constitue comme procureur son frère, Jean de La Forêt, marchand et bourgeois de Nevers, pour effectuer la vente d'une redevance bordelière qu'ils possédaient sur une maison (21 septembre 1477). — 2. Jean de La Forêt vend à Jacques Mathieu, marchand, et à Catherine Rousselette, sa femme, deux redevances bordelières, l'une sur la maison indiquée ci-dessus, l'autre sur une vigne à Cheugny-le-Bas, entre Cheugny et Bourgneuf : présence de Philibert François, prêtre, curé d'Aglan, et de Perrinet Le Faucheur, receveur des aides en l'Élection de Nivernais (7 janvier 1478, n. st.). — 3. Ratification de la vente précédente par Marie Tenone, femme de Jean de La Forêt (29 avril 1478). — 4. Philibert Mathieu vend à Vincent Ducoing : un bordelage sur une maison, rue de la Revenderie, chargée d'autre bordelage au profit du Chapitre de Nevers ; un autre bordelage, sur une maison rue Saint-Martin, chargée aussi d'autre bordelage au profit de l'abbaye de Saint-Martin ; plus des vignes à Cheugny et à Corcelle, paroisse de Marzy, et des redevances bordelières dues sur des héritages sis aux finages de Marzy, Varennes-lez-Nevers et Saint-Benin (28 mars 1492). — 5. Bail à bordelage de maison, par Vincent Ducoing à Philibert Mathieu (28 septembre 1496). — 6. Autre bail à bordelage de la même maison, par Guillaume Ducoing, bourgeois de Nevers, à Pierre Forestier, apothicaire, à Guiote Belote, sa femme, et à leurs hoirs « partiz et non partiz, divisez et non divisez, commung et non commung, descendans en droicte ligne..., selon les us et coustumes du pays de Nivernois, sauf en ce qui est cy dessus derogé... » ; présence de : Pierre Bolacre, bachelier en décret, curé de Varennes-lez-Nevers ; Jacques Bolacre, licencié en lois ; Jean Bourgoing et Girard Gascoing, bourgeois, et Jean de Corbigny, chirurgien et barbier à Nevers (7 avril 1523).

1 F 246 (Liasse). — 1 pièce parchemin.

1484. — Nevers. *Rue du Rivage.* — Transaction sur procès pendant aux Requêtes du Palais, à Paris, touchant la propriété d'un jardin, conclue entre : Jean Morin, dit Charpentier, menuisier ; Jean et Denis Guerry, père et fils ; et le Chapitre de Nevers, représenté par Jacques Grimoard, procureur, Pierre Renier, chantre, Philippe Rouer, Philippe Migé, Hugues Lorendeau et Guillaume Pomereul, chanoines : le jardin demeure à Morin, qui cède au Chapitre, au profit des anniversaires de la cathédrale, un bordelage à lui dû sur une maison en la rue qui va de la fontaine de Beaupré à la Porte de Loire (acte reçu le 18 janvier 1484, n. st., et grossoyé le 9 mars 1485, n. st.).

1 F 247 (Liasse). — 1 pièce parchemin.

1480. — Nevers. *Près Saint-Arigle.* — Vers le 9 juin 1477, Marguerite Menue, veuve de Guillaume André, et Philibert André, leur fils, avaient vendu à Jean Bodin, marchand *citoien* de Nevers, la maison du Pavillon, vers l'église et le cimetière de Saint-Arigle, et des vignes au territoire de Chaulgnes, en se réservant la faculté de reméré ; revente en conséquence desdits biens par Jean Bodin à Philibert André, son beau-frère ; présence de Jean Tenon, licencié en lois, et de Jean de La Forêt, bourgeois de Nevers (8 août).

1 F 248 (Liasse). — 3 pièces parchemin, 1 pièce papier.

1499-1618. — Nevers. *Rue, Bourg et Fontaine Saint-Étienne.* — 1. Jean Le Bault, de Parzy, paroisse de Garchizy, vend à Claude de Pavie et à Étienne de Pavie, son fils, licencié en lois, demeurant à Nevers, une maison au Bourg Saint-Étienne, devant la fontaine, chargée de cens au profit des religieux de Saint-Étienne (acte reçu le 17 janvier 1499), n. st., et grossoyé le 1er février 1502, n. st.). — 2. Transport à Guillaume Ducoing, seigneur de Graté, de la vente consentie par Louis de La Bonde, marchand, à Guillaume Després, chanoine

de Nevers, et à Pierre Després, marchand, son frère, de redevance bordelière sur une maison chargée d'autre part de redevances censuelles au profit des religieux de Saint-Étienne et du seigneur de Villemenant (19 juillet 1533). Au dos : Quittance des lods et ventes par Jean de Corbigny, accenseur du revenu de Villemenant, au nom de Gaspard Bréchard, seigneur de Cougny et de Villemenant, en partie (20 août 1533) — 3. Vente par décret d'une maison, à la requête de Jeanne Tixier, veuve de Guillaume Delasches, contre : Louis Fournier et Jeanne Delasches, sa femme, fille du défunt ; Jacques, Guy et Guillaume Bourgoing ; Jeanne André, veuve de Martin Paneret ; Jean Destrappes, contrôleur des deniers communs de la ville de Nevers ; le Chapitre de Nevers et les religieux de Saint-Étienne. Adjudicataire : Pierre Couillard (11 mai-6 novembre 1568). — 4. Transaction sur procès pendant en la justice du Bourg Saint-Étienne, au sujet de la vente de la maison du Carreau, conclue entre Jean Després, sieur de Torteron, Guillaume Després, sieur de Cougny, et Pierre Després, sieur de Châlons, tous trois écuyers, d'une part, et, d'autre part, Toussaint de Court, hôtelier à Nevers, et Germaine Halier, sa femme ; présence de Jean de Coulon et de Jacques Lemoine, clercs (3 février 1618).

1 F 249 (Liasse). — 2 pièces parchemin.

1419-1491. — Nevers. *Rue Saint-Martin.* — 1. Bail à bordelage d'une maison par Julitte de Moulins à Perrin Morin, paroissien de Soulangy (30 novembre 1419). — 2. Vente par Guillaume Després, demeurant à Clamecy, et Marie Grassette, sa femme, à Michel Pernin et à sa femme, Marie de Chasteau, d'une maison chargée de rente au profit de Pierre Garnier « et du cens deu d'ancienneté » ; le vendeur avait acquis cette maison par échange conclu avec Érard de Lay, seigneur de Bellegarde (23 février).

1 F 250 (Liasse). — 4 pièces parchemin, 1 pièce papier.

1580-1624. — Nevers. *Rue du Sort.* — 1. Jacques Berthier, écuyer, seigneur de Vannay, cède à Jean Després, sieur de Cougny, receveur des aides en l'Élection de Nevers, sous condition de rente foncière, une allée à prendre sur son jardin, chargée en outre de cens au profit de Saint-Étienne (24 novembre 1580). — 2. Investiture en conséquence, accordée à Després par Dom Étienne de Favardin, licencié en droit canon, aumônier du roi, prieur et seigneur du Bourg Saint-Étienne ; présence de Pierre Dean et de Pierre Charrier, clercs, de Nevers (21 mars 1582, n. st.). — 3. Françoise Després, veuve de Claude Lithier, élu de Nivernais, vend à Jean Després, prévôt des Maréchaux de France en la même Élection, et à Françoise du Broc, sa femme, une maison sise en la rue du Carreau [la pièce suivante rectifie et la place rue du Sort] ; le paiement est effectué en trois obligations : la première, à la charge de François Bardot, notaire ; la seconde, de Léonard Chaumereuil ; et la troisième, de Pierre du Pont, sieur de Châlons (26 avril 1599). — 4. Le même Jean Després reconnaît tenir à cens du Prieuré de Saint-Étienne deux maisons sises en la rue du Sort : la première, acquise de Jean Berthier, sieur du Veuillin, la seconde, de Françoise Després ; présence de Jean de Montfort, clerc (22 mai 1599). — 5. Inventaire de pièces produites aux Requêtes du Palais, à Paris, par Jean Després le jeune, écuyer, commissaire en la Maréchaussée de Château-Chinon, demandeur en remboursement contre Vincent Cottereuil, curateur aux biens abandonnés de Jean Després, écuyer, sieur de Torteron (1624, après le 6 juillet).

t F 251 (Liasse). — 2 pièces parchemin, 3 pièces papier.

1553-1725. — NEVERS. *Pièces diverses.* — 1. Défaut prononcé au Présidial de Saint-Pierre-le-Moûtier, au profit de Pierre Dupont, marchand à Nevers, contre Pierre Thevenin (24 et 25 janvier 1553, n. st.). — 2. Signification dudit défaut à Thevenin (10 mars). — 3. Bail à location d'une maison sise en la paroisse Saint-Laurent, par Hugues et Guyot Grenetier, frères et communs parsonniers, demeurant en la paroisse de Sainte-Vallière-lez-Nevers, à Pierre Guicharme, vigneron (4 mai 1578). — 4. Quittance à la veuve de Jean Després par Adam Boissin, maître maçon et tailleur de pierres à Nevers, lequel a ouvert et refermé la tombe des Després, en l'église Saint-Martin lors de l'inhumation dudit Jean Després ; présence de Léonard Bernard, clerc (5 juillet 1627). — 5. Permission par le Lieutenant général du Bailliage de Nevers, donnée à Guillaume de Nourry, écuyer, sieur de Turigny, de faire procéder à des réparations à une maison jusqu'à concurrence des loyers (21 juillet 1725).

t F 252 (Liasse). — 2 pièces parchemin, 1 pièce papier.

1510-1536. — NEVERS. *Finage : Entre Marzy et Nevers.* — 1. Bail à bordelage d'une chaume qui devra être plantée en vigne dans le délai de six ans, joignant le chemin de Marzy à Nevers, consenti à Eugin Guiton, vigneron, demeurant à Nevers, paroisse Saint-Genest, par Jean Bourgoing, tuteur des enfants de Vincent Ducoing (10 avril 1510). — 2. Guillaume Miron, boucher à Nevers, vend à Guillaume Ducoing une redevance bordelière assise sur une terre au territoire d'Ardenay ; présence de Liénard Larlat, sergent du comte, et de François Rondet, clerc, de Nevers (2 juillet 1523). — 3. Jacques Duret, vigneron aux Chaumes de Loire, paroisse Saint-Sauveur, vend à Pierre Duret, son frère, une vigne

sise au Haut du Montot, contiguë à celle que Jean Verrier, prêtre, tient de la Chapelle Saint-Germain (20 février 1536, n. st.).

t F 253 (Liasse) — 4 pièces papier.

1655-1660. — NEVERS. *Mouesse.* — 1. Contrat de mariage portant association de communauté entre Pierre Boirot, vigneron au faubourg de Mouesse, et Françoise Destrais ; apport de meubles par la future : un lit garni de couette, coussin, ciel et couverture, courtine de toile et couverture de bourras, 4 draps, 2 nappes d'une aune, 6 serviettes, 6 livres d'étain en œuvre et un coffre de chêne fermant à clé ; présence de noble Guillaume Bellon, avocat (25 avril 1655). Suit saisie de meubles sur Jean Lejau, fendeur, beau-père de Françoise Destrais, pour défaut de paiement de la dot promise : un lit garni de couette et coussin, 8 draps, une couverture de poulangis gris, un ciel de toile, garni de franges de fil, 20 livres d'étain en plusieurs ustensiles, une table de noyer avec tréteaux, une paire de landiers en fonte, un coffre fermant à clé, 40 livres de filasse, tant en plein qu'en étoupe, trois chaudrons d'airain, une poêle et deux poêlons d'acier (15 décembre 1655). — 2. Pierre Boiret concède à Lejau la jouissance desdits meubles, à titre de précaire, pour la durée de cinq ans ; présence de François Marché, apothicaire, et de François Joly, le jeune, notaire et praticien à Nevers (29 décembre 1655). — 3. Exploit contre Lejau et injonction qu'il ait à se rendre, pour un jour, aux prisons de la Chambre des Comptes, sous peine de rébellion (25 janvier 1657). Suit : Certificat de non-comparution, par Jean Courtois, concierge des prisons de Nevers (21 février). — 4. Opposition par Boiret à une nouvelle saisie des mêmes meubles pour défaut de paiement de 36 livres et de 2 milliers et demi d'esseaunes, dus par Lejau à Pierre de Nourry (21 octobre 1660).

t F 254 (Liasse). — 1 pièce parchemin.

1473. — NEVERS. *Les Perrières.* — Les religieuses de Notre-Dame de Nevers baillent à bordelage, au profit des anniversaires de leur église, à Regnault Gauchier, prêtre, et à ses frères, Laurent et Jean Gauchier, une vigne contiguë à celle que le curé de Saint-Laurent tient dudit couvent (26 janvier 1473, n. st.).

t F 255 (Liasse). — 1 pièce papier.

1576. — NEVERS. *Sainte-Vallière.* — Contrat de mariage entre Guyot Grenetier et Léonarde Pinon, comportant association de la future, pour une quatrième tête, à la communauté de trois têtes composée du futur, de son frère, Hugues Grenetier, et de la femme de ce dernier, Jeanne Decray ; mise en communauté de tous biens meubles et immeubles (15 janvier 1576).

, (F 256 (Liasse). — 3 pièces parchemin, 3 pièces papier.

1654-1786. — NEVERS. *Finage : La Baratte.* — 1. Vente de portion du pré Saint-Étienne, par Jean Filastre, laboureur à Saint-Éloi, à Jean Bergeron, seigneur de La Breuille et de La Baratte, receveur général des confiscations au duché de Nivernais, représenté par Esmée Le Breton, sa femme (15 décembre 1654). Copie collationnée le 8 juillet 1675. — 2. Jean Bergeron, intendant des affaires du duc de Mantoue, vend à Benoît Maulnoury, écuyer, seigneur de Neufond, tous les droits d'usage et pacage qui lui appartiennent sur les bois de Chaluzy, de Montigny-aux-Amognes, de Forges, du prieuré de Faye, sur le bois au Merle, etc., ainsi que ses droits sur les *communes* situées aux paroisses de Saint-Lazare, du Montot et de Chaluzy ; Maulnoury était déjà adjudicataire par décret de la terre de La Baratte (14 juillet 1683). — 3. Marie-Élizabeth de Belloy, fondée de procuration de son mari, Antoine-Clément, baron de *Plotho*, vend la terre de La Baratte et ses dépendances à Marie-Bonaventure de Belloy, ci-devant chevalier de Malte, officier au régiment de Normandie ; sont exceptés le pressoir, les cuves et le matériel de vinée, dont la vente sera faite à part avec la vigne du Montot (4 novembre 1778). — 4. Revente par Marie-Bonaventure de Belloy à Mᵐᵉ Millot de Monjardin, veuve de Philippe Lebault, chevalier (9 février 1782). — 5. Copie de procurations données par la baronne et le baron de Plotho pour parvenir au paiement de la terre de La Baratte (1782). — 6. Rémy Henry, maréchal à Nevers, vend à Charles Colin, jardinier à Pissevache, paroisse de Saint-Lazare, une maison et une terre, plus une vigne au Montot, paroisse de Saint-Éloi, lieu-dit : les Bordelages (3 septembre 1786).

F 257 (Liasse). — 5 pièces parchemin, 67 pièces papier.

1778-1783. — NEVERS. *Finage : La Baratte.* — 1. à 72. Fatras de procédures au Bailliage de Nevers, pour parvenir au paiement d'hypothèques dont était grevée la terre de La Baratte. Interviennent en la cause, outre les possesseurs indiqués à l'article précédent : François Berthiault, épicier à Nevers ; Vincent Vauret, maître maçon et tailleur de pierres ; et Simon Texier de La Roche, chevalier de Saint-Louis, commandant du guet de Versailles, lequel, par acte du 4 avril 1776, avait vendu au baron de Plotho la terre de La Baratte, procédant du chef de sa femme, Étiennette-Louise Mahion de Chaluzy.

F 258 (Liasse) — 1 pièce parchemin, 2 pièces papier.

1620-1624. — PARIGNY-LES-VAUX. *Bizy.* — 1. Accense de deux pièces de pré par Jean Després, le jeune, à André et Jean Le Jaul, tonneliers (12 mars 1620). — 2. et 3. Vente desdits prés par Després aux Jaul, sous condition de rente annuelle assignée sur l'universalité de leurs biens (12 octobre 1624). Original et copie.

F 259 (Liasse). — 1 pièce parchemin.

1558. — PARIGNY-LES-VAUX. *Le Chatelet.* — Reconnaissance de tenure en bordelage de terre et vigne par Antoine Voillereau, Pierrette Durand, sa femme, et Jean Bontault, au profit de Bertrand Barbery, tuteur de Philippe et Claudine André, enfants de défunt Philibert André, et de Jeanne Pernin, celle-ci remariée à Barbery (21 décembre). Mention, parmi les confins, d'une vigne tenue de la cure de Guérigny.

F 260 (Liasse). — 1 pièce parchemin.

1527. — PARIGNY-LES-VAUX. *Mussanges.* — Claude Decray, veuve de Philibert André, Guillaume et Philibert André, ses enfants, tanneurs à Nevers, concèdent à bordelage à Jean Chevriat, l'aîné, et à sa famille, un pré et une terre que Chevriat leur a vendus le même jour ; présence de Jean Guillaume, tanneur à Nevers (31 décembre).

F 261 (Liasse). — 4 pièces papier.

1603-1620. — PARIGNY-LES-VAUX. *Derrière Parigny.* — 1 et 2. Bail à rente de deux vignes, l'une, la vigne Berthier, derrière Parigny, l'autre au Clos-Racault, consenti à Jean Le Jaul, charron, par Jean Després, prévôt des Maréchaux en Nivernais, agissant comme tuteur des enfants de sa première femme, Barthelomière Coillard ; présence de Gilbert Barbery, clerc, de Nevers (11 octobre 1603). Deux expéditions. — 3 et 4. Vente de la vigne Berthier à André Le Jaul, maneuvre, par Jean Després, le jeune, agissant en son nom et au nom de François Pernin, sieur du Mont, époux de Marie Després, et de Michel Dumarché, époux de Charlotte Després ; le prix d'achat est converti en une rente constituée (14 mars 1620).

F 262 (Liasse). — 8 pièces parchemin, 1 pièce papier.

1526-1573. — PARIGNY-LES-VAUX. *Poisson.* — 1. Rétrocession à bordelage au vendeur d'une vigne achetée le même jour de Jean Chevriat, l'aîné, par Guillaume et Philibert André, frères, tanneurs à Nevers, et Claude Decray, leur mère, veuve de Philibert André (31 décembre 1526). — 2. Rétrocession semblable, de maisons, terres et vignes, par les mêmes André à Jean Theveneau, Jean et Guillaume Daudon, et à leurs parsonniers : tous ces biens sont francs, sauf une pièce de vigne, dite *les Fromentaux*, laquelle est chargée de cens au profit de la bourse du Chapitre de Nevers (9 février 1527, n. st.). — 3. Copies (1685) de la pièce précédente et d'autre rétrocession semblable, touchant une terre, par Jeanne Pernin, veuve de Philibert André, à Pierre Maillard et à ses parsonniers (18 octobre 1546). — 4. Jean Couste vend à Claude Decray et à ses enfants des terres et des prés chargés de cens au profit du Chapitre de Nevers ; présence de Jean Lymosat, *alias* Brigaude, prêtre (2 février 1528, n. st.). — 5. Vente de pré et vigne par Jean Theveneau, les Daudon et leurs parsonniers auxdits André (21 décembre 1528). — 6. A la suite de l'acquisition d'une vigne par les André sur Jean Couste et ses parsonniers, transport du bordelage aux acquéreurs et quittance des droits de tiers denier et remuement par Jean Denis, de Pinay ; présence de Jean Chauvot, prêtre (22 janvier 1530, n. st.). — 7. Partage entre les André et Huguet Petit d'un bordelage tenu de Guillaume Galope sous la condition « party et non party, divis et non divis » ; présence d'Étienne Angelard, sergent à Magny (13 février 1537, n. st.). — 8. Vente d'une vigne à Guillaume André (30 novembre 1543). Pièce rognée. — 9. Autre, par Pierre Maillard et sa fille, à Pierre Couillard, le jeune, receveur des deniers communs de la ville de Nevers, mari de Claude André ; présence de Léonard Traille, clerc à Nevers (4 juin 1573).

1 F 163 (Liasse). — 4 pièces parchemin, 3 pièces papier.

1573-1638. — PARIGNY-LES-VAUX. *Divers finages.* — 1. Vente d'une vigne aux Grands-Champs, par Eugénie Maillard, veuve de Pierre Bourdier, à Pierre Coillard, le jeune, mari de Claude André ; présence de Pierre Pauchin, chirurgien, et de Denis Chauderon, clerc, de Nevers (28 décembre 1573). — 2. Vente de terre et de vigne, par la même Maillard, au même Coillard (18 février 1574). — 3. Reconnaissance de tenure en bordelage d'une vigne au vignoble de Mireheau, au profit de Pierre Couillart, marchand à Nevers, ayant cause de Pierre Corcel, marchand à Bouy, par Antoine André, marchand tanneur à Nevers, agissant en son nom et pour Marguerite Guyard, sa mère, pour leurs hoirs « et pour ung hoir tel que chacun d'eulx vouldront eslire et nommer, en cas qu'ilz n'ayent hoir ou hoirs descendans de leurs corps » ; présence de Denis Chauderon, clerc (27 avril 1575). — 4. Reconnaissance de tenure à bordelage par Claude Drye, vigneron à Villecourt, paroisse de Coulanges-lez-Nevers, au profit de Pierre Couillard, touchant une vigne derrière Parigny et une terre au bourg (27 novembre 1589). — 5 et 6. Procès au Bailliage de Saint-Pierre-le-Moûtier entre Jean Després et Jean [ou Antoine] Dorne, chanoine de Nevers et curé de Parigny, concernant la jouissance de la terre du bourg (7 et 13 janvier 1721). — 7. Vente de deux pièces de pré dans la petite prairie de Nièvre, par Jean Le Jaut, dit Beaugar, tonnelier, à Antoine Bouzon, laboureur à Guérigny : le prix servira à acquitter le vendeur envers Madeleine Delaporte, veuve de Jean Després ; présence de Valentin Godry, meunier à Guérigny, et d'Antoine Pivert, clerc, de Parigny (7 juin 1638).

1 F 164 (Liasse). — 1 pièce parchemin, 27 pièces papier.

1602-1660. — PARIGNY-LES-VAUX. *Procédures.* — 1. Bail à rente foncière de divers héritages, pour la plupart assis à Poisson, consenti à Jean Gondoux, vigneron, par Jean Després, prévôt des Maréchaux en Nivernais ; présence de Claude Barbery, clerc, de Nevers (12 octobre 1602). — 2. Reconnaissance de bordelage sur un pré par Jean Gondoux à Jean Després, pour des biens antérieurement baillés à Jean et Thomas Theveneau par Henri de Chasteau, tuteur de Philibert et Claude André (31 mai 1549) avec spécification que la redevance bordelière a été diminuée, le pré étant en mauvaise nature (28 mai 1613). — 3. Autre reconnaissance de bordelage sur un pré, par Gondoux à Després, avec indications et motifs identiques (28 mai 1616). — 4. Autre semblable, sur des vignes, par le même Gondoux à Jean Després, le jeune, écuyer ; présence de Pierre Henry, sergent royal à Nevers (15 mai 1621). — Ces quatre pièces sont des copies collationnées aux originaux en janvier et février 1659. — 5 à 12. Procédures en conséquence : devant la justice du Chapitre de Nevers, entre Madeleine Delaporte, et Anne Allegrain, veuve de Michel Bourcier, poursuivant la saisie des immeubles de Jean Gondoux : puis au Bailliage de Saint-Pierre-le-Moûtier, entre Pierre de Noury et Marie Semelier, veuve de Louis Millet, trésorier en la Généralité de Bourges (1653-1658).

13 à 27. Différends, à l'occasion de défaut de paiement, entre Madeleine Delaporte et Jean et André Le Jau : Saisie de pré et adjudication des foins (1632-1649). — 28. Conclusion de l'affaire par transaction portant obligation de Gilbert Roy et Martin Le Jau au profit de Pierre de Noury ; présence de Gilbert Dutout, sergent royal, et de Jacques de Lichy, praticien, de Parigny (16 juin 1660).

1 F 165 (Liasse). — 1 pièce parchemin.

1773. — PARIGNY-SUR-SARDOLLE. — Vente du domaine Cabret consentie à Philippe Lebault, seigneur de Chavance, La Loge et autres lieux, et à Marie-Madeleine Millot de Monjardin, sa femme, par : François Decolons, chanoine de Nevers, ancien prieur commendataire de Saint-Saulge ; Élisabeth Decolons, et Philbert-Augustin Decolons, notaire royal à Nevers, colonel de la milice bourgeoise de la ville ; transfert aux acquéreurs du droit de veiller à l'exécution de la fondation de trois messes par an faite à l'église de Parigny par un ancêtre des vendeurs, ladite fondation garantie par la jouissance d'un pré (21 janvier). Suivent les quittances : du chanoine (8 novembre 1779), et de Philbert-Augustin, héritier universel d'Élisabeth Decolons (19 mai 1780).

1 F 266 (Liasse). — 2 pièces parchemin.

1542-1566. — Poil. *Le Colombier.* — 1. Vente, sous condition de redevance bordelière au profit du vendeur, d'un pré relevant du seigneur de Champlevrier, consentie à Charles Perrin, de Montaugé, paroisse de Saint-Léger-sous-Beuvray, par Fiacre Ragon (20 juin 1542). — 2. Investiture par Gabriel Le Bourgoing, écuyer, d'acquisition de biens, tenus à taille servile et à cens, faite par Guillaume Legay et défunt Jean Legay, son père (28 mai 1566).

1 F 267 (Liasse). — 1 pièce papier (cahier, 4 feuillets).

1643. — Poil. *Concley : Justice.* — Procès-verbal de délimitation de la justice de Concley (31 mars) : d'après les indications marginales, ce cahier faisait jadis partie d'un terrier, où il figurait aux feuillets 122 à 124. — Fol. 1. Pardevant Pierre Pierre, notaire royal au Bailliage de Saint-Pierre-le-Moûtier, résidant à Moulins-Engilbert, comparaît Jean Marceau, curé de Chiddes, ayant charge de Jean Le Bourgoing, chevalier, seigneur de Faulin, de Champlevrier, et de Concley, lequel, pour délimiter ladite justice, a fait assigner René de Roussillon, chevalier, baron de La Roche-Millay, parlant à Jacques Enfer, son procureur fiscal et bailli de La Roche-Millay, et les seigneurs du Monceau (procureur fiscal : Guillaume de Méru) et du Jeu (procureur : Cazin). — Fol. 1 v°. Le baron de La Roche n'est pas en Nivernais, mais en Poitou, et il a par devers lui les terriers de la baronnie ; protestation de non-préjudice en sa faveur. Défaut contre les seigneurs du Monceau et du Jeu. — Fol. 2. Comparution du procureur de la châtellenie du Monceau : le seigneur du lieu habite Nevers et a par devers lui les terriers de la seigneurie : protestation de non-préjudice. — Fol. 3. Présence de François Bastenet, notaire au duché, procureur au Bailliage de La Roche-Millay, et de Jean Alexandre, sergent royal.

1 F 268 (Liasse). — 7 pièces parchemin, 1 pièce papier.

1370-1560. — Poil. *Concley : Biens et droits.* — 1. Guillemette, veuve de Guiot, de Concley, et leur fils, Perrot, vendent leurs droits sur le meix des Ouches à Guillaume, Le Duc, à Guillemette, sa femme, et à Robert, dit Brouil, de Laume (19 mai 1370). — 2. Vente de pré, par Guillaume Le Roy, de Concley, à Guillaume Le Duc, de Laume (28 juillet 1392). — 3. Échange de biens entre Guiot Bourgoing, écuyer, maître d'hôtel du comte de Nevers, et Jean de Biches, de Moulins-Engilbert : le premier cède le bois allodial de *Montcène,* paroisse de Chiddes, et reçoit tous les biens et droits appartenant au second, sis à Concley, y compris la poursuite des serfs ; ces biens et droits sont tenus en fief du seigneur de La Roche-Millay (11 septembre 1442). — 4. Barthélemy Saulnier, *alias* Dardault, sergent du comte de Nevers, certifie au Bailli de Nevers et de Luzy qu'il a maintenu Othelin Bourgoing, écuyer, seigneur de Morain, en possession du champ de Clairefontaine (5 septembre 1447). — 5. Bail à bordelage de pré et de terres, consenti à Guillaume Roy par Philibert Bourgoing, écuyer, et Jeanne La Torte, sa femme (acte reçu le 7 novembre 1457, et grossoyé le 3 décembre 1467). — 6. Vente d'un pré, sous condition de cens à payer au terme de Beuvray, consentie par Philippe Boudot, le jeune, à Guillaume Enfert, l'ancien ; présence de Benoit Gaulthier, prêtre (25 février 1465, n. st.). — 7. Reconnaissance de servitude et de tenure en bordelage par Henri Enfer, le jeune, au profit de Philibert Bourgoing, écuyer, seigneur de Champ-Charmot et de Concley : aux redevances bordelières habituelles s'ajoutent deux corvées, l'une pour faucher, l'autre pour moissonner, ou, à défaut, 3 sous tournois ; présence de François Viot, prêtre, de Concley (31 juillet 1539). — 8. Vente de pré et terre, sous condition de rente annuelle, consentie par Michel Roy à Jean Amiot, prêtre, covicaire de Poil (1er avril 1557, n. st.). Au dos : Retrait bordelier exercé par Gilbert Enfer, accenseur de la seigneurie de Concley, pour Philibert Le Bourgoing ; présence de Jean Bertrand, prêtre, et de noble Gaspard Desjours (25 mars 1560, n. st.).

1 F 269 (Registre). — 42 feuillets parchemin.

1487-1488. — Poil. *Concley et seigneuries voisines.* — Titre au dos : *Terrier de Conclez, Luzy, Lanty ;* ce terrier a été dressé pour Jean Le Bourgoing, écuyer. — Fol. 1. Reconnaissance de servitude et de tenure en bordelage par Guillaume Le Roy. — Fol. 5. Mention qu'une terre est tenue à titre de taille et non de bordelage (13 septembre 1487). — Fol. 6. Semblable reconnaissance par Guillaume Enfer, le jeune (13 septembre 1487). — Fol. 8 v°. Autre semblable, par Huguenin Boutey, de Laume, et sa cousine (même date). — Fol. 10 v°. Autre, par Jean Rossigneul, le jeune, de Laume (12 septembre 1487). — Fol. 12 v°. Autre, par André Ginon et consorts ; les indications de prix et de date manquent. — Fol. 16. Autre, par Guillaume Enfer, l'aîné ; mêmes lacunes. — Fol. 19. Autre, par les frères Ragon, de Colombier (13 septembre 1487). — Fol. 20 v°. Autre, par Jean Bouillon et consorts, de Pierrefitte (même date). — Pour toutes les reconnaissances précédentes : la servitude est à la condition des serfs de la terre de La Roche-Millay, tandis que le bordelage est aux us et coutumes du Nivernais ; les paiements se font à deux termes : à la Saint-Martin et à la foire de Beuvray, ou simplement à Beuvray ; enfin, les grains sont à la mesure de La Roche-Millay. — Fol. 23. Jean Dolé, Jean Marchandeau, et autres, reconnaissent tenir en bordelage, aux us et coutumes de Nivernais, des biens au finage de La Comelle (9 février 1488, n. st.). — Fol. 23 v°. État du domaine de Concley appartenant à Jean Le Bourgoing : l'étang de Courcelles, la garenne voisine, des bois et l'étang de *Chambereu*, acquis de noble Louis Berthelon, acquéreur lui-même de Claude Piard. — Fol. 24 v°. Terres de Concley sur lesquelles Jean Le Bourgoing prélève de 24 gerbes l'une. — Fol. 25. Reconnaissance de tenure [la nature n'en est pas indiquée : le détenteur présume que c'est à rente] par Huguenin, Perrette, paroissien de Lanty : redevance et date non inscrites. — Fol. 27. Préambule de reconnaissance de tenure, aussi présumée à rente, par Gauché Besorgnoy, de Lanty, sans indication de redevance ni de date. — Fol. 27 v°. Autre, identique, par Jean et Regnault Pertuys, de Lanty. — Fol. 28. Autre, identique, par Jean et Guillaume Guelault. — Fol. 29. Autre, de servitude et de tenure à bordelage, toutes deux aux us et coutumes de Nivernais, par Guillaume Massot, sans indication de redevance ni de date. — Fol. 30. Préambule de reconnaissance de tenure présumée à rente par Jean Rivère, sans indication de redevance ni de date. — Fol. 30 v°. Autre, identique, par Henri et Martin Garuchot. — Fol. 32. Reconnaissance de tenure à bordelage pour des biens sis en la paroisse de Charbonnat-sur-Arroux, par Guillaume Gros et ses frères, de Moragne, paroisse de Luzy ; le seigle est à la mesure de Luzy (12 septembre 1487). — Fol. 33. Autre, semblable, par Chrétien Gros, de *Montrimbault*, paroisse de Charbonnat-sur-Arroux (12 septembre 1487). — Fol. 34. Reconnaissance de servitude et de tenure à bordelage, toutes deux aux us et coutumes de Nivernais, touchant des biens à Montjolmain, par Vincent Jeannin, paroissien de Charbonnat-sur-Arroux ; les grains sont à la mesure de Luzy (12 septembre 1487). — Fol. 36. Préambule d'une reconnaissance de tenure à bordelage par Martin Duchamp, son frère et ses neveux : ni indication de redevance, ni date. — Fol. 37. Reconnaissance de tenure à bordelage par Pierre Boulemier, de Charbonnat-sur-Arroux ; terme de paiement à la Saint-Nicolas d'hiver (9 février 1488, n. st.). — Fol. 38. Autre, semblable, avec même terme, par Claude Vincent et ses frères (9 février 1488, n. st.). — Fol. 39. Autre, semblable, avec même terme, pour Philibert, fils de Jean Robelin, et consorts (9 février 1488, n. st.). — Fol. 40. Autre encore, avec

même terme, pour Thomas Gautheron, de Corcelles, paroisse de Montmort (9 février 1488, n. st.). — Fol. 40 v°. Autre encore, avec même terme, pour Sanson Boyer (13 septembre 1487). — Fol. 41 v°. Semblable, pour Jean Marasche (13 septembre 1487). — Fol. 42 v°. Autre, pour les Dathoault (9 février 1488, n. st.).

1 F 270 (Cahier). — 12 feuillets papier.

1487-1488. — POIL. *Concley et seigneuries voisines.* — Minute du début du registre précédent. La première rédaction a subi des modifications indiquées par des ratures. En ce qui concerne la servitude, par exemple, le texte primitif portait que le serf était « taillable, corvéable et exploictable » ; les deux derniers mots ont été rayés et remplacés par : « A volonté raisonnable ».

1 F 271 (Liasse, — 4 pièces parchemin, 1 pièce papier.

1536-1567. — POIL. *La Forge et Pierrefitte.* — 1 et 2. Bail de divers biens, à titre de rente abonnée, consenti par Philibert Le Bourgoing, écuyer, seigneur de Champ-Charmot et de Concley, à Nicolas et François Bergier, frères, communs en biens, serfs dudit écuyer, comme les autres habitants de La Forge (5 mai 1536). — 3. Vente aux mêmes Bergier par Pierre Ballard, marchand à Autun, et Madeleine Galois, sa femme, d'un pré chargé de bordelage au profit de Philibert Le Bourgoing (17 décembre 1561). — 4. Investiture aux Bergier par Philibert Le Bourgoing, en conséquence de l'acquisition précédente (22 juin 1562). — 5. Vente par François Boudot et Barbe Gros, sa femme, de La Forge, à Antoine Maulmet, de Pierrefitte, d'une terre chargée de rente au profit du seigneur de Champlevrier (10 décembre 1565). Au dos : Rétrocession par l'acquéreur à Gabriel Le Bourgoing (1567).

1 F 272 (Liasse). — 5 pièces parchemin.

1369-1566. — POIL. *Laume.* — 1. Échange de biens entre Guillaume Leduc et Robert Buffaul (17 juin 1369). — 2. Vente d'un meix et tènement par Perrot, fils de défunt Guillaume de La Tire, à Guillaume Leduc (20 juillet 1371). — 3 et 4. Accord entre Philibert Bourgoing, écuyer, et Jean Enfer, *alias* Bouter, pour le paiement d'arrérages de redevance bordelière (acte reçu le 3 juin 1469 et grossoyé le 28 juillet 1478). — 5. Bail à bordelage par Gabriel Le Bourgoing à Léonard Simonin, de Laume, paroissien par moitié de Poil et de La Comelle ; la redevance comporte deux corvées, l'une pour moissonner, l'autre pour faucher ; termes de Saint-André et de la foire de Beuvray (27 mai 1566).

1 F 273 (Liasse). — 9 pièces parchemin, 1 sceau.

1271-1383. — Poil. *Montanteaume.* — 1. Sous le sceau de l'Officialité d'Autun, vente à Pierre de Montanteaume, chevalier, par Guillaume « de Vevra », damoiseau, fils de feu Hugues « dou Nouer », de tout ce que celui-ci possède « apud Cemanreium et apud Comarriem » (vraisemblablement Semarey et Commarin, Côte-d'Or, arrondissement de Beaune, canton de Pouilly-en-Auxois) ; la vente est approuvée par la femme et la mère de Guillaume (avril 1271). — 2. Transaction touchant la justice de Montanteaume, de Poil, de La Roche-Millay et du bois nommé les Brosses de Montanteaume, convenue entre Henri de Châtillon, seigneur de La Roche-Millay, et Pierre de Montanteaume, chevaliers ; présence de Hugues *Lorete*, notaire à Chalon-sur-Saône, de Léobard des Brosses, chevalier, et de Joceran de Sainte-Hélène, damoiseau (juin 1289). Vidimus du 14 septembre 1347. — 3. Jean de Châteauvillain, sire de Luzy et de La Roche-Millay, et Marie de Châtillon, sa femme, concèdent à Girard et à Henri de Montanteaume, frères, le droit d'avoir garenne et prison pour les malfaiteurs, à l'exception des larrons et des coupables passibles de la peine de mort (30 décembre 1342). — 4. Hugues Porchet, d'Autun, veuf de Marguerite de Bazois, au nom de leurs enfants et au nom de ses neveux, orphelins de Guillaume de Bazois, vend à Girard de Montanteaume tout le droit qu'ils peuvent avoir dans le meix de Thomas, de Poil, moyennant la rente annuelle de 24 sous tournois payable, le jeudi après Beuvray, dans l'église de Saint-Didier près d'Étang (5 mars 1353. n. st.). — 5. Milet de Montanteaume, damoiseau, fils de défunt Jean de Montanteaume, chevalier, sa mère, son frère, sa sœur et sa tante, vendent à Girard, damoiseau, fils de feu Perrin de Montanteaume, aussi damoiseau, tout ce qu'ils possèdent au finage de Montanteaume, dans la paroisse de Poil et la châtellenie de La Roche-Millay ; présence de Pierre, bâtard de Montanteaume (19 août 1354). — 6. Partage entre Girard et Henri de Montanteaume ; présence de Guy de Montarmain, curé de Verrières-sous-Glaine [la Grande-Verrière] (17 novembre 1355). — 7. Perrin de Coutures, damoiseau, vend à Girard de Montanteaume des biens et droits qu'il possède aux paroisses de Poil et de La Comelle, *assises aux châtellenies de La Roche-Millay et de Glaine* (22 mai 1356. Sceau de la prévôté de Moulins-Engilbert). — 8. Vente de pré par Guillermin Maréchal, de La Roche-Millay, à Girard de Montanteaume (3 octobre 1358). — 9. Contrat de mariage entre Simonot, fils de Bernard Bruret, et Agnès, fille de Perrin Bouleau, de Montanteaume, et d'Isabelle, sa femme : Simonot considérera ses beaux-parents comme ses père et mère et en héritera comme tel, moyennant qu'il s'est reconnu homme de Guiot et de Girard de Palluau, frères, écuyers, aux mêmes conditions que les autres hommes de Montanteaume (13 mai 1383).

1 F 274 (Liasse). — 3 pièces parchemin.

1430-1497. — Poil. *Divers finages.* — 1. Bail à bordelage d'une terre à Montcheny, consenti à Martin Lavocat par Jean de Fontaine, le jeune, fils de Jean de Fontaine, écuyer, demeurant à Decize ; présence de Guiot de Palluau, écuyer (27 février 1430, n. st.). Vidimus du 2 avril 1453. — 2. Autre, pour la même terre, consenti par Philibert Bourgoing, écuyer, à Martin et à Nicolas Lavocat, frères (2 avril 1453). — 3. Maintenue en possession de l'étang de Richevrain exercée en faveur de Charles Bourgoing, licencié en décret, étudiant en la Faculté de Décret de l'Université de Paris ; présence de noble Jean de Monceau (9 mars 1497, n. st.).

1 F 275 (Liasse). — 6 pièces parchemin, 2 pièces papier.

1520-1673. — Pougues-les-Eaux. — 1. Bail à cens d'une terre et d'une vigne consenti par Claude Decray, veuve de Philibert André, demeurant à Nevers, agissant pour elle et pour ses enfants, en faveur de Huguenin Lejaul et de Guillaume Thibaudat, communs parsonniers, demeurant dans la paroisse de Satinges (7 décembre 1520). — 2. Reconnaissance de tenure, à cens, par Lejaul et Thibaudat en faveur de Claude Decray (7 décembre 1520). — 3. Bail de terres à bordelage par Jean Lévêque, le jeune, marchand, demeurant à Nevers, à Barthélemy Grignon, du village de Prier : concession d'usage de bois pour les bouchures et pour le chauffage (20 novembre 1540). — 4. Transport de la prestation bordelière due par les héritiers de feu Barthélemy Grignon, consenti par Jean Lévêque, le jeune, *cordonnyer* à Nevers, en faveur de Guillaume et Philibert André, tanneurs audit Nevers (15 juillet 1543). — 5. Vente par Michel *Guespier*, de Pougues, à Pierre Coillard, marchand à Nevers, d'une redevance bordelière due sur une vigne par Maurice Boudoux, de Parigny-les-Vaux ; présence de Simon Compin, prêtre demeurant en la paroisse de Varennes-lez-Nevers (16 novembre 1583). — 6. Vente par Imbert Guespier, maréchal à Nevers, à Jean Desprès, écuyer, prévôt des maréchaux de France au pays de Nivernais, d'une maison et d'une terre chargées de rente et cens au profit du sieur de *Razilles* ; présence de Jacques Hardy, avocat au Bailliage de Nevers, et de Jean de Valhan, archer en la maréchaussée de Nivernais (25 août 1606). Quittance par Guespier à Desprès ; présence d'André Massé, brodeur à Paris (17 février 1607). Autre quittance par M. de Razilles à Desprès (4 février 1607). — 7. Convention de cheptel entre Pierre de Nourry et Jean Gigot, vigneron à Prier (7 mai 1667). — 8. Nomination d'experts et procès-verbal de visite d'une maison sise *En Gravières* (22 et 26 avril 1673). Signification au procureur de Pierre de Nourry et de Madeleine Desprès (28 avril).

1 F 276 (Liasse). — 1 pièce parchemin, 26 pièces papier.

1633-1642. — POUGUES-LES-EAUX. *Procédures.* — Procès en la Pairie de Nevers, touchant des biens chargés de redevances au profit de Mathurin de Razilles [Cf.: 1 F. 273, p. 6]. On notera, comme les moins indignes d'intérêt les documents suivants : p. 1, extrait d'adjudication par décret, en la justice de Pougues et de Garchizy, à Gilles du Castel, seigneur de Sichamps, de redevances saisies sur Mathurin de Razilles et Marie Gallope, sa femme, à la requête de Pierre de Vaudre, écuyer, seigneur de La Cave et de Villatte, mari d'Imberte de Bussy, héritière de Mᵉ Imbert Gallope (14 juillet 1633) ; p. 12, inventaire de pièces produites par François de Castel, écuyer, sieur de Sichamps, baron d'Ouanne, contre Madeleine Delaporte et Marie de Bussy ; p. 27, sentence en faveur de François de Castel (14 mars 1642).

1 F 277 (Liasse). — 1 pièce parchemin.

1681. — POUILLY-SUR-LOIRE. — Sentence du Bailliage de Saint-Pierre-le-Moûtier pour Pierre de Nourry contre Anne Guillerand, veuve de Joseph Chauveau, lieutenant au Bailliage de Pouilly, et contre Pierre Grescin, veuf d'Anne Chauveau, demeurant à Sury-en-Vaux, province de Berry (20 août).

1 F 278 (Liasse). — 12 pièces parchemin.

1433-1549. — POULIGNY-SUR-ARON. — 1. Vente de partie de la justice haute, moyenne et basse de Pouligny et de Saizy, consentie par Jean de Champrobert, dit Guron, écuyer, seigneur desdits lieux, en faveur d'Hugues de Digoine, chevalier, seigneur de Thianges et de Savigny-sur-Canne, et seigneur féodal de Pouligny ; présence de Jean Royer, prêtre, prieur de Lucenay-les-Aix (3 février 1433, n. st.). — 2. Désistement de ses prétentions par Pierre Mulatier, écuyer, au profit d'Hugues de Digoine, chevalier, seigneur de Thianges et de Pouligny ; présence de Jean de Breuil et de Jean Pignault, licenciés en lois, et de Louis Saulnier, seigneur de Varennes (30 octobre 1444). — 3. Partage des terres de Saizy et de Guclay, convenu entre nobles hommes Pierre de la Troulière, Philibert de Courvol, Jean du Bois, et Pierre de Vendonne, écuyers ; présence de Jean de Champrobert, écuyer (acte reçu le 13 [mois effacé] 1468 et grossoyé le 29 août 1469). — 4. Ratification par Jean et Huguenin de Pringy, frères, écuyers, et Jeanne de Pringy, leur sœur, de l'accord convenu par leur frère, Guiot de Pringy, avec Érard de Digoine, chevalier, seigneur de Pouligny, touchant le bois de Pouligny ; présence de Guillaume Cossard, prêtre (acte reçu le 4 février 1487, n. st., et grossoyé le 29 septembre 1513). —

5. Échange de diverses redevances serviles convenu entre Charles Bourgoing, licencié en décret, chanoine de Nevers, et Jean Bourgoing, écuyer, son frère, d'une part, et, d'autre part, Jeanne Gautherine, veuve de Jean Letort, écuyer, seigneur du Marais, agissant au nom de ses enfants (17 juin 1488). — 6. Bail à bordelage d'un pré à Jean de Magny par Érard de Chaugy, écuyer, seigneur de Saint-Gratien et de Savigny-sur-Canne ; le grain, à la mesure de Cercy-la-Tour ; présence de Guillaume Simonin, prêtre, curé de Saint-Gratien (31 mai 1529). — 7. Vente d'un pré à Étienne du Pontot, écuyer, seigneur de Poussery, par Jean de Bazay, écuyer, et Charlotte de Bazay, sa sœur, agissant pour eux, pour Éliacin de Bazay, leur frère, « et pour tous leurs autres parsonniers », et par Philibert Courvol, écuyer, et Jeanne de Bazay, sa femme ; présence de Jean Dauvergé, prêtre (27 décembre 1529). — 8. Vente d'un cens affecté sur une terre au village de Creule, paroisse de Montaron, par Jean de Bazay, écuyer, seigneur de Pouligny en partie, agissant pour sa femme, son frère et sa sœur, à Antoine Courtois, marchand de Moulins-Engilbert (27 juin 1530). — 9. Jean de Bazay, écuyer, Charlotte de Bazay, sa sœur, Philibert Courvol, et Jeanne de Bazay, sa femme, vendent à Érard de Chaugy, écuyer, seigneur de Saint-Gratien, et à Antoinette de la Boutière, sa femme, une redevance bordelière due par la famille Dauvergé (24 janvier 1531, n. st.). — 10. A l'occasion de différend touchant une commise bordelière, transaction portant désistement de Jean et de Charlotte de Bazay au profit d'Antoine Courtois (27 décembre 1536). — 11. Vente de pré à Antoine Courtois par Érard de Chaugy, écuyer, et Antoinette de La Boutière, sa femme, dame de Saint-Gratien, de Savigny-sur-Canne et de Pouligny en partie (26 août 1545). — 12. Vente de maison, terres et prés par Valentin de Couze et Michelette Peneau, dite Darrez, sa femme, à Jean de Billy et à Jean Millin, son gendre (17 septembre 1549).

1 F 279 (Liasse. — 7 pièces parchemin, 2 pièces papier.

1554-1779. — POULIGNY-SUR-ARON. — 1. A l'occasion de procès pendant au Bailliage de Nevers, touchant la dévolution de portions de la seigneurie de Poussery, transaction entre le procureur général au domaine ducal, d'une part, et, d'autre part, Antoine Courtois, marchand à Moulins-Engilbert, et Charles Du Pontot, seigneur de Poussery, ladite transaction portant désistement de Courtois au profit de Du Pontot ; présence de Jacques Bolacre, l'aîné, conseiller du duc et maître des comptes, à Nevers, et de Jean Beautour, prêtre, receveur du couvent de Notre-Dame de Nevers (27 mai 1554). — 2. Échange de biens entre Jean de Billy, marchand à Moulins-Engilbert, et Jean Darrez, l'aîné, de Mazilles, agissant pour lui et pour ses parsonniers (4 octobre 1554). — 3. Charles de Chaugy, écuyer, seigneur de Chissey-en-Morvan, et Antoine de Puygirault, écuyer, seigneur de La Brosse, à la paroisse de Naintré, duché de Châtellerault, mari de Bonaventure de Chaugy, vendent le tiers leur appartenant de la seigneurie de Pouligny à François Du Pontot, chevalier, seigneur de *Resay* et de Poussery, titulaire des deux autres tiers ; le fief relève de Saint-Gratien ; présence de Guy Rapine de Sainte-Marie, lieutenant général de Nivernais, et d'Étienne Decolons, avocat à Nevers (31 août 1559). Suit copie de la procuration générale donnée à Antoine de Puygirault par Bonaventure de Chaugy, héritière de Guillaume de Chaugy, son père, et d'autre Guillaume de Chaugy, son frère (18 mai 1559). — 4. Échange de biens entre François Du Pontot, chevalier, bailli de Nivernais, et Jean Baudrel, chef et gouverneur de sa communauté (26 juillet 1564). — 5. Contrat de mariage entre Léonard Longuereau, de Pouligny, et Jeanne Cossard, *alias* Millat, de Creulle, servante depuis quatre ans chez Gilbert Loiseau, à Vroux, paroisse de Thaix ; après le mariage, les époux entreront dans la communauté des Longuereau, où la mariée apportera la dot suivante, payable par son maître à différents termes : 20 livres tournois, une vache pleine, 6 brebis, une truie avec ses petits, un lit garni de couverture de bougras marquée de laine, 4 draps, une arche fermant à clé et contenant 4 boisseaux, une cotte et une robe de drap bureau, une nappe de 2 aunes, 2 paires de chausses de poulangis et une somme de vin blanc (16 novembre 1568). — 6. Bail à bordelage par Anne de Giverlay à Jacques Perrin, laboureur à Pouligny, avec reconnaissance par ce dernier de tenure à cens touchant « u.:g bastiment de forges qu'il a de nouvel ediffié » ; présence de François Vaget, licencié en lois, lieutenant au Bailliage de Ternant, demeurant à Rémilly (14 septembre 1609). — 7. Extraits du terrier de Poussery, dressé pour François Du Pontot, en ce qui concerne la délimitation des justices de Pouligny et du Tremblay et le droit de pêche dans la rivière d'Aron (s. d., écriture du XVIIe siècle). — 8. Vente à Jean Charleuf, maréchal, par Pierre Diochin, soldat au régiment d'Artois-Infanterie, de tous les droits qui peuvent appartenir à ce dernier dans le bien dit *des Diochin* (16 février 1776). — 9. Retrait seigneurial relatif à la vente précédente, exercé par Pierre-Étienne Bruneau de Vitry (25 août 1779).

1 F 280 (Liasse). — 3 pièces parchemin, 6 pièces papier.

1379-1766. — Pouligny-sur-Aron. *Fief de Mussy.* — 1. Dénombrement de ce qu'elle tient à cause de sa maison de Saizy, relevant de la motte et tour de Poussery, fourni à Marguerite de Marry, veuve de Jean Le Bidaut de Montaron, et à

leurs filles, Jeanne, Isabeau et Alips, par Isabeau de Saizy, veuve de Regnaut de La Croix (28 juin 1379). — 2. Semblable dénombrement fourni aux mêmes, pour la même cause et à la même date par Jeanne de Saizy. — 3. Foi et hommage à Anne de Giverlay, dame de Poussery, par Esme de Balorre, écuyer, en son nom et au nom de Claude d'Aunay, sa sœur utérine, pour ce qu'ils tiennent à « Mussy, villaige de Saizy » ; présence de François Vaget, lieutenant au Bailliage de Ternant, et de Léonard Dony, praticien à Aunay (11 mars 1600). Suit ratification dudit acte par Claude d'Aunay à sa majorité ; présence de Joseph Avril, sergent de Pouligny (13 octobre 1604). — 4. Dénombrement de la terre et seigneurie de Mussy fourni en conséquence (9 décembre 1604). — 5. Foi et hommage à Anne de Giverlay par Jacques de Balorre, écuyer, pour lui et pour François et Françoise de Balorre, ses frère et sœur, enfants de défunt Esme de Balorre et d'Élisabeth d'Aunay ; mention que le bois de Champrobert, autrement dit l'Hâte de Mussy, a été vendu par Esme de Balorre à Jean et Charles de Ponard, écuyers ; présence de François Vaget et de Sébastien Guyonin, praticien et notaire ducal demeurant à Mazilles (10 mars 1608). — 6 et 7. Dénombrement fourni en conséquence (21 avril 1611). Minute et expédition. — 8. Foi et hommage à Anne de Giverlay par Charles de Ponard, écuyer, touchant le bois de Champrobert ; présence de Michel Audigier, curé de Vandenesse, et de François Goussot, receveur du Tremblay (6 mai 1611). — 9. Dénombrement fourni par *Charles Buteau*, receveur du marquisat de Vandenesse, à Gabrielle Millot de Montjardin, veuve d'Anne-Édouard de Reugny (15 décembre 1766).

1 F 281 (Liasse). — 10 pièces papier

1775-1790. — Pouzy-Mézangy. — 1-4. Sommation à Jean Combat, meunier au moulin de la Pierre, et à Marie Simonnet, sa femme, pour parvenir au paiement de fermages arriérés ; saisie et vente en conséquence de bestiaux et de meubles (1775). — 5-8. Procédures en la maîtrise royale de Cérilly, intentés au nom de la comtesse de Reugny contre Charles Carré, curé de Mézangy, à l'occasion de délits de bois : mésus de vaches dans un taillis (1783). — 9. Assignation à comparoir en la justice de Pouzy, signifiée à Jean-Baptiste Tixier, laboureur (28 mai 1789). — 10. Quittance à Saulnier, fermier de Pouzy, de rentes dûes par Mme de Reugny à la fabrique dudit Pouzy (1er février 1790).

1 F 282 (Liasse). — 14 pièces parchemin, 5 pièces papier.

1388-1541. — Préporché. — 1. Foi et hommage, pour le pré de la Longenne, par Girard du Monceau, écuyer, à Guiot de Champrobert, aussi écuyer, à cause de sa maison de Champrobert (22 juillet 1388). — 2. Bail à bordelage consenti par Jean et Guillaume Lebault, écuyers, et Philippe du Plessis, leur mère, à Perrin Durand, du champ des Noyers, au finage de Montjoux : les bailleurs se réservent un droit de passage (note du 26 juillet 1429, grossoyée le 7 juin 1460). — 3. Autre, par Guillemette de La Forêt, dame de Montapas et de Neuilly, à Guillaume Trenneaul et à ses parsonniers, paroissiens de Préporché, de différents héritages sis notamment à Aché et à Neuville ; présence de Jean Martin, prêtre (29 novembre 1485). — 4. Autre semblable, par Jean Le Bourgoing, écuyer, à Jean Gauthier, du village de La Chétive, paroissien de Préporché, d'une maison et de divers héritages au dit lieu ; mention, parmi les confins, de biens tenus du prieur de Saint-Honoré. Jean Le Bourgoing possède ces biens en vertu d'un échange avec Guillaume Boisseran, écuyer (13 décembre 1491). — 5. En suite de procès à Nevers et à Paris, affranchissement portant convention de mainmorte à bordelage (1) consenti par Jean Le Bourgoing, écuyer seigneur de Champ-Charmot, en faveur de Jean Bonnerot, dit Le Jeune, et de ses enfants, habitants de Vinitien, paroisse de Préporché ; présence de Jean Jacquinot, écuyer, et de Guillaume Billetat, sergent royal (15 décembre 1504). — 6 et 7. Acte semblable (1) entre Jean Le Bourgoing et Pierre Bonneauldat, le jeune, dudit lieu de Vinitien (18 décembre 1504). — 8. Autre semblable (1) entre Jean Le Bourgoing et Jean Bonnerot, dit Bauldot, et Simon Bonnerot, son frère, de Vinitien : présence d'Henri Thiollier, prêtre (27 janvier 1505, n. st.). — 9. Foi et hommage du pré de la Longenne, par Jean Letort, chanoine de Nevers, à Philippe Le Bourgoing, chanoine de Nevers et seigneur de Champrobert : présence de Lancelot Polet, licencié en lois, et de Jean Letort, de Moulins-Engilbert (18 avril 1520). — 10. Vente de divers héritages sis au finage d'Aché, consentie par Philippe de Mongaudon, l'aîné, tisserand à Préporché, sa femme et ses parsonniers, en faveur de Philippe, Jean et Jacques de Mongaudon, frères, cousins des vendeurs ; présence de Jean d'Aché, fils de Guillaume d'Aché, de Léonard d'Aché et de François Berthin, de La Queudre (9 février 1526, n. st.). — 11. Saisie féodale du pré de la Longenne à la requête de Philibert Le Bourgoing, écuyer, seigneur de Champrobert et de Champlevrier, contre Philippe Pannez et Jean Liger, communs parsonniers ; Nicolas Langlois est commis à la levée des fruits et redevances (28 juin 1539). Saisie de gages sur lesdits parsonniers : *une peste blanche et une robbe de bureaul à usaige d'homme* (22 mars 1539, n. st.). — 12 à 19. Procédures poursuivies au Bailliage de Nivernais, touchant le pré de la Longenne, entre Philibert Bourgoing et

(1) Ces concessions en bordelage ne comportent succession qu'en ligne directe.

Nicolas Langlois, d'une part, et, d'autre part, Toussaint Coligny, écuyer, garant de Philibert Pannez et de Jean Liger (1540-1541).

1 F 283 (Liasse). — 3 pièces parchemin.

1400-1572. — PRYE-SUR-L'IXEURE. — 1. Procès-verbal de l'assemblée capitulaire des religieuses de La Fermeté, consécutive aux obsèques de la prieure Alips de Moulins (13 novembre) : cette assemblée est tenue dans le chœur de l'église, *quia capitulum dicti monasterii non erat in statu in eo capitulandi* ; les religieuses fixent au lundi 22 novembre l'élection de la future prieure ; dans l'intervalle sera demandée à l'évêque de Nevers la permission de procéder à cette élection, *prout in dicto monasterio moris esse dicitur.* Présence de : Frère Giraud de Charlieu, cordelier du couvent de Nevers ; Grégoire de La Forêt, clerc, licencié en lois ; et Jean de Cruce, prêtre, curé de Cigogne (15 novembre 1400). — 2. Bail à cens d'une maison à Pierre Lagesde, bourgeois de Nevers, par Jean de Colon, écuyer, seigneur dudit lieu et de Traizaigle, mari de Catherine de Maisoncomte (25 mars 1461, n. st.). — 3. Au cours de procès au Bailliage de Saint-Pierre-le-Moûtier, entre Madeleine Peron, veuve de Pierre Desprès, l'aîné, contre Balthazar de Frasnay, « paroissien de Prie et Sigongues par années », à l'occasion d'un vol de six bœufs perpétré au village de Cougny, paroisse de Saint-Jean-de-Lichy, transaction entre ledit de Frasnay et Jean Desprès, seigneur de Cougny, receveur général en l'Élection de Nivernais, représentant Madeleine Peron ; ladite transaction comportant la mise en gage d'un moulin à blé, à Limon, avec étang, et d'une pièce de terre au village de Traizaigle ; le moulin doit annuellement vingt quartaux, par moitié froment et mouture, à la Prieure de La Fermeté, et la terre est chargée de dix sous et d'un boisseau froment par an au profit de Jacques Bolacre, lieutenant général de Nivernais. Présence de Vincent Brossard, sergent royal à Nevers, et de Léonard de Frasnay, notaire au duché de Nivernais (26 mars 1572).

1 F 284 (Liasse). — 3 pièces parchemin.

1448-1659. — RÉMILLY. — 1. Bail à bordelage de diverses pièces de terre consenti par la Chambre des Comptes de Nevers au profit de Jean d'Onay, *alias Bastard de Maulmigny*, demeurant à Rémilly (4 juin 1448). — 2. Toussaint Cotignon, écuyer, demeurant à Moulins-Engilbert, vend à Étienne Du Pontot, écuyer, seigneur de Poussery, une redevance bordelière dûe par Jean Choppineaul, paroissien de Rémilly (4 avril 1515, n. st.). — 3. Lettres à terrier concédées en faveur de Georges de Reugny, en ce qui touche la seigneurie de Rémilly (1er octobre 1659).

1 F 285 (Liasse). — 1 pièce parchemin, 1 pièce papier.

Entre 1470 et 1491. — ROCHE-MILLAY (LA). — 1. Mandement de Jean, duc de Brabant et comte de Nevers, à Jean de La Chapelle, Robert de Marry et Philippon Fèvre, commis par lui à la garde de la Roche-Millay portant instructions sur ce qu'ils auraient à faire en cas d'attaque éventuelle par les Bourguignons à l'expiration de la trève qui prend fin le 15 du mois. (Nevers 9 avril). — 2. Transaction sur procès entre Marie, veuve de Mathé Bouchart, et Martin Bouchart, son beau-père, au sujet de la jouissance d'héritages sis à Mesles ; présence de Jean des Vaulx, prètre (4 octobre 1479).

1 F 286 (Liasse). — 1 pièce parchemin.

1535. — ROUY. — Quittance par Pierre Lelong, prètre, accenseur et procureur de la seigneurie de Rouy, des droits de remuement pour des acquisitions faites par Huguet Gayot, écuyer, seigneur de Palluau et Jeanne Leriche sa femme ; présence d'Alexandre Jassin, prètre (12 décembre).

1 F 287 (Liasse). — 1 pièce parchemin.

1475-1487. — SAINCAIZE. — Vente d'un pré par Huguenin Freton à Jean des Bordes (9 octobre). Au dos : Restitution du dit pré par Jean des Bordes à Huguenin Freton ; présence de Jean Bigot, prètre, et de Jean des Tierdres, clerc, notaire royal (24 juillet 1487).

1 F 288 (Liasse). — 1 pièce parchemin.

1624. — SAINT-AUBIN-LES-FORGES. — En une cause pendante au Bailliage épiscopal de Parzy, touchant la jouissance d'un pré à Frasnay-les-Chanoines, adjudication de défaut au profit de Jean Després, commissaire ordinaire des guerres en la Maréchaussée de Château-Chinon, contre Pierre Duplessis, chapelain de la seconde portion de la chapelle de la Madeleine, fondée à Saint-Cyr de Nevers (4 juillet).

1 F 289 (Liasse). — 4 pièces papier.

1570-1585. — SAINT-BENIN-DES-CHAMPS. — 1. Reconnaissance de tenure à bordelage par Martin Musnier, demeurant au Petit-Neuzilly, paroisse de Saint-Benin-des-Champs, au profit de François de Duras, écuyer, seigneur de La Couture en Bourbonnais ; Duras est acquéreur de Gilbert de Juisard, fils de défunt Laurent ; présence de Jean Boursaut, notaire (21 janvier 1570). — 2 à 4. Procédure au Bailliage de Saint-Pierre-le-Moûtier entre Léonard de Noury, écuyer, seigneur

de Palluau. et Noël Fosse, curé de Saint-Benin-des-Champs, en conséquence d'un échange d'héritages convenu entre eux le 28 avril 1581 (1585). A signaler : p. 2, lettres royaux du 12 février 1585, suivies de copie de l'échange de 1581 ; p. 4, réponse, pour Léonard de Noury, signée G. Coquille : observations juridiques sur les dites lettres royaux et indication d'améliorations culturales apportées à une vigne ; cette pièce est tout entière de la main du célèbre juriste.

1 F 290 (Liasse). — 2 pièces parchemin.

1500-1589. — SAINT-CY-FERTRÈVE. — 1. Bail à bordelage de prés au finage de La Breuille, consenti aux frères Petit par Jean du Chaillou, écuyer, seigneur dudit lieu (1er mars 1500, n. st.). — 2. Autre, du pré de Maupertuis, consenti à Claude Guyot et à ses parsonniers par Eugin de Thoury, écuyer, seigneur de la Chatonière et de Buxicre en partie, et Jeanne de Monfoy, sa femme ; ce pré appartenait auparavant au seigneur de La Montagne (6 décembre 1589).

1 F 291 (Liasse). — 1 pièce parchemin.

1521. — SAINT-ÉLOI. — Renouvellement, après décès, du bail à bordelage d'un pré (bordelage *party et non party, divisé et non divisé*) par François Girard, seigneur de Passy, Cherault, Bona et Saint-Éloi, à noble Pierre du Vendel, licencié en lois, avocat de Nivernais, agissant en son nom et pour sa mère, Marguerite Perreau, veuve de Pierre du Vendel, dit Le Breton, et pour son frère mineur, Jean ; mention, parmi les confins, d'une terre de l'hôpital Saint-Lazare ; présence de Jacques de Villement, écuyer, seigneur de Soultrait, demeurant à Bulcy, et de Simon Delaplace, praticien à Nevers (5 avril).

1 F 292 (Liasse). — 5 pièces parchemin, 37 pièces papier.

1648-1788. — SAINT-GENGOULT. — 1 à 38. Différends, puis procédures en la Pairie de Nevers, à l'occasion d'obligations de cheptel entre Pierre Girard, praticien à La Roche-Millay, et la famille Jannot, communauté demeurant en premier lieu à Magny, paroisse de Millay, puis à La Vault de Ferrière, paroisse de Saint-Gengoult (1648-1677). Pierre Girard est qualifié de greffier de Millay (p. 4, 1649) ; les Jannot sont fréquemment appelés Billault (*passim*) ; présence de Blaise Clément, procureur fiscal de La Roche-Millay (p. 5, 18 octobre 1649) ; mention de Jean Girard, apothicaire à La Roche-Millay (p. 15, 30 juin 1668) ; compte des ventes effectuées par François Jannot, cheptelier de feu Jean Girard, apothicaire, et de Philiberte Coujard, sa veuve (p. 18, 1673) ;

transaction entre Philiberte Coujard et François Jannot (p. 35, 19 février 1675). — 39. Sur procès relatif à des défrichements et à des usurpations de bois, transaction portant échange entre Pierre Bruneau de Vitry et les habitants de Champrobert : Pierre Bruneau concède auxdits habitants la pleine propriété des bois usagers et reprend le bois de Malvault qu'ils portaient de lui à titre de bordelage (29 mars 1725). Suit une autre transaction, entre les mêmes, portant estimation des grains en deniers pour parvenir au paiement des arrérages de rentes dûs au seigneur de Champrobert ; le boisseau employé est à la mesure de La Roche-Millay ; il est estimé : en blé à 40 sous, en seigle à 26 sous et en avoine à 16 sous (4 avril 1725). — 40. En conséquence d'hommage rendu à la Chambre des Comptes de Moulins par Denis-Robert Bruneau de Vitry le 19 avril 1771, dénombrement du fief de Champrobert et La Vault : tous les biens énumérés sont tenus en bordelage du seigneur de Champrobert qui y exerce la justice haute, moyenne et basse. Suivent : délimitation de la justice de Champrobert (fol. 9 v°) ; récapitulation par village des rentes énumérées au dénombrement (fol. 11) ; affirmation dudit dénombrement par Bruneau, présence d'Antoine Michel, vicaire de Sémelay (2 juillet 1779, fol. 11 v°) ; publication à la porte de l'église de Saint-Gengoult (29 juillet 1779, fol. 12) ; publication et réception par le Bureau des Finances de Moulins (25 août et 5 octobre 1779, fol. 12 v°). — 41. Mathias et Jean Gaudard, demeurant à Buzon, paroisse de Saint-Gengoult, vendent à Pierre-Étienne Bruneau de Vitry les immeubles qu'ils possèdent à La Verchère et à La Corvée, paroisse de Chiddes ; présence de Joseph Guérin huissier royal (26 juin 1787). — 42. Bail à bordelage par Pierre-Étienne Bruneau à Lazare Colin, meunier, demeurant au moulin de Mont-Jouant (20 mars 1788) [Cf. 1 F. 167, p. 3].

1 F 193 (Liasse). — 1 pièce parchemin, 1 pièce papier.

1664-1665. — Saint-Germain-de-Salles. — 1. Obligation de mille livres, au profit de Pierre Demounet, maitre apothicaire à Moulins, par Péronelle Doutre, veuve de Jean Bergier, écuyer, sieur de Patry, conseiller en la Sénéchaussée de Bourbonnais et au Présidial de Moulins, et Philippe Bergier, seigneur et prieur de Saint-Germain-de-Salles (4 septembre 1664). En marge : Quittance aux obligataires par le créancier ; Philippe Bergier est fils de Jean (31 décembre 1665). — 2. Sentence, à Moulins, pour Pierre Demounet contre Péronelle Doutre et Philippe Bergier (6 septembre 1664).

1 F 194 (Liasse). — 1 pièce parchemin, 2 pièces papier.

1386-1765. — Saint-Gratien. — 1. Vente d'une vigne par Jean Lestourneau, écuyer, à Jean Lebault (acte reçu le 19 février 1386, n. st., et grossoyé le 12 juin 1409). — 2. Mandement de François, duc de Nevers, portant remise au sieur Du Pontot, bailli de Nivernais, des droits dûs à l'occasion de l'acquisition faite par Antoine Courtois sur le sieur de Saint-Gratien, de la tierce partie du village de Pouligny (30 avril 1553). — 3 et 4. Requêtes au juge du Tremblay, Saint-Gratien, Savigny-sur-Canne et dépendances, touchant une rivalité de banalité entre les moulins de Bouront et de Challuy, l'ancien château de Saint-Gratien, les chemins des environs, des chaumes et vaines patûres, et des marais et pêcheries (1765).

1 F 195 (Liasse). — 2 pièces parchemin.

1396-1506. — Saint-Honoré-les-Bains. — 1. Foi et hommage à Guillaume de Mello, chevalier, seigneur de La Roche et de Gevrey, par Jean de Saint-Honoré, écuyer, représentant Isabeau de Rodon, tutrice de Jean Le Bourgoing, son fils (1er janvier 1396). — 2. Bail à bordelage de la tierce partie du bois de *Chasteaulx*, consenti par Catherine de Charency, veuve de Claude Boutillat, écuyer, en faveur de Jean Clerc ; présence de Jean Boulemé, prêtre, curé de Montambert (13 octobre 1506).

1 F 196 (Liasse). — 1 pièce parchemin, 9 pièces papier.

1515-1629. — Saint-Jean-aux-Amognes. — 1. Bail à bordelage de terres au village de Sury, par Philibert André et Guillaume André, son fils, tanneurs à Nevers, à Étienne Dufour, *alias* Granillot, et aux siens (22 décembre 1515). — 2. Constitution d'une rente de cent sous tournois, consentie par Jean Bongrand, tisserand, demeurant au village d'*Arin*, paroisse de Saint-Jean-de-Lichy, en faveur de Jacques Moquot, licencié en lois, avocat au Bailliage de Nivernais, et de Marguerite Maunoury, sa femme (25 janvier 1577). Au dos : Amortissement de ladite rente par Jean Desprès, sieur de Cougny, et Marie Ducoing, sa femme, moyennant 70 livres 13 sous, payés à Nicolas Moquot, fils de Jacques ; présence d'Étienne Maunoury, avocat au Bailliage de Nivernais, et de Jean Guilleraut, clerc (29 mars 1608). Suit quittance définitive des arrérages par Moquot à Desprès en considération de l'affranchissement, consenti par ce dernier, d'un corps de logis sis à Nevers, rue Saint-Victor, tenu à cens par Moquot (20 novembre 1609). — 3. Autre constitution d'une rente de 2 écus 46 sous 8 deniers tournois, au profit de Jacques Moquot par Jean Bongrand et ses parsonniers (8 mars 1581). Au dos : Amortissement identique à celui de la pièce 2. — 4. Reçus touchant l'accense des Bongrands, délivrés à Jean Després, le jeune, par Guillaume Robin, sous-prieur de Faye (1620-1624). — 5 et 6. Quittances au même Després par Bourdier, curé de Saint-Jean, pour le paiement de trois quartaux de froment, mesure de Nevers, dûs à la cure sur la dîme d'*Arain*, appartenant audit Després (1622 et 1623). — 7. Partage de biens entre Jean Bellard et ses frères, demeurant à Sejean, d'une part, et, d'autre part, Jean Rousseau, maître de sa communauté, de Saint-Jean ; présence d'Esme Renouard, hôte à Nanton, et de Jean Prevost, clerc, dudit Nanton (2 juillet 1629). Collation par Guillaume Rousset, notaire au duché, en présence de Jérôme Rousset, praticien à Nevers, et de Laurent Pluchon, maître arquebusier audit Nevers (26 avril 1660). — 8. A la requête de Madeleine Delaporte, saisie de récoltes sur les enfants mineurs de feu Jean Rousseau (27 février 1647). — 9. Obligation par François Guiot, laboureur, au profit de Madeleine Delaporte ; présence de Michel Cassiat, clerc, de Nevers (12 juillet 1647). — 10. Autre saisie de récoltes sur Jean Guiot et sa femme, veuve de Jean Rousseau (31 mars 1651). — 11. Autre, sur François Rousseau, fils de Jean (15 juin 1655). — 12. Saisie mobiliaire sur François Guiot [Cf. p. 9], à la requête de Pierre de Nourry et de Madeleine Després (15 juin 1660).

1 F 297 (Liasse). — 2 pièces parchemin.

1468-1472. — Saint-Martin-d'Heuille. — 1. Bail à bordelage d'un pré sis en la prairie de Langeron, paroisse de Saint-Martin-d'Heuille, consenti par Simon Dupont, clerc de la Chambre des Comptes de Nevers, en faveur de Jean Colas, de Pougues. Mention, parmi les confins, de prés appartenant au seigneur des Bordes et au curé de Coulanges ; présence de Jean Bouron, prêtre, chapelain de Hugues Lorandeaul, chanoine de Nevers (3 janvier 1468, n. st.). — 2. Autre bail à bordelage de divers biens sis à Urzy et à Saint-Martin-d'Heuille par Simon Dupont à Hugues Barreaul, laboureur à Montmien et à ses *communs en biens* (6 avril 1472).

1 F 298 (Liasse). — 1 pièce parchemin.

1519. — Saint-Maurice-lez-Saint-Saulge. — Vente d'une terre au finage de Montas, consentie par Pierre Gigault et sa fille en faveur de Guillaume Maillot et de ses *consors et parsonniers*, demeurant au village du Buisson, paroisse de Saint-Maurice (acte reçu le 12 décembre 1519 et grossoyé le 17 février 1528, n. st.).

1 F 299 (Liasse). — 1 pièce parchemin, 1 pièce papier.

1478-1622. — Saint-Ouen. — 1. Bail à bordelage de terres et prés au finage de La Vèvre par Jeanne de Pavie, veuve de Simon Dupont, à Érard Turreaul ; présence de Philippe Dupont, marchand à Nevers et de Pierre Guionet, potier d'étain (19 décembre 1478). — 2. Saisie réelle de la terre de Mont, paroisses de Saint-Ouen et de Béard, et du *Lieu Chevré*, paroisse de Saint-Ouen, exécutée à la requête de Jean Després, le jeune, sur François Pernin, scieur de long, époux de Marie Després ; le domaine de Mont avait été précédemment acquis par décret sur le prieur de Lurcy-le-Bourg (9 juillet 1622).

1 F 300 (Liasse). — 5 pièces papier.

1645. — Saint-Péraville. — 1. Saisie de fruits en garantie de dettes, opérée sur Pierre Rousseau à la requête de Madeleine Delaporte, veuve de Jean Desprès ; les récoltes de Rousseau sont partagées par moitié avec les religieux de Faye (4 janvier 1645). — 2 à 5. Procédures en conséquence au Bailliage de Nevers.

1 F 301 (Liasse). — 5 pièces parchemin, 5 pièces papier.

1634-1770. — Saint-Seine. — 1. Bail à cens et rente, sous condition d'entrage et selon la coutume de Bourgogne, d'un *crot* et pêcherie, dit le *crot au gendarme*, au finage *des Maulais*, consenti par Gaspard de Saulx à Jacques Guenot, marchand à La Nocle : la pêcherie pourra être transformée en étang, sous condition d'élever la chaussée ; cens : une poule et une carpe ; présence de Jean Gouneaud, prêtre, curé de Vitry et prieur de Marchy (14 avril 1634). — 2. Autre bail à cens et rente d'une terre joignant le chemin *ferré*, par Henri de Saulx-Tavannes à Gabriel Gillet, paroissien de Maulaix ; présence de Pierre Mugnier, avocat en Parlement, et de Pierre du Moutton, secrétaire et agent d'Henri de Saulx (1er février 1648). — 3. Autre bail à rente et cens d'une terre aux *Boullets*, par Henri de Saulx-Tavannes à Antoine Dubuitz, laboureur à Vesvres, paroisse de Saint-Seine ; présence de Pierre du Moutton (14 février 1648). — 4. Autre bail, à rente foncière, d'une terre aux *Boullets*, paroisse de Saint-Seine, par Pierre Mugnier, fermier de Vitry, à Gilbert Delaforêt, tisserand à Cronat ; le preneur sera tenu de remettre en état la maison qui tombe en ruines, et il bénéficiera du droit de pacage sous condition de payer le droit de blairie (25 octobre 1660). Suit la ratification dudit bail par le comte de Rispe et sa femme, Melchior de Grimaldi, seigneurs de Vitry ; présence de Jean Michaëlis, prêtre aumônier à Sully, et de Pierre Amblard, écuyer au service du seigneur de Vitry (18 janvier 1661). — 5. Autre semblable d'une terre au même finage par le dit Mugnier à Jean Houdot, fendeur de bois à Saint-Seine ; la rente foncière est sujette aux quatre cas et aux autres droits seigneuriaux, sauf à la mainmorte dont le preneur demeure affranchi ; Houdot s'engage à construire une maison *chauffouère* qui devra être entretenue par ses héritiers, de façon que les détenteurs soient assujettis à la blairie et aux deux corvées dues par chaque feu de la baronnie ; présence de Claude Gay, prêtre, et de Benoit Jouzeau, clerc, à Bourbon-Lancy (29 août 1663). Ratification par Melchior de Bueil (30 septembre). — 6. Billet par lequel Jean Béjard s'engage à reprendre l'entrage jadis consenti à Michel Velleret, le 14 février 1648, et à en passer contrat par-devant notaire (15 juin 1684). [L'entrage de 1648 est perdu ; il avait été confié au notaire Delaud, chargé de dresser celui de 1684]. — 7. Bail à cens et rente, portant entrage, par la comtesse de Rispe à Benoit, Mathieu, Léonard et Jean Tixier, père et fils, tisserands aux Boullets ; présence de Jean Michaëlis, prieur de Marchy (26 octobre 1685). — 8. Bail à Jean Houdot, par la comtesse de Rispe, à charge de rente foncière assujettie aux quatre cas et à tous autres droits seigneuriaux, conformément à la coutume de Bourgogne, avec droit d'entrage de douze livres et un écu d'étrennes (1er novembre 1686). Collation du 25 octobre 1687, à la réquisition de Marguerite Chantereau, veuve de Claude Jaquand, notaire royal à Bourbon-Lancy. — 9. Bail d'une terre aux Boullets, moyennant vingt livres d'entrage et dix sous et une poule de cens, consenti à François Jourdier, fermier de la terre de Vitry, par Marguerite-Henriette de Saulx-Tavannes, veuve de Louis-Eustache de Marion, chevalier, marquis de Druy, major général de la gendarmerie ; présence de Gabriel Bertrand, fermier de la seigneurie d'Issy-l'Évêque (19 juin 1710). Copie collationnée du 7 octobre 1762. — 10. Consultation juridique à l'occasion d'un différend relatif à l'exécution du bail précédent, signée : Vernin (Dijon, 17 mai 1770).

1 F 302 (Liasse). — 2 pièces papier.

1630-1631. — SAIZY. — 1. Quittance de grains par Jean Merle à Philippe Barthélemy, accenseur des terres de Madeleine Delaporte, veuve de Jean Després (28 février 1630). — 2. A la requête de Madeleine Delaporte, saisie des dimes de Saizy, appartenant au curé, François Baudot (12 novembre 1631).

1 F 303 (Liasse). — 4 pièces parchemin, 10 pièces

1584-1770. — SANIZY. *Fief de Lucy.* — 1. Foi et hommage par Charles d'Anlezy, seigneur de *Chezelles* [probablement Chazelle, commune de Moux] et de Lucy en partie, rendu à Jean André, procureur de Jean Sallonnier, bourgeois de Moulins-Engilbert, seigneur de Pron ; la cérémonie a lieu « au devant de la motte et foussez où soulloyt estre la porte et entrée du chastel et maison seignorialle de Peron » (18 juillet 1584). — 2. Dénombrement fourni en conséquence, conforme à un précédent, donné par Jean de Lucy, écuyer, à Marguerite de Digoine (reçu par Pierre Moreau, notaire royal, le 1er août 1397, et collationné par Jean Martin, prêtre, notaire ducal, le 1er juillet 1487) ; présence de Jean Coquille, bourgeois de Saint-Saulge, garde du scel dudit lieu (18 novembre 1584). — 3 et 4. Articles du blâme opposé audit dénombrement par Sallonnier (s. d., XVIe siècle). Deux expéditions. — 5. Nouvel hommage par Charles d'Anlezy et présentation du dénombrement en vue de débat prochain aux assises de Pron ; présence de Guillaume Nault, sergent royal à Moulins-Engilbert (20 novembre 1584). — 6 à 8. Saisie féodale du fief de Lucy (1585). — 9. Nouveau dénombrement, plus détaillé, dudit fief, fourni par Charles d'Anlezy à Jean Sallonnier, seigneur de Pron, contrôleur pour le roi en l'Élection de Château-Chinon ; présence de François Droict, notaire au duché, demeurant à Saint-Saulge (25 août 1585). Suit le certificat de dépôt entre les mains de Sallonnier ; présence de Jean Dubois, clerc, demeurant à Moulins-Engilbert (10 septembre 1585). — 10. Nouvelle saisie féodale de Lucy, pour défaut de foi et hommage et de dénombrement (juillet 1658). — 11. Foi et hommage à Georges de Reugny par Louis de Cossaye, chevalier, seigneur de Lucy et de La Va..ée, paroisse de Saint-Germain-en-Viry, en son nom et comme représentant de Charles de Cossaye, chevalier, seigneur de Beauvoir, et d'Henri de Cossaye, écuyer, fils de Gaspard de Cossaye, chevalier, seigneur de Cizely ; présence de François Charleuf, procureur et praticien à Isenay, et de Georges de Berthelon, écuyer, sieur de La Forêt (31 août 1658). — 12. Dénombrement fourni en conséquence par Louis de Cossaye ; le pavillon du château, mentionné au dénombrement du 25 août 1585 comme « estant de nouvel ediffié », est ici indiqué comme venant d'être incendié ; présence de Vincent Leclerc, écuyer, sieur de Beaulieu ; à la fin, armoiries en couleurs de la famille de Cossaye (20 mars 1659). — 13. Réception dudit dénombrement par Georges de Reugny ; présence de François Charleuf, praticien à Isenay, et d'Adrien Cornillat, praticien à Mazilles (2 juillet 1659). — 14. Aveu et dénombrement fourni à Nicolas de Fussey, époux d'Élisabeth de Reugny du Tremblay, par Marie-Anne de La Tournelle, dame de Reugny, veuve de Louis-François de Courvol, en son nom et au nom de ses enfants ; mention de l'hommage rendu par ledit Louis-François de Courvol de Lucy au Marquis de Fussey, par acte reçu Ballet, notaire royal à Cercy-la-Tour, le 29 mars 1768 ; la garenne de Lucy est exceptée du dénombrement, comme relevant du Prieuré de Saint-Saulge ; mention des dénombrements précédents, et notamment du dernier, fourni à Alexandre de Reugny par Germain de *Courvol*, garde du corps de Sa Majesté, fondé de procuration de Lazare de Courvol, son père, par acte du 24 juillet 1733, reçu par Pougault, notaire à Moulins-Engilbert (15 avril 1776).

1 F 304 (Liasse). — 1 pièce papier.

1731. — Sardolles. — A la requête d'Antoine Dhéré, syndic de la paroisse, signification à Henri Leblanc, greffier en chef de la Maîtrise royale des Eaux et Forêts de Nivernais, formulant protestation contre l'arrêt du Conseil d'État du 17 juin 1729 : « ...ladite communauté n'ayant en propriété aucuns *bois usages, mais seulement le droit et faculté de couper dans les taillis* appartenant aux dames abbesse et religieuses de l'abbaye de Notre-Dame de Nevers, situés dans ladite paroisse de Sardolle, bois mort et mort bois pour leur chauffage et bouchage de leurs héritages, mais que la propriété des bois et taillis appartient auxdites dames abbesse et religieuses, qui disposent à leur volonté de la coupe et superficie desdits taillis... » (14 août).

1 F 305 (Liasse). — 20 pièces parchemin.

1429-1528. — Satinges. — 1. Transport à Huguenin Miraillet, marchand à Nevers, par Guiot Dayat, *alias* Gremot, d'une vigne, dépendant de la chapelle de Mougues, que ledit Dayat avait prise à bordelage de Jean Bestot, ancien commandeur de Biches (13 décembre 1429). — 2. *Quittance* par Jean Daviat à Guillaume André, marchand à Nevers, pour 36 livres tournois, prix de vente d'une vigne (29 juin 1468). — 3. Bail à bordelage d'une vigne au finage de la Vieille-Croix de Satinges, consenti à Jean Marillier et à Huguenin Poisson par Jean Robellin et ses communs parsonniers, de Parigny-les-Vaux (17 janvier 1513, n. st.). — 4. Vente par Jean Grosson à Philibert André d'une vigne à Satinges et d'une terre à Parigny-les-Vaux, toutes deux chargées de cens, la première au profit du seigneur des Bordes, la seconde, au profit de *l'abbesse de Nevers* ; mention, parmi les confins de la première, d'une vigne *de la maistresse de l'Ostel Dieu de Nevers* (20 novembre 1515). — 5. Autre, par Jean Gondière, le jeune, à Guillaume André, marchand tanneur à Nevers, de vignes et de terre chargées de cens au profit du Chapitre de Nevers, du *seigneur des Bordes* et du Chapitre de Frasnay-les-Chanoines (29 novembre 1515). — 6. Philibert et Guillaume André, père et fils, achètent à Guiot Dayat une maison avec ses dépendances, et une vigne, dont les seigneurs bordeliers sont Jean

Lagesde, grénetier de La Charité, pour la maison, et *Guiot Chenu*, marchand ciergier à Nevers (9 décembre 1515). — 7. Ratification par Guillaume Richard de la vente d'une vigne consentie, le 10 novembre 1515, par Jean Richard, son frère, à Philibert et à Guillaume André ; les frères Richard reprennent la vigne à titre de bordelage (9 janvier 1516, n. st.). — 8. Ratification par Jeanne Grosson, femme de Jean Gondière, le jeune, de la vente du 29 novembre 1515 [Cf. p. 5] (8 mars 1516, n. st.). — 9. Rétrocession en bordelage par l'acheteur aux vendeurs d'une vigne et d'un pré acquis le même jour par Guillaume André de Jacques Denis, de son fils, Jean, et d'Huguenin Bourchier, mari de Martine Denis (17 mars 1516, n. st.). — 10. Guiot Dayat vend à Guillaume André et aux siens une maison et une vigne chargées de bordelage au profit de Jean Lagesde, grénetier de La Charité ; présence de Jean Guillaume, le jeune, tanneur à Nevers, et de Girardin de Berne, bourgeois de La Charité (2 mars 1518, n. st.). — 11. *Claude Decray*, veuve de Philibert André, acquiert de Laurent Dayat, paroissien de Saint-Arigle de Nevers, tous les droits qui peuvent appartenir à celui-ci dans la succession de Jean Dayat, son père, conjointement avec ses frères, parmi lesquels figure messire Pasquet Dayat (9 mai 1519). — 12 et 13. Bail à bordelage de maison et de vigne par Claude Decray à Pierre Rignault (4 décembre 1519). Deux expéditions. — 14. Le Chapitre de Nevers baille à bordelage à Claude Decray deux pièces de vigne dépendant du domaine de Parigny-les-Vaux, la Vigne *Secretain* et une autre, sous le four de Satinges ; mention, parmi les confins, d'une *vigne de la Commanderie de Biches.* Ces vignes avaient été précédemment tenues *ad pensionem* par feu maître Joachim d'Avantois, sa vie durant (assemblée capitulaire du 30 janvier 1520, n. st.). — 15. Bail d'un pré pour trois ans, consenti par Guillaume André à Jean Verron, dit Doré (25 juin 1520). — 16. Vente d'une vigne à Jean Trotet, prêtre, vicaire de Satinges, par Huguenin Lejaul et Guillaume Thibaudat, communs et parsonniers (14 avril 1521). — 17. Bail à bordelage d'une vigne à Usseau par Claude Decray et ses enfants à Guillaume Richard, dit Gaupillat (5 janvier 1524, n. st.). — 18. Vente de deux pièces de terre à Claude Decray par Simon Millain (11 novembre 1525). — 19. Autre vente d'une terre, chargée de cens au profit du Chapitre de Nevers, consentie aux mêmes acquéreurs par Guillaume Dauldon, de Parigny-les-Vaux (30 décembre 1525). — 20. Autre, d'une terre chargée de cens au profit du même Chapitre, aux mêmes acquéreurs, par Jean Théveneau, l'aîné, et Jean Dauldon, agissant pour eux et pour leurs frères ; présence de Mathieu Raton, prêtre, de Nevers *(26 mars 1528, n. st.).*

1531-1677. — SATINGES. — 1. Vente d'un pré et d'une terre en franc-alleu, par Jean Grosson à Claude Decray et à ses enfants (15 janvier 1531, n. st.). — 2. Autre, d'une terre et d'un pré, aussi en franc-alleu, consentie à Guillaume André, marchand tanneur à Nevers, par Jean Verron, dit Doré, se faisant fort pour son cousin et parsonnier, François Murlin (10 février 1531, n. st.). Au dos : Ratification de ladite vente par François Murlin (11 février). — 3. Transport d'une redevance bordelière par Louis Byot, curé de Saint-Jacques de La Charité, à Guillaume et Philibert André, frères (27 septembre 1535). — 4. Quittance de droits d'entrée et de remuement, portant ratification par Charles Berthier, écuyer, seigneur de Bizy et de Navenon, d'un échange d'héritages bordeliers (29 août 1535) entre Huguenin Guillot et Guillaume et Philibert André (12 février 1537, n. st.). — 5. Vente aux frères André, par les communautés des Saulnier, d'un pré chargé de bordelage au profit du Chapitre de Nevers (21 décembre 1537). — 6. Bail à bordelage d'une vigne par les frères André à Philbert Saulnier et à son frère François (21 décembre 1637). — 7. Vente aux frères André, par Pierre Coulon, d'une vigne chargée de cens au profit des héritiers de feu M. de Vannay (24 novembre 1538). — 8. Bail d'une vigne à titre d'accence et d'amodiation, par les frères André à Jean Champion et Michel Jonneau, communs parsonniers (13 novembre 1539). — 9. Jean Digault vend aux frères André une vigne chargée de cens au profit du seigneur de Vannay ; présence de Guillaume Burdeau, prêtre, de Nevers (27 février 1540, n. st.). — 10. Blaise Gondière, l'aîné, vend aux frères André : une grange allodiale, avec ses dépendances, des héritages, grevés de redevances au profit du Chapitre de Nevers et du seigneur de Poiseux et une vigne en franc alleu (17 décembre 1541). — 11. Jacques Beurrier vend aux mêmes deux pièces de vigne chargées de bordelage au profit du Chapitre de Nevers (11 avril 1544, n. st.). — 12. Adjudication à Guillaume André, dernier enchérisseur, des biens et droits possédés à Satinges par les orphelins de Philibert André, représentés par Henri de Chasteau, bourgeois de Nevers (27 octobre 1547). — 13. Appointement à Saint-Pierre-le-Moûtier, en une cause entre Jean Després, le jeune, et Jean Girard, curé de Satinges (18 septembre 1619). — 14. Bail à cens par Antoine Tenon, seigneur de Fonfaye, baron de La Guerche, conseiller du roi en son Grand Conseil, à Jean Després, écuyer, Commissaire en la maréchaussée de Château-Chinon, d'une vigne antérieurement tenue à titre de bordelage ; présence d'Antoine Gobillot, clerc, de Nevers (6 novembre 1623). — 15. Reconnaissance de tenures censuelles et bordelières par ledit Jean Després au profit du Chapitre de Nevers, représenté par Nicolas Dumont et Philippe Chassoigne (12 juillet 1625). Extrait du terrier de Parigny-les-Vaux, suivi de la ratification donnée par le Chapitre (14 juillet 1625). — 16. Marché entre Madeleine Després, femme de Pierre de Nourry, écuyer, et les frères Porchery, maçons, pour la construction d'un bâtiment (24 mai 1673). — 17 à 21. Procédure au Bailliage de Nevers entre Pierre de Nourry et Thomas Durin, couvreur, touchant la couverture de la maison de Satinges (1673-1677).

1467-1555. — SAUVIGNY-LES-BOIS. *Marigny-le-Jeune.* — 1. Bail à bordelage de trois pièces de terre par Jean d'Aisy, écuyer, et Jacqueline du Bois, sa femme, paroissiens de Cigogne, à Georges Gauchier et aux siens ; mention, parmi les confins, de biens tenus du Chapitre de Nevers ou du sacristain de Saint-Sauveur ; présence de Charles Vignier, écuyer (12 octobre 1467). — 2. Autre bail à bordelage d'une terre au village de Marigny consenti à Linard Bourgoing, par Jean Morin, concierge et geolier de la Chambre des Comptes de Nevers, sous condition de construire une maison ; présence d'Étienne Angctart, sergent royal (13 avril 1499). — 3. Bail à bordelage d'une maison et d'un pré consenti à Pierre Bois, paroissien de Saint-Éloi, par Jean Morin, bourgeois de Nevers (14 janvier 1514, n. st.). — 4. Rétrocession à bordelage par Jean Morin, marchand pintier à Nevers, à François et Jean Gauchier, frères, d'une terre en franc-alleu, vendue le même jour par lesdits frères à Morin : présence de Jacques Bourgoing, chanoine de Nevers (2 avril 1527, n. st.). — 5. Transport d'une portion du bordelage précédent par Jean Morin à Jean Bault, prêtre, curé de Sauvigny, et à son frère Étienne (5 avril 1527, n. st.). — 6. Vente de terre par Simone Rousset, veuve de Jean Bault, et ses enfants, à Claude Decray, veuve de Philibert André (23 janvier 1528, n. st). — 7. Bail à bordelage à Pierre Felisot par Henri Joly, prêtre, agissant au nom de ses frères et sœurs et au nom de Marie Cheminot, leur mère, veuve de Claude Joly (7 septembre 1528). Au dos : vente des mêmes biens par Jean Morin à Guillaume Ducoing, marchand à Nevers (26 mai 1535). — 8. Autre bail à bordelage, de maison, terre et vigne, par Mathieu Maucouvent, prêtre, demeurant à Nevers, à Jean, Guillaume et Liénard Felizot, frères ; présence de Pierre Simonin, prêtre, de Montigny (25 juin 1533). — 9. Autre bail à bordelage par Jean Bourgoing, couvreur à Nevers, et ses parsonniers, à Guillaume Felizot, de Sauvigny, et à ses parsonniers ; mention, parmi les joignants, de Joachim Olivier, seigneur du Cholet (28 octobre 1549). — 10. Vente de deux redevances bordelières par Guillemette Bourgoing, veuve de Claude Givry, maçon à Nevers, à François Ducoing, marchand audit Nevers (29 mars 1555, n. st.).

1 F 308 (Liasse). — 24 pièces parchemin, 1 pièce papier.

1419-1608. — SAUVIGNY-LES-BOIS. *Divers finages.* — 1. Vente d'une terre par Perrin Salemon à Michel Bejer; mention, parmi les joignants, des terres des anniversaires de la Cathédrale Saint-Cyr (26 octobre 1419). — 2. Autre vente, d'une terre au Bourdy et d'un pré en *Jeurlin* par Guillaume Prevost, de Marigny-le-Vieux, à Jean Guiot, *alias* Delault, du Bourdy; le pré confine à ceux du Chapitre de Nevers et à un pré du curé de Sauvigny ; la terre est chargée de cens au profit dudit Chapitre et le pré est en franc-alleu (17 février 1447, n. st.). — 3. Autre vente de portions d'héritages par Jean Bergerat à Georges Gauchier et à ses frères ; mention d'une vigne joignant celle de la cure de Saint-Arigle et le clos du Chapitre de Nevers « que tient maistre Henry de Soixonne », chanoine de Nevers; présence de Jean Migé, licencié *en lois et en décret*, chanoine de Nevers (23 avril 1466). — 4. Partage de terres et prés entre Pierre Quarré, Guillaume Seguin, *alias* Gaultier, et Mathé Prévost (3 mai 1491). — 5. Bail à bordelage par Vincent Ducoing, bourgeois de Nevers, à Pierre Roy, de Machy, d'une terre, chargée de cens au profit de la cure de Sauvigny, qui devra être mise en nature de pré ou de terre labourable ; présence de Guillaume Fadignon, sergent royal à Nevers (6 juillet 1498). — 6 et 7. Autre bail à bordelage de diverses terres par Jean Morin, concierge de la Chambre des *Comptes* de Nevers, à Jean et Guillaume Girard, dits *des Dames*, de Marigny-le-Jeune (14 février 1504, n st.). Deux expéditions. — 8. Autre bail d'une terre à bordelage par ledit Jean Morin à Pierre Coffineau (20 mai 1505). — 9. Autre bail semblable, de terres et de pré, par Marguerite Bourgoyne, veuve de Vincent Ducoing, bourgeois de Nevers, à Pierre Demay (10 janvier 1506, n. st.). — 10. Autre, de terre et vigne par le même Jean Morin à Jean Girard et à son neveu Guillaume Girard, dit *des Dames* (5 juin 1507). — 11. Autre, par Guillaume Ducoing, marchand à Nevers, à Huguenin Colas, de diverses portions de terre dont l'une est tenue à cens de la cure de Sauvigny (31 juillet 1512). — 12. Autre, d'une terre, par Guillaume Ducoing, à Gilbert Girard (14 janvier 1521, n. st.). — 13. Vente d'une terre par François et Jean Gauthier à Guillaume Ducoing (3 février 1524, n. st.). — 14. Rétrocession à titre d'accense de ladite terre aux frères Gauthier par Guillaume Ducoing (3 février 1524, n. st.). — 15. Autre vente, par les mêmes Gauthier, aux mêmes Ducoing d'une vigne *récemment plantée joignant à un bordelage du* Chapitre de Nevers (6 mai 1524). — 16. Rétrocession à bordelage de ladite vigne par l'acheteur, aux vendeurs (6 mai 1524). — 17. Bail à bordelage de terres à Marigny-le-Jeune et d'un pré en la justice de Saint-Éloi, consenti par Jean Morin, marchand pintier à Nevers, au profit de : François

et Jean Gauthier, frères, pour un tiers ; Pierre Gauthier, pour un autre tiers, et Jean Felizot et Pierrette Gauthier, sa femme, pour le troisième. Mention, parmi les confins, d'héritages tenus de la cure de Sauvigny et du Chapitre Saint-Cyr de Nevers. Présence de Guillaume Ducoing, marchand à Nevers (15 avril 1527, n. st.). — 18. Vente de plusieurs biens à *Sauvigny* et à Saint-Éloi, par François et Jean Gauthier à Guillaume Ducoing ; ces biens sont chargés de redevance bordelière au profit du sacristain de Saint-Sauveur de Nevers, de Jean Morin, marchand pintier, et de la cure de Sauvigny (14 septembre 1527). Au dos : *quittance du droit de tiers denier délivrée par Morin à Ducoing* (16 juillet 1528). — 19. Vente d'une vigne par Pierre Gauthier à Guillaume André, marchand tanneur à Nevers, Claude Decray, sa mère, et Philibert André, son frère ; présence de [Guillaume] Habineaul, prêtre (13 février 1528, n. st.). — 20. Bail d'une propriété, aux termes renouvelables de trois, de six et de douze années, par Guillaume Ducoing à Philibert Gérard (20 mars 1529, n. st.). — 21. Bail à bordelage d'une vigne par le même Ducoing à Philippe Regnard (1er octobre 1530). — 22. Reconnaissance de tenure à bordelage par Jean Vezard, prêtre, et Jean Bault, notaire au comté, au profit de Guillaume Ducoing (27 novembre 1530). — 23. Transport d'une redevance bordelière par Jean Morin, pintier à Nevers, à Guillaume Ducoing, seigneur de Graté ; énumération des héritages et origine de leur propriété ; présence de Nicolas Benoit, prêtre (10 février 1532, n. st.). — 24. Transaction sur procès entre Guillaume Ducoing, et Jean Bressier et ses parsonniers ; présence de Jean Robert, sergent royal (25 février 1536, n. st.). — 25. Vente de coupe de bois à René Traineau, maître de la forge d'Arlot, par Jean Després, écuyer, seigneur de Cougny, acquéreur de Nicolas Galoppe ; présence de Pierre Paulchin, clerc, et de Guillaume Grimouard, archer en la maréchaussée de Nivernais (21 janvier 1608).

1 F 309 (Liasse). — 2 pièces parchemin, 19 pièces papier.

1574-1680. — SAUVIGNY-LES-BOIS. *Procédures.* — 1. Sentence du Bailliage de Nevers portant maintenue en possession d'une terre en faveur de Jean Després et Marie Ducoing, sa femme, contre Jean Jouard (13 août 1574). — 2. Requête au même Bailliage par Després à fin de restitution des fruits de ladite terre en froment et en orge gros (20 août 1574). — 3. Procès-verbal de délit dans les bois des Petits-Usages de Forges contre Dimanche Maulais et son fils, ouvrier de Guillaume Després (16 décembre 1645). Et assignation à comparaître devant le Grand-Maître des Eaux et Forêts au Duché de Nivernais (19 décembre). — 4. Lettre de Després à Goussot, procureur aux Bailliage et Pairie de Nevers, le chargeant de le défendre en prenant le fait et cause de Dimanche Maulais et lui indiquant les dilapidations de bois qui se pratiquent journellement aux environs de Nevers (20 décembre 1645). — 5. Assignation donnée à Dimanche Maulais (30 décembre 1645). — 6 et 7. Requête, expositive de l'affaire, présentée au Grand-Maître des Eaux et Forêts au Duché de Nivernais par Guillaume Després, seigneur de Cougny : la question est de savoir si une sentence rendue l'année précédente a pu priver le domaine de l'Éperon du droit d'usage au bois de Forges et au bois au Merle, droit dont avaient joui, antérieurement à Després, Jacques Bolacre, Étienne Tenon et Marandé (s. d.). A la fin de sa requête, Guillaume Després se qualifie de seigneur des Amognes en même temps que de seigneur de Cougny. — 8 à 20. Procédures en conséquence devant la Gruerie de Nivernais, puis devant le Grand Conseil. à Paris (1646-1648). Guillaume Després étant mort, la cause est reprise par Christophe Després, écuyer, sieur de Cougny, et par Léonard Maunoury, premier président à la Chambre des Comptes de Nevers. Interviennent en la cause : Claude Maunoury, conseiller du roi, maître des requêtes ordinaires de son hôtel, abbé de Gaillac et prieur de Saint-Étienne de Nevers ; Étienne Maunoury, avocat au Parlement ; et Jean Darnoux, fermier de la forge d'Arlot. — 21. Sentence du Bailliage de Nevers en une cause entre Claude Regnier, notaire royal, et Pierre de Nourry, mari de Madeleine Després (3 février 1680).

1 F 310 (Liasse). — 1 pièce parchemin.

1556. — Savigny-Poil-Fol. — Vente de diverses redevances bordelières par Guillaume Sallonnier, marchand à Moulins-Engilbert, à Charles du Pontot, chevalier, seigneur du Pontot, de Saint-Éloi-lez-Nevers et de Poussery, Bailli de Nivernais et l'un des cent gentilshommes de la Maison du Roi ; Sallonnier avait précédemment acquis ces redevances de Madeleine de Lodines, femme de Jean de Morogues, écuyer, seigneur du Plessis, suivant acquisition reçue par feu Guy Roy, notaire royal, le 8 juin 1551 ; présence d'Esme Joffriot, lieutenant de Château-Chinon (22 février 1556, n. st.).

1 F 311 (Liasse). — 13 pièces papier.

1765-1766. — Savigny-sur-Canne. — 1 à 12. Procès au Bailliage du Tremblay, Isenay, Saint-Gratien, Savigny et dépendances, à la requête de Lazare Pougault, procureur fiscal et gruyer, contre : Éléonor Girard, bourgeois à Chassy, paroisse de Mhère ; Claude Charleuf, intendant du marquis de Choiseul, demeurant à Chassy, paroisse de Montreuillon ; Paul Moreau, marchand à Demin, paroisse de La Collan-

celle ; François Léger, prêtre, curé de Savigny-sur-Canne ; et Jean Lault de Vernillat, marchand audit Savigny. Anticipations de terrains et suppression de chemins. A remarquer les pièces suivantes : p. 9, Requête du curé Léger, exposant la situation de la paroisse de Savigny, ses dîmes et sa desserte ; p. 10, Réponse par Pougault à Lault : indication de la banalité du moulin de Challuy. (Janvier-juillet 1765). — 13. Le curé Léger s'oppose à la sentence contre lui rendue par défaut, le 16 juillet 1765, en la justice du Tremblay (15 janvier 1766).

1 F 312 (Liasse). — 1 pièce papier.

XVIIIe siècle. — Sémelins. — Fragment d'un relevé de tenures bordelières et censuelles, avec l'indication des redevances dues, les grains étant comptés à la mesure de Châtillon-en-Bazois. Mention, parmi des confins, d'une terre de la cure de Mingot (s. d., XVIIIe siècle).

1 F 313 (Liasse). — 7 pièces parchemin.

1394-1507. — Sermages. — 1. Bail à bordelage, avec droit d'entrée, de tierces et dîmes aux Champs, paroisse de Sermages, consenti par Jeanne, veuve de Jean Le Charriat, écuyer, à Jean de *Priro* [Prico ?], à Jeannette, sa femme, et à leurs hoirs directs (17 octobre 1394). — 2. Autre bail à bordelage, d'un pré, par Philibert Bourgoing, écuyer, et Jeanne La Torte à Jean Auboussu, de Grandry, paroissien de Sermages, à ses communs et parsonniers et à leurs hoirs en ligne directe (26 avril 1468). — 3. Traité par lequel Jean Le Bourgoing, écuyer, seigneur de Champ-Charmot, baille à titre d'accense à Étienne Durand, praticien à Decize, et à Jeanne Cotignon, sa femme, diverses prestations bordelières dûes sur des biens en la paroisse de Sermages (21 septembre 1501). — 4. Regnault Beauperrin, sa femme et son gendre vendent à Jean Le Bourgoing, écuyer, seigneur de Champ-Charmot, une pièce de terre au finage du Plessis (14 février 1505, n. st.). — 5. Vente au même écuyer, par Georges Aucas d'une terre au même finage du Plessis (17 février 1505, n. st.). — 6. Autre vente au même écuyer, par Pierre Aucas, d'une autre terre au même finage du Plessis ; présence de Pierre Deschaumes, clerc (22 avril 1505). — 7. Bail à bordelage de pré et terres par Madeleine du Pontot, veuve de Jean Le Bourgoing, à Guillemin du Ruaulon, dit Bernard, à Guillaume, fils d'Étienne Bernard, et à leurs communs parsonniers ; mention d'un chemin allant de Ruaulon au moulin de l'église de Sermages ; présence de Charles Bourgoing, chanoine de Nevers, frère de Jean, et de Messires Henri et Guillaume de Varennes, prêtres (6 juillet 1507).

1 F 314 (Liasse). — 1 pièce parchemin.

1535. — Sermoise. *Bois.* — Bail à bordelage d'un pré « en la justice de Boys », par Guillaume Ducoing, bourgeois de Nevers à Claude Champignon, paroissien de Sermoise ; présence de Philibert Carimantrand, boucher à Nevers (1ᵉʳ avril 1535).

1 F 315 (Liasse). — 1 pièce parchemin, 1 pièce papier.

1540-1580. — Sermoise. *Chevigny.* — 1. Antoine Pigoury, prêtre, et Philibert Maréchal, agissant au nom de leurs communs parsonniers, reconnaissent tenir à bordelage de Pierre Després, l'aîné, bourgeois de Nevers, des prés et des terres auparavant tenus de Bertrand de La Tillaye, chanoine de Nevers (17 janvier 1540, n. st.). — 2. Autre reconnaissance de tenure en bordelage des mêmes biens, faite à Pierre de Favardin, receveur des décimes du Duché de Nivernais, par Étienne Melier et Gabriel Maréchal, laboureurs à Chevigny ; présence de Denis Regné, sergent archer du duc de Nevers 1ᵉʳ juillet 1580).

1 F 316 (Liasse). — 4 pièces parchemin, 1 pièce papier.

1515-1549. — Sermoise. *Message.* — 1. Pierre Masson vend à Jean Daige une terre et une vigne chargées, au profit du seigneur de Message, d'un cens payable à la Saint-Pierre « de juillet » ; présence de Charles Lithier, clerc, demeurant à Nevers (13 janvier 1515, n. st.). — 2. Vente par Huguenin Daige, à Jean de Favardin, de terre, pré et vigne chargés de cens au profit du Chapitre de Nevers ; mention, parmi les confins d'une terre à la Chapelle Saint-Guillaume, fondée à Saint-Cyr de Nevers ; faculté de reméré accordée par l'acheteur, sous condition de culture à mi-fruit (25 juin 1517). Suit quittance, portant révocation de ladite vente par Jeanne de *Maintenant*, veuve de Jean de Favardin (4 juillet 1519). Au dos : quittance à Pierre Després, marchand à Nevers, par Seignoret, notaire, pour l'expédition desdits actes (25 octobre 1519). — 3. Transaction portant réorganisation de la communauté des Daiges, par suite de la vieillesse et de l'impotence de Huguenin Daige et de Huguette, sa femme (26 juin 1519). — 4. Bail à bordelage par Jacques Després, bourgeois de Nevers, à Huguenin Daige et à sa famille, de terre, pré et vigne, chargés de cens au profit du seigneur des Barres (23 novembre 1523). — 5. Reconnaissance de bordelage concernant les mêmes biens, par Étienne Daige et sa femme, à Pierre Després, l'aîné, marchand à Nevers (29 juin 1549).

1 F 317 (Liasse). — 22 pièces parchemin.

1490-1596. — Sermoise. *Plagny.* — 1. Bail à bordelage de terres, pré et vignes par Naudin Breton à Martin Dousset ; le bailleur s'engage à achever la construction d'une maison dans le délai d'un an (13 avril 1490). — 2. Autre, d'une ouche à Jean Poissonnat par Jean Solas, prieur d'*Avenlère* et sacristain de Saint-Sauveur de Nevers (19 octobre 1505). — 3. Bail à cens d'une terre par Louis Girard, écuyer, seigneur de Chevenon, Sermoise, Pouilly, et Bois, à Jean Fontaine ; mention parmi les confins d'une *terre franche* tenue par Pierre et Guillaume Thévenot (30 juin 1515). — 4. Jean Masson, l'aîné, vend à Pierre Després, bourgeois de Nevers, une terre chargée de cens au profit de l'abbesse de Nevers ; présence d'Étienne Maistre, prêtre, vicaire de Sermoise (18 avril 1517). — 5. Huguenin de Ryon vend à Pierre Després un pré et des terres chargés de cens au profit de l'abbaye Saint-Martin de Nevers (acte reçu le 27 décembre 1523 et grossoyé le 26 novembre 1525). — 6. Rétrocession à bordelage des mêmes biens par Després à Ryon (mêmes dates). — 7. Acquisition de droits sur divers héritages par Pierre Després sur Claude de Dijon (22 février 1528, n. st.). — 8. Échange entre Pierre Després, d'une part, et d'autre part, Pierre de Nevers, l'aîné, et Pierre de Nevers, le jeune : Després cède une redevance bordelière sur une maison sise à Nevers, rue des Places, et reçoit une maison et des héritages à Plagny (20 août 1530). — 9. Ratification de l'acte précédent par Guillemette et Jeanne Cam, dites Delagrange, femmes desdits de Nevers (22 août 1530). — 10. Pierre Després transfère à Jean Tardon deux vignes et une terre antérieurement tenues en bordelage par Jean Daige (acte reçu le 18 octobre 1530 et grossoyé le 8 mai 1538). — 11. Bail à bordelage de vignes par Jacques Bertier marchand à Nevers à Huguenin de Ryon (19 avril 1531). — 12. Autre, de vignes, par Pierre Després à Martin Audebrain (30 novembre 1531). — 13. Vente de pré, terre et vigne consentie à Pierre Després par Jean Breton, prêtre, et Sébastien Breton, son frère, demeurant aux Chaumes de Loire, lez-Nevers ; le serment de faire respecter l'acte est prêté par Jean Breton en mettant la main au pied du notaire ; présence de Jean Monnet, grénetier de Saint-Saulge et échevin de Nevers, et de Michel Thoroux, clerc, de Nevers (5 janvier 1532, n. st.). — 14. Échange de *billons* de vignes entre Després et ses frères Breton ; le serment est prêté par Jean Breton : « la main pour ce par luy mis au pietz et en parolle de prestre » (même date). — 15. Bail à bordelage à Jean Boursault par les mêmes Berthon [Breton] d'une vigne qu'ils viennent d'acquérir de Martin Chaumette ; mention, parmi les confins, d'une vigne *des Bourciers de*

Challuy (17 mai 1535). — 16. Autre, d'un pré et d'une vigne par Pierre Després à Jean Boursault et à Françoise Guerret, sa femme (10 juillet 1539). — 17 et 18. Autre, d'une vigne, par Pierre Després, l'aîné, à Jean Boursault et à Marie Parpault, sa femme ; présence de Gilbert Chaumereuil, prêtre (9 mai 1544). — 19. Huguenin de Ryon reconnaît tenir deux pièces de vigne à bordelage de Pierre Després (11 novembre 1544). — 20. Bail à bordelage de maison, jardin et vigne par Pierre Després, l'aîné, à Louis Monin ; présence de Gilbert Doreau, marchand à Nevers (26 octobre 1547). — 21. Jean Poitou et Nicole Boursault, sa femme, vendent un pré à Jean Després, receveur général en l'Élection de Nevers, et s'engagent à lui payer un bordelage de quatre sous et une geline (4 avril 1573). — 21. Robert Boursier et Philippe Chauveau, de Challuy, laboureurs et communs parsonniers, vendent à Jean Després, sieur de Cougny, de Châlons et du Graté, un pré et des terres ; présence de Jacques Bault, clerc, et de Claude Ferré, sergent royal, de Nevers (30 décembre 1596).

1 F 318 (Liasse). — 1 pièce parchemin.

1513. — SERMOISE. *Villebourse.* — Bail à bordelage d'une terre par Jean Verron, notaire et praticien à Nevers, à Philibert Amiot, à sa femme et à leurs hoirs « partis et non partis, divisez et non divisez » ; la terre devra être transformée en vigne dans le délai de dix ans ; mention, parmi les confins, d'une terre de l'Hôtel-Dieu de Nevers (29 juin).

1 F 319 (Liasse). — 3 pièces parchemin, 1 pièce papier.

1500-1520. — SERMOISE. *Divers finages.* — 1. Jean et Gilbert du Tramont, père et fils, vendent à Vincent Ducoing la moitié d'une grange et de ses dépendances, sises à Verville, et diverses pièces de pré, de terres et de vigne (26 novembre 1500). — 2. Bail à bordelage d'un pré consenti à Catherine Benoît par Guillaume André, tanneur à Nevers, et Paule Morin, sa femme (28 décembre 1515). — 3. Huguenin Masson vend à son frère, Jean Masson, tous les biens et droits qu'il possède ; présence de Philippe Bazolles, prêtre (10 avril 1518, n. st.). — 4. Transaction sur procès entre Jean d'Aunay, écuyer, seigneur de Graté, et Alips de Chalus, sa femme, d'une part, et, d'autre part, Pierre Bûcheron, bourgeois et marchand à Saint-Pierre-le-Moûtier ; présence de Jean Guiot, écuyer, licencié en lois, seigneur de Garembert, et de Gilbert Chaumat, prêtre (4 juin 1520).

1 F 320 (Liasse). — 1 pièce parchemin.

1449. — SOULANGY. — Bail à bordelage d'un pré en la prairie des Maraults consenti à Jean Moreau, *alias* Petiot, par

la Chambre des Comptes de Nevers ; la redevance devra être payée au châtelain de Nevers ; mention, parmi les confins, d'un pré du curé de Soulangy (19 avril).

1 F 321 (Liasse). — 4 pièces parchemin.

1589-1715. — SOUVIGNY-LE-THION. — 1. Bail de divers héritages, à charge de taille *doublant et tierçant* et de corvées, consenti à la communauté des Vayot par Claude de La Guiche, seigneur de Saint-Geran-de-Vaux ; présence de noble Jean Politier, de Royère, déchargeur ordinaire de l'artillerie de France, et d'Antoine Favier, archer de la compagnie de M. de La Guiche (15 novembre 1589). — 2. Rétrocession par Pierre Dumaignand, boucher à Moulins, à Claude Fleury, dit Vayot, chef et gouverneur de sa communauté, de la moitié d'un moulin à blé et d'un étang et de la totalité d'un autre étang précédemment vendus à réméré ; mention d'une terre des héritiers de Jean Perot, curé de Souvigny ; présence de Jean Baillon, marchand artillier, et de Jean Palierne, avocat en la Sénéchaussée de Bourbonnais, procureur du roi en la châtellenie de Moulins (12 novembre 1602). — 3. Vente d'un pré et d'une pêcherie demeurés en franc alleu, consentie par Antoine Mauguin, bourgeois de Moulins, et Marie Gilberton, sa femme, au profit de François *Senctaire* Tridon, sieur des Vajaux, avocat en Parlement, demeurant aux Vajaux, paroisse de Souvigny ; présence de Jean Jarrouflet, curé de Souvigny (20 juillet 1695). Suit le procès-verbal de prise de possession. — 4. Constitution de rente assise sur les domaines des Vajaux et des Gris, effectuée par Jean Durand, docteur en médecine, et Marie Tridon, sa femme, au profit de Claude Brisson, docteur de Sorbonne, chanoine de Moulins (12 novembre 1714). En marge, rachat de ladite rente (15 avril 1715).

1 F 122 (Liasse). — 2 pièces parchemin.

1464-1466. — SURGY. — 1. Bail à rente et à cens de deux buissons *à faire pré* consenti à Phelippon Bouliat par Guillaume Givray, châtelain de Clamecy, au nom du comte de Nevers (5 mai 1464). — 2. Homologation du bail précédent par la Chambre des Comptes de Nevers : Givray est, indûment, appelé Gervais et il est qualifié de châtelain de Clamecy. Corvol[-l'Orgueilleux], Billy et Étais (6 septembre 1466).

1 F 321 (Liasse). — 5 pièces parchemin, 6 pièces papier.

1583-XVIIIᵉ siècle. — TANNAY. *Biens et droits.* — 1. Sébastienne Graillot, veuve d'Adrien Ferrier, vend à Claude Delaporte un pré à Tannay et une terre à Velez, sur le grand chemin du Pont-Saint-Didier à Nuars, avec la dîme de

13

Piedferré qu'elle tient des religieux de Clairvaux (16 mai 1583). — 2. Vente par Lazare Delaporte à Henri Moireau, apothicaire à Tannay, de vignes grevées de charges au profit du Chapitre de Tannay ; présence de Hugues Tremeau, chirurgien, de Jean Rousset, sergent, et de Jean Romier, clerc (11 décembre 1600). — 3. Vente de vigne à Zacharie Guedain, boucher, par Archambault de Villars, seigneur de Villars et de Magny ; présence de Philibert Baudot, procureur fiscal en la châtellenie de Metz-le-Comte (22 avril 1610). Suit mention de revente par Després à Philibert Baudot, procureur fiscal de Metz-le-Comte (14 février 1625). — 4 et 5. Vente de maison et dépendances par Pierre Perrot, taillandier, à Étienne Parent, praticien, portant substitution de l'acquéreur au vendeur en une obligation au profit de Jean Després; présence de François Martin, praticien à Tannay (4 juillet 1622). Suit la ratification de ladite substitution par Després ; présence de Philippe Viau, notaire ducal (8 avril 1623). — 6. Antoine Rassard vend une portion de terre à Jean Després, commissaire aux montres de la maréchaussée de Château-Chinon, représenté par son beau-frère, Claude de Bèze, élu et contrôleur en l'Élection de Clamecy : mention, parmi les confins, d'une terre au baron d'Asnois, et d'un chemin allant du moulin d'Amazy au pont d'Asnois (1er juillet 1624). — 7. Transaction entre Jean Després et Jean Rossignol, sergent royal à Tannay, touchant des rentes assises sur deux vignes, l'une à Tannay, l'autre à *Metz-le-Comte* (14 février 1625). — 8. Quittance à Madeleine Delaporte par Robin, receveur du Chapitre de Tannay (30 mai 1650). — 9. Vente d'une cave par Pierre de Noury et Madeleine Després à Léger Courseron, marchand ; présence de Claude Brisset, chirurgien à Tannay, et de Michel Relle, praticien à Amazy (29 septembre 1656). — 10. Notes informes concernant le bail de métairie consenti à Claude Savard (xviie siècle). — 11. État, sans date ni signature, de biens vendus par M. de Noury (xviiie siècle).

1 F 324 (Liasse). — 1 pièce parchemin, 27 pièces papier.

1615-1677. — Tannay. *Procédures.* — 1. Confirmation par le Bailliage de Nevers d'une sentence (7 juillet) de la justice de Tannay pour Madeleine Guichard, épouse d'Archambaud de Villars, écuyer, contre Pierre Monfoy (4 novembre 1615). — 2 à 6. Procédure au Bailliage de Tannay entre Madeleine Delaporte, veuve de Jean Després, et François Baudot, prêtre, chanoine dudit lieu (1630). — 7. Exploit contre Louis Picault, tailleur d'habits (juin 1633). — 8 à 17. Opposition par Madeleine Delaporte aux criées des immeubles saisis de Pierre Perrot (1639-1672). Interviennent en la cause deux fils de Perrot : Philippe, sergent royal à Tannay, et Philbert, prêtre, curé de Bussy-la-Pesle. — 18 à 26. Poursuite de l'affaire contre les héritiers d'Étienne Parent, en conséquence de la substitution de 1622 [cf. art. précédent, p. 4] (1644-1677). — 27. Exploit pour Claude Bolacre contre Madeleine Delaporte (3 mai 1647). — 28. Madeleine Guichard, veuve de Lazare Delaporte et femme séparée de biens d'Archambaud de Villars, écuyer, fait opposition aux criées des biens de feu Henri Moireau, saisis à la requête de Jacques Rapine, sieur de Saint-Martin, étant aux droits de Barbe Courtois, sa belle-mère (s. d., xviie siècle).

1 F 325 (Liasse). — 11 pièces parchemin, 12 pièces papier.

1591-an IV. — Tazilly. *Chigy.* — 1. Aveu et dénombrement de la seigneurie de Chigy-le-Gros, comportant justice moyenne et basse, fourni au duc de Nevers par François du Crest, écuyer, fils et cohéritier de défunt Gilbert du Crest, en son vivant seigneur de Ponay, Chigy et Monteuillon ; présence de Jean Dupont, prêtre, chanoine de Ternant, et de Mathurin Boullier, notaire ducal (6 août 1591). — 2. Constitution de rente par François du Crest, seigneur de Chigy, au profit d'Alexandre Bonfils, avocat en Parlement, à Paris (26 mars 1720). — 3. Autre par le même François du Crest, écuyer, baron de Chigy, gendarme de la garde du roi, au profit de Jacques-Henri Richard de Curtil, chevalier, capitaine au régiment de Provence, demeurant à Beaune en Bourgogne ; la rente est garantie par François du Crest, écuyer, seigneur de Ponay et de Saint-Michel-en-Longue-Salle ; présence de François Cortet, lieutenant et subdélégué de Luzy (14 janvier 1726). — 4. Reconnaissance de la rente précédente par les enfants des deux François du Crest (25 juin 1744). — 5. Refus de paiement par les héritiers de François du Crest, de Ponay (15 février 1748). — 6. Transport de ladite rente à Gilbert Coujard, bourgeois à La Planche, paroisse de Millay, par Pierre Desjours, chevalier, seigneur de Mazille, procureur de Jeanne Desjours, sa sœur, épouse de Jacques-Henri Richard de Curtil, seigneur de Bligny et Curtil-sous-Beaune (12 avril 1758). Suit le texte de la procuration (Beaune, 6 avril). — 7. Ratification de l'acte précédent par Jeanne Desjours ; présence de Jean Belin, notaire ducal à Luzy (22 mars 1761). — 8. Transaction entre Gaspard Pinot, docteur en médecine à Bourbon-Lancy, et Claude Coujard, bourgeois de Millay, touchant la succession de Françoise Coujard, femme de l'un et sœur de l'autre (28 juillet 1773). — 9 à 11. Procédure au Bailliage de Saint-Pierre-le-Moûtier entre Gilbert Pinot et les héritiers du Crest (1774). — 12. Sentence pour Pinot (14 juillet 1774). En marge : Quittance par Pinot à Bruneau de Vitry (30 mars 1791). — 13. Constitution de rente par Jean et Pierre du Crest, chevaliers, seigneurs de Chigy, au profit de Pierre Cortet de La Chasseigne, directeur des aides à Falaise, représenté par son frère, Gilbert Cortet de Montigny, subdélégué de Luzy (9 mars 1757). Suit : Obligation par Bruneau de Vitry, acquéreur de la terre de Chigy sur les frères du Crest (4 mars 1783). — 14. Autre, par Jean du Crest, au profit d'Henri Regnard, receveur au grenier à sel de Luzy, et d'Adélaïde-Françoise Castel, son épouse (21 février 1761). — 15 à 17. Pièces jointes à la précédente : 15, substitution de Pierre-Étienne Bruneau à Jean du Crest (26 juillet 1779) ; 16, transport de la rente par Henri Regnard à Gilbert Cortet de Montigny, seigneur du Fort de Lanty (16 août) ; 17, notification de l'acte précédent à Bruneau (11 décembre 1779). — 18. Obligation par Bruneau, au profit d'Antoine-Pierre Duval, avocat en Parlement, demeurant à Vannes (5 mars 1777). En marge : Quittance partielle (5 juin 1783). — 19. Au profit de Marguerite-Madeleine Delaporte, demeurant à Paris, et par Pierre-Étienne Bruneau de Vitry, constitution de rente sur la terre de Chigy en vue de liquidation définitive de l'acquisition de cette seigneurie (6 mars 1777). Suit : Analyse du contrat de vente de la terre de Chigy par Jean du Crest à Bruneau (26 avril 1775). En marge : Ratification de la constitution de rente par Gabrielle de Reugny, femme, devenue majeure, de Bruneau (27 février 1779). — 20. Copié informe de la pièce précédente et exploit contre Bruneau, à la requête de Mme Delaporte (4 avril 1780). — 21 et 22. Autres constitutions de rentes, avec semblables analyse et ratification, par Pierre-Étienne Bruneau, au profit de : André Rousseau, maître boutonnier à Paris (p. 20), et Jean-Baptiste Martin, mercier à Paris (p. 21), en date du 12 mars 1777. — 23. Bail à ferme de la terre de Chigy, consistant en cinq domaines, une réserve, tuilerie, étangs, huilerie, moulin, louageries, bois, etc., consenti par Gabrielle de Reugny à Jacques Massin, propriétaire au Tremblay, commune d'Isenay (15 frimaire an IV).

F 326 (Liasse). — 4 pièces parchemin.

1574-1606. — TAZILLY, *Cruse.* — 1. Vente de la maison des Blondeau et de divers biens, consentie par la communauté des Blondeau, demeurant à *Machigny*, paroisse de Cressy-sur-Somme, à Jean Simonin, procureur fiscal pour le duc à Luzy, à Pierrette Blandin, sa femme, et à Pierre Simonin, son frère, curé de Notre-Dame dudit Luzy (13 mars 1574). Suit : Transport de ladite acquisition par Jean Simonin à Michel Guichard et à ses parsonniers (27 mars 1574). — 2. Reconnaissance de tenure à cens fournie par Marceau Regnaut, dit Perraudin, Michel Guichard et Claude Mounier, communs parsonniers, au duc de Nivernais représenté par Jean Simonin, son procureur fiscal aux châtellenies de Luzy et de Savigny-Poil-Fol ; présence d'Étienne Desjours, seigneur de

Mazille, et de Claude Blondeau, sergent royal (29 avril 1574). — 3. Reconnaissance de tenure à rente fournie par Jean Contant, laboureur, à Claude de Guise, abbé de Cluny, seigneur de Saint-André-lez-Luzy et de Sémelay, représenté par Toussaint Boucault, son procureur spécial ; présence de Philippe Vaget, praticien à Luzy, et de Mille Daudin, prêtre, demeurant à Saint-André (7 mars 1602). — 4. Contrat de mariage entre Jean Contant, maître et chef de sa communauté, et Léonarde Perrot, veuve de Pierre Guichard : le mariage a été convenu pour éviter la dissolution de la communauté ; présence de Jean Simonin, curé de Luzy (7 septembre 1606).

F 327 (Liasse). — 3 pièces parchemin.

1598-1630. — TAZILLY. *Montfou et Mulot.* — 1. Aveu et dénombrement fourni à Henri de La Châtre, seigneur de Nançay et de Ternant, par François du Crest, écuyer, de la seigneurie de Montfou, consistant en justice moyenne et basse, en une maison, dépendances, héritages et bois, sis à Mulot et en plusieurs étangs et un moulin, dits de Montfou, au finage dudit Mulot ; présence de François Alexandre, notaire ducal à Savigny-Poil-Fol (17 septembre 1598). — 2. Renouvellement dudit dénombrement par François du Crest au profit de Nicolas Largentier, seigneur de Ternant : présence de Jean Laureau, prêtre, prévôt et chanoine de Ternant, et de Barthélemy Bricardot, notaire en la baronnie de Ternant (14 novembre 1608). Suivent : Foi et hommage par du Crest à Étienne Bridard, procureur spécial de Nicolas Largentier (même date), et : Certificat de dénombrement non blâmé (30 janvier 1610). Ces actes ont été dressés à l'occasion de la confection du terrier de Ternant. — 3. Autre dénombrement, par François du Crest, à Philippe Guy de Salins, seigneur de La Nocle, Maulaix, Chaucery, Perrigny, Fours, Coddes et baron de Ternant : présence d'Étienne Blondeau, notaire au duché de Nivernais, demeurant à Paray-le-Moineau (6 juillet 1630).

F 328 (Liasse). — 1 pièce parchemin, 11 pièces papier.

1538-an IV. — THAIX. — 1. Blaise Billaut et Thomasse Loiseau, sa femme, demeurant à Fours, paroisse de Maisons, cèdent leurs droits paternels et maternels à Thomas Loiseau, de Vroux (acte reçu le 27 décembre 1538 et grossoyé le 4 mai 1548). — 2 à 8. Dossier d'une instance aux Requêtes du Palais, à Paris, touchant le bien des Cottets : 2, Copie collationnée du partage entre Claude, Nicolas et Jean Cottet (4 février 1658, présence de Léonard Delin, curé de Thaix) et de différentes pièces postérieures : 3 et 4, Extraits des registres paroissiaux d'Isenay, de Thaix, de Gannay-sur-Loire et de Lamenay (1678-1728) ; 5, Transport à François Jourdier, marchand à Vitry, par Anne-Catherine de Roland. dame de Lamenay, Couëron et Thaix, des biens à elle advenus par droit de réversion au décès de Pierre Baudin (9 juillet 1710) ; 6, Vente des terres de Thaix, Couëron, Vendonne et Martigny, consentie à Charles-Antoine Melon, seigneur du Verdier, conseiller du roi, receveur des tailles en l'élection de Nevers, par Catherine de Roland, veuve de Paul des Gentils, Hector-Antoine Saladin, chevalier, comte de Montmorillon, et à son autorité Françoise des Gentils, son épouse, et Laurence-Françoise des Gentils (19 mai 1714) ; 7, Cession de tous leurs droits et prétentions consentie par Léonard Seguin et Anne Cottet, sa femme, en faveur de Joseph Jourdier, docteur de Sorbonne, aumônier de la Maison du roi, chanoine de Notre-Dame de Beaune (30 juin 1748) ; 8, Production aux Requêtes du Palais pour Étienne Melon, écuyer, contre Joseph et Jean Jourdier (novembre 1748). — 9. Vente de la glandée des buissons de Vroux par Jean Guyonin, dit Deshordes, de Chaumigny, à Gabriel Aubossu, marchand à Saint-Léger-de-Fougeret : partie de cette glandée est tenue de G. Mauclerc, receveur de Vendenesse, et une portion du prix servira à acquitter Guyonin à l'égard d'Antoine de Marcelanges, écuyer, seigneur de Chaumigny (6 octobre 1664). — 10. Requête au Lieutenant général de Nivernais par Étienne Melon, en revendication d'héritages à lui échus à titre de réversion bordelière au décès de Joseph Jourdier (septembre 1750). — 11. Bail à ferme des revenus de la cure de Thaix par Jacques Lecerf, curé, à François Billot : les grains sont *à l'ancienne mesure de Moulins-Engilbert* (24 avril 1789). — 12. A la requête d'Hubert Commaille, notaire public à Boudelle. commune de Thaix, et de François Billot, propriétaire au même lieu, acquéreurs de portions des bois provenant des émigrés Saxy, injonction à Antoine Jourdier, propriétaire à Cronat. de n'avoir plus à s'immiscer dans lesdits bois (23 vendémiaire an IV).

1 F 329 (Cahier). — In-4°, 9 feuillets, papier (244/184 m/m.).

1603-1753. — THAIX. *Terrier.* — Copie de reconnaissances effectuée sur les minutes et grosses originales par Godin, notaire royal à Cercy-la-Tour, en présence de Gabriel Gondier du Chazeau. bourgeois d'Alluy. et d'Antoine Ursin, praticien au bourg de Cercy, le 6 avril 1753. — Fol. 1. Reconnaissance de tenure en bordelage par Claude, Nicolas et Jean Cottet. au profit de François de Roland, écuyer (2 octobre 1659). — Fol. 1 v°. Autres, par Simon *Cauté* (2 janvier 1610). — Fol. 2. Autre, au seigneur du Tremblay, par Benoît Groin ; présence d'Alexandre Dubuisson, sergent à Pouligny-sur-Aron

(4 janvier 1610). Mesure de Cercy-la-Tour pour les grains. — Fol. 3. Autre, au seigneur de La Nocle, par Simon *Cauté;* présence de François Bobin, notaire à La Nocle (9 mai 1603). Mesure de Bourbon[-Lancy] pour les grains. — Fol. 5. Autre, au même seigneur de La Nocle, par Pierre Bouchet (27 mai 1603). L'ayoine est à la mesure de Cercy-la-Tour. — Autre, au même, par Léonarde Bernier, veuve de Guillaume Coitet ; présence de Philippe Toreau, notaire à Fours, et de François Bobin, notaire à La Nocle (28 mai 1603). Mesure de Cercy-la-Tour. — Fol. 7. Autre reconnaissance de tenure en bordelage, sous la charge de taille, cens et corvées (*sic*), au profit du seigneur de Codde, par Dimanche Deline, dit Groin, maitre et chef de sa communauté, et Benoît Groin, dit Foy, maitre et auteur de sa communauté ; les biens en question étaient précédemment tenus du Prieur de Mazille (16 juin 1610). — Fol 8. Autre reconnaissance bordelière pour le seigneur de La Nocle, par Silvestre et Gilbert Jobard, frères et communs parsonniers (17 mai 1603). Mesure de Cercy-la-Tour. — Fol. 9 v°. Légalisation de la signature du notaire Godin par Charles Guillier de Mont, lieutenant général au Bailliage et Pairie de Nivernais (8 avril 1753). Cachet. cire rouge, des officiers du Bailliage.

1 F 330 (Cahier). — In-4°, 3 feuillets, papier (238/188 m/m.).

1790. — THAIX. *Contribution patriotique.* - Registre ouvert par la municipalité pour recevoir les déclarations. — Fol. 1. Déclarations conformes aux proportions. N° 1 : Leserf, curé, 90 livres. N° 2 : François Rapine de Saxy, 120 livres (14 février). N° 3 : Antoine-Martial Melon, 240 livres (15 février). N° 4 : Paul-François Sallonnier de Chaligny, procureur pour la gestion des biens de François-Marie Rapine de Saxy, capitaine du génie à Pondichéry. 150 livres (16 février). — Fol. 2. Dons patriotiques. N° 1 : Jean Leblanc [maire]. 18 livres (20 février). N° 2 : François Billot, 18 livres (20 février). N° 3 : François Gounin, 1 livre 4 sou (28 février). N° 4 : Jean Berthier, 12 sous. N° 5 : Jean Thévenet, 12 sous. N° 6 : Jean Plantard, 12 sous. N° 7 : Jean Robillard, 12 sous (28 février). — Jacques Leserf. curé. est officier municipal.

1 F 331 (Liasse). — 2 pièces parchemin.

1573-1781. — URZY. — 1. Nicolas Thibault. vigneron à Varennes-lez-Nevers, et ses parsonniers. vendent à Claude Mainsonat, marchand à Nevers, une portion de pré au Pont-Saint-Ours (11 mai 1573). Au dos : Ratification par Jeanne Mansart, femme de Guillaume Thibault, fils et parsonnier de Nicolas, absente au moment de la confection de l'acte (25 juin).

— 2. Transport de droits sur un pré par Adrienne Gourrier, domestique à Feuille, paroisse d'Urzy, au profit de Gueneau de Vauzelles (29 avril 1781). Suit quittance donnée à Madeleine Millot de Monjardin, veuve de Philippe Lebault de Chavance, par Jean Moussy et Adrienne Gourrier, sa femme (3 avril 1785).

F 332 (Liasse). — 1 pièce parchemin.

1581. — UXELOUP. — Jacques de Chasteau, marchand, demeurant à Parzy, paroisse de Garchizy, cède à Pierre Coillard, marchand à Nevers, et à Claude André, sa femme, une redevance bordelière assise sur un pré que Gaspard Chasseigne, charron, vient d'acquérir d'Antoine Petit ; ce dernier avait été mis en possession du pré par Guillaume Guillier, tuteur dudit de Chasteau ; mention, parmi les confins, de la vieille garenne de la seigneurie d'Uxeloup (23 juin).

F 333 (Liasse). — 8 pièces parchemin, 2 pièces papier.

1360-1606. — VANDENESSE. *Seigneurie: Aveux et dénombrements.* — 1. Jeanne d'Eu, comtesse d'Étampes et duchesse d'Athènes, concède à Pierre, seigneur de Nourry, qui lui en devra rendre le service de fief, le droit de suzeraineté que ses prédécesseurs et elle ont exercé sur ce que tenait, en la paroisse de Vandenesse, Pierre Seet, et que tiennent ses ayants droit, Henri et Jean de Lanty, époux de Philippe et de Yolande Seet, filles de Jean et petites-filles de Pierre (10 juin 1380). Est insérée dans l'acte la procuration donnée à sa femme par Louis, comte d'Étampes (21 septembre 1360). Vidimus du 30 juin 1380. — 2. Mandement de Jeanne d'Eu aux écuyers de Lanty, leur enjoignant d'entrer en la foi de Pierre de Nourry (juin 1380). — 3. Aveu et dénombrement fourni à Pierre de Nourry, chevalier, par Henri de Lanty et Guiot, fils de Jean de Lanty : une motte, avec ses fossés et dépendances, des prés (dont le pré des Verrières), des hommes, meix et tènements, des bois, la moitié du péage de Vandenesse ; le quart des tierces, de la justice et de la pêche ; le moulage du moulin ; l'étang de Chèvre et six oisons sur la blairie (30 décembre 1380). — 4. Autre dénombrement fourni au même par Philibert de Lanty, fils d'Henri, et Guiot, son cousin germain, *communs en biens* (5 décembre 1405). — 5. Remise dudit dénombrement à Pierre de Nourry par Philibert de Lanty (15 décembre 1405). — 6. Dénombrement fourni par Jean du *Boux* et de Lanty, écuyer, seigneur de Poussery en partie, à Louis de Beaufort, marquis de Canillac, époux de Jeanne de Nourry, dame de Nourry et de Vandenesse, à cause de la motte sise auprès du pré de Verrières et de ses dépendances, entre autres la place du moulin de Rochette et portions de

la justice, du péage, de la blairie, etc. [Cf. p. 3] ; plusieurs mentions de la *rivière morte* (31 décembre 1448). — 7 et 8. Autre dénombrement fourni à Louis de Beaufort, comte d'Alais, seigneur de Canillac, de Nourry et de Vandenesse, par Jean et *Marest* de Reugny, écuyers, frères, au nom de Jeannette et d'Isabeau de Champrobert, leurs épouses, filles orphelines de Jean de Champrobert et de Marguerite La Blanche ; mention d'un pré jadis concédé à Hugues Marchand, curé de Vandenesse, tant que durerait son ministère en ce lieu, par Marguerite La Blanche, à charge de messes pour le repos de son âme (13 décembre 1449). Deux expéditions. — 9 et 10. Foi et hommage à Pierre Dubois, chevalier, et à Françoise Olivier, sa femme, seigneurs de Vandenesse, par Anne de Giverlay, dame en partie dudit Vandenesse, en ce qui concerne : le fief Sciat et la motte Sciat, près le pré de Verrières ; le quart de la justice haute, moyenne et basse de Vandenesse et des droits qui en dépendent ; enfin la terre, justice et seigneurie du Bazois (paroisse de Pouligny-sur-Aron), haute, moyenne et basse. Il y a contestation sur la suzeraineté entre le prince de Soissons, à cause de Château-Chinon, le duc de Nevers, à cause de Moulins-Engilbert, les seigneurs de Champdioux et de Chaumigny, à cause de la tour de Vroux, et le procureur du roi au Bailliage de Saint-Pierre-le-Moûtier (13 mai 1606). Grosse et copie.

F 334 (Liasse). — 8 pièces parchemin.

1366-1724. — VANDENESSE. *Biens et droits.* — 1. Affranchissement consenti par Jean d'Isenay, seigneur en partie dudit lieu en faveur de Perrin Goguyet, de Vandenesse, de sa famille et de ses hoirs ; transformation en rente des charges serviles (9 août 1366). Copie notariée du 26 janvier 1446, n. st. — 2. Bail à bordelage, en accroissement de concessions antérieures, en faveur d'Anceau *Les Pelez* et de son fils Perrin, par Jean du *Box*, écuyer, dit de Lanty, agissant pour lui et pour ses autres frères *et personniers;* dans le délai de deux ans, Anceau devra construire *une maison de guaigneur* dans une ouche indiquée ; les redevances seront payées *le jour de la feste de l'Assumpcion Nostre Dame, dicte la Mige aoust* (13 septembre 1430). — 3. Déclaration par Pierre Bonvin de tout ce qu'il tient à cens de Henri de Vendonne, écuyer (11 juillet 1449). — 4. Guillaume d'Aunay, écuyer, fils d'Érard, concède à Robert, Guillemin et Guiot Richart, frères, ses hommes, de Givry, les tènements de Jean Penat et de Guillaume Gautherin, à la réserve que ceux-ci pourront les reprendre en déchargeant les frères Richart de la redevance due pour ces biens : il baille en outre aux mêmes Richart une pièce de terre, dite la Chétive Vigne, au finage de Givry, joignant la terre de Philibert Bureaul, écuyer, et l'étang de Givry, sous la charge d'un boisseau avoine, mesure de Givry, et d'une géline, au terme de la mi-août (11 août 1454). — 5. Vente d'une terre par Pierre Bonvin à Jean du *Boz*, écuyer, seigneur de Poussery ; l'écu d'or vaut 27 sous 6 deniers tournois et le boisseau de seigle, *au pris du marché*, 8 sous 8 deniers tournois ; présence de *Hugues de Lanty*, bâtard (30 juin 1458). — 6. Vente de redevances serviles, bordelières et censuelles, par *Charles de Cossay*, écuyer, seigneur de Chaumigny, et Jean de Cossay, écuyer, son frère, à Jean du Pontot, écuyer, seigneur dudit lieu et de Poussery (25 juin 1508). — 7. Transaction entre Thomas Boquin et Étienne Deschaumes, pour apaiser un différend touchant une pièce de terre (14 juin 1571). — 8. Arrêt du Parlement de Paris, au profit de Madeleine Garnier, veuve de Louis de Reugny, marquis du Tremblay, déboutant Louis-Thomas-Olivier Dubois de Fienne, marquis de Leuville, de ses prétentions sur le pré Boivin, au finage de Vandenesse (30 mai 1724). Suit la signification à Dubois de Fienne (19 juin).

1 F 335 (Liasse). — 1 pièce parchemin.

1463. — Varennes-lez-Nevers. *L'Aubépin.* — Bail à bordelage d'une vigne, consenti par Jean Leclerc, bachelier en décret, procureur du roi au Bailliage de Saint-Pierre-le-Moûtier, au profit de Louis et de Pierre Dusaule, agissant pour eux et pour leur père, Huguenin Dusaule (23 novembre).

1 F 336 (Liasse). — 1 pièce parchemin.

1521. — Varennes-lez-Nevers. *Bèze.* — Rétrocession à titre de bordelage par l'acquéreur au vendeur d'une vigne vendue le même jour par Antoine Martinot à Guillaume Ducoing, bourgeois et marchand à Nevers : mention, parmi les confins, d'une vigne de la cure de Varennes (18 décembre).

1 F 337 (Liasse). — 1 pièce parchemin.

1511-1513. — Varennes-lez-Nevers. *Champeau.* — Huguenin Jolyvot et ses *commungs et personniers* vendent à Vincent Bertrand, *valet de chambre du Comte de Nevers*, et à Antoinette Vidée, sa femme, une pièce de terre contiguë à la rue allant de Boulorges aux *Couldraulles* (10 mars 1511, n. st.). Au dos : Ratification de ladite vente par Jean Jolyvot, prêtre, et André Michelet (26 novembre 1513).

1 F 338 (Liasse). — 2 pièces parchemin.

1481. — Varennes-lez-Nevers. *Les Charbonnières.* — 1. Vente d'un pré, par Jean Garsonnot, à Jacquet Mathieu, marchand à Nevers ; présence de Guillaume Lebreton, clerc (24 mars 1481, n. st.). — 2. Autre vente, d'une pièce de terre,

consentie à Jean Lamoignon, clerc, demeurant à Nevers, par Laurent, Huguenin et Pierre Valot, enfants de défunt Jean Valot, demeurant aux paroisses de Varennes et de Cours-les-Barres, et par Guillaume Valot, prêtre, demeurant à Nevers ; présence de Jean Delestang, clerc (22 décembre).

1 F 339 (Liasse). — 2 pièces parchemin.

1527. — Varennes-lez-Nevers. *Chaume.* — 1. Guillaume Prinssard vend à Guillaume André, marchand tanneur à Nevers, à Claude Decray, sa mère, et à Philibert André, son frère, la moitié d'une grange avec une vigne en dépendant, joignant le *grant chemin par lequel on va du villaige de Banlay à Urzy;* ces héritages sont chargés de cens au profit du Chapitre de Nevers (2 novembre). — 2. Rétrocession des mêmes biens à titre de bordelage par les acquéreurs au vendeur (même date).

1 F 340 (Liasse). — 1 pièce parchemin.

1525. — Varennes-lez-Nevers. *La Chaume-Berthier.* — Jacques Hardy, praticien demeurant à Nevers, concède à titre de bordelage à Gillet Bard et à ses parsonniers un pré joignant le ruisseau de *Clamouse;* présence de François de Charry et de Michel Douet, prêtres, demeurant à Nevers (6 décembre).

1 F 341 (Liasse). — 2 pièces parchemin.

1473. — Varennes-lez-Nevers. *Les Chaumes-Anguillault.* — 1. Bail à bordelage d'un pré par Simon Dupont, clerc des comptes, à Nevers, au profit de Philibert Patoillat ; mention, parmi les confins, d'un pré du Chapitre de Nevers et d'un autre, du Prieuré de La Fermeté (27 novembre). — 2. Reconnaissance du même bordelage, par Philibert Patoillat (même date).

1 F 342 (Liasse). — 3 pièces parchemin.

1524-1623. — Varennes-lez-Nevers. *Chenay.* — 1. Catherine Poivrelle, veuve de Pierre Delestang, demeurant à Nevers, associe Gillet Bard et Claude Pinon, maris de Marguerite et de Jeanne Quinault, sœurs, dans le bail à bordelage d'une terre qu'elle avait précédemment consenti auxdites sœurs et à leurs parsonniers (18 octobre 1524). — 2. Délibération capitulaire du couvent de Saint-Martin de Nevers, portant, au profit de la Crosse du monastère, concession à bordelage d'une terre en faveur de Clément Pinon et autres (6 janvier 1529, n. st.). — 3. Investiture d'une terre assise près la *Pierre Poincte*, au territoire de Chenay, par le Chapitre de Nevers en faveur de Jean Després, le jeune, commissaire en la maréchaussée de Château-Chinon, et de Madeleine Delaporte, son épouse ; indication des détenteurs successifs et composition amiable pour le paiement des droits de remuement ; enfin Després, comme procureur de Madeleine Guichard, sa belle-mère, se désiste de toute revendication contre les habitants de Turigny, lesquels, par sentence du Présidial de Saint-Pierre-le-Moûtier (20 mars 1607), avaient été condamnés à des dommages et intérêts, lors d'un procès pour des droits d'usages de bois (30 janvier 1623). L'acte est reçu pas Étienne Brisson, notaire royal, « du nombre des dix antiens establys en la ville de Nevers » ; les grains devront être mesurés à la mesure du Chapitre, tandis que les deux actes précédents les mentionnent à celle de Nevers.

1 F 343 (Liasse). — 9 pièces parchemin, 2 pièces papier.

1481-1678. — VARENNES-LEZ-NEVERS. *Cheugny-le-Bas.* — 1. Vente de deux pièces de terre par Marguerite, veuve de Jeannin Deniseau, et leurs enfants, à Jeanne de Pavie, veuve de Simon Dupont, et à leurs enfants (19 décembre 1481). — 2 et 3. Rétrocession des mèmes terres à titre de bordelage aux vendeurs par Jeanne de Pavie, veuve de Simon Dupont, remariée à Jacques Mathieu, bourgeois de Nevers (même date). Deux expéditions. — 4. Vente d'une terre chargée de cens au profit de Saint-Martin de Nevers, consentie à Catherine et Isabeau Dupont, sœurs, filles de feu Simon et de Jeanne de Pavie, par les consorts Joueaul qui renoncent pour cet objet à toute réclamation ultérieure du fait de leur minorité (15 mars 1494, n. st.). — 5 et 6. Bail à bordelage d'une terre consenti à Jean Mornay par Pierre Bolacre, licencié en décret, vicaire perpétuel de Varennes-lez-Nevers pour le Chapitre de Saint-Cyr (28 janvier 1529, n. st.). Deux expéditions. — 7. Vente de moitié d'un pré, chargée de rente au profit de l'évêque de Nevers, par Jean Petitgonin à Jean Quinauld et à ses parsonniers (17 janvier 1537, n. st.). — 8. Bail à bordelage d'une terre par Claude Pinon à Jean Deniseau (24 février 1539, n. st.). — 9. Investiture au profit de Jean Quinauld par Guillaume Bardin, licencié en lois, et Esme Poliot, praticien, deux des quatre gouverneurs de l'hôpital de Nevers, touchant les héritages suivants : moitié d'un pré, au territoire de la Vallée, joignant, d'une part, le chemin de Ris à Bourgneuf et, d'autre part, le pré de la Vallée, porté du curé de Saint-Étienne de Nevers, et moitié d'une vigne à Cheugny-le-Bas, joignant *la rue tendent de l'osme de Montorge à Foncelins;* l'acte est reçu par Antoine Vaillant, notaire royal, commis à la confection du terrier de l'Hôtel-Dieu de Nevers (2 mars 1550, n. st.). — 10. Constitution de rente par Marie Quinault, vigneron, au profit de Jean Després, le jeune, commissaire en la maréchaussée de Château-Chinon (2 juillet 1622). — 11. Pièce jointe à la précédente : Assignation à François Quinault, vigneron au Four-de-Vaux, petit-

fils de Marie, à comparoir au Bailliage de Parzy et Varennes, pour passer nouvelle reconnaissance de ladite rente constituée, au profit de Pierre de Nourry (17 février 1678).

1 F 344 (Liasse). — 5 pièces parchemin.

1476-1629. — VARENNES-LEZ-NEVERS. *Cheugny-le-Haut.* — 1. Simon Dupont, clerc de la Chambre des Comptes, à Nevers, concède à titre de bordelage à Jeannot Prudhomme et autres une pièce de vigne assise au-dessus de la fontaine de Cheugny-le-Haut (12 février 1476, n. st.). — 2. Jeanne Rabute, veuve de Jean Baul, et ses consorts, vendent au même Simon Dupont une vigne au-dessous de ladite fontaine, appelée la Vigne Saint-Ladre et chargée de cens au profit de Saint-Martin de Nevers (25 juin 1477). — 3. Bail à bordelage d'une terre par Gillet Bard et Claude Pinon à Étiennette Rapin et autres : présence de Jean Daubigny, prêtre, demeurant à Varennes (7 juin 1530). — 4. Acquisition d'une terre par Pierre Coillard (26 avril 1584). Au dos : Enregistrement au greffe des notifications (6 mai). — 5. Vente d'une terre par Cyr Bard à Madeleine Delaporte; présence de François Guichard, praticien à Nevers (12 mai 1629).

1 F 345 (Liasse). — 3 pièces parchemin.

1473-1552. — VARENNES-LEZ-NEVERS. *Les Cros.* — 1. Huguenin Bailly vend à Simon Dupont deux prés allodiaux sis en la prairie des Cros (*le sabmedi voille de Pasques charnelz,* 17 avril 1473. n. st.). — 2. Bail à bordelage d'un pré sis aux Cros, « dessoubz le villaige du Maigny », consenti à Jean Durand par Simon Dupont, clerc de la Chambre des Comptes de Nevers (17 avril 1476). — 3. Philibert Quinault vend à Jean Brenot un pré chargé de redevance au profit d'une chapelle de Saint-Cyr de Nevers (26 décembre 1552).

1 F 346 (Liasse). — 1 pièce parchemin.

1517. — VARENNES-LEZ-NEVERS. *Le Crot au Ladre.* — Bail à bordelage d'une pièce de terre consenti à Jean Goyn et autres par Cyr Dupont, prieur de Saint-Nicolas, curé de Montigny-en-Morvand et de Varennes-lez-Nevers ; mention, parmi les confins, d'une terre dépendant de Saint-Étienne de Nevers et d'une autre relevant du prieuré de Saint-Ouen ; présence de Pierre Cachon, prêtre, vicaire dudit Varennes (28 juillet).

1 F 347 (Liasse). — 1 pièce parchemin.

1511. — VARENNES-LEZ-NEVERS. *L'Échenaut.* — Bail à bordelage d'une terre par Claude Corriot, prêtre, chapelain de la chapelle Saint-Aignan, fondée à Saint-Cyr de Nevers, à

Claude Bardin et autres, parmi lesquels figure messire Jean Bardin, prêtre ; cette terre est contiguë à une terre du Chapitre de Nevers et au chemin de Nevers au Four-de-Vaux (16 mars).

1 F 348 (Liasse). — 1 pièce parchemin.

1627. — VARENNES-LEZ-NEVERS. *La Fougère*. — Transaction sur procès pendant en la justice de Parzy, entre Jean Després, commissaire en la maréchaussée de Château-Chinon, et Jean Petaut, touchant la réversion bordelière d'une terre ; acte reçu par Guillaume Gentil, notaire royal, *ung des dix establis d'ancienneté* à Nevers (6 mars).

1 F 349 (Liasse). — 10 pièces parchemin, 12 pièces papier.

1436-1670. — VARENNES-LEZ-NEVERS. *Le Four-de-Vaux : biens et droits*. — 1. Maitre André Dubois, secrétaire du roi, demeurant à Nevers, échange avec Philibert de Millain, *alias* Cordier, une vigne au Four-de-Vaux contre une autre sise à Nevers, sur la Chaussée des Cordeliers ; présence de Jean Dureau, écuyer (10 avril 1436). — 2. Perrin Droillart et Huguenin Droillart, dit Petaut, vendent à Philibert Cordier, bourgeois de Nevers, une rente affectée sur deux prés ; présence de Jean de Dampont, épinglier (25 février 1440, n. st.). — 3. Bail à rente d'une terre, consenti par Robert Cordier, bourgeois et marchand de Nevers, à Guillaume Bernardin (29 novembre 1462). — 4. Vente d'un pré par Martin Mamy à Simon Dupont (samedi, veille de Pâques, 1472). — 5. Simon Dupont baille à bordelage à Étienne Thibaut une vigne *près de l'orge* [orme ?] *de Montorge* (13 novembre 1473). — 6. Bail à bordelage d'une maison, d'un jardin et de divers héritages, consenti par Philibert Carimantran, marchand boucher à Nevers, à Jean Bernardin et à ses parsonniers ; deux de ceux-ci, Jean Panis et sa femme, s'engagent, dans le délai de trois ans, à bâtir une maison dans le jardin qui contient les murailles de quatre bâtiments détruits : présence de Philippe Dorne, meunier à Nevers (acte reçu le 25 avril 1499 et grossoyé le 27 août 1504). — 7. Vente d'une vigne par Denis et Claude Bardin, cousins germains, à Philibert et à Jean Chaulu, frères, paroissiens de Nolay : présence de Simon Dufour, prêtre (20 novembre 1507). — 8. Vente d'une masure en ruine par Jacques Bolacre, licencié en lois, à Clément Pinon et à ses parsonniers, avec désistement de toute prétention de la part de Philibert Pinault, de Claude Bardin et de leurs parsonniers, détenteurs bordeliers dudit héritage (16 août 1513). — 9. Bail à bordelage par Henri Letort, écuyer, seigneur du Marais, à Jean Pinon et consorts, de portion d'un clos de vigne naguères acquis par le bailleur de Jean Letort, licencié en lois, fils de feu Henri Letort, écuyer, seigneur de Bois-Vert ; présence d'Antoine Hublée, sommelier de la comtesse de Nevers (25 mai 1521). — 10. Jean Guyot, hôte à l'enseigne de Sainte-Catherine à Nevers, et Perrette de Certaines, sa femme, vendent à Clément Pinon et à ses enfants, une moitié de grange, chargée de cens au profit de Joachim Duclou, notaire et praticien à Nevers (26 mars 1548, n. st.). — 11. Reprise de ladite moitié de grange à titre de reprise censuelle par Duclou sur les enfants de Clément Pinon, et concession nouvelle, à titre de bail à cens, à Pierre Guyot, marchand tanneur à Nevers (17 avril 1547). — 12. Investiture par Simon de Chasteaux, tuteur des enfants de Philibert André, en faveur des hoirs Simonin, d'une vigne, chargée de redevance bordelière au profit desdits André, acquise (13 février 1552, n. st.) par Nicolas Simonin sur Jean Lambourg ; présence de Philippe Marion, orlogeur à Nevers (28 décembre 1552). — 13. Vente de moitié d'une maison au Four-de-Vaux et de divers héritages en plusieurs finages, par Jean et Pierre Pinon, frères et communs parsonniers, à Pierre Coillard, le jeune (26 janvier 1567). [*Voir plus loin* 1 F 351]. — 14. Jean Mornay, l'aîné, sergent au duché de Nivernais et vigneron demeurant au Four-de-Vaux, vend à Claude Turlin et à sa femme un pré chargé de redevance bordelière au profit de Jean Sarry, laboureur (8 avril 1571). — 15. Denis Montjoie et Jeanne Pinon, sa femme, vendent à Pierre Coillard les droits qu'ils possèdent sur *le lieu des Pynons* (26 juillet 1574). — 16. Sur procès pendant au Bailliage de Nevers, transaction entre Pierre Coillard et Madeleine Després, veuve de Léonard Goussot, procureur au Bailliage de Saint-Pierre-le-Moûtier (acte reçu le 20 mars 1575 et grossoyé le 24 décembre 1579). — 17. Bail à bordelage d'une maison avec ses dépendances, consenti à Pierre Coillard, marchand à Nevers, par Felice Tixier, veuve de Philibert de Saint-Vincent, élu de Nivernais, seigneur de la terre de Givry et Cours-les-Barres, à la part de Luzarches (15 mars 1577). — 18. En l'auditoire du Bailliage de Saint-Pierre-le-Moûtier, adjudication par décret des biens de Pierre Pinon, au profit de Pierre Coillard (11 juillet-18 août 1579). — 19. Vente d'une maison en ruine par Droin Pinon à Jean Després, prévôt des maréchaux de France en l'Élection de Nivernais (2 janvier 1598). — 20. Reconnaissance de tenure en bordelage d'un pré par Jean Després au profit de Léger Chanudet, prêtre, curé de Saint-Arigle de Nevers (30 octobre 1598). — 21. Semblable reconnaissance, pour une terre, par Jean Coquelin au profit de Guillaume Brisson (3 février 1599). — 22. Pierre Mercier, cordonnier à Nevers, vend à Jean Després, le jeune, une terre chargée de cens au profit de la Bourse du Chapitre de Nevers ; mention, parmi les confins, d'une terre de Claude Guiton, élu en l'Élection de Nivernais (15 octobre 1616). — 23. Reconnaissance de dette par Germain Payot au profit de Jean Després, commissaire en la maréchaussée de Château-Chinon (22 novembre 1625). — 24. Jean Maume vend à Vincent Jarrot une terre à chenevière chargée de redevance bordelière au profit dudit Després (11 mai 1626). — 25. Obligation de cheptel par *Léger Dumonceau (7 décembre 1665). Compte en conséquence,* avec nouvelle obligation (13 septembre 1666). — 26. Reconnaissance de dette par Léger Dumonceau, maître et chef de sa communauté, au profit de Pierre de Nourry, écuyer, sieur de Turigny ; présence d'Antoine Salomon, avocat en Parlement, demeurant à Nevers (7 décembre 1665). — 27. Autre reconnaissance de dette, du même au même ; présence de Roger Breuil, *escollier* à Nevers (13 septembre 1666). — 27. Autre semblable, entre les mêmes (12 mars 1667). — 29. Estimation de cheptel entre les mêmes (17 mars 1668). — 30. Obligation de cheptel et d'outillage par Jean et François Petitloup, frères et communs parsonniers, au profit de Pierre de Nourry et de Madeleine Després, sa femme (21 mars 1668). — 31. Reconnaissance de dette, après un compte de métayage, par les frères Petitloup, au profit de Pierre de Nourry (10 mai 1670).

1 F 350 (Liasse). — 25 pièces papier.

1588-1589. — VARENNES-LEZ-NEVERS. *Le Four-de-l'aux; procédures.* — Procès au Bailliage de Parzy entre Pierre Coillard, marchand à Nevers, d'une part, et, d'autre part, Philippe Fauchet et Hugues Grenetier : liquidation de dépens adjugés à Fauchet par sentence du Présidial de Saint-Pierre-le-Moûtier, du 5 février 1588 (1588-1589). On relèvera seulement, comme étant les moins indignes d'intérêt, les pièces suivantes : 3, quittance à Coillard par Étienne Bureau, boulanger à Nevers (19 avril 1588) ; 18, déclaration des terres données par Fauchet à Coillard, en exécution d'ordonnance du bailli de Parzy, du 16 août 1588.

1 F 351 (Liasse). — 34 pièces papier.

1572-1678. — VARENNES-LEZ-NEVERS. *Le Four-de-l'aux; procédures diverses.* — 1 à 5. Procès au Bailliage de Parzy : Pierre Coillard, le jeune, contre Jean Pinon et ses parsonniers, touchant l'exécution de la vente d'héritages [Cf. *supra,* 1 F. 349, p. 13] du 26 janvier 1567 (février-mars 1572). — 6. Bail à cens de vignes en désert, par Jean Després à Jean David, vigneron, et à ses parsonniers ; présence de Bernard Comte, archer en la maréchaussée de Nivernais (23 mai 1597. Copie du 17 mai 1619). — 7. Exploits pour paiement de dettes (juin-juillet 1623). — 8. Reconnaissance de dette par Louis et Jean Quinault, communs parsonniers, au profit de Madeleine Delaporte ; présence de Mᵉ Batailler, notaire et procu-

reur à Nevers (13 avril 1632). — 9. Autre semblable par Étiennette Quinault et consorts au profit de François Després, écuyer, demeurant à Nevers (18 novembre 1647). — 10 à 16. En conséquence de ces deux reconnaissances, procès au Bailliage de Parzy entre Pierre de Nourry et Jean Fauchet (1657-1660). — 17. Estimation du bétail qu'à la requête du sieur Veau, de Saint-Pierre-le-Moûtier, des huissiers ont saisi sans inventaire sur Jean Fauchet, métayer de Madeleine Delaporte (16 janvier 1651). — 18 à 24. Procès en conséquence, en la Pairie de Nevers (1651-1653). — 25. Reconnaissances de dettes par Jean Pouliot, laboureur, au profit de Philibert Marquet, conseiller et maître des comptes du duc de Nevers (9 septembre 1655 et 16 mai 1658). — 26 et 27. Autres, par le même, au profit de Pierre de Nourry (18 mai et 7 juillet 1657). — 28. Opposition par Pierre de Nourry à la saisie de grains opérée sur Pouliot, à la requête de Philibert Marquet (14 novembre 1658). — 29. Marché de réparations, entre Pierre de Nourry et Jean Chaigne, maître charpentier à Nevers (6 juin 1672). — 30 et 31. Procédure en conséquence au Bailliage de Nevers (1673). — 32 et 33. Procès pour dettes entre Pierre de Nourry et Louis Quinault et consorts (1678). — 34. État des grains appartenant à Jean Pouliot, saisis à la requête de Philibert Marquet (s. d., XVIIᵉ siècle).

1 F 352 (Liasse). — 1 pièce parchemin.

1477. — VARENNES-LEZ-NEVERS. *Les Fromentaux.* — Bail à bordelage par Simon Dupont, clerc de la Chambre des Comptes de Nevers, à Huguenin de la Vanne, demeurant à *Rouvre*, paroisse de Varennes, d'une pièce de pré joignant le chemin de *Rouvre* à Nevers (23 juin 1477).

1 F 353 (Liasse). — 2 pièces parchemin.

1539. — VARENNES-LEZ-NEVERS. *Gain.* — 1. Vente de vignes à Guillaume et Philibert André, frères, marchands à Nevers, par Jean Mellot, de Rose ; présence d'Étienne Gorget, tanneur à Nevers, et de Pierre Émery, paroissien du Montot, au village de La Baratte-lez-Nevers (19 décembre 1539). — 2. Le même jour, Mellot reprend les vignes, à charge de bordelage.

1 F 354 (Liasse). — 1 pièce parchemin.

1589. — VARENNES-LEZ-NEVERS. *La Grenouillère.* — Vente d'une vigne par Pierre Bourgoing, marchand à Nevers, et Françoise Cotignon, sa femme, à Pierre Coillard, mari de Claude André ; présence de François Cothion, sergent, et de François Goby, vinaigrier (22 mars 1589).

1475-1483. — Varennes-lez-Nevers. *Prairie du Gué.* —
1. Vente d'un pré à Simon Dupont, clerc de la Chambre des
Comptes de Nevers, par Pâquette, veuve de Jean Goyn, et
leurs enfants (22 février 1475, n. st.). — 2 et 3. Reprise en
bordelage des mêmes biens par les vendeurs (même date).
Deux expéditions. — 4. Bail à bordelage de deux pièces de
pré par Simon Dupont à Étienne Mornay, de Vauzelles ;
présence de Jean Gautheron, *alias* Gaby, et de Magin Odin,
pelletiers, de Nevers (18 mars 1476, n. st.). — 5. Étienne Goyn
reconnaît tenir en bordelage un pré de Jeanne de Pavie, veuve
de Simon Dupont (15 janvier 1483, n. st.).

1530. — Varennes-lez-Nevers. *Monteru.* — Vente d'une
pièce de terre consentie par Blaise Rabaut, du Four-de-Vaux,
au profit de Clément Pignon et de ses parsonniers (3 mai).

1627. — Varennes-lez-Nevers. *Montorge.* — François
Guiot, maître maçon et tailleur de pierres à Nevers, s'engage
à fournir à Jean Desprès, conseiller en la maréchaussée de
Château-Chinon, différents matériaux destinés au *clos* de
Montorge ; présence de Robert Prisye et de Gilbert Berthelot,
clercs, de Nevers (22 mai).

1477. — Varennes-lez-Nevers. *Les Noues.* — Bail à bordelage d'une pièce de terre à Martin Rossignol par Simon
Dupont, clerc de la Chambre des Comptes de Nevers (22 janvier 1477, n. st.).

1532. — Varennes-lez-Nevers. *Les Plantes des Channes.*
— Guillaume et Philibert André, frères, marchands à Nevers,
concèdent en bordelage à Pierre Marigot et à ses parsonniers
une pièce de terre contiguë au chemin de Chaulgnes à Cheugny-le-Haut (16 novembre).

1565-1592. — Varennes-lez-Nevers. *Le Plessis.* — 1.
Vente de portions de bois par Pierre Guyot à Eugin et Denis
Montjoie, du Four-de-Vaux ; ce bois est chargé d'un bordelage au profit de l'évêque de Nevers et joint le bois *le Chas-
tellier* (2 février 1565). — 2. Jean de Sausy, sergent royal à
Nevers, et Marie Berriat, sa femme, vendent à Pierre Coillard,
marchand à Nevers, un bois taillis chargé, lui aussi, d'un bordelage au profit de l'évêché ; présence de François Goby,
vinaigrier, et de Jean Adam, boucher (11 mars 1592).

1498-1565. — Varennes-lez-Nevers. *Le Ris et Rose.* —
1. Bail à bordelage d'une terre par Innocent Bazin, bourgeois
de Nevers, et Catherine Dupont, sa femme ; présence de Jean
Veau et de Claude Signoret, clercs, à Nevers (9 janvier 1498,
n. st.). — 2. Autre, d'un pré, par Jeanne Bourgoing, veuve de
Philippe de Corbigny, à Quinault et à ses parsonniers ; mention, parmi les confins, d'un pré de la cure de Varennes
(1er février 1515, n. st.). — 3. Autre, d'un héritage en pré et
en terre, consenti à Jean Quinault par Jacques Bolacre, l'aîné,
licencié en lois, seigneur de Cigogne, président et maître des
Comptes à Nevers ; ce bordelage était précédemment tenu par
Guillaume Dreullard, décédé « sans hoir commung ne
conjoinct » ; présence de Nicolas Delaroche, *meunier* à Coulanges-lez-Nevers (2 mars 1557, n. st.). — 4. Reconnaissance
de bordelage par Jean Durand et ses parsonniers, métayers de
l'hôpital Saint-Didier, de Nevers, au profit de Nicolas de
Bologne, docteur en médecine à Nevers, et de Marie Hardy,
sa femme ; présence d'Antoine Fontaine, apothicaire (16 juin
1565).

1477. — Varennes-lez-Nevers. *Saint-Fargeux.* — Bail
à bordelage de la terre de la *Motte-Sadon,* « en laquelle a
une fontaine ou pyé d'ung noyer », consenti par Simon
Dupont, clerc de la Chambre des Comptes de Nevers, à Jean
et Étienne Bazeulle, frères ; présence d'Odot Perrin et de
Guillaume Gaillart, couturiers à Nevers (27 mai 1477).

1603. — Varennes-lez-Nevers. *Les Vallées.* — 1. Investiture par Jean Després, prévôt des maréchaux en l'élection
de Nevers, touchant une vigne, tenue de lui à bordelage, qui
vient d'être vendue par Sulpice Potaut à Jean Quinault et à
ses parsonniers ; présence de Gilbert et de Claude Barbery,
clercs, de Nevers (6 mai 1603). — 2. Copie en forme de la
pièce précédente, dressée à la demande de Michel Dumarché,
mari de Charlotte Després (17 mai 1619).

1 F 364 (Liasse). — 2 pièces parchemin, 1 pièce papier.

1474-1624. — VARENNES-LEZ-NEVERS. *Vaucelles.* — 1. Jean Chamelin et sa femme vendent à Simon Dupont, seigneur de Châlons, demeurant à Nevers, une pièce de terre au finage des Bédisses, lieu-dit *aux Creas*, chargée de cens au profit de l'Évêque de Nevers ; présence de Jean Richard, clerc, de Nevers (8 avril 1474, n. st.). — 2. Bail à bordelage par Jacques Bolacre, l'aîné, licencié en lois, président des Comptes à Nevers, à Jean Quinault et à ses parsonniers d'une portion de terre précédemment tenue par Nicolas Couturier (9 mai 1560). — 3. A la requête de Jean Després, écuyer, commissaire aux montres de la maréchaussée de Château-Chinon, exploit et saisie mobilière sur Claude Barbier, tuteur des enfants mineurs d'Esme Chateau (22 novembre 1624).

1 F 365 (Liasse). — 4 pièces parchemin, 1 pièce papier.

1516-1596. — VARENNES-LEZ-NEVERS. *Veninges.* — 1. A la suite du droit de retenue exercé par les Chanoines de Nevers, seigneurs temporels de Veninges, Jean Devie, orfèvre à Nevers, renonce aux héritages qu'il avait acquis de Jean Rignault ; quittance donnée à Simon Roger et à Jean Guiot, chanoines ; présence de Guillaume Bernard, prêtre, et de Jean Garnier, notaire au Comté (5 février 1516, n. st.). — 2. Vente d'héritages par Jean Ligier, laboureur, à Guillaume André, marchand tanneur à Nevers ; présence de Michel Mathieu et de Mathé Loiseau, prêtres, de Nevers (11 décembre 1527). — 3. Jean Ligier reprend en bordelage les héritages qu'il vient de vendre (même date). — 4. Bail à bordelage d'une vigne consenti à Jean Rignault par Étiennette Portier, veuve de Jean Miguen, marchand à Nevers (Acte reçu le 16 novembre 1532 et grossoyé le 16 mars 1547, n. st.). — 5. Exploit signifié à la requête du Chapitre de Nevers, aux fins de paiement d'arrérages de redevances (16 juillet 1596).

1 F 366 (Liasse). — 1 pièce parchemin.

1475. — VARENNES-LEZ-NEVERS. *La Vernette.* — Jean Chamelin vend à Simon Dupont, clerc de la Chambre des Comptes de Nevers, deux pièces de terre chargées de cens au profit de l'Évêque de Nevers ; présence de Jean Besson, clerc (18 mars 1475, n. st.).

1 F 367 (Liasse). — 14 pièces parchemin, 1 pièce papier.

1460-1670. — VARENNES-LEZ-NEVERS. *Voisvres.* — 1. Vente d'héritages par Jeanne Rabute et ses parsonniers à Simon Dupont, clerc de la Chambre des Comptes de Nevers ;

mention, parmi les confins, de bordelages tenus du prieuré de Saint-Étienne ; présence de Guiot Bordier, clerc (entre 1465 et 1479, 7 juillet). — 2. Jean Alambos et ses communs vendent à Simon Dupont des héritages contigus à des terres de l'Évêché de Nevers (26 avril 1471). — 3. Reprise en bordelage des mêmes biens par les vendeurs (même date). — 4. Acquisition par Simon Dupont sur *Ydoire* Baul et Adam Moquin, uns et communs ; présence de Jean Besson, clerc, de Nevers (4 mai 1476). — 5. Reprise en bordelage des mêmes biens par les vendeurs (même date). — 6. Vente d'une redevance bordelière par Philippe Flamanche et autres, à Jeanne de Pavie, veuve de Simon Dupont, clerc des Comptes à Nevers (9 juillet 1479). — 7 et 8. Bail (p. 7) et reconnaissance (p. 8) de Pavie, veuve de Simon Dupont, clerc des Comptes a Nevers pont, remariée à Jacques Mathieu, et *Ydoire* Baul et Adam Moquin ; mention, parmi les confins, d'une terre de Saint-Étienne de Nevers (18 octobre 1481). — 9. Vente d'une redevance bordelière par Jean Verot à Martin Chauvot, boulanger à Nevers ; présence de Jean Perrin, notaire et praticien audit Nevers 24 janvier 1530, n. st.). — 10. Acquisition pour Étiennette Rapin, veuve de Jean Mornay, sur Sulpice Sourru (18 octobre 1530). — 11. Investiture touchant l'acquisition précédente, par Pierre Regnard, marchand à Nevers (5 novembre 1530). — 12. Vente de diverses prestations bordelières par Gilbert Benoiteau et ses parsonniers à Pierre Coillard, marchand à Nevers (11 mai 1583). — 13. Décret des héritages de Gilbert Bardin et autres à la requête de Jean Després, prévôt des maréchaux en la maréchaussée de Nivernais (mars-juillet 1604). — 14. Bail à cens par Eustache Du Lys, évêque de Nevers, à Jean Després : le cens portera retenue, nonobstant la coutume ; présence de Michel Cotignon, chanoine, et de Jacques Girard, receveur de l'évêché (9 mars 1609). — 15. Fragment d'un relevé de reconnaissances fournies par la dame Després à l'évêque Édouard Vallot (21 avril 1670, Vhier).

1 F 368 (Liasse). — 12 pièces parchemin.

1476-1486. — VARENNES-LEZ-NEVERS. *Finages collectifs ou indéterminés.* — 1. Simon Dupont, clerc de la Chambre des Comptes de Nevers, baille à bordelage à Léger Lembourg une maison et ses dépendances au village de Voisvres et une terre *en l'Eschalier du Parc* (9 novembre 1476). — 2. Vente par Jean et Simon Chereau à Simon Dupont de divers prés sis aux *Crots*, aux *Petits Fromentaux* et au Gué (16 novembre 1476). — 3. Le même jour, les frères Chereau reprennent à bordelage les prés vendus. — 4. Bail à bordelage par Simon Dupont à *Ydoire* Baul et Adam Moquin, de divers héritages sis, entre autres, aux finages de Voisvres et de

Veninges ; mention, parmi les confins, de *terres tenues du prieuré de La Fermeté* ; présence de Jean Gautherin, *alias* Gaby, pelletier à Nevers (3 juin 1477). — 5. Autre bail à bordelage par Simon Dupont à Richard Montjoie et à sa femme, de deux pièces de terre sises au Gué et au *Chazot* (16 août 1477). — 6. Reconnaissance *du même bordelage* par Richard Montjoie (même date). — 7. Autre, par Jeanne de Pavie, veuve de Simon Dupont, à *J'doire* Baul et à Adam Moquin, de divers héritages à Voisvres et d'une vigne assise sous la fontaine de Cheugny-le-Haut : mention, parmi les confins, *d'une terre du prieuré de Saint-Étienne* : présence de Pierre Blegny, pelletier, et de Guillaume Gaillard, couturier, de Nevers (16 janvier 1479, n. st.). Au dos : Renonciation à la vigne par les preneurs (18 octobre 1481). — 8. Autre, par la même, à Claude Guiot et à ses communs, d'un pré en la prairie de *La Bussière* et d'*une terre* à Veninges : mention, parmi les confins, de prés du Chapitre de Nevers et de la Confrérie Notre-Dame de Varennes, et d'une terre de Saint-Étienne (25 janvier 1482, n. st.). — 9. Autre, par la même, à Jeannot Mamy, de deux pièces de pré jadis vendues à réméré par Mamy à Simon Dupont ; renonciation à la faculté de réméré (8 avril 1482). — 10. Autre, par Jacques Mathieu et sa femme, Jeanne de Pavie, veuve de Simon Dupont, à Huguenin Bailly, de deux pièces de pré aux Cros et d'une autre au Gué, précédemment vendues à réméré par Mamy à Dupont ; renonciation à la faculté de réméré (8 avril 1483). — 11. Autre, par Jacques Mathieu, bourgeois de Nevers, à Pierre Chabot, de deux pièces de terre au terroir de *Flurote*, et d'une vigne au terroir de *Dohe*, contiguë à celle de la cure de Saint-Trohé (11 juin 1482). — 12. Autre, par Jeanne de Pavie à Vincent Borvo, *alias* Bellin, de terres en la Varenne, aux Noues et en la Forêt, et de l'Ouche Jean Roux ; mention, parmi les confins, d'une *terre du prieuré de La Fermeté* : présence de Guillaume Dupuy et de Guillaume Gaillard, couturiers à Nevers (9 novembre 1486).

1505-1632. — VARENNES-LEZ-NEVERS. *Finages collectifs ou indéterminés.* — 1. Jeanne Hugot et consorts vendent à Innocent Morin, clerc, bourgeois de Nevers, une vigne à l'Orme de l'Aiguillon, contiguë à un pré de Saint-Étienne ; une autre, à l'Aubépin : une grange et ses dépendances à Rose, et une terre en *Champ-Grignat* (19 juin 1505). — 2. Guillaume Tenon, bourgeois de Nevers, achète à Jean Colas une maison, avec ses dépendances, à Veninges, et une terre en l'Échenaut (15 novembre 1514). — 3. Bail à bordelage d'une pièce de terre et de deux vignes, consenti à Jean Guyot, dit Chabot, par Guillaume Ducoing, bourgeois et marchand à Nevers ; présence de Gilbert Georges, *hastier* à Nevers (13 mars 1517, n. st.). — 4. **Bail à bordelage** par Guillaume André, marchand tanneur à Nevers, à Gilbert Lafille, d'une terre en la Perrière et d'une vigne à Varennes, vendues ce même jour par le preneur au bailleur ; présence de Léonard Larlat, sergent de la comtesse de Nevers (14 décembre 1526). Au dos : Note indiquant que, le 16 août 1538, la terre de la Perrière a été baillée en bordelage à Denis et Philibert Linet et à leurs parsonniers. — 5. Jean Denis vend à Guillaume André : une maison et ouche (franc-alleu), une grange (de la censive de Saint-Martin), une terre en franc-alleu, une autre de la censive de Saint-Martin et une troisième de la censive de l'Évêché, tous héritages sis à Voisvres, et une vigne à Cheugny-le-Haut, en franc-alleu : présence de Jean Pommier, prêtre, de Nevers (13 novembre 1527). Au dos : Ratification de ladite vente par la femme et le fils de Jean Denis (22 décembre). — 6. Simon Sorru vend à Jean Mornay diverses portions de biens chargés de bordelage au profit des héritiers de Pierre de Luthenay, grénetier de Nevers : une terre au Clos-Ferrand, contiguë à une vigne du curé de Saint-Étienne, une autre au Champ-Maillot, et une autre au clos susdit : présence de Guillaume Guerry, le jeune, clerc, de Nevers (1er janvier 1529, n. st.). — 7. Acte capitulaire portant concession en bordelage de divers biens par le Chapitre de Nevers, au profit des anniversaires, à Jean Rignault et à sa femme (21 avril 1531). — 8. Bail à bordelage à Jean Quinault par Guillemette Bourdin, veuve de Guillaume Ducoing : une terre, dite la Champagne, une autre à Varennes, une autre appelée l'Aubépin et deux vignes dites les Ouches derrière Chez-Bailly (8 janvier 1538, n. st.). — 9. Bail à bordelage d'une terre en buissons (décembre 1538). Pièce en mauvais état. — 10. Pierre Després, l'aîné, marchand et bourgeois à Nevers, baille à bordelage à François Pillon et à ses parsonniers : une terre aux Mouches, une autre aux Ouches-Rateau, et une autre à Cheugny-le-Haut (2 décembre 1540). — 11 à 13. Pièces concernant un bordelage assis sur une maison avec ouche à Voisvres, et une vigne *au Carouge des Noelles :* 11. Bail à bordelage à François Pillon et à ses parsonniers par Henriette de Pougues, veuve de Jean Millet (16 décembre 1550) : 12. Vente de la prestation bordelière consentie à Étienne Laubereau, curé de Saint-Pierre de Nevers, par Marie Villain, femme séparée quant aux biens de Michel Villermo ; présence de Hugues Delaforêt, le jeune, marchand à Nevers, et de Mathieu Rat, meunier aux moulins Saint-Martin dudit Nevers (27 janvier 1574) ; 13. Autre vente semblable par Radegonde Laubereau, veuve de Jean Gautherin, tourneur, à Jean Després, sieur de Châlons, receveur des aides et tailles en l'élection de Nevers, représenté par son fils, Jean Després ; la vendeuse a hérité cette prestation de son oncle, Étienne Laubereau, suivant codicille annexé au testament de ce dernier, le 21 mai 1578 ; présence de Jean Breton et de Hugues Berthelet, clercs, de Nevers (24 février 1586). — 14. Vente de diverses prestations bordelières consentie à Pierre Coillard par Claude de La Perrière, écuyer, seigneur de Frasnay-le-Ravier, Bazoches, Chamonot et du Marais ; présence d'Étienne de Noël, écuyer, homme d'armes de la compagnie du duc de Nivernais (2 mars 1589). — 15. Copie de la pièce précédente, collationnée le 19 janvier 1650, en présence de Guillaume Micault et de Jean Doux, praticiens à Nevers. — 16. Vente à Pierre Coillard par Jean et Léonard Bard : une terre en la Quedraule, au-dessus du Plessis, une autre près du Banlay, trois autres au Petit-Sené, et une dernière à Cheugny-le-Bas; présence de Jean Tridon, clerc, de Nevers (5 décembre 1589). — 17. Reconnaissance de tenure en bordelage par Jean Després, le jeune, écuyer, au profit d'Étienne Pernin, conseiller et avocat du duc de Nivernais : un pré à Rose, joignant celui de Claude Guiton, élu de Nivernais, et un pâtureau dit *le Champ-Breuillat* ; présence de Guillaume Casset, praticien, et de Vincent Moireau, drapier, tous deux de Nevers (6 avril 1618). Suit une autre reconnaissance de bordelage entre les mêmes, touchant une vigne au Four-de-Vaux (même date). — 18. Reconnaissance de diverses tenures en bordelage, entre autres pour des vignes à Montorge, passée par Madeleine Delaporte, veuve de Jean Després, le jeune, commissaire des guerres en la maréchaussée de Château-Chinon, Martin Ranvier et Cyr Bard, au profit de Jacques de Favardin, conseiller du roi, assesseur en la maréchaussée de Nivernais ; présence de Claude Chenu, sergent à Nevers (26 juillet 1632). Collation du 16 mai 1663, en présence de Guillaume Bezacier, praticien à Nevers. — 17. Autre copie de la pièce précédente (collation du 15 février 1678).

1 F 370 (Cahier). — In-4°, 10 feuillets parchemin (320 × 240 m/m.).

1578-1582. — VARENNES-LEZ-NEVERS. *Finages collectifs.* — Recueil d'actes intéressant Mᵉ Jacques Bolacre, licencié ès droits, seigneur de Cigogne, lieutenant général de Nivernais. — Fol. 1. Reconnaissance de bordelage par Pierre Pinon et consorts : une vigne *en Fontereul*; présence d'Antoine Pascoux, notaire ducal, et de Fiacre Darneaul, clerc, de Nevers (18 décembre 1578). — Fol. 3. Autre, par les mêmes, touchant un clos de vigne au Four-de-Vaux : même date et mêmes témoins. — Fol. 4, v°. Autre, par les mêmes, pour une vigne aux Belouses. — Fol. 6, v°. Autre, par les mêmes, touchant une terre *en Chenuy-Rouer*. — Fol. 8. Investiture par Bolacre à Pierre Coillard, en ce qui concerne les droits sur la communauté des Pinons, acquis par ce dernier de Léonarde Pinon (16 mars 1582).

1 F 371 (Cahier). — In-4°, 24 feuillets, parchemin (304 × 207 m/m.).

1632. — VARENNES-LEZ-NEVERS. *Finages collectifs.* — Recueil de diverses reconnaissances de tenures en bordelage ou à cens, passées par Madeleine Delaporte, veuve de Jean Després, contrôleur en la maréchaussée de Château-Chinon, au profit d'Antoine Tenon, seigneur de Fonfaye, Azy, Guichy, baron de La Guerche, Jouet, conseiller du roi au Grand Conseil ; ces reconnaissances sont toutes datées du 24 décembre 1632, en présence de Jean Micault, procureur, et de Claude Gobillot, clerc, tous deux de Nevers. — Fol. 1. Une terre au Four-de-Vaux, joignant un pré de feu Claude Guiton, élu à Nevers. — Fol. 3. Une autre, aux Belouses. — Fol. 4, v°. Une masure au Four-de-Vaux, avec commutation de bordelage à cens, à charge de réfection des bâtiments. — Fol. 7. Une terre aux Belouses. — Fol. 9. Une autre, *en Senay-Rouée.* — Fol. 10. Une terre en buisson, au vignoble de Satinges, joignant une vigne de la cure de Poiseux et une chaume du Chapitre de Nevers. — Fol. 12. Une terre, jadis vigne, en Fontenelle. — Fol. 13, v°. Une autre, jadis en vigne, aux Belouses. — Fol. 15, v°. Deux pièces de terre au *Carroge des Noilles*, et une autre à Vernusse. — Fol. 17, v°. Un pré, dans la prairie du Gué, près du village de Voisvres. — Fol. 19, v°. Le Pré Bardin, dans la prairie du Gué.

1 F 372 (Cahier). — In-4°, 48 feuillets, papier (270 × 200 m/m.).

Fin du XVIᵉ siècle. — VARENNES-LEZ-NEVERS. *Finages collectifs.* — Listes d'héritages dressées par tenanciers, ou par acquisitions. Le cahier est commencé par le début et par la fin. En marge, quelques annotations et, en particulier, quelques mentions de paiements concernant les années 1585 à 1587.

1 F 373 (Liasse). — 8 pièces parchemin, 1 pièce papier.

1441-1588. — VARENNES-LEZ-NEVERS. *Pièces diverses.* — 1. Bail à bordelage par Philibert Cordier à Guillaume Bernardin : une vigne et une terre contiguë à celle du curé de Varennes (4 février 1441, n. st.). — 2. Ratification par Phelipon de Prinaige et Étiennette Regnault, sa femme, de la vente d'héritages consentie à Vincent Ducoing, bourgeois et marchand de Nevers, par feu Guillaume Regnault, père d'Étiennette (29 décembre 1505). — 3. Bail à bordelage par Guillaume Ducoing à Jean Denis ; présence de Jean Frenault, sergent du comté (5 mars 1524, n. st.). — 4. Jean Rigaud vend à Guillaume André une vigne et une terre chargées de cens dû au Chapitre de Nevers, au profit de la prévôté de Balleray (23 février 1527, n. st.). Au dos : Désistement de Guillaume et Philibert André, au profit de Rigaud (12 novembre 1534). — 5. Guillaume Robelin vend à Guillaume Moard, barbier et marchand à Nevers, deux prestations bordelières assises l'une, sur une vigne à Varennes, l'autre, sur une terre à Parigny-les-Vaux (16 août 1540). Au dos : Reconnaissances de bordelage : 1° par André Mangonneau pour la vigne, en présence de Jean Daubigny, prêtre (9 décembre 1545) ; 2° par Jean Bergeron, l'ainé, pour la terre (29 janvier 1548, n. st.). — 6. Jean Pinon vend ses droits immobiliers à Pierre Pinon, l'ainé (acte reçu le 29 septembre 1572, en présence de Michel de Nevers, clerc, et grossoyé le 20 mai 1574). Suit : Ratification de la vente susdite par Marie Bongrand, femme de Jean Pinon ; présence de Simon Gobet, prêtre (9 octobre 1572). — 7. Nicolas Thibault, de Varennes, vend un pré joignant la rivière de Nièvre (25 juillet 1577). Pièce en mauvais état. — 8. Vente par Guillaume Du Lis, abbé de Saint-Laurent-l'Abbaye, procureur de Jean Bardot, religieux profès audit Saint-Laurent et prieur-curé de Saint-Gildard-lez-Nevers, d'une prestation bordelière due audit prieuré par Pierre Coillard, marchand à Nevers ; cette vente est effectuée en présence d'Arnaud Sorbin, évêque de Nevers, d'Étienne Tenon, licencié en lois, seigneur d'Azy, lieutenant général civil et criminel au Présidial de Saint-Pierre-le-Moûtier, et de Guillaume Dyen, bachelier en décret, chanoine et official de Nevers, un des députés du clergé de Nevers, chargé de l'aliénation du bien temporel des ecclésiastiques (12 février 1588). Suivent : 1° Procuration donnée par Jean Bardot à Guillaume Du Lis, présence de Jean Ferrier, clerc. à Nevers (8 juin 1587) ; 2° Quittance au prieur de Saint-Gildard par Pierre de Favardin, receveur des décimes et subventions au diocèse de Nevers (12 mai 1588). — 9. Liste de redevances dues par Mlle Després, à l'abbesse [de Notre-Dame] de Nevers (sans date).

1 F 374 (Liasse). — 9 pièces papier.

1651-1656. — VARENNES-LEZ-NEVERS. Procédures diverses. — 1. Exploit pour Michel Dumarché, contrôleur général des ponts et chaussées de la Généralité de Moulins, contre Charles Saulnier, vigneron (2 mai 1651). — 2. Descente de justice au Champ Berruier, proche des Six-Chemins, au sujet d'une contestation de directe entre Jacques Bolacre, écuyer, seigneur du Marais, et Madeleine Delaporte, veuve de Jean Després, écuyer, représentée par Pierre de Turigny,

écuyer (21 mai 1654). — 3. Autre semblable, au même lieu ; les parties sont : Jacques Bolacre, premier président au Bureau des finances du Berry, et Pierre de Nourry, écuyer, sieur de Turigny (11 mai 1656). — 4 à 9. Pièces sans date : productions et inventaires de pièces (xvii° siècle).

1 F 375 (Liasse). — 4 pièces parchemin, 1 pièce papier.

1565-1679. — VILLAPOURÇON. — 1. Reconnaissance de bordelage par Pierre Bondoux et autres, au profit de Gabriel Le Bourgoing, seigneur de Champlevrier et de Faulin, touchant un bois de haute futaie et la terre joignant, le tout au finage de Cussy (31 janvier 1565, n. st.). — 2. Transaction sur procès pendant en la justice de Marry-sous-la-Montagne, par laquelle Jean de Maltaverne concède, pour 31 ans, à Guillaume Bourdet et à ses parsonniers un droit de passage sur ses héritages (20 avril 1573). — 3. Autre concession de droit de passage entre Jean de Maltaverne et ses parsonniers, d'une part, et, d'autre part, Jean Bordet et ses parsonniers (10 août 1573). Pièce en mauvais état. — 4. Reconnaissance de bordelage par Léonard Bondoux et ses communs et compersonniers, au profit de Gabriel Le Bourgoing, pour un bois et une terre [cf. p. 1]. (11 mai 1575). Copie extraite du terrier de Champlevrier, collationnée par Dubost, notaire, en présence de Claude Quantin, praticien à Clamecy, et de Pierre Collas, maître d'école à Champlevrier (10 juin 1679). — 5. Bail à cens, avec entrage, de l'étang Robin de Velle, consenti à François Dubost par François Le Bourgoing, écuyer, seigneur de Faulin, Concley et Champlevrier ; l'avoine est à la mesure de La Rochemillay (8 février 1607).

1 F 376 (Liasse). — 6 pièces papier.

1643-1658. — VILLIERS-SUR-YONNE. — 1. Exploit contre Gabriel Michot, à la requête de Madeleine Delaporte ; saisie en conséquence ; désignation de Noël Robin pour la garde des biens saisis (1643). — 2. Autre, contre Noël Robin (20 décembre 1645). — 3. Obligation par Léonard Michot, au profit de Madeleine Delaporte : présence de Philippe Perrot, sergent royal, et de François Martin, notaire royal, de Tannay (21 juin 1648). Suit : Ratification par Pierrette Michot, sœur de Léonard (19 février 1651). — 4. Exploit contre Pierrette et Léonard Michot (16 octobre 1653). — 5 et 6. Exploits contre Pierrette Michot, femme de Jean Mauduit (1654 et 1658).

1 F 377 (Liasse). — 1 pièce papier.

1670. — VITRY-SUR-LOIRE. Château. — Le pont du château a été construit en pierres, à la diligence de Gabriel Benoist, procureur d'office de Vitry, et aux frais des justiciables de la baronnie, en conséquence d'un jugement de la justice de Vitry, de 1661, confirmé au Bailliage de Bourbon-Lancy, par arrêt du 15 avril 1670.

1 F 378 (Liasse). — 1 pièce parchemin, 17 pièces papier.

1369-1716. — Vitry-sur-Loire. *Chapelles.* — 1. Girard de Bourbon, chevalier, seigneur de Vitry et de La Roche-Millay, fonde en l'église de Vitry deux chapellenies dont les titulaires devront être nommés par les seigneurs de Vitry ou, à leur défaut, par l'évêque d'Autun ; présence de Guichard, seigneur de Valette, chevalier, de Bartholomé Gruat, bailli de Vitry, et de Jean de Champagny, écuyer (5 juillet 1369). — 2. Copie de la pièce précédente, dressée à la réquisition de Jean Gouneau, curé de Vitry, en présence de noble Pierre Filleux, secrétaire de Jean de Saulx-Tavannes, et de Léonard Millin, sergent à Vitry (29 décembre 1616). — 3. Reconnaissance de diverses tenures par Julien Bally et les siens, au profit de Nazaire Pelletier, prêtre, et de Jean Duret, clerc, chapelains des chapelles de Notre-Dame de Vitry, ceux-ci représentés par Louis Piotat, prêtre (3 août 1537). Copie du 27 janvier 1569, extraite du terrier de Vitry. — 4 et 5. Copies, non signées, de nominations faites par Françoise de La Baume, femme de Gaspard de Saulx-Tavannes, et Anne de Vienne, femme de Louis de La Fayette, de Benoit de La Moloise (p. 4), prêtre, natif de Millay, et de Pierre Desvaulx (p. 5), prêtre, natif de Vitry-sur-Loire, comme chapelains de Vitry (26 décembre 1561). — 6. Confirmation des mêmes chapelains par Jean de Bauffremont (23 mars. « l'an prins à la Circoncision Nostre Seigneur » 1556). — 7. A la requête de Nicolas Bertin, receveur de la Maréchale de Tavannes en sa baronnie d'Igornay, saisie des revenus des chapelles de Vitry, faute de desserte par les chapelains, Benoit Gouneau et François Perret. Suit une déclaration au Bailliage de Vitry, par laquelle Benoit Gouneau abandonne les fonctions de chapelain, dans lesquelles il avait succédé à Philippe Burgat, chanoine de Bourbon-Lancy (16 mars 1598). — 8. A la requête de Jean de Saulx-Tavannes, assignation devant la Chambre des Requêtes du Palais à Dijon, donnée à Jacques Burgat, contrôleur au grenier à sel de Bourbon-Lancy, pour avoir à reconnaitre et payer 29 années d'arrérages de rentes dues aux chapelles (2 janvier 1626). — 9 à 17. Pièces de la procédure aux Requêtes du Palais à Dijon entre Jean de Saulx-Tavannes et Jean Gouneau, curé et chapelain de Vitry, d'une part, contre Jacques Burgat (1626-1633). — 18. Lettre de Rouillet, curé de Vitry, à Bruneau : renseignements divers sur ses domaines de Vitry et sur les réparations des chapelles (12 janvier 1716).

1 F 379 (Cahier). — 4 feuillets préliminaires non cotés ; feuillets 1 à 32 et 34 à 38, papier in-4° (280 × 200 m/m.) ; feuillet 33 représenté par une pièce en parchemin (280 × 180 m/m.).

1446-1558. — Vitry-sur-Loire. *Chapelles : Terrier.* — Le cahier se compose du terrier proprement dit (fol. 1-10 et 16-18), de deux actes cousus à l'intérieur (fol. 11-15) et de divers actes, les uns authentiques, les autres informes, cousus à la suite (fol. 19-38). La couverture, en parchemin, est un acte notarié portant partage de biens dans la communauté de Pierre Bourbon, à Vitry (1er décembre 1502), homologué par des ratifications postérieures : mention d'une rente de 10 sous tournois due à l'abbé de Sept-Fons.

Fol. 1. Procès-verbal de la rédaction du terrier par Michel Berneteau, notaire. — Fol. 2. Reconnaissance de Julien Bally [cf. art. précédent. p. 3]. Les reconnaissances de 1537 sont toutes passées au profit de Nazaire Pelletier et de Jean Duret. — Fol. 2. v°. Reconnaissance de rente par Mathieu Bally et Gilbert Vallé, tuteur de Catherine Audugier (3 août 1537). — Fol. 3. v°. Autre, de taille, par Gilles Audugier, prêtre, paroissien de Lesme (8 juillet 1537). — Fol. 4. Autre, par André Bernachier et ses parsonniers (s. d.). — Fol. 5. Autres, de taille, par Guillaume Martin, et (fol. 6) par Gilbert Gerbier (19 juillet 1537). — Fol. 6. v°. Autre, de taille, par Denis Tarault, *alias* Perriault : présence de Jacques de Semur, écuyer, seigneur de Champagny (3 août 1537). — Autres semblables, par : Martin Perreault (fol. 7. v°. 26 juillet 1537) ; Pierre Poitreault (fol. 8. v°. 18 juillet 1537) ; Martin Gendeault (fol. 9. 1er août 1537) ; Pernette Bally, veuve de Jean Bidelat (8 août 1537) ; Perrette, femme de Jean Dauvillers (fol. 9. v°. 10 août 1537) ; Benoit Guiot (fol. 10. v°. 8 août 1537).

Fol. 11. Reconnaissance de dette, pour arrérages de rente, par Jean Racoulet, paroissien de Lesme, au profit de Benoit de La Moloise et de Pierre Desvaulx, chapelains de Vitry (2 juillet 1558). — Fol. 14. Bail à rente, consenti à Guillaume Guyot, par Nazaire Pelletier et Gilbert Aubert, chapelains de Vitry (18 juin 1526).

Fol. 16. Fin du terrier. Reconnaissances par Barthélemy Racolet et Gillet Moreault.

Fol. 19. Reconnaissance de tenures foncières par Gilbert Gerbier au profit des chapelains de Vitry, Charles Aubert et Nazaire Pelletier (1er décembre 1527). — Fol. 20. Bail d'héritage consenti à Mathieu et Louis Perreault, frères, par Guichard Piotat, prêtre, fermier des chapelles de Vitry, agissant au nom des chapelains Nazaire Pelletier, *alias* Audouard, et Charles Aubert, licencié en lois ; présence de Jean de Méru, châtelain de Vitry (24 octobre 1512). — Reconnaissances diverses de tenures et de rentes : 6 décembre 1527 (fol. 23) ; sans date indiquée (fol. 25) ; date illisible (fol. 27, 29, 30,

31, 32). — *Par devant Guy Chalemin, curé de Lesme, notaire, bail d'héritage consenti à Pierre Girard par Henri de Montroart, prêtre, chapelain de Vitry* (22 février 1446, n. st.). Original, parchemin. — Fol. 34. *Reconnaissance de dettes par Jean Bidelat* (s. d.). — Fol. 36. *Mémoire à l'Official d'Autun pour Nazaire Pelletier contre Hugues Durantin.* — Fol. 37 et 38. *Notes diverses de comptabilité.*

1 F 380 (Liasse). — 12 pièces parchemin, 23 pièces papier.

1439-1650. — VITRY-SUR-LOIRE. *Entrages.* — 1. Charles de Mello, seigneur de Saint-Bris, de La Roche-Millay et de Vitry et Isabeau de Montagu, sa femme, transportent à Jean Guillot, receveur de Vitry, et à Alips Grivelle, sa femme, un bail à cens qu'ils avaient précédemment consenti à défunt Guiot de Saint-Denis, receveur de Vitry, premier mari de la dite Grivelle ; présence d'Hippolyte de Nevers, de Guillon Dubois et de Guillaume Terrière, écuyers. *Le droit d'entrée consiste, pour Guiot de Saint-Denis, en une douzaine de poussins et, pour Jean Guillot, en une queue de vin rouge* (31 décembre 1439). — 2. Mémoire aux Requêtes du Palais [à Dijon] pour Jean de Saulx-Tavannes contre Edme Thiroux, receveur des deniers royaux au Bailliage d'Autun: interprétation de la pièce précédente (1627). — 3. *Bail à cens d'une terre par Jean de Vienne à Guillaume Boudot, sieur de Finy* (17 mai 1496). Collation à l'original présenté par Adrienne de Chargères, veuve de Charles de Mérans, écuyer, sieur d'Ettevaux, Finy et Pierrefitte, en présence de François Berger, sergent à La Roche-Millay (16 février 1661). — 4. *Bail de buisson consenti à Pierre Jay par Étienne Rousseau, procureur des seigneurs de Vitry* (12 novembre 1562). Copie collationnée à l'original par Marc Regnard, greffier de Vitry, en présence de Blaise Robert, procureur d'office du dit lieu (1er août 1575). — 5. Investiture à Claude Éperon par François Gentil, secrétaire de Jean de Bauffremont, *d'une pièce de terre qui sera tenue franchement bien qu'elle soit de condition servile* (1er août 1566).

6. Un cahier (11 fol.), contenant divers actes établis au nom de Françoise de La Baume, veuve de Gaspard de Saulx-Tavannes. — Fol. 1. *Huguenin Jeangonin et Gilles Seguinet, ténementiers de l'étang des Perrins, sont autorisés à y faire construire un moulin pour l'usage de leurs familles, avec exonération de la banalité ; présence de Me Pierre Belliard, notaire royal à Bourbon-Lancy* (31 janvier 1582). — Fol. 2. *Bail à cens, avec entrage, à Gilles Audugier, laboureur à Lesme, de dix arpents de terre à la mesure de Bourgogne, à prendre entre la Loire et la maison dudit Audugier* (31 janvier 1582). — Fol. 3 v°. *Autre, de trois arpents de terre,*

à la même mesure et au même lieu, *consenti à Pierre Poitreau* (31 janvier 1582). En marge : *certificat d'arpentage et de bornage par Blaise Robert, procureur d'office, et Pierre Belliard, receveur de Vitry* (15 mars 1582). — Fol. 4 v°. *Autre, de deux arpents, consenti à Benoit Marion, de Lesme ; présence de Pierre Belliard et de Hugues Bretin, secrétaire de Françoise de La Baume* (1er février 1582). — Fol. 5 v°. *Transaction sur procès pendant au Bailliage de Vitry : autorisation à Louis de Velleret d'utiliser le moulin qu'il a construit, en 1568, sur la rivière de Vauzelles qui, pour moitié, est banale à la dame de Vitry* (3 février 1582). — Fol. 7 v°. *Procuration par Françoise de La Baume à Claude Prudhon, écuyer, capitaine des gens de pied des ordonnances du roi, demeurant à Bourbon-Lancy* (la date manque). — Fol. 10. *Bail à cens, au même Claude Prudhon de l'étang de Montcocu.*

7. Copie de la p. 6, collationnée le 20 février 1779. — 8. *Bail à cens, avec entrage, d'une portion de la garenne des Fondis, consenti par Françoise de La Baume à Jean Satin, chef et maître de sa communauté ; le preneur est autorisé à mener paître ses bestiaux dans les portions non entragées de la dite garenne et à y couper des bois et épines pour ses bouchures ; présence de Me Guy de Vaux, bailli, et de Jean Guyonneau, gruyer, de Vitry* (12 septembre 1596). — 9 et 10. Autre bail semblable de trois portions d'héritage au Grand Bois, autrement dit en la garenne des Fondis, consenti par la même dame à Nicolas et Pierre Chandioux, frères et parsonniers ; outre le cens, et la dîme levés par la dite dame en qualité de dame des Fondis, celle-ci percevra le quart des fruits sur les terres ensemencées ; *droit de pacage et d'usage de bois ; obligation pour les preneurs de faire procéder à leurs frais à l'arpentage* (21 mai 1597). Original et copie. — 11. Louis Satin renonce au droit de pacage accordé à Jean Satin par le contrat du 12 septembre 1596 (p. 8) et, en compensation, Jean de Saulx-Tavannes lui concède une terre joignant la garenne des Fondis ; présence de Nicolas Trescour, secrétaire de Jean de Saulx, et de Jean Guyonneau, gruyer de Vitry (2 septembre 1604). — 12. Sur procès plaidé au Bailliage de Vitry, puis évoqué aux Requêtes du Palais à Dijon, transaction entre Jean de Saulx-Tavannes et Jean Piotat-Varion et consorts : Piotat renonce au droit éventuel de pacage et de coupe de bois dans la garenne des Fondis, et, en compensation, le seigneur de Vitry lui concède 15 bichetées de la dite garenne, où il pourra envoyer paître son bétail et couper du bois pour son chauffage et ses clôtures, mais sans avoir droit de les cultiver ni d'y chasser ; intervient en la cause Claire de Semur, dame de Champagny et d'Ambly, et ses héritiers ; présence de Jean Gouneau, curé

de Vitry, et de Jean Morat, fermier du Chambon (24 septembre 1606). — 13. Dans les mêmes conditions, transaction entre Jean de Saulx et Antoine Tixier, seigneur d'Ornay ; présence d'Étienne Guyonneau, greffier de Vitry (25 septembre 1606). Suit le certificat d'arpentage des terrains entragés à Varion et à Tixier ; présence de Jean de Grandval, écuyer, seigneur de Champagny, de Jean Gouneau, curé de Vitry et d'Antoine Deroche, meunier au moulin Perret (27 septembre 1606). — 14. Sur procès évoqué du Bailliage de Vitry à celui de Bourbon-Lancy, transaction entre Jean Piotat-Varion et Léger Trappe, touchant le bornage de la garenne des Fondis et l'aménagement d'un chemin aboutissant aux grèves de Loire ; présence de Jean Gouneau, curé, et de Sébastien Vaillant, procureur d'office, de Vitry (13 août 1607). — 15. Guillaume Varion, chef et gouverneur de sa communauté, reconnaît devoir à Jean de Saulx-Tavannes, représenté par messire Jean Gouneau, procureur spécial au renouvellement du terrier de Vitry, quatre coupes de froment pour le droit qui lui est concédé de mener paître son bétail dans une chaume aux grèves de Loire ; en outre, Varion pourra y prendre du bois pour son chauffage et ses clôtures, ainsi que la glandée ; présence de Léonard Millien, sergent de Vitry (11 août 1623). Suit l'indication des confins de la terre ainsi concédée. — 16. Plainte aux Requêtes du Palais, à Dijon, par Jean de Saulx-Tavannes contre Esme Tiroux, possesseur d'héritages acquis au décès d'Antoine Tixier, sieur d'Ornay (7 février 1626). — 17. Quittance à Gabriel Girard par l'ancien fermier de la terre de Vitry, de redevances dues par Tixier, ancien propriétaire du domaine des Fondis, depuis vendu par décret (16 mars 1626). — 18. Bail à cens du moulin de la Verchère, consenti à Guillaume Caruat, meunier au moulin Moucaud, paroisse de Lesme, par Jean Gouneau, curé de Vitry, représentant Jean de Saulx-Tavannes : pour les réparations, le preneur aura droit de prendre des bois dans la forêt de Vitry ; présence de Samuel Boullery, avocat au Parlement, sieur du Vignaud (22 septembre 1629). Suit la ratification par Jean de Saulx-Tavannes (22 octobre). — 19. Autre bail à cens, d'une terre aux Bruyères de La Pallu, par Lazare-Gaspard de Saulx-Tavannes, à Esme et Benoit Simonnet et à leurs parsonniers ; présence de Jean Gouneau, curé de Vitry, et de Gaspard Gouneau, curé de Trézy (30 décembre 1632). — 20. Autre, d'une terre aux Bruyères-Bontemps, par le même seigneur, à Jean Esperon, dit Durand, maître et chef de sa communauté ; présence de Jean Gouneau, curé de Vitry, et de Denis Lortelot, curé de Lesme (1ᵉʳ janvier 1633). — 21. Autre, par le même seigneur, à Philippe Esperon ; présence de François Chassenay, notaire royal au Donjon, de Gilbert Boullier, sergent à Vitry, et de Barbe Marion, maître charpentier à Bourbon-Lancy (5 janvier 1633). — 22. Bail à cens de prés et brous-

sailles au finage des Poitreaux, consenti à Jean Pindon par Jean Gouneau, prieur de Marchy et curé de Vitry, représentant Lazare-Gaspard de Saulx-Tavannes ; le preneur s'engage à entretenir la Loire de façon qu'il n'y ait pas de balisages à y effectuer ; présence de Denis Lortelot, curé de Lesme (9 novembre 1635). — 23. Bail à rente à Nicolas Bois par Lazare-Gaspard de Saulx-Tavannes, de quarante bichetées de terre et *goutte* dans les bois de la Grande-Marchie, à charge d'y construire une maison et d'y mettre le terrain en culture (3 avril 1637). — 24. Adrien Chaussin, procureur du roi à Bourbon-Lancy, représentant Henri de Saulx-Tavannes, baille à cens à Thomas Jacob un terrain sur la grande place de Vitry, sous la condition d'y construire une maison avec ses dépendances ; présence d'Étienne Burgat, curé de Saint-Martin de Bourbon-Lancy (25 août 1646). Copie collationnée le 23 novembre 1682. — 25. Autre bail à cens, d'une terre, avec faculté d'y construire, consenti par Henri de Saulx-Tavannes à Léonard de Coneu ; présence d'Antoine Parmain, praticien à Saint-Léger-du-Bois, et de François Grillot, chirurgien à Molinot (13 septembre 1649). — 26. Autre, par le même, à Mathieu Demier, d'une terre servile assujettie aux quatre cas ; mêmes témoins (23 septembre 1649). — 27. Autre, par le même, à François Seguin, d'une terre servile assujettie aussi aux quatre cas ; mêmes témoins (28 septembre 1649). — 28. Autre, en tous points semblable au précédent, consenti à Léonard de Coneu (même date). — [Bail à rente par le même à Claude Repoux, de diverses terres mainmortables, assujetties au guet, à la garde, à l'entretien des fossés et du pont-levis du château, ainsi qu'aux quatre cas (11 novembre 1649). En marge de l'inventaire, note au crayon : « Remise à M. Guillemin, le 18 mars 1867 ». *Deficit*]. — 29. Bail à cens et rente d'une terre de 9 coupetées au finage de Bessay, consenti à Jean Bergeron par Pierre Musnier, agent d'Henri de Saulx-Tavannes : assujettissement aux quatre cas, au guet, à la garde et à l'entretien des fossés et du pont-levis du château de Vitry, mais pas à la mainmorte : présence de Jean Laurent, sergent de Vitry (8 décembre 1649). Suit une note d'Henri de Saulx-Tavannes approuvant ledit bail pour la contenance d'une bichetée et demie, mais sous condition absolue de mainmorte. Copie collationnée le 31 août 1786. — 30. Autre bail à cens par le même Pierre Musnier à Jean Laurent, sergent de Vitry : quatre cas, guet, garde, entretien du fossé et des pont-levis, mais sans charge de mainmorte ; présence de François Guyonneau, sergent de Vitry (9 décembre 1649). *In fine* : « Allouée à condition de mainmorte, non autrement. Signé : Henry de Saulx-Tavanes ». En marge : mention de commutation de la mainmorte en cens, par sous-seing privé de Mᵐᵉ de Rispe (4 novembre 1691). — 31. Autre bail à cens par le même Pierre Musnier à Thomas Jacob, vigneron : une terre dans la place

commune de Vitry, joignant le chemin dit la *Rue du Four*,
allant de l'église de Vitry à Lesme ; quatre cas, guet, garde,
entretien des fossés et du pont-levis, mais sans mainmorte
(9 décembre 1649). Suit une annotation d'Henri de Saulx-
Tavannes : « A condition de mainmorte et non autrement,
et de ne nuire au chemain ». — 32. Autre bail à rente par Musnier à Charles Beurrier, vigneron, d'une terre au village de
Montigny, assujettie à la mainmorte, aux quatre cas, et à tous
autres droits seigneuriaux (29 juin 1650). — 33. Autre, par
Musnier, à Benoit Bailly, vigneron, d'une terre à Montigny :
mainmorte, quatre cas et autres droits seigneuriaux ; présence
de Pierre Gouneau, curé de Vitry, et de Jean Rabeuste, clerc,
y demeurant (5 juillet 1650). Copie collationnée le 31 août
1786. — 34. Henri de Saulx-Tavannes baille à rente et cens à
Benoit Poitraut divers héritages au finage de Montarlin, à lui
advenus par droit d'échute, à la suite du décès de *Gilbert Poitraut* ; maintien de la condition de mainmorte ; présence de
François Grillot, chirurgien à Molinot, et d'Antoine Parmain, de Saint-Léger-du-Bois (6 novembre 1650). — 34. Bail
à cens par Pierre Musnier, agent d'Henri de Saulx-Tavannes,
à Jean Bergeron, d'une terre mainmortable ; présence de
Claude Durégon, bourgeois, et de Michel Bourrachot, chirurgien, de Bourbon-Lancy (22 décembre 1650). Copie collationnée le 31 août 1786.

1 F 381 (Liasse). — 9 pièces parchemin. 18 pièces papier.

1651-1774. — Vitry-sur-Loire. *Entrages.* — 1. Transaction sur procès pendant aux Requêtes du Palais à Dijon, par
laquelle Henri de Saulx-Tavannes baille à rente et cens à
Guy et Georges Marion, le domaine de la Picharne, « à condition de mainmorte, comme est la baronnie de Vitry » (7 janvier 1651). — 2. Bail à rente d'une terre servile en la Grande-
Marchie, consenti à Pierre Musnier par Pierre Langeron,
représentant d'Henri de Saulx-Tavannes (1er avril 1652). —
3. Claire de Saulx-Tavannes, mariée à Antoine de Jaubart,
comte de Baraud, et le comte de Rispe, héritiers d'Henri de
Saulx-Tavannes, baillent à cens à Antoine Fouchier, bourgeois
de Moulins-sur-Allier, sieur des *Quantains*, des terres aux
Grands-Bois : suppression de la mainmorte ; droits d'herbage,
pacage et pannage de bestiaux dans les accrues, lesquelles
pourront néanmoins être cultivées ou entragées par les seigneurs de Vitry ou leurs préposés ; présence de Jean de
Baleste, écuyer, sieur de Lilaire, et d'Henri Patron, écuyer
(21 février 1654). — 4. Bail à rente de deux pièces de terre
joignant le bois et l'étang de la Verchère consenti par le
comte de Rispe à Philippe Caruat, meunier au moulin de la
Verchère (21 décembre 1654). Copie collationnée le 10 août
1786. — [Bail à cens d'une terre en la Grande-Marchie par le

comte de Rispe à Léonard Boiret, qui s'engage à y construire
une maison (21 décembre 1654). — « Dénombrement des entrages dépendants de la baronie de Vitry et état des affran-
chissemens consentis par les seigneurs du dit lieu envers leurs
censitaires et justiciables. En *1654 et suivantes* ». *Deficit*]. —
5. *Pierre Musnier, receveur et fermier de Vitry, baille à rente
à Nicolas Dumonceau, vigneron, une terre mainmortable ;
présence de Charles Delaud, clerc, de Cronat (3 décembre
1655). Suit la ratification par le comte de Rispe (9 décembre).
— 6. Autre semblable d'une terre franche, par le même Musnier, à Antoine Lambert ; présence de Guillaume Petit, curé de
Lesme, et de Pierre Gallet, demeurant à Vitry (3 décembre
1655). Suit ratification (9 décembre). — 7. Autre bail à cens
d'une petite pièce de terre par le même Musnier à Thomas
Jacob ; présence de Jean Gallet, greffier de la justice commune de Cressy (16 janvier 1658). Ratification (23 janvier).
Copie collationnée le 20 juin 1786. — 8. Bail à rente d'une
terre à la Grande-Marchie consenti par la dame veuve de
Rispe à Jean Beauges, paroissien de Saint-Nazaire de Bourbon-Lancy et à Pierre Boiret, paroissien de Maltat : les preneurs s'engagent à construire une maison et obtiennent droit
de pacage, pour leurs bestiaux, dans les usages de la baronnie ;
présence de Jean Ricrier, curé de Saint-Aubin-sur-Loire
(24 mars 1668). — [Bail à rente d'une terre en la Grande-Marchie, par la comtesse de Rispe, à Émiland Langeron (28 mai
1668). *Deficit*]. — 9. Bail à rente et cens par Mme de Rispe à
François Martin, maréchal ; présence de Pierre Gouneau, curé
de Vitry, et de Toussaint Racollet, clerc, demeurant à Cronat
(8 décembre 1673). — 10. Bail à cens par la même dame à
Lazare Naty, vigneron, d'une terre abandonnée par les héritiers de Marin Néant (8 décembre 1673). — 11. Autre, par le
même, à Pierre Musnier, fermier de Vitry, des buissons de
Guéresse, contigus à l'étang (8 décembre 1673). — 12. Autre,
par le même, à Étienne Fontignot, d'une terre où le preneur
devra construire une maison ; présence de Jean Michaëlis,
prieur de Marchy, et de Claude Challemoux, bourgeois de
Bourbon-Lancy (19 août 1674). — 13. Autre semblable et sous
la même condition, à Pierre Poitreau, charpentier en bateaux,
demeurant à Vitry (19 août 1674). — 14. Autre, par la même,
à Claude Trappe, vigneron, d'une terre au village de Montigny ; présence de Pierre Gouneau, curé de Vitry (27 septembre 1674). — 15. Bail à rente par la même à Gilbert Thévenet, vigneron, d'une terre au village Poitreau ; en cas de
construction la terre sera assujettie à la blairie et aux corvées ;
mention, parmi les confins, de pré et terre appartenant à Antoine Delachèze, apothicaire à Bourbon-Lancy ; présence de
Pierre Musnier, fermier de Vitry (13 juillet 1655). Suit :
Transport du dit bail par Françoise Bonnardot, veuve de
Thévenet, à Antoine Delachèze ; présence de Jean Clerc,

sergent royal à Cronat (13 mai 1677). Copie du 31 août 1786. — 16. Autre, par la même à Lazare Bourachot, de terres assujetties aux quatre cas, mais pas à la mainmorte ; mention, parmi les confins, d'un champ de Pierre Challemoux, sieur du Brouillat ; présence de Jacques Gallet, greffier, et de Pierre Poitreau, hôte, tous deux de Vitry (14 mai 1682). Copie du 10 août 1786. — [Bail à rente d'une terre à Challenay par la comtesse de Rispe à Guillaume Bardot (14 novembre 1683). *Deficit*]. — 17. Autre bail à rente par la dame de Rispe à Guillaume Bardot, marchand à Vitry, d'une terre dépendant du fief de Finy ; présence d'Adrien Ferreau, sergent, et de Pierre Jalligny, mégissier, de Bourbon-Lancy (14 novembre 1683). — 18. Autre bail à rente foncière par la même dame à Pierre Challemoux, sieur du Brouillat et de La Baume, de l'île de la Motte-Veillaud, dans la Loire ; cette île est de condition franche ; le preneur est assujetti à la blairie et à deux corvées de fenaison et de vendange, mais il aura droit de pacage, d'usage et de chauffage dans les bois de Vitry, et il pourra tenir bateau sur la Loire pour son utilité ; présence de Robert de Moncorger, praticien à Cronat, et de Benoit Gouneau, maitre et chef de sa communauté (4 mai 1684). — 19. Copie de la pièce précédente, collationnée le 23 avril 1719 sur la grosse présentée par Marie-Madeleine-Jacqueline Mouteau, veuve de Challemoux. — 20. Autre bail à rente par la même à Jean Bourhon d'une terre en la Grande-Marchie ; assujettissement à la blairie et aux corvées ; le preneur paiera la dime à la onzième gerbe, la dixième étant pour le droit de champart ; présence de Jean Michaëlis, prieur de Marchy, et de Jean Coujard, praticien à *Tasnay* (14 septembre 1693). — 21. Autre semblable par la même à Jean Lavantage (21 avril 1699). — 22. Autre semblable par la même à François Challemoux, écuyer, sieur d'*Urly*, d'une pièce de terre au finage de Montigny (16 mars 1702). — 23. Bail à cens par Pierre Bruneau à Benoit Prost (17 novembre 1721). — 24. Autre bail à cens par Denis Bruneau à Gabriel-Lazare Lebègue, écuyer, seigneur d'Ambly et de la Sève, trésorier de France en la Généralité de Moulins ; présence de Pierre Challemoux, ancien officier de la marine, et de Jean-François de Challemoux de Saint-Clément (12 avril 1737). — 25. Lettre, signée : Grangier, annonçant l'envoi de la pièce précédente ; Lebègue d'Ambly avait cédé verbalement à Lebègue des Fondis une partie des biens entragés (10 septembre 1786). — 26. Bail à cens par Denis-Robert Bruneau à Pierre Contoux ; présence de Jacques Gouneau, marchand, et de Robert Bourbon, sergent de Vitry (10 mai 1743). — 27. Bail à cens par Denis-Robert Bruneau à Jean-Baptiste Cuvillier, fermier de Vitry, et sa femme, des bâtiments et héritages que tenait auparavant, en qualité de fermier, Benoit

Gagnard, cabaretier ; exemption de tous droits de mainmorte ; décharge personnelle de la blairie, pour les acquéreurs et leurs descendants en ligne directe ; les preneurs, leur vie durant, pourront faire paitre une vache et son veau, qui devront suivre les vaches de la basse-cour de la baronnie (10 août 1774).

1 F 382 (Liasse). — 1 pièce parchemin, 38 pièces papier.

1651-1743. — Vitry-sur-Loire. *Procédures*. — 1. Copie informe de l'entrage du 7 janvier 1651, consenti par Henri de Saulx-Tavannes à Guy et Georges Marion [Cf. 1 F. 381. p. 1] — 2. Pierre Desforges, maitre et chef de sa communauté, vend à Blaise Jacob, marchand au Fourneau, et à Esmée Truchin, sa femme, le lieu de la Picharne, au village des Poitreaux ; présence d'Abraham de Corcelle, marchand à Orléans, et de Claude Rabusson, clerc, de Bourbon-Lancy (12 février 1678). Suit : Quittance des lods et ventes par Musnier, fermier de Vitry (4 juin 1678). — 3 à 39. Procédure en conséquence au Bailliage de Bourbon-Lancy, entre Denis-Robert Bruneau, d'une part, et, d'autre part : François de Bongards, écuyer, et sa femme, Anne Jacob ; Charles-Marie de Longchamp, bourgeois à Saint-Nazaire-lez-Bourbon, et Anne Jacob, sa femme. La contestation porte sur la condition de mainmorte portée à l'acte de 1651. On se bornera à signaler : les consultations d'avocats signées par Davot (Dijon, 31 mai 1741. p. 4) et par Bannelier (Dijon, 24 août 1741. p. 5) ; et la sentence condamnant les consorts Jacob à mettre en main habile l'héritage en litige (1er avril 1743. p. 34).

1 F 383 (Liasse). — 1 pièce papier.

1608. — Vitry-sur-Loire. *Fief d'Ambly*. — Vente de moitié de la terre d'Ambly, consentie à Pierre de Granval, écuyer, seigneur de Fraise et de Thaix, par Anatoire de Closse, écuyer, seigneur de Palluau, et Florence d'Ambly, sa femme, celle-ci héritière de Claire de Semur, sa mère, suivant partage du 20 avril 1602 (9 février 1608).

1 F 384 (Liasse). — 16 pièces parchemin, 43 pièces papier.

1499-1671. — Vitry-sur-Loire. *Fief de Finy*. — 1. Sur procès pendant en l'Officialité de Toulon-sur-Arroux, transaction entre les consorts Bobelin et Guillaume des Haultes, seigneur de Beaudésir, touchant des redevances serviles dues à la Cornille ; présence de Louis de Miniers, seigneur de Fraize, de Simon Prévost, d'Uxeaul, écuyer, de Claude Perrin, prêtre, et de Guillaume Billault des Granges, clerc (13 novembre 1499). — 2. Assignation de sépulture dans la chapelle Saint-Jean-Baptiste de l'église de Vitry, pour Guillaume Boudot, seigneur de Finy, et Gabrielle, sa femme, effectuée par Guillaume Boullet et Guichard Piotat, vicaires, délégués par Jean Charbonnier, bachelier en décret, curé de Vitry ; Antoinette de *Burges*, femme de Louis de Miniers, seigneur de Fraize, a été inhumée dans la chapelle de Sainte-Catherine, fondée par les sieurs de Champagny (14 décembre 1500). Reconnaissance de rente au profit du curé de Vitry par Jean Dumonceau et Jean Gros (15 décembre 1500), Certificat de collation en présence de Jean Gallet, greffier à Vitry (17 octobre 1602). Copie du 29 octobre 1662. — 3. A la requête de Jean de Mérans, écuyer, seigneur de Finy et de Pierrefitte, représenté par Benoît de La Moloize, curé de Millay, enregistrement au Bailliage de Bourbon-Lancy d'une fondation en l'église de Vitry par Girard de Finy, écuyer (2 novembre 1482). Suit : dénombrement des fondations en *l'église de Vitry* par de Salins, curé du dit lieu (8 janvier 1547). — 4. Bail à cens par Gabrielle de Finy et ses fils à Claude   é, prêtre, et à ses communs parsonniers (vers 1500). Pièce en mauvais état. — 5. Vente d'héritages par Huguenin Patin à Gabrielle de Finy ; présence de Barthélemy Veillaut, prêtre (21 mars 1513, n. st.). — 6. Maintenue en possession d'un pré pour Jean de Mérans, écuyer, seigneur d'Ettevaux, de Pierrefitte et de Finy, contre Péronne du Guey, veuve de noble Cassien de Ballore (8 janvier 1575). — 7. Vente de terres par Claude Sancoin à Benoît Sancoin (29 avril 1516). — 8. Bail d'héritages par Gabrielle de Finy à Louis Manant, à Jean Duvignaud, *alias* Delaßaume, et à leurs communs parsonniers (24 décembre 1516). — 9. Fondation par Gabrielle de Finy au profit de la chapelle de Saint-Jean-Baptiste en l'église de Vitry, acceptée par Jean des Forniers, curé du dit lieu ; présence d'Antoine Gerbe, écuyer, seigneur de *Montrouart*, et de messires Guichard Piotat, Jean Nodon et Barthélemy Villaut, prêtres (12 octobre 1523). — 10. Transaction sur procès pendant au Bailliage d'Autun, entre Antoine de Balorre, écuyer, seigneur de Trézy, et Denis Chatin ; présence de Frère d'Onlay, religieux, prieur de Marchy, et de Jacques Letort, curé de Saint-Seine (27 février 1532, n. st.). — 11. Bail à rente à Jean Pellerin et à ses parsonniers par Adrien de Finy, écuyer, fils de Gabrielle ; présence de Guichard Piotat, prêtre, et d'Antoine Patin, gruyer de Vitry (20 février 1533, n. st.). — 12. Gilbert Vallé vend à Antoine Patin une maison chargée de rente au profit du seigneur de Finy (8 septembre 1535). — 13. Reconnaissance de tenure à titre de taille par Léger Durantin au profit d'Adrien de Finy ; présence d'Antoine Patin, clerc (11 juin 1537). — 14 Échange de terres entre Adrien de Finy et Antoine Patin (14 mai 1543). — 15. Hommage au seigneur de Vitry, représenté par Jean Guillot, licencié en lois, châtelain de Vitry, en l'absence de Gilbert Ploton, bailli dudit lieu, par les héritiers d'Adrien de Finy : Anne de Finy,

fille d'Adrien, Gilbert Bergier, écuyer, et Charles Méru, tous représentés par Jean de Mérans, écuyer, seigneur de Pierrefitte ; l'hommage est rendu « au bout du pont dudict chastel [de Vitry], lieu et place accoustumez de faire les debvoyrs de fiefz de la segnorie dudict Victry » ; Jean Piotat est procureur fiscal et Jean Desbois, notaire public et greffier ; présence de Jean Pyard, écuyer, seigneur de Montanteaume, et de Gaspard Pyard, son fils (29 juillet 1554). — 16. Partage de biens entre Jean de Mérans, seigneur de Finy et de Pierrefitte, et Philippe Petit, seigneur d'Ambly et de Champagny ; présence de Philippe Petit, écuyer, seigneur de Chirat et du Vignaut, père du précédent, de Claude d'Ambly, capitaine de Bourbon-Lancy, et de Julien Martin, praticien, lieutenant au Bailliage de Sombernon (6 avril 1571). — 17. Bail à rente à Laurent Gayot, dit Bobier, par François Daval, écuyer, sieur de *Fontenaile* et de la Cornille (26 septembre 1576). — 18. Vente d'une *terre* par Laurent Gayot et consorts à Guy, Gaspard et Jean de Mérans, écuyers, seigneurs d'Ettevaux, de Pierrefitte et de Finy ; présence de Jean Guyonneau, gruyer de Vitry (2 avril 1586). — 19. En suite d'acquisition de droits et redevances par Gaspard de Mérans sur François Daval et Gilberte de Saint-Anthot, sa femme (contrat reçu Guyot, notaire royal, 6 août 1580), dénombrement fourni à la Chambre des Comptes de Dijon par Jean du Clerroy, écuyer, sieur de la Maisonneuve, mari d'Edmée de Terrier, celle-ci veuve de Gaspard de Mérans (18 novembre 1604). — 20. Acceptation du dit dénombrement par la Chambre des Comptes de Dijon (2 décembre 1604). Enregistrement au Bailliage de Bourbon-Lancy (20 décembre). — 21. Bail à cens d'un pré à Gilbert Château par Jean du Clerroy ; présence de Jean Gouneau, curé de Vitry, et de Jean Prudhon, écuyer, sieur des Boutards (10 janvier 1610). — 22. Acquisition du domaine Sancoin par Guillaume Gévalois, bailli et châtelain de Bourbon-Lancy, sur Philibert Delagrange et ses parsonniers, de la communauté des Satins ; présence de Jean Gouneau, curé de Vitry, et de Jean de Granval, écuyer (19 mars 1620). Le même jour, procès-verbal de remise de titres à Gévalois. — 23. Offre par Guillaume Gévalois à Charles de Mérans et à Pierre de Chargères, seigneurs de Finy, de payer les lods et ventes à eux dûs pour l'acquisition faite sur Philibert Delagrange et ses parsonniers (1620-1621). — 24 à 27. Partage de la seigneurie de *Finy* entre Charles de Mérans et Pierre de Chargères, époux de Jeanne de Mérans (1626). — 28 à 32. Procès au Bailliage de Nevers, pour le paiement d'obligations, entre Jean Mathieu, écuyer, sieur de l'Échenault, et Jeanne de Mérans, veuve de Pierre de Chargères (1631). — 33. Procuration en blanc par Philippe Ducray, écuyer, seigneur de Barnault, tuteur des enfants de Charles Ducray, écuyer, sieur d'Ettevaux, son frère, et de

Jeanne de Mérans ; présence de Jean de Ponnard, écuyer, et de François Dubosc, notaire (13 janvier 1649). — 34. Tutelle des mineurs Ducray au Bailliage de La Roche-Millay (18 janvier 1649).

35 à 59. Saisie du fief de Finy, à la requête de Valentin Challemoux, sieur du Brouillat, sur Lazare de Chargères, écuyer, seigneur de Finy et d'Ettevaux [ou Étiveau]. Le procès, d'abord plaidé au Bailliage de Bourbon-Lancy, est ensuite évoqué en appel au Parlement de Bourgogne. Dans ce fatras de pièces (1668-1671), on remarquera : p. 38, affichage à l'église de Luzy du décret de saisie des fiefs de Montarmin, paroisse de Luzy, et d'Ettevaux, paroisse de Cuzy [rectifier : Poil], en présence de Jean Delaroche, notaire à La Nocle, de Charles Bouton, praticien à Luzy, et de Girard Boudot, maréchal à Sémelay (24 juin 1668) ; p. 39, Contrainte décernée par le bailli de Bourbon-Lancy, signification en conséquence, saisie et déclaration du fief de Finy (novembre 1669) ; p. 41 et suiv., Intervient en la cause Adrien Pignier, sieur du Chambon, trésorier extraordinaire des guerres au département de Bourbonnais et Nivernais ; p. 52, Exploit, signé à Ettevaux, paroisse de Poil, à Pierre Le Prestre, écuyer, sieur de Vauban, et à Françoise Ducray, sa femme, héritiers de Jeanne de Mérans (27 janvier 1671). P. 54 et suiv., les plaideurs sont : Valentin Challemoux ; Antoine Foucher ; Adrien Pignier et Marguerite Foucher, sa femme ; Adam de Finances, gentilhomme verrier, demeurant à La Boue ; Henri Bourachot, laboureur à Vitry, représentant Jeanne Challemoux, veuve de Jean Lebesgue, lieutenant criminel au Bailliage de Bourbon-Lancy ; Sébastien Barbier, maître apothicaire au dit Bourbon ; et Françoise de Rabutin-Chantal, comtesse de Toulonjon.

1 F 385 (Liasse). — 5 pièces parchemin, 20 pièces papier.

1670-1784. — VITRY-SUR-LOIRE. *Fief de Finy.* — 1. Bail à ferme des terres, prés et bois de Finy, les bâtiments, redevances et dîmes étant réservés, consenti à Michel Durand par Françoise de Mérans, demeurant à Mérans, paroisse de Poil, agissant pour elle et pour Anne de Mérans, sa sœur : présence de Pierre Musnier, fermier de Vitry, et de Joseph Ducrest, écuyer, sieur de Barnault, paroisse de Marly (29 juin 1670). — 2 à 4. Proclamats du décret au Bailliage de Bourbon-Lancy, de la moitié du fief de Finy, saisie sur Lazare de Chargères, sieur d'Ettevaux et de Montarmin, à la requête de Valentin Challemoux, sieur du Brouillat (1671). — 5. Inventaire de productions pour Françoise Ducrest, épouse de Pierre Le Prestre, écuyer, sieur de Vauban, touchant le décret de la moitié du fief de Finy saisie sur Lazare de Chargères (1671). — 6. Acquisition du fief de Finy aux paroisses de Vitry-sur-

Loire et de Cronat par Melchior de Bueil de Grimaldi, sur Anne de Mérans, fille de Charles de Mérans et d'Adrienne de Chargères ; présence de Jean Hariel, curé de Vitry, et de Georges Garenne, sergent royal à Issy-l'Évêque (13 novembre 1680). Collation du 3 février 1707, sur une copie du 8 août 1693, présentée par Claude Bonamour, curé de Poil, exécuteur testamentaire de Mlle de Mérans, en une cause contre François de Meung, écuyer, seigneur de La Ferté-Solière, tuteur des enfants de Jean-Baptiste du Clerroy, écuyer, seigneur de Villars. — 7. Marché pour la restauration du puits de Finy, entre Pierre Bruneau, Joseph Couturier, charpentier, et Pierre Perret (24 juin 1714). Au dos : quittance définitive donnée à Jourdier par Couturier et Perret (17 novembre 1714). — 8. Partage entre les consorts Burgat d'héritages relâchés par le sieur Mouteau de La Motte, aux domaines de La Folie, Sancoin, à la Vignonnerie-Trompette et au fief de Finy (29 juin 1758). — 9. Sur procès évoqué du Bailliage de Bourbon-Lancy au Parlement de Bourgogne, transaction entre les consorts Burgat et André Mouteau, écuyer, hérault d'armes de France au titre du Charolais, seigneur de La Motte ; présence de Philippe Renault, curé de Saint-Léger de Bourbon-Lancy, et de Joseph Chantereau, bourgeois audit Saint Léger (1er mai 1764). — 10. Partage de Finy et de Sancoin entre les consorts Burgat, second lot (11 mars 1766). — 11. Vente du quart lui appartenant du fief de Finy, consenti à Joseph Lavaivre par Joseph Burgat (14 mars 1773). Suit : hommage par Lavaivre à Denis-Robert Bruneau (11 juin 1773). — 12. Dénombrement de portion du fief de Finy par Joseph Lavaivre, ci-devant gendarme, alors bourgeois au Chambon, paroisse de Saint-Léger de Bourbon-Lancy (11 juillet 1773). Suit : signification du dit dénombrement à Bruneau, représenté par Cuvillier, son fermier (18 juillet 1773). — 13. Autre partage des domaines Sancoin et La Folie, de la Vignonnerie-Trompette et du fief de Finy entre les consorts Burgat (20 mai 1776). — 14. Partage après décès des biens de Joseph Burgat et de Jeanne Pinot, sa femme (10 mars 1777). — 15. Vente de moitié du fief de Finy, consentie par Adrien Burgat et sa femme, à Denis-Robert Bruneau, représenté par Jean-Baptiste Cuvillier, fermier de Vitry (3 février 1778). — 16. Certificat d'absence d'hypothèque. — 17. Ratification de la dite vente en la chancellerie de Bourbon-Lancy (27 avril 1778). — 18. Vente de l'autre moitié du fief de Finy, consentie à Denis-Robert Bruneau, par Jean-Baptiste Corbier, marchand à Changy, paroisse Saint-Léger de Bourbon-Lancy, et Bernarde Burgat, sa femme (3 février 1778). Suit quittance du prix de vente donnée à Jean-Baptiste Cuvillier, fermier de Vitry (30 mai). — 19. Lettre de ratification en la chancellerie de Bourbon-Lancy, sous réserve de purge d'hypothèques (27 avril). — 20 et 21. Opposition formée par

Philibert-Marie Gaudry, seigneur du Bost, capitaine aux Invalides, ancien prévôt de la maréchaussée d'Autun (27 avril). — 22. Vente du domaine du Chambon, par Jean-Baptiste Corbier à Adrien Burgat, marchand à Vezon, paroisse de Chalmoux, la dite vente comportant main-levée d'hypothèque par Gaudry ; acte passé au château du Bost, paroisse de Mont (19 mai 1778). — 23. Supplément de prix payé par Bruneau à Adrien Burgat : quittance donnée par Burgat à Jean-Marie Grangier, avocat en Parlement, demeurant à Bourbon-Lancy (26 janvier 1779). — 24. Déclaration d'hypothèque au profit du grand archidiacre d'Autun, à l'occasion d'une vente consentie par François-Charles Blondat à Jean Diard (7 et 19 juin et 28 août 1784). — 25. François-Charles Blondat vend à Pierre-Étienne Bruneau le domaine Sancoin avec un quart du terrier de Finy ; le vendeur aura, sa vie durant, la faculté de pêcher, personnellement et en temps permis, dans la rivière de Poussery (9 octobre 1784).

1 F 386 (Cahier). — In-fol. 16 feuillets, papier (350 × 236 m/m).

1575. — Vitry-sur-Loire. *Fief de Finy.* — Terrier de Finy, dressé par Blaise Robert, notaire royal, pour Jean de Mérans, écuyer, seigneur d'Ettevaux, de Pierrefitte et de Finy, agissant pour lui et pour Guy, Gaspard et Jean de Mérans, ses enfants et de défunte Jeanne d'Ettevaux. — Fol. 1. Reconnaissance de tenure à taille par Jean Teuillon et ses parsonniers (19 août). — Fol. 3. Autre, par Guillaume Messagier, *alias* Varion, et sa femme ; présence de Benoit de La Moloise, curé de Millay, demeurant à Vitry, et de Jean Blondat, dit Delacroix, paroissien de Saint-Martin-lez-Bourbon-Lancy (même date). — Fol. 4. Reconnaissance de tenure à bordelage par François et Denis Bigot, de Tannay (9 septembre). — Fol. 6, v°. Autre, de tenure à taille, par Jean Blondat ; présence de Marc Regnard, greffier de Vitry, et de Simon Pilloux, sergent royal à Bourbon-Lancy (16 octobre). — Fol. 7. Autre, par Guichon Bailly et ses parsonniers (16 novembre). — Fol. 8. Autre, de tenure à rente, par Louis Vallée ; présence de Pierre de La Moloise, marchand à Millay (même date). — Fol. 9. Autre, de tenure à cens, par Huguet Tharault et ses parsonniers (17 novembre). — Fol. 10. Autre semblable, par Martin Satin ; présence de Marc Regnard, greffier de Vitry (même date). — Fol. 11. Autre, par Anne Barthier et ses parsonniers (même date). — Fol. 11, v°. Autre, par Vincent Bourachot, marchand à Bourbon-Lancy (21 novembre). — Fol. 12, v°. Autre, par Martin Satin ; présence de Philippe Robert, curé de Vitry, demeurant à Millay, et de Pierre de La Moloise, marchand audit Millay (même date).

1 F 387 (Registre). — In-4°, 78 feuillets, papier (260 × 190 m/m).

1575-1660. — Vitry-sur-Loire. *Fief de Finy.* — Copie du terrier de 1575, exécutée en 1620, d'après une autre copie, de 1605. — Fol. 1. Certificat de collation par Guy Robert, notaire royal au Bailliage de Bourbon-Lancy, fils de défunt Blaise : la copie est dressée à la suite d'une demande du 17 novembre 1605 ; la minute originale du terrier comprend 38 feuillets écrits, les premiers ayant été écornés par les rats (la copie reproduit les lacunes). — Fol. 2. Reconnaissance Teuillon. — Fol. 5 Guillaume Messagier, *alias* Varion. — Fol. 7. François et Denis Bigot. — Fol. 11, v°. Jean Blondat. — Fol. 12, v°. Guichon Bailly. — Fol. 14. Louis Vallée. — Fol. 15, v°. Huguet Tharault. — Fol. 18. Martin Satin. — Fol. 19. Anne Barthier. — Fol. 20, v°. Vincent Bourachot. — Fol. 22, v°. Martin Satin. — Fol. 29. Reconnaissance de tenure à cens par Pierre Perraugier, dit Patin (12 juin 1584). — Fol. 31, v°. Autre, de tenure à taille, par Jean Durand et ses parsonniers ; présence de Jean Guyonneau, gruyer de Vitry (même date). — Fol. 36, v°. Autre semblable, par Laurent Gayot, dit Bobier (même date). — Fol. 40. Autre, de tenure à cens, par Odot Guichard, maréchal à Vitry (même date). — Fol. 43. Autre semblable, par Guillaume Durand ; présence de Jean Esperon, dit Vallée, diacre (13 juin 1584). — Fol. 46, v°. Autre semblable, par Martin Satin (même date). — Fol. 48. Autre semblable, par Jean Perret, curé de Vitry (même date). — Fol. 49, v°. Autre semblable, par Louis Vallée et ses parsonniers (même date). — Fol. 51, v°. Autre, de tenure à rente, par Jacques Esnery, marchand à Cronat (même date). — Fol. 53. Autre semblable, par Edme Perraugier (même date). — Fol. 54, v°. Autre semblable, par Jean Perraugier, dit Delarue (même date). — Fol. 56. Autre, de tenure à taille, par Louis Panier (même date). — Fol. 58, v°. Autre, de tenure à cens, par Mathieu Tixier, dit Patin (même date). — Fol. 60. Autre semblable, par Maurice Corey, dit Boulé, chef de communauté (18 juin 1584). — Fol. 62. Autre, de tenure à taille, par Denis Coéron (4 août 1584). — Fol. 63, v°. Autre, de tenure à cens, par Jean Patin : présence d'Antoine Durégon, marchand à Bourbon-Lancy (19 août 1584). — Fol. 65, v°. Certificat de collation par Jean Rouer, notaire royal à Bourbon-Lancy, successeur des Robert ; la copie a été faite à la réquisition de Charles de Mérans et de Pierre de Chargères (3 octobre 1621). — Fol. 67. Une copie du présent terrier a été délivrée par le notaire Dubost à Lazare de Chargères (5 mai 1660). — Fol. 75. Lièvre des redevances dues à Jean de Mérans, avec annotations marginales.

1 F 388 (Liasse). — 6 pièces parchemin, 18 pièces papier.

1644. an III. — Vitry-sur-Loire. *Montigny.* — 1. Décret du quart des immeubles de Montigny sur Étienne Naty, à la requête de Léonard de Comaille, official d'Autun ; adjudicataire : Valentin Challemoux, sieur du Brouillat (septembre 1641). — 2. Henri de Saulx-Tavannes affranchit le domaine que Valentin Challemoux, sieur du Brouillat, conseiller en la maison de Monseigneur le Prince, vient d'acquérir par décret au Bailliage de Bourbon-Lancy sur la communauté des Maréchaux : commutation de la mainmorte en cens, mais maintien de l'assujettissement aux quatre cas, au guet et à la garde, à l'entretien des fossés et du pont-levis du château et à la blairie ; il vend au même acquéreur les redevances dues sur lesdits biens ; présence de Gilbert Pinot, procureur au Bailliage de Bourbon, et de Jean Durégon, bourgeois de cette ville (27 janvier 1649). — 3. Acquisition de divers héritages par Valentin Challemoux sur Laurent Gillon, tailleur d'habits ; présence de Pierre Gouneau, curé de Vitry, et de Jean Vincent, curé de Trézy (7 septembre 1649). — 4. Autre, par le même, sur Edme Taveaux et consorts ; présence de Pierre Gouneau et de Gaspard Naty, cordonnier (17 septembre 1649). Copie collationnée le 11 avril 1657 sur l'original présenté par Claude Blondat, praticien à Bourbon, représentant Jacqueline Desbois, veuve de Claude Tornux, notaire royal. — 5. Autre, par le même, sur Jean Esperon, maitre et chef de la communauté des Vallées ; présence de Jean Vincent, curé de Trézy, et de Pierre Gouneau, curé de Vitry (3 octobre 1649). Suit : Ratification par Jeanne, femme de Claude Perret ; présence de Jean Guyonneau, sergent à Vitry (20 mars 1653). — 6. Autre semblable, sur Jean Teullon (3 octobre 1649). — 7. Autre semblable, sur Benoit Bourachot-Vallée ; présence de Jean Vincent, curé de Trézy (11 novembre 1649). Copie collationnée le 11 avril 1657 [Cf. p. 4]. — 8. Vente d'héritages par Jean Praslou et sa femme Benoite Rat, à Benoit Bailly ; présence de Jean Vincent, curé de Trézy (10 mars 1650). Suit : Quittance par Praslou à Bailly ; présence de Madelon Garnier, clerc à Cronat (24 août 1651). — 9. Affranchissement par Henri de Saulx-Tavannes, au profit de Valentin Challemoux, de divers héritages, tels qu'ils ont été possédés par Bonrachot « et ses consorts et personniers » : commutation de la mainmorte en cens ; l'acte met fin à un procès poursuivi en la justice de Vitry à fin de faire mettre lesdits héritages en main habile : présence de Guillaume Belisme, notaire en la baronnie de Sully, et de Claude Robinet, tailleur d'habits à La Cosme (11 septembre 1651). — 10. Vente d'héritages par Marin Néant, vigneron à Vitry, à Jean Châtillon, meunier au moulin Achard, paroisse de Cronat (27 juin 1660). Suit : Rétrocession desdits biens, le même jour, par Châtillon à Valentin Challemoux. — 11. Jean Châtillon vend à Valentin Challemoux divers héritages, dont une maison, avec le droit qui peut y être attaché pour le pacage dans le bois de la Verchère et les autres communes de la baronnie de Vitry (7 oc-

tobre 1663). — 12. Bail à rente foncière, consenti par Melchior de Bueil de Grimaldi, au profit de François Challemoux, écuyer, sieur d'Urly (16 mars 1702). — 13. Extrait du terrier Chassenay, portant reconnaissance de tenure en mainmorte du bois de la Verchère par Antoine Moreau, Gabriel Bourbon et Benoit Moreau, maitres et chefs de leurs communautés, au profit de Jean de Saulx-Tavannes (24 mars 1623). — 14. Assignation devant la Maitrise royale d'Autun, à la requête de Jean-Jacques Pierre de Saint-Cy, écuyer, président trésorier de France en la Généralité de Moulins, contre Charlotte Billaud, veuve de Gaspard Marion, meunier au moulin de la Verchère, et Gaspard et Robert Marion, ses enfants et communs parsonniers (9 novembre 1735). — 15 Les Marion reconnaissent n'avoir aucun droit d'usage ni de pacage dans le bois de la Verchère (10 novembre 1735). — 16. Assignation aux Requêtes du Palais, à Paris, donnée par Jean-Jacques Pierre de Saint-Cy à Robert Marion, meunier au moulin du Pont, paroisse de Tannay (17 avril 1756). — 17. Transaction pour éviter procès, entre de Saint-Cy, d'une part, et, d'autre part, ledit Robert Marion, Sébastien Néant, meunier au moulin d'Achars, paroisse de Cronat, et Gilbert Néant, meunier au moulin de la Verchère, paroisse de Vitry ; présence de François Durousset, curé de Saint-Pourçain-Malchère (25 avril 1756). — 18. Défense à Pierre Renault de labourer les communes de la Verchère (22 septembre 1789). — 19. Échange de biens entre Lebesgue d'Ambly et Pierre de Saint-Cy : quittance des redevances et directes qu'ils se doivent respectivement et affranchissement des terres de Montigny tenues par de Saint-Cy (14 octobre 1758). — 20. Vente de la maison et terre de Montigny, consentie à Pierre-Étienne Bruneau par Jean-Jacques Pierre, écuyer, seigneur de Saint-Cy, Orvalet, Frasnay, etc. (22 décembre 1774). — 21 et 22. Déclarations de défrichemens pour jouir de l'exemption des dimes, faites au greffe du Bailliage de Bourbon-Lancy : p. 21, par Pierre-Étienne Bruneau, pour les bruyères de la Verchère (9 octobre 1787) ; p. 22, par Jean Berger, commissaire à terrier, pour le bois de la Mouras (29 mars 1788). — 23 et 24. Procès-verbaux d'adjudication définitive du domaine de Montigny, en deux lots, acquis par Georges Bérard, fermier à Vitry (7 pluviose, an III). Copies du xix* siècle.

1 F 489 (Registre). — In-4°, 192 feuillets, parchemin (264 × 180 m/m).

1648-1649. — Vitry-sur-Loire. *Montigny*. — Saisie et vente par décret des biens de la communauté des Maréchaux, au Bailliage de Bourbon-Lancy. L'affaire est poursuivie par François Girard, greffier en chef audit Bailliage, contre François Bobot, Pierre Deconeuf, Gabriel, Jean et Pierre Bourbon,

Philippe Theureau et Léonard Deconeuf. Intervient en la cause, en qualité de *tiers possesseur*, Antoine de Grandval, écuyer, sieur de Fraise. L'acquéreur est Valentin Challemoux, sieur du Brouillat, qui est mis en possession des biens par Pierre Lebesgue, greffier au Bailliage de Bourbon-Lancy (*12 mars 1649*).

1 F 300 (Liasse). — 14 pièces, papier.

1787-1788. — VITRY-SUR-LOIRE. *Vallée et Palin.* — Procès au Bailliage de Bourbon-Lancy, à la requête de Pierre-Étienne Bruneau contre divers particuliers assignés à fin de nouvelles reconnaissances.

IV

Pièces diverses et résidus.

1 F 301 (Liasse). — 14 pièces papier.

1629-1698. — CORRESPONDANCE. — 1. Lettre d'affaires par Madeleine Delaporte à son oncle (4 avril 1629). — 2. Lettre à Mme Després, touchant le procès qu'elle soutient, de concert avec M. de Bèze, contre les religieuses de La Fermeté (Paris, 27 septembre 1643). — 3. Lettre de Coujard à M. de Bougards, seigneur de La Cour : procès avec Mlle de Billon (Nevers, 8 janvier 1649). — 4. Lettre à M. de Palluau par Martel (24 mars 1659). — 5. Lettre à M. de Palluau par M. de Virgile : difficulté de se procurer du blé (8 juin 1659). — 6. Lettre au même par Robin, l'aîné, procureur (Saint-Pierre-le-Moûtier, 12 août 1659). — 7 et 8. Lettres au même : demande et reçu pour quatre boisseaux de blé (Moulins, 31 octobre et 2 novembre 1659). — 9 à 11. Lettres de Bignon, avocat à Paris, à M. de Closse, seigneur de Palluau, touchant différents procès (1663-1664). — 12. Lettre de M. de Galline à M. de Palluau (1698). — 13. Lettre d'affaires, signée : Petit, à Pierre Dupont, seigneur de Châlons, bourgeois de Nevers (s. d., début du XVIIe siècle). — 14. Lettre, sans date ni signature, adressée à M. de Montbaron : Jean de Closse [Cf. 1 F. 16, pièce 28] le prie de lui faire connaître les résultats des tirages de la loterie de Saint-Nicolas du Chardonneret et de celle des pauvres de Limoges, et de l'avertir de ce qui pourra survenir « à la Cornette ».

1 F 302 (Cahier). — In-4°, 24 feuillets, papier (200 × 192 m/m).

Fin du XVIe siècle. — BIENS ET DROITS. *Finages divers.* — Relevé de redevances et revenus, avec, en marge, des indications de perceptions relatives aux années 1585 à 1596. Le cahier est commencé par les deux bouts. Les paroisses intéressées paraissent être particulièrement Garchizy et Parigny-les-Vaux.

1 F 303 (Cahier). — In-4°, 57 feuillets, papier (250 × 164 m/m).

XVIIe siècle. — BIENS ET DROITS. *Diverses localités.* — Relevé de redevances et revenus, avec, en marge, des annotations et des indications de perceptions : il a été dressé pour Jean Després, écuyer, époux de Madeleine Delaporte, et gendre de Madeleine Guichard. Le cahier est commencé par les deux bouts ; le bas est en mauvais état. Chaque article n'est qu'une analyse, fort détaillée d'ailleurs. On se bornera à relever les noms des personnages les plus importants, la date des actes et les noms de lieux.

Fol. 1. Liève de revenus, dressée en 1619. — Fol. 2. Constitutions de rentes au profit d'Antoine Courtois, sieur de Turigny (19 mars 1588) et de Lazare Delaporte (22 octobre 1593). — Fol. 2, v°. Autre rente pour Lazare Delaporte (9 juin 1602), Metz-le-Comte et Tannay. — Fol. 3. Vente d'héritage par Madeleine Guichard à Pierre Brotier, marchand à Tannay (3 février 1617). — Fol. 3, v°. Cens à Tannay. — Fol. 4. Rente et cens dus par Pierre de Bèze, marchand à Tannay (6 décembre 1617). — Fol. 5. Une vigne à Tanneau. Domaine de Metz-le-Comte. Domaine de Champagne. — Fol. 5, v°. Rente constituée par messire François Baudot (24 avril 1610). Rentes données par Mme de Villars, « ma belle-mère » (Delavau, notaire, 26 avril 1619). — Fol. 6, v°. Jean Greslé, marchand à Clamecy. Jean Graillot, marchand à Moulot. — Fol. 7. Jean Gasté, marchand à Tannay. — Fol. 7, v°. Acquisition d'une rente par Lazare Delaporte (19 octobre 1603). — Fol. 8. Cession d'une rente par Madeleine Guichard (26 avril 1619). Rente constituée au profit de Me Pierre Baudot par Pierre Perrot, tailleur d'habits à Tannay, cédée ensuite à messire François Baudot, frère de Pierre, puis à Madeleine Guichard. — Fol. 8, v°. Autre, au profit d'Anne Courtois, veuve de Jean de Bèze, par Philippe Fortot, sergent royal (21 novembre 1609), cédée ensuite par Claude de Bèze (26 avril 1619). — Fol. 9. Autres, constituées par Pierre Perrot, de Talon (26 avril 1619) et par Jean Clicquet, greffier de Talon (25 avril 1619). — Fol. 9, v°. Autres, constituées par Pierre Doublot, laboureur à Cuzy (3 mai 1610) et par Jacques Houdry, laboureur à Villiers-sur-Yonne. — Fol. 10. Autre, à Claude Delaporte, père de Lazare, par Claude Clerc, laboureur audit Villiers (21 janvier 1588). — Fol. 10, v°. Autre, à Lazare Delaporte, par Nicolas Cordonnier, notaire à Flez, paroisse de Saint-Pierre-du-Mont, et Jean et Loup Angault, de Thurigny, paroisse de Saint-Germain-des-Bois (5 avril 1605). Autre, par Philippe

Liger, maître bourrelier à Dornecy (17 novembre 1601). — Fol. 11. Autre, par Daniel Millard, greffier de Moraches, demeurant à Mouchy (3 janvier 1605). Autre, par François Gueullon, lieutenant à Corvol-l'Orgueilleux. — Fol. 11, v°. Autre, par Jean Jolly, notaire à Montenoison (24 juillet 1604). Autre, par Léonard Beuchard, de Fin, paroisse de Saizy (24 novembre 1618). — Fol. 12. Autre, par Jean Martin, notaire à Tannay (13 mars 1597). Autre, pour Jacques Devaux, marchand à La Charité, par Robert Gellery, Pierre Charlot, marchand à Malvoisine, paroisse de Nannay (6 avril 1585). — Fol. 12, v°. Autre, à Madeleine Guichard (10 décembre 1615). Autre, par Pierre Daniel, chirurgien (22 décembre 1606). — Fol. 13. Autre, par Étienne Gaillard, de Clamecy, à Pierre de Bèze, marchand à Tannay (9 avril 1609), cédée à Madeleine Guichard (18 novembre 1617). — Fol. 13, v°. Revenus par baux d'héritages consentis à : Jean Graillot, lieutenant à Sembrèves ; Sulpice Giraud, garde-bois. — Fol. 14. Accense de la dîme d'Amazy. Dette par Toussaint Guibelin, greffier de Lys. — Fol. 17. Mention de noble Humbert de La Fontaine.

En retournant : Redevances et bordelages. Fol. 55, v°. Pré à Chameron. — Fol. 55. Biens à Poisson, paroisse de Parigny-les-Vaux. — Fol. 54. Une terre à Choulot. — Fol. 53, v°. Une vigne à Parigny-les-Vaux. — Fol. 53. Autre vigne à Usseau. Terre à Montigny-aux-Amognes. — Fol. 52, v°. Vigne à la Côte de Conflans. — Fol. 52. Terre à Parigny-les-Vaux et vigne au Four-de-Vaux. — Fol. 51, v°. Cens à Cheugny-le-Bas. — Fol. 50. Rente due par Jean Rousseau, laboureur à Saint-Jean-aux-Amognes. — Fol. 49, v°. Rente due par Marin Delaruée, tisserand de toile à Pougues. — Fol. 48, v°. Autre, due par Marion, baron de Druy.

1 F 394 (Cahier). — In-4°, 35 feuillets, papier (250 × 195 m/m).

1641. — BIENS ET DROITS. *Diverses localités.* — Fragment d'un inventaire de titres et papiers dressé au château de Saint-Franchy. Le début et la fin manquent ; la partie supérieure a été rongée par les rats ; les analyses sont très détaillées.

Fol. 1-15, inventaire des titres de la seigneurie de Gigny-aux-Bois : quelques contrats, mais surtout des obligations. — Fol. 5, v°. Marin Petit, procureur fiscal de Gigny (9 avril 1633). — Fol. 8. Froment à la mesure de Vitry. — Fol. 9. Claude Berthon, curé de Gigny (28 décembre 1614). Adjudication de la glandée de la seigneurie (23 octobre 1623). — Fol. 12. Expédition de M. de Rémigny en Italie. — Fol. 13. Continuation du marché des étangs de Gigny et de la pêche (1625-1630). — Fol. 13, v°. Pêche en 1634 et 1637.

Fol. 15-18, inventaire des titres de la terre de Joux-la-Ville (16 novembre 1641). — Fol. 15, v°. Main-levée de la saisie de ladite terre, au Bailliage de Noyers (2 janvier 1565). Appoin-

tement, au même Bailliage, entre le seigneur de Joux et les habitants de Lucy-le-Bois (4 septembre 1584). — Fol. 16. Rente sur les moulins de Vermenton (1584). Procès de vaine pâture entre Précy-le-Sec et Joux-la-Ville. Bornage entre l'abbaye de Vézelay et le seigneur de Joux. Concession de foires et marchés (Fontainebleau, septembre 1625). — Fol. 16, v°. Dénombrement de la terre de Joux par dame Guillaume de Rémigny (1510). — Fol. 17. Borne rouge entre les finages de Précy-le-Sec, Joux et Lucy-le-Bois. Dénombrement par Esme de Rémigny (5 février 1585). — Hommage à la princesse de Condé (24 décembre 1584). — Fol. 17, v°. État récapitulatif du terrier de Joux. Bail de la prévôté à Jean Champeaux et Denis Bigot (9 juin 1608). — Fol. 18. Quatre vieilles lièves de revenus. Aveu par Guillaume de Rémigny (11 janvier 1510). Trois gros registres concernant la justice. Accense de la terre de Joux (14 octobre 1635).

Fol. 18, v°-35, inventaire des titres des seigneuries du Bouchet, de Bonnesson, Champagne, Le Meix-de-Chalaux, Le Mont-de-Marigny et le Pontot, et des redevances de Charancy (18 novembre 1641). — Fol. 18, v°. Partage entre Léonard de La Perrière et Ludovic de Vièvre, chevalier, seigneur de Launay et de Bazoches (23 mai 1614). — Fol. 19. Paul de La Perrière, seigneur de Bonnesson (16 décembre 1613). Dénombrement des terres du Bouchet, de Chitry-sous-Montréal, de Bonnesson, et autres. Partage entre Léonard de La Perrière, Antoine de Bonnay, Gabriel de Jaucourt, et Ludovic de Vièvre, tous héritiers de Paul de La Perrière (5 mai 1614). Transaction entre Charles de Rémigny et Urbaine de Fromentière, veuve de Paul de La Perrière (30 janvier 1614). — Fol. 19, v°. Hommage au duc de Nivernais pour le fief du Bouchet et de Bonnesson. Accord entre Léonard et Claude de La Perrière (6 mai 1588). Léonard de La Perrière, tuteur des enfants de Claude (23 avril 1593). Hommage au duc de Nivernais pour le Bouchet, par Arnoul Regnault, procureur de Paul de La Perrière (22 août 1609). — Fol. 20. Blâme du dénombrement fourni en conséquence dudit hommage (24 avril 1610). Hommage par Antoine de Chastellux, seigneur dudit lieu, à Paul de La Perrière, seigneur du Bouchet (3 juin 1608). — Fol. 20, v°. Transaction entre Anne de La Perrière et Claude de Marcelanges, veuve de Pierre de Bonnay (10 juin 1596). — Fol. 21. Hommage à la châtellenie de Lormes, par Valentine de *Charlus* [Chastellux], dame du Pontot (30 novembre 1576). Acquisition du Pontot par Mme de Vertilly (24 juin 1571). Hommage à Jean de Chalon par Jeannette, veuve d'Étienne du Pontot, écuyer (12 juin 1399). Dénombrement par Étienne et Jean du Pontot (27 juillet 1470). — Fol. 21, v°. Contrat de mariage entre Marguerite de Lanty et noble du Pontot (1419). Pierre du Pontot (8 décembre 1435). Jean du Pontot (2 mars 1481). — Fol. 22.

Jean du Pontot (27 mars 1527). Jean du Pontot (20 mai 1490 et 11 février 1491). — Fol. 22, v°. Isaac Spifame, sieur du Pontot (18 mai 1607). Jean du Pontot (16 mars 1402). Jean du Pontot (25 août 1481 et 18 septembre 1491). — Fol. 23. Étienne du Pontot (1374). Acquisition par Valentine, dame de Vertilly (24 juin 1571). — Fol. 23, v°. Hommage et dénombrement des terres d'Avigneau et de *Vers*, par Robin de Sainte-Marie, bourgeois d'Auxerre, à Claude Dublé, seigneur du Bouchet (27 octobre 1551). — Fol. 24, v°. Étienne du Pontot (10 octobre 1503). Jean du Pontot (15 juillet 1488 et 20 septembre 1478). — Fol. 25. Jean du Pontot (1479, 1488, 1503). Étienne du Pontot (1503). — Fol. 25, v°. Hommage par Jeanne, veuve d'Étienne du Pontot, à Jean de Chalon, seigneur d'Argueil et de Pierre-Perthuis (5 octobre 1396). — Fol. 26. Hommage et dénombrement par Jeanne de Rémigny à Claude Dublé (11 mai 1570). Trois hommages par les seigneurs de Bonnesson aux seigneurs du Bouchet (1403, 1408 et 1442). Hommage et dénombrement par Étienne et Jean du Pontot, écuyers, seigneurs dudit lieu, à Léonard de Chalon, seigneur de Lormes et de Pierre-Perthuis (9 juin 1471). — Fol. 26, v°. Hommage par Philippe *Lisblanc*, écuyer, à Jean de Saint-Aubin, seigneur du Bouchet (1400). Autre, par le même à Eugin Dublé, seigneur du Bouchet (5 juillet 1413). Autre, au seigneur du Bouchet par le seigneur du Pontot (23 mai 1481). Autre, au seigneur de Bonnesson par le seigneur du Pontot (20 août 1598). — Fol. 27. Jean du Pontot (17 octobre 1449). François du Pontot (3 février 1562). Joachim Olivier, sieur du Chollet (17 mars 1618). Philbert Gautheron, procureur de Charles du Pontot. — Fol. 27, v°. Valentine de [Chastellux], dame du Pontot (17 août 1572 et 29 mai 1573). — Fol. 28. [Sim]on Guillemère, sieur de Surpalis (25 avril 1466). Joachim Olivier, sieur de Surpalis (5 novembre 1523?). Étienne Perreau, bourgeois de Corbigny (10 juin 1467). — Fol. 28, v°. Charles et François du Pontot (1551 et 1558). Jean du Pontot (17 septembre 1489). — Fol. 29. Jean du Pontot (1481 et 1497). Jacques, bâtard du Bois, écuyer, seigneur de Charancy (12 mars 1467). Léonard du Pontot (14 novembre 1512). — Fol. 29, v°. Jean du Pontot (15 novembre 1593). Charles du Pontot (2 février 1554). Léonard du Pontot (19 novembre 1622). — Fol. 32, v°. Lettres royaux obtenues par Gabriel de La Perrière, touchant les justices de Nuars et de Monceaux-le-Comte (8 octobre 1553). Retenue de la terre de Champagne (1449). 23 pièces concernant Champagne. — Fol. 35. Saladin de Montmorillon (5 avril 1561). Agnès de Saint-Gerin, femme de Jean de Saint-Aubin, seigneur de Chastellux (17 novembre 1404). Accord entre les seigneurs de Chastellux et de Bonnesson, touchant l'écluse du moulin de Mont (20 juin 1509). Gabriel de La Perrière (1535). — Fol. 35, v°. Acte de répit pour l'hommage à rendre à Marie d'Albret par Sébastien

Besigny (20 novembre 1526). Deux actes d'hommage aux seigneurs de Chastellux. Charlotte de Montmorillon (17 mai 1572).

1 F 395 (Liasse). — 3 pièces parchemin, 4 pièces papier.

1511-1831. — BIENS ET DROITS. *Diverses localités.* — 1. Sentence du Bailliage d'Autun, pour François Le Tour, écuyer, contre Léonard Prévost, prêtre ; présence de Mes Jean Corbier, André Venot, Étienne Colard, licencié en lois, Guiot Chappet, Jean Michelot et François Pillot, notaires (6 octobre 1511). — 2. Vente d'une vigne à Varennes-lez-Nevers et d'une terre à Pougues, par François Perreau et consorts, à Guillaume Moard, barbier et marchand à Nevers (4 avril 1537). — 3. Sentence en la Prévôté d'Orléans, portant autorisation de vendre les biens nivernais de la succession de Guillaume Vaillant de Guélis, sous la condition d'en employer le produit à l'achat de biens auprès d'Orléans, au profit des mineurs Vaillant (29 mai 1565). — 4. Vente en conséquence au profit de Claude Delaporte (8 mai 1566). — 5. Liste des immeubles saisis à la requête de Jacques Vernesson, président au grenier à sel de La Charité, sur Jacques Regnault, curateur à la succession de défunt Jacques Vernesson ; ces biens sont situés à : Saint-Quentin, « soubs la coustume de Lorrys et autres », Vieilmannay, Pouilly, Saint-Laurent, Suilly-la-Tour, La Charité et La Marche (XVIIe siècle). — 6. Autre pièce concernant la succession Vernesson, avec indication de recherches de titres effectuées au greffe du présidial de Montargis et chez divers procureurs de cette ville (XVIIe siècle). — 7. Vente de biens, droits et redevances, consentie à François Jourdier, marchand à Vitry, par Catherine de Rolland, dame de Lamenay, Couëron et Thaix ; présence de *François Menard*, praticien à Gannay-sur-Loire (9 juillet 1710). Copie du 5 janvier 1751, collationnée en présence de Louis Gilbal, sous-diacre du diocèse d'Autun. — 8. Vente de la terre de Royer, communes de Saint-Gérand-de-Vaux, Gouise, Montoldre, Treteau et Boucé, par le *marquis de Vitry* à François Chavrondier (16 février 1831).

1 F 396 (Liasse). — 13 pièces papier.

1609-1776. — BIENS ET DROITS. *Bois.* — 1 et 2. Différend entre Jean Després, écuyer, seigneur de Cougny, et René Traineau, demeurant à la forge de Harlot, touchant la vente d'une coupe du bois appelé *Rongefer* (1609). La pièce 2 est une consultation, signée : C. Bredeau. — 3 à 10. Procès au bailliage de Châtillon-en-Bazois, entre le procureur fiscal et Hector de Bongards, écuyer, seigneur de La Cour (1641-1642) ; les droits de lods et ventes sont-ils dus à l'occasion de la vente d'une coupe de bois ? La pièce 3 est une consultation, signée : Bredeau : «... led. sieur de Bongards a peu en vendre la couppe et en disposer comme bon luy a semblé, sans que, pour raison de ce, il soit sujet à aucuns profits envers led. seigneur de Chastillon, attendu que le propriétaire de l'héritage censier est plainement investi de son héritage et n'est obligé aux rigueurs du détempteur bourdelier qui ne peut degrader ny empirer son heritage, suffisant à l'esgard du seigneur censier que l'assiette qui reste puisse porter sa redevance censivière ». — 11. Consultation pour Hector de Bongards à propos de coupes de bois (après le 16 janvier 1646). — 12. Assignation devant la justice et gruerie de Poussery, Montaron, Creulle, Pouligny et dépendances, donnée à Antoine Chevret : coupe de deux hêtres dans la forêt de Bazois, au finage de Montaron (19 janvier 1754). — 13. Mémoire et consultation touchant une contestation de propriété entre MM. du Verne et d'Ougny (1776).

1 F 397 (Liasse). — 9 pièces papier.

1579-1718. — Terres : *Baux et redevances ; Cheptels*. — 1. Quittance d'arrérages, donnée par Destrappes, grand prieur de Saint-Martin de Nevers, à Jean Brison, écuyer (10 janvier 1579). — 2. Rétrocession à titre de métairie par l'acquéreur au vendeur, d'un domaine vendu par Charles de Gayot, écuyer, à Natoire de Closse, écuyer ; présence d'Étienne Rabien, curé de Tamnay (2 décembre 1613). — 3. Reconnaissance de cheptel et de dette par Madeleine Taupin et ses parsonniers, au profit d'Anatole de Closse, écuyer ; présence de Vincent Poulet, curé de Brinay (15 janvier 1619). — 4. Appointement en la justice de La Motte-Palluau, touchant un pré (4 mars 1636). — 5. Le Bailliage de Nevers prescrit la mise en culture de terres litigieuses entre Hector de Bongards et Toussaint Provost (20 juillet 1641). — 6. Promesse de vente par Pierre de Nourry à M. de Bréchard (6 avril 1650). — 7. Vente d'un cheptel de bestiaux à Jean Bertin par François Bernard, le jeune, procureur fiscal au Bailliage de Châtillon-en-Bazois ; constitution de rente en conséquence (29 mai 1718). — 8. Liste d'héritages qui paraissent être assis auprès de Cougny, commune de Saint-Jean-aux-Amognes (s. d.). — 9. Liste de redevances, dressée par tenanciers : quelques indications sur les actes d'acquisition ou de reconnaissance et, dans les marges, notes des reçus ; les tenanciers habitent : Garchizy, Cours-les-Barres, Chaulgnes, Parigny-les-Vaux, Cuffy, Nevers, Varennes-lez-Nevers, Coulanges-lez-Nevers et Marzy (s. d.).

1 F 398 (Liasse). — 1 pièce parchemin, 22 pièces papier.

1521-1701. — Rentes et obligations. — 1. Quittance par Jean Courtois à Philibert de Nourry, fils de Claude ; présence de Jacques de Guipy et de Frère Jean d'Aunay (19 mars 1521, n. st.). — 2. Lazare Delaporte, commissaire des montres de la maréchaussée de Château-Chinon, promet à Jean Regnault, praticien à Asnois, de lui procurer une charge de notaire royal au présidial de Saint-Pierre-le-Moûtier, moyennant 200 livres et un muid de vin blanc ; présence d'Antoine Popon, chanoine de Tannay, et de Jean Martin, procureur au bailliage dudit Tannay (5 janvier 1606). Remise à Regnault des titres de ladite charge ; présence de Claude Delaporte et de François Boulenot, sergent royal (26 octobre 1606). — 3. Constitution de rente par Jean Després, le jeune, Michel Dumarché, procureur au Bailliage de Nivernais, et Charlotte Després, sa femme, au profit de Claude Gascoing, sieur de La Belouze, élu en l'Élection de Nivernais, et Claude Després, sa femme (29 novembre 1619). — 4. Obligation par Parceval-Victor de Bongards, écuyer, sieur de La Cour, au profit de Paul Moireau ; présence de François Poncet, sergent royal à Corbigny (19 août 1632). — 5. Autre, par le même, au profit de Jacques Bernard, marchand à Biches (19 juillet 1634). — 6. Autre, par Parceval-Victor de Bongards et Anne de Bongards [rectifier : Juisard], sa femme, au profit de Jean et de Jacques Bernard, frères, marchands à Biches (5 mai 1637). — 7. Autre, par Victor de Bongards, écuyer, sieur de La Cour, à Hector de Bongards, écuyer ; présence de Jean Chenu, sergent à Châtillon-en-Bazois (2 juin 1637). — 8. Autre, par Pierre Lepère, curé d'Alluy, à M. de Bongards (22 juillet 1637). — 9. Autre, par Victor de Bongards et Anne de Juisard, sa femme, au profit de M* Jean Pellé, notaire à Alluy ; présence de Jean Lepère, curé, d'Aubin Lepère, marchand, et de Léonard Bernard, praticien, tous d'Alluy (9 novembre 1637). — 10. Quittance à François de Closse, écuyer, seigneur de Palluau, signée : Carroble, prieur de Mazille (10 janvier 1640). — 11. Obligation par Hector de Bongards, écuyer, sieur de La Cour, demeurant à Selins, paroisse de Bazolles, au profit de Jean et Jacques Bernard, à l'occasion d'une acquisition faite sur Gaspard Boyt, curé de Biches ; présence de Léonard Lyon, praticien à Biches (6 mars 1643). — 12. Autre, par Jeanne de Fontvelle à Hector de Bongards (20 juin 1643). — 13. Constitution de rente au profit d'Élisabeth Pigneron, veuve d'Henri Philippe, maître ordinaire en la Chambre des Comptes, par Marie de Vizilier, femme de Jean Roy, écuyer, seigneur de *Bouchaine* (1) et de Salonne, lieutenant général au Présidial de Moulins, et André Roy, seigneur de Villars et de Certilly, président audit Présidial, et Marguerite Bourdereuil, sa femme (15 décembre 1655). Suit la copie de la procuration donnée par Jean Roy à sa femme (Moulins, 8 décembre 1655). En marge, note indiquant que cette rente a été remboursée le 25 juillet 1682. — 14. Obli-

(1) La seigneurie de « Bouchaine » ou des « Bouchesnes » est indiquée comme assise auprès de Cusset.

gation par Pierre de Closse au profit de Nicolas de Pommereuil, écuyer, sieur de Romenay ; présence d'Eustache de Lichy, écuyer, sieur de Lichy (1er août 1667). — 15. Au défaut de Simon Petitloup, son métayer, M. de Turigny s'engage à payer 30 livres à M. Arvillon, avocat (9 mai 1669). Suit quittance (9 juin 1673). — 16. Obligation par Pierre de Closse, au profit de Nicolas de Pommereuil, seigneur de Romenay, portemanteau ordinaire du roy ; présence de Léonard Gentil, clerc, de Nevers (18 septembre 1674). — 17 à 23. Pièces relatives aux dettes de Charlotte de Bongards à l'égard de Nicolas de Pommereuil, avec intervention du sieur Chalmeaux et de sa sœur. M^mr de Changy (1679-1701).

1599-An IX. — MÉMOIRES ET QUITTANCES. — 1. Quittance à M. Delaporte (27 mars 1599). — 2. Quittances, signées : Moquot, pour des redevances bordelières dues par Jean Després, sieur de Cougny, et autre Jean Després, sieur de Torteron (1622-1624). — 3 et 4. Autres, signées : Moquot, pour des bordelages dûs à Saint-Étienne de Nevers par Després, commissaire en la maréchaussée de Château-Chinon, fils de Després, sieur de Torteron (1622-1624). — 5. Autre, à Victor de Bongards, pour la façon d'un fossé (10 avril 1628). — 6 à 13. Quittances délivrées au nom du Chapitre de Tannay (1640-1667). — 14. Autre à Mme Després, par Dollet, au nom de M. de Sichamps (3 juillet 1642). — 15. Mémoire de fournitures diverses, en particulier harnais et fers à chevaux (1646-1650). — 16. Quittance à François de Closse, pour façon de vigne (27 février 1647). — 17. État de ce que doit M. de Bongards au seigneur de Châtillon-en-Bazois (11 septembre 1648) et reçus en conséquence (1648 et 1650)). — 18. Quittance à Charlotte de Lichy, signée : Bertho : rente constituée (5 août 1649). — 19. Autre, à François de Closse par Jean Bernard, ancien fermier de la seigneurie de Brinay (23 janvier 1651). — 20. Autre, au même, pour façons de vigne (22 septembre 1652). — 21. Autre, au nom de Jacques Isambert, fermier de la seigneurie de Brinay (25 mars 1647). — 22 et 23. Mémoires pour comptes avec des métayers (vers 1659). — 24. Quittance pour un travail de maçonnerie, à Banges (27 novembre 1651). — 25. Lettre signée : Boy, curé de Biches : remise de meubles à une orpheline (15 avril 1663). Liste de ces meubles (17 avril). — 26. Quittance, signée : Poullet (20 décembre 1668). — 27. Compte entre Rossignol et Mme Després, dame de Turigny (1670-1672). — 28 à 36. Reçus délivrés au nom de la Commanderie de Biches, signés par : Rossignol, Rousset, Pellé et Bernard (1678-1706). — 37. Quittance par Lepère, curé d'Alluy, à Mlle de Pallnau, pour la pension de son fils (29 janvier 1678). —

38. Autre, à la même, pour la capitation (14 décembre 1695). — 39. Quittance de quartiers de pension, donnée par le chevalier de Joux à Louise Lethuilier, épouse du marquis de Joux (24 décembre 1719). — 40. Autre, par Étienne Vyau de La Garde au marquis de Joux, à l'occasion de la vente judiciaire des biens de défunt Régnier, avocat (28 janvier 1720). — 41 à 57. Quittances de quartiers de la pension due par le marquis de Joux à sa grand'mère, la comtesse de Brèves (1727-1731). — 58 et 59. Compte entre le marquis de Joux et son fermier, Thévenin, dit La Plante (14 août 1729). — 60. Quittance donnée par Darnay au marquis de Fussey, représenté par Brochot, son fermier de Chissey ; rénovation du terrier de Chissey (23 janvier 1763). — 61. État des vacations dues à Garnier par le chevalier de Nourry et quittance en conséquence (1775-1781).

62. Carnet de notes et de comptes de Madeleine de Nourry, veuve de Charles-Léonard du Verne (1796-an IX). — Fol. 1. Notes et liste d'adresses. — Fol. 1. v°. Journal de dépenses ménagères. — Fol. 8, v°. Notes de l'argent donné à ses parents Dumoulin et Desbrès. — Fol. 10. Pension de Louise du Verne, sa fille. — Fol. 11 et suivants. Gages de domestiques. — Le carnet est protégé par une feuille de parchemin constituant le préambule d'un contrat de mariage entre les familles Goby et Usquin, reçu à Donzy le 26 avril 1740. On relève les noms de : Joseph Goby, marchand à Rosay, paroisse de Langeron ; François Goby, marchand à La Charité ; Louis Rameau, seigneur de Saint-Père, officier chez le roi ; François Rameau, chanoine de Saint-Caradeuc de Donzy ; Jeanne-Angélique Usquin, fille de défunt Augustin Usquin, notaire et procureur au Bailliage de Donzy ; Antoine-François Ragneau, notaire et arpenteur audit Donzy.

1724-1787. — IMPOSITIONS. — 1 à 17. Élection de Nevers. Vingtièmes des privilégiés. Ces quittances sont au nom du marquis de Rémigny ; elles concernent, outre Nevers, les paroisses de Billy[-Chevannes], Cigogne, Cizely, Saint-Benin-des-Bois et Saint-Franchy (1750-1775). — 18 à 41. Élection de Nevers. Capitation (1724-1775). — 42. Quittance au même pour sa part du cinquantième aux paroisses de Billy et de Saint-Franchy (1728). — 43 à 55. Quittances des droits réservés sur les bois et foins (1785). — 56. Marque des fers. Quittance à M. de Rémigny (1783). — 57. Taille et capitation. Quittance aux habitants de Cizely, somme reçue des mains de M. de Rémigny (1787). — 58. Différend entre M. de Rémigny et les habitants de La Fermeté, touchant les impositions des domaines d'Isy et de Traizaigle (1761).

59. Bailliage d'Avallon. Avertissement pour la capitation de 1785, concernant M. de Rémigny.

60 à 72. Élection de Gannat. Mandement et quittances pour les dixièmes et vingtièmes dûs par M. de Rémigny, en ce qui concerne la paroisse de Biosat (1742-1784).

1 F 401 (Liasse). — 6 pièces parchemin, 40 pièces papier.

1547-1629. — PROCÉDURES. — 1. Pour éviter procès devant le Bailliage de Bourges, transaction entre Simon Gauthé et ses parsonniers, d'une part, et, d'autre part, Georges Delaplanche, fondé de procuration de son fils Léonard, étudiant en l'Université de Bourges : concession à titre de cens d'une terre que l'un prétendait chargée de taille, et l'autre, de rente ; présence de Léonard Jolly, prêtre (5 juillet 1547). — 2. Adjudication de défaut par le Bailliage de Saint-Pierre-le-Moûtier, contre Pierre Thévenin, au profit de Pierre Dupont, marchand à Nevers (25 mai 1554). — 3. Signification en conséquence. — 4 et 5. Ajournements (octobre et novembre 1554). — 6 à 11. Diverses pièces de procédures pour Pierre Coillard, marchand à Nevers (1584-1585). — 12 à 16. Procès en la justice de La Cour, entre Étiennette de Billon, contre Élie de Juisard, son mari, Pierre de Juisard et Parceval de Bongards : inobservation des clauses d'un contrat de mariage (1604). — 17. Sentence du juge de Demin pour Parceval de Bongards contre Jean Bidault : paiement de marchandises et de moutons (14 janvier 1605). — 18. Autre, de la justice de la commanderie de Biches, rendue à Châtillon-en-Bazois « par court et justice empruntée », pour Parceval de Bongards réclamant la reddition des comptes de Jean Jobert et d'Antoine Michot, commissaires établis aux récoltes d'Élie de Juisard (26 mars 1605). — 19. Sur procès pendant en la justice de Bernay, à l'occasion de diverses successions, transaction entre Gilberte Gravier et Jean Pitaier : présence de Charles Jehannet, clerc (4 juillet 1609). — 20. Moyens de défense présentés au Bailliage de Nevers par Parceval de Bongards contre Léonarde Jacquinet, veuve de César de Bongards ; succession en communauté (1614). — 21 à 24. Procès au Bailliage de Nevers, entre Parceval de Bongards et Guillemette de Montfoy, veuve de noble Paul de Courailles : contestation de propriété (1615). — 25 à 29. Procès au Bailliage de Nevers entre Madeleine Guichard, veuve de Lazare Delaporte et d'Archambaud de Villars, contre Jean Litault, ancien conseiller au Présidial de Saint-Pierre-le-Moûtier, mari d'Hélène Guignard : paiement d'obligations contractées par Guy Rapine, sieur de Boisvert : Madeleine Guichard s'est remariée avec Archambaud de Villars sous le régime de la séparation de biens, afin de pouvoir conserver la tutelle des enfants issus de son premier mariage (1616). — 30. Adjudication de dépens au Bailliage de Nevers, pour Jean Després, le jeune, contre Gillette Pelletier et Jean Bidault (22 décembre 1617). — 31. Sentence du Bailliage de Nevers pour Étienne Tenon, écuyer, baron de La Guerche, contre Jean Després, le jeune : paiement d'arrérages de redevances ; Després a droit de recours contre Jean Després, l'aîné, sieur de Terteron, son père, et contre François Pernin et Michel Dumarché, époux de Marie et de Charlotte Després (6 février 1621). — 32 à 38. En suite de ladite sentence, signification à Després, saisie de grains et meubles, et procédures au même Bailliage (1631-1632). — 39. Assignation à Anatoire de Closse d'avoir à comparaître en la justice de Châtillon-en-Bazois et d'y présenter le contrat de l'acquisition par lui faite sur le sieur de Pannecière, d'une rente constituée sur une portion de la terre de La Motte-Palluau (5 août 1621). — 40. Dépôt au greffe du Bailliage de Saint-Pierre-le-Moûtier des pièces d'un procès venant en appel de la justice de la Commanderie de Biches, entre Philippe Renault et Parceval-Victor de Bongards (21 octobre 1621). — 41 et 42. Affaire entre Anatoire de Closse et le procureur du Bailliage de Châtillon-en-Bazois : délivrance de copie d'un acte de foi et hommage (17 et 24 novembre 1621). — 43. Appointement au Bailliage d'Espeuilles, Montapas et dépendances, entre Étienne Lebas et Eugin de Nourry, écuyer, sieur de Palluau, héritier en partie de Marie d'Angeliers (18 janvier 1622). — 44. Sentence du Bailliage des Amognes (1), pour Jean Després, le jeune, contre noble Georges Berangier : distribution du produit des fruits saisis sur Guillaume Rousseau (16 février 1622). — 45. Appel au Bailliage de Saint-Pierre-le-Moûtier d'une cause jugée en la justice de la Commanderie de Biches, entre Philippe Rignault et Victor de Bongards (8 octobre 1625). — 46. Appointement au Bailliage de Brinay, entre Anatoire de Closse et Anatoire Minot : paiement d'obligations (10 décembre 1629).

1 F 402 (Liasse). — 5 pièces parchemin, 12 pièces papier.

1631-1649. — PROCÉDURES. — 1. Mandement décerné par le Présidial de Saint-Pierre-le-Moûtier, pour Philippe Rignault, contre Victor de Bongards (19 mars 1631). — 2. Exploit, à la requête de Madeleine Delaporte, contre Philibert Baudot, procureur fiscal à Metz-le-Comte (15 août 1631). — 3. Sentence en la justice d'Ougny pour Vincent Duchemin contre Léonard Berdeau [ou Bredeau] (12 décembre 1631). — 4 et 5. Devant la Châtellenie de Metz-le-Comte, Madeleine Delaporte poursuit la saisie des immeubles de Loup Houdry (5 et 17 juin 1632). — 6. Exploit pour Victor de Bongards contre Anne Duris, femme de Benoît Colin :

---

(1) Le Bailliage ou la Châtellenie des Amognes dépendait du prieuré de Saint-Étienne de Nevers : les jours de justice étaient tenus au parloir du Prieuré. À cette époque, le bailli est Érard Bardin, seigneur de Champagne, licencié en lois, avocat en la Mairie de Nevers ; son lieutenant est Étienne Maussoury, licencié en lois, avocat.

paiement de dépens adjugés et restitution d'un pot d'étain, contenant environ deux pintes de Paris (15 juin 1632). — 7. Saisie mobilière sur Benoit Colin (9 décembre). — 8 et 9. Procès en la Châtellenie de Metz-le-Comte, entre Pierre Musnier, curé dudit lieu, et Madeleine Delaporte (1632-1633). — 10. Lettre à Mme Després, signée : Fougeroux, touchant la poursuite à Paris de divers procès (21 août 1634). — 11. Vente par décret, en la Châtellenie de Metz-le-Comte, des biens de Loup Houdry, adjugés à Toussaint Jomier, greffier en l'Élection de Clamecy (septembre-décembre 1634). — 12. Contrainte en paiement de dépens, décernée à Saint-Pierre-le-Moûtier contre Victor de Bongards pour Jean Chapelin, de Mougny (9 novembre 1634). — 13. Ordonnance du lieutenant de la Justice de la Commanderie de Biches, signifiée à Victor de Bongards, d'avoir à garder chez lui, jusqu'après son accouchement, sa servante, Jeanne Michot, devenue enceinte (22 février 1635). — 14. Appointement en la même justice, entre Jeanne Michot et Victor de Bongards : revendication par ladite Michot d'un drap, de grains et de gages (4 mai 1635). — 15. Procuration de Parceval-Victor de Bongards à sa femme, Anne de Juisard, pour retirer des mains de Me Luzy, procureur à Saint-Pierre-le-Moûtier, les pièces d'un procès qu'il avait eu avec le procureur de la Commanderie ; présence de Paul Commaille, marchand, et de Paul Milliet, clerc, tous deux de Châtillon (29 mars 1636). — 16. Transaction pour assoupissement de divers procès à Saint-Pierre-le-Moûtier et en l'Officialité de Nevers, entre Gaspard Boy, curé de Biches, et Victor de Bongards : présence de Denis-Pierre de Carroble, prieur de Mazilles, et d'Eugin Jaubert, praticien à Biches (8 juillet 1636). — 17 et 18. Lettre à Mme Delaporte par Gendron, successeur de défunt Fougeroux, procureur au Parlement de Paris, transmettant un appointement donné par la Table de Marbre de Paris, pour Philibert Grosjean, seigneur de Vincelles et des bois de Maulay, contre Guy de Carroble, écuyer, seigneur de Chassy, et Madeleine Delaporte (7 novembre et 17 décembre 1637). — 19. Sentence du Bailliage de Nevers, pour Madeleine Delaporte, contre François Gaudier, acheteur des meubles de Vincent Mineau (11 septembre 1638). — 20. Appointement en la même Cour, pour la même, contre Léonard Savard, dépositaire des meubles de François Gaudier, ledit Gaudier ayant recours en dénonciation contre Vincent Mineau (5 avril 1639. — 21. Sentence de la même Cour, pour Jeanne de Bongards, contre Victor de Bongards, écuyer, sieur de La Cour ; succession d'Hector-Parceval de Bongards et d'Anne de Juisard, sa femme, et apanage de ladite Jeanne (30 septembre 1643). — 22. A la requête de Nicolas Pigneux, commissaire aux fruits saisis à la demande de Madeleine Delaporte, assignation à Antoine Bouzon, à Guérignault,

d'avoir à comparaitre au Bailliage du Cellier (14 juin 1645). — 23. A la requête d'Imbert Bonneau, tuteur des enfants de Paul Bunot, assignation à M. de Clausse, en paiement d'obligations contractées, en 1617, à l'égard de Paul et Claude Bunot, pour façon d'actes d'hommage et de dénombrement (21 juin 1645). — 24. Information pour Hector de Bongards, écuyer, sieur de La Cour, faite par François Lautillet, sergent, et André Prudhome, notaire (18 juillet 1645). — 25 à 40. Procès au Bailliage de Brinay, entre François de Closse et Anatoire Minot : paiement d'obligations (1646). — 41 et 42. Commission par le Bailliage de Nevers au bailli de Châtillon-en-Bazois, pour enquêter en une affaire entre Hector de Bongards contre Jean Seguin et Jeanne de Bongards, sa femme (8 mars 1647). — 43. Assignation à Jean Seguin d'avoir à comparaitrre devant le bailli de Châtillon, devant la croix du bourg d'Alluy (16 mars 1647). — 44. Commission pour assignation de témoins, donnée au Bailliage de Nevers, en une cause entre Hector de Bongards contre François Ducrot et Pierre Deveneau (28 mai 1648). — 45. Appointement à Saint-Pierre-le-Moûtier, entre Léonard Buisson, fermier de Brinay, et Jean de Bréchard, et entre ce dernier et François de Closse (30 juin 1649). — 46. Contrainte décernée à Saint-Pierre-le-Moûtier, pour Jean de Bréchard contre François de Closse (17 août 1649). — 47. Signification en conséquence (7 octobre).

1 F 403 (Liasse). — 8 pièces parchemin, 66 pièces papier.

1641-1731. — Procédures. — 1 à 6. Procès au Bailliage de Nevers, entre Madeleine Delaporte et Jean Fauchet, son métayer : paiement de dettes et compte de métayage (juin-décembre 1651). — 7. Exploit pour Guillaume Dutout, tuteur des enfants de Guillaume Guillier, contre Charlotte de Lichy : paiement d'arrérages de rente ; présence de Me Hugues Bonnet, praticien à Cercy-la-Tour (30 août 1651). — 8. Adjudication de dépens à Saint-Pierre-le-Moûtier, pour Jean de Bréchard contre François de Closse (6 février 1651). Suit : Quittance à Closse par Bréchard (8 mars). — 9. Sentence du Bailliage de Nevers, pour Madeleine Delaporte contre Jean Fauchet, maître et chef de sa communauté (23 février 1652). — 10. Exploit et saisie de récoltes pour Paul Pellé, marchand à Biches, contre Pierre, Gabriel et Louis Laurent : paiement de dépens adjugés (14 mai 1655). Suit : Assignation devant le juge de Bussières, donnée à Jacques Rossignol, commissaire établi pour la garde des récoltes saisies (8 juin). — 11. Exploit pour François de Closse contre Charlotte de Lichy et vente des gerbes saisies sur cette dernière ; présence de Claude Robert, notaire à Limanton (14 octobre 1655). — 12. Sentence de Saint-Pierre-le-Moûtier, pour François de

Closse, contre Jean de Bréchard et Françoise de Juisard, sa femme : paiement d'arrérages d'une redevance bordelière (7 mars 1656). — 13. Quittances données à Pierre de Nourry, écuyer, sieur de Turigny, par noble Louis Guillonet (11 août 1656) et par Viau de La Garde (2 janvier 1657). Copies collationnées au Bailliage de Nevers, à la requête de Pierre de Nourry, opposant aux criées des immeubles saisis sur Michel Dumarché (20 décembre 1657). — 14. Exploits pour François de Closse contre Jean de Bréchard et Jean Develle (novembre 1656). — 15. Autre, pour Jean de Bréchard contre François de Closse (15 décembre 1656). — 16. Assignation à Saint-Pierre-le-Moûtier, pour François de Closse contre : Jean Poullet, curé de Brinay, Nicolas Guillier, curé de Limanton, et Gaspard Boy, curé de Biches ; compte-rendu des révélations reçues en vertu d'un monitoire (16 décembre 1656). — 17 à 20. Pièces touchant la procédure criminelle instruite, à la requête de François de Closse et de Jacques Boyer, son serviteur, contre Edme de Bréchard, Jean de Bréchard, son fils, et Pierre de La Corcelle (1657-1659). — 21 à 27. Procès en la Pairie de Nevers, puis au Parlement de Paris, entre François de Closse et Charlotte de Lichy, sa femme, d'une part, et, d'autre part, Étienne Moquot, marchand à Nevers, exerçant les droits d'Edme de Bréchard, sieur de Chérigny (1661-1666). Le procès se termine par une transaction (p. 27) entre Moquot et Charlotte de Lichy et Pierre de Closse, son fils, en présence de François Gentil, avocat en Parlement, et de Pierre de Nourry, sieur de Turigny (22 février 1666). — 28 et 29. Moyens de défense devant le bailli de Châtillon-en-Bazois, pour François de Closse et Charlotte de Lichy, sa femme, contre Pierre Leroy, baron d'Alarde : décret du domaine de Selins (1662). — 30. Exploit pour François de Closse contre Léger Larrivé (5 février 1663). — 31. Compulsoire pour François de Closse contre Me Mercure Millet, procureur au Bailliage de Châtillon-en-Bazois : délivrance de papiers provenant d'Edmée de Juisard (20 avril 1665). — 32. En une cause au Bailliage de Nevers, entre Étienne Moquot et Pierre de Bar, exécutoire contre Charlotte de Lichy (5 et 9 avril 1666). Suit quittance donnée par Étienne Moquot (10 avril). — 33. Mise hors de Cour, à Saint-Pierre-le-Moûtier, pour Charlotte de Lichy contre Louis de Brotier, écuyer, sieur de Bouron, veuf d'Anne de Basmaison (1er septembre 1666). — 34. Quittance à Pierre de Closse par le receveur des amendes de la Généralité de Moulins (12 juin 1668). — 35. En une cause au Bailliage de Nevers, entre Claude Barry, contre Jean de Closse et Léonard Ravard, défaut contre Poulet, greffier de la justice de Bernay, chargé de rapporter les informations (11 septembre 1668). — 36 à 38. Significations et saisie mobilière par autorité de la justice de la Commanderie de Biches (février-mars 1669). —

39. Collation de pièces pour Pierre de Closse contre Claude Barry, procureur d'office de Limanton et de Bernay (21 mars 1669). — 40. Production de pièces pour François de Closse contre Edmée de Juisard (23 novembre 1669). — 41. Sentence en la justice de Bernay, pour Claude Barry, procureur fiscal, contre Jean de Closse, Edme Delorme, son domestique, et Léonard Ravard, dit Guillemin, son métayer (6 août 1670). Suit exploit en conséquence ; présence de Jean Biet, praticien à Biches, et de Jean Robin, praticien à Corbigny (4 juin 1672). — 42. Saisie réelle des immeubles de Jean Guyonnin et de Jean Porcher, poursuivie à Saint-Pierre-le-Moûtier par : Antoine de Marcelanges, chevalier, seigneur de Chaumigny : Louis de Reugny, prieur de Mazilles ; Anne Decray, dame de Couëron ; François de Rolland, fils de Jacques ; Denis Ducrest, écuyer, sieur de Pouzy, mari de Gabrielle de Ponard, fille de Charlotte de Grandval, celle-ci femme en secondes noces de Philibert Ducrest, écuyer, sieur de Barnault ; et Guy Cotignon, écuyer, conseiller au Bailliage et Pairie de Nevers (26 octobre 1671). — 43 à 48. Procès au Présidial de Saint-Pierre-le-Moûtier, pour Pierre de Nourry contre François Villadieu, recteur des écoles dudit lieu, en conséquence d'une obligation contractée par ce dernier au profit de Madeleine Delaporte (25 juin 1641, p. 44). A signaler, p. 43, le relevé de la mercuriale de Nevers, du 25 juin 1641 : le boisseau vaut alors, en froment, élite, 25 sous, commun, 24, seigle, 18, orge, 14, et avoine 9. La sentence (p. 46) est du 26 janvier 1672. — 49. Obligation par Jean Buteau, curé de Metz-le-Comte, au profit de Pierre de Nourry : présence de Philibert Perruche, chanoine de Tannay (18 juin 1661). — 50 à 52. Procès en conséquence à Saint-Pierre-le-Moûtier, entre Pierre de Nourry et René Buteau, marchand, héritier de Jean (1672). — 53. Saisie réelle, au Bailliage de Nevers, des immeubles de Jean et Léonard Jaubert (1672). — 54. Sentence du bailli de la Commanderie de Biches, pour Pierre de Closse contre Edme Doreau, curateur de Roger Frachot, et Claude Martel, procureur d'office au Bailliage de Châtillon-en-Bazois : maintenue en possession d'un pré (6 août 1672). Jean Coquibert de Renclos est alors commandeur de Sauzay, Champallement et Biches. — 55. Sentence en la Châtellenie de Monceaux-le-Comte, pour Baltazard de Juisard, écuyer, sieur de Tammay, contre Pierre de Closse : paiement de dette (15 mars 1676). — 56 et 57. Différend entre Charlotte de Bongards, veuve de Pierre de Closse, et Anne Lelarge, femme d'Étienne Rousset, maître chirurgien à Châtillon-en-Bazois (1678). — 58. Constitution de procureur par Anne Lelarge, en la personne de François Jaubert, procureur en la Pairie de Nevers (22 mai 1678). — 59 et 60. Saisie, de l'autorité du Bailliage de Nevers, des immeubles de Jean, Guillaume et Marie de Nourry, frères et sœur, à la requête de Claude

Gascoing, sieur de La Belouze, premier président au Bailliage de Saint-Pierre-le-Moûtier, avec opposition de Charlotte de Bongards, veuve de Pierre de Closse (1689). — 61 à 71. Paiement de la capitation due en Bourgogne par les seigneurs de Joux (1696-1697). P. 61, Bordereau de M. Dasson, pour l'année 1695. P. 62, Sur requête d'Edme Lamy, receveur général des tailles de Bourgogne, et ordonnance de l'intendant Ferrand, saisie de vaisselle d'étain et de cuivre sur Joseph Ducrot, fermier de la terre de Joux-le-Chatel. P. 63, Déclaration de Ducrot, signifiée à Lamy. P. 64, Vente de grains provenant des redevances de Joux, consentie à Fiacre Rousset, marchand à Nuars, par Paul-Léonard de Rémigny, marquis de Joux. P. 65, Exploit contre Fiacre Rousset. P. 66, Autre, contre Pierre de Torcy, seigneur de Lantilly. P. 67, Requête de Ducrot à Jazu, procureur fiscal au Bailliage de Noyers et subdélégué de l'Intendant de Bourgogne. P. 68 à 71, Paiement et mainlevée de saisie. — 72. Sentence de la Sénéchaussée de Moulins (28 avril 1706), pour Jean Coiffier, écuyer, sieur des Nonettes, contre Pierre Poncet, conseiller du roi, trésorier de France à Moulins, fils de Marie Dosches [cf. 1 F. 234, p. 10]. — 73. Sentence à Saint-Pierre-le-Moûtier, pour Henri Souchon, conseiller du roi, receveur au grenier à sel de Moulins-Engilbert, contre Madeleine Garnier, veuve de Louis de Reugny, seigneur du Tremblay (20 juillet 1707). — 74. Consultation, signée : Guinet, touchant le contrat de mariage de Charlotte Méchine et une donation par Baltazard-François Méchine, son frère (Nevers, 8 mars 1731).

1 F 404 (Liasse). — 13 pièces papier.

XVIIᵉ et XVIIIᵉ Siècles. — Procédures. *Pièces sans date et varia.* — 1 et 2. Généalogie des Pinon et mémoi.. pour Pierre Coillard contre Philippe Fauchet. — 3. Mémoire des frais dûs à Martin Goudron, procureur à Paris, par Madeleine Delaporte. — 4 et 5. Listes d'adresses de présidents et conseillers aux Cours de Paris (1648 et 1674). — 6. Consultation, signée : Gigot, pour François de Closse contre Jean de Bréchard et Léonard Buisson (1656). — 7. Salvation de productions, au Bailliage de Châtillon-en-Bazois, contre Pierre Leroy, chevalier, baron d'Alarde, pour Pierre Perraudin, Marie Guillier, sa femme, et Henri Guillier, enfants et héritiers de Guillaume Guillier, opposants aux criées des immeubles saisis sur Jeanne de Bongards. — 8. Projet de requête pour Charlotte de Bongards, contre Anne Lelarge. — 9. Note sur les redevances dues par les de Bongards à la dame de Châtillon-en-Bazois. — 10. Notes, pour réponse à un mémoire, où revient à plusieurs reprises le nom de la famille de Gimel. — 11. Production au Bailliage de Châtillon-en-Bazois, pour Charlotte de Lichy, contre Pierre

Leroy, baron d'Alarde. — 12. Notes, pour François de Closse contre Étienne Moquot. — 13. Note pour M. de Nourry : paiement d'impositions en 1710 et 1711.

1 F 405 (Liasse). — 13 pièces papier.

XVIᵉ-XVIIIᵉ Siècles. — Varia et pièces sans date ni signature. — 1. Compte entre Delaporte et Rapine, arrêté le 13 novembre 1599. — 2. Analyse d'un arrêt du Parlement de Paris, du 12 août 1651, pour François Bernard, contre Michel Vidal, curé de Saint-Lazare près Nevers, touchant l'exploitation d'une vigne. Suivent des notes du seigneur de Palluau, sur l'usage qu'il peut faire de ce texte, dans un procès qu'il soutient contre le curé de Brinay pour l'exploitation d'un pré : à noter que ce serait Vincent Poulet, curé de Brinay, mort en 1633, qui aurait fait annexer à sa cure celle de Pouilly. — 3. Fragment de compte d'un marchand mercier (1672). — 4. Notes sur des héritages tenus du prieur de Biches, du marquis de Châtillon et du curé d'Alluy. La rivière du Trait est aussi appelée la rivière de la Barre. — 5. Inventaire de divers titres, des obligations en particulier. — 6. Mémoire à consulter, touchant le contrat de mariage entre Jean de Coulon, écuyer, et Claude de Closse, en date du 20 avril 1660. — 7. Liste de minutes d'actes confiées par l'abbé de Mazilles. — 8. Notes sur la perception de diverses dîmes. — 9. Notes du seigneur de Palluau, touchant diverses procédures. — 10. Notes du même, touchant la coupe des bois usagers de la paroisse de Biches. A noter cette indication : Le commandeur Jourdain, qui jouissait de la commanderie de Biches, où il y avait beaucoup de bois et beaucoup de personnes qui y avaient des droits d'usage, obtint un arrêt du Conseil qui donna aux usagers, en toute propriété, un canton de bois distribué en 25 coupes et administré par deux syndics nommés par lesdits usagers. — 11. Lettre d'affaires. — 12. Plan d'héritages joignant la Loire, aux environs de la Pichanne. — 13. Brouillon de registres d'inhumations ; les localités voisines citées sont : Cercy-la-Tour, Isenay et La Nocle (1798-1800).

1 F 406 (Liasse). — 10 pièces parchemin, 12 pièces papier.

XIVᵉ-XVIIIᵉ Siècles. — Pièces lacérées. — 1. A la requête de Jacques de Montmor, chevalier, procureur de Jean de Villaines, expédition, sous le sceau de la Prévôté de Paris, de la procuration donnée audit Jean de Villaines par Pierre de Villaines, dit le Besgue, chevalier, son frère, celle-ci en date de 1366. Acte rogné du bas et des deux côtés. — 2. Dénombrement, sous le sceau de la châtellenie de Lormes à la part de Chalon, fourni par Marie Bouteron à [Blaise de] Rabutin, écuyer, seigneur d'Hubans et de Brinon-les-Allemands ; mention du pont de Parrigny [ou Perrigny ?] et du Moulin Boulon (30 novembre 1526). Au dos : Acceptation dudit dénombrement, signé : De Rabutin (décembre 1526). — 3. Fin d'un bail à bordelage pour une vigne (Nevers, 21 septembre 1528).

4. Fin d'un compte des deniers communs de la ville de Nevers, rendu par Jean Lesperon le 30 mars 1529, n. st. Le début manque et les plis ont détérioré le parchemin. On ne relèvera ici que les indications les plus importantes. Réfection du pont-levis de la Barre. Réparations à la loge du pont de Loire. Pose de fenêtres à la loge de la Barre et à la porte des Ardilliers. Fourniture de pierres pour pavage. Dépense pour la comtesse de Nevers et sa suite, « à troys divers jours qu'elle fut en l'hostel commung de lad. ville pour veoir jouer les jeux qu'on y joy[oit] ». Réfection du pont-levis des Ardilliers. Paiement de la fondation faite au profit de la chapelle Saint-Michel, fondée en la cathédrale Saint-Cyr : 100 sous tournois. Pose de portes au pont-levis Saint-Nicolas. Michel Pernin, lieutenant du bailli de Nivernais. a examiné les pièces d'un procès gaghé par le procureur de la communauté contre Droin de La Marche. Trente sous à Jean Budeaul, notaire, pour la grosse du contrat d'échange entre la ville et Jean Parent, scolastique. de la maison du collège, contre celle de Léonard du Pontot. chevalier, bailli de Nivernais. Pavage de la rue Saint-Pierre. François Migé, lieutenant général au Bailliage de Nivernais, a examiné les pièces du procès soutenu par la ville contre François de Dangeul, capitaine de Nevers. Achat « de sept paires de getz qui ont esté delivrez à nous, eschevins. et aux contrerolleur, scribe et receveur de lad. ville, ainsi qu'on a accoustumé de fère chascun an ». Avance au *docteur principal* du collège et entretien des bâtiments. Le total s'élève à 489 livres 18 sous 9 deniers tournois.

5. Début d'un acte reçu Pierre Delavau. notaire royal à Clamecy, touchant la succession de Jean de Papuzeau, seigneur du Pont. et de Jeanne Bolacre, sa femme. Les intéressés sont : Nicolas Bolacre, receveur en l'élection de Clamecy, tuteur de Jean de Papuzeau, fils du défunt : Claude Delaporte. sieur de Chevannes, tuteur de son fils Claude ; Jacques Collot et sa femme, Marie de Papuzeau, et Charlotte de Papuzeau (1" mars 1588). — 6. Transaction entre M. du Lys et M. de Piles, touchant une constitution de rente ; mention de François du Lys, écuyer, seigneur de Jailly (1595). — 7. Notes de travaux ruraux et construction d'un moulin sur l'étang du Coudray (1626-1629). — 8. Appointement à Saint-Pierre-le-Moûtier, en une affaire concernant la terre du Coudray, où intervient Claude de Juisard, écuyer, sieur de Tamnay (18 juillet 1629). — 9. Fragment d'un contrat de mariage entre Jacob Devignolles et Léonarde Chauvin ; la future sort de la communauté des Girards pour entrer dans celle des Devignolles ; présence de Chauvin, docteur en médecine, et de Claude Durier, procureur (1636). — 10. Exploit contre Fauchet, métayer de M"" Delaporte (1648). — 11. Exploit contre Charlotte de Lichy, pour Jean de Courvol, écuyer, sieur de Grand-Vaux, demeurant à Montas, paroisse de Saint-Maurice (1651). — 12. Exploit, pour Pierre de Closse, et saisie de récoltes (1669). — 13. Fin d'un compte de l'échevinage de Saint-Saulge. Une somme de 400 livres, due au sieur Bellangier, a été employée pour le remplacement d'une cloche qui était brisée : la nouvelle a été faite par Claude Bellot, maître fondeur. Les échevins sont : Jean Delaveyne, Tallard et Ravizy. — 14. Notes sur un compte d'une succession Coillard. — 15. Procès en l'Élection de Nevers, entre Adrien Montagne et Madeleine Delaporte. — 16. Vente par décret. en la Châtellenie de Bourbon-Lancy, de divers héritages dont une maison, près des bains : opposant. Charles de Josian, écuyer. sieur de Jarrie ; adjudicataire. Pierre Soulier. cordonnier ; mention de Pierre Laurent, armurier. et de Josian. écuyer, sieur de Grandval. époux de Gabrielle Brault (1669). — 17. Arrêt du Parlement. en une cause où le défendeur est Pierre-Augustin Save. seigneur d'Ougny. — 18. Contrainte délivrée par les Requêtes du Palais. pour Jean Demay et sa femme. marchand à Diou. contre Marie-Madeleine-Jacqueline Mouteau. veuve de Pierre Challemoux. sieur du Brouillat (28 juin 1721). — 19. Brouillon de procuration donnée à Jean Berger. géomètre feudiste à Nevers. pour administrer la seigneurie de Pouzy : il est chargé notamment des poursuites exercées aux juridictions de Moulins, à la requête de Marie-Étiennette Hugon de Fourchaud. — 20. Brouillon d'une lettre du seigneur de Palluau [de Nourry]. touchant la chapelle seigneuriale et le caveau. dans l'église de Brinay. et les difficultés survenues à ce propos avec le curé et la famille de Bréchard : la paroisse a deux cent et quelques communiants ; le curé « en patois morvandeau, n'est qu'un fretilliout » : le cadet des Bréchard est appelé *le chevalier des Iles*. parce qu'il est allé à la Martinique. — 21. Note sur le bien des Theuriaux, échu par réversion à Gabrielle Millot. veuve Reugny. dans lequel a fait acte de propriété Pierre Theuriau. citoyen de la commune de Montaron. — 22. Consultation d'avocat touchant une vente effectuée en 1792 par Louis-Alexandre de Nourry : cette vente se trouve annulée en partie par les lois révolutionnaires concernant l'émigration, en partie par la loi du 17 nivôse an III qui a supprimé la forclusion admise par la coutume de Nivernais.

INVENTAIRE DE LA SÉRIE 1 F

(Fonds Bruneau de Vitry)

SUPPLÉMENT [1]

1 F 407 (Liasse). — 2 pièces papier.

1743-1797. — ÉTAT CIVIL. — 1. Extrait baptistaire de Jean-Marc Delessert, né à Lausanne le 5 septembre 1743. Légalisation par le bourgmestre (17 novembre 1797) et par le bailli de Lausanne (27 décembre). — 2. Extrait de naissance de Barthélemy Gauthier (Cercy-la-Tour, 21 ventose, an III).

1 F 408 (Liasse). — 3 pièces papier.

XVII⁰ Siècle. — FAMILLES : BONGARDS (DE) (2). — . Acte, par devant André Prudhomme, juge de La Cour, de la renonciation à la communauté de son mari défunt, Hector de Bongards, déclarée par Charlotte de Lichy à Jean Pellé, notaire à Biches (7 mai 1649). Copie collationnée à la requête de François de Closse (3 mai 1661). — 2 et 3. Mémoires sans date touchant la succession d'Hector de Bongards : nombreuses indications d'état civil et de parenté.

1 F 409 (Liasse). — 7 pièces papier.

1658-1659. — FAMILLES : BRÉCHARD (DE). — 1 à 4. Assignations et appointements à Saint-Pierre-le-Moûtier, en une cause entre François de Closse, demandeur en vérification de criées, contre Edme de Bréchard. — 5. Consultation, signée : Gigot, pour François de Closse, poursuivant les criées des immeubles d'Edme de Bréchard, contre Edmée de Juisard, femme de ce dernier, séparée de lui quant aux biens, et contre Anne de Basmaison, femme de Louis de Brottières, écuyer, sieur de Boisrond. — 6. Salvations pour Edmée de Juisard, contre François de Closse — 7. Autre consultation, signée : Gigot.

1 F 410 (Liasse). — 1 pièce papier.

An II. — FAMILLES : BRUNEAU (3) — Délibération du conseil général de la commune de Montaron, attestant que Pierre-Étienne Bruneau est absent depuis plus de deux ans sans avoir donné de ses nouvelles (29 prairial II). Extrait délivré à la requête de Gabrielle de Reugny, femme de Bruneau.

1 F 411 (Liasse). — 6 pièces papier.

1736-1772. — FAMILLES : CHOLMONDELCY. — 1 à 4. Enquête sur le mariage célébré dans la chapelle de Cholmondelcy (Chester), entre James Cholmondelcy, esq⁰, et Pénélope Barry (29 octobre et 1⁰⁰ novembre 1736). — 5. Certificat de collation des dites pièces par Roger Altham et Stephen Lushington, notaires à Londres (12 novembre 1765). Suit : légalisation des signatures d'Altham et Lushington par Bishop et Fountain, notaires (même date). — Toutes les pièces précédentes sont en anglais et ont été traduites à Paris le 23 juin 1772. — 6. Légalisation des signatures de Bishop et de Fountain par Charles-Louis-François de Régnier, ambassadeur de France en Angleterre (13 novembre 1765).

1 F 412 (Liasse). — 1 pièce papier.

1598. — FAMILLES : GUICHARD. — Partage de biens, annulant un autre antérieur (du 3 septembre 1596), accordé entre : 1⁰ Françoise Guichard, épouse de noble homme Jacques Duret : 2⁰ Guy Rapine, sieur de Buisvert et de Châtillon-lez-Héry, receveur des aides et tailles en Nivernais, mari d'Hélène Guichard : et 3⁰ Lazare Delaporte, commissaire en la maréchaussée de Château-Chinon, avec sa femme, Madeleine Guichard : présence de Guillaume Coquille [rectifier : Rapine], sieur de Sainte-Marie, assesseur au Bailliage de Nevers, et de noble Raoul Marchant (18 septembre).

1 F 413 (Liasse). — 1 pièce parchemin.

1678. — FAMILLES : HUGON DE FOURCHAUD. — Bulle du pape Innocent XI conférant le monastère de Saint-Guilhem-le-Désert (Hérault), au diocèse de Lodève, à François Hugon de Fourchaud, clerc du diocèse de Clermont, licencié en théologie (3 octobre).

1 F 414 (Liasse). — 1 cahier papier.

1763. — FAMILLES : MICAULT DE SAINT-LÉGER. — Inventaire après le décès de Charles-Pierre-Maurice Micault de

<hr>

(1) Les pièces qui sont analysées ici ont été retirées de dossiers où leur présence ne pouvait s'expliquer en aucune façon. Nombre d'autres, retirées en même temps qu'elles, ont pu être fondues dans les articles dont l'inventaire était alors en cours d'impression ; c'est ce qui explique la rareté, dans ce supplément, des mentions relatives aux anciennes paroisses ayant pour initiales les lettres M à Z.

(2) Voir ci-dessus, articles 1 F 8 et 9.

(3) A rapprocher de 1 F 10, page 4.

Saint-Léger, dressé à la requête de sa veuve, Marguerite Chambrun, en présence de Catherine-Yves Micault, veuve de Jean-Baptiste de Voisin, écuyer, capitaine au régiment de Royal-Barrois-Infanterie (25 mai).

1 F 415 (Liasse). — 1 pièce parchemin, 2 pièces papier.

1630-1712. — FAMILLES : PARIS (DE). — 1. Contrat de mariage entre Jacques de Paris, écuyer, sieur de la Bussière, fils de Guillaume et de Péronne de Vellerot, avec Marie Courtois, fille de défunt Guillaume, sieur de Trougny, et de Françoise de Champs ; présents : Hector de Frasnay, baron d'Anisy et Prélichy ; Ponthus *Mathieur*, sieur de *Chevigny* ; François Courtois, sieur du Creuzet ; Jacques de Champs, prévôt des maréchaux à Château-Chinon ; Pierre Pitois, seigneur de Quincize et d'Étoulle, bailli de Château-Chinon (30 mars 1630). Suit : Ratification dudit contrat par Péronne de Villerot (10 avril). — 2. Extraits des registres paroissiaux de Saint-Maurice de Lille (Nord) : 1° Sépulture de François de Paris, écuyer, seigneur de Couloise (1er mai 1701) ; 2° Baptême d'Isabelle-Marguerite de Paris, fille de François et de Suzanne Le Mabillon (6 janvier 1700). Légalisation (3 mai 1706). — 3. *Lettres d'estat* portant surséance pour tous procès pendant six mois, en faveur du sieur de Couloise, garde dans la Compagnie d'Harcourt, à la Cornette (15 octobre 1712).

1 F 416 (Liasse). — 1 pièce papier.

1780. — FAMILLES : PLUVINET. — Enregistrement au Bailliage d'Auxerre (11 janvier 1780) des lettres du 13 décembre 1779 portant provision de notaire royal à la résidence de Champlemy en faveur de Joseph Pluvinet. Copie authentique délivrée par le greffier du tribunal civil d'Auxerre, le 10 prairial an XI.

1 F 417 (Liasse). — 8 pièces papier (1).

1690-an II. — FAMILLES : RÉMIGNY (DE). — 1. Affirmation de voyage à Saint-Pierre-le-Moûtier pour Paul-Louis de Rémigny, marquis de Joux (8 novembre 1690). — 2. Quittance par Michel, procureur au Parlement, au marquis de Joux, représenté par M. de Maunoury, conseiller en la Grande Chambre (14 février 1691). — 3. A la requête de Paul de Rémigny, chevalier, marquis de Joux, et de Marie-Angélique Savary de Brèves, son épouse, signification d'une sentence de la Sénéchaussée de Bourbonnais contre Camille Savary, chevalier, comte de Brèves, et Hélène de Bartoli, sa femme (2 octobre 1694). — 4. Sentence des Requêtes du Palais

(1) A rapprocher de 1 F 38, page 13.

(12 avril 1714. Imprimé). — 5. Saisie du fief de Sémelin, paroisse de Billy, sur le marquis de Joux, faute de foi et hommage (29 mai 1728). — 6. Signification à venir plaider à Saint-Pierre-le-Moûtier, adressée au procureur du Chapitre de Nevers (31 août 1776). — 7. Compte entre M. Édelinne et le marquis de Joux, d'une part, et, d'autre part, Guenot, demeurant à Maëstricht (1778-1779). — 8. Le citoyen Nombret, de Saint-Saulge, demande au District de Nevers à être payé, sur les biens du condamné Antoine-Henri de Rémigny, de 24 livres 6 sols pour vitres posées en 1791 et 1792 (4e sans culottide. an II).

1 F 418 (Liasse). — 2 pièces papier.

1625-1741. — TITRES GÉNÉRAUX. — 1. Extrait du terrier Chassenay, contenant l'énumération des biens et droits constitutifs de la baronnie de Vitry. Cet extrait est précédé d'une énumération des seigneurs de Vitry ; il a été collationné par Boullyer, notaire royal à La Nocle, le 3 juillet 1764. Suit la légalisation de la signature de Boullyer par André Grangier, lieutenant général au Bailliage de Bourbon-Lancy [cf. 1 F 31, page 16]. — 2. Procès-verbal, par les gardes de la baronnie de Vitry, de délit dans les bois des Bruyères, paroisse de Saint-Seine (9 février 1741) : ces bois sont confinés, au Sud et à l'Ouest, par les héritages des Garlots, appartenant à M. Pinet, et, au Nord, par le village de Vèvres [Cf. 1 F 54, page 18. L'inventaire 1 F 98 transcrit par erreur Bigarnis, au lieu de Bruyères].

1 F 419 (Liasse). — 2 pièces papier.

XVIIe siècle. — BIENS ET DROITS : ACHUN (1). — 1. Descente de justice sur deux terres au finage de Varigny, à l'occasion d'un procès pendant au Bailliage de Nevers entre Jean de Tespe, écuyer, seigneur de Varigny, et Gilbert de Juisard, écuyer, seigneur de Tamnay (juin-juillet 1680). — 2. Mémoire de dépenses effectuées pour les réparations du bien du Coudray : entre autres, aménagement d'un moulin (sans date, ni signature).

1 F 420 (Liasse). — 3 pièces parchemin, 12 pièces papier.

1564-1667. — BIENS ET DROITS : ALLUY ET BICHES. *Domaine de Banges* (2). — 1. Bail à bordelage des trois vingtièmes des héritages de Banges, aux paroisses d'Alluy et de Biches, consenti par Gabriel Le Bourgoing, écuyer, seigneur de Faulin, Champlevrier et Meulot, au profit de Guillaume Jaulbard, boucher et marchand à Biches (6 février

(1) A rapprocher de 1 F 99.
(2) Complète les pièces 11 à 31 de l'article 1 F 100.

1564). — 3. Compte de cheptel entre François de Closse et Eugénie Durand, veuve de Jean Poildeloup (3 septembre 1661). — 4 à 15. Procès en conséquence au Bailliage de Châtillon-en-Bazois, puis au Bailliage de Nevers (1667).

1 F 421 (Liasse). — 1 pièce parchemin.

1589. — Biens et droits : Amazy (1). — Vente d'une vigne devenue chaume, sise en la côte Saint-Franchy, par Guillaume Cloiseau, meunier au moulin de *Challouez*, paroisse de Germenay, à Claude Delaporte, marchand à Tannay ; présence de Martin Rosset, chirurgien, et de Jean Breullereau, sergent, de Tannay (1ᵉʳ décembre).

1 F 422 (Liasse). — 1 pièce papier.

1816. — Biens et droits : Anlezy. — A la requête d'Antoine de Bonnay, écuyer, seigneur de Frasnay-le-Ravier, Champcourt et Malnay, signification à comparoir au Bailliage de Nevers, délivrée à Léonard Dureau, chef et gouverneur de sa communauté, demeurant à Cizely ; construction d'une chaussée dans le chemin de Sauvigny à Nevers, pour amener de l'eau dans des prés, au préjudice du moulin banal de Grand Champ (24 novembre).

1 F 423 (Liasse). — 1 pièce papier.

1782. — Biens et droits : Autun. — Nicolas-Antoine-Lazare-François-Xavier, chevalier, marquis de Fussey, donne pouvoir à sa femme, Anne-Élisabeth de Reugny du Tremblay, d'acheter aux Cordeliers d'Autun une portion de leur enclos donnant sur la rue de l'Arquebuse, d'y faire construire un hôtel et de prendre *toutes dispositions financières pour y parvenir* ; les époux de Fussey se réservent la jouissance de l'immeuble, leur vie durant, mais, après la mort du dernier survivant, la propriété en reviendra à Élie-Élisabeth de Fussey, épouse de Gaspard Le Compasseur, chevalier, marquis de Courtivron, et, à son défaut, à Gaspard Le Compasseur, chevalier, marquis de Ménessaire, leur fils aîné (11 février). Suivent : Acceptation par la marquise de Courtivron (11 mars) ; Acte de dépôt de cette acceptation en l'étude de Jarriot, notaire à Autun (16 mars) ; Ratification dudit acte de dépôt par le marquis et la marquise de Courtivron (4 novembre).

1 F 424 (Liasse). — 1 pièce parchemin.

1653. — Biens et droits : Avrée. — Reconnaissance de bordelage par Jean Bertheleau Toullon et autres Bertheleaux, laboureurs au village de Ginay, paroisse d'Avrée, et à Sainte-Radegonde *en Bourgogne*, au profit de Pontus de Chargères,

(1) A rapprocher de 1 F 104.

écuyer, sieur d'Entrezy, agissant en son nom et comme tuteur de ses fr... es et sœurs ; le grain est à la mesure de Savigny-Poil-Fol ; les biens concédés ont été acquis par Philiberte d'Anguy, mère de Pontus, de Jean Turpin, écuyer, sieur de la Forêt, et de sa femme, Élie du Magny.; présence de Toussaint Cotignon, praticien à Luzy, et de Jean de La Vallée, clerc, à Entrezy (25 août). Suit : Reconnaissance de cens par les mêmes au même.

1 F 425 (Liasse). — 1 pièce parchemin, 5 pièces papier.

1615-1652. — Biens et droits : Bazolles. *Selins*. — 1 à 3. Procès au Bailliage de Nevers (1615), entre Parceval de Bongards et Guillemette de Monfoy, touchant la propriété d'une terre [voir 1 F 108, p. 26]. — 4. Obligation par Victor de Bongards au profit de Jean Guillon, contrôleur au grenier à sel de Moulins-Engilbert ; présence de Gilbert Lardereau, praticien audit Moulins (2 mars 1629). — 5. Obligation de cheptel par Hector de Bongards, écuyer, sieur de La Cour, demeurant à Selins, au profit de Jean et Jacques Bernard, frères, marchands à Brinay ; présence de Léonard Lyon, praticien à Biches (6 mars 1643). — 6. Transaction portant cession du domaine de Selins par Charlotte de Lichy, veuve d'Hector de Bongards, à Jean Seguin, marchand faïencier à Nevers, et Jeanne de Bongards, sa femme : présence de Charles Theuveneau, avocat au Bailliage de Nevers, seigneur de Palmery, de Pierre Ravisy, procureur fiscal de Saint-Saulge, et de Mᵉ Robin, dit Dufournet, praticien à Bazolles (22 mai 1652).

1 F 426 (Liasse). — 7 pièces parchemin, 2 pièces papier.

1531-1548. — Biens et droits : Beaumont-sur-Sardolles. — 1. Investiture en bordelage d'une pièce de terre au finage de Méry par Guillaume du Coing, seigneur de Graté, à Gilbert Piat, marchand et notaire, et à ses parsonniers, acquéreurs des communautés de Barthélemy Pillet et de Martin Bonnet ; le grain est à *la mesure de Decize* (8 juillet 1531). — 2. Exploit pour paiement d'arrérages de bordelage, donné à la veuve de Gilbert Piat, à la requête d'Étienne Decolons, licencié en lois, tuteur d'Étienne, fils d'Adrien Decolons et de Catherine du Coing (6 avril 1546, n. st.). — 3 à 9. *Procédure en conséquence au Bailliage de Nevers* (1547-1548). La cause est reprise, pour les Piats, par Jacques Berthelon, écuyer, seigneur de la Cave.

1 F 427 (Liasse). — 1 pièce parchemin, 1 pièce papier.

1593-1599. — Biens et droits : Biches (1). *Fiefs et biens divers*. — 1. Reconnaissance de tenure en bordelage

(1) Les articles 427 à 431 complètent les précédents, cotés 109 à 111.

passée par Pierre Jaubard, et ses communs parsonniers au profit de dom Jean [le nom manque], chambrier de La Charité, prieur de Biches et de Rouy, dépendances de la chambrerie, représenté par Sébastien Freuillet, chanoine de Nevers ; les grains sont à la mesure de Biches ; présence de Sébastien Guyonin, notaire au duché, demeurant à Brinay, et de François Dantault, sergent royal à Moulins-Engilbert. Suit une reconnaissance de tenure à cens des mêmes au même (20 mai 1593). — 2. Transaction portant partage entre Élie et Pierre de Juisard, écuyers, du consentement de leur père, Guy : Élie aura le fief de La Cour, tout entier, tant ce qui dépend de Saint-Gratien que ce qui relève de la Commanderie de Biches ; Pierre aura le fief de Chamonnot ; les droits d'usages aux bois et rivières de la Commanderie, ainsi qu'aux bois tenus en fief de Châtillon-en-Bazois, demeureront en commun ; présence de noble Jean de Juisard, écuyer, demeurant à Chérigny, de Michel Bellevaux, greffier de Bernay, et de Balthazard Bellevaux, notaire à Bernay (20 juin 1599).

1 F 428 (Liasse). — 17 pièces papier.

1622-1623. — Biens et droits : Biches. *Chérigny.* — Procédures en la justice de la Commanderie de Biches entre Parceval de Bongards, écuyer, et Philippe Regnault, touchant la propriété d'une terre aux Champs de Chérigny, terre revendiquée par Bongards comme lui venant d'Élie de Juisard.

1 F 429 (Liasse). — 1 pièce parchemin, 1 pièce papier.

1647. — Biens et droits : Biches. *La Cour : Hommage et dénombrement.* — 1. Hommage du fief de La Cour, par Hector de Bongards, écuyer, à Georges de Reugny, chevalier, en présence de Léonard Boneault, notaire royal, commis à la confection du terrier de la seigneurie de Saint-Gratien et Savigny-sur-Canne ; présence de François Charleuf, procureur d'office du Tremblay, demeurant à Isenay, et de Léonard Lyon, notaire à Biches. Suit le certificat de dépôt du dénombrement (27 octobre). — 2. Dénombrement, le même jour, du fief de La Cour, dont le siège, une maison et une grange, se trouve sur le chemin allant de la Commanderie à *Acourt* ; le fief est en toute justice, haute, moyenne et basse, relevant de Saint-Gratien ; les grains sont à la mesure de Châtillon-en-Bazois ; présence de Jean de Courvol, écuyer, seigneur de Grand-Vaux, et de François de Courvol, écuyer, seigneur de Montas, demeurant à Montas, paroisse de Saint-Maurice-lez-Saint-Saulge.

1 F 430 (Liasse). — 5 pièces papier.

1608-1628. — Biens et droits : Biches. *La Cour : Bâtiments.* — 1. Quittance à Parceval de Bongards par Pierre Planchonneau, maçon : réparations à la maison du four (25 novembre 1608). — 2. Autre au même par Michel Courson et Jean Queusse, « couvreurs à paille » : présence de Jean Jaubert, notaire à Biches, et de François Durand, clerc, demeurant à Brinay (13 février 1624). — 3. Permission en la justice de La Cour à Victor de Bongards et à Anne de Juisard, sa femme, de faire procéder à la visite des bâtiments (9 mai 1625). — 4. Procès-verbal de visite en conséquence (14 octobre 1626). — 5. Quittance à Victor de Bongards pour travaux de maçonnerie (22 mars 1628).

1 F 431 (Liasse). — 2 pièces parchemin, 5 pièces papier.

1581-1646. — Biens et droits : Biches. *La Cour : Domaine et cheptel.* — 1. Vente de terres chargées de cens au profit du seigneur de La Cour, consentie à Robert Godeveau et autres, du village de Villars, par Lambert de La Roche, écuyer, demeurant à Brinay, et Marie de Nourry, sa femme ; présence de Nicolas de Closse et de Jean Poullet, meunier de Brinay (acte reçu le 5 août 1581 et grossoyé le 15 mars 1582). Suit : Quittance des lods et ventes donnée à l'acquéreur par Gui de Juisard, écuyer, sieur de La Cour (5 août 1581). — 2. Bail à cens au même Godeveau par Gui de Juisard (acte reçu le 9 octobre 1581 et grossoyé le 15 mars 1582). — 3. Bail à métairie du domaine de La Cour, *assis au village d'Acour,* consenti à Maurice Devenon et Dimanche Ferrand, frères, par Parceval de Bongards et Anne de Juisard, sa femme : présence de Vincent Poullet, curé de Brinay, et de Blaise Poullet, meunier de Brienne (22 mars 1614). — 4. Reconnaissance de cheptel par Jeanne de Bongards au profit de François Veron, seigneur de Couze, paroisse de Commagny ; présence de M⁰ Simonet, notaire à Commagny et à Moulins-Engilbert (22 mai 1646). — 5 à 7. Procédure en conséquence au Bailliage de Nevers (1646).

1 F 432 (Liasse). — 11 pièces papier.

1597-1651. — Biens et droits : Biches. *La Cour : Quittances.* — 1. Reçu signé : de Nourry, pour « Nicolas Clause, mon frère » (13 avril 1597). — 2 et 3. Autres, à Parceval de Bongards, de redevances dues à la Commanderie de Biches (1618, 1620). — 4 et 5. Autres semblables, à M. de Bongards (1621). — 6 à 9. Autres encore, à Victor de Bongards (1625-1629). — 10. Accord en la justice de la Commanderie (Jean Jaubert, lieutenant) touchant le paiement de redevances dues par Victor de Bongards, 1ᵉʳ juin 1635). — 11. Offres de paiement adressées à Jean Pellé, notaire à Alluy, fermier de la Commanderie, par Léonard Lyon, praticien à La Cour, fermier d'Hector de Bongards ; présence de Martin Bernard, praticien, demeurant à Bernay, paroisse de Limanton (29 décembre 1640). — 12. Quittance à Lyon par Pellé (9 février 1645). 13. — Autre, signée : Guillier, à Charlotte de Lichy (23 juin 1650). — 14. Autre, à Mᵉˡˡᵉ de La Cour par le receveur de la seigneurie de Châtillon-en-Bazois (30 décembre 1651).

1604-1649. — Biens et droits : Biches. *La Cour : Procédures.* — 1. Adjudication, en la justice de la Commanderie de Biches, de récoltes saisies à la requête de Parceval de Bongards sur Élie de Juisard (juillet 1604). — 2 à 4. Procès en la même justice, entre Parceval de Bongards et Jean Jobert et Antoine Michot, commissaires aux récoltes saisies sur Élie de Juisard (1605). — 5. Sentence pour Parceval-Victor de Bongards contre Philippe Regnault, touchant la propriété d'une pièce de terre (24 mai 1625). — 6. Autre, à Saint-Pierre-le-Moûtier, pour Claude Perrot, le jeune, commandeur de Biches, contre Hector de Juisard (20 avril 1630). — 7 à 13. Procès au Parlement entre Victor de Bongards, mari d'Anne de Juisard, contre Hector de Juisard, fils d'Élie (1630) : appel d'une sentence du Bailliage de Nevers, du 5 mai 1628 [cf. 1 F 110, p. 1]. — 14. Enquête en la justice de La Cour, à la requête de Victor de Bongards, en matière criminelle (1ᵉʳ janvier 1632). — 15. Défaut, à Saint-Pierre-le-Moûtier, pour Victor de Bongards contre Benoît Collin (30 juin 1632). — 16 à 19. Affaire de mœurs en la justice de La Cour, à la requête de Jeanne Michot, la jeune, contre Robert Bernard (1635). — 20. A cette occasion, conflit de justice au Bailliage de Nevers entre le seigneur de Saint-Gratien et Parceval-Victor de Bongards, sieur de La Cour, qui se prétendent tous deux hauts justiciers de La Cour (3 juillet 1635). — 21. Procès en Parlement entre Perronelle de Billon, veuve de Gilbert de Basmaison, et Hector de Juisard et Victor de Bongards (1637). — 22. Procuration en conséquence par Victor de Bongards à Mᵉ Daniel Bouchet, procureur au Parlement de Paris ; présence de Jean Pellé, notaire, et de Paul Comaille, praticien, tous deux d'Alluy (22 décembre 1637). — 23 à 39. Procès au Bailliage de Nivernais entre Hector et Jeanne de Bongards (1643-1645). — 40. Réception d'appel au Parlement de Paris, pour Hector de Bongards contre Perronelle de Billon (9 avril 1649).

1648-1675. — Biens et droits : Biches. *La Cour : Procédures.* — 1 à 8. Procès au Bailliage de Nevers entre Perronelle de Billon, veuve de François de Basmaison, et Hector de Bongards ; dans la suite, Edme de Bréchard, écuyer, sieur de Chérigny, est substitué à la première (1648-1657). — 9. Compte de cheptel entre François de Closse et Charlotte de Lichy (17 septembre 1655). — 10. Procès au Bailliage de Nevers entre François de Closse et Edme de Bréchard (6 mars 1656). — 11. Saisie de récoltes contre Charlotte de Lichy, veuve d'Hector de Bongards, à la requête de Paul Pellé, fermier de la Commanderie de Biches (4 juin 1656). — 12. Adjudication en conséquence (22 juin). — 13. Exploit pour Paul Pellé contre Jean-François Regnat (27 juillet 1656). — 14. Autre, pour François de Closse et Jacques Boyer contre Edme et Jean de Bréchard et Pierre de La Courcelle (25 mai 1657). — 15. Saisie en conséquence de la terre de La Cour, consistant, entre autres, en justice moyenne et basse, qui devra être adjugée à Saint-Pierre-le-Moûtier ; présence de Jean Pougault, notaire royal à Moulins-Engilbert, et de Gaspard Boy, curé de Biches (septembre-décembre 1657). — 16. Certificat de vérification de criées (8 mai 1658). — 17. Vente mobilière après le décès d'Edme de Bréchard (9 février 1661). — 18 à 20. Procès en la justice de Châtillon-en-Bazois, entre Edmée de Juisard, veuve d'Edme de Bréchard, et Paul Durand, fils de défunt Jean Durand, greffier de la justice de La Cour : délivrance de copies de pièces (1664). — 21 à 49. Poursuite à Saint-Pierre-le-Moûtier, puis au Parlement de la procédure touchant la saisie de La Cour ; interviennent en la cause Pierre de Closse, fils de François, et Louis de Brothières, écuyer, seigneur de Boisrond, veuf d'Anne de Basmaison, fille de Perronelle de Billon (1665-1675).

1594. — Biens et droits : Brèves (1). — Jacques Houdry, laboureur à Villiers, paroisse de Cuncy-sur-Yonne, et Marguerite Marande, sa femme, vendent à Lazare Delaporte, marchand à Clamecy, une maison et ses dépendances, à Sur-Yonne, et des terres et vignes aux finages de Brèves, Villiers et Dornecy ; mention, parmi les confins, d'une terre des héritiers de Jacques de Loron, seigneur d'Argoulais ; présence de Jean Regnault, licencié en lois, avocat à Clamecy (14 février). Copie collationnée le 17 décembre par Delavau, notaire royal.

(1) A rapprocher de l'article 1 F 113.

1 F 436 (Liasse). — 7 pièces papier.

1618-1671. — Biens et droits : Brinay (1). *Eaux et Forêts.* — 1. Dénombrement fourni par Parceval de Bongards et Anne de Juisard, sa femme, à Hector de Mengin, commandeur de Biches : droit d'usage en la forêt de Vincence, droit de pêche dans l'Aron, et des prés et champs aux environs ; présence de Claude Bunot, praticien à Châtillon-en-Bazois (13 mars 1618). — 2 à 6. Procès à Saint-Pierre-le-Moûtier entre François de Closse et Jean de Bréchard, touchant la pose d'une planche sur la rivière d'Aron ; à cette époque, le pont de Dausin avait encore une arcade (1656). — Présences de : Claude Robert, notaire à Limanton, et Martin Chapard, praticien à Cercy (p. 2) ; Germain Mourillon, praticien à Isenay, et Edme Jolly, clerc, à Cercy-la-Tour (p. 4). — 7. Plainte au Bailliage de Nevers par Jean de Closse, écuyer, seigneur de La Mothe-Palluau, contre Claude Barry, procureur d'office de Bernay, touchant le droit de pêche dans la rivière de Palluau (1671).

1 F 437 (Liasse). — 14 pièces papier.

1634-XVIII siècle. — Biens et droits : Brinay. *Impositions.* — 1. Arrêt du Conseil d'État interprétatif de l'édit de janvier sur les tailles, l'usurpation des titres de noblesse, etc. (Chantilly, 26 juillet 1634). Copie informe. — 2. Mise en demeure à Léonard Bongrand d'avoir à procéder à la confection du rôle des tailles de Brinay, compris Mont (6 juin 1641). — 3. Exploit contre Léonard Bongrand (16 septembre 1645). — 4 et 5. Pièces du procès à la Cour des Aides entre François Closse, pour ce que devait le métayer de Palluau (23 mars par Claude Larivé, collecteur de Brinay, à François de Closse, pour ce que devait le métayer de Palluau (23 mars 1654). — 7. Désignation de Jean Guillemain pour collecteur de Brinay en 1666. — 8 à 11. Procès (1679) à la Cour des Aides [cf. p. 4 et 5]. — 12. Mémoire pour M. de Closse contre les habitants de Brinay : notes sur la situation et le ressort du fief de Palluau (sans date, XVII siècle). — 13 et 14. Mémoires informes et sans date (XVIII siècle, sur la collecte de Brinay et la difficulté d'y trouver des collecteurs.

1 F 438 (Liasse). — 2 pièces parchemin, 1 pièces papier.

1565-1633. — Biens et droits : Brinay. *Affaires diverses.* — 1. Vente d'un pré en la prairie de Bernay, avec assignation de redevance censuelle, par Léonard Devesmon, maréchal à Chériguy, et ses communs parsonniers, à Thomas Colin, de Bernay, paroisse de Limanton (30 juin 1565). — 2. Vente d'une ouche à Brienne, par Loup Deffoux à Sébastien Taupin, tisserand (1er janvier 1567, n. st.). Au dos : Quittance des lods et ventes donnée à Taupin par Gui de Juisard, écuyer, seigneur de Chamonot (27 décembre 1567), et : Quittance définitive à Deffoux par Taupin (17 mai 1579). — 3. Partage de biens en deux lots, entre François et Charles de Gayot, frères, écuyers (1598). — 4. Vente d'un pré à Brinay, par Gaspard Peneau à *Natoire* de Closse ; présence de Gilbert de Nourry, écuyer, sieur de Palluau en partie, et de Claude de Juisard, écuyer, seigneur de Tamnay en partie (20 juin 1622). Suit : Quittance des lods et ventes, signée : de Bréchard (6 septembre). — 5. Assignation aux jours de la basse et moyenne justice de La Motte-de-Palluau, pour abandon de porcs ; partie de la terre de La Motte-Palluau vient d'être acquise par de Closse, de François et Charles de Gayot (11 janvier 1633).

1 F 439 (Liasse). — 1 pièces parchemin, 12 pièces papier.

1502-1785. — Biens et droits : Cercy-la-Tour (1). — 1. Hommage et dénombrement des fiefs de Cossay et de La Motte-Grillon, par Gilbert Taupin, prêtre, et autres, à Jean de Chaugy, chevalier, seigneur de Pron (29 janvier 1502, n. st.). — 2. Hommage des fiefs de La Motte de Cossay et de La Motte-Grillon, rendu à Jean Sallonnier, demeurant à Moulins-Engilbert, seigneur de Pron, par Nicolas de Rolland, écuyer, seigneur d'Arbourse et de Couëron en partie, tuteur de Marc et François, fils de Jean de Rolland, écuyer, seigneur de Vendonne ; suit hommage au même par Jacques de Rolland, écuyer, seigneur de Couëron, pour une prestation bordelière assise sur un pré au finage de Coulongette, paroisse de Coulonges-sous-Cercy (3 août 1588). — 3. Dénombrement de diverses prestations bordelières à La Motte-Grillon et à Cossay, fourni à Jean Sallonnier, seigneur de Pron, par Marc de Rolland, écuyer, seigneur de Vendonne (1er août 1599). Addition (7 juin 1601). — 4. Blâme dudit dénombrement (27 décembre 1600). — 5. Main-levée des fruits saisis, à la requête du procureur en la justice de Saint-Gratien et Savigny-sur-Canne, sur Françoise Delaporte, veuve de Claude de Cossay, écuyer, seigneur de Lurbigny et de Chaumigny (17 juin 1606). — 6. Quittance à M. de Marcelanges, touchant un procès contre Jean Guyonnin (5 mai 1664). — 7. Extraits des feuilles d'étrousses du Bailliage de Saint-Pierre-le-Moûtier (1667-1668). — 8 à 15. Procès aux Requêtes de l'Hôtel, entre Louis du Bois, chevalier, marquis de Givry et de Vandenesse, prenant le fait et cause de Jean de Couze, son métayer, et Antoine de Marcelanges, écuyer, sieur de Chaumigny : propriété d'un pré sis à Vroux (1676-1696).

1 F 152.

(1) Ce dossier et les deux suivants complètent les articles précédemment analysés sous les cotes 116 à 134.

(1) Voir plus haut, article 1 F 152.

16. Divers dénombrements, sur parchemin, cousus en un seul cahier de 20 feuillets (1785), tous au profit d'Anne-Élisabeth de Reugny du Tremblay, dame de Pron, épouse de Nicolas-Lazare-Xavier-François, marquis de Fussey. — Fol. 1. Dénombrement par Pierre Lault des Brulés, époux de Marie-Jeanne Garilland (4 mars). — Fol. 3. Autre, par Charles Garilland, curé de Saint-Pourçain-Malchère, et ses neveux (25 septembre). — Fol. 4. Procuration par ledit Charles Garilland à Jean Pasquier, pour le représenter audit acte, comme tuteur de ses neveux et nièces (5 juillet). — Fol. 5. Dénombrement de partie du fief de Cossay fourni, à cause de la terre de Champlevois, par Jean Boullier, procureur aux justices de La Nocle et dépendances, représentant Cirice-François-Melchior de Vogüé, seigneur de Champlevois (20 octobre). — Fol. 11, v°. Extrait de la procuration donnée par de Vogüé à Boullier (10 août 1784). — Fol. 13. Dénombrement des fiefs de La Motte de Cossay et de La Motte-Grillon, par Antoinette-Martiale-Perpétue Melon (22 octobre). — Chacun des articles mentionne que la dîme, sur le finage de Cossay et La Guette, à raison de douze gerbes l'une, était jadis perçue par les seigneurs, mais qu'elle est passée, on ne sait comment, au curé de Cercy.

1 F 440 (Liasse). — 1 pièce papier.

1785. — Biens et droits : Chaluzy (1). — Quittance par Berger, receveur des terriers de l'Hôtel-Dieu de Nevers, à Mme Millot, veuve de Philippe Le Baul de Chauvance, pour moitié de ce qui revenait aux pauvres à cause d'un champ dépendant du domaine de Gondières ; l'autre moitié sera payée à M. Pannecet, curé de Saint-Lazare (10 mars).

1 F 441 (Liasse). — 3 pièces papier.

1666-1676. — Biens et droits : Champvert (2). — 1. Sentence du Châtelet de Paris, pour Claude Fabry, hôtelier et bourgeois de Paris, rue des Anglais, près la place Maubert, contre Hugues de Maumigny, écuyer, seigneur de Rivière (18 décembre 1669). Suit : Signification (15 février 1676). — 2. Autre signification (30 juillet). — 3. Saisie en conséquence de la Seigneurie de Vilcraie, où demeure Hugues de Maumigny (31 juillet).

1 F 442 (Liasse). — 2 pièces parchemin, 17 pièces papier.

1723-1725. — Biens et droits : Chateauneuf-Val-de-Bargis. Le Pont (3). — Procès aux Requêtes du Palais entre Guillaume Égon Tambonneau, chanoine de Paris, prieur com-

mendataire de Conflans-Sainte-Honorine, et Pierre Langlois de La Fortille, abbé commendataire de Bourras, touchant le décret de la terre du Pont ; Pierre Langlois se dit acquéreur de Jean Durand des Couteaux, suivant contrat du 21 décembre 1720 ; Guillaume de Nourry, seigneur de Thurigny, fait opposition au décret de la terre.

1 F 443 (Liasse). — 1 pièce parchemin.

1527. — Biens et droits : Chatillon-en-Bazois (1). — Claude de Pontailler, chevalier, seigneur de Châtillon, concède à la famille Jaubert divers droits dans les bois de Serre, de La Serrée, de Pouilly et de Lye : ils pourront y mener paître leurs bestiaux et leurs porcs, y couper du bois vif pour tous ouvrages et charronages qu'ils pourront ensuite mettre en vente et y prendre leur chauffage (16 mars, n. st.). Copie collationnée le 24 octobre 1630.

1 F 444 (Liasse). — 2 pièces papier.

1816. — Biens et droits : Chevanne-sous-Montaron (2). — Partage du bien de Chevanne, comprenant entre autres le domaine de Chèvre ; les bestiaux, les cheptels et le poisson de l'étang ne seront partagés qu'à la Saint-Martin (1er octobre).

1 F 445 (Liasse). — 6 pièces parchemin, 2 pièces papier.

1476-1667. — Biens et droits : Chevenon. — 1. Étienne Pains vend à Pierre Coquelart une terre chargée de cens au profit du comte de Nevers, sise à Chaumont, joignant le chemin de Chevigny à Chevenon (22 juin 1476). — 2. Bail à bordelage d'une terre en la justice du Chamon, contiguë à la rue allant d'Imphy à Chevenon, consenti à Philibert Gourdon, d'Imphy, par Catherine de Pougues, veuve de Pierre Sellier, avocat du roi au Bailliage de Saint-Pierre-le-Moûtier ; présence d'Henri Peurot, prêtre (26 juillet 1518). — 3. Bail à bordelage de moitié d'une grange et d'une maison à Nevers, par Guillaume Ducoing à Guillaume Miron ; présence de Pierre Lagesde, curé de Patinges (25 octobre 1520). — 4. Guillaume Miron, boucher à Nevers, vend à Guillaume Ducoing, bourgeois dudit Nevers, deux prestations bordelières assises : l'une sur une maison et des terres à Crezancy, paroisse de Chevenon, lesdites terres chargées de cens au profit du sieur de Cougny, payable au four de Crezancy ; l'autre, sur un pré ; mention, parmi les confins, d'un chemin allant de Crezancy à Notre-Dame de Chaligny (12 septembre 1522). — 5. Le même jour, rétrocession desdits bordelages par Ducoing à Miron. —

(1) Cette pièce complète l'article 1 F 155.
(2) Voir plus haut, article 1 F 156.
(3) Ce dossier complète l'article 1 F 160.

(1) Voir plus haut, article 1 F 161.
(2) Voir plus haut, article 1 F 163.

6. Sur procès pendant au Bailliage de Nevers, transaction entre Guillaume Ducoing et Jean Perigot, boucher à Nevers, tuteur des enfants de Guillaume Miron (13 mai 1533). — 7. Reconnaissances de tenures en bordelage par François Hubert, laboureur à Sermoise, Jean Hubert, laboureur à Crezancy, paroisse de Chevenon, et Jean de Fontferrières, laboureur au Chamon-aux-Maillots, paroisse d'Imphy, représentant Jacques Hubert, son beau-fils, au profit de Jean Després, sieur de Cougny et de Châlons[-les-Coques], receveur des aides et tailles en l'Élection de Nevers, époux de Marie Ducoing : divers héritages au territoire du Chamon-aux-Maillots, acquis, le 20 juillet 1575, de François Girard, chevalier de l'ordre du roi, seigneur de Chevenon, Sermoise, Bois, Peuilly, et du Chamon-aux-Maillots : présence de Guillaume Lesage, chirurgien à Nevers (19 mars 1584). Plusieurs mentions de chemins allant à Chevenon du moulin ou du port d'Imphy. — 8. Sentence du Bailliage de Nevers en une cause entre Augustin Conrade, conseiller et premier médecin de la reine de Pologne, étant aux droits de Jacques Bolacre, écuyer, seigneur du Marais, et Pierre de Nourry, écuyer, sieur de Turigny (11 mars 1667).

1 F 446 (Liasse). — 1 pièce parchemin.

1494. — BIENS ET DROITS : CHIDDES, *Champlevrier* (1). — Bail à bordelage de la mouille de Champlevrier, consenti à Guiot Destailles, du village de Forges, paroisse de Sémelay, par Guiot Le Bourgoing, écuyer, seigneur de Champlevrier ; présence de Jean Berger, prêtre (6 octobre).

1 F 447 (Liasse). — 1 pièce parchemin.

1587. — BIENS ET DROITS : CORBIGNY. — Sur procès pendant au Parlement de Paris, au sujet de redevances dues à l'abbaye de Saint-Léonard, transaction entre Jean Verrier, praticien et notaire à Corbigny, d'une part, et, d'autre part, Guillaume Lemasurier, marchand à Châtel-Censoir, naguères un des accenseurs des revenus de l'abbaye : présence de Paul Perreau, praticien, et de Pierre Robelin, prévôt de Corbigny (21 février). A la fin, mention que Lemasurier a fait transport de ses droits à Claude Delaporte.

1 F 448 (Liasse). — 1 pièce parchemin.

1550. — BIENS ET DROITS : COULANGES-LEZ-NEVERS (2). — A la suite d'une vente par Guillaume Bourgoing, seigneur du Vernay, à Pierre Després, l'aîné, marchand à Nevers, recon-

naissance de bordelage par Hugues Dolet, marchand audit Nevers, touchant une vigne au finage de Villecourt (14 octobre).

1 F 449 (Liasse). — 1 pièce parchemin.

1533. — BIENS ET DROITS : CUFFY (1). — Vente d'un ancien pré, alors en nature de terre labourable, avec une petite maison couverte en paille, sis dans la paroisse de Cuffy, sur le chemin allant du Guétin au port de Laubray, consentie par Jean Regnaud, de Gimouille, à Étienne Borne, prêtre, demeurant à Nevers (12 avril, veille de Pâques, 1532). Au dos, quittance d'arrérages et de dettes, par Étienne Borne à Regnaud (2 décembre 1533).

1 F 450 (Liasse). — 1 pièce parchemin.

1458. — BIENS ET DROITS : CUZY (Saône-et-Loire). — Bail à bordelage de divers héritages par Philibert Bourgoing et Jeanne la Torte, sa femme, à Jean Duchamp, laboureur au Champ, paroisse de Cuzy : l'avoine est à la mesure de Luzy : présence de Jean le Tort, citoyen de Nevers (2 février, n. st.).

1 F 451 (Liasse). — 1 pièce parchemin.

1461. — BIENS ET DROITS : DRUY. — Bail à bordelage de divers héritages sis à la Vallée de Druy et aux Cras, consenti à Guillemin et Guillaume Delaroche, frères, et à leurs femmes, par Huguenin Berthelon, le jeune, et Jean Berthelon, écuyers, frères, agissant du consentement de leur père, Huguenin Berthelon, l'aîné, et au nom de leurs femmes, Jeanne et Marguerite de Lichy ; le grain est à la mesure de Druy : présence de Gilbert de Lichy et de Jean de Quincy, écuyers (21 décembre).

1 F 452 (Liasse). — 1 pièce parchemin.

1475. — BIENS ET DROITS : GARCHIZY (2). — Bail à bordelage d'un pré dans la prairie de La Bussière, consenti à Jean Goué, de Voisvres, paroisse de Varennes-lez-Nevers, par Simon Dupont, clerc de la Chambre des Comptes de Nevers : mention, parmi les confins, d'un pré du Chapitre de Nevers (6 mai).

1 F 453 (Liasse). — 6 pièces papier.

1584-1588. — BIENS ET DROITS : GLUX (3). — 1. Reconnaissance de dette au profit de François de Chevigny, sergent royal à Saint-Léger-sous-Beuvray, par Pierre Dufour, *Lazotte* Devillechaise, veuve de Chrétien Delavault, et Denis Dela-

---

(1) Voir plus haut, article 1 F 167.
(2) Cette pièce complète l'article 1 F 173.

(1) Voir plus haut, article 1 F 186.
(2) Cf. ci-dessus, 1 F 192, pièce 1.
(3) Ce dossier complète l'article 1 F 193.

vault, de Villechaise, paroisse de Glux (11 mai 1584). — 2. Autre, au même, par Pierre Dufour et Denis, fils de feu Chrétien Delavault, communs en biens ; présence de Jean Dupasquier, curé de Saint-Prix-sous-Beuvray, et de Jean de Montcharmont, dudit Saint-Prix (27 juin 1584). — 3. Quittance à Edme de Bongards par Simon Hallé, vicaire de Glux, pour la rente due sur la maison de Léonard Doreau et sur l'ouche devant la cure (25 novembre 1584). — 4 à 6. Procès, aux jours de la châtellenie de Glennes entre Jean Delabise et *Lazotte*, veuve de Chrétien Delavault, avec intervention de François de Chevigny, sergent royal (1585). — 7. Déclaration des fruits des héritages de Pierre Dufour, *Lazotte* Devillechaise et Denis Delavault, dont main-levée est requise par François de Chevigny (1585). — 8. Billet à M. de Bongards, signé : De Chevigny (23 avril 1587). — 9. Quittance par François de Siry à Philippe Degenay, veuve de Gabriel Pillot, représentant Claudine Gallet, veuve de Lazare Anthouard (1er février 1588).

1643-1645. — Biens et droits : Isenay (1). — Déclaration de changement de domicile par Léonard Bongrand, qui va demeurer à Brinay. Suit le certificat de publication au prône, par Chantereau, curé d'Isenay (4 octobre 1643). Certificat de dépôt de l'original au greffe de l'Élection de Nevers (22 décembre 1643). Certification de publication au prône par le curé de Limanton (12 septembre 1644). Signification aux collecteurs de la paroisse d'Isenay (15 mai 1645).

1695-1767. — Biens et droits : Maltat (2). *Fief de La Motte.* — 1. Mémoire pour s'opposer au décret de La Motte : la maison seigneuriale a été bâtie vers 1603 par Jean Perreau ; en 1661, le seigneur est André de Virgile (4 juillet 1695). — 2. Signification aux officiers de la justice de Vitry, de l'opposition formée par Claude Lachaussée, marchand à Bourbon-Lancy, à la levée des scellés apposés sur les meubles et effets de Louis Compin, marchand à La Motte (4 juillet 1763). — 3 et 4. Hommage rendu par Françoise Febvre, veuve de Louis Compin, rendu à Denis-Robert Bruneau, représenté par Hugues de Montchanin, avocat en Parlement, bailli de Vitry, en présence de Jean-Baptiste Boullyer, procureur fiscal : Compin avait acquis La Motte du sieur Mouteau, écuyer, par contrat du 31 décembre 1753 (14 juin 1764). Original et extrait. — 5 et 6. Autre hommage par Jean-Marie

Compin, fils de Louis et de Françoise Febvre, rendu à Dominique Guillemain, lieutenant de la baronnie de Vitry, en l'absence du Bailli (22 juin 1767).

1473. — Biens et droits : Marzy (1). — Vente par Godefroy Alault, laboureur au Four-de-Vaux, et Marguerite Quinault, sa femme, à Simon Dupont, de Nevers, d'un pré chargé de cens au profit du trésorier de Saint-Cyr de Nevers : mention, parmi les confins, d'un pré du trésorier de Saint-Cyr (29 mai).

1638-après 1664. — Biens et droits : Metz-le-Comte (2). — 1. Reconnaissance de cheptel par Jean Savard, laboureur à Champagne, au profit de Madeleine Delaporte, veuve de Jean Després (1er avril 1638). — 2. A la requête de Jean Rossignol, notaire à Tannay, représentant Pierre de Nourry et Madeleine Després, son épouse, extrait de la liève des cens et rentes dûs à la cure de Metz, dressé par Joly, curé : aucune recette n'a été effectuée de 1650 à 1663, pendant l'administration du curé Jean Buteau ; Jolly lui a succédé en 1664.

1609-1657. — Biens et droits : Montaron (3). — 1. Par devant Jean Boulley, notaire royal, commissaire à la confection du terrier de Jean de Reugny, écuyer, et de Charlette de Régnier, son épouse, seigneur et dame du Tremblay, Montaron et autres lieux, acte pour Pierre Joseph, dit Verdelet, maître et gouverneur de sa communauté, demeurant à Drazilly, portant : reconnaissance de tenures en bordelage par les Verdelets, concession en leur faveur de droits d'usages de bois mort et de bois d'œuvre aux bois de Montaron, stipulation que les corvées seront réclamées en nature et non en deniers, enfin affranchissement de la servitude ; le grain est à la mesure de Cercy-la-Tour : présence de Noël Esmalle, avocat à Decize (22 décembre 1609). — 2. Par devant le même Jean Boulley, reconnaissance de tenures en bordelage par Léonard Cossard, maître et gouverneur de sa communauté, demeurant à Creule, avec ratification de l'affranchissement précédemment accordé auxdits Cossards (16 février 1585) et concession de droits d'usages aux mêmes bois et dans les mêmes conditions : corvées en nature et non en

(1) Voir plus haut, articles 1 F 196 à 198.
(2) Ce dossier complète les articles 1 F 209 et 210.

(1) Cf. ci-dessus, article 1 F 213.
(2) Voir plus haut, articles 1 F 215 à 218.
(3) Ce dossier complète les articles 1 F 220 à 227.

deniers (23 décembre 1609). — 3. Pièce jointe à la précédente : Notes extraites de la reconnaissance de bordelage de Pierre Cossard, insérée au terrier de Poussery signé : Reuillon, au fol. 95, v° (sans date ; xvii° siècle). — 4. Par devant Léonard Bonneau, notaire royal, commis à la confection du terrier de Georges de Reugny, seigneur du Tremblay, Poussery, Montaron, etc., bail à cens d'un pré à Sangy, consenti par ledit de Reugny à Jean Mathé, demeurant à Creule ; présence de François Charleuf, praticien à Isenay, et de Jean Lepère, praticien à Crécy (6 mai 1644). Copie collationnée, à la requête de Louis Merville, acquéreur du pré, en présence de Jean Sauvaget, prêtre, de Sémelay, et de Jean Mathé, clerc, de Saint-Honoré (13 novembre 1656). — 5. Reconnaissance de tenure à cens, commué de bordelage, pour divers héritages sis à Drazilly, au Chaillou et à Sangy, par Louis Merville, fermier de Poussery, au profit de Georges de Reugny ; présence de Pierre de Carroble, prieur de Mazille, et de M° Coquelet, praticien à Pouligny (17 octobre 1657).

1 F 459 (liasse). — 1 pièce parchemin.

1496. — Biens et droits : Sancoins. — Bail à bordelage de diverses pièces de pré, consenti par Vincent Ducoing, bourgeois et marchand à Nevers, à Gilbert Hervier et Catherine, sa femme, demeurant au village de Beauvais, paroisse de Sancoins ; mention, parmi les confins, d'un pré du seigneur de Froidefond (17 septembre).

TABLE ALPHABÉTIQUE[1]

Arc-sur-Tille (Côte-d'Or), 51.
Arcy (Agnès d'), dame de Vitry, 45.
Ardenay, paroisse de Marzy, 213.
Argenvières (Cher), 157.
Argoulais, commune de Montsauche, 435. — Seigneur : Jacques de Loron.
Aria, paroisse de Saint-Jean-aux-Amognes, 296. — Dîme, 296.
Arles, 233.
Arlot, forge, commune de Saint-Éloi, 308 ; 396. — Maître : René Traineau. — Fermier : Jean Darnoux.
Arnault, famille, 116.
Aron (l'), rivière, 122 ; 123 ; 143 ; 148 ; 204 ; 436. — Justice de la rivière, 118. — Droit de pêche, 109 ; 118 ; 143 ; 436.
Arthus, famille, 128 ; 130 ; 138.
Artillier, 321.
Arvey, famille, 94.
Arvillon, avocat, 398.
Asnois, 20 ; 32 ; 93 ; 166 ; 172 ; 215 ; 216 ; 323 ; 398. — Lieutenant au Bailliage : Philippe Givray, ou Quéray. — Notaire royal : Jean Regnault.
Assoué, près Vitry, 60 ; 182.
Assart (l'), famille, 60.
Arsiard, commune de Chiddes, 365.
Assomption, fête, 334.
Astier de Souvillard (Jean), 182.
Aubépin (l'), paroisse de Varennes-lez-Nevers, 335 ; 369.
Aubert (Charles), chapelain de Vitry, 379.
— (Gilbert), chapelain de Vitry, 379.
Aubery (Rémy), procureur du roi en la Sénéchaussée de Moulins, 232.
Aubigny-le-Chétif, 91.
Aubigny-sur-Loire (Cher), 219.
Aubossu, ou Auboussu, famille, 313 ; 328.
Auc..s, famille, 314.
Audebrain, famille, 317.
Audigier, famille, 44.
— (Michel), curé de Vandenesse, 280.
Audouard (Nazaire), chapelain de Vitry. Voir : Pelletier (Nazaire).
Auduyer (Le domaine), ou *Les Audugers*, paroisse de Lesmes, 53 ; 85.
Audugin, ou Audigier, famille, 51 ; 60 ; 63 ; 67 ; 201 ; 379 ; 380.
— (Gilles), prêtre, 60 ; 379.
— (Guillaume), fermier du péage de Lesmes, 199.
Augnard, paroisse de Limanton, 102.
Aumerle, Bois, près Chaluzy, 155 ; 256. — Usages, 309.
Aunay, 102 ; 127 ; 223 ; 280. — Notaire : François Dony.
Aunay (d'), famille, 202 ; 280.
— (Charles d'), sieur du Chagnot, 212.
— (Claude d'), baron d'Épiry, 212.
— (Érard d'), 32 ; 135 ; 139 ; 334.
— (François d'), notaire, 9.
— (Guillaume d'), seigneur de Bernay, 135 ; 139 ; 196 ; 334.

Aunay (Frère Jean d'), 398.
— (Jean d'), seigneur de Graté, 319.
— (Othelin d'), seigneur de Bernay, 116 ; 118 ; 120 ; 123 ; 130 ; 146 ; 147.
— (Philibert d'), 135.
— (Pierre d'), 118.
Aurousseau, famille, 116 ; 125.
Autun, 47 ; 55 ; 63 ; 174 ; 178 ; 181, note ; 193 ; 271 ; 378 ; 380 ; 385 ; 388 ; 423.
Évêque, 378. — Officialité, 273. — Official : Léonard de Commaille. — Hôpital général, 24. — Cordeliers, 24. — Gardien des Cordeliers : le F. Vautrin. — Procureur du bureau des pauvres : Sébastien Delagoutte.
Extrait du rôle d'impôts, 24. — Maîtrise des Eaux et Forêts, 178. — Receveur des deniers royaux du Bailliage : Edme Thiroux. — Prévôt de la maréchaussée : Philibert-Marie Gaudry. — Notaires : Claude Changarnier ; Gabriel Jarriot. Rue de l'Arquebuse, 423. — Prisons, 193. — Hôte du Cheval Blanc : Pierre de Bart.
Auvergne (Jean d'), 225.
Auvincent, famille, 158.
Auxeaul, famille, 219.
Auxerre, 39 ; 188. — Chanoine : Charles Bourgoing. — Abbé commendataire de Saint-Germain : Ch.-F. de Loménie de Brienne.
Avallon, 93 ; 400.
Avantois (Joachim d'), 305.
Avrée, 424.
Avril-les-Loups, 229. — Seigneur : Claude de Droy.
Avril (Joseph), sergent de Pouligny-sur-Aron, 280.
Aynay (d'), famille, 77.
Azy, commune de Garchizy, 191. — Seigneur : Jean de Cornigny.

B

Babou (Philibert), sieur de Mougny, 107.
Babouhot, prieur de Vanoise, 14.
Babut, famille, 67.
Baccarat (Meurthe), 9.
Bachelier, famille, 43.
Bagnet, famille, 187.
Bagot, famille, 60.
Baillezy (Guillaume), fermier de la seigneurie de Bernière, 108.
— (Jacques), notaire royal, 108 ; 140 ; 202.
Bailleux (Benoit), receveur de Vitry, 48.
Baillon, famille, 331.
Bailly, famille, 44 ; 345 ; 368 ; 380 ; 386-388.
Baleste (Jean de), écuyer, 381.
Ballard, famille, 207 ; 271.
— (Charles), président au grenier à sel de Luzy, 207.
Balleray, Prévôté, 373.
Balles (François de), écuyer, 235.
Ballet, notaire royal à Cercy-la-Tour, 303.

Ballore (Saône-et-Loire), 63 ; 67 ; 71 ; 85 ; 88 ; 183 ; 184. — Seigneurs : Claude de Ballore ; Gaspard de Ballore ; Jacques Bougarel ; Étienne Maillard.
Ballore, ou Balorre (de), famille, 51 ; 77 ; 201 ; 280.
— (Antoine de), seigneur de Trézy, 384.
— (Cassien de), 384.
— (Claude de), seigneur de Ballore et de Cognard, 66 ; 184.
— (Esme de), écuyer, 280.
— (François de), seigneur de Trézy et de Cognard, 184.
— (Gaspard de), seigneur de Ballore et de Cognard, 63 ; 67 ; 175 ; 184.
— (Guillaume de), seigneur de Mussy, 121.
— (Pierre de), prieur de Marchy, 175 ; 179.
Bally, famille, 378 ; 379.
Banalité, 51 ; 54 ; 67 ; 126 ; 181 ; 223 ; 294 ; 311 ; 380 ; 422.
Ban et arrière-ban, 9 ; 14 ; 16 ; 124.
Banges, aux paroisses d'Alluy et de Biches, 100 ; 399 ; 420.
Banlay (Le), paroisse de Varennes-lez-Nevers, 339 ; 369.
Bannelier, avocat à Dijon, 55 ; 74 ; 88 ; 382.
Baptisat, famille, 60.
Bar (Guillaume de), prêtre, 231.
— (Henri de), 116.
— (Pierre de), seigneur de Buranlure, 97 ; 116 ; 122 ; 403.
Barage, famille, 94.
Barat (François), curé d'Alluy, 100.
Baratier, famille, 59.
Baratte (La), près Nevers, 155 ; 256 ; 257 ; 353. — Seigneurs : Jean Bergeron ; Benoit Maunoury.
Barault, famille, 212.
Baraut, notaire à Chalon-sur-Saône, 24.
Barbery, famille, 259 ; 261 ; 264 ; 363.
Barbette, famille, 60.
Barbier, famille, 132 ; 364.
— (Sébastien), apothicaire à Bourbon-Lancy, 65 ; 384.
Barce, famille, 91.
— (Claude), notaire, 215.
Bard, famille, 101-103 ; 173 ; 340 ; 342 ; 344 ; 369.
— (Claude), curé de Crux-la-Ville, 103.
— (Louis), directeur des carrosses, à Montargis, 103.
Bardin, famille, 191 ; 213 ; 347 ; 349 ; 367.
— (Érard), bailli des Amognes, 401, note.
— (Guillaume), gouverneur de l'hôpital de Nevers, 343.
— (Jean), prêtre, 347.
— (Jean), religieux de Saint-Laurent-l'Abbaye, prieur-curé de Saint-Gildard-lez-Nevers, 373.
Bardot, famille, 65 ; 67 ; 126. Voir : Pautot.
— (François), notaire, 230.
Baret (Claude), 20.
Bareton (François de), écuyer, 107.

BARIE (Claude), notaire royal, 21.
BARJAUX (Toussaint), curé de Metz-le-Comte, 215.
Bar-le-Duc, 16.
Barnault, paroisse de Marly-sous-Issy (Saône-et-Loire), 385 ; 403. — Seigneurs : François DUCREST ; Philibert DUCREST.
BARON, famille, 60.
BARRAUD, famille, 93.
BARRAULT, famille, 108.
Barre (La), rivière. Voir : *Trait (Le)*.
BARRÉ (Guillaume), 1.
BARREAU, famille, 297.
BARRIGLET, famille, 132. Voir : LEDEUX.
BARRY, famille, 403 ; 411.
— (Claude), procureur fiscal de Limanton et de Bernay, 118 ; 141 ; 403 ; 436.
— (Jean), sergent royal à Lantilly, 123.
BART (Pierre de), hôte du Cheval-Blanc, à Autun, 193.
BARTHELEMOT, famille, 215.
BARTHELEMY, famille, 153.
BARTHIER, famille, 60 ; 386 ; 387.
BARTHOLOMIER, famille, 59 ; 60.
BARTIER, famille, 181.
BARTOLI (de), famille, 417.
BASMAISON (de), famille, 8 ; 403 ; 409 ; 433 ; 434.
— (François de), ou de BOURON, 110.
— (Gilbert de), 109 ; 110.
BASTENET (François), notaire ducal, procureur au Bailliage de la Roche-Millay, 267.
BATAILLER, notaire à Nevers, 351.
Bâtard. Succession, 231.
BAUCHEREAU (Jacques de), 82.
— (Jean de), sieur de Serre, 66 ; 82.
— (Nicolas de), 82.
BAUDIMENT (Jacqueline de), 32.
BAUDIN, famille, 67 ; 328.
BAUDOIX (de), famille, 120 ; 121 ; 128 ; 139.
— (Claude de), écuyer, 120 ; 139 ; 147 ; 197.
— (Guillaume de), seigneur de la Motte-Palluau, 25 ; 120 ; 138 ; 196.
— (Guy de), prêtre, 128.
— (Hugues de), curé de Verneuil, 120.
— (Jean de), écuyer, 120 ; 121 ; 196 ; 202 ; 222.
BAUDON, famille, 106.
BAUDOT, famille, 172 ; 215 ; 216 ; 393.
— (François), curé de Saizy et chanoine de Tannay, 92-94 ; 96 ; 302 ; 324.
— (Philibert), procureur fiscal en la châtellenie de Metz-le-Comte, 93 ; 216 ; 323 ; 402.
— (Pierre), seigneur de Prémaison, 92.
— (Pierre), lieutenant de Tannay, 172 ; lieutenant en l'élection de Clamecy, 96 ; élu de Clamecy, 93 ; 94.
BAUDREL, famille, 279.
BAUDRION (Denis), notaire à Luzy, 207.
BAUFFET (Paul), écuyer, 94.

BAUFFREMONT (Claude de), 62 ; 199.
— (Jean de), 61-63 ; 65 ; 175 ; 182 ; 199 ; 378 ; 380.
BAUGY, famille, 233 234.
— (Étienne), seigneur de Rochefort, trésorier de France en la Généralité de Moulins, 2 ; 234.
— (Étienne), procureur en la Sénéchaussée de Moulins, 233.
— (François), lieutenant général au domaine de Bourbonnais, 233 ; 234.
BAUJARD, famille, 67.
BAUL, famille, 344 ; 367 ; 368.
BAULDRE (Jean), notaire, 198.
BAULT, famille, 307 ; 317.
— (Jean), curé de Sauvigny-les-Bois, 307.
— (Jean), notaire au Comté, 308.
Baume (La), près Cronat, 63 ; 75 ; 85 ; 181 ; 182. — Dénombrements, 75. — Seigneurs : Pierre CHALLEMOUX ; Pierre de GRANDVAL ; François LE TORT ; Gilbert LE TORT ; Claude TIXIER.
Baye, paroisse de Bazolles, 108.
BAZAY (de), famille, 278.
— (Éliacin de), 278.
— (Guiot de), écuyer, 231.
— (Jean de), écuyer, seigneur de Pouligny, 278.
BAZEULLE, famille, 362.
BAZIN, famille, 361.
Bazoches, 217 ; 394. — Seigneur : Ludovic de VIÈVRE.
Bazois, paroisse de Pouligny-sur-Aron, 223 ; 333.
Bazois, forêt au finage de Montaron, 396.
BAZOIS (de), famille, 273.
Bazolles, 9 ; 107 ; 108.
BAZOLLES (Philippe), prêtre, 319.
BEAUDEQUIN (Claude), meunier à Limanton, 114 ; 115.
BEAUFILS, famille, 172.
BEAUFORT-CANILLAC (Jacques de), 40.
— (Louis de), 333.
BEAUGES, famille, 381.
Beaulieu, 142 ; 303. — Seigneur : Vincent LECLERC. — Curé : J. POULLET.
BEAUMONT, famille, 93.
Beaumont-sur-Sardolles, 426.
Beaune (Côte-d'Or), 325 ; 328. — Chanoine de Notre-Dame : Joseph JOURDIER.
BEAUPERRIN, famille, 313.
BEAUTOUR (Jean), prêtre, receveur de Notre-Dame de Nevers, 270.
Beauvais, paroisse de Saucoins (Cher), 439.
BEAUVALLET, famille, 93.
— (Maximilien de), 9.
Beauvoir, commune de Saint-Germain-Chassenay, 303. — Seigneur : Charles de COSSAYE.
BÉGAT, famille, 173.
BEGIER, famille, 60.
BÉJARD, famille, 301.
BEJER, famille, 308.
BELARD, famille, 188.
BELART, famille, 157.
BELAUGIER (Georges), receveur des gabelles à Nevers, 93.

BELIN, famille, 65 ; 181 ; 189 ; 368.
— (Jean), notaire ducal à Luzy, 325.
BELISME, notaire en la baronnie de Sully, 67 ; 174 ; 388.
BELIZOT, famille, 215. Voir : BAUDOT.
BELLAIRE, famille, 54.
BELLANGIER, famille, 406.
BELLARD, famille, 296.
BELLEVAULT, famille, 100.
— (Léonard), 3.
Bellevaux, abbaye, commune de Limanton, 14 ; 103 ; 108 ; 114 ; 163 ; 174 ; 176 ; 178 ; 179 ; 198. — Abbés : Jacques de CHAMPDIOU ; Hélain LAMOIGNON : Charles de MOUREL. — Abbés commendataires : Roger de BUSSY-RABUTIN ; Blaise CORNU ; Jean de MARAFFIN. — Prieurs : Hugues DELABORDE ; Gilbert DESMAZIÈRES ; François LABOURET ; Charles de MORET. — Sous-prieur : Étienne RACHUS. — Religieux : Toussaint PÉPIN ; Jean REBAUL ; Guillaume de REMBERT. — Terrier, 103.
BELLEVAUX, famille, 119 ; notaire, 9.
— (Balthazard), notaire à Bernay, 427.
— (Michel), notaire, 128 ; greffier de Bernay, 427.
— (Pierre), notaire royal, 142.
BELLEZAULX (Jean), prêtre, 136.
BELLIARD (Pierre), notaire royal à Bourbon-Lancy, receveur de Vitry, 201 ; 380.
BELLON, famille, 108.
— (Claude), écuyer, 75.
— (Guillaume), avocat, 253.
BELLOT (Claude), maître fondeur de cloches, 406.
BELLOY (de), famille, 256.
BELON, famille, 186.
BELOTE, famille, 245.
BELUSET (Guillaume), curé de La Chapelle, 198.
BENOIST, ou BENOIT, famille, 215 ; 216 ; 319.
— (Gabriel), procureur d'office de Vitry, 182 ; 184 ; 377.
— (Humbert), écuyer, 4.
— (Nicolas), prêtre, 308.
— (Philippe), chanoine de Moulins-Engilbert, 231.
BENOITEAU, famille, 367.
BÉRANGIER (Georges), 401.
BÉRARD, famille, 388.
BÉRARD (de), famille, 128 ; 133 ; 134.
BERAUD, famille, 232.
BERAULT (Claude), procureur au Présidial de Moulins, 93.
BERCHART, famille, 75.
BERDEAU, ou BREDEAU, famille, 202.
BERGEAT, famille, 93.
BERGER, famille, 85 ; 88 ; 92 ; 94 ; 96.
— (Claude), fermier du prieuré de Marchy, 174.
— (François, sergent à la Roche-Millay, 380.
— (Gabriel), chanoine de Moulins, 174 ; prieur de Marchy, 177.
— (Jean), prêtre, 446.

BOURZ, famille, 91.
— (Michel), seigneur d'Amazy, 104.
BOUGAREL (Jacques), procureur au Parlement de Paris, seigneur de Balorre, 53 ; 54 ; 88 ; 182 ; 184 ; 185.
BOUILLIER, ou BOULIÉ, ou BOULLIER, famille, 53 ; 63 ; 65 ; 67 ; 75 ; 182 ; 439.
— (Georges), curé de Tannay, 75.
— (Gilbert), sergent à Vitry, 209 ; 380.
— (Joseph), notaire royal à La Nocle, régisseur de la baronnie de Vitry, 54.
— (Mathurin), notaire ducal, 325.
BOUILLON, famille, 260.
BOUILLOT, famille, 227.
Boulais (Les), 182.
BOULÉ, famille, 387.
— (Jean), prêtre, 196.
Bouleau, arbre, *alias* : bouliard, ou : beugne, 201.
BOULEAU, famille, 273.
BOULEMÉ, famille, 158.
— (Jean), curé de Montambert, 295.
BOULEMIER, famille, 269.
BOULENOT (François), sergent royal, 398.
Boulets (Les), paroisse de Saint-Seine, 301.
BOULIAT, famille, 322.
BOULLERAT, famille, 26.
BOULLERY (Samuel), sieur du Vignaud, 380.
BOULLET, famille, 60.
— (Guillaume), vicaire, 384.
BOULLEY (Jean), notaire royal, 198 ; 458.
BOULLYER, notaire royal à La Nocle, 51 ; 418.
— (Jean-Baptiste), procureur fiscal de Vitry, 55 ; 455.
— (Joseph), procureur fiscal de Vitry, 55.
BOULU (Jean-Chrysostome), notaire à Luzy, 11.
BOURACHOT, famille, 85 ; 384 ; 386-388. Voir : BORACHOT.
BOURBON, *alias* MARÉCHAL, famille, 32 ; 47 ; 59 ; 63 ; 65 ; 67 ; 182 ; 215 ; 379 ; 381 ; 388 ; 389.
— (Robert), sergent de Vitry, 381.
BOURBON (de), famille, 72 ; 75 ; 184.
— (Alix de), dame de Vitry, 67.
— (Aulais de), 43 ; 44.
— (Girard de), seigneur de Vitry et de La Roche-Millay, 43 ; 70 ; 72 ; 75 ; 77 ; 81 ; 84 ; 378.
— (Isabelle de), dame de Vitry, 43 ; 45 ; 70.
— (Jean de), seigneur de Vitry, 45.
— (Louis de), duc d'Enghien, 16.
— (Louis de), chambrier de France, 81.
BOURBONAT, famille, 159.
Bourbon-Lancy, 13 ; 51 ; 53 ; 85 ; 90 ; 98 ; 176 ; 181 ; 184 ; 200 ; 201 ; 209 ; 301 ; 325 ; 329 ; 378 ; 380-382 ; 384-389 ; 406 ; 418 ; 455.
Seigneurs : Guillaume de LA TRÉMOILLE ; Guy de LA TRÉMOILLE ; Jean de LA TRÉMOILLE.
Baillis : Guy BURGAT ; Michel CADIER ; Guillaume GÉVALOIS ; Hugues de VAULX. — Lieutenants généraux : GÉVALOIS ; André GRANGIER ; Claude REPOUX. — Lieutenant criminel : Jean LE BÈGUE. — Procureur du roi : Adrien CHAUSSIN. — Greffiers : Lazare DUREUIL ; François GIRARD ; Jean LE BÈGUE ; Pierre LE BÈGUE.
Grénetiers : Valentin CHALLEMOUX ; François-Sébastien MOUTEAU ; Guy PREVOST. — Contrôleurs : Jacques BURGAT ; MOUTEAU ; Claude PICAUD. — Receveur : François de LA RAMÉSÉE. — Garde : Louis THOMASSIN.
Capitaine : Claude d'AMBLY. — Chatelain : Guillaume GÉVALOIS. — Intendant des eaux minérales : Jean-Claude MOUTEAU. — Avocat : Jean LE BÈGUE.
Notaires : Pierre BELLIARD ; Jean BIJON ; BRETIN ; Jean DESBOIS ; Jacques GALLET ; GENTIL ; Charles GOURRAU ; Gilbert GROUSSET ; Joseph JACQUAND ; Claude JAQUAND ; François Agnet MONTGILBERT ; REGNARD ; Blaise ROBERT ; Jean ROUER ; Henriet SALIN.
Prévôt de Notre-Dame : Adrien DELACHÈSE. — Trésorier : Adrien NAVETAT. — Chanoines : Philippe BURGAT ; Jean DURGON. — Curé de Saint-Léger, 63. — Curés de Saint-Léger : Jean DURGON ; Philippe RENAULT. — Curé de Saint-Martin : Étienne BURGAT. — Hôpital, 63. — Ursulines, 51.
Mesure, pour les grains, 51 ; 329. — Bains, 406.
Bourbon-l'Archambault, 184.
BOURBON-MONTPÉROUX (Girard de), 45.
— (Hugues de), 45.
Bourbonnais, 212 ; 233. — Lieutenant général aux Eaux et Forêts : Gaspard DOSCHES. — Garde-marteau : François TRIDON. Domaine, Lieutenant général : François BAUOY. Receveur : Jean PAULIN. Procureur : Gilbert ALAROSE.
BOURCHIER, famille, 305.
BOURCIER, famille, 264.
BOURDEAU, famille, 139.
BOURDEAULT (Jean), notaire à Bernay, 122.
BOURDEREUIL, famille, 94 ; 398.
BOURDET, famille, 236.
BOURDIER, famille, 263.
— curé de Saint-Jean-aux-Amognes, 295.

BOURDOIN, famille, 369.
BOURDON, famille, 63. Voir : PERAUGIER.
BOURGEOIS, famille, 118 ; 127.
Bourges, 16 ; 94, note ; 240. — Intendant : D'HERBIGNY. — Université, 401. — Religieuses de l'Annonciade, 32.
Bourgogne, 403. — Intendants : BOUCHU ; FERRAND. — Receveur général des tailles : Edme LAMY.
BOURGOING, ou LE BOURGOING, famille, 231 ; 239 ; 245 ; 248 ; 252 ; 307 ; 354 ; 361 ; 450.
— (Charles), 274. Chanoine de Nevers et d'Auxerre, 188 ; 278 ; 313.
— (Guillaume), procureur du roi en l'élection de Nevers, seigneur du Vernay et de Vaujoly, 154 ; 173 ; 189 ; 239 ; 448.
— (Guiot), écuyer, 268.
— (Guy), 189.
— (Jacques), 189. Chanoine de Nevers, 307.
— (Jean), seigneur de Champ-Charmot, 130 ; 158 ; 188 ; 189 ; 231 ; 278.
— (Othelin), seigneur de Morain, 268.
— (Philibert), seigneur de Champ-Charmot et de Concley, 156 ; 158 ; 188 ; 213 ; 231 ; 268 ; 274 ; 313.
BOURGOYNE, famille, 308.
BOURNE (Pierre), chanoine de Moulins-Engilbert, 231.
BOURNEAU, famille, 60.
Bouron, 403. — Seigneur : Louis de BROTIER.
BOURON (Jean), prêtre, 297.
— (François de), écuyer, 8.
Bouront, paroisse de Saint-Gratien, moulin et huilerie, 196 ; 294.
BOURRACHIN (Pierre), prêtre, 156.
BOURRACHOT, famille, 209 ; 381. Voir : BOURACHOT.
— (Michel), chirurgien à Bourbon-Lancy, 380.
Bourras, Abbaye, 160 ; 442. — Abbé commendataire : Pierre LANGLOIS DE LA FORTILLE.
BOURSAULT, famille, 317.
— (Jean), notaire, 289.
BOURSIER, famille, 317.
BOUSSAULT, famille, 60 ; 63.
Boutards (Les), près Vitry, 384. — Seigneurs : Jean PRUDHON ; Louis de VIROLLE.
BOUTERON, famille, 406.
BOUTEY, famille, 269.
BOUTILLAT (Claude), écuyer, 295.
BOUTIN, famille, 171.
BOUTON, famille, 83.
— (Charles), praticien à Luzy, 384.
Boutrille (La), paroisse de Millay, 95.
BOUTTON, famille, 20.
Bouys (François), receveur général des domaines et bois de la Généralité de Moulins, 95.
BOUZON, famille, 263 ; 402.
Boy, famille, 67.
— curé de Coulanges, 111.

BURGAT (Gabriel), sous-prieur de Saint-Pourçain, 176.

BURGAT (Guy), bailli de Bourbon-Lancy, 13.

— (Jacques), contrôleur au grenier à sel de Bourbon-Lancy, 51 ; 63 ; 67 ; 378.

— (Philippe), chapelain de Vitry et chanoine de Bourbon-Lancy, 378.

BURGES (de), famille, 384.

BURRIER, famille, 67.

Bussière (La), paroisse de Garchizy, 192 ; 452.

— commune de Sémelay, 415. — Seigneur : Jacques de PARIS.

— paroisse de Varennes-lez-Nevers, 368

Bussières, commune de Bazolles, 108 ; 403. — Terrier, 403.

BUSSY (de), famille, 276.

Bussy-la-Pesle, 324. — Curé : Philbert PERROT.

BUSSY-RABUTIN (Roger de), abbé commendataire de Bellevaux, 103.

BUTEAU, famille, 218 ; 224 ; 403.

— (Amable), président au grenier à sel de Moulins-Engilbert et receveur de Vandenesse, 224.

— (Charles), receveur du marquisat de Vandenesse, 280.

— (Claude), régisseur de la terre de Vandenesse, 224.

— (Jean), curé de Metz-le-Comte, 218 ; 403 ; 457.

Buxière, paroisse de Montigny-sur-Canne, 229 ; 290. — Seigneurs : Jean de LA BROE ; Pontus de FRASNAY ; Jacques de PARIS ; Eugin de THOURY. — Dame : Jeanne de LONVYS. — Notaire : Jean MARIE.

BUXIÈRE, ou BUXIÈRES, famille, 91 ; 157 ; 195.

— (Jean), châtelain de Donzy, 213.

Buzon, paroisse de Saint-Gengoult, 292.

BYOT (Louis), curé de Saint-Jacques de La Charité, 306.

C

CABOU (Claude), 91.

CACHON (Pierre), vicaire de Varennes-lez-Nevers, 346.

Cadavres (Levées de), 53 ; 122.

CADEAU, famille, 29.

CADIER, famille, 6 ; 235.

— (Michel), bailli de Bourbon-Lancy, 60.

CADON, famille, 127.

CAIGNAT, famille, 91.

CAILLON, famille, 93.

CAILLOU, ou CAILLOUX, famille, 101 ; 103.

Calendrier. An de la Circoncision, 378. Assomption, 32.

CALLOR (André), notaire royal, 14.

CAM, famille, 317.

CAMUS (Jean), notaire ducal à Metz-le-Comte, 215.

CAMUSE, famille, 92 ; 215.

CAMUSET (Guillaume), notaire, 237.

Cantat, notaire, 2.

CARCOSSET, famille, 60.

CARIMANTRAN, famille, 314 ; 349.

CARPENTIER, famille, 127.

— (Colinet), clerc, 156.

— (Simon), commandeur de Biches et de Champallement, 123.

CARPENTIER DE LA TUILERIE, famille, 32.

Carpots, 52 ; 53 ; 67 ; 98 ; 201 ; 209. — Dime des carpots, 53.

Carpots-Bertrand (Les), 90.

Carpots-Choullon (Les), 90.

CARRÉ, famille, 17 ; 67 ; 85 ; 196 ; 198.

— (Charles), curé de Mézangy, 281.

CARREAU, famille, 9.

CARRIER (Jean), bailli de Vitry, 201.

CARRIN, famille, 215 ; 216.

CARRIOT (Guiot), curé de Lesmes, 46.

CARROBLE (Adrien de), écuyer, curé de Metz-le-Comte, 216.

— (Denis-Pierre de), prieur de Mazille, 402.

— (Guy de), seigneur de Chassy, 402.

— (Pierre de), prieur de Mazille, 458.

— prieur de Mazille, 398.

CARTELIER, famille, 67.

CARPAT, famille, 56 ; 58 ; 63 ; 67 ; 86 ; 380 ; 381.

CASSET, famille, 139.

— (Guillaume), praticien à Nevers, 360.

CASSIAT, famille, 296.

CASSIEN (Simon), procureur fiscal en la seigneurie de La Marche, 116.

CASTEL, ou CASTEL (de), famille, 276 ; 325.

— (François de), seigneur de Sichamps, 276.

Catalogne, 16.

Cove (La), commune de Beaumont-Sardolles, 426. — Seigneur : Jacques BERTHELON.

— commune de Varennes-lez-Narcy, 276. — Seigneur : Pierre de VAUDRE.

CAZIN, procureur fiscal du Jeu, 367.

Cellier (Le), baillinge, 402.

CELLIER, famille, 215.

— (Philippe), chirurgien à Bourbon-Lancy, 181.

CENDRE, famille, 92.

Cens, portant retenue, 367. — Cens et alleu, 216.

CERCEAU, famille, 32 ; 112.

Cercy-la-Tour, 9 ; 24 ; 32 ; 39 ; 152 ; 220-222 ; 230 ; 278 ; 303 ; 329 ; 403 ; 405 ; 407 ; 436 ; 439. Capitaine : Jean TROUSSEBOIS. — Cure, 439. — Notaires : BALLET ; Germain GARILLAN ; GODIN. — Contrôleur des actes : COMMAILLE — Mesure pour les grains, 152 ; 278 ; 329 ; 458.

Cérilly (Allier). Maitrise des Eaux et Forêts, 281.

CERTAINES (de), famille, 349.

Certhiaux, commune de Villapourçon, 165.

Cessau, commune de Moulins-Engilbert, 231.

CHABANNES (Madeleine de), prieure de La Fermeté, 205.

— (Suzanne de), dame de Vandenesse, 220.

CHABOT, famille, 368 ; 369.

CHABRE, famille, 233.

CHABROL, famille, 233.

CHABROL DE CHAMÉANE (Antoine-Joseph), 95.

CHADEAU, famille, 60.

Chognot (Le), commune de Mont-et-Marré, 212. — Seigneur : Charles d'AUNAY.

CHAIGNE, famille, 351.

Chailley (Yonne), 153. — Notaire : Pierre CHEVREAU.

Chailloux (Le), près Montaron. Mesure pour les grains, 163.

— paroisse de Fertrève, 229. — Seigneur : Jacques de PARIS.

Chaise (La), 78.

CHALEMIN (Guy), curé de Lesmes, notaire. 379.

Chaligny (Notre-Dame de), commune de Chevenon, 445.

Challenoy près Vitry, 381. Voir : *Chalnay*.

CHALLEMOUX, ou CHALEMOUX, famille, 62 ; 66 ; 76 ; 77 ; 84-86 ; 201 ; 381 ; 384.

— (François), sieur d'Urly, 381 ; 388.

— (Jacques), contrôleur de la maison de Monseigneur le Prince, 67.

— (Nazaire), écuyer de la grande écurie du roi, 77.

CHALLEMOUX (Pierre), officier de marine, 53. Sieur du Brouillat, 75 ; 85 ; 182 ; 381.

— (Valentin), sieur du Brouillat, 67 ; 85 ; 181 ; 384 ; 385 ; 388 ; 380 ; 406.

— (Valentin), grènetier de Bourbon-Lancy, 63 ; 67 ; 84 ; 176.

CHALLEROUX, famille, 81.

Challouez. Moulin, paroisse de Germenay, 421.

Challuy, 154 ; 317.

Challuy. Moulin, paroisse de Savigny-sur-Canne, 294 ; 311.

CHALMEAUX, famille, 398.

— (Jacques), avocat, 172.

Chalnay, près Vitry, 67. Voir : *Challenay*.

CHALON (de), famille, 82.

— (Jacques de), écuyer, 82.

— (Jean de), 394.

— (Léonard de), seigneur de Lormes et de Pierre-Perthuis, 394.

Chalon-sur-Saône, 24 ; 273. — Notaires : BARAUT ; Hugues LORETE.

Châlons-les-Coques, commune de Chaulgnes, 159 ; 162 ; 173 ; 213 ; 248 ; 250 ; 364 ; 369 ; 391 ; 445. — Seigneurs : Jean DESPRÉS ; Pierre DESPRÉS ; Jean DUPONT ; Pierre DUPONT ; Simon DUPONT.

CHALUPPOT (Jean), prêtre, 136.

CHALUS (de), famille, 319.

Chaluzy, 155 ; 440. — Curé : Henri THONNELIER. — Dîme, 155. — Bois, 256.

Chambon (Le), paroisse de Cronat. 63 ; 70 ; 72 ; 75 ; 77 ; 90 ; 182 ; 199 ; 380 ; 384.
Limites de la justice. 63. — Dénombrements, 77. — Terrier, 54. — Dîme, 54. — Péage, 70. — Seigneurs : René de GRANDVAL-JOSIAN ; François LE TORT ; Adrien PIGNIER. — Fermiers : Robert DURÉGON ; Jean MORAT. — Receveur du péage : Antoine DESBOIS.

Chambon (Le), paroisse Saint-Léger de Bourbon-Lancy, 385.

CHAMBONIER, famille, 59 ; 60.

CHAMBRUX, famille, 414.

CHAMPLIN, famille, 364 ; 366.

Chamcron, commune de Parigny-les-Vaux, 393.

Chamon-aux-Maillots (Le), paroisse d'Imphy, 445.

Chamonot, paroisse de Brinay, 131 ; 132 ; 427 ; 438. — Seigneurs : Jean de BRÉCHARD ; Philibert de HOPPES, dit : BUREAU ; Élie de JUISARD ; Guy de JUISARD ; Pierre de JUISARD.

Champ (Le), paroisse de Cuzy (Saône-et-Loire), 450.

Champagne, paroisse de Metz-le-Comte, 32 ; 94 ; 215 ; 216 ; 218 ; 393 ; 394 ; 457. — Notaire ducal : Pierre DESBOIS.

Champagny, près Vitry. 13 ; 63 ; 70 ; 72 ; 209 ; 380 ; 384. — Dénombrements, 70 ; 72. — Seigneurs : Annet de GRIBAULT ; Jean de GRANDVAL ; Philippe PETIT ; Jacques de SEMUR. — Dames : Claire de SEMUR ; Claude de SEMUR. — Fermier : Jean KRONIAUD.

CHAMPAGNY (Guillaume de), 72.
— (Jean de), 41 ; 72 ; 378.

Champallement. Commanderie, 123 ; 403.
— Commandeurs : Simon CARPENTIER ; Jean COQUIBERT DE RENCLOS.

Champardolle, paroisse de Limanton, 126.

Champbureau, finage de Brinay, 133.

Champ-Charmol, commune d'Aunay, 158 ; 188 ; 231 ; 268 ; 271 ; 313. — Seigneurs : Jean [LE] BOURGOING ; Philibert [LE] BOURGOING.

CHAMPDIOU (Jacques de), abbé de Notre-Dame de Bellevaux, 108.
— (Jean de) chevalier, 120.

Champdiour, commune de Maux, 333.

Champeau, paroisse de Varennes-lez-Nevers, 337.

CHAMPEAU (de), famille, 93.

CHAMPEAUX, famille, 394.

CHAMPERROUX (Jean), prêtre, 40.

CHAMPFEU (de), famille, 232.
— (Jean-François de), écuyer, 51.
— (Philippe de), sieur de Saint-Martin-des-Lais, 51.

CHAMPFEU (de), famille, 120 ; 135 ; 137 ; 202.
— (Guiot de), écuyer, 120 ; 202.

CHAMPFEUR (Humbert de) 4.
— (Jean de), écuyer, 4 ; 140 ; 143.
— (Jean de), prêtre, 196.

CHAMPIGNON, famille, 314.

CHAMPION, famille, 306.

Champlemy, 416. — Notaire royal : Jacques PLUVINET.

Champletrier, commune de Chiddes, 130 ; 164-167 ; 231 ; 266 ; 267 ; 282 ; 375 ; 439 ; 446.
Justice, 165 ; 166. — Terrier, 167 ; 375. — Seigneurs : Pierre BRUNEAU ; Pierre-Étienne BRUNEAU ; François LE BOURGOING ; Gabriel LE BOURGOING ; Jean LE BOURGOING ; Philibert LE BOURGOING ; Philippe LE BOURGOING ; Cirice-François-Melchior de VOGUE. — Procureur d'office : René GEOFFROY. — Maître d'école : Pierre COLLAS. — Étang, 164.

Champlong, paroisse de Limanton, 118. Contestation de ressort entre Nevers et Saint-Pierre-le-Moûtier, 118.

Champrobert, commune de La Roche-Millay. 165 ; 166 ; 280 ; 282 ; 292. — Seigneur : Philippe LE BOURGOING. — Justice, 166 ; 292. — Dénombrement, 292. — Bois et usages, 165 ; 282 ; 292.

CHAMPROBERT (de), famille, 333.
— (Guiot de), écuyer, 282.
— (Jean de), dit : GURON, seigneur de Pouligny-sur-Aron et Saizy, 378.
— (Michel de), écuyer, 154.

Champs (Les), commune d'Isenay, 197.
— paroisse de Sermoges, 313.

CHAMPS (de), famille, 8 ; 415.
— (François de), écuyer, 94 ; 99.
— (Jacques de), prévôt des maréchaux à Château-Chinon, 415.

CHAMPS DE SAINT-LÉGER (de), famille, 219.

CHAMPS DE SALORGES (de), famille, 219.

Champsrenier, près Billy, 9.

Champvert, 156 ; 441.

CHAMPVION, famille, 157

Champvoux. Prieuré, 157.

CHANDIER, famille, 65.

CHANDIOUX, famille, 67 ; 182 ; 380.

CHANGARNIER (Claude), notaire royal à Autun, 24.

Changy, paroisse Saint-Léger de Bourbon-Lancy, 385.

CHANGY (de), famille, 398.
— (Gilbert de), sieur d'Ambly, 133.
— (Jean de), seigneur de Pron, 439.

Chanelet, paroisse de Cronat, 51.

CHANTELLOT (de), famille, 184.

CHANTEREAU, famille, 301 ; 385.
— curé d'Isenay, 424.
— (Philibert), notaire royal, lieutenant au Bailliage de Vitry, 181.

Chantilly, 437.

CHANUDET (Léger), curé de Saint-Arigle de Nevers, 340.

CHAPARD (Martin), praticien à Cercy-la-Tour, 436.

CHAPELIN, famille, 402.

Chapelle (La) (?), 198. — Curé : Guillaume BELUSET.

CHAPOTOT, ou CHAPOUTOT, famille, 63 ; 67.

CHAPPAIGNE (de), famille, 220.

Chappe (La), près Vitry, 60 ; 66 ; 67 ; 85 ; 181.

CHAPPEAU, famille, 244.

CHAPPELAIN, famille, 107.

CHAPPELLE, alias MERIOT, famille, 60.

CHAPPELLE, famille. Voir : BONIN.

CHAPPET (Guiot), notaire, 395.

Charancy, commune de Saint-Aubin-des-Chaumes, 304.

CHARBON, famille, 213.

Charbonnat-sur-Arroux, 158 ; 260.

CHARBONNEAU, famille, 225.

CHARBONNIER (Jean), curé de Vitry, 384.

Charbonnières (Les), paroisse de Varennes-lez-Nevers, 338.

CHARDON, famille. Voir : MOREAU.

CHARENCY (de), famille, 295.

CHARGÈRES (de), famille, 11 ; 380 ; 385.
— (Didier de), 11.
— (Lazare de), seigneur de Finy, d'Ettevaux et de Montarmin, 384 ; 385 ; 387.
— (Louis-Gervais de), 11.
— (Pierre de), seigneur de Finy et de Montigny, 67 ; 384 ; 387.
— (Pontus de), sieur d'Entrezy, 424.

Charité-sur-Loire (La), 92 ; 108 ; 123 ; 136 ; 157 ; 159 ; 160 ; 199 ; 305 ; 306 ; 393 ; 395 ; 399.
Chambriers du Prieuré : Jean ADELINE ; Jean DELAPRUNE ; Guillaume DE CHAILLOU. — Curé de Saint-Jacques : Louis BYOT.
Bailliage. Procureur fiscal : Jacques VERNESSON. — Avocat fiscal : Jacques OGIER.
Grenier à sel. Présidents : Jacques DURAND ; Jacques VERNESSON — Grénetier : Jean LAGESDE.
Procureur des marchands de Loire, 199.

CHARLES (François), praticien à Isenay, 196.

CHARLEUF, famille, 156 ; 279 ; 311.
— (François), procureur et praticien à Isenay, 303 ; 458. Procureur d'office du Tremblay, 429.

Charleville (Ardennes), 9.

CHARLIEU (Giraud de), cordelier de Nevers, 283.

CHARLIN, famille 163.

CHARLOT, famille, 216 ; 393.

CHARPAIN, famille, 111.

CHARPENTIER, famille, 94 ; 130 ; 196 ; 246. Voir : MORIN.
— (Jean), sergent au duché de Nivernais, 215. Procureur d'office de Lys, 216. Lieutenant des châtellenies de Metz-le-Comte, Monceaux-le-Comte et Neuffontaines, 216.

CHARRET, famille, 59.

CHARRIER, famille, 250.

CHARRY (de), famille, 320.
— (François de), prêtre, 340.

Chasnon (Le). Terre, paroisse de Chevenon, 445.

Chasse, 48 ; 53 ; 55 ; 63 ; 66 ; 98 ; 123.

CHASSEIGNE, famille, 332.

CHASSELOUP, famille, 215.

Chassenay, 120. Dame : Jeanne DESPRÉS.

CHASSENAY (François), notaire royal au Donjon, 63 67 ; 380.

CHASSOIGNE, famille, 306.

Chassy, paroisse de Mhère, 311.
— paroisse de Montreuillon, 94 ; 311.
— commune de Vignol, 215 ; 217 ; 402. Seigneurs : Guy de CARROBLE ; Jean d'ESTUTT.

CHASTEAU, ou CHASTEAUX (de), famille, 12 ; 249 ; 264 ; 306 ; 332 ; 349.
— (Henri de), 12.
— (Jacques de), 12.

CHASTEL (Antoine), notaire, 16.

CHASTELLUX (de), famille, 394.
— (Antoine de), 394.

CHASTIN, famille, 195.

Châtaignes, 50.

CHATEAU, famille, 364 ; 384.

Château-Chinon, 21 ; 37 ; 93 ; 114 ; 172 ; 202 ; 215 ; 216 ; 220 ; 225 ; 230 ; 250 ; 288 ; 303 ; 306 ; 310 ; 333 ; 342 ; 343 ; 348 ; 349 ; 357 ; 364 ; 369 ; 371 ; 398 ; 399 ; 412 ; 415.
Baron : le marquis de ROTHELIN — Dame : Françoise d'ORLÉANS.
Baillis : Jean de LORMES ; Pierre PITOIS. — Lieutenant : Esme JOFFRIOT. — Subdélégué : Philippe GOGUELAT. — Contrôleur en l'Élection : Jean SALLONNIER.
Maréchaussée. Prévôt : Jacques de CHAMPS. — Commissaires : Lazare DELAPORTE ; Jean DESPRÉS.

Châteauneuf-Val-de-Bargis, 160 ; 442.

CHATEAUVILLAIN (de), famille, 155.
— (Jean de), seigneur de Luzy et de La Roche-Millay, 45 ; 273.

CHATELAIN (Genat de), 45.

Châtel-Censoir, 447.

CHATILLON, famille, 388.
— (de), famille, 273.
— (Henri de), seigneur de La Roche-Millay, 273.

Châtillon-en-Bazois, 9 ; 13 ; 14 ; 16 ; 34 ; 91 ; 100 ; 102 ; 109 ; 114 ; 125 ; 126 ; 130 ; 202 ; 214 ; 228 ; 312 ; 397-399 ; 401-403 ; 405 ; 427 ; 429 ; 436 ; 443.
Seigneurie, 405. — Seigneurs : Pierre de GIMEL ; Anatoire-Louis de PONTAILLER ; Claude de PONTAILLER ; Paul de PONTAILLER ; Antoine de ROCHEFORT ; Guillaume de ROCHEFORT. — Dame : la marquise de BÉTHUNE. —
Saisie réelle de la terre, 123.
— Fermiers de la seigneurie : Philippe FRACHOT ; LEBRETON ; Nicolas REUILLON.
Bailliage. Procureur fiscaux : François BERNARD ; Pierre FRACHOT ; Claude MARTEL. — Greffier : Charles MIRAULT.
Garde du sceau de la prévôté : Jean de NOURRY. — Notaires : Olivier BUNOT ; André LABOUR ; MILLIET ; André PRUDHOMME ; Jean VILLIERS. — Huissiers : Claude BUFFIÈRE ; Gabriel PRUDHOMME.
Gruyers : Antoine de NOURRY ; Pierre POUTRET ou PORTRAIT. — Meunier des moulins banaux : Hercule CONQUIS. — Chirurgiens : Étienne ROUSSET ; François ROY.
Mesure pour les grains, 91 ; 312 ; 429.
Receveur du Chapitre : GERMAIN. — Curé : COURVAVAULT.
Prieuré Saint-Jean. Prieurs : Germain BERTRAND ; Étienne DOUET ; Paul COMAILLE. — Prieur commendataire : Gabriel GUILLAUMIER. — Accesseur : Bonaventure PRUDHOMME.

CHATIN, famille, 186 ; 384.

Chatonnière (La), paroisse de Montigny-sur-Canne, 229 ; 290. — Seigneurs : Jean de LA BROE ; Eugin de TOURY.

CHAUBU, famille, 340.

CHAUCHEFOING, notaire, 8.

CHAUDERON, famille, 263.

CHAUDOT, famille, 94.

CHAUGY (de), famille, 74 ; 93 ; 270.
— (Charles de), seigneur de Chissey-en-Morvan, 279.
— (Érard de), seigneur de Saint-Gratien et de Savigny-sur-Canne, 198 ; 278.
— (Guillaume de), 198 ; 279.
— (Michel de), seigneur de Montigny-sur-Canne, 93.

Chauffage (Droit de), 44.

CHAULDOT (Guillaume), prêtre, 108.

Chaulgnes, 157 ; 162 ; 247 ; 397.

CHAULMOT, famille, 91.

CHAUMAT (Gilbert), prêtre, 319.

Chaume, paroisse de Varennes-lez-Nevers, 339.

Chaume-Berthier (La), paroisse de Varennes-lez-Nevers, 340.

CHAUMEREUIL, famille, 250.
— (Gilbert), prêtre, 317.

Chaumes-d'aguillant (Les), paroisse de Varennes-lez-Nevers, 341.

CHAUMETTE, famille, 317.

Chaumigny, paroisse de Cercy-la-Tour, 32 ; 104 ; 114 ; 152 ; 220 ; 328 ; 333 ; 334. — Seigneurs : Charles de COSSAY ; Claude de COSSAY ; Antoine de MARCELANGES. — Dame : Eugénie MILLOT.

CHAUMIGNY (Jacques), curé de Saint-Léger-des-Vignes, 188.

Chaumont, paroisse de Chevenon, 445.

CHAUSSARD, famille, 105.

CHAUSSIN, famille, 78.
— (Adrien), procureur du roi à Bourbon-Lancy, 380.

Chautoy (Le), 186. — Fermier de la baronnie : Adam THÉVENEAU.

CHAUVEAU, famille, 93 ; 127 ; 2.. ; 277 ; 317.
— (Joseph), lieutenant au Bailliage de Pouilly-sur-Loire, 277.

CHAUVIN, famille 406.
— docteur en médecine, 406.
— (Claude), enquêteur en la Sénéchaussée de Moulins, 233.

CHAUVOT, famille, 367.
— (Jean), prêtre, 262.

Chavance, commune de Decize, 99.

CHAVANCE, famille, 42.

CRAVEAU, famille, 125.

Chaveillay, ou *Clyirellay*, près Vitry, 59 ; 60.

CHAVOT, famille, 228.

CHAVRONDIER, famille, 395.

CHAZAY, famille, 60.

CHEIGNE, *alias* SEGUINET, famille, 63 ; 67.

CHEMINOT, famille, 307.

Chenay, paroisse de Varennes-lez-Nevers, 342.

CHENU, famille, 305.
— (Claude), sergent à Nevers, 369.
— (Jean), sergent à Châtillon-en-Bazois, 398. Procureur fiscal de Brinay, 140.

CHERREAU, famille, 368.

Chérigny, commune de Biches, 8 ; 111 ; 116 ; 120 ; 130 ; 134 ; 137 ; 403 ; 427 ; 428 ; 434 ; 438. — Seigneurs : Edme de BRÉCHARD ; Charles de JUISARD.

Cherté de la vie, 14.

CHESNE (Jean), procureur fiscal de la baronnie de Pierre-Perthuis, 217.

Chétif-Four, près Clamecy, 172.

Chêtive (La), commune de Préporché, 282.

Chevigny, Bas et Haut, paroisse de Varennes-lez-Nevers, 343 ; 344 ; 368 ; 369 ; 393. — Fontaine, 344.

Chevagnes-la-Roi (Allier), 174.

CHEVAIGRY, famille, 60.

CHEVALIER, famille, 92 ; 172 ; 193.

CHEVALON, famille, 182.

Chevanne-sous-Montaron, ou *Chevanne-Saint-Barthélemy*, 93 ; 163 ; 223 ; 444. — Église, 223. — Curé : Denis LEBAULT.

Chevannes, commune d'Amazy, 406. — Seigneur : Claude DELAPORTE.

Chevannes-Godeau, ou *Gazeau* (Billy-Chevannes), 215. — Seigneur : Claude DELAPORTE.

Chevannes-sous-Montenoison, 215. — Greffier : Guillaume JABARD.

Chevenon, 445. — Seigneur : François GIRARD.

Chevigny, paroisse de Sermoise, 315 ; 445.
— près Lesmes, 80.

CHEVIGNY (François de), sergent royal à Saint-Léger-sous-Beuvray, 193 ; 453.
— (Guiot de), écuyer, 188.
Chèvre, commune de Montaron, 222 ; 223 ; 444.
— commune de Vandenesse, 333.
CHEVREAU (Pierre), notaire à Chailley, 153.
CHEVRET, famille, 224 ; 396.
— (Léonard), chirurgien, 222.
CHEVRIAT, famille, 260 ; 262.
CHEVRIER, famille, 140 ; 149 ; 203.
CHEVROT. Voir : BUREAU (Philbert).
— (Barthélemy), écuyer, 120.
Chèzes (Les), étang, finage de Diennes, 189.
Chiddes, 158 ; 164-169 ; 267 ; 268 ; 292 ; 446. — Justice, 169. — Lièves de revenus, 164-166. — Curés : Bernard BROSSARD ; Chrétien MARCEAU ; Jean MARCEAU. — Publication à l'issue de la messe, 169.
CHIFFLET (Charles), receveur au grenier à sel de Moulins-Engilbert, 94.
Chigy, paroisse de Tazilly, 325. — Seigneurs : Pierre-Étienne BRUNEAU ; François DU CREST ; Gilbert DU CREST ; Jean DU CREST ; Pierre DU CREST. — Dénombrements, 325.
Chirac (commune de Gilly-sur-Loire ?), 199. — Seigneur : Jean DANÈVES.
Chissey-en-Morvan (Saône-et-Loire), 24 ; 279 ; 399. — Seigneur : Charles de CHAUGY. — Terrier, 399.
Chitry-sous-Moutsabot, commune de Neuffontaines, 394.
CHITRY (de). Voir : REGNAULT (Guillaume de).
CHOIZEAU, famille, 8 ; 107.
Cholet (Le), commune de Sauvigny-les-Bois, 307. — Seigneur : Joachim OLIVIER.
Cholmondelcy (Chester), 411.
CHOLMONDELCY, famille, 411.
— (James), esq⁷⁰, 411.
CHOMERY, famille, 157.
CHON, famille, 139.
CHOPPARD (Claude), écuyer, 108.
CHOPPINEAU, famille, 284.
Chouguy, 101 ; 103 ; 171. — Saisie des revenus de la cure, 171.
Choulot, commune de Beaumont-la-Ferrière, 393.
CHUFFIN (Claude), arpenteur-juré, 178.
Cigogne, 283 ; 307 ; 361 ; 370 ; 400. — Seigneur : Jacques BOLACRE. — Curé : Jean « DE CRUCE ».
CITEAU, famille, 88. Voir : CYTEAUL.
CIVET, famille, 60.
Cizely, 38 ; 170 ; 303 ; 400 ; 422. — Seigneur : Gaspard de COSSAYE. — Impositions, 170. — Collecteur : Noël MINIÈRE.
Clairvaux. Abbaye, 323.
Clamecy, 21 ; 91-94 ; 112 ; 160 ; 172 ; 215 ; 216 ; 249 ; 322 ; 323 ; 375 ; 393 ; 402 ; 406 ; 435. Châtelain : Guillaume CIVRAY.

Élection, 91 ; 92. — Élus : Pierre BAUDOT ; Claude de BÈZE. — Lieutenant civil : Antoine ROBINEAU. — Receveurs des tailles : Nicolas BOLACRE; Christophe JOUVET. — Greffier : Toussaint JOMIER.
Grenier à sel, 93. — Grénetier : Claude DELAPORTE. — Contrôleur : Claude de BÈZE. Notaire royal : Pierre DELAVAU. — Avocat : Lazare SYMONET. — Sergent royal : Philippe FROTIER.
Clamouse, ruisseau, paroisse de Varennes-lez-Nevers, 340.
CLAUDAT, famille, 60 ; 62 ; 65 ; 67 ; 182.
CLAUSSE (de). Voir : CLOSSE (de).
CLÉMENDOT, curé de Limanton, 15.
CLÉMENT, famille, 95.
— (Blaise), procureur fiscal de La Roche-Millay, 292.
— (François), notaire, 9.
CLERADIN, famille, 86.
CLERC, famille, 60 ; 295 ; 393.
— (Jean), médecin, 173.
— (Jean), sergent royal à Cronat, 381.
CLERGET (Hugues), procureur de la dame de Vitry, 199.
Clermont-Ferrand, 14.
CLICQUET (Jean), greffier de Talon, 393.
CLIQUET (François), notaire royal, 216.
CLOISEAU, famille, 215 ; 421.
CLOSSE (de), famille, 13-16 ; 32 ; 94 ; 132 ; 139 ; 149 ; 189 ; 241 ; 391 ; 402 ; 432. — Généalogie, 150.
— (Anatole, ou Anatoire, ou Natoire de), 13 ; 15 ; 16 ; 25 ; 32 ; 111 ; 115 ; 116 ; 121 ; 123 ; 125 ; 127-134 ; 137 ; 139 ; 142 ; 143 ; 146-148 ; 150 ; 383 ; 397 ; 401 ; 438.
— (Antoine de), capitaine de Saint-Saulge, 16.
— (Claude de), 18 ; 405.
— (Esme de), 16.
— (François de), 8 ; 13-16 ; 29 ; 94 ; 97 ; 99 ; 100 ; 110 ; 111 ; 116 ; 121 ; 122 ; 125 ; 127 ; 128 ; 139 ; 143 ; 145 ; 148 ; 150 ; 203 ; 398 ; 399 ; 402-404 ; 409 ; 420 ; 434 ; 436 ; 437.
— (Jean de), 14 ; 16 ; 18 ; 118; 391 ; 403 ; 436.
— (Léonard de), chanoine de Saintes, 13.
— (Nicolas de), 13 ; 14 ; 16 ; 119 ; 123 ; 124 ; 128-130 ; 132; 134 ; 137 ; 138 ; 431.
— (Pierre de), 8 ; 9 ; 13 ; 14 ; 16 ; 18 ; 94 ; 96 ; 99 ; 100 ; 116 ; 118 ; 121-123 ; 127 ; 128 ; 143 ; 144 ; 398 ; 403 ; 406 ; 434.
CLOZ (Nicolas), écuyer, 127.
COCHET, famille, 115 ; 117 ; 149.
COCHOT (François), curé de Maltat, 84.
COÉRON, famille, 387.
COFFINEAU, famille, 308.
Cognard, ou Coignard, ou Cougnard, près Cronat, 54 ; 63 ; 85 ; 184 ;

185. — Seigneurs : Claude de BALORRE ; François de BALORRE ; Étienne MAILLARD. — Dénombrements, 184. — Droits seigneuriaux, 185.
COHIN, famille, 224.
COIFFARD (Jacquette), sœur de la Charité chrétienne, 32.
COIFFIER (Jean), écuyer, sieur des Nonettes, 234 ; 403.
— (Jean), procureur du roi au bureau des finances de Moulins, 232.
— (Nicolas), écuyer, 232.
Coignard. Voir : Cognard.
COIGNARD (Pierre), procureur en la justice de Vitry, 174.
« COIGNART » (Hugues), seigneur de Montifaut, 184.
COILLARD, ou COUILLARD, ou COULLARD, famille, 12 ; 17 ; 35 ; 91 ; 92; 186 ; 188 ; 261 ; 263 ; 275 ; 332; 344; 349-351 ; 354 ; 360; 367 ; 369 ; 370 ; 373 ; 401 ; 404 ; 406.
COILLÉ (Antoine), sergent royal à Nevers, 162.
COLARD (Étienne), notaire, 395.
COLAS, famille, 100 ; 130 ; 297 ; 308 ; 369. — Voir : GALLAND.
COLIGNY (Toussaint), écuyer, 282.
COLIN, famille, 116 ; 256 ; 402 ; 438.
— (Lazare), meunier de Montjouan, 292.
Collancelle (La), 228. — Procureur : Pierre DUCKOT.
COLLAS, famille, 126.
— (Pierre), maître d'école à Champlevrier, 375.
COLLIN, famille, 433.
— (Lazare), meunier, 167.
COLLOT, famille, 406.
Colombier (Le), paroisse de Poil, 266 ; 269.
COLON (Jean de), seigneur de Traizaigle, 283.
Colonges, près Vitry, 59.
COLONS (Guillaume de), grénetier de Moulins-Engilbert, 231.
COLOT (Jacques), 160.
COMAILLE, ou COMMAILLE, famille, 108 ; 402.
— receveur des actes à Cercy-la-Tour, 222.
— (Hubert), notaire ducal à Montigny-sur-Canne et à Thaix, 196 ; 328.
— (Jean), juge de Palluau, 122.
— (Léonard), curé de Gannay-sur-Loire, 180 ; 181. Official d'Autun, prieur commendataire de Marchy, 174 ; 388.
— (Paul), prieur de Saint-Jean de Châtillon-en-Bazois, 129 ; 139.
COMARRE (François de), seigneur du Pont de Cressonne, 63.
COMBAT (Jean), meunier à La Pierre, 281.
Comelle (La), Saône-et-Loire, 269 ; 273.
Commagny, 114 ; 231 ; 431. — Curé : RAVARY. — Notaire : SIMONET.
Commarin (Côte-d'Or), 273.
COMMARRE (François), notaire royal à Cronat, 181.
COMMUNAUDAT, famille, 17.

DESPRÈS (Marie), dame de Mont, 20.
— (Pierre), seigneur de Châlons-les-Coques, 186.
DES ROUEAULX (Huguenin), écuyer, 4.
— (Jean), 4.
DESTAILLES, famille, 446.
DES TIERDRES (Jean), notaire royal, 287.
DESTRAIS, famille, 253.
DES TRAPES DE VALENÇAY (Dominique), 16.
DESTRAPPES, famille, 186.
— grand prieur de Saint-Martin-de-Nevers, 397.
— (Antoine), élu de Nevers, 92.
— (Jean), contrôleur, 155 ; 244 ; 248 ; et receveur, 92, des deniers communs de la ville de Nevers.
DESRUISSEAUX (François), chanoine de Notre-Dame de Moulins-sur-Allier, 232.
DES ULMES, famille, 154.
DES VAULX, ou DESVAUX, famille, 62 ; 66 ; 86 ; 181. Voir : GUYOT.
— (Jean), prêtre, 285.
— (Pierre), prêtre, 62 ; 66. Chapelain de Vitry, 378 ; 379.
DEVAULX, ou DEVAUX, famille, 155 ; 240 ; 393.
DEVELLE, famille, 403.
DEVENEAU, famille, 100 ; 116 ; 402.
DEVENON, ou DEVESNON, famille, 116 ; 431 ; 438.
DEVIGNOLLES, famille, 406.
DEVILLECHAISE, famille, 453.
DEVIE, famille, 365.
DEVILLE, famille, 233.
DEVOUCOUX (Michel), notaire à Corbigny, 103.
DHÉRÉ (Antoine), syndic de Sardolles, 304.
DIARD, famille, 385.
Diennes, 189.
DIEUDONNÉ, famille, 128.
DIGAULT, famille, 306.
DIGOINE (de), famille, 303.
— (Érard de), 278.
— (Hugues de), 278.
Dijon, 9 ; 53-55 ; 63 ; 88.
DIJON (de), famille, 197 ; 317.
Dîmes, 55 ; 56 ; 65 ; 84 ; 100 ; 104 ; 142 ; 155 ; 181 ; 209 ; 296 ; 302 ; 311 ; 312 ; 323 ; 380 ; 381 ; 385 ; 388 ; 393 ; 405 ; 439.
DIO (de), famille, 196.
DIOCHIN, famille et domaine, 279.
Diou (Allier), 58 ; 406.
DOBRET (Jean), prêtre, 128.
DODIN, famille, 198.
Dôle (Jura), 102. — Correcteur en la Chambre des Comptes : Paul-Augustin SAVE D'OUGNY.
DOLÉ, famille, 269.
DOLET, famille, 448.
DOLLET, famille, 399.
Domaine-Neuf (Le), près Vitry, 54.
DONGAT, famille, 93.
Donjon (Le) (Allier), 63 ; 77 ; 380. — Seigneur : René de GRANDVAL-JOSIAN. — Notaire royal : François CHASSENAY.
DONY, notaire royal, 32.

DONY (François), notaire à Aunay, 126.
— (Léonard), praticien à Aunay, 223 ; 380.
Donzy, 213 ; 399. — Châtelain : Jean BUXIÈRE. — Chanoine de Saint-Caradeuc : François RAMEAU. — Notaires : Antoine-François RAGNEAU ; Augustin USQUIN.
DORÉ, famille, 305 ; 306.
DOREAU, famille, 189 ; 193 ; 306 ; 317 ; 403 ; 453.
DORRAUT, notaire ducal, 9.
DORBLOT (Vincent), chanoine de Moulins-Engilbert, 231.
DORELOUX, famille, 63 ; 67.
DORLANT, famille, 186.
DORLOUX, famille, 67.
DORNE, famille, 349.
— (Jean), chanoine de Nevers, curé de Parigny-les-Vaux, 263.
Doruccy, 393 ; 435.
Dornes, 191. — Curé : Jean MARCHAND.
DOSCHES, famille, 232, 234 ; 403.
— (Antoine), receveur des Eaux et Forêts en la maîtrise de Montmarault, 234.
— (Gaspard), lieutenant général aux Eaux et Forêts de Bourbonnais, 232.
— (Pierre), lieutenant des Eaux et Forêts en la maîtrise de Moulins, 234.
DOUARD, famille, 182.
DOUBLOT, famille, 393.
DOUCERON, famille, 108.
— (Simon), prêtre, 108.
DOUET (Étienne), prieur de Châtillon-en-Bazois, 120.
— (Michel), prêtre, 340.
« DOU NOUER » (Hugues), 273.
DOUSSET, famille, 317.
DOUTRE, famille, 293.
DOUX (Jean), praticien à Nevers, 369.
Dracilly, paroisse de Montaron, 222 ; 458.
DREULLARD, famille, 361.
DREUX, famille, 53.
DRIGNY, famille, 216.
DRINGUEREAU, famille, 17.
DROICT (François), notaire ducal à Saint-Saulge, 103.
DROILLART, famille, 349.
DROIN, famille, 129.
Druy, 65 ; 67 ; 451. — Marquis : Louis-Eustache de MARION DE DRUY. — Mesure pour les grains, 451.
DRUY (L'abbé de), Louis-Charles de MARION DE DRUY, 67 ; 86.
— (La marquise de), dame de Vitry, 65.
— (Claude de), sieur d'Avril-les-Loups, 229.
— (Hugues de), bailli de Vitry, 46 ; 47.
— (Jean de), bailli de La Roche-Millay et de Vitry, 44.
DRYE, famille, 263.
DRVVET (Antoine), lieutenant général au Présidial de Saint-Pierre-le-Moûtier, 199.
DUBIER, famille, 164.

DUBLÉ (Claude), seigneur du Bouchet, 394.
— (Eugin), seigneur du Bouchet, 394.
DUBOIS, famille, 63 ; 67 ; 109 ; 139 ; 181 ; 216 ; 222 ; 223 ; 230 ; 303 ; 307 ; 349.
— (Claude), notaire à Cronat, 78.
— (François-Marie), procureur fiscal de Poussery, 224.
— (Guillon), écuyer, 380. Capitaine de Vitry, 46.
— (Jacques, bâtard), écuyer, seigneur de Charancy, 394.
— (Jean), écuyer, 26 ; 278. Seigneur de Poussery, 163.
— (Louis), marquis de Givry et de Vandenesse, 439.
— (Pierre), écuyer, 120. Seigneur de Vandenesse, 333.
— (Pierre), notaire ducal à Champagne, 215.
DUBOIS DE FIENNE (Louis-Thomas-Olivier), 334.
DUBOSC (François), notaire, 384.
DUBOST, famille, 216 ; 375.
— notaire, 375 ; 387.
DUBOUCHET (Antoine), prêtre, 139.
DUBOURT, famille, 132.
DU BOUTEHANRY (Thierry), écuyer, 120.
DU BOUX, ou DU BOZ (Jean), écuyer, seigneur de Poussery, 220-223 ; 333.
DU BOX, ou DU BOZ (Jean), dit : DE LANTY, 331.
DU BREUIL (Antoine), seigneur des Murgiers, 229.
DU BROC, famille, 42 ; 92 ; 250.
DU BROUILLAT (M.), 67.
DUBUIS, famille, 67.
. BUISSON, famille, 70 ; 329.
DUBUITZ, famille, 301.
DUC, famille, 65 ; 67 ; 209.
— (Toussaint), chanoine de Notre-Dame de Moulins-sur-Allier, 232.
DU CASTEL, famille, 276. Voir : CASTEL (de).
— (Gilles), seigneur de Sichamps, 276.
DU CHAILLOT (Guiot), écuyer, 229.
DU CHAILLOU (Jean), écuyer, 229 ; 290.
DU CHAILLOUX (Guillaume), prieur de Biches, 136.
DUCHAMP, famille, 158 ; 269.
— (Pierre), écuyer, 32.
DUCHATEL, famille, 93.
DU CHAZAULT, famille, 101.
DUCHEMIN, famille, 402.
— (Michel), maître des comptes du duché de Nivernais, 155.
DU CLERROY (Jean), écuyer, 384 ; 385.
DUCLOU, famille, 59.
— (Joachim), notaire à Nevers, 349.
DU CLOUX (Gaston), avocat, 107.
DUCOING, famille, 21 ; 91 ; 92 ; 155 ; 157 ; 162 ; 195 ; 197 ; 205 ; 213 ; 245 ; 252 ; 296 ; 307-309 ; 314 ; 319 ; 336 ; 369 ; 373 ; 426 ; 445 ; 459.
— (Guillaume), seigneur de Graté, 91 ; 248 ; 308 ; 426.
DUCRAY, ou DU CREST, famille, 385.

Émery, Moulin, près Vitry, 51 ; 67 ; 181.
ÉMERY, famille, 51 ; 60 ; 85 ; 181 ; 353. Voir : GUNIN.
ENFER, ou ENPERT, famille, 104 ; 139 ; 268 ; 269 ; 272.
— (Gilbert), fermier de la seigneurie de Concley, 268.
— — (Jacques), procureur fiscal et bailli de la Roche-Millay, 267.
Enterrements. Erreur de places, 115.
Entrages, 65 ; 67 ; 86 ; 181 ; 182 ; 209 ; 380 ; 381.
Entrezy, paroisse d'Avrée, 95 ; 424. — Seigneur : Pontus de CHARGÈRES.
Éperon (L'), domaine, près Nevers, 309.
ÉPERRON, famille, 380.
ÉPERON, ou VARION, famille, 52 ; 60 ; 62 ; 63 ; 65 ; 67.
Épinac (Saône-et-Loire), 67. — Notaire : JACQUELIN.
Épiry, 212. — Baron : Claude d'AUNAY.
ÉRART, famille, 219.
ERRARD, famille, 179.
ESCORAILLES (d'), famille, 77 ; 129 ; 132 ; 137.
— (François d'), écuyer, 78 ; 181.
— (Jacques d'), écuyer, 78.
ESGROT (G.), notaire, 8.
ESMALLE, famille, 179 ; 458.
ESMERY, famille, 387.
ESPERON, famille, 387 ; 388.
— (Denis), prêtre, 176 ; 179.
ESPERON, *alias* JEANDEAU, famille, 63 ; 67.
Espeuilles, 228 ; 401. — Liste des seigneurs, 228. — Dame : Bénigne de RABUTIN.
Esprit de chicane, 101.
Esseaune, 125.
ESTIENNE, famille, 60.
ESTUTT (Jean d'), seigneur de Chassy, 217.
Ettevaux, commune de l'oil, 384-386. — Seigneurs : Lazare de CHARGÈRES ; Charles DUCRAY ; Jean de MÉRANS.
ETTEVAUX (d'), famille, 386.
EU (Jeanne d'), duchesse d'Athènes, 333.
Eugnes, paroisse de Chaulgnes, 162.

F

FABRY, famille, 441.
FADIGNON (Guillaume), sergent royal à Nevers, 308.
Falaise (Calvados), 325. — Directeur des aides : Pierre CORTET DE LA CHASSEIGNE.
FALQUE (Jean), bourgeois de Bourbon-Lancy, 13.
FAUBERT (Jean-François de), 56 ; 58 ; 200.
— (Pierre de), écuyer, 54 ; 76.
— (Pierre-Antoine de), 56.
FAUCHER, ou FOUCHIER, famille, 65.
FAUCHET, famille, 350 ; 351 ; 403 ; 404 ; 406.
FAULCHON, famille, 153.
FAULCONNIER, famille, 173.
Faulin, 375. — Seigneurs : François LE BOURGOING, Gabriel LE BOURGOING.

FAULQUIER, famille, 96.
— (Claude), lieutenant criminel au Bailliage de Saint-Pierre-le-Moûtier, 93 ; 96.
FAUVRE, famille, 10 ; 55.
Faux, 9 ; 14 ; 16.
FAVARDIN (de), famille, 316.
— (Étienne de), prieur de Saint-Étienne de Nevers, 250.
— (Jacques de), assesseur en la maréchaussée de Nivernais, 369.
— (Pierre de), receveur des décimes et subventions au diocèse de Nevers, 315 ; 373.
FAVEROT, famille, 65 ; 67.
FAVIER (Antoine), archer, 321.
Faye, Prieuré, près Nevers, 296 ; 300.
— Sous-prieur : Guillaume ROBIN.
Faye, Bois, près Nevers, 256.
FAVET DE FONVILLE (Jean-Baptiste), écuyer, 95.
FEBVRE, famille, 455.
FELIENNE, famille, 155.
FELISOT, famille, 307 ; 308.
FELLECTIER, famille, 63.
Fermeté (La), Prieuré, 205 ; 283 ; 341 ; 368 ; 391 ; 400. — Assemblée capitulaire, 283. — Prieures : Madeleine de CHABANNES ; Alips de MOULINS. — Chapelains : Jacques DAUDIN ; Jean PETIT.
FERRAND, famille, 431.
— intendant de Bourgogne, 403.
FERRAT (Alin), meunier à Coulanges-lez-Nevers, 173.
FERRÉ (Claude), sergent royal à Nevers, 317.
FERREAU, famille, 381.
FERRIER, famille, 215 ; 323 ; 373.
FERRIÈRES (François de), chevalier, 225.
— (Jean de), seigneur de Montaron, 220.
Feuille, paroisse d'Urzy, 331.
FEULLON, famille, 63.
FÈVRE, famille, 156 ; 285.
FEYDEAU, famille, 94.
FILASTRE, famille, 256.
FILLEUX, famille, 186 ; 209.
— (Pierre), secrétaire de Jean de Saulx, 378.
FILLION, dit QUILLIER, famille, 162.
Fin, paroisse de Salzy, 393.
FINANCES (Adam de), gentilhomme verrier, 384.
Finy, Fief, paroisse de Vitry, 63 ; 67 ; 73 ; 90 ; 98 ; 380 ; 381 ; 384-387. — Dénombrements, 73. — Terrier, 385-387. — Saisie du fief, 384 ; 385. — Seigneurs : Guillaume BOUDOT ; Lazure de CHARGÈRES ; Pierre de CHARGÈRES ; Philippe de GRANDVAL ; Charles de MÉRANS ; Jean de MÉRANS.
FINY (de), famille, 60 ; 384.
— (Adrien de), 384.
— (François de), écuyer, 60.
— (Gérard de), écuyer, 384.
FLAMANCHE, famille, 367.
FLEAUX, *alias* PICAUD, famille, 63 ; 67.
FLECHOT (Étienne), notaire royal, 127.

FLEURIAY, famille, 57.
FLEURY, famille, 341.
Fleury-la-Tour, 120.
Flez, paroisse de Saint-Pierre-du-Mont, 112 ; 393. — Notaire : Nicolas CORDONNIER.
Flez-sur-Yonne, 215 ; 216.
FLORENT, famille, 155.
Flottage, 65 ; 67.
FOMBELLE (Jeanne de), 111.
Fondereaux (Les), paroisse de Marzy, 213.
Fondis (Les), paroisse de Vitry, 52 ; 79 ; 380.
FONFAY (M. de), 21.
FONTAINE, famille, 162 ; 317.
— (Antoine), apothicaire à Nevers, 361.
— (Jean de), écuyer, 274.
FONTANA (de), famille, 219.
FONTENAY, famille, 200.
FONTPERRIÈRES (de), famille, 445.
FONTIGNOT, famille, 67 ; 381.
Fontmorigny, Abbaye, 192 ; 208.
FONTVELLE (de), famille), 398.
FORANDE, famille, 156.
Forclusion, en droit nivernais, 406.
FORESTIER (Pierre), apothicaire à Nevers, 191 ; 245.
Forêt (La), paroisse de Metz-le-Comte, 216.
Forge (La), près Poil, 271.
Forges, Les Mauvoisins, 63 ; 67. Le Pont d'en Haut, 65 ; 182. Pouligny-sur-Aron, 279. Vernasse, 183.
Forges, près Chaluzy, 155 ; 256. Bois, 155 ; 309.
Forges, paroisse de Sémelay, 446.
FORGET, famille, 60.
FORGUES (de), famille, 93.
Fort de Lanty (Le), commune de Rémilly, 325. — Seigneur : Gilbert CORTET DE MONTIGNY.
FORTOT (François), sergent royal à Tannay, 93.
— (Philippe), sergent royal, 393.
FOSSE (Noël), curé de Saint-Benin-des-Champs, 289.
FOUBERT (M. de), 53.
FOUCHER, ou FOUCHIER, famille, 67 ; 79 ; 85 ; 90 ; 201 ; 384.
— (Antoine), sieur des Quantins, 65 ; 381.
Fougère (La), paroisse de Varennes-lez-Nevers, 348.
FOUGÈRE, ou FOUGÈRES (de), famille, 25 ; 120 ; 130.
FOUGERET (Nicolas de), bailli de Cosne-sur-Loire, 21.
FOUGEROUX, procureur à Paris, 217 ; 402.
FOUNTAIN, notaire, 411.
FOUQUAUT (Jean), écuyer, 229.
Four à chaux, 143.
Four-de-Vaux (Le), paroisse de Varennes-lez-Nevers, 343 ; 349-351 ; 356 ; 360 ; 369-371 ; 393 ; 456.
Fourneau (Le), île et port, près Vitry, 53 ; 54 ; 56 ; 58 ; 67 ; 86 ; 382.
FOURNIER, famille, 248.
Fours, paroisse de Maisons, 328 ; 329. — Notaire : Philippe TOREAU.
FOY, famille, 329.
FRACHET, famille, 231.

GENTIL, famille, 63 ; 380 ; 398 ; 403.
— notaire à Bourbon-Lancy, 86.
— (François), secrétaire de Jean de Bauffremont, 201.
— (Guillaume), notaire royal à Nevers, 348.
GEOFFROY, famille, 60 ; 191 ; 192 ; 202.
— notaire royal à La Roche-Millay, 65.
— (René), procureur d'office de Champlevrier, 168.
GEORGES, famille, 369.
GÉRARD, famille, 308.
GERBAUD, ou GERBAULT (de), famille, 77 ; 213.
— (Annet de), seigneur de Champagny, 72.
— (Claude de), sieur du Vignault et de Lesmes, 71.
— (Gabriel), seigneur de La Serrée, 63 ; 67.
GERBE (Antoine), seigneur de Montrouart, 384.
GERBIER, famille, 379.
GERMAIN, receveur du chapitre de Châtillon-en-Bazois, 106.
— (Jean), bailli de Vitry, 48 ; 50.
Germancy, commune de Decize, 181. — Seigneur : Guy de VAUX.
GEVALOIS, lieutenant général au Bailliage de Bourbon-Lancy, 53 ; 200.
— (Guillaume), bailli et châtelain de Bourbon-Lancy, 384.
— (Jacques), écuyer, 74.
— (Nazaire), écuyer, 75.
GEYN (Jean), procureur de l'Hôpital Saint-Gilles, de Moulins, 232.
GIANNY (Brocard de), comte de Rispe, baron de Vitry, 52 ; 65 ; 182.
Gibaudière (La), 19. — Seigneur : François de COURAL.
GIBAULT, famille, 191.
GIBIER (Claude), conseiller du roi au Bailliage de Sens, 20 ; 93 ; 172.
GIGAULT, famille, 208.
Gigny-aux-Bois (Marne), 394. — Curé : Claude BERTHON. — Procureur fiscal : Marin PETIT. — Etangs et pêche, 394.
GIGOT, famille, 275.
— avocat, 107 ; 404 ; 409.
GILBAL, famille, 395.
GILBERT, famille, 93.
GILET, famille, 67.
GILLAY, famille, 65.
GILLET, famille, 174 ; 301.
— (Philippe), procureur d'office de la seigneurie de Maulaix, 63 ; 67.
GILLON, famille, 388.
GILLOT, famille, 116.
GIMEL (de), famille, 121 ; 404.
— (Pierre de), seigneur de Châtillon-en-Bazois et de Bernières, 121.
GIMEL DE SAINT-CHAMANS (de), famille, 143.
— (Pierre de), seigneur de Châtillon-en-Bazois, 143.
Gimouille, 449.
Ginay, paroisse d'Avrée, 424.
GINON, famille, 269.
GIRARD, famille, 60 ; 62 , 95 ; 153 ; 181 ; 204 ; 232 ; 308 ; 311 ; 379 ; 380 ; 406. Voir : GARLAUD.

GIRARD (François), seigneur de Chevenon, 445. Seigneur de Saint-Éloi, 291.
— (François), greffier au Bailliage de Bourbon-Lancy, 83 , 389.
— (Jacques), receveur de l'évêché de Nevers, 367.
— (Jean), curé de Satinges, 306.
— (Jean), apothicaire à La Roche-Millay, 292.
— (Louis), seigneur de Sermoise, 317.
— (Pierre), praticien à La Roche-Millay, greffier de Millay, 292.
GIRAUD, famille, 303.
GIRAULT, famille, 155.
GIRIER, famille, 67.
Girardon, moulin, 200.
GIVERLAY (de), famille, 223 ; 279.
— (Anne de), dame de Poussery et de Vandenesse, 280 ; 333.
GIVRAY (Guillaume), châtelain de Clamecy, 322.
— (Philippe), lieutenant au Bailliage d'Asnois, 172.
Givry, commune de Vandenesse, 334 ; 439. — Seigneur : Louis DU BOIS. — Étang, 334. — Mesure, 334.
Givry (Cher), 349. — Seigneur : Philbert de SAINT-VINCENT.
GIVRY, famille, 307.
Glenne, châtellenie, 193 ; 273 ; 453. — Châtelain : Lazare ANTHOUARD. — Justice, 193.
Glux, ou Glux-sous-Beuvray, 193 ; 453. — Curé : Pierre de MALTAVERNE. — Vicaire : Simon HALLÉ.
GOBET (Simon), prêtre, 373.
GOBILLOT, famille, 306 ; 371.
GONY, famille, 162 ; 354 ; 360 ; 390.
GODARD, famille, 200.
GODEAU, famille, 191.
GODENEAU, famille, 149.
— (Marc) prêtre, 136.
GODEVEAU, famille, 431.
GODIER, famille, 215.
GODIN, famille, 121.
— notaire royal à Cercy-la-Tour, 24 ; 329.
GODOT, famille, 88.
GODRY (Valentin), mernier à Guérigny, 263.
GOGENEAU, famille, 140.
GOGUELAT (Philippe), subdélégué de Château-Chinon, 114.
GOGUYET, famille, 334.
GOMBAULT, famille, 155.
GONDARD, famille, 67.
GONDIER, famille, 102 ; 215.
GONDIER DU CHAZEAU, famille, 329.
GONDIÈRE, famille, 305 ; 306.
Gondières, commune de Saint-Éloi, 155 ; 440. — Hommage du fief, 155.
GONDOUX, famille, 264.
GONEAU, famille, 52 ; 62.
GONIN, alias ÉMERY, famille, 51.
GORCUT, famille, 353.
GORNILLAT, famille, 164.
— (François), sergent royal, 231.
GOUDARD, famille, 182.
GOUDRON (Martin), procureur à Paris, 404.
GOUÉ, famille, 452.
GOUJON, famille, 65 ; 67 ; 182.

GOUNEAU, famille, 54 ; 63 ; 65 ; 67 ; 181 ; 182 ; 381.
— (Benoit), chapelain de Vitry, 181 ; 378.
— (Charles), notaire à Bourbon-Lancy, 67.
— (Gaspard), curé de Trézy, 380.
— (Guillaume), curé de Vitry, 181.
— (Jean), curé de Vitry et prieur de Marchy, 51 ; 56 ; 63 ; 67 ; 181 ; 201 ; 209 ; 301 ; 378 ; 380 ; 384.
— (Pierre), curé de Vitry, 182 ; 380 ; 381 ; 388.
GOUNIN, famille, 330.
GOURDON, famille, 195 ; 445.
GOURLE (Claude), notaire à Annazy, 215.
GOURRIER, famille, 331.
GOUSSOT, famille, 116.
— procureur au Bailliage de Nevers, 309.
— (François), receveur du Tremblay, 280.
— (Léonard), procureur au Bailliage de Saint-Pierre-le-Moûtier, 349.
GOUTEREAUX, famille, 55.
GOYN, famille, 346 ; 355.
— procureur à Moulins-sur-Allier, 141.
GRAILLOT, famille, 112 ; 323 ; 393.
— (Jean), lieutenant à Sembrèves, 393.
GRANDBOIS, famille. Voir : LAMARTINE.
Grand-Champ. Moulin banal, paroisse d'Anlezy, 422.
Grande-Marchie (La), bois, près Vitry, 51 ; 59 ; 60 ; 66 ; 67 ; 181 ; 209 ; 380 ; 381.
Grande-Verrière (La), Saône-et-Loire, 273. — Curé : Guy de MONTARMAIN.
GRANDGONIN, famille, 60 ; 66.
GRANDJEAN, famille, 67 ; 99 ; 100 ; 172. Voir : GUILLEMAIN.
— (Ligier), curé de Saint-Prix-sous-Beuvray, 193.
Grand-Moloy (Le), paroisse de Saint-Germain-des-Bois, 181, note.
Grand-Neuzilly (Le), paroisse de Montapas, 100.
GRANDERÉ (de), famille, 219.
Grandry, paroisse de Sermages, 313.
GRANDRY (de), famille, 155.
GRANDVAL (de), famille, 403.
— (Antoine de), sieur de Fraise, 389.
— (Jean de), sieur de Champagny et de Thaix, 13 ; 63 ; 65 ; 67 ; 72 ; 209 ; 380 ; 384.
— (Jean de), sieur de Prenat, 63 ; 67 ; 70 ; 72.
— (Michel de), 70 ; 74.
GRANDVAL (Philippe de), sieur de Finy, 63 ; 66. Capitaine de Vitry, 70.
— (Pierre de), seigneur de Fraise et de la Baume, 13 ; 63 ; 67 ; 74 ; 181 ; 383.
— (René de), 13.
GRANDVAL-JOSIAN (René de), seigneur du Donjon et du Chambon, 77.
GRANGIER, famille, 381 ; 385.
— (André), lieutenant général au Bailliage de Bourbon-Lancy, 418.

H

LÉVÊQUE, famille, 92 ; 172 ; 275.
LEZ PELEZ, famille, 334.
LHOSTE, famille, 101.
LHUILLIER, famille, 20.
Lichy, commune de Bona, 9 ; 14 ; 29. — Justice, 14 ; 29. — Curés : CORNU ; de NORRY.
LICHY (de), famille, 29 ; 94 ; 109 ; 111 ; 399 ; 403 ; 404 ; 406 ; 408 ; 428 ; 432.
— (Adrien de), 29.
— (Charlotte de), 8 ; 29.
— (Eustache de). 9 ; 14 ; 16 ; 29 ; 398.
— (Gilbert de), 451.
— (Jacques de), praticien à Parigny-les-Vaux, 264.
— (Jean de), 29.
— (Michel de), chanoine de Nevers, 14.
— (Philippe de), 14 ; 29.
Lieu-Chevret (Le), paroisse de Saint-Ouen, 299.
LIEUDON, famille, 233.
LIGER, famille, 127 ; 282 ; 393.
LIGIER, famille, 365.
Lille (Nord). Registres paroissiaux de Saint-Maurice, 415.
Limanton, 15 ; 97 ; 109 ; 114 ; 115 ; 127 ; 128 ; 130 ; 141 ; 202-204 ; 403 ; 436.
Barons : Charles de LORON ; François de LORON. — Curés : CLÉMENDOT ; Nicolas GUILLIER. — Procureur d'office : Claude BARRY. — Notaires : Léonard MOIREAU ; Claude ROBERT. — Collecteur : Jean SIMONNOT. Justice, 146. — Terrier, 202. — Impositions, 202. — Population, 202.
Limites de la Bourgogne et du Bourbonnais, 49.
Limoges. Loterie, 391.
Limon, 203 ; 283. — Moulin, 283.
LINET, famille, 369.
LION (Léonard), curé d'Alluy, 116.
LIRKTIER, famille, 47.
LISBLANC (Philippe), écuyer, 394.
LISTENOIS (Maison de), 199.
— (Isabeau de), dame de Bonnencont e et de Vitry, 45.
— (Louis de), seigneur de Vitry, 45.
— (Mme de), 75.
LITAULT (Jean), conseiller au Présidial de Saint-Pierre-le-Moûtier, 401.
LITHAULT, avocat au Bailliage de Nevers, 21.
LITNIER, famille, 316.
— (Claude), élu de Nivernais, 250.
LOBEREAU (Jean), huissier à Moulins-Engilbert, 103.
LOCHIN, famille, 59.
LOCHOT, famille, 93.
LODINES (de), famille, 310.
Loge (La), paroisse de Beaumont-sur-Sardolles, 243.
— fief, paroisse de Cronat, 45 ; 59 ; 60 ; 66. Moulin, 47 ; 181. — Bois, 51 ; 181.
— 60 ; 66.
Logement de gens de guerre, 181.

Loire (La), fleuve, 53 ; 98 ; 199 ; 201 ; 380 ; 381 ; 405. — Ancien lit, 201. — Communauté des marchands, 60 ; 199 ; 200. — Droit de tenir bateau, 67. — Droit de pêche, 51 ; 55 ; 56 ; 59 ; 60 ; 63. — Droits divers, 63. Accrues et îles, 51 ; 53 ; 67 ; 201. — Balisage, 380.
LOISEAU, famille, 60 ; 279 ; 328.
— (Mathé), prêtre, 365.
LOIZEAU (François), écuyer, seigneur de Champs, 13.
LOMÉNIE DE BRIENNE (Charles-François de), abbé commendataire de Saint-Germain d'Auxerre, 39.
Londres, 411. Ambassadeur : Charles-Louis-François de RÉGNIER.
LONGCHAMP (de), famille, 382.
Longevigne, paroisse de Saint-Martin-lez-Bourbon-Lancy, 85 ; 201.
LONGEVILLE (de), famille, 191.
LONGUEREAU, famille, 279.
LONVYS (Jeanne de), dame de Bussière, 229.
LORANDEAU (Hugues), chanoine de Nevers, 246 ; 297.
LORETE (Hugues), notaire à Chalon-sur-Saône, 373.
LORGE (Le maréchal de), 14.
Lormes, 9 ; 93 ; 220 ; 394 ; 406. — Seigneur : Léonard de CHALON. Bailli : Jean de LORMES. — Châtellenie, 394 ; 406.
LORMES (Jean de), bailli de Château-Chinon et de Lormes, 210.
LORON (Charles de), baron de Limanton, 97 ; 22 ; 202.
— (Étienne de), écuyer, 231.
— (François de), chevalier, baron de Limanton, 202 ; 204.
— (François de), seigneur de Bernay, 118.
— (Jacques de), écuyer, seigneur d'Argoulais, 231 ; 435.
LORTELOT (Denis), curé de Lormes, 380.
Loteries : 16, note. Saint-Nicolas du Chardouneret et les pauvres de Limoges, 391.
LOUIS, famille, 136.
— (Antoine), prêtre, 136.
LOUVIERS (Louis de), chevalier, 94.
LUCAS, famille, 230.
Lucenay-les-Aix, 278. — Prieur : Jean ROYER.
Lucenay-l'Évêque (Saône-et-Loire), 212.
Lucy, paroisse de Sanizy, 303. — Seigneurs : Charles d'ANLEZY ; Louis de COSSAYE. — Dénombrement, 303.
Lucy-le-Bois (Yonne), 394.
LUCY (Jean de), écuyer, 301.
Lurbigny, commune de Cercy-la-Tour, 430. — Seigneur : Claude de Cossay.
Lurcy-le-Bourg, 21 ; 206. — Prieuré, 209.
LUSHINGTON (Stephen), notaire à Londres, 411.
LUTHENAY (Pierre de), grènetier de Nevers, 160.
Luzarches, 340.
Luzy, 9 ; 11 ; 45 ; 72 ; 95 ; 164 ; 168 ; 182 ; 206 ; 269 ; 273 ; 325 ; 326 ; 384 ; 450.

Seigneur : Jean de CHATEAUVILLAIN. — Juges de la Châtellenie : Claude COUJARD DE LA VERCHÈRE ; Denis NAULT. — Procureur fiscal : Jean SIMONIN. — Président au grenier à sel : Charles BALLARD. — Receveur au grenier à sel : Henri REGNARD. — Subdélégués : François CORTET ; Gilbert CORTET DE MONTIGNY.
Curés : Jean SIMONIN ; Pierre SIMONIN.
Notaires : Denis BAUDRION ; Jean BELIN ; Jean-Chrysostome BOULU ; GUÉRIN.
Cachet de la châtellenie, 182. — Écoles, 207. — Mesure pour les grains, 269 ; 450.
LUZY (Charlotte de), 9.
— procureur à Saint-Pierre-le-Moûtier, 402.
LYMOSAT (Jean), alias BUIGAUDE, prêtre, 262.
LYON, famille, 31.
— (Léonard), notaire et praticien à Biches, 398 ; 425 ; 429 ; 432.
Lys, 216 ; 393. — Procureur d'office : Jean CHARPENTIER. — Greffier : Toussaint GUIBELIN.

M

MAESTRICHT, 417.
MACKEN, famille, 365.
Magny (Le), paroisse de Limanton, 204. — Moulin banal, 204.
— paroisse de Varennes-lez-Nevers, 345.
Magny[-Cours], 208 ; 262. — Sergent : Étienne ANGELARD.
Magny, commune de Magny-Lormes, 323. — Seigneur : Archambaud de VILLARS.
MAGNY (de), famille, 278.
MAHTON DE CHALUZY, famille, 257.
MAIGNEN, famille, 162 ; 164.
— (Jacques), avocat, 244.
MAIGNENAT, ou MAIGNEVAT, famille, 59 ; 60.
MAILLARD, famille, 67 ; 91 ; 184 ; 262 ; 263.
— (Étienne), sieur de Ballore et de Cognard, 85.
MAILLART (Jean), sergent royal à Nevers, 157.
MAILLENAT, ou MALLENAT, famille, 63 ; 67 ; 174 ; 182.
MAILLOT, famille, 298.
MAIN, famille, 75 ; 108.
MAINGAULT, famille, 153.
Mainmorte, 51 ; 55 ; 60 ; 62 ; 63 ; 65 ; 67 ; 70 ; 74 ; 98 ; 165 ; 174 ; 181 ; 182 ; 401. — Voir : Servitude.
MAISONCOMTE (de), famille, 283.
MAISTRE, famille, 60 ; 62. Voir : MORIN.
— (Étienne), vicaire de Sermoise, 317.
MAJON, famille, 216.
Maladies, 9 ; 13.
MALECORTE, famille, 192.
Malevelle (La), près Vitry, 58 ; 90.
MALNA, famille, 65. Voir : MAILLENAT.

Prieurs : Pierre de CARROBLE ; Louis de REUGNY. — Notaire ducal : Sébastien GUYONIN.

Mazille, paroisse de Luzy, 325 ; 326. — Seigneurs : Étienne DESJOURS ; Pierre DESJOURS.

MAZURIER, famille, 233.

Meance, 116.

MÉAULME, procureur du roi en la châtellenie de Moulins-sur-Allier, 233.

MÉCHINE, ou MESCHINE, famille, 32 ; 102 ; 219 ; 403.
— (Jacques), seigneur de Montenteaume, 219.

Meix d'Angry (Le), ou *Mesles*, commune de La Roche-Millay, 165.

Meix de Chalaux (Le), seigneurie, commune de Chalaux, 394.

MELIER, famille, 315.

MELLEY (Michel de), prêtre, 193.

MELLO (Charles de), seigneur de Saint-Bris, de La Roche-Millay et de Vitry, 45 ; 47 ; 59 ; 380.
— (Guillaume de), seigneur de Givry, de La Roche-Millay et de Vitry, 45 ; 72 ; 75 ; 77 ; 81-83 ; 184 ; 295.

MELLOT, famille, 353.

MELON, famille, 439.
— (Antoine-Martial), 320.
— (Charles-Antoine), receveur des tailles en l'élection de Nevers, 328.
— (Étienne), écuyer, 328.

MENAIN, famille, 229.

MÉNARD, famille, 195.
— (François), praticien à Gannay-sur-Loire, 395.

MENASSER, famille, 81.

MENAUD, famille, 229.

Ménessaire (Côte-d'Or), 130.

Monetou-Couture (Cher), 186.

MENGIN (Hector de), commandeur de Biches, 123 ; 130 ; 132 ; 134 ; 143 ; 436.

MENUE, famille, 247.

Mérans, paroisse de Poil, 385.

MÉRANS (de), famille, 384.
— (Charles de), seigneur de Finy et de Mérans, 63 ; 67 ; 380 ; 384.
— (Gaspard de), écuyer, 384.
— (Jean de), seigneur de Pierrefitte, 73 ; 384.

MERCIER, famille, 349.
— (Claude), marchand à Saint-Amand, 21.

MEREUX, famille, 155.

MERIOT, famille. Voir : CHAPPELLE.

MERLE, famille, 302.

MERLIN, famille, 157.

MERTIN (Benoit), *Serpantier*, 8.

MÉRU (de), famille, 384.
— (Guillaume de), procureur fiscal du Monceau, 267.
— (Jean de), châtelain de Vitry, 379.

MERVILLE, famille, 125 ; 458.

Méry, près Beaumont-sur-Sardolles, 426.

Mesles, commune de La Roche-Millay, 285. Voir : *Meix d'Angry (Le)*.

Message, paroisse de Sermoise, 316.

MESSAGER, famille, 59 ; 60.

MESSAGIER, famille, 386 ; 387.

Mesure agraire de Bourgogne, 380.

Mesure pour les liquides, 220.

MÉTAYER (Gilbert), lieutenant au Bailliage d'Issy-l'Évêque, 182 ; 201.

Metz-le-Comte, 32 ; 94 ; 113 ; 187 ; 215-218 ; 323 ; 393 ; 402 ; 403 ; 452.
Château, 215. — Châtellenie : 216 ; 218 ; 402. — Lieutenant : Jean CHARPENTIER. — Procureur fiscal : Philibert BAUDOT. — Concierge des prisons : Léonard TRYMERT.
Cure, 218. — Terrier, 215 ; 216 ; 218. — Liève de redevances, 457. — Curé, 215. — Curés : Toussaint BARJAUX ; Jean BUTEAU ; Adrien de CARROBLE ; Gabriel de GRIGNY ; François JOLLY ; Pierre MUSNIER. — Réparations à l'église, 216. — Chapelle Sainte-Catherine, 215.
Notaire ducal : Jean CAMUS. Meubles et ustensiles Écuelles, 44. — Voir : Inventaires.

Meulot, paroisse d'Alluy, 127. — Notaire : Jean DELAPLACE.

MEULOT (Léonard de), curé de Montaron, 198.

MEUNG (François de), 385.

MEUNIER (Pierre), fermier de la baronnie de Vitry, 65.

Meuré, communes de Bazoiles et de La Collancelie, 228.

MEURLIN, famille, 192.

Mésangy (Allier), 281. — Curé : Charles CARRÉ.

MICAULT (Guillaume), praticien à Nevers, 369.
— (Jean), procureur à Nevers, 371.

MICAULT DE SAINT-LÉGER, famille, 414.
— (Charles-Pierre), 414.

MICHAELIS (Jean), prêtre aumônier à Suily, 182 ; 301. Prieur de Marchy, 86 ; 175 ; 179 ; 184 ; 301 ; 381.

MICHAU (Noël), huissier à Cercy-la-Tour, 39.

MICHAULT, famille, 215.

MICHEL, famille, 108 ; 127 ; 131 ; 132 ; 137 ; 202.
— procureur au Parlement, 417.
— (Antoine), écuyer, 137.
— (Antoine), vicaire de Sémelay, 202.
— (Vincent), écuyer, 32.

MICHELET, famille, 62 ; 65 ; 66 ; 86 ; 182 ; 337.

MICHELOT, famille, 14.
— (Jean), notaire, 395.

MICHON, famille, 215.

MICHOT, famille, 127 ; 128 ; 130 ; 134 ; 139 ; 172 ; 376 ; 401 ; 402 ; 433.
— (Léonard), notaire, 130.

MICOLLE, famille, 199.

MIGÉ (François), lieutenant général au Bailliage de Nivernais, 406.
— (Jean), chanoine de Nevers, 308.
— (Philippe), chanoine de Nevers, 246.

MIGNIERS (de), famille, 73 ; 74.
— (Jean de), écuyer, 184.

MILLAIN, famille, 305.
— (de), famille, 349.

MILLAN, famille, 127.

MILLARD, famille, 94.
— (Daniel), praticien à Mouchy, 94. Greffier de Moruches, 393.

MILLAT, famille, 279.

Millay, 61 ; 95 ; 201 ; 292 ; 384 ; 386.
— Curé : Benoit de LA MOLOISE. — Greffier : Pierre GIRARD.

MILLELOT (Jean), praticien à Clamecy, 172.

MILLET, famille, 117 ; 369.
— (Jean), concierge de la Chambre des Comptes de Nevers, 192 ; 242.
— (Louis), trésorier en la Généralité de Bourges, 264.
— (Mercure), procureur au Bailliage de Châtillon-en-Bazois, 403.

MILLIEN (Léonard), sergent de Vitry, 178 ; 380.

MILLIET, famille, 130 ; 131 ; 402.
— (Gabriel), notaire royal à Châtillon-en-Bazois, 9 ; 13.
— (Jean), notaire à Brinay, 131.
— (Paul), drapier, 109.

MILLIN, famille, 62 ; 210 ; 215 ; 223 ; 278. Voir : MILLIEN.
— (Jean), sergent de Vitry, 209.

MILLON, famille, 8 ; 99 ; 149.

MILLOT, famille, 32 ; 42 ; 155 ; 243 ; 406 ; 440.
— (Eugénie), dame de Chaumigny, 32.
— (Gabrielle), 10.
— (Guillaume), seigneur de Monjardin, 32 ; 39.
— (Pierre), prieur, curé de Mingot, 39.

MILLOT DE MONJARDIN, famille, 155 ; 256 ; 265 ; 280 ; 331.

MILON, famille, 126.

MINARD (Charles), praticien à Bourbon-l'Archambault, 184.

MINEAU, famille, 136 ; 402.

Mingot, 31 ; 39 ; 120 ; 126 ; 219 ; 312.
— Cure, 312. — Curés : Jean HARLET ; Pierre MILLOT ; Pierre POURCHASSON.

MINIÈRE (Noël), collecteur de Cizely, 170.

MINIERS (de), famille, 60.
— (Esmond de), écuyer, 32.
— (Jean de), seigneur de Fraize, 60.
— (Louis de), seigneur de Fraize, 384.

MINOT, famille, 111 ; 136 ; 149 ; 401 ; 402.

MIRAILLET, famille, 305.

MIRAULT (Charles), greffier au Bailliage de Châtillon-en-Bazois, 220.

MIREBEAU, famille, 181.
— (Jean de), écuyer, 220.

MIRON, famille, 92 ; 93 ; 252 ; 445.

MOARD, famille, 192 ; 373 ; 395.
— (Guillaume), chirurgien à Nevers, 173.

MOILLOT (Jean), curé de Langy, 156.

MORIN, famille, 59 ; 62 ; 159 ; 246 ; 249 ; 307 ; 308 ; 319 ; 369.
— Voir : CHARPENTIER ; MAISTRE.
— (Jean), concierge de la Chambre des Comptes de Nevers, 307 ; 308.
Morion, ruisseau, 204.
MORIZE, famille, 51.
MORIZOT, famille, 117.
MORLÉ, famille, 106 ; 216.
Mornay (Cher), 6.
MORNAY, famille, 343 ; 349 ; 355 ; 367 ; 369.
— (Jean), sergent au duché de Nivernais, 349.
MORNE, famille, 93.
— (Antoine), procureur au Présidial de Moulins, 93.
MORNET, famille, 94.
MOROGUES (Jean de), écuyer, 310.
Mortes (Les), paroisse d'Amazy, 94.
MOSSARD, famille, 108.
MOTIN, famille, 63.
MOTON, famille, 62.
MOTOT, famille, 100.
Motte de Cossay (La), commune de Thaix, 439.
Motte des Prés (La), près Montaron, 220.
Motte-Grillon (La), paroisse de Thaix, 230 ; 439.
Motte-Maltat (La), 56 ; 65 ; 67 ; 455. — Seigneur : André de VIRGILE.
Motte-Palluau (La), 23 ; 120 ; 121 ; 401 ; 436 ; 438. — Dame : Jeanne DESPRÉS. — Seigneurs : Guillaume de BAUDOIN ; Jean de CLOSSE ; Natoire de CLOSSE ; Charles de GAYOT ; François de GAYOT ; Philibert ROUX.
Motte-Veillaud (La), ou Véliot, île de la Loire, près Vitry, 67 ; 381.
MOTTOT, famille, 31.
Mou (Le), commune de Challuy, 154.
MOUCAULT, famille, 60.
— (Guillaume), avocat, 63.
— (Jean), procureur de Vitry, 50.
MOUCHARD, famille, 128.
Mouchy, paroisse de Moraches, 94 ; 393.
Monêsse, faubourg de Nevers, 253.
MOUGIN, famille, 181.
Mougny, paroisse de Bazolles, 107 ; 402.
— Seigneur : Philibert BABOU. Justice de Mougny et Fucilly, 107. Bailli : François SEMELÉ. Lieutenant : François SASSIN.
Mougues, commanderie, 305.
Mouilles (Les), paroisse de Cronat, 65 ; 86 ; 181, note ; 182.
Moulin-Boulon (Le), 406.
Moulin-Morizot (Le), paroisse de Metz-le-Comte, 216.
Moulin-Moucaud (Le), paroisse de Lesmes, 52 ; 380.
Moulins, 47 ; 51 ; 57 ; 67 ; 75 ; 85 ; 126 ; 157 ; 162 ; 165 ; 181 ; 281. — Moulins : Achard (Cronat), 388 ; d'Amazy, 323 ; Bailly, 201 ; de Bouront, 196 ; 294 ; de Challouez (Germenay), 421 ; de Challuy (Savigny-sur-Canne), 294 ; 311 ; Émery, ou du Ruau de la Serrée, 85 ; de Givardon, 200 ; de Grand-Champ (Anlezy), 422 ; du Guétin, 186 ; d'Imphy, 445 ; d'Isenay, 196 ; de Limon, 283 ; du Magny (Limanton), 204 ; de Mont, 394 ; de Montfou (Tazilly), 327 ; de Montjouan, 292 ; Moucaud (Lesmes), 380 ; Perret, 380 ; des Perrins (Vitry), 380 ; du Pont (Tannay), 388 ; du Pont-d'en-Haut, 182 ; de Poussery, 222-224 ; de Saint-Martin, à Nevers, 369 ; de Sermages, 313 ; Souvery, 201 ; de Souvigny-le-Thion, 321 ; de Vandenesse, 333 ; de la Verchère (Vitry), 380 ; 381 ; 388 ; de Vermenton, 394 ; de Villars (Maltat), 209.
MOULINS (de), famille, 249.
— (Alips de), prieure de La Fermeté, 283.
Moulins-Engilbert, 20 ; 92 ; 94 ; 102 ; 103 ; 121 ; 166 ; 192 ; 202 ; 215 ; 221 ; 222 ; 224 ; 225 ; 230 ; 231 ; 267 ; 268 ; 273 ; 278 ; 279 ; 282 ; 284 ; 303 ; 310 ; 333 ; 403 ; 425 ; 427 ; 431 ; 434 ; 439.
Assises du Bailliage de Nevers, 225. — Élu : Antoine COURTOIS. — Chanoines de Notre-Dame, 231. — Mesure pour les grains, 328. — District, 121. — Notaires : Pierre PIERRE ; Jean POUGAULT ; SIMONET. — Huissier : Jean LOREREAU.
Grenier à sel. Président : Amable BUTEAU. Grénetiers : Guillaume de COLONS ; Antoine COURTOIS. Receveurs : Charles CHIFFLET ; Henri SOUCHON. Contrôleur : Jean GUILLON. Procureur du roi : Léonard RAVARY.
Moulins-sur-Allier, 2 ; 6 ; 15 ; 16 ; 32 ; 93-95 ; 184 ; 232-234 ; 321 ; 374 ; 381 ; 388 ; 398 ; 401 ; 403.
Intendants : DUPRÉ ; d'Herbigny ; de MAUPEOU ; PHELIPPEAUX.
Général des finances : Étienne BAUGY.
Trésoriers de France : Étienne BAUGY ; Louis HEROYS ; Gabriel-Lazare LEBÈGUE ; Guillaume MILLOT DE MONJARDIN ; Jean-Jacques PIERRE DE SAINT-CY ; Pierre PONCET ; Baptiste ROUX ; Nicolas de VILLAINES. — Procureur du roi au bureau des finances : Jean COIFFIER.
Présidial. Président : André ROY. Lieutenants généraux : Gilbert ROY ; Jean ROY. Conseiller : Jacques IMBERT.
Sénéchaussée. Lieutenant général : Henri BOLACRE. Procureur du roi : Rémy AUBERY. Procureur : Gilbert BERTHIER.
Châtellenie. Lieutenant : Jacques BERGIER. Procureurs du roi : MRAULME ; Jean PALIERNE.
Lieutenant en la maîtrise des Eaux et Forêts : Pierre DOSCHES. — Receveur général des domaines et bois : François BOUYS.
Contrôleur général des Ponts et Chaussées : Michel DUMARCHÉ.
Élu : Jean ALLEAUME.
Chanoines : Claude BRISSON ; Toussaint DUC ; Jean-Louis VICIER.
Hôpitaux, 232 ; 233. — Couvent des Augustins, 233. — Chapelle Saint-Pierre, 233.
Maître joueur d'instruments : Jean PLESSIS, dit BARBOTIÈRE.
Moulot, commune de Clamecy, 112 ; 393.
MOUNIER, famille, 326.
MOUREAU, famille, 62.
MOUREL (Charles de), abbé de Bellevaux, 198.
MOURGUIN, famille, 120.
MOURILLON (Germain), praticien à Isenay, 430.
Moussy, famille, 331.
MOUTEAU, famille, 58 ; 67 ; 381 ; 406.
— contrôleur au grenier à sel de Bourbon-Lancy, 67.
— (Adrien) écuyer, 85.
— (François-Sébastien), grénetier au grenier à sel de Bourbon-Lancy, 90.
— (Jean-Claude), intendant des eaux minérales de Bourbon-Lancy, 85 ; 90.
MOUTEAU DE LA MOTTE, famille, 385.
MOUTTEAU, médecin, 67.
MOYNE, famille, 100.
MOYREAULT (Henri), apothicaire à Tannay, 215. Voir : MOIREAU.
MUGNIER, famille. Voir : MUNIER.
MUGNOTIE (Jean), écuyer, 135.
Mulot, paroisse de Tazilly, 327.
MUNIER, ou MUGNIER, ou MUSNIER, famille, 67 ; 181 ; 192 ; 289 ; 380.
— (Pierre), agent d'Henri de Saulx-Tavannes, 182. Avocat en Parlement, 301. Fermier de Vitry, 52 ; 182 ; 201 ; 209 ; 301 ; 381 ; 382 ; 385.
— (Pierre), curé de Metz-le-Comte, 215 ; 218 ; 402.
Munot, commune de La Marche, 157.
Murgiers (Les), près Cercy-la-Tour, 229.
— Seigneur : Antoine DU BREUIL.
MURLIN, famille, 306.
MUSNIER, famille. Voir : MUNIER.
Mussy, paroisse de Pouligny-sur-Aron, 121 ; 280. — Dénombrement, 280. — Seigneur : Guillaume de BALORRE.
MYNEAU, famille, 216.
MYNOT, famille, 108.
MYNOTYE (Jean), écuyer, 202.

N

Nuintré (Vienne), 279. — Seigneur de la Brosse ; Antoine de PUYGIRAULT.

NAISSARD, famille, 196.

Nancy, 16.

Nanton, commune de Saint-Sulpice, 296.

NAQUIAN (François), docteur en médecine, 13.

NARCY, famille, 216 ; 218.

Narlou, commune de Saxy-Bourdon, 91. — Curé : Jean LE CAMUS.

NATIF, ou NATY, famille, 51 ; 60 ; 63 ; 65 ; 67 ; 181 ; 381 ; 388.

Natifs (Les), domaine, près Vitry, 51 ; 67.

NAUDIN, famille, 126 ; 173.

— (Paul), fermier de Palluau, 146.

NAUDON, famille, 63.

NAULET, famille, 59.

NAULT, famille, 72.

— (Denis), juge de la châtellenie de Luzy, 72.

— (Guillaume), sergent royal à Moulins-Engilbert, 303.

NAULT DE CHAMPAGNY (Claude), lieutenant-colonel d'infanterie, 72.

NAVAULT, famille, 95.

NAVETAT (Adrien), trésorier de Notre-Dame de Bourbon-Lancy, 67 ; 85.

NÉANT, famille, 381 ; 388.

NERAULT, famille, 60.

Néronde, paroisse de Reugny, 91.

NETTE (Pierre), dit LEROUX, procureur des marchands de Loire, 199.

Neuffontaines, 216. — Lieutenant de la châtellenie : Jean CHARPENTIER.

Neufond, 256. — Seigneur : Benoît MAUNOURY.

Neuilly, 282. — Dame : Guillemette de LA FORÊT.

Neuville, commune de Préporché, 282.

Neuville-les-Brinon, 157.

Neuvy (Allier), 6 ; 235.

NEUVY (de), famille, 161.

Nevers, 8 ; 9 ; 14 ; 17 ; 21 ; 29 ; 32 ; 38 ; 42 ; 91 ; 92 ; 94 ; 95 ; 108 ; 111 ; 155-157 ; 162 ; 166 ; 171 ; 173 ; 186 ; 188 ; 191 ; 192 ; 195 ; 199 ; 205 ; 208 ; 213 ; 222-225 ; 236 ; 257 ; 263 ; 275 ; 278 ; 279 ; 283 ; 285 ; 291 ; 296 ; 297 ; 304-309 ; 313 ; 315-317 ; 328 ; 329 ; 331 ; 336-371 ; 373 ; 395 ; 397 ; 398 ; 400-403 ; 406 ; 412 ; 417 ; 425-427 ; 440 ; 445 ; 448-450 ; 452 ; 459.

Chambre des Comptes, 320 ; 322. — Premier président : Léonard MAUNOURY. Conseiller : Claude-Guillaume PRISYE. — Maîtres : Jacques BOLACRE ; Michel DUCHEMIN ; J.-M.-J.-F. GUENEAU DE VAUZELLES ; Jean JOURDAIN ; Philibert MARQUET. — Clerc : Simon DUPONT. — Concierges : Jean MILLET ; Jean MORIN. — Registre des bordelages, 155.

Hôtel du comte. Valet de chambre : Vincent BERTRAND. — Sommelier : Antoine HULÉE.

Bailliage ou Pairie. — Siège à Decize, 188. — Bailli : Jean BLANDIN ; Charles DU PONTOT ; Léonard DU PONTOT. — Lieutenants généraux : Jacques BOLACRE ; Charles GUILLIER DE MONT ; François MIGÉ ; Michel PERNIN ; Guy RAPINE DE SAINTE-MARIE. — Conseiller : Guy COTIGNON. — Assesseur : Guillaume RAPINE. — Cachet des officiers, 329.

Évêché : 343 ; 360 ; 364 ; 366 ; 367 ; 369. — Évêques : Eustache DU LYS ; Arnaud SORBIN ; Édouard VALLOT. — Cathédrale, 308. Chapelles : Saint-Guillaume, 316 ; Saint-Michel, 406 ; de la Madeleine, 288. — Chapelain de Saint-Aignan : Claude CORRIOT. — Officialité, 111 ; 402. Officiaux : Guillaume DYEN ; François LE BOURGOING. Greffier : Gilbert TAILLANDIER. — Juge du clergé : Claude PRISYE. — Receveur des décimes : François BORDET. — Receveur de l'évêché : Jacques GIRARD.

Chapitre, 162 ; 173 ; 262 ; 303-308 ; 339 ; 341-343 ; 347 ; 349 ; 365 ; 368 ; 369 ; 371 ; 373 ; 417 ; 452 ; 456. — Doyens : Jean LETORT ; Michel PAULET. — Procureur : Jacques GRIMOARD. — Chantre : Pierre RENIER. — Chanoines : G.-M.-F. ALLOURY ; Charles BOURGOING ; Jacques BOURGOING ; Michel COTIGNON ; Guillaume DESPRÉS ; Guillaume DYEN ; Sébastien FRENILLET ; Jean GUIOT ; Bertraud de LA TILLAYE ; Michel de LICHY ; Hugues LORENDEAU ; Jean MIGÉ ; Philippe MIGÉ ; Guillaume POMEREUL ; Simon ROGER ; Philippe ROGER ; Henri de SAXOINE.

Saint-Étienne, 173 ; 243 ; 248 ; 250 ; 343 ; 346 ; 367-369 ; 399. — Justice, 244. — Prieurs : Étienne de FAVARDIN ; Claude MAUNOURY. — Prévôt : Henri RICHIER.

Saint-Martin, 245 ; 317 ; 342-344 ; 360. — Grand-prieur : DESTRAPPES. — Prieur : Guillaume JUYSARD. — Procureur : SERVIER. — Privilège de la Crosse, 240.

Saint-Arigle, 247 ; 308. — Curé : Léger CHANUDET.

Saint-Pierre. Curé : Étienne LOBEREAU.

Saint-Sauveur, 307 ; 308. — Sacristain : Jean SOLAS.

Saint-Trohé, Vigne de la cure, 368.

Sainte-Vallière, 173.

Saint-Victor, 173. Chapelles Sainte-Croix et Saint-Léger, 155.

Abbaye Notre-Dame, 191 ; 254 ; 304 ; 373. — Receveur : Jean BEAUTOUR.

Échevins : Claude GASCOING ; Pierre GUILLAUME ; Jean MONNET ; Pierre de SAINT-VINCENT. — Receveurs des deniers communs : Pierre COUILLARD ; Jean DESTRAPPES ; Jean LESPERON. — Compte des deniers communs, 406. — Concierge de l'hôtel de ville : Jean de COSBIGNY. — Collège, 406. — Maître d'école : Philibert MOIREAU.

Rentes sur les gabelles, 236. — Rues, 237 et suiv. — Ponts et portes, 245 ; 406. — Jetons, 406. — Prison, 253. — Mercuriale de 1641, 403. — Peste, 240.

Hôpital, 305 ; 318 ; 361. — Gouverneurs : Guillaume BARDIN ; Esme POLLOT. — Maître : Pierre GARNIER. — Terrier, 343. — Receveur des terriers : BERGER. — Hôpital Saint-Lazare, 291.

Châtellenie, 155 ; 320. — Capitaine : François de DANGEUL. — Mesures, 296. De Nevers, 342. Du Chapitre, 342. — Prévôt des maréchaux : Jean DESPRÉS. — Subdélégué : SALLONNIER DE NYON.

Élection, 14-16 ; 32 ; 406. — Rôle des tailles, 9. — Procureur du roi, GASCOING. — Élus : Jacques DESPRÉS ; Antoine DESTRAPPES ; Claude GASCOING ; Claude GUITON ; Claude LITHIER ; Philibert de SAINT-VINCENT ; Guillaume TEXON. — Lieutenant : Pierre ROY. — Receveurs : Georges BELAUGIER ; Jean DESPRÉS ; Perrinet LE FAUCHEUR ; Charles-Antoine MELON.

Grénetiers : Pierre de LUTHENAY ; Guy RAPINE DE SAINTE-MARIE.

Marchand faiencier : Jean SEGUIN.

Élargissement de détenus : 42.

Notaires : BATAILLER ; Étienne BRISSON ; Jacques COILLARD ; Louis COILLARD ; Philibert-Augustin DECOLONS ; Joachim DUCLOU ; Dimanche GABILLOT ; Guillaume GENTIL ; François JOLY ; Antoine PASCOUX ; Jean PERRIN ; Jean VERRON.

NEVERS (de), famille, 317 ; 373.

— (Hippolyte de), écuyer, 380.

NIAUDIN, famille, 196 ; 231.

— (Jean), curé de Saint-Éloi, 231.

NICOLARDOT (Thomas), notaire à Bressey-sur-Tille, 51.

NICOT (Esme), procureur fiscal de Cuffy, 213.

Nièvre (La), rivière, 373.

NINTÉ, famille, 241.

Nivernais, 9 ; 14 ; 21 ; 123 ; 213 ; 250 ; 256 ; 264 ; 275 ; 279 ; 294 ; 304 ; 310 ; 315 ; 316 ; 369 ; 370 ; 412.
Baillis : Charles du Pontot ; François du Pontot. — Lieutenants généraux : Henri Bolacre ; Jacques Bolacre ; Léonor de Babutin.
Prévôt des maréchaux : Jean Després. — Rétablissement de l'office de prévôt : 21. — Assesseur en la maréchaussée : Jacques de Favardin.
Receveurs des aides et tailles : Jean Després ; Guy Rapine. — Receveur général des confiscations : Jean Bergeron. — Receveur des décimes : Pierre de Favardin.
Greffier de la maîtrise des Eaux et Forêts : Henri Leblanc.
Productions agricoles : 123.

Noblesse, 28. — Privilèges, 21. — Procédures et impositions, 8 ; 9 ; 14-16. — Usurpation, 437.

Nocle (La), 63 ; 67 ; 174 ; 301 ; 329 ; 384 ; 405 ; 418. — Notaires : François Bouix ; Joseph Boullier ; Jean Delaroche.

Nodin, famille, 62.

Nodon, ou Naudon, famille, 60 ; 62 ; 65 ; 67.
— (Jean), prêtre, 384.

Noel (Étienne de), écuyer, 369.
— (Imbert), notaire, 9.
— (Jean), prêtre, 158.

Nolay, 349.

Nombret, famille, 417.

Nonettes (Les), commune de Trevol (Allier), 403. — Seigneur : Jean Coiffier.

Noues (Les), paroisse de Varennes-lez-Nevers, 358.

Nourry, commune de Vandenesse, 40 ; 333. — Seigneur : Pierre. — Dame : Jeanne de Nourry.

Nourry, ou Noury (de), famille, 32 ; 42 ; 114 ; 119-121 ; 125 ; 128-130 ; 134-139 ; 160 ; 399 ; 404 ; 406 ; 431 ; 432 ; 457.

Nourry (de), curé de Lichy, 9.
— (Alexandre de), 121.
— (Antoine de), 32. Gruyer de Châtillon-en-Bazois, 120 ; 131.
— (Charles de), 32 ; 121 ; 130 ; 139 ; 146.
— (Charlot de), 135.
— (Claude de), *alias :* de Palluau, 32 ; 121 ; 130 ; 131 ; 136 ; 137 ; 139 ; 148 ; 398.
— (Claude de), notaire, 120.
— (Étienne de), 121 ; 130 ; 137.
— (Eugin de), sieur de Palluau, 32 ; 401.
— (François de), 130 ; 137.
— (François-Charles de), seigneur de Palluau, 101.
— (Georges de), 32 ; 120 ; 121 ; 131 ; 132 ; 136 ; 139 ; 202.
— (Gilbert de), 121 ; 127 ; 128 ; 130 ; 131 ; 138 ; 139 ; 143 ; 146 ; 438.

Nourry (Gillet de), 120 ; 1130.
— (Guillaume de), 16 ; 32 ; 91 ; 116 ; 120 ; 121 ; 123 ; 125 ; 127 ; 130-132 ; 135 ; 137 ; 139 ; 149 ; 160 ; 189 ; 218 ; 241 ; 251 ; 442.
— (Hugues de), 120.
— (Jean de), 23 ; 25 ; 32 ; 115 ; 120 ; 123 ; 128 ; 130 ; 131 ; 135 ; 136 ; 138 ; 139 ; 160.
— (Jean de), écuyer, garde du sceau de la prévôté de Châtillon-en-Bazois, 136.
— (Jean de), notaire, 32 ; 197.
— (Jean-Marie de), 32 ; 101 ; 103 ; 115-118 ; 124 ; 138 ; 203.
— (Jeanne de), dame de Nourry et de Vandenesse, 13 ; 16 ; 333.
— (Joseph de), seigneur de Turigny, 94.
— (Léonard de), 25 ; 32 ; 108 ; 120-122 ; 128 ; 130 ; 136 ; 137 ; 139 ; 146-148 ; 150 ; 289.
— (Louis de), 136.
— (Louis-Alexandre de), 406.
— (Louis-Balthazard de), 104 ; 112 ; 187 ; 216.
— (Mathieu de), 130.
— (Noël de), 130.
— (Paul de), 127.
— (Philibert de), 32 ; 116 ; 120 ; 122 ; 130 ; 131 ; 136 ; 137 ; 139 ; 398.
— (Pierre de), 16 ; 32 ; 35 ; 92 ; 94 ; 96 ; 104 ; 106 ; 120 ; 121 ; 123 ; 128 ; 130 ; 160 ; 162 ; 213 ; 216 ; 218 ; 239 ; 253 ; 264 ; 275 ; 277 ; 296 ; 306 ; 309 ; 323 ; 333 ; 343 ; 349 ; 351 ; 374 ; 397 ; 403 ; 445.
— (Pierre-Marie de), 32 ; 115 ; 138.
— (Roland, bâtard de), écuyer, 120 ; 135 ; 137 ; 202.

Noyer (Nicolas de), receveur et payeur des rentes constituées sur les tailles de la Généralité d'Orléans, 94.

Noyers (Yonne), 403. — Subdélégué et procureur fiscal au Bailliage : Jazu.

Nuars, 403. — Justice, 394.

Nugue, famille, 102.

Nugdet d'Ébaugy (Anne-Marie), 24.

O

Odet (Jean-Baptiste), évêque de Lausanne, 24.

Odin, famille, 199 ; 355.

Ogier (Jacques), sieur de La Prée, avocat fiscal au Bailliage de La Charité, 123.

Olivier, famille, 8 ; 155 ; 173 ; 333.
— (Jean), chevalier, 220.
— (Joachim), sieur du Chollet et de Surpalis, 307 ; 394.

Onay (Jean d'), *alias :* Bastard de Maulmigny, 284.

Onlay (Frère d'), prieur de Marchy, 384.

Orgue, paroisse de Mingot, 219.

Orléans, 33 ; 51 ; 92 ; 94 ; 157 ; 199 ; 382 ; 395. — Chapitre Sainte-Croix, 186 ; 213. — Chancelier de l'Université : Pierre des Chastraux. — Receveur général des bois : François Rougnat. — Receveur et payeur des rentes constituées sur les tailles : Nicolas de Noyer.

Orléans (Françoise d'), dame de Château-Chinon, 220.

Orval (Cher), 7.

Oschier (Jean), écuyer, 136.

Ougny, 94 ; 101 ; 402 ; 406. — Seigneur : Pierre-Augustin Save.

Oucny (d'), famille, 396. — Voir : Save.

P

Pacage, 54 ; 57 ; 58 ; 67 ; 89 ; 145 ; 201 ; 204 ; 301 ; 380 ; 381 ; 388 ; 443.

Pacaud, ou Pacaut, famille, 62 ; 63 ; 67. — Voir : Moreau.

Page, famille, 215 ; 216.

Pagnier, famille, 62. Voir : Panier.

Paiement en nature : fer et acier, 7.

Paillard, famille, 103 ; 112.

Pailleron, famille, 7.

Paillet, ou Poullet (Jean), curé de Brinay, 14.

Pain (Guillaume), écuyer, 120.

Pains, famille, 445. Voir : Panis.

Paisson (Droit de), 48.

Palice (La). Les religieuses, 5.

Palierne (Jean), procureur du roi en la châtellenie de Moulins-sur-Allier, 321.

Pallesseau, famille, 135.

Palluau, commune de Brinay, 8 ; 9 ; 13 ; 14 ; 16 ; 25 ; 32 ; 94, note ; 101 ; 120-151 ; 286 ; 289 ; 405 ; 406 ; 437.
Seigneurs : François de Closse ; Pierre de Closse ; Huguet Gavot ; Eugin de Nourry ; François-Charles de Nourry ; Guillaume de Nourry ; Léonard de Nourry ; Philibert de Nourry ; Pierre de Nourry.
Justice, 13 ; 121 ; 122. — Juges : Jean Comaille ; Georges Delaplanche ; Léonard Muireau — Colombier, 25. — Coutume, 142.
Notes sur le fief et son ressort, 141 ; 437. — Dénombrements, 120 ; 121 ; 143. — Terrier, 120. — Baux, 126. — Fermiers : Esme et Jean Frenillot ; Paul Naudin. — Visite des bâtiments, 125.

Palluau (de), famille, 4 ; 128 ; 130.
— (Girard de), écuyer, 273.
— (Guiot de), écuyer, 273 ; 274.

Panneret, famille, 248.

Panier, famille, 60 ; 387.

Panis, famille, 349. Voir : Pains.

Pannecet, curé de Saint-Lazare-lez-Nevers, 440.
— procureur au Bailliage de Nevers, 343.

PANNECIÈRE (de), famille, 401.
PANNETIER, famille, 103.
PANNEZ, famille, 282.
PAPIER, famille, 223.
PAPILLAT. Voir : JEANNET.
PAPUZEAU (de), famille, 406.
— (Jean de), seigneur du Pont, 406.
PAQUET, famille, 117.
Paray. Prieuré, 63.
Paray-le-Moineau (Seine-et-Oise), 327.
PARENT, famille, 33 ; 323 ; 324.
— (Jean), scholastique, 406.
Parigny-les-Vaux, 258-264 ; 275 ; 305 ; 373 ; 392 ; 393 ; 397. — Terrier, 306 . — Curé : Jean DORNE.
Parigny-sur-Sardolle. Fondation de messes, 265.
PARIGOT, famille, 91.
Paris, 16 ; 24 ; 325. — Université, 8 ; 245.
PARIS (de), famille, 415.
— (François de), seigneur de Couloise, 415.
— (Gabriel de), sieur de Couloise, 168.
— (Guillaume de), 415.
— (Jacques de), seigneur du Chailloux et de Buxière, 229 ; 415.
— (Robert de), seigneur de Moncharlon, 169.
PARISET, famille, 52.
— ou PARISOT (Philippe), procureur au Bailliage de Bourbon-Lancy, 176 ; 181.
PARMAIN (Antoine), praticien à Saint-Léger-du-Bois, 380.
— (Philibert), praticien à Saint-Léger-du-Bois, 182.
PARPAULT, famille, 317.
Parrigny, ou *Perrigny* (Pont de), 406.
PARVY (Claude de), seigneur du Mont, 165.
Parsy, paroisse de Garchizy, 246 ; 288 ; 332.
PASCAULT, famille, 60.
PASCOUX (Antoine), notaire ducal à Nevers, 370.
PASDELOUP, famille, 94 ; 127 ; 128.
PASQUIER, famille, 439.
— notaire ducal, 9.
PASSELAT, famille, 155.
Passy, paroisse de Pouilly, près Brinay, 103.
Possy (?), 13. — Dame : Jeanne de LA RIVIÈRE.
PATÉ, famille, 199.
Patin, paroisse de Vitry, 58 ; 390.
PATIN, famille, 59 ; 60 ; 62 ; 63 ; 384 ; 387. — Voir : GUIONNEAU.
— (Antoine), gruyer de Vitry, 62 ; 384.
— (Huguenin), sergent, 60.
— (Pierre), prêtre, receveur de Vitry, 48.
Patinges (Cher), 186 ; 445. — Curé : Pierre LAGESDR.
PATOILLAT, famille, 341.
PATRON (Henri), écuyer, 381.
PAUCHIN (Pierre), chirurgien à Nevers, 263.
PAULCHIN, famille, 308.

PAULET (Michel), doyen du Chapitre de Nevers, 142.
PAULIN, famille, 232.
— (Jean), receveur du domaine de Bourbonnais, 232.
Paulin-le-Bois, 40. Faute de lecture pour *Pouligny-le-Bois.*
PAULTIN (Nicolas), notaire, 181, note.
PAUPERT, famille, 127.
PAUTOT, dit BARDOT, famille, 126.
PAVIE (de), famille, 159 ; 191 ; 192 ; 213 ; 220 ; 231 ; 248 ; 299 ; 343 ; 355 ; 367 ; 368.
PAYOT, famille, 349.
Péages, 44 ; 199 ; 200 ; 333.
PRAULTRE, famille, 186.
Pêche, 53 ; 55 ; 56 ; 63 ; 98 ; 143 ; 196 ; 204 ; 301 ; 333 ; 385 ; 394 ; 436.
Pêcherie, 321.
PRIGNIER (Louis), procureur à Moulins, 6.
PELÉ, famille, 228. — Voir : PELLÉ.
PÉLERIN, famille, 59 ; 63 ; 67 ; 83. — Voir : PELLERIN.
PELETIER, famille, 200. — Voir : PELLETIER.
PELISSON, famille, 106.
PELLAULT, famille, 162.
PELLÉ, famille, 97 ; 100 ; 103 ; 399 ; 403. — Voir : PELÉ.
— (Jacques), notaire et praticien à Alluy, 100.
— (Jean), notaire à Alluy, fermier de la Commanderie de Biches, 100 ; 109 ; 398 ; 432 ; 433.
— (Jean), notaire à Biches, 408.
— (Paul), fermier de la Commanderie de Biches, 434.
PELLERIN, famille, 384. — Voir : PÉLERIN.
PELLETEAU, famille, 135.
PELLETIER, famille, 67 ; 401. — Voir : PELETIER.
— (Nazaire), *alias* AUDOUARD, chapelain de Vitry, 378 ; 379.
PELLETIER DES FORTS, famille, 200.
PENAT, famille, 334.
PENEAU, famille, 129 ; 130 ; 278 ; 438.
— (Gaspard), praticien à Brinay, 130-132.
— (Jean), prêtre, 136.
PEPELIN (François), praticien à Clamecy, 172.
PÉPIN (Toussaint), religieux de Bellevaux, maître de la chapelle de Marchy, 176.
PEPONNEAU, famille, 158.
PERAUGIER, ou PERRAUGIER, famille, 60 ; 62 ; 63 ; 67. — Voir : BOURDON ; DELARUE, et MARTIN.
PERGUES (François de), 32.
PERIAU, famille, 125.
PERIGOT, famille, 108 ; 445.
PERNIN, famille, 21 ; 92 ; 100 ; 240 ; 249 ; 262 ; 299 ; 369 ; 401.
— (François), sieur de Mont, 261.
— (Michel), lieutenant du bailli de Nivernais, 406.
PERRON, famille, 173 ; 213 ; 283.
PEROT, famille, 173.
— (Jean), curé de Souvigny-le-Thion, 321.
Perpignau, 16.

PERRAUDIN, famille, 63 ; 67 ; 95 ; 326 ; 404.
PERRAUGIER, famille, 387.
Perreau, moulin, 67.
PERREAU, famille, 291 ; 394 ; 395 ; 455.
— (Paul), praticien à Corbigny, 447.
PERRECY (de), famille, 174.
PERRELAY (Thomas de), damoiseau, 82.
Perret, moulin, 181.
PERRET, famille, 181 ; 385 ; 388.
— (François), curé de Decize et prieur de Marchy, 179. Chapelain de Vitry, 378.
— (Jean), curé de Vitry, 181 ; 387.
PERRETTE, famille, 269.
PERRIAULT, ou PERREAULT, famille, 379.
PERRIN, famille, 103 ; 157 ; 222 ; 227 ; 266 ; 279 ; 362.
— (Claude), prêtre, 384.
— (François), sieur du Mont, 186.
— (Jean), notaire à Nevers, 367.
Perrins (Les), étang et moulin, paroisse de Vitry, 380.
PERRIOT, famille, 215.
— (Hubert), sergent au duché de Nivernais, 216.
PERROT, ou PERREAU, famille, 59 ; 60 ; 62 ; 63 ; 92-94 ; 103 ; 173 ; 186 ; 123 ; 324 ; 326 ; 393. — Voir : CHALLEMOUX, et VARION.
— (Claude), le jeune, commandeur de Biches, 433.
— (Étienne), notaire, 197.
— (Gilbert), prêtre, 60.
— (Jean), praticien à Tannay, 216.
— (Philibert), curé de Bussy-la-Pesle, 324.
— (Philibert), sergent royal à Tannay, 216.
— (Philippe), sergent royal à Tannay, 324.
— (Pierre), sergent royal, 376.
PERROYS, famille, 153.
PERPUCHE (Philibert), chanoine de Tannay, 403.
PERTUYS, famille, 269.
PERLDE, famille, 128.
PETAUT, famille, 348 ; 363.
PETHION, famille, 63 ; 67.
PYTIER, famille, 156.
PETILLON, famille, 215.
PETIOT, famille, 320.
PETIT, famille, 63 ; 67 ; 75 ; 78 ; 262 ; 286 ; 332 ; 391.
— avocat, 14.
— (Guillaume), curé de Lesmes, 181 ; 381.
— (Jean), chapelain du prieuré de La Fermeté, 205.
— (Léonard), accenseur de la Commanderie de Biches, 116.
— (Marin), procureur fiscal de Gigny-aux-Bois, 394.
— (Philippe), seigneur d'Ambly et de Champagny, 384.
— (Philippe), seigneur de Chirat, 384.
PETITRON, famille, 34.
— (François), notaire, 228.
PETITGONIN, famille, 343.
PETITLOUP, famille, 349 ; 398.
Petit-Neuzilly (Le), paroisse de Saint-Benin-des-Champs, 289.

POULET, ou POULLET, famille, 115 ; 117 ; 130 ; 399.
— greffier de la justice de Bernay, 403.
— (Blaise), meunier de Brienne, 431.
— (Jean), curé de Brinay, 13 ; 15 ; 127 ; 142 ; 403. Curé de Beaulieu, 142.
— (Jean), meunier de Brinay, 431.
— (Vincent), curé de Brinay, 13 ; 14 ; 115 ; 118 ; 128 ; 130 ; 131 ; 140 ; 142 ; 397.
Pouligny-le-Bois, 40.
Pouligny-sur-Aron, 226 ; 278-280 ; 294 ; 329 ; 458. — Seigneurs : Jean de Bazay ; Jean de Champrobert, dit Guron ; Érard de Digoine. — Justice, 278. — Bois, 278. — Forge, 279.
POULOT, famille, 351.
POULLET, famille. Voir : POULET.
POUPART (Jean), sergent de la justice d'Isenay, 196.
POURCEAU, famille, 8.
POURCHASSON (Pierre), curé de Mingot, 120.
POURTREL, ou POUTRET, ou PORTRAIT, famille, 108.
— (Pierre), gruyer de Châtillon-en-Bazois, 108.
Poussery, 63 ; 163 ; 184 ; 220-224 ; 278-280 ; 284 ; 333 ; 334.
Seigneurs : Jean du Bois, ou du Roux ; Charles du Pontot ; Étienne du Pontot ; François du Pontot ; Jean du Pontot ; Édouard de Reugny. — Dames : Anne de Giverlay ; Marguerite de Marry.
Procureur fiscal : François-Marie Dubois. — Accenseur : Guillaume Robert.
Terriers, 279 ; 458. — Droit de pêche, 385. — Mesure pour les grains, 163.
POUSSERY (de), famille, 220.
POUSSOT (François), praticien à Metz-le-Comte, 216.
Pouzy-Mézangy (Allier), 281, 406. — Fabrique, 281. — Fermier : SAULNIER.
POTIER, famille, 206.
POYSOT (Claude), écuyer, 181.
PRACOMTAL (de), famille, 219.
— (Armand de), 121.
PRASLON, famille, 388.
Praye (La), près Bourbon-Lancy, ou *La Praye-sous-Arcy*, 63 ; 209. — Doyen : Jean Durégon.
PRÉRAULT (de), famille, 66.
Précy-le-Sec (Yonne), 394.
Prélichy, commune de Pazy, 415. — Baron : Hector de Frasnay.
Prémaison, commune de Vignol, 92. — Seigneur : Pierre Baudot.
Prenat, près Vitry, 63 ; 67. — Seigneur : Jean de Grandval.
Préporché, 282.
PRÉREAULT (de), famille, 60.
Prêtres. Serment, 317.
PREVOST, famille, 59 ; 60 ; 62 ; 63 ; 120 ; 296 ; 308. Voir : MONIER ; et REMUSART.

PREVOST, notaire royal, 18.
— (Guy), lieutenant général au Bailliage de Vitry, 70. Grénetier de Bourbon-Lancy et bailli de Vitry, 75.
— (Jean), prêtre, 223.
— (Léonard), prêtre, 393. Curé de Garnat, 60.
— (Simon), écuyer, 384.
PREVOSTAT, famille, 215.
PRICO, ou PRIRO (de), famille, 313.
Prier, commune de Fougues, 275.
PRINAIGE (de), famille, 373.
PRINCE, famille, 60.
PRINCES (Guiot de), 25.
PRINGY (de), famille, 278.
— (Guiot de), 278.
— (Huguenin de), écuyer, 278.
— (Jean de), écuyer, 278.
PRINSARD, famille, 339.
PRISYE, famille, 95 ; 357.
— (Claude), juge du clergé au diocèse de Nevers, 171.
— (Claude-Guillaume), conseiller en la Chambre des Comptes de Nevers, 95.
Pron, commune de Montigny-sur-Canne, 230 ; 303 ; 439. — Seigneurs : Jean de Chaugy ; Jean Sallonnier. — Dame : Anne-Élisabeth de Reugny du Tremblay. — Cérémonie d'hommage, 303. — Bois des Chétifs-Quartiers, 198.
PROST, famille, 63 ; 67 ; 381. — Voir : MENIER et VERDELET.
PROTAT, famille, 60 ; 62.
— (Guichart), prêtre, 60.
— (Guillaume), sergent de Vitry, 61 ; 201.
PROVENCHÈRE, famille, 172.
PROVOST, famille, 307.
PRUDHOMME, famille, 191 ; 344.
— (André), notaire à Châtillon-en-Bazois, 103 ; 402. Juge de La Cour, 408.
— (Bonaventure), accenseur du prieuré Saint-Jean de Châtillon-en-Bazois, 129.
— (Gabriel), huissier royal à Châtillon-en-Bazois, 102.
— (Paul), notaire à Cresangy, 146.
PRUDHON, ou PRUDON, famille, 63.
— (Claude), écuyer, 51 ; 380. Capitaine de Vitry, 181 ; 201.
— (Jean), écuyer, sieur des Boutards, 63 ; 67 ; 383.
Pryc, 283.
PUYGIRAULT (Antoine de), écuyer, 279.
PYARD, PYART, ou PIARD, famille, 384.
— (Gaspard), écuyer, 158.
— (Jean), seigneur de Montjolmain et de Montauteaume, 158 ; 384.
PYOCHON (Laurent), chanoine de Nevers, 29.

Q

QUANTIN (Claude), praticien à Clamecy, 375.
QUAKRÉ, famille, 308.
Quartellée (La), bois, près Vitry. Droits d'usages, 60.
QUARTIER (Claude), avocat, 108.

QUÉRAY (Philippe), lieutenant d'Asnois, 20.
Queudre (La), paroisse de Saint-Honoré, 165 ; 166.
QUERUSSE, famille, 430.
QUILLIER, famille, 162. — Voir : FILLION.
QUINAUDAT, famille, 91 ; 92 ; 237.
QUINAULT, famille, 342 ; 343 ; 345 ; 351 ; 361 ; 363 ; 364 ; 369 ; 456.
Quincize, commune de Poussignol, 415.
QUINCY (Jean de), écuyer, 451.
QUINQUERY, famille, 100.
QUOQUELIN, famille, 192.

R

RABAUT, famille, 356.
RABEUSTE, famille, 380.
RABIEN (Étienne), curé de Tamnay, 397.
RABUSSON, famille, 382.
RABUTE, famille, 344 ; 367.
RABUTIN (Bénigne de), dame d'Espeuilles, 228.
— (Blaise de), seigneur d'Hubins et de Brinon-les-Allemands, 406.
— (Léonor de), comte de Bussy-le-Grand, lieutenant général au gouvernement de Nivernais, 9 ; 16.
— (Sébastien de), 122.
RABUTIN-CHANTAL (de), famille, 384.
RACHUS (Étienne), sous-prieur de Bellevaux, 14.
RACOLET, ou RACOLLET, famille, 60 ; 379 ; 381.
RADOT, famille, 200.
RAGNEAU (Antoine-François), notaire et arpenteur à Donzy, 399.
RAGON, famille, 266 ; 269.
RAMAGE, famille, 209.
RAMEAU (François), chanoine de Saint-Caradeuc de Donzy, 399.
— (Louis), seigneur de Saint-Père, 399.
RANFER, avocat à Dijon, 55.
RANVIER, famille, 369.
RAPIN, famille, 344 ; 367.
RAPINE, famille, 324 ; 405.
— (Guy), seigneur de Boisvert, receveur des aides et tailles en Nivernais, 401 ; 412.
RAPINE DE SAINTE-MARIE (Guillaume), assesseur au Bailliage de Nevers, 412.
— (Guy), grénetier de Nevers, 21. Lieutenant général au Bailliage de Nevers, 279.
RAPINE DE SAXY, famille, 328 ; 330.
— (François-Marie), capitaine du génie à Pondichéry, 330.
RAQUIN (Laurent), prêtre, 202.
RASSARD, famille, 323.
RAT, ou RAPT, famille, 52 ; 59 ; 60 ; 62 ; 63 ; 67 ; 388.
— (Mathieu), meunier aux moulins Saint-Martin de Nevers, 369.
RATON (Mathieu), prêtre, 305.
RAULLIER, famille, 196.
RAVARD, famille, 118 ; 126 ; 141 ; 403.
RAVARY, famille, 102 ; 111 ; 223.
— curé de Commagny, 114.
— (Léonard), procureur du roi au grenier à sel de Moulins-Engilbert, 102.

RAVIER, famille, 108.
RAVISY, famille, 108.
— (Pierre), procureur fiscal de Saint-Saulge, 425.
Ravicy, paroisse d'Alluy, 102.
RAVIZY, échevin de Saint-Saulge, 408.
RAVOY, famille, 211.
« RAZILLES » (de), famille, 275 ; 276.
REBAUL (Jean), religieux de Bellevaux et chapelain de Marchy, 176.
REBERGET, *famille*, 224.
— (Lazare), curé d'Alluy, 102.
REGNARD, famille, 213 ; 308 ; 367.
— notaire à Bourbon-Lancy, 67.
— (Henri), receveur au grenier à sel de Luzy, 325.
— (Marc), procureur au Bailliage de Bourbon-Lancy, 184. Greffier de Vitry, 380 ; 386.
REGNAT, famille, 434.
REGNAUD, ou REGNAULT, famille, 52 ; 60 ; 62 ; 63 ; 102 ; 186 ; 205 ; 209 ; 326 ; 373 ; 394 ; 428 ; 438 ; 449.
— (Guillaume de), dit : DE CHITRY, seigneur de Bernay, 116.
— (Jean), avocat à Clamecy, 172 ; 435.
— (Jean), notaire et praticien à Asnois, 93 ; 398.
REGNÉ, sergent archer du duc de Nevers, 315.
REGNIAUD (Jean), fermier de Champagny, 209.
REGNIER, ou REGNIER (de), famille, 32 ; 37 ; 182 ; 198 ; 209 ; 213 ; 223.
— (Charlette de), dame de Montaron, 458.
REGNIER (Claude), notaire royal, 309.
— (Louis de), chevalier, 220.
Reliures intéressantes, 67-69 ; 176.
RELLE, famille, 323.
RELU (Michel), praticien à Amazy, 104.
REMBERT (Guillaume de), religieux de Bellevaux, 163.
RÉMIGNY (de), famille, 38 ; 394 ; 399 ; 400 ; 417.
— (Antoine-Henri de), 417.
— (Charles de), 394.
— (Esme de), 394.
— (François-Angélique de), 38.
— (Guillaume de), 394.
— (Paul de), baron de Joux, 217 ; 417.
— (Paul-Léonard de), 403.
— (Paul-Louis de), marquis de Joux, 417.
Rémilly, 223 ; 279 ; 284. — Seigneurie et Terrier, 284.
REMPONEAU, famille, 215.
REMUSART, *alias* PREVOST, famille, 62.
REMY, famille, 95.
RENARD, famille, 112.
— notaire royal, 67.
RENAUD, ou RENAULT, famille, 63 ; 65 ; 67 ; 182 ; 388 ; 401.
— *alias* DURAND, famille, 65.
— (Philippe), curé de Saint-Léger-lez-Bourbon-Lancy, 385.
RENDU, *alias* CORE, famille, 60.
RENIER (Pierre), chantre du Chapitre de Nevers, 246.
RENOUARD, famille, 296.
RENVOISY, famille, 131.

RENVOISY (Jean), prévôt de Palluau, 122.
REPOUX, famille, 63 ; 65 ; 67 ; 164 ; 165 ; 380.
— notaire, 175.
— (Charles-Claude), lieutenant général de Bourbon-Lancy, 72.
RESLUT, famille, 216.
RETHY, famille, 179.
REUGNY (de), famille, 10 ; 101 ; 196 ; 220 ; 222 ; 223 ; 280 ; 281 ; 303 ; 325 ; 406 ; 410 ; 423.
— (Alexandre de), 303.
— (Anne-Élisabeth de), 24.
— (Charles de), seigneur du Tremblay, 198.
— (Édouard de), seigneur de Poussery, 10 ; 222.
— (Georges de), 111 ; 284 ; 303 ; 429. Seigneur de Montaron, 458.
— (Jacques de), seigneur de Riégeot, 220.
— (Jean de), 198 ; 225 ; 333. Seigneur de Montaron, 458.
— (Louis de), seigneur du Tremblay, 334 ; 403.
— (Louis de), prieur de Mazille, 403.
— (Louis-Alexandre de), seigneur du Tremblay, 24 ; 95.
— (Louise-Jeanne de), chanoinesse d'Alix, 95.
— (Marest de), 33?
REUGNY DU TREMBLAY (de), famille, 39.
— (Anne-Élisabeth), dame de Pron, 439.
— (Édouard de), 39.
— (Édouard-Anne de), 39.
— (Louis de), prieur de Mazille, 39.
REUILLON, famille, 2 ; 128 ; 458.
— (Nicolas), fermier de la terre de Châtillon-en-Bazois, 119.
REULLON (Jean), curé de Montaron, 223.
REUX, famille, 192.
REVEKU, famille, 59.
REVILLON, famille, 182.
RIBAUD, famille, 213.
RICHARD, famille, 65 ; 67 ; 116 ; 182 ; 215 ; 216 ; 225 ; 305 ; 334 ; 364.
RICHARD DE CURTIL (Jacques-Henri), 325.
RICHE, famille, 60 ; 181.
RICHIER (Henri), prévôt du bourg Saint-Étienne à Nevers, 242.
RICRIER (Jean), curé de Saint-Aubin-sur-Loire, 381.
Riégeot, commune de Champvert, 29 ; 220. — Seigneur : Étienne DU PONTOT.
RIGAUD, famille, 373.
RIGNAULT, famille, 305 ; 365 ; 369 ; 401 ; 402.
RIGNIER (Adrien de), seigneur de Saint-Gratien, 109.
Rigny (Yonne), 65. — Abbé commendataire : Louis-Claude de MARION DE DRUY.
RIGODON (Antoine), curé de Lesmes, 53.
RIMBERT, famille, 94.
RION, famille, 103.
Riparoux, paroisse de Saint-Gengoult, 95.
Ris (Le), paroisse de Varennes-lez-Nevers, 361.

RIVEREUX, famille, 91.
Rivière, commune de La Roche-Millay, 165. — Seigneur : *Liger* BERGIER.
— commune de Saints-en-Puisaye, 441. — Seigneur : Hugues de MAUMIGNY.
RIVIÈRE, famille, 269.
ROALES (Alphonse de), 46.
Roanne, 199.
ROBELIN, famille, 127 ; 158 ; 269 ; 373.
— (Pierre), prévôt de Corbigny, 447.
— (René), sergent royal à Tannay, 215.
ROBELLIN, famille, 305.
ROBERT, famille, 60 ; 230.
— (Blaise), praticien, 174, et notaire royal à Bourbon-Lancy, 51 ; 386. Procureur d'office de Vitry, 380.
— (Claude), notaire à Limanton, 403 ; 436.
— (Guillaume), accenseur de la terre de Poussery, 224.
— (Guy), notaire royal au bailliage de Bourbon-Lancy, 387.
— (Jean), sergent royal, 308.
— (Philippe), curé de Vitry, 386.
ROBILLARD, famille, 330.
ROBIN, famille, 116 ; 376 ; 391.
— receveur du Chapitre de Tannay, 323.
— dit DUFOURNET, praticien à Bazolles, 425.
— (Guillaume), sous-prieur de Faye, 296.
— (Jean), praticien à Corbigny, 403.
ROBINEAU (Antoine), lieutenant civil en l'Élection de Clamecy, 172.
ROBINET, famille, 211 ; 388.
ROCHE (de), famille, 60.
Rochefort, 2. — Seigneur : Étienne BAUGY.
ROCHEFORT (de), famille, 108.
— (Antoine de), seigneur de Châtillon-en-Bazois, 30 ; 108 ; 120.
— (François de), 121 ; 143.
— (Guillaume de), seigneur de Châtillon-en-Bazois, 120 ; 143 ; 161.
— (Jean de), 161.
— (Roger de), 120 ; 143.
Roche-Millay (La), 44 ; 65 ; 95 ; 164 ; 184 ; 267-269 ; 273 ; 285 ; 292 ; 295 ; 375 ; 378 ; 380.
Seigneurs ou barons : Girard de BOURBON ; Jean de CHATEAUVILLAIN ; Henri de CHATILLON ; Charles de MELLO ; Guillaume de MELLO ; René de ROUSSELET (ou de ROUSSILLON). — Procureurs fiscaux ou baillis : Blaise CLÉMENT ; Jean de DRUY ; Jacques ENFER.
Curé : Antoine LEPÈRE. — Contrôleur des actes : René-Dominique DERANGÈRE. — Notaire royal : GEOFFROY.
Justice, 169 ; 273. — Terriers, 267. — Mesure, 165 ; 269 ; 292 ; 375.

TABLE DES MATIÈRES

Original en couleur

NF Z 43-120-B